［編集代表］
川崎英明・古賀康紀・小坂井久・田淵浩二・船木誠一郎

《美奈川成章先生・上田國廣先生古稀祝賀記念論文集》

刑事弁護の原理と実践

現代人文社

美奈川成章先生(前列右)、上田國廣先生(前列左)と現在そして将来の刑事弁護を担う仲間たち
——第二次上田国賠訴訟控訴審判決を前にして
(写真撮影：2016年11月11日、九州大学法科大学院附属リーガルクリニック・センターにて)

献　辞

　美奈川成章弁護士と上田國廣弁護士の両先生は、同じ1970年3月に九州大学法学部を卒業し、同年4月から2年間の司法修習を経て、1972年4月に福岡県弁護士会に会員登録された後、今日まで現役弁護士として活動されてきた。その間、上田先生は福岡県弁護士会会長や日弁連刑事弁護センター委員長を、美奈川先生は福岡県弁護士会副会長、日弁連刑事弁護センター副委員長や同取調べの可視化実現本部副本部長を務められ、刑事弁護の活性化のための制度的基盤作りに尽力されてきた。このように時期を同じくして二人の偉才が福岡の地で活動されてきたことは、福岡県弁護士会の輝かしい時代を築くことになった。九州の外に出ると「九州の刑事弁護は元気がいい」という話を耳にすることがあるが、こうした話題になる時には常に両先生の顔もイメージされているのではなかろうか。

　その典型として、福岡県弁護士会が1990年に全国に先駆けて待機制当番弁護士制度を導入したことをあげてよかろう。それが翌1991年の日弁連における刑事弁護センターの設置、1992年の全国の単位弁護士会における当番弁護士制度実現、そして最終的には、2004年の刑事司法改革の際の被疑者国選弁護制度の実現へとつながったのは、両先生の全国レベルにおける活発な委員会活動や著作活動による貢献が大きいように思う。また、1991年4月に法務省が一般的指定書を廃止する訓令を通知するに至ったのは、全国各地で接見国賠訴訟が提起され国の敗訴が続いたことを抜きに語れないところ、福岡県弁護士会においても、上田先生が原告となり接見妨害国賠訴訟が提起され、美奈川先生が弁護団事務局長となるタッグを組まれ、具体的指定書の持参を強要したことを違法とする勝訴判決を勝ち取られたことは有名である。加えて、両先生は単に実践に熱心なだけではなく、いずれも理論派でもあり、弁護士としては数多くの著作物がある他、大学において長年にわたり教鞭をとられてきた。刑事事件において著名な最高裁判例を獲得した経験も共通する。

　他方で、両先生の人生経験の違う点をあげるならば、上田先生は九州大学法科大学院の実務家教員として法曹養成教育の側面から後進を育成されることと

なったのに対し、美奈川先生は常に実務を通じて刑事弁護に関心を持つ後進の育成に努めてこられた点を指摘できるだろう。いずれにせよ両先生を慕う後輩弁護士が多いことに変わりはない。弁護士登録から 44 年目を迎える今日も、弁護権の確立に向けて刑事弁護の最前線に立ち、委員会活動に取組み、あるいは国賠訴訟の弁護団会議を通じて若手弁護士を教育指導されている姿は実に頼もしく、これからも末永く私どもの師として範を示していただけることを願いたい。

　このようにとりわけ刑事弁護の分野において多大な実績を残されてきた両先生は、福岡、九州そして全国の弁護士会にとってかけがえのない存在と言っても過言ではなく、ここに古稀を迎えられるにあたり、長年の功労に対する感謝の意を込めて、ささやかながら『刑事弁護の原理と実践』と題した本書を献じるとともに、両先生の今後益々のご健勝とご活躍を心より祈念いたす次第である。

2016 年 11 月
編者一同

目 次

献辞　　i

第1部
刑事弁護の歴史と到達点

刑事弁護の形骸化とその克服への努力―歴史的経緯と現状 ……………上田 國廣　3

刑事弁護の質的向上の到達点と課題―21世紀を迎えて ……………大出 良知　28

「平成刑事訴訟法」の下での刑事弁護―弁護人の役割は変質したのか…村岡 啓一　51

国選弁護制度と日本司法支援センター ……………………………………川副 正敏　72

第2部
刑事訴訟の原理と弁護

「強制処分」概念の再構成について ………………………………………内田 博文　101

追尾監視型捜査の法的性質―GPS利用捜査をめぐる考察を通して………指宿 信　119

刑訴法227条の証人尋問と証人審問権の保障 ……………………………田淵 浩二　143

弁護人からみた第1回公判期日前の証人尋問の問題 ……………………船木 誠一郎　164

捜査手続における証拠開示 …………………………………………………斎藤 司　178

訴因と予断排除 ………………………………………………………………白取 祐司　200

韓国・日本の保釈保証制度の現状と課題
　―韓国・保釈保証保険と全弁協・保釈保証書発行事業の比較検討 ……美奈川 成章　218

弁護活動からみる刑事手続の課題 …………………………………………高平 奇恵　244

媒介事実の発見とその証明準則―情況証拠による刑事事実認定論(4) …… 豊崎 七絵　266

舞鶴女子高生殺害事件における間接事実の推認力について ………… 古賀 康紀　294

再審請求審の審判対象と明白性
　―姫路郵便局強盗(再審請求)事件をめぐって …………………………… 川崎 英明　315

当事者主義と被害者の参加手続 ……………………………………………… 水谷 規男　336

第3部
新時代の弁護活動

取調べ可視化条項・刑訴法301条の2をめぐって …………………… 小坂井 久　357

韓国における取調べ録音・録画制度の導入と展開
　―映像録画物の証拠能力および実質証拠化をめぐる議論を中心に ……… 李 東 熹　388

接見室における写真撮影・録画
　―弁護活動の自由の保障はどこまで及ぶか …………………………… 前田 裕司　408

接見にさいしての弁護人の写真撮影をめぐる
田邊事件一審判決の批判的検討 ………………………………………… 葛野 尋之　430

[実践報告]裁判員裁判における共犯者の予定主張と争点整理 ……… 徳永 響　455

[実践報告]るいそうの被告人の窃盗事件についての
控訴審刑事弁護 …………………………………………………………… 藤村 元気　460

[実践報告]2つの否認事件 ……………………………………………… 出口 聡一郎　473

美奈川成章先生略歴　　496
上田國廣先生略歴　　498

第1部
刑事弁護の歴史と到達点

刑事弁護の形骸化とその克服への努力
歴史的経緯と現状

上田 國廣

弁護士

1　はじめに
2　戦後の新たな法制化のもとでの刑事弁護活動
3　刑事弁護離れ
4　個別の弁護活動から日弁連全体の取り組みへ
5　接見問題の進展と上田国賠請求事件
6　福岡における刑事弁護復興への動き──当番弁護士創設への萌芽
7　松江の人権擁護大会シンポジウム
8　刑事弁護センターの発足・活動と当番弁護士制度へ
9　被疑者国選弁護制度へ
10　刑事弁護の担い手と質の向上
11　終わりに

1　はじめに

　日本の刑事裁判は、明治期以降2回の革命的な変革を遂げている。明治期の近代的刑事裁判制度の導入と第2次大戦後の改革である。いずれも、その渦中に居た法律関係者は、その制度改革について行くのがヤットという感じであったろう[*1]。
　江戸から明治の大転換の中で、それまで我が国になかった刑事弁護制度が創設された。正式には、治罪法（1880〔明治13〕年制定）の施行された1882 明治15）年からであるが[*2]、1875（明治8）、1876（明治9）年頃には、一部の刑事裁判で、弁護人が活動するようになったとされる[*3]。その正確な時期

や弁護の内容は、管見の限りであるが、明らかではない。

　刑事弁護を担ったのは代言人であった。彼らは、弁護の理念をどのように解し、その活動に従事したのであろうか。これまでの研究では、多くの若者が、幕末から明治にかけて外国へ留学し、その地で、ヨーロッパの法学を研究し、日本にその知識を導入したことが指摘されている。刑事手続の面でも、オランダ、フランス、イギリス、ドイツなどの制度とともに、弁護人の役割についても紹介されてきた*4。

　明治期に導入された刑事裁判制度は、形の上では、ヨーロッパで形作られていたものである。この制度を導入する以前も、近代的な裁判の思想に通じる思想はあった。わが国でも、古来中国の「罪の疑わしきは罰せず」との理念を前提としていた。現実の適用の場面では、単なる建前であったかもしれないが、この理念は、江戸時代に至るまで司法官の前提とすべきものであったと思われる。刑事裁判に携わる代言人は、当時の官尊民卑の厳しい差別的な対応のもとで、また、与えられた極めて不平等な法制度にもかかわらず、弁護の理念を少しでも実現させるべく、実践の場でさまざまな努力をしてきた。刑事裁判で、冤罪はもちろん、不当な刑が人民に科されてはならないとの理念があったからであると思う。このような基盤があったこともあり、比較的早期に、近代的な刑事弁護の思想が定着したのではないかと思う。

　このような感想を冒頭で述べるのは、刑事弁護の実践のためには、刑事弁護の理念への深い共感と被告人のための情熱的な活動が求められるからである。迫害を恐れずに闘ってきた先人の先進的な弁護活動も、そのような理念に裏打ちされていたであろうと思うからである。筆者は、2004（平成16）年4月から2014（平成26）年3月まで、九州大学法科大学院で刑事弁護論の講義を行ってきた。刑事訴訟法等の解釈論も重要であるが、できれば、刑事弁護の心をも伝えたいと思い、その努力をしてきた。刑事弁護が、憲法の保障する国民の権利、とりわけ少数者の権利の擁護をとおして、民主主義を擁護する重要な職務であることを繰り返し伝えてきた。どのように刑事訴訟の知識が豊富でも、刑事弁護の情熱を持たない者にとっては、それらの知識が実践されることはない。情熱の裏付けがあってこそ、知識や技術はその実力を発揮できるのである。

　恐れずにいえば、刑事司法を支配してきた官僚による刑事裁判の形骸化に対する克服の努力は、このような情熱を持った多くの刑事弁護士の熱意と努力によって、実践されてきたのである。

　そのためにも、刑事弁護の歴史を通観し、現在の活動に生かすことが、刑事

弁護士にとって必要な修養であると思う。明治以降から今日までの刑事弁護の歴史を適切に紹介する文献として、『実務大系　現代の刑事弁護3　刑事弁護の歴史と展望』[*5]が参考になる。本稿の担当でもある大出良知教授らの執筆によるものである。

本稿の筆者の論考は、屋上屋を重ねるものであるが、福岡の地から刑事弁護に携わってきた者の一視点として、論述するものである。

2　戦後の新たな法制化のもとでの刑事弁護活動

戦後の刑事弁護活動の歴史を正確に認識することは困難である[*6]。まして、多くの一般の刑事事件の、とりわけ被疑者弁護がどのようになされてきたかについての文献は必ずしも多くない。あえて推測的な意見を述べれば、いわゆる労働公安事件では先進的な弁護活動が行われたが、一般の刑事事件では、例外はあるものの、十分な弁護活動が行われなかったように思われる[*7]。松川事件はもとより多くの労働公安事件では、接見妨害に対する闘い[*8]、勾留理由開示公判の請求、検察官の証拠保全のための証人尋問請求に対する対策、目撃者や重要証人に対する面接と陳述書等の作成・証拠化など、現在取り組まれている多くの弁護活動が先駆的に行われてきた。弁護人は、ときには捜査機関からの証拠隠滅の容疑を受けながら、ひるむことなく積極的な活動を展開してきた[*9]。「労働公安事件」と「一般刑事事件」の弁護活動は、担い手もその活動内容も別のものとして、相互の交流はあまりなかったように思われる[*10]。刑事弁護の二極化である。この傾向は、その後の学生事件まで継続し、捜査機関は、一般刑事事件ではさほど困難なく、捜査・公判を乗り切ってきたのではないか。労働・公安事件の減少と圧倒的多数を占める一般刑事事件の低調な弁護活動もあずかって、検察司法、人質司法の動きを加速させる結果となり、「絶望的」な状況を作り出していったのではないか。

被疑者弁護の前提は、被疑者との自由な接見交通である。憲法34条等に由来して新刑訴法39条1項で認められた接見交通権は、施行直後から閉塞状態に陥らされる。面会切符といわれた一般的指定制度は、現行刑事訴訟法が1949（昭和24）年1月1日より施行されるにあたり、最高検察庁が、検察書類様式例中に、「接見又は授受に関する指定」および「指定書」の様式を制定したことに始まるとされる[*11]。この様式による運用について、1949年2月25日開催の弁護士会と検察庁の新刑事訴訟法運用事務打合会の協議事項とされ、

弁護士会側は了承したとされる。これにより、検察官は、弁護人の接見を指定する捜査上の必要があるときは、あらかじめ「接見又は授受に関する指定」と題する書面を被疑者および監獄の長に交付して、一般的に接見等の日時、場所および時間を指定する旨明らかにしておき、弁護人からの接見の申込みがあれば、協議のうえ、具体的な日時等を指定する「指定書」を作成し、弁護人に交付することになった。この様式は、その後整備され、1954（昭和29）年1月1日に法務大臣訓令執行事務規程14条5項に規定され、さらに、1963（昭和38）年1月1日改正施行の法務大臣訓令事件事務規程28条に規定する、様式48号の一般的指定書、様式49号の具体的指定書となった。

この妨害方策は、間もなく発生した三鷹事件（1949年7月1日）でも早速実行され、弁護人が警察に出向いて接見を申し出ても、指定書の持参がないとして拒否され、検察庁へ行っても、担当検察官が所在不明の理由で指定書の交付も拒否され、結局、弁護人らとすべての被疑者との接見は、弁護人選任届を取る以外、起訴時まで断念させられた[*12]。労働公安事件での接見妨害に留まらず、一般の刑事事件でも、一般的指定により、被疑者弁護は妨害された。接見は、概ね10日間の勾留期間中1、2回、時間も15分程度との運用がなされた[*13]。

先進的に闘われた労働公安事件でも、当初、準抗告の手段がとられていなかった[*14]。準抗告申立は、公刊された資料（判例時報、判例タイムズ、下級審刑事判例集、判例月報）によれば、昭和20年代になく、昭和30年代14件（内、認容例11件）、昭和40年代72件（内、認容例57件）とのことである[*15]。

私見だが、準抗告の申立てと認容が次第に増加するのは、憲法、新刑訴法を直接に学んだ戦後の司法研修所出身の法曹が裁判所、弁護士会に進出し、新たな活動を実践するようになったことも寄与していると思われる。後述する、保守層からの偏向裁判批判による「司法の危機」は、現象的には、都教組事件等の労働事件での限定解釈による争議権の刑事罰からの解放を契機としたものであるが[*16]、その背景として、上記の新たな法曹の輩出がある。象徴的には、1954年に若手法曹・法学者によって結成された青年法律家協会（青法協）への多数の司法修習生の参加である[*17]。青法協は、その主たる目的を「憲法の擁護」におき、毎年任官する判事補の3分の1が加入するほどになった[*18]。これらの若手の裁判官や弁護士が、憲法・刑事訴訟法の理念に沿った判断や弁護活動を行うようになっていった[*19]。

憲法は、戦後の冷戦構造を反映し、占領軍により、講和条約締結後は、時の

保守政権によって、施行当初から、さまざまな制限を課されてきた。新刑事訴訟法も、同様であった。基本的には、当初から憲法制定の理念を発揮することができず、その判断を担う司法も、戦前からの保守的な裁判官によって担われ、解釈されてきた。どの分野でも同様であると思われるが、司法の分野でも、保守的な動きと革新的な動きが、いわばせめぎ合う形で、複雑な動向を表していた。

3　刑事弁護離れ

　刑事弁護は、制度的・構造的な困難を抱えている。
　1995（平成7）年の論考であるが、福岡県弁護士会の同僚である古賀康紀弁護士は、「刑事弁護をしたくない四つの理由」[20]という題で、半ば自虐的・諧謔的にその理由（ハードル）を述べている。第1のハードルは、「なんといっても、刑事事件は金にならないからである」。第2のハードルは、「品行方正でない人とはあまり付き合いたくない、ということである」。第3のハードルは、「警察とはケンカしたくない、ということである」。第1は、「人はパンのみによって生きるに非ず」とのイエスの教えを言い聞かせて乗り越えることにしよう。第2は、他人の品性を云々できるほど自分は品行方正かと思い至ればクリアできそうである。第3は、「そのようななかで闘うことこそが、弁護士の使命ではないか」と自分自身を叱咤激励して、なんとかクリアするほかない。「最後に突き当たる第4のハードルが、刑事裁判そのものに対する無力感、絶望感である」となる。「裁判所は、有罪の決めつけと捜査機関に対する絶対的信頼のもとに決定を下し、判決を言い渡す。憲法や刑事訴訟法の理念は、絵に描いた餅にすぎない。裁判所は弁護人の意見に耳を傾けようともしないし、弁護人が提出した書面を真面目に読んでいるかという疑問すら湧いてくる。そんなことを何度か体験すると、『ばかばかしくて、もう刑事弁護などやってられるか』という気持ちに陥ってしまう。いくら考えても、この解決策はとても見あたらないが……と思案」する。ふと気づくと、「裁判所から蹴飛ばされ、踏みつけにされたことを忘れてしまっているから、性懲りもなく、また刑事弁護を受任しているのだ」。そして、刑事弁護を受任している弁護士もまた、「懲りない面々」なのであるとのジョークで終わる。短い文章だが、刑事弁護の困難性を的確に抉りだしている。
　刑事弁護が絶望的と言われた昭和40年代の論考で、小長井良浩弁護士は「刑

事弁護の四重苦」として、①官僚司法の退廃、②力関係の較差、③刑事弁護士に対する迫害、④訴訟維持の苦心を上げている[*21]。両弁護士の基本的な理解は共通している。小長井は、弁護士の刑事弁護離れを、次のように指摘している。「『刑事弁護はやらないことにしている』という弁護士が、大都市在住では多数である。なにも国選弁護事件を辞退するというのではなく、およそ刑事事件を受任しないのである。各種の事件が否応なしにもちこまれる地方在住の弁護士も、『否認事件はやらない』と決めている人は、たくさんいる。さらには、『捜査段階ではひきうけない』とされる。刑事弁護がどのくらい不愉快で耐えがたいかは、弁護士は身をもって思い知らされている」[*22]と述べている。権力による裁判統制は、司法が国家制度の一端を担っている以上、一定の必然性を持つ。したがって、戦後、新たな憲法と刑事訴訟法を持ったからと言って、統制がない状態は考えられない。しかも、昭和40年代は、激しい司法の独立の危機にさらされた。1967（昭和42）年の都教組事件最高裁判決は、公務員の争議に関し、刑事罰を制限する判断をした。自民党政権は、最高裁裁判官の任命権行使等により、司法の統制を図ろうとした。裁判所は、内部的な統制を強め、1970（昭和45）年5月3日に、石田和外長官の談話が発表された。これより先、1969（昭和44）年9月には、札幌地裁に継続していた長沼ナイキ訴訟事件に関し、当時の高裁長官平賀健太が「長沼町保安林指定解除事件の問題点」と題する書簡を民事部の総括裁判官に送り、担当裁判官に働きかけを命じ、さらに、担当の福島重雄裁判官に決定告知を延期するように直接申し入れるなどの、いわゆる平賀書簡問題が明らかになった。最高裁は、平賀所長を「注意処分」としたが、書簡を公表した福島裁判官に対しても、札幌高裁が注意処分とした。

　さらに、刑事裁判の分野では、学生裁判と荒れる法廷問題が、裁判の権力的、体制内的な動きを加速した。学生裁判では、刑事裁判の本質は何か、刑事弁護はどのようにあるべきかにつき、極めて根源的で、解決の難しい問題が突き付けられた。

　政党やセクト間の裁判の方針をめぐる深刻な争いが生じ、統一公判か分離公判か、法廷戦術はどこまで許容されるのか、裁判の許否か受け入れかなど、さまざまな面で分裂した状態が続いた。裁判所の対応も分かれたが、東京地裁方式と言われる強権的訴訟指揮が、次第に拡大し、各地方の裁判所にまで影響を及ぼすようになった。訴訟指揮に対する弁護人の異議は棄却され、ときには、被告人、弁護人の退廷命令、監置処分が出されるなどの荒れる法廷が現出した。弁護人に対する刑訴法上の措置要求、弁護人抜き法案の提出、日弁連の対応等、

刑事裁判の大きな変動と痛みを伴った。

　刑事裁判は、一層形骸化を強める。捜査段階では、有効な弁護のための訴訟法上の権限はほとんどなく、弁護活動の基本である接見も、接見指定等により十分に行うことができない。公判では、捜査段階の記録の引継ぎや追認と看做されるような訴訟指揮が行われ、不当な訴訟指揮や決定等に対する不服申立ても、ほとんど却下や棄却となる。判決では、弁護人の詳細な無罪弁論も、無視されるかわずかに触れられる程度で有罪と宣告される。献身的かつ積極的な弁護活動は徒労と終わるのである。

　1981（昭和56）年5月号の『自由と正義』は、「刑事弁護の現状と問題点」を特集した[*23]。東京地裁他全国6地裁（神戸、山口、福岡、山形、札幌、香川）の状況等が報告されている。東京地裁の現状は、「東京地裁刑事部では訴訟の迅速処理の観点から、弁護人の慎重審理の要請を手際よく処理することが異常な程重視されている。訴訟促進上障害となる弁護人の訴訟手続上の主張・要求は排斥され、なおも執拗に主張する弁護活動は強権的に圧迫される。こうして、弁護活動は裁判所の訴訟指揮の従属的地位に追いやられ、強力な捜査権力と訴訟指揮権に比べ極めて微力な存在に固定化されつつある」と概説されている。福岡でも、訴訟促進のために、被告・弁護側の犠牲のうえで訴訟指揮がなされていることが、報告されている[*24]。

　このような形骸化を象徴的に表現したのが、平野龍一教授の「刑事裁判はかなり絶望的である」[*25]という言葉である。平野教授は、「現行刑事訴訟法は、施行後すでに約35年を経、現在ではその解釈・運用はほぼ安定しているように見える。たしかに、現行刑事訴訟法の中で、解釈運用上の疑問の多かった規定や制度（伝聞規程の解釈、ディスカバリー、違法収集証拠、公訴権の濫用など）の多くについては、一応の結論が出されて、『安定』した。しかし、もっと深いところにある現行刑事訴訟法の問題は、必ずしも解決されていないように思われる。……たしかに、現行刑事訴訟法は、欧米の刑事訴訟法、いわばその『文化的水準』に比べると、かなり異状であり、病的でさえあるように思われる」と述べて、その診断を試みている。診断の内容も根源的なものである。「欧米の裁判所は『有罪か無罪かを判断するところ』であるのに対して、日本の裁判所は、『有罪であることを確認するところ』であるといってよい」と述べ、「わが国の刑事訴訟法の実質は、捜査手続にある。しかもその捜査手続は、検察官・警察官による糾問手続である。そこにわが国の刑事訴訟の特色がある」とし、さらに、被疑者取調べや自白の問題点に言及している。

制度の解釈・運用の両面において、刑事裁判の絶望的な状況は、長期にわたり継続したのである。

4　個別の弁護活動から日弁連全体の取り組みへ

　日弁連は、新刑訴法施行の当時からの捜査機関による接見妨害に抗議するために、1954年3月27日の「弁護人の自由交通権尊重を要望する」決議を上げ、その後も、地方会をふくめて同種の決議や宣言がなされてきたが、接見妨害は、何らの改善も見られなかった。

　この問題に対応してきたのは、日弁連人権擁護委員会第2部会である。同部会は、捜査機関の違法行為等を担当してきたが、これらの宣言決議では、何らの改善も得られないことから、接見妨害という重大な人権侵害行為に対し、具体的な行動を提起し、その改善を図るべく、1981年4月1日、日弁連執行部に「接見交通権の確立、特に一般的指定制度の撤廃を実現するためには、もはやその違法性についての論議、改善要望の段階をこえて、各単位会・地方ブロック会・日弁連あげての強力な組織的・統一的諸活動をしていかなければならない段階にきており、そのための具体策の樹立、実行が急務である」と独立の実行委員会を設置するよう提案した。

　提案を受けて、1984（昭和59）年6月、日弁連接見交通権確立実行委員会が発足した。同委員会の目的は、「接見交通権の確立、とくに一般的指定制度の撤廃をはじめ接見交通の自由を実現するための具体策を研究、立案し、かつその実行に当たること」とされた。このように、「その実行」に当たる委員会が設立されたことは、日弁連にとっても画期的な出来事であった。筆者は、人権擁護委員会2部会に所属し、その提案にも関与してきた。2部会では、接見問題の検討のために、東北大学の小田中聰樹先生の協力を得て、理論面・実践面での研究を積み重ね、上記提案に至ったものである。

5　接見問題の進展と上田国賠請求事件

　弁護人接見が戦後すぐから制限を受けてきた現実は、前述したとおりである。権利は、法律が変わったからといって、すぐに実現されるものではないことを象徴している。権利は、実践の中から闘い取るものであり、常に権利を確保するための新鮮な血を通わせておかねば、死滅してしまう。

自由な接見交通権の闘いは、まさに、戦後すぐから、先輩弁護士が実践していた。1954年6月には、後藤昌次郎弁護士の事件、1965（昭和40）年4月には、大阪府布施署における杉山彬弁護士の事件、同年8月には、麹町署における椎名麻紗枝弁護士らの事件が提訴されている。

　準抗告申立ても上記したように昭和40年代には飛躍的に増加した。鳥取地裁決定（昭和42年3月7日・下刑集9巻3号375頁）は、一般的指定を違法とする画期的な決定を出した。これに対して検察庁は、「指定書」の交付に代えて、電話等により口頭で一般的指定をしたり、指定書の文言を「……その日時、場所および時間を別に指定するので、右の者らから接見等の申し出があった場合は直ちに必ず連絡されたい」と変更して使用したりした。

　日弁連接見交通権確立実行委員会は、その活動の中心に、準抗告申立ての徹底と違法不当な妨害に対する国賠請求を据えた。同委員会の委員であった筆者も、1985（昭和60）年の監禁致死事件で、7月26日から8月10日までの勾留期間中に1回だけしか面会できないという、検察官による接見妨害を受けたことから、翌1986（昭和61）年に国賠請求を提起した[*26]。弁護団が結成され、団長・黒田慶三、副団長・徳永賢一、同木上勝征、事務局長・美奈川成章、事務局次長・中島繁樹、同福島康夫他約15名の常任弁護団を中核とし、福岡県弁護士会会員約280名が代理人に参加するという弁護士会挙げての体制で裁判に臨むことになった。第1回口頭弁論には、65名の代理人が参加した。

　この時点で、全国的には、札幌弁護士会の太田勝久弁護士による国賠請求事件等が提起されており、接見交通権確立実行委員会は、各地の弁護団と緊密な連携を取り、同時に委員会メンバーが原告代理人に就任するなどして、応援弁論や研究会の開催等による実践面・理論面でのバックアップをした。

　このような運動を背景に、日弁連は、法務省と交渉を重ねた結果、一般的指定制度の廃止と新たな通知事件制度の制定に至った。具体的には、大臣訓令事件事務規定28条を改正し、1988（昭和63）年4月1日に施行した。これに伴い事件事務規定様式48号は廃止し、事件事務規定様式49号を改め、名宛人欄を設け、接見の記録部分を削除した。検察官等において指定権を行使することがあると認める場合に、あらかじめ監獄の長に対してその意図を通知することとし、その際には、所定の通知書を用いるように、各検察庁の長に通達された。

　完全ではないにしても、刑事弁護士が永年にわたり苦しみ続け、屈辱を味わってきた制度が改廃され、面会切符をもらいに行くという事態が解消したので

ある。同委員会の具体的実践とそれに基づく改革の実現は、多くの弁護士を勇気づけるものであった。また、日弁連、単位弁護士会としての今後の活動の方向性をより明確に示すものでもあった。

　上田接見国賠訴訟においても、1988年4月に勝訴の判決を勝ち取ることができ、弁護団に参加した多くの弁護士が、刑事弁護への関心と意欲、制度改革への自信を強く持つに至った。

　弁護団の一員であった萬年浩雄弁護士は、「なぜ福岡で最初に当番弁護士制度が発足したのか」につき、「福岡でもかつては、刑事裁判の形骸化に絶望している状況であった。……1986年、福岡県弁護士会が総力をあげて上田國廣弁護士を原告として接見妨害に対する国家賠償請求事件を福岡地方裁判所に提訴した。この事件の原告代理人には当時の福岡県弁護士会の会員約400人中280人、つまり会員の7割の弁護士が代理人になり、弁護士会をあげて支援した。この上田国賠弁護団の結成は、今まで個人ではとうてい国賠事件はやれないとあきらめていた弁護士たちを大いに鼓舞したものである。……この上田国賠弁護団が福岡の当番弁護士制度の中心的なにない手となったのである」と評価している[*27]。

6　福岡における刑事弁護復興への動き
　　――当番弁護士創設への萌芽

　全国的な状況とは別に、福岡での刑事弁護の復興へ向けた独自の動きも出てきた。ささやかな一歩が、「福岡における刑事裁判の現況」の報告である。福岡も東京地裁方式の直撃を受けた。東京地裁から右陪席裁判官として、優秀な裁判官が使命を帯びて転勤してきた。象徴的な裁判が現出する。九州をもっぱら転勤場所とする裁判長に、東京から来た右陪席裁判官が横から乗り出して、訴訟指揮のやり方を耳打ちする光景である。長期未済事件が迅速に片付けられ、被告人質問や証人尋問が短縮させられる。1回結審が増える。これまで認容されてきた一般的指定に対する準抗告が却下される。影響は、さまざまな形で現われてきた。心ある弁護士層は危機感を共有し、何とか反撃できないかとその機会を窺っていた。

　そのための組織的な対応が、後述する松江の人権擁護大会第1分科会に向けて企画された「刑事裁判の現状と問題点」に関する連続座談会の開催と同名の報告書の作成である。福岡県弁護士会の小島肇副会長は、第1回の会合の冒頭、

「今日の刑事裁判の形骸化の下で少なからぬ無力感を味わっている弁護士が増える中で、今改めてその現状を見つめ直し、その現状を打開してゆく方向を探るうえで、この座談会が契機となって、福岡に於いても大きな議論と実践が広がることを期待しています」と、この会合の重要性を述べている[*28]。報告書は、起訴前弁護から公判までの各テーマにつき、福岡地裁本庁のデータを仔細に分析し、刑事裁判の病巣を抉り出した。

いわば、上田接見国賠訴訟、座談会、松江の人権擁護大会への過程が、当番弁護士制度の導入の動きに必然的に繋がっていったということができる。

7 松江の人権擁護大会シンポジウム

1989（平成元）年9月の松江の第32回人権擁護大会は、刑事弁護の復興へのエポックメーキングとして、永く語り継がれるであろう。テーマは、「刑事裁判の現状と問題点─刑訴法40年・刑事弁護活動の充実をめざして」である。

基調報告書では、刑事裁判の現状を多面的かつ詳細に分析し、刑事弁護の状況に関しても、「刑事訴訟法の原則に忠実な『原則的な』刑事弁護という観点から見て現在の刑事弁護には少なくない不十分点が存在していることが強調された」と、前年の司法シンポジウムの議論状況を紹介している[*29]。また、「現状打開の基本的方向」として、次の3点を指摘している。「第1は、個々の具体的事件において、いかにして原則的かつ積極的な弁護活動を日常的に進めていくかということである。……第2に、弁護士会が、会として組織的にかつ継続的に、刑事裁判・弁護について、より積極的な役割をいかに果たしていくのかということである。第3に、法制度の改善、改革に関わる問題である」[*30]。

「起訴前弁護活動」に関しては、「立法上の改善策」として、「現行法では、特に捜査段階における当事者主義は不十分であるといわれている。弁護側の積極的な証拠収集活動が立法上十分には保証されていない。……起訴前の国選弁護人制度の導入も不可欠である。これらの諸点を憲法上の原則および国際準則に従って立法上改善することが検討されなければならない」[*31]とする。

基調報告書は、「弁護士会の課題」を最後に上げており、「弁護士会の役割の重要性」として、「弁護士会の現状の改善は、個々の事件における弁護人の努力の積み重ねなしには実現しえないことはいうまでもないことである。同時に、現在の状況は、弁護士会が組織的な取組を具体的に強化していくことを強く求めているというべきである」と刑事弁護離れ、刑事裁判の構造的深刻さ、

被疑者段階の弁護人選任権の実質化等については触れたうえで、弁護士会の果たす役割を指摘している[*32]。

これらを総括して、「刑事弁護センター（仮称）」の設置を求め、「センターは会員・弁護士会に対して刑事弁護活動を充実・強化するための諸方策を立案し、その方策の実行を推進する。……本基調報告書において提起されている法律改正・制度改革等につき、検討し改革案をまとめ、これを実現するために必要な運動を行う」とした[*33]。

そして、最後に、「われわれは、以上の諸方策等を実行することにより、直ちに刑事手続の改善に取り組み、制度的問題については、今後10年以内に改革実現する気迫で取り組もうではないか」と結んでいる[*34]。

当日のシンポジウムでは、筆者も基調報告の一部を担当した。報告中にこれまでのシンポジウムで経験したことのない、真剣で張り詰めた雰囲気が会場に満ちているのを感じた。報告後の討論では、発言希望者が殺到した。どの発言も、刑事裁判の形骸化を批判し、刑事弁護の復興を求めるものであった。制度や裁判の現実に追い詰められた弁護士層が、圧迫されて潜在化していたエネルギーを、改革に向けて解き放そうとしているようであった[*35]。

翌日の大会では、刑事訴訟法40年宣言が採択され、「わが国の刑事手続は、現在、憂慮すべき状況にある」とし、「憲法の理念および国際人権規約等いわゆる国際人権法に関する状況を改革するため、これまでも法制度の改革、運用の改善のため努力してきた。刑事訴訟法施行40周年にあたり、当連合会では国民とともに、英知を結集し、現在の刑事手続を抜本的に見直し、制度の改革と運用の改善をはかるとともに、刑事弁護の一層の充実強化をはかるなど、あるべき刑事手続の実現にむけて全力を挙げて取り組むものである」と表明した。

松江大会の前年の神戸大会シンポジウムでは国際人権法から見た日本の刑事手続の問題点を洗い出し、劣勢な国内での刑事手続が、グローバルスタンダードから見て許容できない水準にあることを強く認識させてくれた。また、同年名古屋で開催された第12回司法シンポジウムでは、第2分科会で「刑事裁判と法曹のあり方」をテーマに議論され、総括として、「弁護士に刑事事件に対する意欲の減少、刑事裁判に積極的に係わっていこうとする意欲の希薄化などいわゆる刑事弁護離れの現象がみうけられること、弁護活動は全般的にはなお不十分であり、現状打開のためには、個々の事件で弁護士が闘う努力を重ね、刑事弁護活動の充実によって刑事裁判の改善をめざしていくことが必要であること、弁護士会の役割は、この活動を積極的に支援していくことにあることな

どが論議、確認された」*36。その上で、制度上の改善策として被疑者国選弁護制度の実現が掲げられた。これらの潮流が合わさって松江の人権大会で大きな流れを形成したように思われる。

　松江大会の意義が繰り返し語られるのは、刑事手続改革を宣言に終わらせることなく、刑事弁護センターの発足へ結びつけたことである。大会終了後、準備委員会が設置され、翌1990（平成2）年4月、同センターが発足した。

8　刑事弁護センターの発足・活動と当番弁護士制度へ

　刑事弁護センターは、「松江宣言に基づき、わが国の刑事手続を抜本的に見直し、制度の改正と運用の改善をはかるとともに、弁護活動の充実のため弁護人に対する支援をし、あわせて刑事裁判についての国民の理解と参加をはかる」ことを目的・任務とし、全国単位会から各1名、関連委員会から若干の委員で構成された。各単位会においても、日弁連に先駆け、あるいは相前後して、刑事弁護の充実に組織的に取り組む動きが活発化し、刑事弁護委員会などの新たな組織や接見交通権委員会等の既存の委員会を活用して、全国的に肌理細かな、組織的な活動が展開されるようになった。

　センターの発足に呼応する形で動き出したのが、当番弁護士制度である。大分県弁護士会で1990年9月に名簿制の、福岡県弁護士会で12月に待機制の当番弁護士制度が発足した。弁護士が、被疑者の求めに応じて、あるいは、重大事件で弁護士会が派遣して、刑事弁護の助言をするという画期的な制度の始まりである。

　イギリスの当番弁護士制度を日本に紹介したのは、庭山英雄教授である。1989年5月2日、NHKテレビ「ドキュメント冤罪——誤判はなくせるか、英米司法からの報告」が放映され、同教授をレポーターとして、当番弁護士制度の紹介がなされた。福岡県弁護士会では、松江大会の準備のため、福岡での刑事弁護の現状と問題点をテーマとして3回の座談会を行い、報告書を作成した。その過程で、起訴前弁護の充実のために、イギリスの当番弁護士制度に倣った弁護制度を導入すべきであるとの意見が多数を占めた。

　同年10月、東京弁護士会法友全期会10周年記念シンポジウム「被疑者国選弁護の実現を目ざして」が開催され、上田接見国賠弁護団から派遣された萬年浩雄弁護士が参加した。同シンポでは、庭山教授、村岡啓一弁護士（当時）が「イングランドとウェールズにおける当番弁護士制度」のテーマで講演した。

萬年弁護士は、その後の観念的議論の応酬に業を煮やし、「もはや議論の段階ではなく、実践のときである。福岡では当番弁護士制度を導入する」と宣言をした*37。

翌1990年1月に、開催された「起訴前弁護活動に関する九州会議」で事務局長・中島繁樹弁護士が、当番弁護士制度を本年中に発足させると述べ、朝日新聞は一面トップで報道した*38。方向性は決まっていたものの、いわば外堀を埋められる形で、何がなんでも、早期に実施することが求められる事態となった。期限は迫っていたが、拙速ではなく、本場イギリスの制度に学ぶこと、併せて、フランスの制度も勉強すること、担い手となるべき会員弁護士が多数参加することを目標にして、視察団派遣の準備が進められた。準備の舞台裏は、てんてこ舞の状態だった。団長・徳永賢一弁護士、副団長・黒田慶三弁護士、同木上勝征弁護士、団員27名の大調査団が組織された。イギリス、フランスの刑事裁判制度等の勉強会を複数回重ね、視察先での質問内容、担当者等を決めた。在大阪イギリス総領事館に視察先の調整等を依頼した。しかし、大英帝国は、日本の片田舎の弁護士のために、積極的に骨を折ることはなかった。視察直前まで、視察先は確定しなかった。この窮状を救ったのが、たまたまイギリス留学中の村岡啓一弁護士であった。同氏は、ロンドン大学で、刑事司法の勉強中であった。同氏の調整で、ロンドン大学のイギリス刑事司法の権威とされるマイケル・ザンダー教授*39のレクチャーを受ける手配もされた。村岡弁護士は、札幌の太田接見国賠訴訟の中心メンバーとして活動し、接見交通権確立実行委員会の委員でもあった。通訳には、国際人権法の勉強のために留学中の戸塚悦朗弁護士にお願いすることができた。もちろん、村岡弁護士にも随時通訳を担当してもらった。まさに天の配剤で、視察先が確定した。1990年10月6日から15日までの視察であったが、充実した内容で成功裡に終えることができた*40。

当番弁護士に関する規定の制定等の作業も順調に進み、1990年12月1日、待機制当番弁護士が実施された。なお、大分県弁護士会は同年9月に名簿制の当番弁護士制度を開始している。成功のためのさまざまな取組がなされた。定期化された街頭でのビラ配布、美奈川弁護士のNHKモーニングワイドへの出演、西日本新聞への2行広告*41、ラジオ番組等により広報に努めた。極めつきは、1993（平成5）年1月24日午後9時から、毎日放送系で全国放送された「こちら当番弁護士」である。奥田瑛二主演で、地元の弁護士、事務員も動員された。次第に「当番弁護士」の呼称が広まっていった。

出動件数は次第に増加し、初年度（1990年12月1日から1991〔平成3〕年11月30日まで）は108件、2年度は217件、3年度は455件と順調に推移した。なお、ここで付言しておきたいのが、委員会派遣事件である。福岡は当初からこの制度を置き、殺人等の重大事件、外国人事件、少年事件等で、依頼がなくとも当番弁護士を出動させ、助言する体制を取った。当時としては、尖鋭的な方法であったが、被疑者の弁護人依頼権を実質的に保障するうえで、より本質的な内容を有していた。この制度により、多くの重大事件等で成果を上げることにつながった。

　福岡を中心に述べてきたが、日弁連刑事弁護センターは、当番弁護士の全国展開を目指した。会員が特別負担金を拠出して運営する制度では限界がある。目標は、当然のことながら、被疑者国選制度の実現である。全国展開と安定した確実な出動が制度化のための前提条件である。日弁連刑事弁護センターは、各単位会のおかれた状況等を尊重しながらも、その状況に応じた規模や方法の当番弁護士制度を実現できるよう、センター委員を各単位会に派遣し、交流や協議を重ねた。幸い、大規模な単位会のモデルとして福岡型の待機制、小中規模の会のための大分型の名簿制が現実の制度として機能していたので、各会の対応も迅速なものとなった。

　それとは別に、制度の発展と将来の法制化に向けて、裁判所、法務省との交渉が続けられた。1991年11月21日の朝日新聞朝刊は、「当番弁護士制度　最高裁、協力の方針　全弁護士会の実施待ち」との見出しのもと、「日弁連から協力を求められていた最高裁は20日、全国のすべての弁護士会が実施した段階で、『容疑者に制度を告知する』など協力する方針を、初めて明らかにした」と報じた。この時点では、実施会は26会、準備中の会は8会である。日弁連、単位会の必死の努力で、1992（平成4）年10月1日までに、全国のすべての単位会で実施されることになった。

　1991年7月の福岡での第3回国選弁護シンポジウムは、「被疑者段階の国選弁護制度―その実現に向けて」のテーマで開催された。この第3回国選シンポジウムから、当番弁護士制度を前提とした制度化がより具体的に構想された。基調報告書は、「憲法は被疑者に弁護人依頼権を保障したが、戦後40数年を経過した現在も真の意味での権利とはなっていないことが明らかとなっている。刑事司法の形骸化が叫ばれる中、被疑者の弁護人依頼権を実質化するための制度がようやく緒についたばかりである。起訴前弁護活動の一層の充実強化をはかるためにはさらに全国各地の単位会が当番弁護士制度等を導入し、発展させ

ていく必要がある」と的確に指摘している[*42]。

　当番弁護士制度は、順調に拡大を続け、委員会派遣制度も多くの単位会が採用するようになった。人権擁護大会、司法シンポジウム、国選弁護シンポジウムが、それぞれの年度に開催され、当番弁護士から国選弁護制度の導入に向けた体制の整備・確認と対外的なアピールを連続的に行った[*43]。

　当番弁護士制度がスタートして1年の段階であるが、三井誠教授は、同制度の意義を正確に分析している[*44]。その第1は、刑事司法に対する意識改革である。「捜査機関に対しても、捜査の進め方を慎重にし、捜査の適正化に一役買うことになるだろう」とする。裁判機関には起訴前弁護が捜査の当事者化を推し進めることになり、取調べの密室性の可視化が幾分か図られることから、たとえば、供述の任意性・信用性判断が容易になるであろうと述べる。第2に、弁護士への影響を上げる。国選弁護の経験者は多いにしても、起訴前弁護の担当者はごくかぎられていることから、「弁護士は、自ずと捜査弁護の技術を習得し研鑽せざるをえなくなる。……本制度は、起訴後の国選弁護とはまたちがった実践活動を弁護士各自に要請するものである。これはいずれ刑事弁護全体の質的なレベルアップにつながっていくだろう。加えて、活動内容次第で弁護の効果があがることがわかれば、刑事弁護に対する意欲が一段とますことと思われる」と指摘する。第3は、市民の法意識に対する影響である。弁護士会は制度の市民への伝達に工夫・努力している。「市民にこのような制度の存在を伝えることは、その背景に刑事弁護の重要性、ひいて刑事司法に対する理解を高めるという働きをもつ」とする。第4は、被疑者に対して刑事手続における地位を自覚させることである。「当番弁護士制度は、接見等をとおして被疑者に弁護人依頼権、接見交通権、黙秘権等の権利の存在を知らせるだけでなく、被疑者じしんが刑事手続きにおいて当事者としての地位にあることを自覚させる役割をもつ。……被疑者じしんが防御の主体として自己を守という意識を醸成していくのではないかと思われる。これは刑事手続の現実を変革する重要な意味をもつ」とその本質を指摘している。なお、三井教授は、委員会派遣制度にも注目し、「派遣制は、必要的起訴前弁護を構想したり、必要的起訴前国選弁護の対象を一定の重い犯罪にしぼったりする議論が出されたときには、必ずその視座に入ってくると考えられるだけに、今後の弁護士会の対応が刮目されるところである」と評価している[*45]。

　全国実施時点の1991年11月から1992年10月までの1年間の出動件数は、4,608件である[*46]。約8年後の2000（平成12）年度は、3万9,690件（受任

件数8,519件）と順調に拡大していった。

9　被疑者国選弁護制度へ

　1998（平成10）年8月から、日弁連と法務省・最高裁との間で、「刑事被疑者弁護に関する意見交換会」が開催された。この意見交換会は、「被疑者国選弁護制度の実現を前提とするものではない」とされていたが、当然のことながら、日弁連としては、国費による被疑者弁護制度も視野に入れてのものであった。

　2000年には、司法制度改革審議会が発足していたが、2001（平成13）年6月、審議会は最終意見書で「被疑者に対する公的弁護制度を導入し、被疑者段階と被告人段階とを通じ一貫した弁護体制を整備すべきである」と提言した。意見書は、「導入の意義、必要性」につき、次のように述べている。

　　　刑事司法の公正さの確保という点からは、被疑者・被告人の権利を適切に保護することが肝要であるが、そのために格別重要な意味を持つのが、弁護人の援助を受ける権利を実効的に担保することである。しかるに、資力が十分でないなどの理由で自ら弁護人を依頼することのできない者については、現行法では、起訴されて被告人となった以後に国選弁護人を付すことが認められているにとどまる。被疑者については、弁護士会の当番弁護士制度や法律扶助協会の任意の扶助事業によって、その空白を埋めるべく努力されてきたが、そのような形での対処には自ずと限界がある（関連して、少年事件の弁護士付添人についても、ほぼ同様の状況にある）。これに加え、充実しかつ迅速な刑事裁判の実現を可能にする上でも、刑事弁護体制の整備が重要となる。

　同年12月には、司法制度改革推進本部が設置された。本部に顧問会議と事務局が置かれ、10（その後11となる）の検討会が置かれた。その内の1つが「公的弁護制度検討会」である。推進本部事務局は、改革構想の「骨格案」を第13回検討会に提示して了承を得、2004年3月2日、被疑者国選弁護制度の創設等を含む「刑事訴訟法等の一部を改正する法律案」、被疑者国選弁護制度の整備に向けた「総合法律支援法案」、「裁判員の参加する刑事裁判に関する法律案」が閣議決定され、同年5月、これらの法案は若干の部分的修正を経て衆

参両院で可決・成立した。

　改正刑訴法では、「死刑又は無期若しくは短期1年以上の懲役若しくは禁錮にあたる事件」が対象事件であり、勾留段階から、「貧困その他の事由により弁護人を選任できないとき」に、被疑者の「請求により」付することができるとされた。被疑者国選弁護の対象事件は、法律公布後5年以内に「長期3年以上の懲役若しくは禁錮にあたる事件」（必要的弁護事件）にまで広げられることになった。

　2006（平成18）年10月から施行され、第1段階の対象事件が施行され、2007（平成19）年4月から翌年3月までの1年間で、裁判所から国選弁護人依頼の通知・指名を求められた被疑者国選の受理件数は6,776件である[*47]。さらに、2009（平成21）年5月から第2段階の対象事件が施行された。2009年の被疑者国選弁護人選任人員は、46,765人（全地方・簡易裁判所総数）、2010年は70,675人（同）となっている。

　従来から問題視してきたように、国選弁護制度は、勾留段階とされた。そのため、引き続き当番弁護士制度を維持する必要性が残った。また、今次の司法改革は、国選弁護制度だけではなく、裁判員制度等を含む大改革である。現在までの動向の分析等をとおして、この改革を全体としてどのように評価するかも、困難な問題である。国選弁護制度の導入にあたって、採用された独立行政法人司法支援センターが運営するという制度も、弁護士会がどこまで実質的な関与を取ることができるか、取っているかの分析等により、その評価も論者によって異なってくる。

10　刑事弁護の担い手と質の向上

　今や弁護士4万名の時代である。国選弁護制度発足当時のマンパワーの問題は、量的にはほぼ解消したように見える。問題は、質の確保である。刑事弁護センター発足以降も、センターや各単位会は、質の向上を求めてきた[*48]。1995年のアクション・プログラムの策定と実践、全国各地での刑事弁護経験交流会の開催、2009年5月からの裁判員裁判の実施に対応した刑事弁護専門弁護士の育成が図られてきた。

　なお、2014年度日弁連会務報告書によれば、刑事弁護センターには、①制度改革小委員会、②刑事弁護実務研究小委員会、③研修小委員会、④法廷技術小委員会、⑤死刑弁護小委員会、⑥責任能力小委員会、⑦裁判員裁判小委員会、

⑧量刑データベース小委員会、⑨控訴審制度問題検討PT、⑩アフター法制審PTが設置され、活動している。各種研修等の企画・運営として、裁判員裁判法廷技術研修、新たな刑事司法と接見のあり方等のライブ実務研修、さらには、eラーニングコンテンツの作成・受講、種々の情報収集と会員への提供、関連委員会との協力による「発展型研修メニュー」の講師派遣[*49]等の活動を精力的に行っている。

　質の向上への取組みは、これからも、継続していくものであり、いわば、ゴールのない取組みである。

11　終わりに

　美奈川成章弁護士と筆者が相次いで古稀を迎えるにあたり、ともに当番弁護士制度を創設し、福岡における刑事弁護を闘ってきた多くの弁護士らが、古稀記念論文を企画してくれた。筆者個人についていえば、このような名誉を受ける立場にはないが、直前の2015（平成27）年12月が当番弁護士25周年であること、大分・福岡から始められた制度がどのような状況のもとで創設に至ったのか等を明らかにしておくことは、関係者の重要な任務であること、活動への情熱と一致団結した闘いがあれば、地方の一弁護士会が全国の刑事裁判の形骸化に対する反撃の大きな一翼を担うことができたことを、刑事司法の大転換期であるこの時期に示しておくことは一層重要であると考えたことから、この名誉を受けることにした。

　このため、本稿の論述も、筆者の事件や福岡の動きを中心にして、個人的な感想を交えたものとした。なお、本稿は、福岡の刑事弁護の発展を理論的に支え、絶えず情熱的に改革を語り続けて励ましてくれた大出良知教授の協力のもとで執筆した。当番弁護士制度から被疑者国選弁護制度へ、さらには、裁判員裁判の導入等、刑事裁判の大転換の時代である。現在の状況をどう見るのか。その上で、これからの四半世紀のために、我々は何をしなければならないのか。これらの点について、大出教授の論考を参照されたい。

*1　日本法制史に詳しい瀧川政次郎弁護士は、代言人制度から1882年の治罪法による刑事弁護の開始を紹介し、「我が国の弁護権がその後久しく畸形的に歪められてきたのは、それが国民によって闘ひ取られたものでなくして、官から天降り的に与へられたものであることに起因してゐる」と述べ、第二次大戦後現行刑訴法の施行についても、「新刑事訴訟法によって弁護権も著しく強化拡大せられたが、これらはすべて占領軍司令部に

より天降り的に与えられたものであって、国民の間に沸き起こった民主主義の思想から闘い取られたものではない……。講和条約成立以後に予期せられる反動思想の擡頭を思ふと、弁護士界の前途には多くの苦難が横たわってゐることが予見せられる」と述べている（瀧川政次郎「日本弁護士史素描」自由と正義2巻9号17頁）。

*2　治罪法266条は、「被告人ハ辯論ノ為メ辯護人ヲ用フルコトヲ得　辯護人ハ裁判所所属ノ代言人中ヨリ之ヲ選任ス但裁判所ノ允許ヲ得タル時ハ代言人ニ非サル者ト雖モ辯護人ト為スコトヲ得」と規定している。

*3　司法研修所編『平成18年版　刑事弁護実務』は、「我が国において初めて刑事弁護らしいものが認められたのは明治8年の広沢参議暗殺事件である。同事件の審理に特別な裁判所が構成されたが、その際弁護官が裁判所から任命された。しかし、弁護官はこの事件限りで広く一般の制度として認められなかった。明治9年、東京在留の外国人と日本人の八百屋が喧嘩し、八百屋夫妻が重傷を負わされたにもかかわらず、逆に、外国人から代言人によって告訴されるという事件が生じた。この事件は国民感情を刺激し、日本人も代言人によって対抗しなければ不利になるという世論が起こり、司法省も同年5月25日外国人関係の刑事事件に限り、国民が代言人に依頼することを認めた。我が国における初めての私選弁護ということができる」（10頁）と述べている。

*4　前掲注*1書22頁では、「ヨーロッパ諸国に弁護士の制度があることは、すでに幕末時代に先覚者達によって紹介されてゐた」として、司馬江漢の著書、正木篤の訳書、福沢諭吉に言及し、「弁護士の制度を最も懇切に日本に紹介した」人物として、栗本鋤雲と神田孝平を挙げている。

*5　後藤昭ほか編著『実務大系　現代の刑事弁護3──刑事弁護の歴史と展望』（第一法規、2014年）。同書では、第1章「刑事弁護の誕生」、第2章「明治・大正期の刑事弁護」、第3章「昭和初期の刑事弁護」、第4章「戦後改革における刑事弁護」、第5章「刑事訴訟法の施行前後から平野『刑事訴訟法』前後まで（1950年代）」、第6章「誤判問題の展開から学生公安事件前夜まで（1960年代）、第7章「学生公安事件から『弁護人抜き裁判法案』まで（1970年代）」、第8章「死刑確定囚再審から被疑者弁護の充実・強化への胎動まで（1980年代）」、第9章「松江シンポから司法制度改革審議会まで（1990年代）」、第10章「21世紀──司法改革と刑事弁護」と、画期を区分して論述されている。大出良知教授は、第4章から第9章を執筆している。全国的な観点から、種々の資料を基に分析し、刑事弁護の歴史的展開を的確に指摘されている。

*6　三井誠「刑事弁護の40年と今後」ジュリスト930号（1989年）147頁。三井は、「刑事訴訟の歴史は、弁護権の拡張強化の歩みであるとしばしば聞くことである。しかし、戦後40年、正面から照準をあてて刑事弁護を検討する機会はあまりなかった。弁護の実情も明らかではない」という。

*7　大野正男「刑事司法40年の軌跡──弁護士として」ジュリスト930号（1989年）76頁。大野は、「私が昭和29年以降弁護士として現実の法廷に臨んだ印象は、そんなに明るいものではなかった。経済統制令違反など刑事事件が多かった故もあろう。訴訟関係者が現行刑訴に慣れていなかった故もあろう。期待したような法廷での活発な論争や、生々した交互尋問などは、"労働、公安事件"といわれる一部事件を除けば殆んどなかった

といって良い。何より大多数の事件では、被告人が公訴事実を全部認めていた。……この種事件では、すべての書証が同意され、検察官席から裁判官席へとそれが移動するのみであった」（76頁）、「このように、私は実務体験を通じて、大学で習った刑訴と現実の運用の間にはかなり大きな開きがあることを感じ始めていたのである」（77頁）と述べている。

*8 三鷹事件では、弁護人が警察に出向いて接見を申し出ると、指定書不持参を理由に拒否され、やむなく捜査本部あるいは警察庁に出向いて指定書の発行を求めても、担当検察官の所在不明等の理由で指定書の交付も拒否され、結局、弁護人らとすべての被疑者の接見は、弁護人選任届をとる以外、起訴時まで断念せざるを得なかった。松川事件でも盗聴、立会い要求、分散留置等による接見妨害がなされたという。接見妨害に対する弁護側の闘いは必ずしも全体のものとならなかった面があるが、創意工夫のあるものであった。松川事件では、弁護人接見に際して、立会いを強要した警察署長を威力業務妨害罪で告訴し、その後の接見を有利に展開した。

*9 三井・前掲注*6論文は、「刑訴法全面改正時における受身の状況を皮切りに、松川・三鷹、二保・幸浦・小島事件など労働公安事件、冤罪事件をめぐる積極的な防御活動を経て、今日の再審事件を中心とした誤判救済、上程中の二施設法案への対応、接見交通の自由化に向けての組織的な取組みに至る刑事弁護の歩みは、分析してみるときわめて興味深いものがある。総体的には、その尖鋭な活動が、戦後の刑事手続の歴史のなかで主要な役割を果たしてきたことは疑いない。それどころか、実体法とは違って、刑事手続上の理論は、そのほとんどが具体的事件を通して担当弁護人が問題提起したことがきっかけとなっている。……接見交通、証拠開示、公訴権濫用、違法排除等、どれをとってもそうである。むしろ、学説の展開は、実際上『後追い』的になりがちであり、刑事訴訟法に生命を吹き込むのは法廷における刑事弁護人の働きに負うところ大なのである」（147頁）と高く評価している。

*10 戦後の労働争議に関連する労働事件や平、三鷹、松川等の公安事件で中心的活動をしてきた自由法曹団は、1945年10月に再建される。団員の数は十分ではなく、全国各地に赴き活動することを余儀なされた。そのため、他の一般刑事事件に力を割く余裕はあまりなかったと思われる。このことも二極化に繋がったものと思われる（以上につき、自由法曹団編『自由法曹団物語──解放運動とともに歩んだ45年』〔労働旬報社、1966年〕参照）。

*11 藤原彰「弁護人の秘密交通権と捜査をめぐる問題点について」法務研究報告書62集2号（1974年）19頁。

*12 小沢茂「秘密交通権の妨害と人権侵害」自由と正義（17巻1号〔1966年〕16頁）。

*13 三鷹事件の弁護人小沢茂は、「『かくて弁護人は、被疑者が起訴されるまでは接見を断念せざるを得なくなった。今にして思えば、このような不法が許される理はなく、接見を求めるために何等かの方法はあった筈である。しかし、現行刑事訴訟法が施行されて間もない当時において弁護人らはそこに思いが及ばなかったのである』と述懐している」（日弁連第27回人権擁護大会「接見交通権の確立をめざして」〔1984年〕105頁）。

*14 自由法曹団員として、三鷹事件等の労働公安事件で活躍した上田誠吉弁護士は、妨害を受けていた当時、準抗告という方法についてはあまり自覚していなかった旨述べている

(「座談会・刑事訴訟法の四十年」自由と正義40巻7号〔1989年〕140頁)。
*15 前掲注13論文100頁。
*16 木佐茂男・宮澤節生編著『テキストブック　現代司法〔第5版〕』(日本評論社、2012年)では、1968年頃に、「保守的ジャーナリズムや政治家が、裁判所に政治的偏向という非難を浴びせるようになった」として、かれらの念頭には、いくつかの違憲判決があり、「そのなかでもとりわけ重要なのは、公務員および公共企業体従業員の労働基本権(憲28)に関する一連の最高裁判決であった。最高裁大法廷は、1968(昭和43)年10月26日の『東京中郵事件』判決(刑集20巻8号901頁)69年4月2日の『都教組事件』判決(刑集23巻5号305頁)で公務員の争議行為を認める傾向の判断を下していた。また、下級審でも、保守派に危機感を与える判断が続出していた。その代表的な例が、すでに紹介した杉本裁判長の下で東京地裁が出していた一連の判決であり、各地の裁判所で出ていた戸別訪問禁止規定の違憲判決だったのである」(202頁)と紹介している。
*17 司法修習生の参加が増大したのは、1957年3月に9期の約50名が集団加入したことが契機となった(小田成光『鐘鳴りわたれ――回想の群像・法律家運動』〔勁草書房、1987年〕257頁)。
*18 前掲注*17書202頁。
*19 1968年4月から23年間の裁判官生活を送った平湯真人弁護士は、「私が司法修習生であった昭和41年から43年にかけて、日本の裁判所は輝いて見えた時代であった。戦後民主教育を受けた若者たちが次々に司法の一員となり、また戦前の苦い経験を社会に生かそうとする良心的な先輩たちが司法の中堅を占めるようになった。刑事の証拠開示命令や公安条例違憲判決が続き、昭和41年秋には公務員のスト権を認めた全逓中郵事件の最高裁判決が出た」と評価している(平湯真人「学生裁判と再任拒否の思い出」本林徹外編『市民の司法をめざして――宮本康昭先生古稀記念論文集』(日本評論社、2006年)592頁。
*20 季刊刑事弁護3号(1995年)15頁。
*21 小長井良浩「第二節　刑事司法の現状と弁護士の技術の限界」釘沢一郎『講座現代の弁護士4』(日本評論社、1970年)294頁。
*22 小長井・前掲注*21論文294頁。
*23 自由と正義32巻5号。
*24 同上10頁、20頁。
*25 平野龍一「現行刑事訴訟の診断」(団藤重光博士古稀祝賀論文集(4) 407頁)(有斐閣、1985年)。
*26 昭和63年4月27日の福岡地裁判決は、8月1日の妨害、8月3日の妨害、8月8日の妨害を違法とし、上記のうち、8月1日の妨害については、具体的指定書を持参しなかったことを理由に接見を認めなかったことは、当時の福岡地検の方針に則ったもので、検察官に故意または過失がないとした。2回の妨害については、いずれも過失を認め、30万円の慰謝料を認めた。原・被告双方が控訴した。平成6年2月21日の福岡高裁判決は、双方の控訴を棄却した。同判決では、8月1日の妨害、8月8日の妨害を違法とし、過失も認めたが、8月3日の妨害については、検察官や事務官の行為とは認められ

ないとした。一審原告が上告したが、平成12年2月22日、上告棄却となった。
*27 萬年浩雄「委員会派遣制度について」福岡県弁護士会『当番弁護士──いま何が問題か？』（福岡県弁護士協同組合、1994年）25頁。
*28 福岡県弁護士会「刑事裁判の現状を問題点」（1989年）101頁。なお、座談会の出席者は述べ100名に及び、合計12時間の熱心な議論がなされた。第1回では、①被疑者取調、起訴前弁護、接見交通権、②保釈、③証拠を巡る諸問題、第2回では、①強制捜査と令状裁判、②訴訟指揮、第3回では、①接見交通権、②刑事弁護離れ、③国選弁護の各テーマが取り上げられた。
*29 第32回人権擁護大会シンポジウム第1分科会基調報告書「刑事裁判の現状と問題点─刑訴法40年・弁護活動の充実をめざして」（日弁連、1989年9月）。
*30 前掲注*24論文183頁。
*31 同上書191頁。
*32 同上書200頁。
*33 同上書203頁。
*34 同上書204頁。
*35 なお、このシンポジウムの助言者は、当時の静岡大学助教授・大出良知、島根大学助教授・川崎英明、作家の佐木隆三であった。
*36 穴水広真「（委員会報告）第12回司法シンポジウム運営委員会」自由と正義40巻3号（1989年）41頁。
*37 萬年・前掲注*27論文25、27、28頁。
*38 朝日新聞1990年1月28日朝刊は、「当番弁護士制　九弁連、4月にも実施」、「冤罪・違法捜査防止へ　電話で留置場に急行」との見出しで報道した。
*39 ザンダー教授は、当会の「当番弁護士発足2周年記念集会」にメッセージを寄せ、「当番弁護士の導入は、刑事司法における一層の発展と改革のためには、重要な支柱又は出発点であるかもしれませんし、またそのようなものとなりうるのであります。なぜならば、このような役割をもって仕事をしている弁護士の方々が将来の見通しを持つことが出来ますし、政府に対して現在の状況と比べて被疑者により大きな公正（fairness）とより大きな市民的自由をもたらす重要かつ必要な変革（私の知る限りでは、このような変革は日本で必要であると思います）をなすよう説得に努める際に、影響力を持つことが出来るようになるからです。当番弁護士という第一歩は、非常に重要なものであります」と激励した。
*40 イギリス視察旅行の内容と成果は、福岡県弁護士会「英国当番弁護士制度視察報告書」（1991年）で詳しく報告している。「随想」の蘭では、戸塚悦朗弁護士が、ロンドン市内の中華料理店で、料理を前にして、長大な挨拶をされ、国際人権法をいかに日本で生かすか熱弁を振るい、「福岡県弁護士会がこの制度を実現すれば、日本の刑事司法は必ず変わります」と強調したこと（中島繁樹弁護士の記載〔同書101～103頁〕）、とてもハードなスケジュールであったが、ミドルテンプルなどの貴重な場所等を見学でき感激したこと、わずかな自由時間を各自が楽しんだことが書かれている。この貴重な体験は、参加者全員に、国際人権法の重要性と日本の刑事司法の改革の必要性を強く心に留めさ

せた。村岡啓一弁護士は報告書に寄稿し、視察先の準備にいかに大きな苦労があったかを紹介し、視察団が、過酷なスケジュールを真面目に消化したことに敬意を表明し、「戸塚弁護士も私も共に何よりもうれしかったことは、諸先生が、インタビューに応じてくれた英国を代表する論客や私たちの友人の刑事司法にかける情熱を理解してくれたことであった。資料は翻訳で読めば分かるだろう。しかし、現実に制度を創り、そしてそれを運用し、さらにその発展を構想している人々の熱意と理想はその人間に直接会って体で感じとるより方法がないのだ。私はこの点だけでも、福岡県弁護士会の英国当番弁護士視察旅行の目的は十二分に達成されたと確信している」と述べ、最後に「福岡県弁護士会の当番弁護士制度の実施は間違いなく大きな衝撃となって全国を駆け抜け、次の画期的な動きを呼ぶことだろう。丁度英国の当番弁護士制度が、地方都市のボランティア活動から出発して、ついに全国制度へと発展したように。そして、それがついには絶望的な日本の刑事司法を変えることになるのかもしれない。いや、変えることにつなげなければ駄目なのだ」と結んでいる（同書2、3頁）。

*41 1991年7月12日から、西日本新聞夕刊に「逮捕された人へ弁護士無料派遣　福岡県弁護士会☎030-733-0001」と長方形の枠に、2行で掲載された。広告費は年100万円であった。

*42 日弁連他「第3回国選弁護シンポジウム記録集　被疑者段階の国選弁護制度─その実現に向けて」（1991年）17頁。同シンポでは、九州各県の国選弁護の実現の可能性を論じている。福岡県弁護士会は、「神戸の国際人権大会、松江の人権大会での熱のこもった議論は『起訴前弁護に関する九州会議』に連なり、今全国に被疑者国選への過渡的形態としての当番弁護士制度が広がりつつある。当会会員の被疑者国選の実現に向ける思いは熱い」（同基調報告書155頁）と、当番弁護士から被疑者国選弁護制度への実現を的確に目標に据えている。

*43 1991年11月第34回人権大会（「刑事裁判の活性化を求めて─被疑者の弁護を受ける権利を保障するために」）、1993年第4回国選弁護シンポ（「被疑者国（公）選弁護制度実現のために──当番弁護士制度を経験して」）、1995年第5回国選弁護シンポ（「被疑者国公選弁護制度実現のために─地方の抱える課題とその克服」）、1997年（平成9年）第6回国選弁護シンポ（「被疑者国公選弁護制度の法制化に向けて─当番弁護士制度の成果を踏まえて」）。

*44 三井誠「当番弁護士はなぜ必要か──当番弁護士制度の意義と問題点」法学セミナー446号（1992年）26頁。

*45 三井・前掲注*44論文31頁。

*46 日弁連刑事弁護センター「刑事弁護をかえる当番弁護士制度」（日本弁護士連合会、1993年）205頁。

*47 田岡直博「日本司法支援センターの現状と課題」季刊刑事弁護58号（2009年）89頁。

*48 刑事弁護の復興を側面から支えたのが、季刊刑事弁護の創刊である。日本評論社の編集長であった成澤壽信氏が、株式会社現代人文社を設立し、1995年1月に、季刊刑事弁護創刊号を出した。編集委員代表は、大出良知（当時九州大学教授）、髙田昭正（当時大阪市立大学教授）、川崎英明（当時東北大学教授）、白取祐司（当時北海道大学教授）

の各氏である。表紙には、「刑事弁護のあたらしい時代をひらく」とのサブタイトルと編集委員4名の氏名そして「協力　日弁連刑事弁護センター」の記載がある。

*49 講師派遣のメニューとして、①捜査弁護、②身体拘束から解放、③刑事弁護とマスコミ、④供述（自白・目撃証言）分析、⑤公判前整理手続、⑥公判・法廷弁護技術、⑦裁判員裁判における情状弁護の公判準備、⑧一部執行猶予と情状弁護・覚せい剤薬物事件の弁護、⑨抗うつ剤の副作用と刑事・少年事件、⑩量刑データベースと情状弁護、⑪障がい者弁護と社会復帰、⑫裁判員裁判で責任能力が問題となる事件の分析および対応、⑬死刑求刑事件の弁護、⑭控訴審の現状と弁護活動、⑮被害者参加への対応を提供し、2014（平成26）年度に延べ27弁護士会から36回の申込みがあっている。

（うえだ・くにひろ）

刑事弁護の質的向上の到達点と課題
21世紀を迎えて

大出 良知
東京経済大学教授／九州大学名誉教授

1　はじめに
2　新たな弁護態勢の創設へ
3　弁護活動の質をめぐる議論の経緯
4　司法改革関連法成立までの弁護士会の対応
5　司法改革関連法成立後の弁護士会の対応
6　結びにかえて――刑事弁護の質的向上の新たな段階へ

1　はじめに

　21世紀を前に「絶望的」とまで評された刑事手続の改革・改善は、刑事弁護の対応に期待されることになっていた。
　その理由は、第1に、刑事手続改革・改善の必要性を痛感する立場にいたのが刑事弁護に携わっていた弁護士・弁護士集団であったからである。問題の核心は、警察が支配する代用監獄での長期間の身体拘束を利用し、密室で自白を追及する「人質司法」であり、そのような捜査段階で作成された調書を証拠の中心とする「調書裁判」であった。その弊害を直接経験する立場にいたのが、弁護士・弁護士集団である。
　第2に、そのような弁護士・弁護士集団の実感は、制度の改革や運用の改善に第一義的責任を有する警察・検察・裁判所などと共有されることにはならず、警察等が制度の改革や運用の改善の主体になることを期待することができないことが明らかであったからである。
　そして、第3に、警察等に期待することができないことが明らかになったところで、刑事弁護を担う弁護士総体として、なお、憲法、刑事訴訟法によって

保障されている被疑者・被告人の権利、弁護人の権限を実践的に生かし切る工夫と態勢を創る努力を尽くしてきたのかを組織的に総括する基盤を形成することが可能になっていたと考えられることである。

その歴史的経緯については、上田論文(本書3頁以下)によって言及されているところであり、筆者も検討したことがある[*1]。

そして、1990年代を通して刑事弁護による事態改善への重要な一歩が踏み出されることにもなった。その状況をまとめるならば次の5点を指摘できると考えられる。

まず第1に、刑事弁護への期待が高まる中、抽象的に刑事弁護の充実強化の重要性を認識・指摘するだけでなく、組織的に事態打開への方策を講じる必要性が自覚され、実践化されることになったことを挙げなければならない。当番弁護士制度の創設であった。

第2に、その実践化を支え、全国展開を可能にした担保措置として重要だったのが、日本弁護士連合会(以下「日弁連」という)による刑事弁護全般についての組織的バックアップのための「刑事弁護センター」の創設であり、それに倣った各単位弁護士会での類似委員会等の創設であった[*2]。刑事弁護への組織的対応が、ともすると個別弁護活動に対する組織的妨害にもなりかねないという1950年代の苦い経験[*3]を越えることなしには実現しなかったという意味で重要な決断であった。経験交流や研修による弁護活動の充実強化も、「刑事弁護センター」の設置によって可能になった。

この成果は、第3に、刑事弁護の担い手が、組織的に実践的蓄積を踏まえて、捜査当局や裁判所に対抗しうる存在になったことを示してもいた。その意味では、ようやく当事者主義の対抗的担い手としての弁護士・弁護士集団が、その地歩を固めることになったといってよいであろう。弁護人の「真実義務」の有無が正面から問題になってきたのもそれゆえにであろう[*4]。

そして、第4に、当番弁護士制度による被疑者弁護の組織的充実強化が、刑事司法のあり方についての日弁連の発言権をそれまで以上に担保し、法務・検察や裁判所に対抗する当事者能力を強化することにもなった。

そのことで、第5に、当番弁護士制度創設時からの目標だった被疑者国選弁護制度実現をも視野に入れた司法制度改革への道を拓くことにもなった[*5]。1999(平成11)年に設置された司法制度改革審議会の「意見書」によって、その被疑者段階の国選弁護制度の導入が明確化されることになった。さらに、司法全般の改革を視野に入れることになっていた司法制度改革審議会は、最終

的には、「国民的基盤の強化」という名目の下にではあったが、国民の参加によって刑事裁判を行う「裁判員制度」をも導入することにした。その導入が、直接的には刑事手続の改革を意図したものではなかったが、刑事手続のあり様に与えるであろう影響の大きさについては十分予測できた。それは「激変」とも形容できるものであり、刑事弁護が求めていた改革に近づくものであったにせよ、刑事弁護がこの変化に対応し、その意義を有効に生かし切れるかが問われることにもなった。

そこで、21世紀を迎えてすでに16年近くが経過したところで、あらためて21世紀に入っての刑事弁護をめぐる問題状況の推移を、特に質的対応能力を中心に確認し、可能な範囲で将来を展望しておきたいと考える。

2 新たな弁護態勢の創設へ

1999年7月に司法制度改革審議会（以下「審議会」という）が設置された時点では、刑事司法改革に関わって最高裁判所や法務省も「公的被疑者弁護制度」の必要性を公式に認めることになっていた[*6]。それを受けて審議会の「論点整理」においても、いち早く「国民の期待に応える刑事司法の在り方」の中心的な論点として「被疑者・被告人に対する公的弁護制度の整備とその条件につき幅広く検討することが必要である」とされていた[*7]。

審議が進む中、ヒアリングに応えた日弁連は、「被疑者段階の弁護人の援助が一層拡充強化されるように、国費による被疑者弁護制度（少年事件手続における公的弁護人・付添人制度を含む）の導入」を強く求め、「公的被疑者弁護制度や複雑困難な刑事事件に十分対応できる態勢を作るため、日弁連としては全力を傾注する決意」も表明した。具体的には「弁護活動の水準の確保等に努める」こととし、その内実として倫理研修の義務化、当番弁護士・国選弁護人研修制度、国選弁護人名簿登録審査制度などをあげていた。そして、水準確保が、「個々の弁護士の努力とともに、組織としての弁護士会の責務である」として、その「組織的担保も、組織として自治が認められている弁護士会が担う」ことを宣明していた。

それは、「運営主体の如何を問わず、刑事弁護は国家刑罰権の行使をチェックする本質を有することに鑑み、弁護人の職務の独立性・自主性がいささかでも損なわれることがあってはならない」という意味でもあった[*8]。

この日弁連の主張は、審議会および審議会意見書に基づき制度設計を担った

司法制度改革推進本部の検討会においても基本的に尊重されることになった。最終的に、弁護の独立性・自主性については、司法支援センター（法テラス）を公的弁護制度の運営主体とすることとした「総合法律支援法」において、配慮する内容が規定されることになった（第12条）*9,*10。

また、対象事件については、段階的に必要的弁護事件にまで拡げるものの、創設時点では法定合議事件を対象とすることになった。この段階的導入というアイディア自体は、審議会の時点から示されていた日弁連の意向でもあった。検討会での地方調査や日弁連内での論議に基づきあらためて検討会の最終盤に日弁連の意向も踏まえた委員個人からの具体的提案があり、その提案に配慮した内容であった*11。

選任の効力の始期については、検討会において、逮捕段階にすべきであるという強い主張があった。しかし、結局は、「要件審査に当たり、裁判官が直接被疑者に確認することが必要な場合もあり得ると考えられ、逮捕段階の選任が困難な場合が想定されることも考慮し、勾留段階からとする」と事務局が説明する理由から勾留段階からということになった*12。

いずれにせよ、ほぼ日弁連の意向に添った公的弁護制度の創設、また、形態はどうであれ、日弁連が強く求めていた司法への国民参加を実現した裁判員制度の導入によって、刑事弁護に求められる対応力は、量的にはもちろん質的にも飛躍的に高くなることは間違いなかった。

2004（平成16）年に刑事司法関係主要関連立法*13が成立したのを受けて日弁連理事会は、「刑事司法の対応態勢の確立に向けて」を採択し、「裁判員制度と被疑者国選弁護制度に対応できる弁護態勢を確立することは、弁護士及び弁護士会にとって重大な責務である」との認識を示し、量的対応態勢はもちろんのこと、あらためて「弁護技術の向上」を課題とし、「従来の弁護活動の在り方を根本的に見直し」、「裁判員裁判に対応できる知識と技術を身に付け」、「被疑者弁護活動の充実と質の向上にさらに努力しなければならない」との決意を表明することになった（2005〔平成17〕年5月7日）*14。

3　弁護活動の質をめぐる議論の経緯

そこでまず、この決意に見合った実質の形成をめぐる基盤整備がどのように展開されていったのか確認しておくことにしよう。

公費を投入する必要性や公費を投入するに見合った弁護活動の在り方をめぐ

る議論は、公的被疑者弁護制度の導入への動きが活発化する中で早くから展開されることになった。弁護活動に求められる義務として、早々に「真実義務」については強い否定的意見が示され、依頼者に対する「誠実義務」を尽くすべきことが主張されていた。また、捜査当局者が主張する「捜査妨害」的な弁護活動を「不適切弁護」とする意見に対しても、日弁連によって憲法・刑事訴訟法に基づいた被疑者・被告人の権利擁護の視点からの正面きった反論が行われていた。その際、弁護の質や水準については日弁連が自主的に担保すべきものであることも主張されていた[*15]。

しかし、被疑者・被告人に「十分な弁護」が保障されるべきであるにせよ、その「十分な弁護」の基準は「必ずしも明確でありませんでした」という問題関心から「刑事弁護センター」は、「基本的な弁護人としての最低限の義務とは何か」を検討するため1998（平成10）年10月には「刑事弁護ガイドライン研究会」（以下「研究会」という）を発足させていた[*16]。そして、2000（平成12）年6月になって研究会第二次案[*17]が完成したのを受け、「被疑者・被告人が弁護人の援助を受ける権利を実効的に保障するため刑事弁護ガイドライン（仮称）を策定する。なお、その内容は、国家権力による介入の口実を与えるものであってはならず、刑事弁護を発展させるものでなければならない」との決議を行い、全国討議に付することにした[*18・*19]。

因みに、前記第二次案は、「弁護人の基本的役割」を「常に最善の弁護活動を誠実に行う」（第1条）こととし、「基本的責務」として、接見交通権等の確保・励行、身体拘束からの解放への努力、被害回復への努力等々の「最低限の義務」を規定していた[*20]。その上で、論議の過程で重要争点になっていた2点について複数の条文案を用意していた。1つは、共犯関係にあるとされる複数の被疑者・被告人の弁護人になることを認めるかどうかという「共犯事件の同時受任」についてであり、例外的に受任を認める案と、原則として受任を認める案が用意されていた。2つ目は、「真実義務」についての対応であり、①「真実義務」を積極的に否定するとともに、②虚偽証拠の提出などの真実歪曲行為も積極的に否定する案、①のみを規定する案、②のみを規定する案、いずれをも規定しない案の4案が用意されていた[*21]。

その後の意見集約でも、弁護の独立性・自主性との関係での日弁連の対応のあり方、ひいては国家機関との関係をめぐって意見が鋭く対立していた。しかし、いわゆる手抜き弁護が存在すること、手抜き弁護に対しては一定の基準を設けて対応する必要があること、その基準に国選弁護人等の推薦基準とする程

度での準則性を持たせるべきこと、ということでは「大方の意見は一致している」との判断から次のような方針が提起されることになった。

ガイドラインを①弁護士会による公的弁護人推薦資格ないし推薦停止等の要件としての準則と、②弁護活動の水準を向上させるための準則とに二分し、①についての案を作成し、②については、総合的な水準向上のための施策の一環として継続的に検討する、というものだった。①については、弁護士会が公的弁護人の推薦を弁護士会が担うための最低条件として準則が具体的に存在していることが必要というのが、その主たる理由とされていた[*22]。

この方針をめぐっても激しいやりとりがあったものの、ようやくほぼ1年後（2001〔平成13〕年9月18日）に、「刑事弁護センター」は、上記①について「国費による弁護人の推薦等に関する準則（案）」として成案を決定し、各弁護士会および関連委員会への意見照会を行うことになった[*23]。そして、翌2002（平成14）年10月21日には、日弁連理事会で修正されることなく承認され、11月1日、各弁護士会に、この準則をモデル案として会則等を作成することを要請することになった[*24]。

その内容は、刑事弁護ガイドライン研究会第二次案で、特に争いのあった「共犯者の同時受任」と「真実義務」の扱いに関する部分をのぞいた、まさに「最低限の義務」だけを規定したものだった。刑事弁護をめぐる歴史的経緯を背景とした論争の結果であり、この時点では、これ以外の選択肢はなかったということであろう。しかし、研究会発足時点で追求しようとした「十分な弁護」についての回答になったかという点では疑問が残ったと考えざるをえない。とはいえ、「推薦等に関する準則」という性格に見合った、ガイドラインにはなかった弁護士会に対する「報告義務」、弁護士会からの「助言・勧告」、「推薦停止」の規定が設けられたことは重要であった。

また、日弁連は、前述したように（30頁）、審議会でのプレゼンテーションに際して配付した文書において、「弁護活動の水準の確保等に努める」として、その内実として倫理研修の義務化、当番弁護士・国選弁護人研修制度、国選弁護人名簿登録審査制度などをあげていた。そして、水準確保が、「個々の弁護士の努力とともに、組織としての弁護士会の責務である」として、その「組織的担保も、組織として自治が認められている弁護士会が担う」ことを宣明していたことは銘記されなければならない[*25]。その後の検討会でのヒアリングにおいても「弁護活動の質の向上」については、準則を作成したこと以外は、同様の抽象的な主張を繰り返しただけであり[*26]、前述の理事会が採択した「刑事司

法の対応態勢の確立に向けて」も、それまでの表明を踏襲したものであるが、事態は、まさに具体的に「弁護活動の質の向上」に結実する改革・改善が実践されることになったのかが問われることになっており、その実情を可能な限りで確認してみる必要があるであろう。

4 司法改革関連法成立までの弁護士会の対応

「刑事弁護センター」は、発足以来、刑事弁護活動の質的向上への組織的舵取りを行っていた。発足した1990（平成2）年年末（12月22日）には、初めての「刑事弁護経験交流会」を開催し、21単位会から155名が参加している。経験の交流を通して刑事弁護の活性化をはかろうということであり、各論的な弁護活動については、「被疑者段階での弁護活動にどう取り組むか」、「保釈裁判の現状をどう打開するか」という2つのテーマについて多彩な経験例をもとに活発な討論が行われたと報告されている[27]。当初から、「研修の実施」を活動方針にもしており、さまざまな研修的活動にも実施主体として取り組んできた。

また、長期的視野からの質の向上への方針は、「刑事弁護センター」が中心的役割を果たしてほぼ2年に一度開催されてきている「国選弁護シンポジウム」においても検討されてきた。もっとも、初めて具体的な問題提起が行われたのは、当番弁護士制度の実績を踏まえて、いよいよ本格的に被疑者国選弁護制度の実現を目指して「被疑者国選弁護制度試案」[28]を公表した1997（平成9）年に開催された第6回においてであった[29]。弁護の内容・質の向上の重要性を確認の上、「被疑者弁護のマニュアル化」、「研修制度の確立」、「不適切弁護に関する指導・監督のあり方」等が提起されたが、研修については、「刑事弁護に携る全ての弁護士に対して全国的に体系的なプログラムに基いて必ず研修が保証されるシステムをどう確立するか」といった問題提起の域を出ないものだった[30]。

この第6回の問題提起を受け、内容の豊富化に取り組んだのが、2001年に「国費による弁護制度を創る——当番弁護士制度10年の実践から」をテーマに開催された第7回であった[31]。すでに審議会の意見書が公表され、国費による被疑者弁護制度が現実化することになっており、前述したように（31頁）、日弁連は、審議会で弁護活動の水準の確保が「弁護士会の責務」であることを表明していた。

第7回の基調報告書は、「弁護の質的向上」に1章43頁を割いているが、なお、目指すべき弁護内容と質的向上への方策とが混然一体的に問題提起されており*32、「弁護の内容・質の向上の重要性」の確認から説き起こされている。その質的向上への方策に焦点を合わせて確認しておくならば、「『充実している』とは言い難い」刑事裁判の実情に関する「弁護人の責任は重大」であり、弁護士会の責任で弁護活動の質を向上させることが「弁護活動の独立を守り抜くための一つの保障になる」という認識から出発している。その上で、市民の目や被疑者・被告人から見た「弁護の質」の客観化を試み、問われているのは、技能や知識の習熟というよりは、「弁護士の姿勢」にあると結論づけている。であれば、「『弁護の質の向上』は言葉で表現する以上に容易ではない」として、「弁護士会への新規登録時からきちんと計画され、組織化された研修、当番弁護士や国選弁護の配点方法の改善等を通じて弁護士の刑事弁護への姿勢を正し、『弁護の質』を向上させる方法を実践していかなければならない」としていた*33。

　ということで、提起された質の向上へ向けての主な方策は、①刑事弁護活動の報告制度、②研修制度と経験交流、である。①については、前述の「国費による弁護人の推薦等に関する準則」第13条が、弁護士会への報告書の義務的提出を要求することにしていた。実際にも、すでに当番弁護士には全単位会で、国選弁護には半数近い単位会が報告を求めていたが、弁護活動の独立性・自主性との関係で疑問視する意見も強く、報告に要求されている項目も質の確認に必要な内容になっているとは限らなかった。そこであり方と課題について提起された要点は、次の4点だった。ⓐ何のための質的向上で、報告制度かの問いかけ、ⓑ質の確保に弁護士会が責任を負う以上義務化は不可避というコンセンサスの形成、ⓒ弁護活動への干渉や介入にならず実態が見え、報酬算定に必要な限度に簡略化した内容とチェック体制、ⓓ活動に見合った報酬額、である。

　②については、まず、研修の必要性についての「ビジネスとしては刑事弁護はペイしないために自主的に実務研修会が行われる機会もそれほど多くなく、刑事弁護能力の維持・向上のためには弁護士会の側で積極的に情報を提供する必要がある」といった認識の下、研修の実情についてアンケートによる確認が行われている。新人弁護士に対する研修は、46会中19会で行われていたが、義務的な研修は46会中14会でしか行われていなかった（2000年11月29日当時）*34。

　登録後1年以上になる弁護士を対象にした研修は、「被疑者弁護」について8会でしか行われておらず、義務的研修を実施してる会は、1つもなかったと

推測されていた（2001年6月1日当時）。結局、「出席が義務的とされていないために、研修の実があがっていない」と総括され*35、課題として「研修制度の義務化についても検討されるべきであろう」と指摘されていた*36。

また、その前提として、司法修習における刑事弁護修習についても重要な問題提起が行われていた。期間の問題もさることながら*37、最高裁が管理・運営する司法修習に刑事弁護修習を委ねていること自体の「限界を自覚すべき」であり、「刑事弁護に関しては、日弁連及び弁護士会が積極的に関与すべきである」としていた*38。

引き続き刑事司法改革の現実化を目前に控えた2003（平成15）年に「国費による弁護制度を担う——充実した弁護のための制度・態勢・報酬」をテーマに開催された第8回国選弁護シンポジウム*39では、もちろん新しい制度的枠組に対応する「弁護の質的向上」が、「制度構想・態勢整備」、「弁護報酬」に次ぐ中心的課題の1つであった。「質的向上」の論議にあたって第一義的には、なお「国においていくつかの制度改革を当然に実現すべき」として、「取調べの可視化」の実現を課題として提起することになった*40。プレシンポジウムでの全面展開を受けた本シンポジウムでの課題化は、相前後して元裁判官2名が裁判員裁判の下での取調べの可視化の必要性に言及する論文を公表していたこともあり*41、その後の日弁連の「取調べの可視化」へ向けた本格的な取り組みの起点になり、「可視化元年」*42とも称されることにもなっていた。

他方、弁護活動自体の「質的向上」については、目指すべき弁護活動の内容*43と質的向上への方策が整理され提起されていたが、質的向上への中心的方策である「弁護士に対する刑事弁護研修」は、第7回から1年半余を経ていたにもかかわらず、なお「充実が不可欠であろう」とされるにとどまっていた*44。その前提となっている全国的な実施状況については、必ずしも十分な調査が行われたわけではなかったが*45、52会中32会からの回答によれば、23会で刑事弁護についての研修が行われていた。そのうち20会では、新人弁護士のみを対象とした研修が実施されていた。それは、第7回の際には、調査時点との関係で言及されなかった2000年10月に新規登録した司法修習53期*46の弁護士からを対象とする日弁連の「新規登録弁護士研修ガイドライン」*47に沿って実施されていたものである。集合科目として「弁護士倫理」等7科目が必修科目になっていたが、「捜査・公判弁護技術」は、なお選択科目ということにされていた。それでも、個別研修で「国選弁護」と「当番弁護」が各2件以上必修とされていた。しかし、このガイドラインは、あくまでも「指針」と

いう位置づけであり、なお各単位会の対応は区々であったと考えられる。

主催会でもあった大阪弁護士会では、先進的な取り組みが行われており、個別研修として指導担当弁護士の指導の下に、登録して3カ月の間に当番弁護活動1件以上、その後の3カ月で国選弁護活動1件を行うとともに、集合研修として、20人未満の当番ゼミ、国選弁護ゼミに各1回参加させるといった内容が紹介されていた[48]。その他では、15会で、新人弁護士に限定していない経験交流的な研修が実施されていたが、8会では、新人弁護士に限定した研修のみが行われていたということであり、新人弁護士に限定した研修を行わず、限定のない研修のみを行っていた会が、3会であった。そして、いずれの研修も行っていない会が9会あった。

以上のような状況は、前述の第7回の時点での調査からすれば、新人弁護士についてのガイドラインが機能しはじめているということもあり、前進と評価することが可能とされていた。しかし、新人弁護士以外に対する研修は、ほとんどが任意参加であり、本来研修を必要とする対象が参加していないといった問題があらためて指摘されるような状態であり、「総体としてのレベルアップという観点からは、このような状況では研修の実が上がらないともいえるので、今後は、研修参加を義務化するなどの対策も必要になってこよう」と総括されている。そして研修強化への方策として、研修の広域化、ビデオ・DVD等の活用、ITインフラを利用した研修の拡大等が提起されていた[49][50]。

5　司法改革関連法成立後の弁護士会の対応

2004年には刑事司法改革関連の主要法律が成立し、2005年11月の公判前整理手続の導入等についての改正刑事訴訟法の一部施行、2006（平成18）年10月の被疑者国選弁護制度の創設、2009（平成21）年5月の裁判員裁判の開始へ向けて、あらためて刑事弁護の量的対応態勢はもちろん、新しい手続状況に対応するための質的対応力も問われることになった。

日弁連は、裁判員制度の導入が決まった後いち早く、「裁判員制度実施本部」を設置し（2004年6月）、対応態勢の構築に取り組むことになったが、公判前整理手続等の導入にあたって「刑事弁護センター」は、全弁護士に向けて「改正刑訴法施行に向けてのアピール」（2005年10月20日）を採択した。

「われわれ弁護士は、従来の『調書裁判』を前提とした弁護活動から決別し、直接主義・口頭主義を実現する新たな弁護活動を構築すべく研鑽を積まなけ

ればならない」として、刑事弁護が取り組むべき課題を簡潔にアピールしている[*51]。要は、証拠開示制度を活用し証拠獲得に努めること、直接主義・口頭主義の実質化、「調書裁判」を打破するため証人尋問中心の審理を原則とすること、保釈制度改革、接見の拡充、取調べの可視化の実現、代用監獄廃止への取り組みの強化等である。

公判前整理手続への対応、中でも証拠開示の請求、さらに裁判員裁判への対応などは、それまでの刑事弁護では経験したことのないまったくといってもよい新たな高度な対応力を求められており、意識的な取り組みなしには、対応力を備えることを期待することは難しい。しかも、刑事弁護を担う弁護士全体が直ちに関わる手続というわけでもない。そのため、従前の問題関心に沿った刑事弁護の「総体としてのレベルアップ」をどのように課題化していくのか。また、刑事弁護の質的向上をより有効な弁護実績に結実させるための制度改革の追求をどのように課題化していくのか。ますます刑事弁護に求められる課題は多く、高度化しており、弁護士会としての組織的対応が一層重要になってもきていた。

ここで、制度改革課題についての取り組みについて触れる余裕はないが、中心的な課題とされてきたことには、被疑者国選制度の拡大、取調べの可視化、人質司法の打破などをあげることができるであろう。いずれも目指すべき目標達成にはなお相当の年月を要するといわざるをえないものの、事態は限定的にではあれ、動き始めていたことも間違いない。問題は、従前刑事弁護研修の義務化を中心に問題提起は行われてきたものの、なかなか具体的進展をみることにはならなかった質的向上への取り組みが、以上のような事態の進展に対応してどのように展開することになったのかその実情である。

前述の第8回国選弁護シンポジウムから5年近く経過した2008（平成20）年になって、2009年からの被疑者国選弁護の必要的弁護事件への拡大を前に、新人弁護士に対する刑事弁護研修について調査が行われている。必ずしも詳細な報告ではないが、その調査結果によれば、52会中32会からは実施との回答があったとされる。しかし、無回答が15会、会独自に義務的には実施していないのが4会という状況であった。実施会が増加していることは窺えるが、内容的には講義形式が中心であり、実践的な研修の実施は、少数にとどまっていた。この時点でも、前述した大阪弁護士会の取り組み（37頁）が、なお報告のあった先進的な取り組みとして紹介されている。そのような調査結果を受けてのコメントでは、「新人弁護士向けの格別の研修を実施していない弁護士会

も散見されるが、是非とも早急に研修会の実施を行っていただきたいと思う」、また「より実践的な新人弁護士向けの研修が企画されることを期待したい」とされていた[*52]。

　各単位会での研修の実施状況については、さらに、被疑者国選弁護が必要的弁護事件にまで拡大されて1年半余を経た2010（平成22）年12月に「ブラッシュアップ！さらなる飛躍へ――被疑者国選弁護の検証と展望」をテーマに開催された第11回国選弁護シンポジウム[*53]に際してもシンポジウムのテーマとの関係で被疑者弁護研修についての調査が行われている[*54]。被疑者弁護研修ということでは、日弁連の行う研修が、全単位会に中継放映されているということもあり、主として単位会独自の被疑者弁護研修の実施状況が確認されている。新入会員のみならず全会員が参加可能ということで行われていたのは16会。全会員が参加可能ということで、被疑者弁護を含む全般的な研修を実施しているのが3会。新入会員や若手を対象とした被疑者弁護を含む全般的な研修を実施したのが6会であり、独自の研修を実施していない会が、24会にのぼっていた。実施した会においても、新入会員はともかく、それ以外の参加は任意であり、「国選弁護人契約数に比して、極めて低いレベルである」[*55]。出席率が50％を超えている会が、6会あったが、10％未満という会が、21会あり、そのうち19会は、独自の研修を実施しておらず、日弁連の中継研修への参加率である。

　このような研修の実情との関係は定かではないが、確かに一方では「不十分な例も報告されている」として、「すべての弁護士会で、研修の恒常化と義務化を目指して、その講師体制と教材の整備を確立すべきである」こと、経験の交流・共有化のための機会の設定やメーリングリストの活用などが提起されていた[*56]。しかし、このシンポジウムで「検証」されたところによれば、被疑者国選弁護が第2段階の必要的弁護事件に拡大した中で、被疑者に弁護人が選任されている事件が飛躍的に増大し、年間勾留件数約13万件中、72,000件余に弁護人が選任されていると推計されており、国選弁護人契約弁護士数も、制度発足時の2006年度に比し倍増し、約18,000人になっている。国選弁護人は、ほぼ全国で当日ないし翌日には選任されており、その約86％では、指名通知日当日ないし翌々日には初回接見が行われている。そのことで、接見回数・頻度が増え、被疑者の身体拘束からの解放や不起訴、認定落ち、略式起訴といった成果が増加していることが指摘されている[*57]。

　ということもあって、前述した研修についての必ずしも十分でない弁護士会

の対応については、被疑者国選弁護の第2段階への拡大と同時にはじまった裁判員裁判への対応が優先された結果との推測もされていた。確かに、日弁連はもとより各単位会も、被疑者弁護に比し、新たな対応力が問われることになっている裁判員裁判に対する対応態勢を整えることが急務になっていたことは間違いない。導入が決まって各地で模擬裁判が行われることになった[58]だけでなく、実務的、理論的準備もすすめられることになった[59]。

そのごく一部の主なものを紹介しておくならば、裁判員制度実施本部が、公判前整理手続施行（2005年11月1日）直後には『公判前整理手続を活かす』（現代人文社、2005年11月30日）を出版し、『公判前整理手続を活かすPart2』（現代人文社、2007年6月10日）を出版する直前には、2007（平成19）年の5月から6月にかけて、「公判前整理手続の実践例に関するブロック別経験交流会」を実施している。

また裁判員裁判の法廷弁護についても、日弁連はいち早く『法廷弁護技術』（日本評論社、2007年5月）の初版を出版し、裁判員裁判開始前の2008年1月には、アメリカ合衆国のNITA（National Institute for Trial Advocacy）から講師を招聘して第1回法廷弁護指導者養成プログラムを行った。各単位会から各1名の研修生を集めての3日間の合宿研修だった。その後さらにNITAの法廷技術理論と指導法を学び、同年10月には、再度NITAから講師を招聘し、第2回法廷弁護指導者養成プログラムを行うとともに、この研修を企画した裁判員制度実施本部の「公判弁護に関するプロジェクトチーム」は、各単位弁護士会あるいは各ブロック弁護士連合会において40回を超える研修会を実施し、その成果を基に『法廷弁護技術』の第2版（日本評論社、2009年3月）を出版することになる[60]。

さらに、自由と正義2008年2月号からは、「変わる刑事裁判」のタイトルの下に、新しい状況下で検討を要することになった実務的・理論的課題に対応する連載が開始され、2013年10月号まで断続的に37回に及ぶことになった[61]。その13回（2009年1月）までの分を中心に、「総論」、「公判前整理手続／公判準備」、「公判弁護」に整理してまとめて出版したのが『裁判員裁判における弁護活動──その思想と戦略』（日本評論社、2009年1月）である。

2009年5月に裁判員裁判が開始され、翌6月には、裁判員制度実施本部が裁判員本部に改組されたが、早速、10月末には、それまでに実施された事例を素材に「第1回裁判員制度経験交流会」を開催したのをはじめ[62]、各単位会でも経験交流会や事例報告会が開催されることになる。それだけでなく、「刑

事弁護センター」発足時から行われてきた刑事弁護経験交流会も新しい状況に即したテーマで継続して開催されており[*63]、テーマを絞った経験交流会[*64]や特別研修[*65]等が頻繁に開催されることになった。

　本稿冒頭に述べたような組織的対応力が強化されたことにより、新たな状況に対応する研修機会の拡大も可能になったといってよいであろう。とはいえ、研修機会の拡大自体は、基本的には、個々の弁護士の自覚に基づく任意の研鑽をサポートし、資料・情報を提供するものと位置づけられ展開されてきたものであり、組織的・系統的に整備・実施されてきたわけではなかった。そのこともあって前述してきたように、繰り返し、研修体制の整備が課題化されてきたが、なかなかその認識が共有されることにはならなかった。

　ところが、ようやく、この間の刑事弁護をめぐる環境の激変が日弁連にその課題に正面から向き合うことを求めることになった。刑事弁護に携わる「刑事弁護センター」等からの問題提起を受け、2012（平成24）年12月から「刑事弁護研修等の実情の把握と体系化のための総合的検討」を目的とした「刑事弁護研修ワーキンググループ」を設置させ、検討を開始させることになった[*66]。その前提となっていた認識は、「刑事事件に関して弁護士が行うべき活動が複雑・高度化し、かつ、刑事手続に関する制度上及び運用上の変革が急速に進んでいる」ということであり、そのような状況に対応するために「刑事弁護研修等の総合的かつ計画的な実施のために必要な調査及び研究」を目的にしていた。

　「刑事弁護研修ワーキンググループ」は、2年半近くの検討によって、2回にわたって報告を提出しているが、2013（平成25）年6月6日に提出された「刑事弁護研修に関する提言（その1）」は次の2点を骨子としていた。①すべての弁護士会で、刑事弁護・少年付添を担当するすべての弁護士が身に付けるべき最低限の知識と技術を習得するための刑事弁護基礎研修を毎年実施すること。②刑事弁護基礎研修が円滑に行われるよう情報提供を行う。具体的には、「基礎研修モデル案の作成及び提供」、「『刑事弁護基礎研修講師養成会議』の開催」そして「発展型研修のメニューごとの講師候補者名簿の作成及び提供」であり、それぞれ早速実施されることにもなった。

　さらに、最終的に2015（平成27）年3月12日付で提出された「刑事弁護研修ワーキンググループ報告」では、基礎研修、ｅラーニング、発展型研修、ライブ研修等の「在り方及び検討事項」について提言し、「若手会員の受講をうながすため」2014年（平成26）度に無料化したｅラーニング、ライブ研修の受講料の無料化の継続を求めていた。また、「引継事項」として、研修の内

容をより充実したものとしていくための検討事項を列挙した上で、最後に、弁護人等に求められる能力が多様化・複雑化しており、個々の弁護人等が研鑽に努めることはもとより、弁護士会として質の確保を図る必要があり、特に、「国選弁護人・付添人として各弁護士会の推薦により派遣される弁護士の名簿の登録要件として、当連合会ないし各弁護士会の研修受講を義務付け、一定の能力を有する会員が推薦・派遣される制度を整備することが有効であると考えられる」としている。ただし、なお、「弁護士会の実情によっては、義務化することに慎重な意見もあることから、今後どのように進めていくべきか等について、検討する」とも付言されていた。

6　結びにかえて——刑事弁護の質的向上の新たな段階へ

　刑事弁護の形骸化が指摘されて久しく、当番弁護士制度の創設と展開が、形骸化に歯止めをかけ、新たな刑事司法制度発展への契機を用意したことは間違いない。しかし、当番弁護士による被疑者弁護の量的拡大が、質的向上をも常に課題化してきたが、その歩みは決して充分なものではなかった。それは、当番弁護士の量的拡大によって求められていた弁護についての知識と技術は、なお、従前の蓄積によって対応可能な範囲内のことが多く、最低限の要求も決して高いものではなかった。「手抜き弁護」を問題にし、「最低限の義務」を課題化することで済ませることが可能だった。

　しかし、捜査段階の全身体拘束被疑者を視野に入れた国選弁護、裁判員裁判等によって求められている弁護の質は、従前の知識と技術によって対応するには限界があると言わざるを得ず、従前の刑事弁護全般についての新たな視点からの総括が求められることにもなってきた[*67]。

　さらにその背景には、従前とは異なる視角・視点から弁護活動についての評価が行われることになっていることも念頭に置かなければならない。被疑者弁護の拡大による従前よりは長い期間・時間の被疑者・被告人の眼による評価も重要であるが、さらに、裁判員裁判の裁判員による刑事弁護に対する評価が行われることになったのは新たな事態である。特に、最高裁が裁判員経験者に対して行っているアンケート調査は、法曹三者の対応についての相対的比較を主とした調査とはいえ、これまでの法曹三者の相互依存的関係の中での評価によっては必ずしも明らかにならなかった内容の評価であり、決して軽視できない。ここでその詳細に触れる余裕はないが[*68]、弁護人の法廷での活動に対する

否定的印象は、開始以来一貫して最も強い。特に中心的指標といってよい「法廷での説明等の分かりやすさ」という点で、検察官との間に大きな差が生じている。公表されている直近の2014年度と2015年度の数字だけ紹介しておくと、「分かりやすかった」という回答が弁護人については、35.7％、36.0％であるのに対して検察官については、67.1％、67.7％であり、「分かりにくかった」、という回答は、弁護人については、17.8％、17.4％であるのに対して、検察官については、4.7％、4.0％でしかない[*69]。

　問題は、この事態を前述してきた質的向上へ向けての取り組みとの関係でどう評価し、どう対応するかであろう。

　その際、まず第1に確認しておく必要があると考えられるのは、アンケート結果に表れた否定的評価が示す弁護の実情は、決して刑事弁護全体の劣化を意味しているわけではないということである。なお質的向上を担保する態勢が不十分であるため、全体としての向上のスピードが区々であり、否定的評価を受ける弁護が残存しているということであり、全体としては、発展途上にあると考えられるのである。

　関連して第2に指摘しておかなければならないのは、弁護の質の格差の広がりである。確かに一方では、最先端での弁護の質を担保する研修体制も整備されてきており、努力如何で事態に対応する「十分な弁護」が可能になっている。しかし、自覚的な努力なしには制度改革等によって求められている質の高度化のスピードに対応するのは容易ではない。その結果、最先端での弁護の質と末端での弁護の間には、大きな隔たりが生まれてきていると考えられる。

　第3に、そのような事態を打開し、均質な弁護の質を保障するためには、個々の「弁護士の姿勢」にのみ依拠していては不十分と言わざるをえないのであり、この間繰り返し課題化されてきた刑事弁護研修の義務化は必須であろう。であればこそ、あらためて研修の義務化の必要性と可能性が指摘されることにもなっている[*70]。必要性については、しばしば指摘されてきたように、弁護士以外に刑事弁護を専門的に担う主体が法的には予定されていない以上、弁護士が、個人、組織に関わりなく総体として「十分な弁護」を提供する体制を構築する義務があるということになるであろう。可能性については、研修義務化で国選登録資格を失う弁護士が出たとしても人数的には問題ないこと、すでに義務化されている倫理研修や実質的に義務化されている研修の実績からして十分に可能というのである。

　さらに必要性について補足するならば、新しい事態に検察・裁判所は組織を

あげて対応しており、実務の現場にはその対応力の違いが見事に反映されてもきていると考えざるをえない。この事態に対応するためには組織的に質的向上を担保する態勢を創る必要があり、それは義務的研修体制以外には考えられない。それゆえ、前述のように、「刑事弁護研修ワーキンググループ」も、研修の義務化を提言したと考えられるのであり[*71]、もはや義務的研修体制を整備すべき段階にきていると言わざるをえない。しかも、それは、決して終着点ではなく、新たな出発点にすぎないのであり、できる限り速やかな体制作りが望まれる。それこそが、新たな時代の刑事弁護の発展を担保することになるであろう[*72]。

ところで、2016（平成28）年5月24日、通常国会の最終盤になって「刑事訴訟法等の一部を改正する法律」（いわゆる刑事司法改革関連法）が成立した。2011（平成23）年6月に設置された法制審議会の「新時代の刑事司法制度特別部会」に始まり、5年間を費やして成立したこの法律は、人権に密接に関わる刑事立法のあり方に重大な問題を投げかけることになった。

ここでその詳細に触れる余裕はないが、確かに一方では、取調べの全過程の録画・録音制度の導入や証拠開示制度の拡充、被疑者国選弁護制度の拡充等が実現することになった。そもそも今回の「改正」は、2009年に発覚したいわゆる郵政不正冤罪事件に端を発している。それゆえ、その目的は、検察官による証拠捏造問題にまで発展した、密室での相変わらずの本意でない虚偽自白に至る追及的で誘導的な取調べによって作成された供述調書に依存した捜査・公判のあり方を改革することにこそあったのであり、不十分とはいえ当然の内容であった。

ところが、他方で、盗聴（通信傍受）対象事件の大幅な拡大、実施方法の合理化・効率化や協議・合意制度等（司法取引）の導入等といった人権侵害が危惧され、冤罪の発生につながりかねない捜査権限の拡充・強化も同時に立法化されることになってしまった。

これに対して、100名を超える刑事法研究者が、繰り返し全面的な内容の再考を求める「反対声明」を公にしていたが[*73]、日本弁護士連合会は、いち早く「改正案」の「早期成立を求める」会長声明を出していた（2015年5月22日）[*74]。一部であっても、長年求めてきた録画が義務化されたことを評価してのことと考えられる。後は刑事弁護によって実践的に乗り越えていくという覚悟かもしれない。

であれば、少なくとも取調べに対抗して、全過程録画が行われていない限り、

黙秘権を行使する、調書の作成には応じないといった防禦権の行使や、弁護人の取調べへの立ち会いの実現をも視野に入れた組織的な取り組みによって、刑事弁護の新たな発展を実現する責任をも負ったということであろうし、盗聴（通信傍受）や協議・合意制度等（司法取引）への実践的で有効な対応も強く求められることになっていると言わざるをえない。その意味でも態勢整備に期待したい。

*1 後藤昭ほか編著『実務体系 現代の刑事弁護3──刑事弁護の歴史と展望』（第一法規、2014年）85～214頁［大出良知］参照。
*2 「刑事弁護センター」創設以来の25年の歩みについては、中山博之「日弁連刑事弁護センターの25年の歩み」季刊刑事弁護増刊『刑事弁護フロンティア』（2015年）202頁参照。
*3 後藤ほか編著・前掲注*1書118頁［大出］参照。
*4 同上165頁［大出］参照。
*5 21世紀に入って実現した司法改革は、少なくとも三つの流れの複合的な結合によって実現したと考えられる。第1には、本稿の主題である刑事司法改革の流れである。第2には、日本弁護士連合会が主導した司法改革の流れとして、1970年前後のいわゆる「司法の危機」を起点とする司法官僚制の打破による司法の民主化を求めてきた司法改革運動があった。そして、第3に、1990年代に入って展開されることになった規制緩和政策の延長線上に位置づけられる流れである。この第3の政治的流れが、この司法改革の実現に与って力があったことは否定しがたいが、その評価は、改革の内実によるべきであろう。今回の司法改革の位置付けについては、大出良知「司法改革への道はどこまできたか」大出ほか編著『裁判を変えよう』（日本評論社、1999年）2頁以下参照。
*6 丸島俊介「被疑者弁護に関する意見交換会第11回～第13回・制度化へ向けて新たな段階へ」季刊刑事弁護21号（2000年）132頁参照。
*7 http://www.kantei.go.jp/jp/sihouseido/pdfs/1221ronten.pdf 合わせて、刑事司法について、「新たな時代に対応した捜査・公判手続の在り方」および「適正・迅速な審理を実現するための方策」について検討するとともに、「国民の司法参加」として、「欧米諸国で採用されているような陪審・参審制度などについても、……導入の当否を検討すべきである」としていた。
*8 http://www.kantei.go.jp/jp/sihouseido/dai26/26siryou4.html
*9 条文自体は、「この法律の運用に当たっては、弁護士及び隣接法律専門職者の職務の特性に常に配慮しなければならない」と規定しているが、参議院法務委員会の附帯決議は、「契約弁護士等の職務の特性に配慮し、その自主性・独立性を十分尊重すること」としている。
*10 なお、審議会意見書は、裁判員制度の導入による、「連日的開廷による充実かつ集中した審理を実現するため」に、弁護人が個々の刑事事件に専従できるような体制」が必要だとして、「常勤の弁護士等が刑事事件を専門に取り扱うことができるような体制を整備」すること等を提案していた（http://www.kantei.go.jp/jp/sihouseido/report/

ikensyo/pdfs/iken-2.pdf)。しかし、総合法律支援法の下でのスタッフ弁護士の刑事専門弁護士化が推進されることになったわけではない。いずれその理由も検証される必要があろう。

*11 議事内容は、http://www.kantei.go.jp/jp/singi/sihou/kentoukai/koutekibengo/dai12/12gijiroku.html。提出された文書「『被疑者に請求権を与える事件の範囲』についての『段階的実施』案」は、http://www.kantei.go.jp/jp/singi/sihou/kentoukai/koutekibengo/dai12/12siryou.pdf 参照。ただし、一定期間経過後に、身体拘束（逮捕・勾留）全被疑者を対象とするという提案は、盛り込まれなかった。

*12 http://www.kantei.go.jp/jp/singi/sihou/kentoukai/koutekibengo/dai13/13gijiroku.html。ところが、第一には、「現実の関係機関の対応能力や態勢の問題」との理由があげられており、「関係機関」とはされているものの、前述のように対象事件について段階的導入を提案せざるを得なかった弁護士の対応力に対する懸念をも暗に視野に入れた結論だったと考えざるをえない。

*13 具体的には、「刑事訴訟法等の一部を改正する法律」（2004年5月28日法律第62号）、「裁判員の参加する刑事裁判に関する法律」（2004年5月28日法律第63号）、「総合法律支援法」（2004年6月2日法律第74号）等々である。

*14 http://www.nichibenren.or.jp/activity/document/opinion/year/2005/2005_28.html

*15 「法務省との当番弁護士制度協議会経過報告」刑事弁護（日弁連刑事弁護センターニュース）12号（1996年1月）4頁以下、13号（1996年5月）2頁以下、丸島俊介「被疑者弁護に関する意見交換会第四回～第六回」季刊刑事弁護18号（1999年）116頁以下参照。

*16 「『刑事弁護ガイドライン研究会』の発足について」刑事弁護19号（1998年10月）6頁。

*17 刑事弁護23号（2000年7月）4頁に全文が掲載されている。

*18 その経緯の詳細は、岡慎一「『刑事弁護ガイドライン』全国討議の開始にあたって」刑事弁護23号3頁以下。

*19 森下弘「刑事弁護ガイドラインの策定経過に関する中間報告」刑事弁護22号（2000年3月）6頁以下によれば、内容の方向性としては、「弁護活動において守られるべきルール」として、あるべき弁護活動を「義務的弁護活動」、「励行すべき弁護活動」、「行うことが望ましい弁護活動」として示すとともに、「弁護活動の制約（限界）」をも内容とすることを目指していた。

*20 最低限の義務を規定した内容は、1995年7月に日弁連の「国選弁護に関する委員会」によって作成され、各単位弁護士会に遵守を要請することになった「国選弁護活動の充実・改善のための方策について」が示した内容とも符合している。具体的には、①受任後速やかな接見、②受任後速やかな証拠等の確認、③誠実義務の遵守、④弁護料等の受領の禁止、⑤私選への変更勧誘の禁止、である。

*21 特に先鋭な対立になった共犯者の同時受任をめぐる対立の理由は、必ずしも明らかではないが、積極的に認めようとする見解は、たとえばいわゆるメーデー事件や東大事件といった国家権力による集団に対する一括した刑罰権の行使に対抗する場合を想定していると推測できる。これに対して例外的に認める見解は、積極説の想定するような場合で

あっても個別利害を重視し、地域的に弁護士の不存在によって個別受任が不能になる場合などを例外とするものと推測される。岡・前掲注*18論文参照。

*22 その経緯については、竹之内明「刑事弁護センター第二回全体委員会報告」刑事弁護24号（2000年11月）7頁以下。

*23 同上。「案」の全文も、同頁に掲載されている。

*24 岡田尚「『国費による弁護人の推薦等に関する準則』理事会で承認／単位会での早急な作成を！」刑事弁護30号（2002年12月）8頁以下。

*25 第26回会議（2000年7月25日）における日弁連配付文書「『国民の期待に応える刑事司法の在り方』について」http://www.kantei.go.jp/jp/sihouseido/dai26/pdfs/26haihu5.pdf 参照。季刊刑事弁護24号（2000年）110頁以下にも収録されている。

*26 前記準則が承認された後に行われた検討会（第7回・2003年2月28日）でのヒアリングに際して、日弁連からあらためて提出された文書「公的弁護制度に対する日弁連意見」（http://www.kantei.go.jp/jp/singi/sihou/kentoukai/koutekibengo/dai7/7siryou-ni-1.pdf）でも、「日弁連は、公的弁護における弁護活動の質的向上のために一層努力する」として、「弁護活動の最低限の質を担保する」準則を作成したことと、弁護士倫理の充実・発展を目指しての「倫理規定の改正」をあげ、「新入会員、国選弁護人名簿・当番弁護士名簿への新規登録会員に対する研修、及び倫理研修の充実に引き続き努力する」ことを表明しただけである。

*27 刑事弁護2号（1991年2月）1頁以下。刑事弁護経験交流会は継続的に行われており、2016年3月5日には「取調べ可視化時代の弁護実践」をテーマに18回目が開催されている。

*28 1997年10月日弁連理事会決定。季刊刑事弁護12号（1997年）20頁以下に収録されている。

*29 1997年9月26日に「被疑者国公選弁護制度の法制化に向けて——当番弁護士制度の成果をふまえて」をメインテーマに札幌で開催された。

*30 『第6回国選弁護シンポジウム基調報告書』169頁以下参照。なお、「被疑者国選弁護制度試案」も、「弁護の質の向上についての弁護士会の役割」を課題としてあげ、捜査弁護のマニュアル化や弁護士研修制度の確立等を抽象的にはあげていた。

*31 上田國廣弁護士が実行委員長を務め、12月7日に埼玉県大宮市（当時）で開催された。

*32 『第7回国選弁護シンポジウム基調報告書』59～101頁。

*33 同上75頁。

*34 実は、この調査時点では、2000年10月に新規登録した司法修習53期からの弁護士を対象とする日弁連の「新規登録弁護士研修ガイドライン」が実施されていたが、調査直前であったためであろうが「第7回国選弁護シンポジウム」では言及されておらず、後述の「第8回国選弁護シンポジウム」の際に実施状況について分析されていた。

*35 前掲注*32報告書88頁。

*36 同上93頁。また、各単位会に対するアンケートによれば、その他の被疑者弁護の質的向上に向けて実施している取り組みとしては、新人弁護士に対する指導弁護士制度（7会）、メーリングリストを利用した質疑応答（大阪）、応援弁護士制度（横浜）、裁判所

- *37 1999年4月から修習が開始された53期修習生からは、それまでの2年間が1年半に短縮されていた。
- *38 また、「国、公共団体、或いは日弁連のような公的団体が運営する」「刑事事件を専門に扱う弁護士が複数所属するような「公設事務所」の設置を推進すべきであるともされていた（前掲注*32報告書100頁以下）。
- *39 5月8日に大阪で開催された。
- *40 『第8回国選弁護シンポジウム基調報告書』198〜257頁。
- *41 吉丸眞「裁判員制度の下における公判手続の在り方に関する若干の問題」判例時報1807号（2003年）3頁以下、佐藤文哉「裁判員裁判にふさわしい証拠調べと合議について」判例タイムズ1110号（2003年）4頁以下参照。
- *42 小坂井久「取調べ可視化の実現へ向けて」刑事弁護32号（2003年9月）14頁。第8回国選弁護シンポジウム前後の「取調べ可視化」をめぐる主な動きを紹介しておくと以下の通りである。2003年3月25日、日弁連刑事弁護センター等共催「取調べ可視化シンポジウム」。3月28日、第8回国選弁護シンポジウムプレシンポジウム「取調べ可視化と捜査弁護の深化」。5月8日、第8回国選弁護シンポジウム報告「『可視化』時代の弁護に向けて」。7月14日、日弁連意見書「可視化実現へ向けて」(http://www.nichibenren.or.jp/activity/document/opinion/year/2003/2003_31.html) を関係機関へ送付。8月11・12日、日弁連刑事弁護センター等共催可視化をテーマに合宿。10月17日、第46回日弁連人権擁護大会（松山）「被疑者取調べ全過程の録画・録音による可視化を求める決議」(http://www.nichibenren.or.jp/activity/document/civil_liberties/year/2003/2003_1.html)。
- *43 具体的には、逮捕状請求書謄本の入手など捜査弁護における弁護人の情報収集、被疑者が作成する勾留ノート等による取調べの可視化、電話接見の導入等が提起されている。前掲注*40報告書257頁以下参照。
- *44 前掲注*40報告書288頁。
- *45 同上289頁以下。
- *46 前掲注*33・*34も参照。
- *47 この新人弁護士に対する新しい研修制度については、研修委員会「本格的弁護士研修制度の確立を」自由と正義2000年10月号122頁、上田國廣「刑事弁護研修制度」季刊刑事弁護27号（2001年）90頁。なお、91頁以下には、札幌、東京、横浜、名古屋、金沢の各弁護士会での実施状況について報告が掲載されている。
- *48 前掲注*40報告書294頁以下。ほかに司法修習生刑事弁護ゼミ、メーリングリストを利用した研修等々も詳細に紹介されている。
- *49 前掲注*40報告書294頁。このシンポジウムに先立ち同年の2003年3月29日には、日弁連主催の全国10会場を結んだIT特別研修（刑事尋問の技術）が実施されていた。
- *50 被疑者国選弁護制度施行直前（2006年9月8日）に、美奈川成章弁護士を現地実行委員長として、「被疑者国選弁護制度はじまる——対応態勢・弁護の在り方・さらなる制度改革」をテーマに福岡で開催された第9回国選弁護シンポジウムにおいても、質的向

上の方策として経験例の検討を通して、①新人弁護士研修、②ケース研究等経験交流・共有、③MLの活用・ニュース情報共有等があげられていた。『第9回国選弁護シンポジウム基調報告書Ⅱ』209頁以下。

*51 刑事弁護35号（2005年12月）15頁。
*52 大迫唯志「新段階に入った刑事弁護新人研修」刑事弁護41号（2008年4月）2頁。
*53 2010年12月14日に京都で開催された。
*54 調査結果は、『第11回国選弁護シンポジウム基調報告書』76頁以下に掲載されている。
*55 前掲注*54報告書76頁。
*56 同上34頁以下。
*57 同上32頁以下。
*58 たとえば、「特集模擬裁判員裁判を検証する」季刊刑事弁護45号（2006年）34頁以下、「特集模擬裁判員裁判を検証するPart2」季刊刑事弁護49号（2007年）32頁以下等参照。
*59 日弁連とは別に、2005年7月15日には、「大きな変化に対応できない恐れのある刑事弁護の現状をふまえて」、「新しい時代に対応できるように、弁護士の成長と後進の育成を行う」ことを目的に、任意団体である「刑事弁護フォーラム」が100余名の会員で設立され、現在では、3,600名を超える会員を擁し、年に2ないし3回の例会、ほぼ毎月の若手ゼミ、メーリングリストを駆使した意見交換・情報交換などにより、刑事弁護の質的向上に寄与している。詳しくは、http://www.keibenforum.net/ 参照。また、「季刊刑事弁護」も41号（2005年）から現在に至るまで、毎号のように裁判員裁判に関係する特集を組んできている。
*60 その経緯については、「第2版はしがき」参照。
*61 第1回から裁判員裁判の開始されるまでの第17回（2009年5月号）までは、「裁判員制度施行に向けて」をサブタイトルに、第18回（2009年6月号）からは、「裁判員裁判における弁護活動」として連載された。
*62 開始から10月9日までに公判の終了した28件が分析・検討の対象になった。裁判員本部ニュースNo.3（2009年12月1日）参照。
*63 たとえば、札幌で開催された第15回（2011年9月10日）では、「公判前整理手続を通して刑事弁護を考える」をテーマに、現職法曹三者のパネルディスカッションが行われた。刑事弁護51号（2011年12月）13頁参照。
*64 たとえば、2011年1月15日には、「責任能力が問題になる裁判員裁判の経験校流会」が東京で開催され、経験報告と精神科医による講義があり、全国42地点に中継された。裁判員本部ニュースNo.9（2011年3月）参照。
*65 たとえば、2011年7月20日には、「裁判員裁判研修」として、東京都監察医務院院長を講師に「法医学の基礎」の講演等が行われた。裁判員本部ニュースNo.11（2011年11月）参照。
*66 「刑事弁護研修ワーキンググループ」については、奥村回「弁護士会の研修の在り方について」自由と正義2016年1月号73頁参照。
*67 その意味では、後藤昭ほか編著『実務体系　現代の刑事弁護』（第一法規）は、「弁護人の役割」（第1巻・2013年）、「刑事弁護の現代的課題」（第2巻・2013年）、「刑事弁護

の歴史と展望」(第3巻・2014年)を網羅する時宜を得た企画になっていたと評価できよう。
*68 その概要は、http://www.saibanin.courts.go.jp/vcms_lf/27.4jissi.pdf 詳細な報告は、http://www.saibanin.courts.go.jp/vcms_lf/27-a-1参照。また、弁護士の立場から調査結果を分析した菅野亮＝前田領「我々の弁護活動は、裁判員の心をつかんでいるか？――裁判員アンケートから見た弁護活動の評価と弁護士会の取り組み」自由と正義2016年1月号58頁以下参照。
*69 2010年からのこれらの数字の公表が、前述の「刑事弁護研修ワーキンググループ」設置の背景になっていたであろうことは推測に難くない。
*70 奥村・前掲注*66論文74頁以下。
*71 その際、「刑事弁護研修ワーキンググループ」が、言及した「慎重な意見」の内実は明かでないが、従前の論議の経過からすれば、1つ想定できるのは、義務的研修が、個別の弁護活動の独立性・自主性を侵害する可能性に対する危惧である。しかし、弁護の独立性・自主性は、第一義的には、弁護権の可能的侵害者である刑罰権力との緊張関係を維持し、弁護の質を確保するために保障されなければならなかったのであり、自治権を持つ弁護士会による依頼者である国民の利益を図るための組織的な質的向上への体制作りは、明らかに位相を異にする。もちろん、前述したように日弁連が個別事件の弁護に介入するがごとき事態がなかったわけではない。しかし、それは、歴史的にすでに克服されてきた問題であり、必要であれば、日弁連として、個別弁護への組織的介入を禁止するルールを創れば済むことではないか。
*72 研修の義務化は、あらためて「刑事専門弁護士」の育成という課題についての議論をも活発化させることになるであろう。後藤昭「「刑事弁護充実の方策」宮澤節生ほか編『21世紀司法への提言』(日本評論社、1998年) 195頁は、いち早く「刑事弁護の専門家集団」の形成の必要性を提起していたが、被疑者国選弁護制度や裁判員制度の導入が、あらためて刑事弁護の専門性の強化の必要性を課題化することになっている。後藤昭「刑事弁護の将来」後藤ほか編著・前掲注*1書407頁以下は、アメリカの公設弁護人制度を参考に司法支援センター(法テラス)のスタッフ弁護士の中に刑事事件を専門に扱う弁護士を増やすことを提案していたが、近時、四宮啓『「刑事スタッフ弁護士」への展望」総合法律支援論叢8号(2016年) 21頁以下は、同様の発想からより具体的に日本司法支援センター(法テラス)内に「刑事スタッフ弁護士」を創設することを提起している。重要な問題提起である。なお、前掲注*9参照。また、刑事専門弁護士をめぐる弁護士層の認識の一端は、大出ほか「(座談会)被疑者国選・裁判員時代と刑事弁護の成果と課題」季刊刑事弁護増刊『刑事弁護フロンティア』(2015年) 231頁以下参照。
*73 季刊刑事弁護87号(2016年) 165頁以下に、最終の意見書である「刑事司法の抜本的改革を求める刑事法学者の意見」(2016年4月21日)が収録されている。
*74 「取調べの可視化の義務付け等を含む『刑事訴訟法等の一部を改正する法律案』の早期成立を求める会長声明」http://www.nichibenren.or.jp/activity/document/statement/year/2015/150522.html

(おおで・よしとも)

「平成刑事訴訟法」の下での刑事弁護
弁護人の役割は変質したのか

村岡 啓一

白鷗大学教授

1 はじめに
2 私の問題関心――「平成刑事訴訟法」の下で弁護人の役割は変質したか？
3 当事者主義における刑事弁護人の役割は何か
4 平成刑事訴訟法の下での弁護人像と弁護の課題
5 結論

1 はじめに

　わが国の刑事司法は大きな転換期を迎えている。法制審議会「新時代の刑事司法制度特別部会」の審議結果を踏まえた「刑事訴訟法等の一部を改正する法律」が刑訴法学者の反対[*1]にもかかわらず2年越しの国会審議を経て、2016（平成28）年5月24日に成立したからである。その内容は、取調べの録音・録画制度の導入、捜査・公判協力型協議・合意制度（いわゆる日本型「司法取引」）の導入、通信傍受の対象犯罪の拡大および傍受手続の簡易化、証人保護のための新たな方策の導入など、極めて多岐にわたる。2009（平成21）年に導入された裁判員裁判の下で、まさしく「平成刑事訴訟法」[*2]体系とでも称すべき新たな刑事司法制度が構築されたことになる（以下、この法制全体を指して「平成刑事訴訟法」という）。私は、この大変革を大いに憂慮している。確かに、一部には被疑者・被告人の権利保障の観点から一歩前進と評価できる改革はあるものの、全体として見たとき、わが国の刑事弁護士たちが苦闘しながら目指してきた到達点がこの制度改革であったとは到底思えないからである。苦闘する刑事弁護士集団の先頭に立って刑事司法の改革に取り組んできた美奈川成章

弁護士と上田國廣弁護士（以下、敬愛を込めて、今までと同様、「美奈川さん」「上田さん」と呼ぶことにする）が、めでたく古稀を迎えるという。古稀を祝賀する論文集の企画段階で、編者および上田さん本人から、刑事弁護の歴史を踏まえて現在の司法制度の到達点と刑事弁護の課題について執筆してもらえないかという依頼を受けた。当然、二つ返事で引き受けたが、「平成刑事訴訟法」の制度概要を知るにつけて、暗い気持ちになってきた。「祝賀」に相応しい論文の素材がみつからないのである。しかし、美奈川さんも上田さんも、刑事弁護の将来がバラ色であるなどと夢見ていないだろうし、むしろ、「平成刑事訴訟法」下の弁護人が抱える問題点の指摘の方が、依然として「闘士」である二人には相応しいと思い直し、現在、私が考えていることを率直に述べることにした。焦点を当てるのは、個別の新制度の問題点ではなく（個別の論点については、本論文集で最適任者による論稿が予定されている）、「平成刑事訴訟法」の下での弁護人像の変質とその背後にある当事者主義の理解の違いといった大きなテーマについてである。

　美奈川さんと上田さんは、私の弁護士時代からの同士（brethren）である。1983（昭和58）年に日弁連の接見交通権確立実行委員会が創設されたときからの仲間であると同時に、制度的にみて圧倒的に不利な状況に置かれていた刑事弁護の質的な改革を目指した同志（comrades）でもある。特に、刑訴法第39条3項に基づく一般的指定制度の廃止を目差した、接見交通権侵害を理由とする国家賠償請求事件の全国展開と裁判所に通用する違憲論の構築は私たちに課せられた共通のテーマであった。違憲論を検討する委員会や合宿で、美奈川さんや上田さんと議論する過程で、当時の通説であった物理的限定説というのは、弁護人も、身体を拘束された被疑者を無意識のうちに「弁護の客体」として扱っているからこそ、検察官の「取調べの客体」との競合という構図になるのではないか。そうだとすれば、接見指定制度を支えてきた一半の責任は弁護士にあるわけで、接見指定制度を被疑者の主体性の観点から見直す必要があるのではないかと気づいたこと、また、刑訴法第39条3項（接見指定）を単なる接見交通権の制約規定と考えるのではなく、逆に、接見交通権の保障規定と考えることはできないかという視点の転換を図ったこと等々[*3]を懐かしく思い出す。前者の議論、すなわち、「防御の主体」である被疑者自身が取調べではなく弁護人接見を選択した場合には、その意思決定を尊重しなければならないので、もはや捜査機関の接見指定はできないという議論を最高裁大法廷の弁論[*4]で展開したが、最高裁は、身柄の競合を前提とした「合理的調整」論を採

用して、接見指定制度を合憲とした*5。しかし、後者の議論は、最高裁が検察官に弁護人との「協議義務」を取り入れて弁護人接見の機会を保障するべきことを求めたので、実質的に採用されたといってよい。今日、一般的接見指定制度は廃止され、接見指定をめぐる紛争は影を潜めたと聞くが、これは、私たちが取り組んできた活動の成果といっても差し支えないだろう。とはいえ、今日では、新たに「接見の秘密性」が侵害される事例が相次いでおり、依然として、接見交通権の保障は刑事弁護の大きな課題の一つであり続けている*6。

美奈川さんと上田さん、そして私が大きく関わっている一大イベントがもう一つある。私が英国留学時の体験から持ち帰った当番弁護士制度の導入である。この制度が、福岡県および大分県の弁護士会を皮切りに、各単位弁護士会のボランティア活動として始まったことの意義は大きく、これが後の被疑者国選弁護制度実現の露払いの役割を果たし、「平成刑事訴訟法」の一部である被疑者国選制度の対象者の拡大につながっている。

実は、1987(昭和62)年に、私が北アイルランドのアイルランド共和軍(IRA)被疑者に対する弁護人の接見制限を研究するために英国留学を決めた際、美奈川さんは、「予定していなかった収入が入ったから使ってくれ」と言って、私にポンと10万円もの大金を渡してくれた。「予定外の収入」というのは口実で、明らかに自腹を切っての支援金であった。そして、1989（平成元）年に私が帰国して、英国での当番弁護士の実情報告*7をするや、美奈川さんと上田さんが主導する福岡県弁護士会は、一気に待機制の当番弁護士制度の創設へと突き進んだのである*8。私は、福岡県弁護士会の英国視察の水先案内人を務めることになり、現地で、美奈川さんの好意にわずかながらも報いる機会を得たことを喜んだ。このような経緯があるので、当番弁護士制度の延長線上に実現した被疑者国選制度の拡充については、格別の感慨がある。

上田さんとの関係では、何といっても、刑事弁護人の役割と倫理をめぐる誌上論争*9が懐かしい。いや、懐かしいという表現は適切ではない。このテーマは現在に至るまで続く論点であり（おそらく、永遠に続く論点に違いない）、本論稿において私が指摘する「平成刑事訴訟法」下の弁護人像の違いにも大いに関係している。若い読者は、おそらく、この論争自体を知らないだろうから、後に、論争の概要を説明したうえで、私が懸念する「平成刑事訴訟法」下の弁護人像の変質を指摘してみたい。

2 私の問題関心――「平成刑事訴訟法」の下で弁護人の役割は変質したか？

　本来あるべき刑事訴訟法改正の方向性は、大阪地検特捜部検察官の不祥事に端を発する検察改革の提言[*10]をうけて、供述調書に過度に依存する捜査・公判からの脱却を目指すものであったはずであった。ところが、平成刑事訴訟法は、依然として糾問的捜査依存の調書裁判を肯定したうえで、部分的に被疑者・被告人の権利を強化するのと引き換えに、捜査権限の肥大化を招く新たな捜査手法を導入するものとなっている。それゆえ、「無辜の不処罰の理念と被疑者・被告人の防御権保障」に立脚する憲法的刑事手続に逆行する反改革であるとの批判[*11]は正鵠を射ている。

　平成刑事訴訟法によって新たに創設された制度を弁護人の関与という視点から眺めてみると、以下の諸点を抽出することができる。

(i) 　取調べの改革という観点から、一定の事件（検察官直受事件および裁判員裁判対象事件）に録音・録画制度の導入が認められたが、被疑者の黙秘権保障、すなわち、供述するかしないか（供述する場合に録音・録画するかしないかを含む）の意思決定を尊重するためには、弁護人による立会が不可欠であったが、取調べへの弁護人の立会は制度化されなかった（刑訴法301条の2）。

(ii) 　証拠開示制度では、公共財である証拠を検察官が事前に全面的に開示することが当事者主義の要請する本来の形態であったが、検察官が適正に証拠を取捨選択して開示すれば十分であり、弁護人による証拠漁りの弊害を回避するためには事前の全面開示制度は不適切であるとされて、新たに証拠の一覧表が開示されるにとどまった（刑訴法316条の14第2項、同5項）。

(iii) 　被疑者段階の国選弁護制度では、従来の法定刑の制約を外して「被疑者に対して勾留状が発せられている場合」、すなわち、全勾留者にまで国選弁護人請求権が拡大されたが、逮捕段階での国選弁護制度は実現されなかった（刑訴法37条の2第1項）。

(iv) 　捜査・公判協力型協議・合意制度が新たに導入されることになったが、検察官と被疑者の「協議」の過程に弁護人が立ち会うこととされ、協議に続く「合意」の履行を担保するために弁護人が深く関与することにな

った（刑訴法第二編第四章「証拠収集等への協力及び訴追に関する合意」の新設。刑訴法350条の2ないし350条の15)。

(ⅴ) 証人保護の必要がある場合には、従来の刑訴法第299条の2に規定する弁護人の配慮義務を超えて、検察官は、弁護人に対し「証人特定事項」の開示時期および方法を指定できるほか、被告人のみならず弁護人に対しても、一定の場合に「証人特定事項」を知らせないことができることとされた（刑訴法299条の4)。弁護人はこれらの措置につき裁判所に不服申立ができる一方で、検察官および裁判所は、証人特定事項秘匿の条件に違反した弁護人につき所属弁護士会が「適切な処置」[*12]をとるように請求できるとされた（刑訴法299条の5ないし299条の7)。

　これら新設された制度を通覧してわかることは、「平成刑事訴訟法」の底流に、被疑者段階に弁護人を関与させることは捜査にとって「有害」であり、できるだけその関与を限定しようという発想が色濃く残っていることである。後にみるように、わが国の刑事訴訟の構造は、民事事件に適用される当事者主義の原型を被告人側に有利に修正したアメリカ型の当事者主義（modified adversary system）を採用している。そして、その当事者主義の考え方は公判段階にとどまらず被疑者段階においても貫徹されるべきものと考えられている。国家の責務である「公正な裁判」の実現は、市民が国家刑罰権の対象として特定された時点である公判前の捜査段階から始まるからである。しかし、わが国の捜査実務は、戦前からの糺問的捜査の伝統を承継しており、弁護人が捜査段階に関与することを極力排除し、当事者間の権限バランスにおいて、国家（検察官）の権限が強すぎる疑似当事者主義の様相を呈している。言葉を換えれば、捜査段階において、国家の側に被疑者の権利を擁護するという発想が乏しく、被疑者の権利を実効化するために弁護人が必要であるという認識が希薄であるということである。そのような状況の下、刑事弁護士集団は、疑似当事者主義を本来あるべき当事者主義に近づけるために、捜査段階の一方当事者である被疑者を「防御の主体」と把握し、被疑者の防御権行使のために「弁護人の援助の手」を差し伸べようとしてきたわけである。わが国の疑似当事者主義の運用の下では、刑事弁護人の存在意義を捜査機関に認知させることが刑事弁護士にとっての大きなテーマであったのである。

　ところが、平成刑事訴訟法の下での弁護人は、確かに被疑者段階の国選弁護制度の拡大によって制度的には活躍の場が広がったとはいえるが、弁護人に期

待されている役割は、従来のそれに比して、かなり変質して捉えられているように思われる。つまり、弁護人が被疑者・被告人の主体性を前提とした被疑者・被告人の「武器」という地位よりも、むしろ、適正な捜査および公正な裁判という大義の下で、国家の「補完的協力者」という地位に大きく軸足を移しているのではないかと思われるのである。

そこで、以下に、改めて当事者主義における刑事弁護人の役割に焦点を合わせて、弁護人の拠って立つべき地位を確認しておきたい。これが、平成刑事訴訟法の下での弁護人がなすべき刑事弁護を考えるうえで、議論の出発点となると考えるからである。

3　当事者主義における刑事弁護人の役割は何か

(1)　刑事弁護人の役割をめぐる上田・村岡論争

かつて、私は上田さんと季刊刑事弁護誌上で、刑事弁護人の役割について論争をしたことがある[*13]。1990（平成2）年に当番弁護士制度が始まり、弁護人の活動が公判段階から捜査段階に拡大されて、公判前の防御準備の重要性が弁護人の間に強く意識され出した時期にあたる。1998（平成10）年から始まった法曹三者（日弁連、法務省、最高裁）の「刑事被疑者弁護に関する意見交換会」において、法務省側は29の不適切な弁護事例を挙げて、弁護人は真相解明のための捜査活動を妨害すべきではないという弁護人像を提示した。その根拠は刑訴法第196条に求められ、「弁護人も刑事司法を担う一翼として、被疑者・被告人の正当な利益を擁護するため、真実の発見に寄与し、捜査の妨げとならないようにする義務がある」とされた。日弁連側は、29事例が必ずしも違法不当な弁護活動ではなく評価が異なりうると反論したが、その根底にあった考え方は、弁護人とは、依頼者の視点からみた「真実」を前提に依頼者のために行動するという特殊な地位にあるので、実体的真実の解明につき、弁護人に捜査機関に積極的に協力すべき義務はないというものであった。しかし、弁護人の役割について、被疑者弁護を担う刑事弁護士の間に理論的に一致したコンセンサスが必ずしもあったわけではなく、日弁連内部の議論の過程で、委員の間でも先端的な部分では見解の違いに基づく対応の差があることが分かった。この刑事弁護人の役割をめぐる見解の違いをあえて公にしたのが上記論争であった。

私の主張した弁護人像は、依頼者の自己決定に基づく依頼者の意思を尊重す

る弁護人、いわゆるハイアード・ガン（hired gun）としての弁護人であり、モンロー・フリードマン[*14]の影響を強く受けたものであった。理論的には、刑事訴訟において国家（検察官）と対峙する「防御の主体」は被疑者・被告人であり、彼らの自己防御権（self-representation）が基本であることを根拠とする。憲法上、被疑者・被告人に認められる「弁護人の援助を受ける権利」も本人の自己防御権を補完し実効化するために存在するから、弁護人の本来的役割は依頼者に対し法律専門家として法的助言をすることにあり、弁護人は依頼者のための「武器」に徹するべきであるとしたのである。

　これに対し、上田さんが主張した弁護人像は、「憲法的あるいは人権保障的な機能を発揮できるように司法過程の監視を担う」弁護人であった。上田さん自身の刑事弁護への思いが、「歴史を逆行させない」あるいは「国家権力の暴走を許さない」という憲法擁護の使命感に由来することを根拠とする。防御の主体は誰かといった原理論から出発するのではなく、日本国憲法を出発点として、弁護人の役割は、依頼者に対する誠実義務を超えて、デュー・プロセスの監視が弁護人に課せられた憲法上の責務であるとした。いわば、弁護人を独立の司法機関と位置づけたのである。

　議論の対立点は、弁護人が被疑者・被告人の利益の追求に徹するべきか、それとも、依頼者の利益を超えて「法の適正な実現」という客観的な役割をも担うかという点にあった。論争は多岐に及ぶが、究極の対応の違いは、「弁護人が、依頼者本人の意思に反しても、国家のデュー・プロセス違反による違法収集証拠排除を理由に無罪の主張をしてよいか」という問いの回答に現れる。

　しかし、慧眼の読者は、いずれの見解も、依頼者とその弁護人（いずれが最終的な意思決定の主体かでは相違があっても）が国家との対抗関係の下で弁護の戦略と戦術を協議して決定している点では同じであるから、見かけほどの差は生じないことに気づくだろう。言い換えれば、上田さんが、独立の司法機関として弁護人の役割の中に「法の適正な実現」を含むといっても、その内実は国家の側の手続違反を想定したデュー・プロセスの監視であり、国家が志向する「犯罪者を正しく処罰する」（必罰主義）という国家利益への奉仕という役割は含まれていない。私たちの議論は、飽くまでも、国家対被疑者・弁護人という対抗関係を前提として成立していたのである。

　故モンロー・フリードマンの最後の編著となった書籍『なんで、あんな奴らの弁護ができるのか？』[*15]の中で、フリードマンは、自らの刑事弁護人の原点として、自らがユダヤ人であり、神が創造した世界の7つの要素の一つである

「人間に対する共感（compassion）」を持っていること、そして、神の怒りを買った不敬の民を救うために敢然と神に立ち向かったモーゼとアブラハムが自らの弁護人像の原型であったことを明らかにしている。彼は言う。「無実の人を弁護することが刑事弁護人の主要な仕事なのではない。弁護人の仕事とは、刑事上の罪に問われた市民すべてに対し私たちの憲法が保障した基本的権利を提供することなのだ。……それゆえ、『あんな奴ら』を弁護することで、弁護人は、我々の一人一人がこうした権利の利益を、紙の上だけではなく、事実として享受していることを確かめているのだ」*16。私も上田さんもこのフリードマンの考えを共有している。ただ私と上田さんが異なるのは、フリードマンが説く「弁護人は依頼者の自律性、すなわち、神から与えられた自由意思を尊重しなければならない」*17 という考えを第一義とするか否かの点なのである。

なぜ、本稿において、私がこの論争に言及したかといえば、平成刑事訴訟法は、刑事弁護人の役割について、私と上田さんの考え方の対極にある弁護人像、すなわち、「『あんな奴ら』を適正に処罰する国家利益への奉仕」を役割とする弁護人像を思い描いているのではないかと疑われるからである。

(2) 修正された当事者主義
1) 刑事司法制度における弁護人

日本国憲法第34条と第37条3項に「弁護人」という表現が登場する。いずれも、市民が主体（第34条では「何人も」、第37条3項では「刑事被告人は」と表現される）の「弁護人に依頼する権利」の内実をなす一種の司法機関（弁護の機能を担うのであって国家の機関ではない）として登場する*18。日本国憲法の淵源となったアメリカ合衆国憲法修正第6条でも、国家刑罰権の対象とされた市民 (the accused) の権利として認められた「弁護人の援助を受ける権利」(the right to have the Assistance of Counsel for his defence) の中に弁護人 (counsel) が登場する。ここから、刑事司法制度において、弁護人が被疑者・被告人の防御権を担う被疑者・被告人のための一種の司法機関として存在することが、憲法上、予定されていることがわかる。憲法が刑事司法制度の中に弁護人の存在を想定していることは、国家の責務である「公正な裁判 (Fair Trial)」を実現するためである。

ここで留意しなければならないのは、「弁護人の援助を受ける権利」の行使主体は被疑者・被告人であり、被疑者・被告人はこの権利を放棄して、弁護人の援助を受けることなく自分自身で防御を行うことができるということである

（これを「自己防御権〔self-representation〕」という）。この意味するところは、被疑者・被告人が「弁護人の援助を受ける権利」を行使した場合、弁護人は、「公正な裁判」の実現のために、被疑者・被告人の代理人となって弁護人に与えられた権限（power）を行使するが、それは飽くまでも依頼者本人の権利（right）に由来する弁護人の権限であって、弁護人に固有の権利が認められているわけではないということである。わが国の現行刑訴法は、アメリカ合衆国とは異なり、公判において弁護人が被告人とは別に訴訟行為を行うことを認めており、これを弁護人の固有権と称するので[19]、この制度を前提に、弁護人には固有の権利（right）があると思われがちである。しかし、国家の捜査権あるいは検察権なるものの内実が、国家権力に基づく権限（power）であって、憲法上認められた権利（right）ではないのと同様に、弁護権なるものも、内実は、刑事司法の中で弁護人に期待される弁護の機能（function）を果たすための権限に他ならない。重要なことは、弁護人の権限を権利と呼ぶか否かの是非ではなく、弁護の機能をどのようにみるかという本質論である。

2）　当事者主義の原型と修正された当事者主義

　わが国の刑事訴訟の構造は、アメリカ合衆国と同じ当事者主義のそれを採用したとされている。では、アメリカ刑事司法の当事者主義とはどのようなものか？　それは、片面的に修正された当事者主義（modified adversary system）と称されるものである。

　本来の当事者主義は、民事司法の訴訟構造にみられるように、当事者の対等性ないし互換性を前提にして、異なった視点に立つ当事者同士の主張と立証という相互批判を通じて浮かび上がってきた事実をもって「真実」とみなす（これを「訴訟的真実」という）ものである。しかし、刑事司法の場合には、同じ刑事事件の訴訟当事者といっても、国家刑罰権を発動する側の国家（検察官）と国家刑罰権の対象とされる市民（被告人）との間には対等性も互換性もないので、憲法は被告人に種々の防御権（この中に「弁護人の援助を受ける権利」も含まれる）を与えることによって、被告人の側に有利に修正を施している。いわば、最初から、憲法上の権利保障は被告人の側に有利に傾斜しているのである[20]。

　また、民事事件とは異なり、被告人の側に「無罪推定」を与えることによって、国家（検察官）の側に一方的かつ全面的な立証責任を課し、しかも、証明の程度において、民事事件の場合の「証拠の優越」基準とは著しく異なる「合

理的な疑いを超える」高度の証明基準を採用している。つまり、国家の側に一種のハンディキャップ戦を強いているわけである。

3)　修正された当事者主義の下での裁判官と検察官の役割
　国家には「公正な裁判」を実現しなければならない責務がある。当事者主義の訴訟構造の本質は、当事者間の攻撃・防御の対抗関係にあるから、検察官と対峙する弁護人が提供する弁護活動は当事者対抗を実質的に実現するに足る「有効な弁護（effective defense）」でなければならない。弁護の機能が不十分でおよそ当事者対抗といえないような場合には、有効な弁護を弁護人を通じて提供する責務を負っている国家（裁判所）の義務違反となりうる。そこで、修正された当事者主義の下では、国家機関である裁判官は、被告人の憲法上の権利を保障することが第一の役割となる。憲法上の権利保障において被告人側に傾斜した訴訟構造が適切に機能するように訴訟全体をコントロールすることが裁判官の役割とされているのである。その結果、事実審（陪審裁判）において、被告人がおよそ弁護に値しない不十分な弁護しか受けることができなかった場合には、「有効な弁護」を提供すべき国家の義務違反として、上級審において、事実審（陪審）の有罪判決を破棄することによって、有効な弁護を受けられなかった被告人の救済を図っているのである。アメリカ合衆国において、私選、国選を問わず、事実審における弁護人の不十分な弁護（「有効な弁護」の欠如）が国家の義務違反となるのは、修正された当事者主義の下で、裁判官の役割は被告人に与えられた憲法上の権利を保障することにあると考えられているからにほかならない[*21]。
　修正された当事者主義の下では、同じく国家機関である検察官の役割も訴訟の一方当事者にとどまるものではない。検察官の役割は、訴訟に勝つことではなく、正義を行うことであるとされる[*22]。検察官は国家主権を行使する「正義の担い手」（minister of justice）として、国家目的である「公正な裁判」の実現のために、手続的公正と真実への忠誠が求められることになる[*23]。検察官も、裁判官と同様、修正された当事者主義の下での被告人側に有利に傾斜した憲法上の権利を擁護することが求められるのである。
　では、修正された当事者主義の下での弁護人の役割とは何か？

4)　修正された当事者主義の下での弁護人の役割
　刑事訴訟の修正された当事者主義が「公正な裁判」の実現のために機能する

には、弁護人の地位が公的機関であるか私的機関であるかとは関係なく、弁護人の機能（function）が十全に果たされることが不可欠である。すなわち、弁護人が被告人を援助し、国家（検察官）との間の決定的な不均衡を是正し、法的に対等な当事者間による党派的な弁護を実現することによって初めて、対審手続を通じた「真実」に到達し得るのである。同じ訴訟当事者であっても、弁護人の機能が検察官のそれとは相当に異なったものであることは、真実を語っている相手方証人に対する反対尋問の対応の違いに典型的に見ることができる。弁護人には徹底的な弾劾が許されるのに対し、検察官にはそれは許されていないのである[*24]。

1967（昭和42）年の合衆国対ウェイド事件[*25]のバイロン・ホワイト判事の執筆にかかる意見は、刑事弁護人の役割について、次のように述べている。

> 刑事弁護人は……真実を確認する、あるいは真実を提出する何らの義務も負っていない。私たちの制度は弁護人に異なった使命を与えている。弁護人は、依頼者が有罪か無罪かを問わず依頼者を弁護しなければならない。……もし、弁護人が、たとえ真実を語っている証人であっても、その証人を混乱させ、あたかも証人が不利な立場に置かれているように見せかけたり、証言が不確かか決定的でないかのように見せかけたりすることができるとすれば、それは弁護人に許された通常のやり方である。無辜の不処罰という私たちの目的は、弁護人が真実と考えているか、または真実と知っているか否かに関わりなく、弁護人が国家に犯罪の証明を要求し、国家の主張とは考え得る最悪の観点からのものであると仮定することを許容しているのである。……この点で、私たちの片面的に修正された当事者主義の一部として、かつ、最も崇高な刑事弁護人に課せられた義務の一部として、私たちは、多くの事例において、真実の探求との関連性がほとんどない、あっても取るに足らない行為を容認あるいは要求するのである。

また、ある刑事弁護士は次のように語っている。

> 国家に犯罪の立証を尽くさせるために、私のような者が必要なのさ。……もし私が型どおりの弁護だけをしたとしたら、私は本当に国の責任を試したことになるのだろうか？　我々の司法制度は、「力一杯打ってみろ」といっているカーニバルの怪力男のようなものだ。自分の最高のパンチを

くらわせない限り、彼が体を鍛えた意味がなくなってしまうのだ[*26]。

　ここからわかることは、修正された当事者主義の下での刑事弁護人とは、「国家の宿敵（nemesis）」として機能することが意図された存在であるということである[*27]。弁護人は、依頼者の利益を擁護する党派的代理人として、対国家との関係で徹底的な防御を行うことを期待されている。弁護人に党派性が要求されるのは、当事者主義の訴訟構造の下、刑事司法における被告人の権利を保護するためには、依頼者に忠誠を示す代理人（champion）が不可欠であるからである。同じ訴訟当事者ではあっても、国家を代表する検察官が「正義の担い手」であるのに対し、被告人を代理する弁護人は「国家の宿敵」を演ずる点で役割は決定的に異なっているのである。

5)　被疑者段階における刑事弁護人の役割

　以上の修正された当事者主義は公判を前提にした議論であるが、今日、その当事者主義の考え方は捜査段階の被疑者弁護に拡大されている。理論的には、捜査段階は公判の準備段階であり、国家刑罰権の対象とされた市民と国家との対抗関係は、逮捕・勾留といった国家意思の発現行為である強制処分によって既に開始されているからである。それゆえ、被疑者段階の刑事弁護人の役割も「国家の宿敵」でなければならず、弁護人はその役割を認識したうえで弁護活動を遂行しなければならない。また、捜査機関はもちろんのこと、捜査段階の裁判官も検察官も、弁護人が「国家の宿敵」であることを当然の前提として、弁護活動を評価しなければならないのである。

4　平成刑事訴訟法の下での弁護人像と弁護の課題

(1)　疑似当事者主義の存続

　刑事司法改革の原点とは「糾問的捜査依存の調書裁判の改革」である。裁判員裁判の導入によって、公判において直接主義・口頭主義に基づく主張・立証活動が要求され公判中心主義が一般化したのに伴い、公判における弁護人のパフォーマンスの重要性が強く意識されるようになった。特に、裁判員裁判の第一審の事実認定が尊重されるようになった結果[*28]、弁護人による「有効な弁護」が決定的に重要な意味を持つに至った。その延長線上にあった次の改革課題は、捜査段階における改革、すなわち、被疑者・被告人の主体性を確保した取調べ

の抜本的な改革(主要なテーマは取調過程の全面可視化とされた)および冤罪の発生を防止するための被疑者・被告人の防御権の強化であった。しかし、平成刑事訴訟法は、供述依存の捜査手法を改める方向に舵を切るのではなく、供述依存の捜査手法を維持したままで捜査権限の拡大と強化を図る方向へと向かった。この意味するところは、平成刑事訴訟法は、アメリカ型の修正された当事者主義を理念型とするのではなく、従来の糾問的捜査実務の現状を追認し、今後飛躍的に肥大化する捜査権限と被疑者・被告人の権利の逆アンバランスを是とする疑似当事者主義に依拠することを明らかにしたということである。

疑似当事者主義の下では、刑事弁護人の役割は「国家の宿敵」となることではない。かつて法務省が提示した弁護人像のように、積極的に「真実の発見に寄与する」公的義務を負う弁護人である。この点を、冒頭に抽出した平成刑事訴訟法の予定する弁護人の関与の形態から確認してみよう。

(2) 平成刑事訴訟法の下での弁護人の関与
1) 取調べの録音・録画制度

取調べの録音・録画制度(刑訴法301条の2)は供述採取を目的とした捜査を前提とするものであるから、誰のための制度か、誰の利益に奉仕する制度かと問うならば、録音・録画媒体の証拠としての利用方法いかん[*29](任意性立証の手段にとどまるのか、実質証拠としても認められるのか)によって回答は異なりうる。しかし、当面は、取調過程の透明化を図る制度として、被疑者の権利放棄が認められる、被疑者の利益のための制度であると理解してよいだろう。被疑者の黙秘権保障の観点からは、弁護人の立会いが不可欠であったが、今回の制度導入にあたっても、取調べへの弁護人の立会いは認められなかった。この理由は、弁護人が立ち会うことによって円滑な取調べがなしえなくなるという弊害論である。録音・録画の導入についても同じ理由が展開されたが、供述の任意性担保のために機械による監視までは許容できるが、「国家の宿敵」が取調べの場に居ることは、真相解明に積極的な妨害を及ぼす機会を与えることになるので、弊害が大きいというわけである。こうした弁護人の関与が「有害」であるとする見方は、法執行機関だけにとどまらずに審議会等の有識者にも共通してみられる[*30]。残念ながら、弁護人の関与があるからこそ、被疑者の主体性が確保され「真実」が明らかになるという考え方は浸透しておらず、被疑者の利益を代弁する弁護人は、「善なる国家に対する悪」としてとらえられているのである。

この制度の下で、弁護人は立ち会いができなくても、録音・録画制度が持つ取調べの適正化機能を最大限に引き出す努力をしなくてはならない。具体的には、被疑者が望む限り、確実に録音・録画が実施されることを要求し監視し、捜査機関から例外事由を主張された場合には要件該当性をめぐって徹底的に争うことが必要になろう[*31]。

　録音・録画制度の導入は取調過程の適正化に向けた第一歩ではあるが、わが国の取調べの有する構造的な問題点（虚偽自白を誘発する密室取調べの危険性）を解消するものではない。それゆえに、弁護人は、被疑者の主体性を確保するために引き続き、黙秘権行使による取調受忍義務（特に、出頭滞留義務）の否定、取調べへの弁護人の立会い等の実現を目指す必要があろう。

2）　証拠開示制度における証拠の一覧表の開示

　平成刑事訴訟法は、公判前整理手続の争点整理の前提である現行の証拠開示制度の枠組みを変えずに、類型証拠開示の対象を若干拡大し（刑訴法316条の15第1項8号の共犯者の取調状況等報告書、同9号の証拠物の押収手続記録など）、新たに証拠の一覧表の交付を認めるにとどまった（刑訴法316条の14第2項、同第5項）。別途、被告人と弁護人には公判前整理手続請求権が付与されたので（刑訴法316条の2第1項）、この請求権行使により公判前整理手続が拡大することになれば、一定程度、証拠開示の範囲が従来よりも拡大されることは疑いない。

　しかし、修正された当事者主義の下では、検察官は「公益の代表者」として正義を実現すべきことが役割とされるから、国家が収集した全証拠の事前全面開示が原則であり、そのうえで国家秘密の保護等の個別の必要性判断に基づく開示の例外を認めるというのが本来の在り方である。被疑者および弁護人が検察官の手持ち証拠にアクセスできることは、修正された当事者主義の下で実質的な対抗関係が実現されるための大前提であり、「証拠漁り」と評価されるべきものではない。実際に、アメリカ合衆国でもわが国でも、多くの事件で、検察官による事前の全面開示が「任意」で行われていることは、この原理が暗黙裡に支持されていることを物語っている。しかし、平成刑事訴訟法は事前の全面的証拠開示を制度として採用しなかった。結局、一覧表の交付や公判前整理手続請求権の付与といった新たな制度は、弁護人において活用できるだけの能力があるか否かによって証拠開示の成果に大きな差が生ずるものであり、弁護人の力量に依存する点では従来と同じである。それだけに、新たな制度を使い

こなすために弁護人が努力・工夫しなければならない領域はさらに広がったと言わなければならない。

　証拠の一覧表の記載事項は、品名および数量、供述録取書や証拠書類の標目、作成年月日、作成者名といった形式的な事項にとどまるので（刑訴法316条の14第3項）、弁護人は、場合によっては、識別事項を充たすには不十分であるとして、検察官に対して求釈明を行ったり、裁判所の裁定を求めたりの工夫が求められよう[*32]。

　なお、平成刑事訴訟法は、形式的な記載事項にとどまる一覧表の交付についてすら、検察官において「犯罪の証明又は犯罪の捜査に支障が生ずるおそれ」があると認めるときは、その事項を記載しないことができると定める（刑訴法316条の14第4項3号）。これもまた、弁護人が捜査を妨害するという弁護人「有害」論に依拠していることが明らかである。

3）　被疑者段階の国選弁護制度の拡充

　被疑者・被告人には自己防御権があるとはいえ、身体を拘束された被疑者段階では、弁護人の援助がなければ、現実には、被疑者が防御権を行使することは事実上不可能である。日本国憲法第34条は、国家が市民を抑留・拘禁をする場合には、「直ちに弁護人に依頼する権利」が与えられなければならないと定め、拘禁の理由は、「直ちに本人及び弁護人」に公開の法廷で示されなければならないと定めている。前記最高裁大法廷判決は、身体を拘束された被疑者の「弁護人の援助を受ける権利」の根拠を、身体の自由の保障のみならず刑事上の罪の決定に関する防御権の保障（憲法第37条3項の趣旨）も含めて憲法第34条に求めるのであるから、憲法の条項に忠実に従う限り、身体を拘束された被疑者の傍らには弁護人が存在していなければならず、被疑者に国選弁護人を付すべきは国家の義務であることがわかる。最初から、身体を拘束された被疑者の国選弁護制度は、国家予算の枠内で認められる政策課題ではなかったのである。しかし、被疑者段階の国選弁護制度の創設は長らく放置されてきた。その国家的怠慢の間隙を補ってきたのが、弁護士会がボランティアで行っている当番弁護士制度である。平成刑事訴訟法は、従来の法定刑の制約を外して、初めて全勾留対象者にまで国選弁護人請求権を付与した（刑訴法37条の2第1項）。国家目的である「公正な裁判」の実現のためには、被疑者段階からの弁護人による「有効な弁護」が提供される必要があるので、勾留段階の被疑者に国選弁護人制度を拡大したことは、「公正な裁判」の観点からの大きな進展

である。しかし、逮捕段階での被疑者には、弁護人の選任に係る事項の教示義務を捜査機関に課しただけで（刑訴法203条第3項、204条第2項）、国選弁護人の請求権は認められなかった。

　逮捕段階の被疑者に対する弁護人の必要性は、取調べへの対応や公判準備の点で勾留段階の被疑者と何ら差はないのであるから、弁護士は、今後とも、被疑者段階の国選弁護制度を逮捕段階にまで拡大する運動を継続する必要があろう。そして、重要なことは、国民に、捜査段階に弁護人が存在することで初めて「捜査の適正」と「公正な裁判」が実現するという弁護人の存在意義を正確に理解してもらうことであるから、弁護人は、ある意味で国民の「代表」である個々の被疑者の権利保障に最善の弁護を尽くすべきである。「明日は我が身」の潜在的被疑者の地位にある市民は、犯罪を憎みつつも、間違いなく弁護人による個別事件の弁護の仕方を見ていることを忘れるべきではない。

4）　捜査・公判協力型協議・合意制度
　平成刑事訴訟法の第2編第4章は、検察官の訴追裁量権の下で、被疑者が取調べの過程で捜査に対する協力を示唆したときに、検察官は、被疑者および弁護人との間で「協議」を行い、裏付け捜査を行って供述の信用性を確認したうえで、被疑者に対して処分上または量刑上の恩典を提示して捜査・公判への協力を求め「合意」が得られた場合に、合意に沿った公判廷供述をしてもらうという制度を導入した。特定の犯罪の被疑者に対して、恩典と引き換えに共犯関係にある者等についての情報提供を求めるものであるから、「日本版司法取引」と称することができる。わが国の検察官には、広範な裁量権を規律する倫理規範やガイドラインといった行為規範が存在しないので、この制度の導入は検察官の裁量権限の肥大化を招きかねない。

　弁護人であれば、一般に、共犯者による巻き込みの危険性は認識しているので、たとえ、検察官が協議段階で裏付け捜査を行ったとしても、巻き込みの危険性を払拭することはできないと考える。それゆえ、巻き込まれた当事者（ターゲット）の弁護人の立場では、当然に、この制度の利用には反対することになる。しかし、逆に、この日本版司法取引を利用したいと考える被疑者の弁護人となった場合には、困難な立場に置かれる。検察官と被疑者が合意する前の「協議」の段階で、弁護人が立会い（刑訴法350条の4）、訴追側立証の強さや協力の内容を検討したうえで恩典の内容との利害得喪を勘案して、「合意」するべきか否かを判断して、被疑者に助言することになる。被疑者のため

に最も適切な判断をしようとすれば、前提として、弁護人も検察官と対等な当事者として、利用できる証拠と情報が共通していなければならないが、その手当はまったくなされていない。したがって、弁護人が手さぐりで判断しなければならない状況は同じである*33。

　より深刻な問題は、この司法取引制度における弁護人の役割は、依頼者に対する関係では、依頼者利益の最大化に奉仕するハイアード・ガンではあるが、弁護人の関与は取引に応じた被疑者の「合意」の履行を確実にするための担保的意味合いを持っており、ここではもはや「国家の宿敵」ではなく、逆に「国家の協力者」に転換しているのである。これは、弁護人を検察官と並ぶもう一人の国家の司法機関と位置づけたに等しいのである。

　私は、この日本型司法取引制度については創設すべき立法事実が存在しないばかりか、検察官と弁護人との対等性を欠いた疑似当事者主義の下では、「国家の宿敵」であるべき弁護人を「国家の協力者」に取り込むものであるので、断固反対である。弁護人は、仮に依頼者がこの制度の利用を考える場合には、この制度の持つ原理的欠陥（検察官の提示する恩典は裁判官を拘束するものではないので、国家との契約とはいえないうえ、検察官の合意違反がありうる。刑訴法350条の10）を説明して、依頼者に取引を断念させるべきが筋ではないかと考えている。

5) 証人等特定事項の秘匿*34

　平成刑事訴訟法は、証人を保護する方策の一環として、検察官が証人の保護のために必要があると判断する場合には、「証人特定事項」につき、弁護人に被告人に対する告知を差し控えることや告知の時期および方法を指定できるとしたほかに、被告人のみならず弁護人に対しても、「証人特定事項」を明らかにしないことができるとする（刑訴法299条の4第2項）。すでに、平成11年改正で、刑訴法第299条の2は、検察官が証人、鑑定人、および通訳人等の尋問をする際に、検察官においてあらかじめ彼らの氏名および住所を知らせるにあたって、弁護人に対し、証人等の安全が脅かされないように配慮を求めうるという規定を設けていた。ここでは、少なくとも、「国家の宿敵」である弁護人であっても、「公正な裁判」の実現のためには検察側証人に対する徹底的な反対尋問を保障する必要があったので、弁護人を同じ法曹の一員とみて、弁護人において配慮すべきことを期待していたといえる。しかし、今回の法改正は、明らかに弁護人「有害」論に依拠している。弁護人に証人の氏名および住所を

明らかにすると、それが被告人側に伝達されて証人に不当な圧力がかかることを当然の前提として規定されているからである。

　刑訴法が弁護人に証人の氏名および住所を知る機会を与えているのは、弁護人において当該証人がどのような人物であるかを知ったうえで効果的な反対尋問を行うための準備をするためであり、場合によっては、弁護人において証人テストを行うことも必要であると考えられていたからである。それが、本制度によって、検察官だけの判断で証人の個人情報の秘匿化が認められるということは、証人保護のためには被告人の防御権に一定の不利益が及んでもやむをえないという価値判断がなされたということを意味する。つまり、ここで想定されている弁護人は、国家目的である「公正な裁判」を実現するために不可欠な「国家の宿敵」ではなく、国家の真相解明を妨害する「邪悪な被告人の代理人」なのである。いくら「被告人の防御に実質的な不利益が生ずるおそれがある場合を除き」という限定が付されていたとしても、また、個人情報の秘匿に代わる措置（刑訴法299条の4第2項は、代わりに「呼称」と「連絡先」を教えるとする）を講ずるとしても、必要性の判断権者が検察官である以上、弁護人が被る防御の実質的不利益は避けようがないのである。このことは、諸外国で実際に行われている匿名証人の弊害が証明していることである。

　私は、この制度の導入それ自体が、平成刑事訴訟法において、もはや弁護人を「国家の宿敵」と位置付けることを放棄して、弁護人をもう一人の「国家の司法機関」と位置づけたことの証左と理解している。

　平成刑事訴訟法の下での弁護人は、検察官による証人の氏名および住所など「証人特定事項」の非開示については、徹底的に争うことが要請されていると言えるだろう。

5　結論

　「平成刑事訴訟法」の下で弁護人の役割は変質したのか？　冒頭のこの問いに対する私の回答は、弁護人の役割は変質させられようとしているが、その帰趨は弁護人の意識と実践にかかっているというものである。弁護人の在り方を変えようとする動きは今回の刑訴法改正によって突如として生じたものではない。わが国の捜査実務において、疑似当事者主義に基づく運用と刑事司法における修正された当事者主義の理想を実現しようという弁護人との戦いは、憲法制定時からずっと続いているのであり、少しずつ本来の当事者主義が浸透しつ

つあった流れを一挙に逆転させるべく、疑似当事者主義が攻勢に出てきたというべきであろう。そして、捜査実務において鍵を握る弁護人の役割について、「捜査の適正」および「公正な裁判」という誰も反対しえない理念を掲げつつ、本来の「国家の宿敵」から正反対の「国家の補完的協力者」への質的転換を図っているというのが、私の見立てである。

　刑事弁護人の役割については、弁護人の二つの顔、すなわち、依頼者の代理人と国家機関ではない独立の司法機関のいずれをどの程度重視するかによってさまざまな見解がありうる。一人の弁護人にとっても事件によって重心の置き所は異なりうる。おそらく、刑事弁護人とは、依頼者と事件の個性によって阿修羅のごとき多面体の顔を持った存在だとみるのが現実的なのだろう。しかし、その多面体の顔は多様であっても「国家の宿敵」の顔でなければならず、その中に「国家の協力者」の顔があってはならないのである。

　「平成刑事訴訟法」の下での弁護人は、今まで以上に困難な課題を背負ったといわなければならない。

*1　2016年4月2日「刑事司法の抜本的改革を求める刑事法学者の意見」。
*2　川崎英明「序章 刑事司法改革の原点と『新時代の刑事司法制度』」川崎英明＝三島聡編著『刑事司法改革とは何か——法制審議会特別部会「要綱」の批判的検討』（現代人文社、2014年）13頁。『刑事訴訟法等改正案に対する刑事法学者の意見』（2015年）。
*3　村岡啓一「被疑者と弁護人の接見交通」法学教室389号（2013年）4頁。
*4　柳沼八郎＝若松芳也編著『新・接見交通権の現代的課題』（日本評論社、2001年）の追録資料集「3　弁論要旨」参照。
*5　最大判平11・3・24民集53巻3号514頁。この大法廷判決に対する批判が、前掲注*4の文献である。
*6　村岡啓一「最近の判例から『秘密の保護』を考える」季刊刑事弁護85号（2016年）123頁。
*7　東京弁護士会法友全期会『新生・法友全期会10周年記念シンポジウム 被疑者国選弁護の実現を目指して——国際人権法から考える』報告書（1989年）19頁以下。
*8　九州弁護士会連合会「起訴前弁護活動に関する九州会議——接見交通権確立を中心に」九弁連6号（1990年）74頁。名簿制の当番弁護士制度は大分県弁護士会が最初の創設者であるが、大分県弁護士会の当番弁護士導入も上記九州会議が発端となっている。
*9　村岡啓一「被疑者・被告人と弁護人の関係①」、上田國廣「被疑者・被告人と弁護人の関係②」季刊刑事弁護22号（2000年）23頁以下。
*10　検察の在り方検討会議『検察の再生に向けて』（2011年）。
*11　川崎・前掲注*2論文13頁。2013年9月10日「『新時代の刑事司法制度』に対する刑事法学者の意見」季刊刑事弁護76号（2013年）180頁。
*12　同種の処置請求がなされた最近の事案として、出頭在廷命令に違反した弁護人に対して

課された過料の制裁につき刑訴法278条の2第5項に基づき所属弁護士会に処置請求がなされた例がある。村岡啓一「刑訴法278条の2第3項に基づく過料の制裁と憲法31条、37条3項及び弁護士自治との関係」刑事法ジャーナル49号（2016年）192頁。
*13　村岡／上田・前掲注*9論文参照。論争の背景事情と意義につき、後藤昭「刑事弁護人の役割と存在意義」季刊刑事弁護22号（2000年）16頁。
*14　村岡啓一「モンロー・フリードマンと法曹倫理」季刊刑事弁護74号（2013年）8頁。モンロー・フリードマン教授は、2015年2月26日、逝去された。
*15　Abbe Smith and Monroe H. Freedman, "How Can You Represent Those People?", Palgrave Macmillan (2013).
*16　前掲注*15書の6章Monroe H. Freedman, 'Why It's Essential To Represent "Those People"', p. 75. 村岡啓一「『あんな奴ら』を弁護することが、なぜ、本質的なことなのか」季刊刑事弁護83号（2015年）135頁。
*17　前掲注*16論文ibid, p. 77. 村岡・前掲注*16の翻訳138頁。
*18　前掲注*4の大法廷弁論において、憲法34条は「人身の自由」の保障規定であり、37条3項は「公正な裁判」の保障規定であり、それぞれにルーツを異にするから、身体を拘束された被疑者の場合には、双方の規定を重畳的に適用すべきであると主張したが、最高裁大法廷判決は、憲法37条3項は起訴後の被告人に関する規定であり、身体を拘束された被疑者の憲法上の権利は一元的に憲法34条に基づくとしたので、「公正な裁判」を指導理念とする被疑者段階の防御権も同34条に含まれることになった。
*19　最1判昭53・7・10民集32巻5号820頁は、接見交通権の双方向性から、接見交通権を被疑者の「基本権」であると同時に弁護人の「固有権」であると判示したことがある。
*20　David Luban, Lawyers and Justice: An Ethical Study 66 (1988) は、刑事司法の第一の目的は国家に対抗する被告人の保護にあるとする。竹内誠『刑事判決書研究序説』（有斐閣、1967年）97頁は、裁判官の被告人保護の思想を指して「傾斜的衡平の原則」という。
*21　ちなみに、わが国では、陪審制を採用しておらず、裁判員裁判を含め職業裁判官が事実審の判断権者になっているので、アメリカ合衆国のように、いわゆる「無能弁護の抗弁」が直ちに上訴審の破棄事由になるという関係にはない。しかし、憲法第37条3項の弁護人の援助が「有効な弁護」を意味している点では同じであり、東京高判平23・4・12・判タ1399号375頁は「当事者主義の訴訟構造の下において検察官と対峙し被告人を防御すべき弁護人の基本的立場と相いれないような場合」（最3決平17・11・29刑集59巻9号1847頁・上田豊三補足意見）には、事実審裁判所が介入して弁護活動を是正すべき義務を認め、これに違反した事実審の訴訟手続に法令違背があったとして原判決を破棄している。ただし、わが国の場合、裁判所が被告人のために「後見的役割を演じ、検察官との間に力の均衡を保たせる」（横川敏雄『刑事訴訟』〔成文堂、1984年〕44頁）のは、当事者主義の下での裁判官の役割だからと考えているのではなく、当事者主義が機能しなくなったときに背後にある職権主義が表面に出てくる結果であると考えられている。
*22　Burger v. United States, 295 U.S. 78,88 (1935).
*23　Bruce A. Green, "Why Should Prosecutors Seek Justice?", 26 Fordham Urb.L.J.

607 (1999).

*24 ABA Defense Function Standard 4-7.6とProsecution Function Standard 3-5.7とを対比せよ。

*25 United States v. Wade, 388 U.S. 218 (1967).

*26 リチャード・ズィトリン、キャロル・ラングフォード（村岡啓一訳）『アメリカの危ないロイヤーたち』（現代人文社、2012年）44頁。原典は、Richard Zitrin and Carol M. Langford, "The Moral Compass of the American Lawyer: Truth, Justice, Power, and Greed" (1999).

*27 弁護士会は、伝統的に「在野性」を弁護士のアイデンティティ（本質的存在意義）に掲げてきた。この在野性という概念は、国家機関である裁判官及び検察官の「在朝性」に対抗する概念として主張されてきたものである。刑事司法における弁護人の機能に着目して弁護人を「国家の宿敵」と位置付ける考え方は、この「在野性」の内実をなすものと同義といってよいだろう。しかし、わが国の弁護士の一部で主張されている、法テラスの弁護士（刑事弁護人）が国家の財政的援助を受けているから一種の国家機関であり「在野性」に反するとの批判は、余りにも弁護人の機能に眼を向けていない形式論と言わざるを得ない。日本司法支援センター（法テラス）座談会「裁判員裁判における弁護活動の現状と課題」判例時報2219号（2014年）3頁、総合法律支援論叢5号（2014年）1頁［村岡発言］。

*28 最判平24・2・13刑集66巻4号482頁。

*29 安部祥太「被疑者取調べの録音・録画と記録媒体の証拠法的取扱い」青山ローフォーラム3巻1号（2014年）125頁。刑訴法301条の2第1項は、任意性立証のための記録媒体の取調べ請求を規定する。しかし、裁判員裁判において、記録媒体が任意性立証を超えて実質証拠として機能する危険性が常にある。最近この点が問題になった例として今市事件第一審判決（宇都宮地判平28・4・8）がある。平山真理「今市事件裁判員裁判は試金石となり得たか」法学セミナー739号（2016年）1頁。古田茂「取調べの録音・録画制度の要点と弁護実践」自由と正義67巻9号（2016年）30頁以下。

*30 たとえば、2014年内閣府が設置した「独占禁止法審査手続についての懇談会」では、弁護士と事業者間の秘密の通信につき秘匿特権を導入することの可否が審議されたが、弁護士の使命や職務に懐疑的な懇談会は、弁護士の濫用による「実態解明機能を阻害するおそれがある」として、導入を見送った。『独占禁止法審査手続についての懇談会報告書』（2014年）13頁。

*31 関口和徳「取調べの録音・録画制度」季刊刑事弁護82号（2015年）72頁。

*32 緑大輔「証拠開示制度」季刊刑事弁護82号（2015年）93頁。

*33 伊藤睦「捜査・公判協力型協議・合意制度」季刊刑事弁護82号（2015年）77頁。

*34 刑訴法299条の4は、証人のほか鑑定人、通訳人および翻訳人をも対象として「証人等特定事項」の秘匿を定めるが、本稿では、最も重要な証人についてのみ言及する。なお、この点の刑訴法改正につき、河津博史「証人等の氏名及び住居の開示に係る措置」自由と正義67巻9号（2016年）17頁。

（むらおか・けいいち）

国選弁護制度と日本司法支援センター

川副 正敏

弁護士

1　はじめに
2　日本司法支援センターの国選弁護業務の全体像
3　国選弁護人契約と指名・選任手続及び弁護士会の関与
4　弁護の独立性を確保する制度と運用
5　国選弁護報酬の算定制度と運用
6　今後の課題
7　むすび

1　はじめに

　平野龍一氏は1995（平成7）年、『季刊刑事弁護』の創刊号に寄稿した論文[*1]を次の言葉で締めくくられた。

> 　被疑者の国選弁護制度を設けることは、刑事訴訟の一つの変革を意味する。それは、捜査の倫理と弁護の倫理をあらためて問い直すことでもある。しかしそれは、あらかじめ解決できることではない。実践のなかで議論し向上させてゆくほかはない。

　その後10年を経た2006（平成18）年に被疑者国選弁護制度が発足し、2009（平成21）年には対象事件の拡大と裁判員裁判が実施された。そして、20年後の2014（平成26）年9月の法制審議会（総会）第173回会議において、同「新時代の刑事司法制度特別部会」（以下「特別部会」という）が同年7月に決定した、被疑者国選弁護の対象を全勾留事件に拡大することを含む「新たな刑事司法制度の構築についての調査審議の結果【案】」を採択して法務大臣に答申した。政府はその「要綱（骨子）」に基づき、2015（平成27）年3月

15日に刑訴法等一部改正案を国会に提出し、2016（平成28）年5月24日に成立した。こうして、被疑者国選弁護制度の拡大は一両年中にも実施されることとなった。

　筆者は、2006年度の日本弁護士連合会副会長（刑事関係担当）、2013年（平成25）年3月から2年間法制審議会（総会）委員として、制度の構築に関わる機会を得た。また、2011（平成23）年4月から5年間日本司法支援センターの福岡地方事務所長として、現場の運営に携わった。

　本稿では、こうした経験も踏まえながら、2006年より国選弁護業務の運営主体と位置づけられた日本司法支援センターの制度と運用の在り方という観点から、国選弁護制度の現在の到達点と今後の課題を検討する。

2　日本司法支援センターの国選弁護業務の全体像

(1) 被疑者国選弁護制度と日本司法支援センターの発足

1) 当番弁護士制度から被疑者国選弁護制度へ

　周知のとおり、日本弁護士連合会（以下「日弁連」という）は、1989（平成元）年9月に開催した第32回人権擁護大会（松江市）の「刑事訴訟法40周年宣言」において、我が国の刑事手続の深刻な問題状況を指摘した上で、被疑者段階の国選弁護制度の必要性とその実現に向けた取組を決議した。これを受けて、日弁連刑事弁護センターが設置され、制度設計と実現のための運動を確認し、各地での実践が始まった。その嚆矢が1990（平成2）年の福岡県弁護士会の待機制と大分県弁護士会の名簿制の当番弁護士制度であった。1991（平成3）年11月の日弁連第3回国選弁護シンポジウム「被疑者段階の国選弁護制度——その実現に向けて」（福岡市。以下「日弁連第3回国選シンポ」などと表記する）では、実現に向けた課題と克服のための方策が議論された[*2]。これを機に、1992（平成4）年には当番弁護士が全国で実施されるに至り、同じ年、財団法人法律扶助協会（以下「法律扶助協会」という）は刑事被疑者弁護人制度を開始した。1995年、日弁連は特別基金を創設して両制度を支えることとなり、その実績は年々拡充していった。このことが1999（平成11）年7月から開始された内閣の司法制度改革審議会の審議にも大きな影響を与えた[*3]。

　2001（平成13）年6月に提出された同審議会意見書（以下「改革審意見書」という）において、「被疑者段階と被告人段階とを通じ一貫した弁護体制を整

備すべきである」と明記された。これを受けて、内閣の司法制度改革推進本部事務局に設けられた公的弁護制度検討会でその具体的な制度設計と運営主体の在り方をめぐる検討が重ねられた（後者については司法アクセス検討会でも並行して議論が進められた）[*4]。

　こうして、2004（平成16）年5月公布の刑訴法改正で被疑者国選弁護制度が発足するとともに、同月公布の裁判員の参加する刑事裁判に関する法律で裁判員制度が導入されることとなった。また、同年6月公布の総合法律支援法(以下「支援法」という）により、被疑者・被告人を通ずる国選弁護業務の運営主体として、日本司法支援センター（通称「法テラス」。以下「支援センター」という）が設置され[*5]、2006年10月から国選弁護関連業務の運用を開始し、2009年5月の被疑者国選弁護制度の対象事件拡大と裁判員裁判の実施を経て、今日に至っている。

2)　支援センターが運営主体とされた理由

　国選弁護関係業務の運営主体が支援センターとされたのは、様々な要因によるが、主なものとしては以下の点が挙げられる[*6]。

　第一に、日弁連は、1990年代から2000年代にかけての司法改革運動を通じて、「市民に身近で信頼される司法をめざす」との観点から、市民の権利を保障し実現するための制度を整備すべきであるとして、法律扶助制度の充実、国費による被疑者の公的弁護制度の実現などを一体として進めるとの基本的方針を掲げてきた[*7]。改革審意見書もこれを反映し、「司法へのアクセス障害」を解決するための共通課題として、民事法律扶助の拡充と被疑者・被告人の公的弁護制度の整備を並列的に位置づけた。そのことが両者の運営主体を一つのものとして構想する基盤となった。

　第二に、法律扶助協会は、1952（昭和27）年の設立以来民事法律扶助制度を運営してきた上、1992年からは、自主事業として被疑者弁護援助制度を発足させ、実績を積み重ねてきた。したがって、新たな公的弁護制度の運営主体もこれを発展する形とすることが現実的なものと考えられた。

　第三に、運営主体の基本的な役割として、公的資金を管理するとともに、司法作用に関わる組織であることから、公正中立性及び透明性が求められる上、個々の事件における弁護活動の自主性・独立性が損なわれてはならない。また、過疎地を含め、国選弁護人の確保に対して法的な責任を持つ機関であって、特に被疑者国選弁護人の選任は迅速性が必須であり、これらを遂行できる組織で

なければならない。

　以上のような要請を満たす組織形態について、いくつかの提案と議論が行われた末、最終的には、独立行政法人の枠組みを用いつつも、業務内容が司法に関わることから、法律専門職者の職務の特性に配慮した運営ができる組織として、非公務員型の支援センターという制度に帰着した。

(2)　支援センターの国選弁護業務の概要
1)　基本的構造

　このような経緯によって、支援センターが行う国選弁護関係業務は国の委託に基づくものと位置づけられた。その主な内容は、①国選弁護人になろうとする弁護士との契約、②国選弁護人候補の指名及び裁判所への通知（両者を併せて以下「指名通知」という）、③国選弁護人に対する報酬と費用の支払である（支援法30条1項3号[*8]）。業務の具体的方法は、業務方法書（支援法34条1項）で定める（第2章第3節、71条以下）。

　支援センターと弁護士との間の国選弁護人契約の内容は、国選弁護人の事務に関する契約約款（支援法36条。以下「国選契約約款」又は「約款」という）に定められている。その骨格は、国選弁護人契約をした弁護士が支援センターから個別事件の国選弁護人候補として指名され、これに基づき裁判所から国選弁護人に選任されて弁護活動を行った場合、支援センターが報酬と費用を支払うというものである。さらに、契約弁護士が取り扱う法律事務の在り方に関する規範として、法律事務取扱規程（以下「取扱規程」ということがある）を設け、その中に国選弁護に関するものも定めて、基本的な弁護活動の水準を確保することとしている。

2)　業務の規模

　2014年度に支援センターが受理した国選弁護事件は、被疑者国選が70,939件、被告人国選が59,816件である[*9]。裁判員裁判においても、大半の事件で国選弁護人が選任されてきた[*10]。また、支援センターと国選弁護人契約を締結している弁護士は、2015年4月1日現在で、人数が25,218人、全弁護士数（36,466人）に対する割合は69.2%であり[*11]、数及び比率のいずれも着実に増加してきた[*12]。支援センターの国選弁護業務関係の支出（決算）は、2014年度には約160億円に達している[*13]。

　このように、支援センターの枠組みによる国選弁護制度は、刑事弁護の大部

分を担っており、今日、我が国の刑事司法手続における被疑者・被告人の防御権行使を実質的に支える中核としての役割を果たしている。

3 国選弁護人契約と指名・選任手続及び弁護士会の関与

(1) 基本的構造

　支援センターは、弁護士との間で国選弁護人の事務を取り扱わせる基本契約を締結し（支援法30条1項3号）、個別事件について、裁判所から要請を受けたときは、基本契約を締結している弁護士（国選弁護人契約弁護士[*14]）の中から国選弁護人候補者を指名して裁判所に通知し、裁判所が選任する。これにより、支援センターと弁護士との間の具体的な権利義務関係が発生する。このような構成がとられたのは、国選弁護人候補者をあらかじめ確保しておくことにより、「迅速かつ確実に国選弁護人の選定が行われる態勢」（支援法5条）を確立するためである。

　地方事務所とその支部（両者を併せて、以下「地方事務所」という）は、指名通知用名簿を調製して備え置き（業務方法書73条5項）、裁判所から要請があったときは、一般契約弁護士の場合は、この名簿に従い契約弁護士に指名打診をして承諾を得た上で、スタッフ弁護士の場合はその旨を[*15]、遅滞なく国選弁護人候補者として裁判所に通知する（同74条）。

(2) 指名通知業務に対する弁護士会の関与

　支援センターの国選弁護人指名通知業務については、弁護士会が関与する二つの仕組みが設けられている。

　第一に、地方事務所は、その所在地の弁護士会から申出があるときは、弁護士会に所属弁護士の国選弁護契約申込書のとりまとめを依頼し、弁護士会がとりまとめた申込書を受領する方法で受け付ける（業務方法書72条4項）。これを経ずに所属弁護士から申込みがあった場合は、弁護士会に意見を求めた上で、その諾否を判断する（同条5項）[*16]。

　第二に、指名通知用名簿について、弁護士会から申出があるときは、弁護士会に協力を依頼し[*17]、これに基づいて調製する（同73条7項）。

　支援センターが国選弁護人候補者を指名通知し、裁判所が選任するという仕組みに対しては、当初、いわゆる弁護士会の「推薦権」を奪うものだとの批判がなされた。しかし、弁護士会の「推薦」の実質的意義は、詰まるところ、弁

護士会が国選弁護人候補者の選定に関与することにより、事件配点における公正・公平性を確保する一方で、弁護士会として「不適切」と認められるような弁護活動を行った弁護士を一定期間候補者から除外することで、弁護の質を最低限確保しようという事実上のものであった[*18]。弁護士会による契約申込書のとりまとめと名簿の調製への協力という制度は、支援法に根拠を置く業務方法書にこれを明記することにより、法的規範として確立した。その意味で、この二つの仕組みは、支援法に基づく法的義務としての支援センターによる国選弁護人候補者の確保を弁護士会が支えるとともに、その指名通知業務が恣意的になるのを防ぎつつ、弁護の質を確保する上で、極めて重要である。

　日弁連は、このような見地に立って、被疑者国選弁護制度の発足と支援センターの業務開始を目前にした2006年6月、「新たな国選弁護制度等への対応態勢の確立方策に関する基本方針」を理事会で決議し、国選弁護人候補者の確保と申込書のとりまとめ、名簿調製への協力と運用に関する協議などを積極的に行うこととし、その具体的な在り方については、各地の実情を踏まえつつも、被疑者・被告人の権利・利益を確保する上で、できる限り地域による格差が生じないよう努めることを確認した。その結果、全ての弁護士会が申込書のとりまとめ方式を採用するとともに、各地の実情に即した名簿[*19]の調製と運用方法の確立に主体的に取り組み、新制度への対応態勢を整備した。

　さらに、被疑者国選の対象が必要的弁護事件全部に拡大されるとともに、裁判員裁判が開始する2009年に向けた準備作業も並行して進められた。2006年9月の日弁連第9回国選シンポ（福岡市）では、問題点の整理と解決方策の論議が行われたが[*20]、この段階では、なお態勢確立への少なからぬ懸念が指摘されていた[*21]。しかし、その後も日弁連・弁護士会と支援センターの本部・地方事務所の間で緊密な協力による整備作業が行われ、2008（平成20）年9月の第10回国選シンポ（東京）では、2009年の被疑者国選の対象範囲拡大と裁判員裁判への対応態勢の具体的な検証が続けられ[*22]、2012（平成24）年12月の第12回国選シンポ（岡山市）において、被疑者国選の全勾留事件への拡大にも対応できる態勢がほぼ確立したことが確認された[*23]。

　こうして、支援センターによる国選弁護人の指名通知業務は、これまでほぼ支障なく、迅速かつ確実に行われてきたが、そこでは、こうした日弁連と弁護士会の積極的関与及び支援センターとの協力関係が基盤となってきたのであり、このことは今後の国選弁護制度拡充の取組においても範とされなければならない。

4 弁護の独立性を確保する制度と運用

(1) 基本的構造

　支援センターが国選弁護業務を行うことについては、その主務官庁が刑事事件の訴追者として弁護人と対抗する関係にある検察官の所属する検察庁が法務省の特別機関であることから、運営主体の制度設計をめぐる支援法の立法及び業務方法書等の内部規範の制定過程において、弁護の独立性をいかに確保するかが最大の課題とされ、日弁連の内外で厳しい議論が行われた[24]。この問題は、一つには支援センターの業務遂行そのものの自主性を確保すること、二つ目は、支援センターとの関係で個々の弁護活動の独立性を守るという二面がある[25]。

　前者の支援センターの業務運営の自主性に関しては、支援法48条が準用する独立行政法人通則法3条3項で独立行政法人の業務運営における自主性を規定しており、法務省が支援センターの職員に指揮命令をすることは許されない。

　しかし、支援センターの業務の具体的な在り方を規律する業務方法書のほか、国選弁護契約約款や法律事務取扱規程の制定と改定はいずれも法務大臣の認可を要する。また、法務大臣は支援センターが達成すべき業務運営に関する目標（中期目標）を定めるとともに、支援センターはこれを達成するための計画（中期計画）を作成し、法務大臣の認可を受けなければならない。法務大臣がこれらの権限を行使する際には、第三者機関と位置づけられている評価委員会（支援法19条）の意見を聴かなければならず（同法34条3項、35条3項、40条3項、41条3項）、同委員会の議事録は顕名で公表されていて、透明性は確保されている。とはいえ、その運用とこれに基づく各規律の内容いかんによっては、支援センターの自主性や弁護活動に対する不当な介入との批判を招く余地が皆無とは言えず、弁護士・弁護士会との緊張関係を生み出す可能性は否定できない。その意味で、日弁連と弁護士会は、支援センターにおける諸規律の改廃や中期目標・中期計画の策定とともに、法務大臣による認可等と評価委員会の在り方を不断に検証し、的確な意見を表明し続けていかなければならない。

(2) 弁護活動の独立性と支援法及び法律事務取扱規程

　支援センターとの関係における契約弁護士の弁護活動の独立性については、支援法33条1項で、契約弁護士は「独立してその職務を行う」ことが明記され、利用者に対してもそのことを分かりやすく説明することとしている（同条

2項)。したがって、制度上は、法務省が直接あるいは支援センターの役職員を通じて、弁護活動の内容について指示や命令をすることは許されない。

　その上で、契約弁護士が非違行為を行った場合には、裁判所による解任や弁護士会による懲戒のほかに、支援センターとの契約解除等の問題が生ずること自体は、契約構成がとられる以上は否定できない。これが支援センターによる「措置」の制度である（支援法35条2項、36条2項）。しかし、もしもそれが恣意的に行われたり、その余地を容れるような制度となれば、弁護の独立性が脅かされることになる。そこで、支援センターの業務に係る法律事務を取り扱う際の行為規範とすべき基準を定めて、措置の対象を明確にするとともに、その判断を公正に行うための手続が設けられた。これらを定めるのが法律事務取扱規程であり、その作成と変更については、理事長から独立した常設の機関である審査委員会[26]の議決を経なければならない（支援法29条8項2号）。

　前者の法律事務の取扱基準と日弁連の弁護士職務基本規程（以下「日弁連規程」という）との関係について、日弁連規程を自動的に公的機関である支援センターの規範とすることは、組織論としてできない。しかし、日弁連規程は弁護士自治に基づくものであって、その根拠は「時に、裁判所、検察庁その他の国家機関と対立して、その非違を質すべき職責を有するのであるから、その職務の遂行について国家機関の監督に服するようなことはあってはならない」という点にある[27]。刑事弁護ではこのことが特に強く要請され、それは私選と国選で何ら異ならない。したがって、支援センターにおける国選弁護の行為規範の内容は日弁連規程と一致すべきものである。このような議論の整理に基づき、支援センターの取扱規程4条に定められた基準は、ほとんど日弁連規程に沿う文言とされた。

　すなわち、その1号では、民事・刑事を通ずる事件処理における基本的な姿勢として、「自由かつ独立の立場を保持するように努める」（日弁連規程20条に対応）と定める。その上で、国選弁護に関しては、いずれも努力義務として、14号で「被疑者・被告人の防御権及び利益を擁護するため最善の弁護活動」（同46条に対応）、15号で「身体拘束を受けている被疑者・被告人について、必要な接見の確保と身体拘束からの解放」（同47条に対応）、16号で「黙秘権その他の防御権についての適切な説明及び助言、防御権及び弁護権に対する違法又は不当な制限に対する必要な対抗措置」（同48条に対応）、17号で「（国選弁護の）被疑者・被告人その他の関係者から報酬その他の対価の受領禁止」（同49条に対応）を定めている。

(3) 措置の内容と手続

契約上の措置の種類としては、①「3年以下の契約締結拒絶期間を伴う契約の解除又は3年以下の契約拒絶期間の設定」（一般契約弁護士とスタッフ弁護士に共通）と②「契約の効力の2年以下の停止」（スタッフ弁護士の場合は1年以下の期間の停職）の2種類が設けられている（取扱規程5条）[28]。

基準に違反する行為があったことから直ちに措置を発動するのではなく、「違反の程度が重大で、契約弁護士等としての職責を著しく怠ったとき」に初めて①の措置を、「違反の程度が軽微でない」ときに②の措置をとるものとし（取扱規程6条。スタッフ弁護士については7条）、謙抑的に行うこととしている。

措置の対象行為該当性の判断と種類の選択については、理事長又はその命を受けた地方事務所長等の職員が調査を行うが、調査に際しては、当該弁護士が所属する弁護士会に対し、「資料の提出、意見の開陳、説明その他必要な協力を求めることができる」ものとされ（取扱規程8条4項）、実際には必ずこの手続を経ている。調査の結果、措置の必要があると認められる場合でも、審査委員会の議決に基づいて行われる（支援法29条8項1号、取扱規程9条）。

こうした仕組みを通じ、支援センターの措置に関する判断について、日弁連及び弁護士会の意見を反映し、弁護士自治の発動である懲戒制度の運用との間で齟齬が生ずるのを避けることとしており、現にそのように運用されてきた。

(4) 国選弁護関係の措置の状況

支援センターが契約弁護士に対してとった措置は、全件がホームページ上に公表され、理由となった事実の概要も記載されている。

これによれば、2007（平成19）年度から2015年度までの間で、国選弁護の事務を理由とする措置件数は30件である。具体的な措置事案を見ると、次のとおりである。

① 接見回数や公判期日出頭回数の不実報告による国選弁護報酬の過大請求が19件である[29]。
② 弁護活動に関する事案は11件である。そのうち、日弁連・弁護士会から国選弁護活動を理由に懲戒処分を受けたことに基づくものが5件[30]である。このほか、被疑者・被告人等からの苦情に基づき、審査委員会の認定により、法律事務取扱基準に違反し、その程度が重大とされたの

は5件[*31]、軽微ではないとされたのは1件[*32]であるが、いずれも明らかに「手抜き弁護」と評価せざるを得ないものあった。

このように、措置制度の運用は、これまでのところ適正に行われていて、スタッフ弁護士を含め、弁護活動の独立性を脅かしたり、その恐れがあるとの批判を受けるような事例はない。とはいえ、今後、検察や警察と厳しく対立する事件、裁判所の強権的な訴訟指揮に対して弁護人が抵抗する事態、開示証拠の取扱いをめぐる紛議、更には被害者との示談交渉の在り方に対する被害者側からの抗議など、厳罰化の風潮の中で、マスコミを含めて、刑事弁護活動の意義に対する無理解や誤解による非難に直面して、措置制度とその運用が揺さぶられる可能性は否定できない。引き続き公表された措置事例を注視するとともに、こうした外からの弁護活動への圧力に対しては、日弁連と弁護士会が不断に刑事弁護の意義を訴え続けていく必要がある。また、その前提として、日弁連規程と同様の内容でもある法律事務取扱規程の基準を逸脱しない弁護活動の在り方について、研修などを通じて会員に具体的な形で提起し、質を向上させる取組みを一層強化しなければならない。

5 国選弁護報酬の算定制度と運用

(1) 報酬算定と支払の手続

国選弁護人に対する報酬と費用は、支援センターと契約弁護士との基本契約の内容を成している契約約款により、支援センターが支払う。その算定は、約款の別紙「報酬及び費用の報酬基準」（以下「報酬基準」という）に従って行われる。

支払手続は、事件が終了した時から14日以内に契約弁護士が所定の報告書を地方事務所に提出し、これに基づき地方事務所長の名で算定して[*33]、契約弁護士に通知した上で支払われる。この算定に対して、契約弁護士は7日以内に不服申立てをすることができ、その場合は、地方事務所長を通じて理事長に伝達され[*34]、理事長の名で再算定を行って[*35]、地方事務所長から通知をする。再算定に対する不服申立てはできない[*36]。不服申立制度が設けられたのは、契約の一方当事者に異議を述べる機会を保障するとともに、算定についての支援センターの説明責任を尽くして、公正さと透明性を確保するためである。

(2) 報酬基準の概要

1) 総説

　支援センターにおける国選弁護報酬算定の枠組みの特色は、かつて裁判所が決定していた当時と比較して、おおむね次の4点が挙げられる[*37]。

① 報酬基準を客観的で明確なものとし、その算定過程を透明化した。
② 被疑者弁護・被告人弁護を通じて労力に応じた基準とした。
③ 一定の成果加算を導入した。
④ 報酬と別に費用を支払うこととした。
⑤ 不服申立制度を設けた。

　これらは、いずれも日弁連が従来から国選弁護報酬の在り方について要望してきたところに基本的に沿ったものである[*38]。
　すなわち、裁判所が国選弁護報酬を決定していた当時は、事件を担当する裁判所が相当と認めるところによると定められていた（刑事訴訟費用等に関する法律）。最高裁判所は3開廷を基準とする報酬額を通達し、各裁判所はこれを参考に報酬額の決定をしていたが、具体的な報酬額の算定は担当裁判官の裁量に委ねられていた上、諸費用は報酬の中に含むものとされていた。そのため、個々の事件でどのようにして報酬額が算定されているのか、その基準や過程は見えなかった[*39]。そのこともあって、日弁連は最高裁に対して再三にわたり国選弁護報酬の増額を要求してきたが、ほとんど実現しなかった。
　支援センター方式はこれを抜本的に改めたものであり、それぞれの基準に掲記された項目や金額はなお不十分であるとはいえ、算定過程がブラックボックスの中にあったものが「可視化」されたという意味で、大きな前進と言えよう。そのことはまた、後述の報酬基準改定の足掛かりともなった。

2) 基準の客観化・透明化と裁量的評価

　上記①の報酬基準を客観的に明確なものとして、その算定過程を透明化することは、②の労力基準や③の成果基準と表裏の関係にある。この点に関して、報酬基準策定をめぐる議論の過程では、客観的基準だけでは、刑事弁護の実態に即して労力や成果を報酬に反映できない場合が生じ得るため、一定の裁量的評価による判断要素を取り入れる仕組みを設けるべきではないかとの意見もあった。しかし、法務省の所管する支援センターが個々の弁護活動を評価するこ

とは、刑事弁護の独立性を侵害するおそれがあるとの見解が、特に日弁連内で支配的であったことから、これは見送られた。また、基準の解釈・適用の在り方としても、準用や類推解釈をすることで、実際上は個別弁護活動に対する裁量的評価の余地が入るのを避けるため、極力厳格な文理解釈による形式的で画一的な運用が行われてきた。

その結果として、実際の弁護活動や成果が報酬等に的確に反映されない例が少なからず生じ、これに対する契約弁護士からの不服申立てが多数出され、後に述べる度重なる報酬基準の改定などが行われることとなった。

以下、労力、成果及び費用に分けて、報酬基準の要点[*40]とこれまでの基準の見直しの経過を確認した上で、次の6項で今後の課題を述べる。

3) 労力の指標

労力を報酬に反映させるための基本的な指標は、被疑者国選では接見回数、被告人国選では公判への出頭回数と立会時間である。ところが、実際の弁護活動は接見や公判期日に限られるものではなく、その前後に様々な準備活動[*41]が行われる。しかし、それらの活動は千差万別であって、全てを正確に確認し公平に取り上げることは困難である一方、接見回数や公判回数・時間の多寡は、一般的にはそうした活動を反映していて、織り込まれていると整理された。

とはいえ、労力評価を接見回数と公判回数・時間で計るだけでは十分でないことから、事件の類型区分が設けられた。すなわち、被疑者国選では、要通訳事件及び特別案件[*42]の後任弁護人に対して、通常報酬に一定割合の加算をする。また、被告人国選では、事件の軽重を労力の指標とするため、事件類型の分類をし[*43]、それぞれの基礎報酬や公判期日加算の金額に差を設けるとともに、公判前整理手続に付された事件はこれらを増額し、特別案件に加え、重大案件[*44]について加算の定めを置いている。裁判員裁判事件については、連日的開廷や公判及び準備活動の負担が他の事件より著しく大きいことから、基礎報酬、実質公判期日加算、公判前整理・期日間整理手続加算の各金額を相当多額に設定した。その他、遠距離接見等加算、第1回公判期日前の証人尋問等期日加算（以上は被疑者国選、被告人国選に共通）のほか、被告人国選では、追起訴加算が定められた。

このようにして、弁護活動の労力や負担がある程度は反映されることとなり、裁判所方式ではほとんど定額の報酬とされ、熱心な弁護活動をすればするほど、結果的に時間単位の報酬が相対的に低下し、費用の自己負担も増大するという

矛盾を解消できる基本的な構造に改められたことは評価できる。

4) 成果の指標

弁護人の活動の結果として、顕著な成果が得られたと類型的に認められる場合を「特別成果」として、一定額の報酬加算を定めている。主なものは、被疑者国選と被告人国選に共通する、身体拘束からの解放や和解成立等（以下「示談等」という）があり、このほか被告人国選では、無罪等（全部無罪、一部無罪、縮小認定）も加算事由となる。その結果、熱心な弁護活動に基づく成果が一定程度報酬に反映されることになった。

5) 費用支給の対象

国選弁護活動に伴う費用について、裁判所方式では、記録謄写費用のうち、否認事件と重大事件（法定刑に死刑がある事件など）及び特に必要と認められる場合のみに一部支給されるにとどまり、それ以外は裁判官の裁量に委ねられ、通常の事件ではほとんど報酬の中に含まれるものと取り扱われていた。

支援センター方式では、遠距離接見等交通費・遠距離接見等宿泊料、出張に伴う旅費・日当・宿泊料、通訳人費用、訴訟準備費用[45]が支給対象とされ、被告人国選においては、これらのほかに記録謄写費用と判決書謄本交付手数料が訴訟準備費用に加えられ、支給の費目と金額、計算方法が定められた。

(3) 報酬基準改定等の経緯

1) 不服申立ての状況

しかし、刑事弁護活動は千差万別であるのに対して、労力基準、成果基準及び費用のいずれも限定列挙と解され、裁量的評価を容れることで弁護の独立性を侵害するとの批判を受けるのを避けるとの理由から、厳格な画一的適用がされてきた。このことも反映し、弁護人からの不服申立件数は毎年300件ないし400件に達している[46]。

不服の内容は多岐にわたっており、制度の枠組み自体への否定的意見も散見されるが、個々の基準やその解釈・適用に対する不服で比較的件数の多い特徴的なものとしては、①和解成立等の特別成果加算に関するもの、②被告人国選の判決結果に関するもの、③交通費に関するものなどがある。

2) 日弁連の改善提案

　他方、日弁連の国選弁護本部では、これらの不服申立ての状況や各弁護士会の意見及びアンケートの実施結果を踏まえ、報酬基準の改善方策について議論を重ね、優先順位等も勘案しつつ、要望書に取りまとめて、支援センターや法務省等の関係機関に提出するとともに、一般にも公表して、実現を働き掛けてきた。

　被疑者国選弁護制度が発足した翌年の2007年8月には、「国選弁護報酬改善の基本方針」を公にした。同方針では、「2009年の被疑者国選対象事件の拡大と裁判員裁判の実施に向け、契約弁護士を確保し、公正な刑事司法を担保するためには、弁護人が適切に弁護活動を行うに足りる十分な報酬の確保が必須」であって、「適切な弁護報酬」[*47]の実現が必要とし、実費、被疑者国選、被告人国選のそれぞれについて、費用や加算報酬の支給対象項目を拡大するとともに、支給基準額の増額、被告人国選の基礎報酬倍増を求めた。また、特別案件と重大案件に関連して、実質的にこれらに類する負担の大きな事件（後に「特別事情案件」と整理された）を加算対象に追加するとともに、加算額を拡大し、いわゆるオウム真理教事件のような極めて大型の「超特別重大案件」については、現行基準とは別個の報酬体系による事件毎に適正な報酬額の決定をする必要があるとした。

　2008年6月の「重大案件に関する国選弁護報酬基準の改善要望書」では、上記の「特別事情案件」や「超特別重大案件」の構想を具体化し、該当性の判断と加算幅の認定に裁量的評価が不可避として、その手続[*48]と報酬基準を提案した。

　2010（平成22）年12月の第11回国選シンポ（京都市）[*49]と2012年12月の第12回国選シンポ（岡山市）[*50]では、それまでの報酬基準改定と議論の経過を整理した上で、アンケート結果に基づく今後の改善項目について、優先順位や一定の裁量判断の導入などを提示し、実現のための方策をめぐる論議が行われた。

　2010年12月には、「当事者による鑑定費用に関する要望書」を公表した。これは、国選弁護人が専門家に依頼して行う精神鑑定、情状鑑定、法医学鑑定、工学鑑定、DNA鑑定、筆跡鑑定及び検察官立証に対する反証としての再鑑定等（以下「当事者鑑定」という）に係る費用の支出が認められるよう報酬基準を変更するよう求めたものである。その場合、鑑定の必要性や費用の適正さに関する一定の評価が不可避であることから、そのための手続等を併せて提起し

た[*51]。

3) 報酬基準の改定と解釈の整理

　支援センターでは、不服申立てを整理してその内容を分析するとともに、日弁連の要望のほか、各弁護士会及び弁護士会連合会の意見なども勘案して、ほぼ毎年、報酬基準の改定を行ってきた[*52]。また、基準の解釈・適用に関して、不服申立て等を通じ、新たなケースや類似事例が集積したことを踏まえて、基準そのものの改定をすることなく、「解釈の整理」という形で運用の改善をしてきた[*53]。しかし、日弁連が目指してきたものにはなおほど遠い。

6　今後の課題

(1)　国選弁護報酬基準の更なる改善

　以上のように、支援センター方式では、裁判所方式と比較して、基準の明確化、労力や成果の報酬への反映、費用の別途支払などの点で、その仕組みは格段に合理的なものとなり、報酬・費用の金額も、総体的に増額されたと評価できよう[*54]。

　しかしながら、日弁連が指摘する「弁護人が弁護士として事務所経営を維持しながら、適正な弁護活動を行うために必要とされる報酬」という意味での「適切な報酬」の水準からは、なお全体として低廉なものにとどまっている。また、労力や成果の指標は弁護活動の実情を網羅しておらず、費用支給対象にも追加すべきものが少なくない。したがって、今後とも、これらの改善を実現する努力を続けていかなければならないが、その際に留意しておくべき点について、若干の所感を述べる。

　第一に、国選弁護報酬増額を実現するための環境は極めて厳しい状況にある。法制審議会特別部会の「調査審議の結果【案】」の「第3附帯事項」3項には、「被疑者国選弁護制度の拡充に当たっては、公費支出の合理性・適正性をより担保するための措置」を講ずる必要がある旨の一文が盛り込まれた[*55]。これは財務当局の意向も体したと思われる法務省の問題提起によるものであった[*56]。法制審議会の答申を経た後の協議（日弁連、法務省司法法制部、同刑事局、最高裁、支援センター）では、法務省側より、当初、対象事件拡大による支出増をゼロから再検討し、現行報酬基準と金額を抜本的に見直す（低額化する）ことも提起されたが、日弁連の粘り強い交渉の結果、最終的には現在の枠組みを基本的

に維持する方向での決着が見込まれている。いずれにせよ、今後も「国家財政事情の厳しさ」などを理由として、国選弁護報酬の増額抑制・減額方向での財務当局の圧力が高まることは見据えておく必要がある[*57]。

　第二に、そうであればこそ、刑事弁護の意義と弁護活動の実情、そして、貧困その他の理由で自ら弁護人を依頼できない者に対して、国費で弁護人を就ける国選弁護制度は憲法上の基本的人権であって、そのような国選弁護人に適切な報酬を支払うのは、被疑者・被告人が実質的な援助を受ける上で極めて重要であることを広く国民に説明し続ける努力が求められる。

　第三に、このような説明をより説得的なものとするためには、国選シンポでも度々指摘されてきたとおり[*58]、国選弁護活動の更なる質的向上を国民の目に見える形で示す必要がある。また、当初の支援センターの報酬基準策定に際して日弁連側から基本的な枠組みを提起し、それがおおむね取り入れられたように、より合理的で具体的な報酬体系を示すことが重要である。そうした提案を充実したものとするためにも、契約弁護士からの不服申立ていはいわば立法事実を積み上げる上で重要である。ただし、それは単なる抽象論ではなく、具体的な弁護活動と成果を踏まえた、より説得的で建設的な内容であることが必要かつ有益であろう。

　現時点で改善が急がれるものとしては、例えば、①鑑定留置期間中に接見等をした日を弁護期間に含める、②科刑上一罪の実質無罪認定に対する特別成果加算を新設する、③訴訟準備費用の項目を追加する（カルテやレントゲンフィルム、CT・MRIフィルムの開示と謄写費用）ことなどが考えられる。

　第四に、いわゆる「特別事情案件」や「超特別重大案件」に適用する報酬基準を導入したり、当事者鑑定費用の支出を実現する場合には、前述のとおり、該当性や金額について一定の裁量制を容れることが避けられない。また、不服申立ての多い、①実質的被害者や観念的競合で起訴されない犯罪の被害者との示談、②判決内容等についての特別成果加算項目の追加[*59]に関しても、①では「実質的被害者」の認定、②では弁護活動との関連や加算幅などの点で、裁量の余地が想定される。日弁連内のコンセンサス作りに努めるとともに、弁護の独立性と報酬基準の公正な適用の双方を確保できる仕組みを具体的に提示する必要がある。

(2)　被疑者国選弁護の全勾留事件拡大への対応[*60]

　被疑者国選弁護の対象が全勾留事件に拡大することが確定し、3年以内に

は開始される予定である。その場合、被疑者弁護事件の数は約104,000件余、2011年の約74,000件から40％前後の増加となる見込みである[*61]。これに基づく各地の対応態勢を日弁連で調査した結果によれば、全国で対応は可能とされている。しかし、地方裁判所支部などでは本庁所在地の弁護士による応援を必要としている所が少なくない。迅速で確実な指名通知を行うためには、応援体制の在り方を含め、名簿の調製と運用を改めて洗い直し、「絶対に穴を空けない」取組が不可欠である。そのため、弁護士会と地方事務所の間で、改めて綿密な検証と協議が必要と思われる。

ことに「迅速」の点に関して、被疑者国選では、裁判所の要請から数時間以内、遅くとも24時間以内[*62]、被告人国選では、同じく24時間以内、遅くとも48時間以内に指名通知を行う運用をしている。こうした時間的制約を確実に克服することを含めた態勢という意味では、未だ精密な点検が尽くされているとは言い難い。

加えて、休日における被疑者国選弁護人の指名通知業務は、小規模な地方事務所では行えず、高等裁判所本庁所在地の地方事務所が受託事務所となって、休日対応に専従する非常勤職員を配置し、他県の分も担っている[*63]。しかし、各地の名簿とその運用に相当の違いがあることから、再逮捕・再勾留事件で既存国選弁護人ではない弁護士に配点したり、当日担当の弁護士との連絡がつきにくいなどの事態も生じている。こうしたことを防ぐには、できる限り名簿と運用が全国的に標準化されるのが望ましく、新たな拡大時にはこれを実現することが重要である。

(3) 逮捕段階の公的弁護制度実現に向けて

法制審議会の特別部会において、日弁連は公的弁護制度を逮捕段階にまで拡大することを求めたが、対応態勢が未だ万全とは認められず、今回の刑訴法改正案に盛り込むことはできなかった。しかし、身体拘束直後における被疑者の供述が公判廷で重大な意味を持つことは、これまで幾多のえん罪事件が示している上、取調べの録音・録画が制度化され、実際には多くの事件で実施されつつある現状に照らすと、逮捕段階からの弁護人の援助は必要不可欠である。

日弁連の国選弁護本部事務局は2013年9月に「逮捕段階の公的弁護制度（当番弁護士型）試案」を策定し、その後、これをたたき台として、「被疑者国選前倒し型」や「法律扶助型」なども提起し、それぞれの制度の具体的な中身と長短や問題点及び実現のための方策についての検討を行ってきた[*64]。その際、

いずれのモデルを採用するにしても、運営主体としては支援センターとすることが想定されている。

そこで、地方事務所の現場の視点から、いくつかの課題を挙げてみたい。

第一に、被逮捕者の接見要請を受けてから24時間以内に接見できる体制が全国で確立される必要がある。これまでの日弁連の調査によれば、地域的には離島や冬季の北海道等を除いて、対応可能とされている。しかし、被疑者国選弁護の全勾留事件への拡大に対しても、それら以外の支部地域での対応態勢に詰めるべき問題が残っている上、件数では、勾留よりはるかに多数になることを考えると、引き続き精密な点検を続ける必要がある。

第二に、逮捕段階での接見要請は、文字どおり24時間、365日となる。勾留段階の被疑者国選も休日に行われてはいるが、裁判所からの要請はおおむね午前9時から午後5時までの間にされることから、担当弁護士と支援センターの地方事務所職員はいずれもその時間に待機すればよい。しかし、逮捕段階はそれでは足りず、改めて検討すべきである。接見要請を受けてから24時間以内の接見を実施することを前提にすると、時間外における地方事務所での受付と担当弁護士への連絡体制を確立することが求められる。しかも、現在休日の被疑者国選で行われている、高裁本庁所在地の地方事務所が管内の他県の業務を一括して処理する方式は、逮捕段階では到底対応できず、全ての地方事務所で行う体制と人員配置を構築すべきである。

この点に関連して、被疑者国選弁護制度全体の在り方として、被疑者の請求や資力に関係なく、全て国選弁護人を就ける制度とすべきであるとの提案がされている[65]。被疑者の請求と資力要件確認の手続が指名通知手続を複雑化して時間を要しており、逮捕段階の公的弁護制度を実現する上では、これが大きな支障となる。この提案は、理論的、比較法的な意義に加えて、実務的にも検討に値する。

第三に、当番弁護士が引き続き弁護人として受任する義務を課すかどうかの点で、各弁護士会の制度は異なっている。どのような方式で行うとしても、被疑者・被告人のためには、逮捕から勾留、起訴後の段階まで一貫した援助制度とすべきである。勾留全件被疑者国選対象制度の実施下における支援センターの指名通知業務への対応を円滑に行うためにも、今から当番弁護士と勾留後弁護人の一致を原則とする取組が必要で、受任を前提とした当番弁護士制度に標準化していくべきであろう。

刑訴法改正案では、捜査機関を含め、弁護人選任権の告知に当たり、弁護士

会を指定して弁護人の選任を申し出ることができる旨及びその申出先を教示する義務が設けられることとなった*66。これを積極的に活用して、当番弁護士の出動件数を増大させる中で、具体的な実践を通じてこれらの課題を検証していく必要がある。

(4) 弁護活動の質的向上と支援センターの役割
(1) 刑事司法制度の改革と刑事弁護の専門性

被疑者国選弁護制度とともに、裁判員制度に加えて公判前整理手続や証拠開示制度が実施され、刑事手続の当事者主義的運用が深化していく中で、弁護人の活動の在り方は捜査及び公判の結論を大きく左右することとなった。

さらに、2016年5月成立の今次刑訴法等改正により、取調べの録音・録画制度の創設に加えて、証拠収集等への協力及び訴追に関する合意制度と刑事免責制度の創設、証拠開示制度の拡充（証拠一覧表の交付、公判前整理手続・期日間整理手続の請求権、類型証拠開示の拡大）、犯罪被害者等及び証人を保護するための措置の強化、犯罪捜査のための通信傍受の対象事件の拡大などが立法化される一方で、人質司法の問題は抜本的な改革がされず、裁量保釈の判断に当たっての考慮事項が掲げられるにとどまった。これらの制度と問題点を熟知して、的確に対応する弁護活動が求められる。

ことに、一部に限定された取調べの可視化を実際に拡大していく活動、新たな証拠開示制度の活用による全面的証拠開示の追求、いわゆる司法取引の場面における弁護人の対応、拡大・強化された捜査権限との対抗、身体拘束からの開放の一層の拡大等々、個々の事件における弁護活動の具体的な実践の在り方が被疑者・被告人の命運を左右するだけでなく、次なる制度改革を実現する上でもますます重要となる*67。

弁護人には、こうした制度に対する理解と実務におけるノウハウを十分に身に付けて実践することが強く求められる。その意味で、これからの刑事弁護は、私選、国選を問わず優れて専門性を有する領域となっていくのは不可避であろう*68。また、そのことにも関連して、被疑者・被告人自身の防御権を支援するという刑事弁護の本質に照らすと、現行制度では許されていない被疑者・被告人の側から国選弁護人を指名する制度も構想されてよい*69。

2) 弁護士会と支援センターの役割

刑事弁護活動の質の確保と向上そのものは、弁護士会の重大な責務であって

（改革審意見書）、支援センターは講習や研修の実施に関わるにとどまる（支援法30条1項8号）。そのことを踏まえつつも、支援センターは財政的負担を含めたいわば弁護活動の外部環境の条件整備として、弁護士会の取組に積極的に協力するとともに、弁護士会においても、契約弁護士の申込書のとりまとめや名簿の調製と運用への関与を通じて、支援センターの指名通知業務に質の確保を十分反映する対応が求められる。

　当面の課題として、裁判員裁判を担当する国選弁護人の名簿調製と運用の見直しがある。裁判員裁判での法廷活動の分かりやすさについての裁判員のアンケート結果では、施行当初から今日まで一貫して、弁護人は検察官に劣っているとの結果が示されている[*70]。もとより、その要因は様々であり、刑事弁護の意義に対する理解が十分ではないことも反映しているであろう。とはいえ、有意な差があることは否定できず、その解消に努めるべきことは言うまでもない。こうした実情を踏まえて、支援センターの第3期中期計画（2014年3月）では、「裁判員裁判対象事件への対応態勢の強化・充実」が掲げられた。近時、各弁護士会では、裁判員裁判を担当する弁護士に特別の研修を義務付けたり、二人目の弁護人に経験者を充てるようにするなどの取組を行っている。その成果を反映した名簿と運用の再点検が急がれる。

　刑事弁護に特化した専門弁護士の必要性が言われて久しく、支援センターのスタッフ弁護士も発足当初はその役割を担うことが期待された。しかし、実際には、「刑事弁護は弁護士の基本的な責務である」との理念に加え、スタッフ弁護士の役割と位置づけをめぐって日弁連と弁護士会内の認識がなお整理されていないことから、刑事専門のスタッフ弁護士はごく一部にとどまる[*71]。しかし、刑事専門弁護士が各地に一定程度存在し、困難な事案を担当したり、その知識や経験を他の一般弁護士に共有してもらうといった役割を果たすことへの期待は今後一層大きくなると思われる。弁護士会としては、そのことを見通しつつ、刑事弁護の経験を積んだ弁護士を積極的に育成し、その経済的基盤を確保することを含めたツールの一つとして、スタッフ弁護士制度を活用することも考えられてよい。他方で、支援センターにおいても、そうした中堅の弁護士が安んじて刑事専門のスタッフ弁護士として活躍できるようにするため、報酬や任期制度の抜本的改革を行う必要がある。

　さらに、国選弁護の質的向上のためには、前述の当事者鑑定に要する費用の確保とともに、国選弁護人が各種の鑑定を依頼できる専門家のネットワークを用意することも検討されてしかるべきであろう。

7　むすび

　実践の積み重ねが立法事実を形成して制度を構築し、新たな制度は次の課題を提起する。その課題を克服するための実践が更に次の制度改革や創設を生む。

　国選弁護に結集している多くの若き弁護士たちの手で、ここに提示した課題を含め、一歩前に踏み出すとともに、これまで以上の困難に直面することもあるであろう新たな時代の刑事弁護に果敢に取り組み、次の地平を切り開かれることを願うものである。

*1　平野龍一「被疑者の弁護人は何をするのか——被疑者国選弁護制度の早急な実現のために」季刊刑事弁護1号（1995年）22頁以下。

*2　日本弁護士連合会ほか『第3回国選弁護シンポジウム記録集——被疑者段階の国選弁護制度——その実現に向けて』（以下『日弁連第3回国選シンポ報告書』などと表記する）。

*3　その経緯については、大出良知「松江シンポから司法制度改革審議会まで（1990年代）」後藤昭＝高野隆＝岡慎一編著『実務体系・現代の刑事弁護3・刑事弁護の歴史と展望』（第一法規、2014年）187頁以下が詳しい。また、季刊刑事弁護40号（2004年）33頁以下では、「刑事司法改革とこれからの刑事弁護」と題して、それまでの経緯を総括し、以後の展望と課題を論ずる座談会と論文を掲載している。

*4　その経緯については、木下信行「公的弁護制度の到達点」日本弁護士連合会『司法改革調査室報No.5』（2005年）120頁以下が詳しい。また、主として運営主体をめぐる経緯に焦点を当てて詳論したものとしては、打越さく良「総合法律支援法の成立に至る経過と今後の課題」日本弁護士連合会『司法改革調査室報No.5』（2005年）156頁以下がある。

*5　支援センター発足直前における実務的な課題と準備状況について、田中晴雄「日本司法支援センターが運営する新しい国選弁護制度とその課題」季刊刑事弁護48号（2006年）4頁以下。

*6　木下・前掲注*4論文及び打越・前掲注*4論文のほか、岡慎一「日本司法支援センター設立の意義と課題」日弁連司法改革実現本部編『司法改革・市民のための司法をめざして』（日本評論社、2005年）184頁以下参照。

*7　日本弁護士連合会『司法改革ビジョン』（1998年11月）など。

*8　支援法30条1項3号では、国選弁護人と国選付添人を併せて「国選弁護人等」とし、支援センターの諸規定でも同様の用語を用いているが、本稿では国選弁護人のみを取り扱うこととし、条文を引用する場合以外は、「国選弁護人」と表記する。

*9　日本司法支援センター『法テラス白書・平成26年度版』（90頁）によると、割合では、平成26年司法統計年報及び同年検察統計年報に基づく推計値で、被疑者国選が対象事件総数の85.2%、被告人国選では、地裁で弁護人が就いた事件のうちの84.8%、簡裁事件では94.5%である。

*10 日本弁護士連合会『弁護士白書・2014年版』(134頁) によると、発足の翌年の2010 (平成22) 年は、判決人員1,506人中、国選弁護人が選任された人員は1,258人 (83.5%) であり、2013年は、判決人員1,387人のうち1,202人 (86.7%) である。
*11 前掲注*9白書・平成26年度版92頁。
*12 被疑者国選弁護制度が発足した翌年の2007年は10,733人 (46.4%)、その対象事件が拡大するとともに、裁判員制度が開始された2009年は15,556人 (57.7%) であった (日本司法支援センター『法テラス白書・2009年度版』56頁)。
*13 前掲注*9白書・平成26年版14頁。なお、支援センターが発足した翌年の2007年度は約75億円、被疑者国選弁護の対象事件が拡大するとともに、裁判員裁判が開始した翌年の2010年度は約148億円であり、以後ほぼ150億円台で推移してきた。
*14 国選弁護人契約には、取り扱う事件に対応して報酬・費用が定められる一般国選弁護人契約 (いわゆるジュディケア。以下「一般契約弁護士」という) と、雇用類似の契約により支援センターに勤務する形態 (いわゆる常勤スタッフ弁護士。以下「スタッフ弁護士」という) がある。両者を併せて、以下「契約弁護士」という。
*15 実際には、多くの地方事務所で、スタッフ弁護士も一般契約弁護士とともに一体の名簿の中に位置づけた上で、場合によっては特別の配点ルールを置くなどの運用をしている。
*16 実際には、弁護士会が契約締結を「否」とするのは、弁護士会内の推薦基準を満たしていない場合であるから、支援センターが弁護士会の意見と異なる取扱いをすることは想定されておらず、現に行われていない。
*17 支援法10条1項は、日弁連と弁護士会は弁護士の協力体制の整備のために必要な支援をするよう努める旨を規定している。
*18 支援センターの指名通知業務と弁護の独立性及びいわゆる「推薦権」の問題については、岡慎一「日本司法支援センターと新たな国選弁護制度」季刊刑事弁護46号 (2006年) 9頁以下。
*19 名簿の種類としては、被疑者国選用と被告人国選用に大別され、被告人国選名簿では、通常事件と裁判員裁判事件用名簿を分けたり、特に弁護の負担が大きい重大事件については、被疑者・被告人を通じて特別の名簿がある。また、地域ごとの名簿を用意し、支部などの弁護士過疎地について、本庁所在地の弁護士が応援するための名簿などもある。これらは地域によって相当に異なっており、現在もなお、かなりばらつきが残っている。
*20 『日弁連第9回国選シンポ報告書・被疑者国選弁護制度はじまる――対応態勢・弁護の在り方・さらなる制度改革――Ⅰ』7頁以下「第1編被疑者国選弁護制度の対応態勢」。
*21 山口健一「国選弁護制度の対応態勢」ジュリスト1305号 (2006年) 45頁以下。
*22 『日弁連第10回国選シンポ報告書・被疑者国選を活かす――裁判員裁判を前にして』21頁以下「第1編2009年国選弁護 我々はこう取り組む――国選弁護対応態勢の現状と課題」。
*23 『日弁連第12回国選シンポ報告書・みんなで担う国選弁護――全ての被疑者に弁護人を』9頁以下「第1編全勾留事件への対象拡大を見据えて」。
*24 その経緯については、木下・前掲注*4論文136頁以下、打越・前掲注*4論文163頁以下。この過程では、最高裁や法務省側から、運営主体において「不適切な弁護活動」を排除

するシステムの導入が強く求められたが、日弁連は「弁護活動の水準確保は、弁護士会がその責任で行うべきであり、弁護士会が自律的にその水準を整備すべきものである」と主張し、審議会意見書は基本的に日弁連の主張に沿うものとなった。参議院は支援法可決に際して、「契約弁護士等の職務の特性に配慮し、その自主性・独立性を十分尊重すること」との附帯決議をした。

*25 岡・前掲注*18論文9頁以下。
*26 審査委員会の委員は、最高裁と検事総長の推薦する裁判官と検察官各1名、日弁連会長の推薦する弁護士2名及び学識経験者5名である（支援法29条2項）。日弁連推薦の弁護士委員には、日弁連刑事弁護センター委員長経験者らが就任している。
*27 日本弁護士連合会調査室編著『条解弁護士法〔第4版〕』（弘文堂、2007年）7頁。
*28 スタッフ弁護士については、別に「1年以下の期間の減給」及び「注意」がある（取扱規程5条2項3号及び4号）。
*29 故意によるものが5件、過失によるものが14件である。
*30 具体的には以下のとおりである。
　① 強制わいせつ事件で被告人に接見せずに控訴趣意書を作成するとともに、被告人質問の準備等の重要な弁護活動を懈怠した（業務停止1月）。
　② 殺人未遂被告事件の控訴審で、被告人からの接見要請に速やかに応じず、控訴趣意書提出期限を徒過した（業務停止2月）。
　③ 被告人から預かった示談金と保釈保証金の残額約200万円を被告人に返還しなかった（業務停止1月）。
　④ 少年被疑者の国選弁護人に選任されながら、家裁送致まで接見をせず、別の被疑者の国選弁護人に選任されながら、公判請求まで接見をしなかった（業務停止3月）。
　⑤ 傷害事件の被告人に頼まれ、被害者（証人）を威迫する手紙や写真を送付した（業務停止1月）。
*31 具体的には以下のとおりである。
　① 3件の被告事件で、いずれも指定された公判期日に出頭せず、裁判所から解任された。
　② 殺人被疑事件で、被疑者が起訴されるまで1回も接見しなかった。
　③ 被告人の意思を無視する弁護活動を繰り返した。
　④ 被告人と連絡を取ることなく弁護活動を繰り返した。
　⑤ 被告人からの連絡が特段の理由なく取れなくなった。
*32 具体的には以下のとおりである。
　詐欺等4件の被疑事件につき、いずれも処分（3件が公判請求、1件が略式起訴）されるまで、各被疑者に1度も接見しなかった。
*33 後述のとおり、報酬基準は改定を繰り返して極めて複雑化しており、過誤を生じる危険があることから、これを避けるため、2013年以降、報酬の計算を専門的に行うことを目的とした国選弁護等報酬算定業務室を本部に設置し、地方事務所での報酬算定決裁の前に、同室に報酬の計算を依頼する仕組みがとられている。
*34 地方事務所長が本部に伝達する際には、その当否についての意見書を付す。この場合、

結論として報酬基準上は理由がないと考えられるときであっても、基準自体の改定を求めるなどの意見を述べることがある。福岡地方事務所長としての筆者の経験では、不服申立ての内容を検討し、担当副所長とも協議して、積極的に報酬基準改定などを求める意見書を提出するようにしてきた。

*35 判断が容易で理事長による判断が明らかに必要でない場合は、地方事務所長が決裁する。
*36 以上の手続、ことに報告書提出と不服申立期間の定め及び再算定不実施の定めは、訴訟費用を被告人に負担させる判決の場合、その確定を早期に行う必要があることによる。そのため、報告書提出期間を徒過した場合は、一定の救済措置は用意されてはいるが、報酬がゼロという場合もある。
*37 報酬基準全体を解説した最近の文献としては、柴田誠「国選弁護報酬はどのように算定されているか」自由と正義64巻4号(2013年)86頁以下がある。柴田氏は当時支援センター本部国選弁護課長。
*38 『日弁連第11回国選弁護シンポ報告書・ブラッシュアップ!さらなる飛躍へ!』91頁以下の「第3編 国選弁護報酬の改善」。このうちの「第1章 これまでの国選報酬改正の経緯」95頁「第2 国選弁護報酬基準の策定・改正の背景」の「1 日本司法支援センター基準の策定」。
*39 このような従来の裁判所による決定の仕組みを「裁判所方式」という。また、裁判所方式との対比で、以下に述べる支援センターの算定方法と基準の仕組みを総称して「支援センター方式」という。
*40 詳細は、日本司法支援センター「国選弁護関連業務の解説〔平成28年1月改訂版〕」13頁以下。なお、本文では、煩を避けるため、個々の金額と報酬基準の条項は引用しないので、本解説を参照されたい。
*41 例えば、被害者との示談交渉、家族や勤務先との連絡、証拠収集、調査活動、記録の精査、参考人・証人との打合せ、複数弁護人間の連絡・協議、弁論や身体拘束解放手続関係の書類作成など。
*42 特別案件とは、弁護人が被疑者、被告人から暴行、脅迫を受けたことにより解任された事案について、後任の国選弁護人が選任されるもの。
*43 即決事件、簡裁事件、地裁単独事件、通常合議事件、重大合議事件。
*44 重大案件とは、故意の犯罪行為により死亡した被害者が2人以上の事件で、公判前整理又は期日間整理手続に付されたもの。
*45 診断書作成料、弁護士会照会の手数料、行政機関が発行する証明書の発行手数料。
*46 年度ごとの国選弁護報酬に対する不服申立件数は、支援センターが毎年度刊行している『法テラス白書』に記載されている。2014年度の件数は463件である(前掲注*9白書・平成26年度版96頁)。
*47 「適切な弁護報酬」とは、「弁護人が弁護士として事務所経営を維持しながら、適正な弁護活動を行うために必要とされる報酬」であって、具体的金額としては、2006年弁護士センサス集計結果に基づき、最低限の経費(時給換算で8,313円)の補償のみならず、経営を維持するために必要な収入時間単価(15,202円)を確保すべきものとしている。
*48 裁判所へ意見照会と「地方審査委員会」の創設など。

*49 前掲注*38第11回国選シンポ報告書91頁以下「第3編　国選弁護報酬の改善」。
*50 前掲注*23第12回国選シンポ報告書27頁以下「第2編　国選弁護報酬の改善」。
*51 この要望書では、民事法律扶助の審査の仕組みを参考にした手続が提案されている。
*52 これまでに6回の報酬基準改定が行われた。その経過と改定内容は、柴田・前掲注*37論文97頁、前掲注*38第11回国選シンポ報告書95頁以下、前掲注*23第12回国選シンポ報告書32頁以下参照。主なものは次のとおりである。
　① 2007年4月の改定では、和解契約等加算に関し、それまで全損害について示談が成立しなければ報酬算定の対象とされなかったが、被害弁償を段階的に区分して支給することになった。また、遠距離接見等加算に関して、支給対象とされる活動の範囲が広がり、遠距離交通費に関して、民訴費用法準拠に変更し、通常の経路及び方法であれば実費（特急料金や高速料金なども含む）が支給されることとなった。
　② 2007年11月の改定では、謄写料に関して、それまで200枚超のみしか支給されなかったものを、否認事件等については1枚目から支給されることになった。
　③ 2008年9月の改定では、初めて基礎報酬及び公判加算報酬の見直しと増額が行われた。また、第1回公判期日から立会時間に応じた公判加算がされるようになった。
　④ 2009年5月の改定では、公判前整理手続期日に対する加算報酬が増額され、控訴審事件と上告審事件の基礎報酬も増額された。その他、追起訴加算、保釈加算、被疑者国選の要通訳事件加算などが新設された。さらに、示談等加算に関し、被害者の人数に応じて加算報酬額が段階的な増額となった。
　⑤ 2010年4月の改定では、記録謄写費用の単価を20円から40円（を上限とする実費）に増額された。
　⑥ 2011年4月の改定では、第1回公判期日前の証人尋問等期日に出頭した場合の報酬が支給されるようになり、訴訟準備費用に関して、行政機関が発行する証明書（住民票、戸籍謄本等）が支給対象となった。
*53 「解釈の整理」の主なものは次のとおりである。
　① 被疑者国選の指名打診・承諾後選任前の初回接見報酬を支給するようにした。
　② ATM窃盗事案について、「直接の被害者」である銀行の指示・承諾等に基づいて預金者と示談等した場合を成果加算の対象とするようにした。
　③ 共犯事件の被害弁償における「共同して賠償した」の解釈を整理した。
　④ 交通費等算定における「通常の経路及び方法」の適用をより実情に即したものとした。
　⑤ 減刑嘆願書の要件を成果加算レベルに合わせた。
*54 なお、支援センター方式施行直後の時点では、被告人国選報酬に関して、被疑者国選との継続減算などのため、裁判所方式より減額になったとの批判がされた。しかし、その後における被告人国選の基礎報酬の増額などによって、各種の加算等を除いても従前の水準を回復し、諸加算を含めると、全体として増額となっている。この点について、柴田・前掲注*37論文89頁〜90頁参照。
*55 この点に関する特別部会及び第2作業分科会での議論経過と批判については、高平奇恵「被疑者国選弁護制度の拡充」川崎英明＝三島聡編著『刑事司法改革とは何か──法制審議会特別部会「要綱」の批判的検討』（現代人文社、2014年）192頁以下。

*56 法務省司法法制部が2013年10月に特別部会に提出した資料「被疑者国選弁護制度の現状等について」によれば、2014年度の被疑者国選弁護報酬（概算要求）は約57億円で、今次の対象拡大により24億円余の被疑者国選弁護経費の増額が見込まれるとしている。
*57 その際、支援法可決時における衆議院の附帯決議１項の「十全の財政措置を含む必要な措置を講ずるよう努めること」が想起されるべきである。
*58 前掲注*38第11回国選シンポ報告書138頁〜139頁、前掲注*23第12回国選シンポ報告書85頁〜86頁。
*59 訴因変更、誤想過剰防衛等による刑の減軽、執行猶予、再度の執行猶予、公訴棄却、原判決破棄自判による執行猶予と減刑、公判手続の停止、縮小認定の拡大など。
*60 廣瀬健二「法テラスの観点より――被疑者国選弁護の拡大に焦点を当てて」論究ジュリスト12号（2015年）108頁は、支援センターから見た課題を指摘している。廣瀬氏は当時支援センター本部理事で国選弁護担当。
*61 法制審議会特別部会（2013年５月21日開催の第２作業分科会第３回会議）において、日弁連推薦委員の小野正典弁護士が提出した資料による。
*62 前掲注*9白書・平成26年度版92頁によれば、被疑者国選で24時間以内に指名通知をした割合は、2012年度が99.4％、2013年度が99.6％、2014年度が99.7％と、ほぼ達成できているが、あくまでも100％を追求しなければならない。なお、指名通知が24時間を超えるケースは、先行事件の国選弁護人への連絡に時間を要したり、当日担当の弁護士と連絡がつかないとか、複数選任案件や重大案件・特別案件について弁護士会での人選に時間を要したものであり、弁護士・弁護士会における一層の努力が求められる。
*63 日本司法支援センター「国選弁護等関連業務運営細則」５条、同別表。
*64 詳細は、『日弁連第13回国選シンポ報告書《第１分冊》・「さらに一歩を！逮捕からの充実した弁護」』（2014年）１頁以下「第１編逮捕段階における公的弁護制度の制度設計と実現のための取組」。「国選弁護本部事務局試案」は同書24頁以下。
*65 山口健一「日本における国選弁護制度のあり方について」後藤昭＝高野隆＝岡慎一編著『実務体系　現代の刑事弁護１――弁護人の役割』（第一法規、2013年）393頁。
*66 刑事訴訟法等の一部を改正する法律案（2015年３月15日国会提出）要綱第一の五項２「弁護人の選任に係る事項の教示の拡充」。2016年５月24日成立の改正刑訴法76条２項等。
*67 三井誠「鍵は刑事弁護」論究ジュリスト12号（2015年）110頁は「新たな刑事司法制度構築の鍵は、刑事弁護にあると思われる」と述べている。
*68 刑事弁護の専門性強化を論ずる最近の文献として、村岡啓一「弁護の質の保証」後藤昭＝高野隆＝岡慎一編著『実務体系　現代の刑事弁護１――弁護人の役割』（第一法規、2013年）365頁以下、後藤昭「刑事弁護の将来」後藤＝高野＝岡編著『実務体系　現代の刑事弁護３――刑事弁護の歴史と展望』（第一法規、2014年）405頁以下がある。
*69 山口・前掲注*65論文。
*70 最高裁「裁判員等経験者に対するアンケート調査結果報告書（平成25年度）」によれば、「分かりやすかった」は検察官が67.7％に対して弁護人は36.0％、「普通」は検察官が27.3％に対して弁護人は45.6％、「分かりにくかった」は検察官が3.8％に対して弁護人

は17.0%である。
*71 その実践例として、村木一郎「刑事弁護専門事務所への模索」本林徹ほか編『市民と司法の架け橋を目指して——法テラスのスタッフ弁護士』(日本評論社、2008年) 106頁以下。

(かわぞえ・まさとし)

第2部
刑事訴訟の原理と弁護

「強制処分」概念の再構成について

内田 博文
神戸学院大学教授

1　法制審議会刑事司法制度特別部会答申案の採決
2　変化する刑事弁護への対応
3　最高裁昭和51年3月16日第三小法廷決定
4　強制処分概念の再構成
5　抜本的な見直し

1　法制審議会刑事司法制度特別部会答申案の採決

　法務省の法制審議会「新時代の刑事司法制度特別部会」は、2014（平成26）年7月9日、3年にわたる審議を経て、要綱（骨子）付きの「新たな刑事司法制度の構築についての調査審議の結果（案）（改訂版）」（以下では「答申案」という。）を全会一致で採択した。25頁からなる同答申案の目次は次のようなものである[*1]。

　第1　はじめに
　　1　新時代の刑事司法制度特別部会における調査審議
　　2　結論
　第2　新たな刑事司法制度を構築するための法整備の概要
　　1　取調べの録音・録画制度の導入（要綱1頁～2頁）
　　2　捜査・公判協力型協議・合意制度及び刑事免責制度の導入
　　　(1)　捜査・公判協力型協議・合意制度の導入（要綱3頁～7頁）
　　　(2)　刑事免責制度の導入（要綱8頁）
　　3　通信傍受の合理化・効率化（要綱9頁～12頁）
　　4　身柄拘束に関する判断の在り方についての規定の新設（要綱13頁）
　　5　弁護人による援助の充実化

(1)　被疑者国選弁護制度の拡充（要綱14頁）
　(2)　弁護人の選任に係る事項の教示の拡充（要綱14頁）
6　証拠開示制度の拡充
　(1)　証拠の一覧表の交付制度の導入（要綱15頁）
　(2)　公判前整理手続の請求権の付与（要綱16頁）
　(3)　類型証拠開示の対象の拡大（要綱17頁）
7　犯罪被害者等及び証人を保護するための方策の拡充
　(1)　ビデオリンク方式による証人尋問の拡充（要綱18頁）
　(2)　証人の氏名・住居の開示に係る措置の導入（要綱19頁～22頁）
　(3)　公開の法廷における証人の氏名等の秘匿措置の導入（要綱24頁）
8　公判廷に顕出される証拠が真正なものであることを担保するための方策等（要綱24頁）

このうち、「結論」では次のように記述されている[*2]。

　　別添の「要綱（骨子）」に従って法整備を行うべきである。
　　「要綱（骨子）」に掲げる制度は多岐にわたるが、そのいずれもが、上記の2つの理念を実現するために必要な構成要素であるため、それらが一体として現行制度に組み込まれ、一つの総体としての制度を形成することによって、時代に即した新たな刑事司法制度が構築されていくものである。
　　個々の制度の在り方について、様々な立場からの多様な意見が存する中で、一体としての制度について一致を見るに至ったのは、上記の2つの理念の下に実現される新たな刑事司法制度を希求し、その実現に向けて歩みを進めようとの強い思いを共有したからにほかならない。
　　もとより、制度は、法整備を行うだけでその目的が達せられるものではなく、その趣旨を十分に踏まえた適切な運用が着実になされなければならない。そのため、法整備がなされた後も、刑事司法に関わる関係機関・関係者の真摯、かつ不断の努力と国民各層に開かれた議論を通じて、時代に即した新たな刑事司法制度が真に実現されることを強く希望する。

ちなみに、上にいう「2つの理念」とは、「被疑者取調べの録音・録画制度の導入を始め、取調べへの過度の依存を改めて適正な手続の下で供述証拠及び客観的証拠をより広範囲に収集することができるようにするため、証拠収集手

段を適正化・多様化する」および「供述調書への過度の依存を改め、被害者及び事件関係者を含む国民への負担にも配慮しつつ、真正な証拠が顕出され、被告人側においても、必要かつ十分な防御活動ができる活発で充実した公判審理を実現する」というものである。

　この答申案について、日弁連は2014年7月9日付で会長声明を出している*3。「本日、新たな刑事司法の在り方を希求する有識者委員をはじめとする委員の総意により、それぞれの立場を超えて、答申案の取りまとめが行われたことを、当連合会は率直に評価し、この間の関係者の努力に敬意を表する」と冒頭で述べられているように、答申案の取りまとめに対して肯定的なものである。答申案も次のように評価されている。

　　答申案においては、被疑者国選弁護制度の勾留段階全件への拡大、証拠リストの交付をはじめとする証拠開示の拡大、公判前整理手続請求権の付与、身体拘束に関する判断の在り方に関する規定の新設など、これまでの実務を大きく前進させる制度も導入されることとなった。同時に導入された捜査・公判協力型協議・合意制度などのいわゆる司法取引には慎重な対応が必要であろうし、再審における証拠開示の在り方など、今後検討すべき課題も多いが、全体として、過度に取調べに依存し、供述調書を重視してきた日本の独自な捜査・公判の在り方から脱却し、被疑者・被告人の防御活動を充実させ、犯罪被害者らにも配慮するなど、国民にとっても納得できる刑事司法を目指すという点において、当連合会が1989年に松江市で開催した人権擁護大会以降、真摯に取り組んできた刑事司法改革の流れの中で新たな一歩を踏み出すものと評価し得る。

　そこから、同声明では、「当連合会は、答申案が法制審議会において審議され、法務大臣に答申された後、改正法案が速やかに国会に上程され、成立することを強く希望する」とされている。

　単位弁護士会等からの強い反対を押し切って、国に協力して刑事司法制度改革を一貫して推進してきた日弁連の立場としては、このように評価せざるを得なかったものと推察される。しかし、我田引水の感は否めない。この間の刑事司法制度改革の経緯を正しく踏まえた上での評価とは到底いえない。

　現に、答申案については厳しい評価も少なくない。2014年7月25日付の兵庫県弁護士会による会長声明もその一つである*4。概要、次のように批判され

ている。

　答申案は、司法取引として、捜査・公判協力型協議・合意制度を導入する。これは、死刑・無期懲役となるような犯罪を除いた罪のうちの多くの罪（特定犯罪という）につき、大要、「被疑者・被告人が他人の犯罪事実について知識を有すると認められる場合に、必要と認めるときは検察官との間で公訴を提起しないことや公訴を取消すことや略式罰金事件として処理することなどを合意することができる」制度（以下、「本司法取引制度」という。）である。しかし、本司法取引制度が導入されると、供述重視の捜査手法に傾く危険がある。すなわち、本司法取引制度導入により捜査機関が与えられた強大な国家権力を十分行使して客観的な証拠を集めることによる実体的真実を探ることを放棄し、安易に、取引をして供述を引きだそうとしてしまう危険がある。また、本司法取引制度については、常に、被疑者・被告人が自己の刑責を少しでも軽くしたいがために無関係な第三者を巻き込み、冤罪を生み出すことの危険性も危惧される。このように、本司法取引制度の導入は、冤罪を生み出す危険のある新たな捜査手法、捜査権限の拡大を認めるものであり、捜査機関の信頼性を大きく揺るがす事態が発生したことを受けて取調べによる冤罪を防ぐために設置された特別部会設置の趣旨と相反する。

　そして、本司法取引制度では、……弁護人が手続きの適正さを十分にチェックすることはきわめて困難である。そもそも巻き込まれる他人本人やその弁護人が関与できない以上、事件と無関係の他人を巻き込んでしまう危険性は排除できないものであって、制度としても極めて問題の多いものと断ぜざるを得ない。

　答申案は、通信傍受の対象犯罪を拡大し、傍受手続を簡略化できるとする。この通信傍受については、従前、通信傍受法が制定された際にも、国民の通信の秘密を冒すものとして憲法違反の疑いが指摘されていた。ところが、このたびの答申案では、対象犯罪が窃盗、詐欺、恐喝の罪などにまで拡大され、その懸念は一層強くなった。傍受を認める要件として、数人の共謀とか、役割分担に従って行動する人の結合体によるという要件が付加されたとしても、共犯事件にある場合には、常にそのような疑いがあると評され得るのであるから、共犯関係にあること以上の縛りはないに等しく、通信傍受が広範かつ恣意的に運用される危険性は高い。また、通信事

業者の立会い等は傍受手続きが適正に行われていることを担保するものであるから、この立会いが不要とされれば傍受手続きの適正さを担保するものがなくなり、捜査機関の独走、国民のプライバシーや通信の秘密等の侵害の危険性が強く懸念される。このように、通信傍受の対処範囲の拡大、傍受手続の簡略化は、国民のプライバシー、通信の秘密等を侵害しかねない捜査権限の拡大を認めるものであり、捜査機関の信頼性を大きく揺るがす事態が発生したことを受けてなされた諮問の趣旨を逸脱するといえるものである。

　当会は、上記の取調べの録音・録画、本司法取引制度、通常傍受について答申案に則り法制化することに反対するとともに、今後、法制化の過程において、答申案を今一度慎重に検討し、捜査機関の信頼性を大きく揺るがす事態が発生したことに立ちかえった議論がなされることを求める。

2　変化する刑事弁護への対応

　問題は答申案に沿ったような法改正が行われた場合、刑事弁護にどのような変化が生じ得るのか、そして、その変化に弁護士あるいは弁護士会がどのように対応していくべきだと考えられているかである。

　この点で興味深いのは、日弁連の機関誌『自由と正義』が組んだ特集「弁護士の視点から振り返る法制審議会刑事司法制度特別部会」に寄せられた秋田真志「新制度によって予想される刑事弁護の変化ととるべき対応」という論考[*5]である。特別部会で「要綱案」として取りまとめがなされた9項目、すなわち、①取調べの録音・録画制度の導入、②捜査・公判協力型協議・合意制度及び刑事免責制度の導入、③通信傍受の合理化・効率化、④身柄拘束に関する判断の在り方についての規定の新設、⑤弁護人による援助の充実化、⑥証拠開示制度の拡充、⑦犯罪被害者等及び証人を保護するための方策の拡充、の9項目のうち、①の取調べの可視化以外の主要なポイントについて、刑事弁護にもたらすであろう変化を中心に、問題点が検討されているからである。この検討は概要、次のようなものである。

　　司法取引の導入が、弁護活動に与える影響が極めて大きいことを改めて思い知らされる。弁護人が司法取引に直面する場合を具体的にシュミレーションし、弁護人としての倫理上、法律上の義務や責任、新たな弁護活動

の指針等を洗い出す作業が急務であろう。刑事免責制度も弁護活動に大きな影響を与える可能性がある。刑事免責が予想されるような場面では、当該証人の弁護人らが、あらかじめアドバイスを求められることも多くなるであろう。刑事免責が想定される場面を具体的にシュミレーションしておく必要があることは、司法取引と同様であろう。

　通信傍受については、弁護人としては、事後的とは言え、令状発付が適法になされているかどうかを厳格に検証する姿勢が必要である。要件が充足されているかを十分に検討し、疑いがあれば積極的に証拠排除を求めていくことが求められるであろう。

　要綱案では、「裁量保釈の判断に当たっての考慮事項を明記する」こととされた。弁護人としては、保釈請求に際し、新たに加わる文言を早期釈放の根拠として、粘り強く保釈請求を求める弁護実践が必要となろう。少なくとも否認等を理由とした身体拘束が無駄に長期化していないか、新たな明記を踏まえて、弁護人として不断のチェックが求められるというべきであろう。

　　　　　　　　　　　　（中略）

　証拠開示は証拠を開示させること自体に意味があるのではなく、開示させた証拠を十分に検討し、弁護実践に活用してこそ意味がある。一覧表の交付制度の創設等を踏まえて、その意味での実効性ある証拠開示に向けて、より実践的な刑事弁護のあり方が問われることになる。

　要綱案は、犯罪被害者等及び証人を保護するための方策として、「ビデオリンク方式による証人尋問の拡充」、「検察官による証人の氏名・住居の開示制限措置」、「公開の法廷における証人の氏名等の秘匿措置」を定めた。弁護人としては、機器の操作を含めたビデオリンクによる尋問に習熟するとともに、その特性を十分に理解することが求められる。そして、裁判所がビデオリンクによる尋問を実施することの相当性判断をする際には、それらビデオリンクの特性を踏まえた意見を述べることが、弁護実践として要請されるであろう。いかなる場合が「被告人の防御に実質的な不利益を生じるおそれがある場合」と言えるか、さらにその場合にどのようにその不利益を主張、疎明するかについて、早急に検討を深める必要があろう。司法取引に場合と同様、具体的な場面を想定して、シュミレーションを行う必要があろう。

秋田によれば、以上の検討について、「要綱案が具体的に法制化され、現に運用が開始されるまでに、われわれに残された時間は少ない。弁護人が手をこまねいているうちに、弁護側として思いもよらなかった悪しきプラクティスが定着してしまうおそれがあることは、過去の歴史が教えるところである。本稿のような問題提起を試みること自体に、一定の意味もあろう」とされる。

　気になるのはこの検討がかなり抽象的で、かつ、秋田自身が述べているように、理論的な検討が弱い点である。たとえば、これを通信傍受への対応についてみると、「弁護人としては、事後的とは言え、令状発付が適法になされているかどうかを厳格に検証する姿勢が必要である。要件が充足されているかを十分に検討し、疑いがあれば積極的に証拠排除を求めていくことが求められるであろう」とされている。そのためには令状発付の現状はどうか、証拠排除の現状がどうかという点についての分析が欠かせないように思われる。しかし、紙幅の都合で割愛されたのかもしれないが、この点について触れられるところはまったくない。

　強制処分に対する最高裁判所の態度については、「最高裁判所は、強制処分の観念を拡大して、法のしぼりを厳格化する可能性を示した反面、『有形力の行使』に関する限り逆の態度をとり、有形力の行使がなされても、その『程度』によっては強制処分に含まれないと明言したのである」[*6]という評価が有力である。このうち、前者の部分はいうまでもなく、昭和44年12月24日の最高裁大法廷判決[*7]などを受けたものである。次のように判示されたからである。

　　所論は、本人の意思に反し、かつ裁判官の令状もなくされた本件警察官の写真撮影行為を適法とした原判決の判断は、肖像権すなわち承諾なしに自己の写真を撮影されない権利を保障した憲法13条に違反し、また令状主義を規定した同法35条にも違反すると主張する。
　　ところで、憲法13条は、「すべて国民は、個人として尊重される。生命、自由及び幸福追求に対する国民の権利については、公共の福祉に反しない限り、立法その他の国政の上で、最大の尊重を必要とする」と規定しているのであつて、これは、国民の私生活上の自由が、警察権等の国家権力の行使に対しても保護されるべきことを規定しているものということができる。そして、個人の私生活上の自由の一つとして、何人も、その承諾なしに、みだりにその容ぼう・姿態（以下「容ぼう等」という）を撮影されない自由を有するものというべきである。これを肖像権と称するかどうかは

別として、少なくとも、警察官が、正当な理由もないのに、個人の容ぼう等を撮影することは、憲法13条の趣旨に反し、許されないものといわなければならない。しかしながら、個人の有する右自由も、国家権力の行使から無制限に保護されるわけでなく、公共の福祉のため必要のある場合には相当の制限を受けることは同条の規定に照らして明らかである。そして、犯罪を捜査することは、公共の福祉のため警察に与えられた国家作用の一つであり、警察にはこれを遂行すべき責務があるのであるから（警察法2条1項参照）、警察官が犯罪捜査の必要上写真を撮影する際、その対象の中に犯人のみならず第三者である個人の容ぼう等が含まれても、これが許容される場合がありうるものといわなければならない。

そこで、その許容される限度について考察すると、身体の拘束を受けている被疑者の写真撮影を規定した刑訴法218条2項のような場合のほか、次のような場合には、撮影される本人の同意がなく、また裁判官の令状がなくても、警察官による個人の容ぼう等の撮影が許容されるものと解すべきである。すなわち、現に犯罪が行なわれもしくは行なわれたのち間がないと認められる場合であつて、しかも証拠保全の必要性および緊急性があり、かつその撮影が一般的に許容される限度をこえない相当な方法をもつて行なわれるときである。このような場合に行なわれる警察官による写真撮影は、その対象の中に、犯人の容ぼう等のほか、犯人の身辺または被写体とされた物件の近くにいたためこれを除外できない状況にある第三者である個人の容ぼう等を含むことになつても、憲法13条、35条に違反しないものと解すべきである。

本判決をもって「強制処分の観念を拡大して、法のしぼりを厳格化する可能性を示した」ものと評価し得るとしても、令状発付の現状が次のようなものだとすれば、この「法のしぼりの厳格化」は絵にかいた餅に過ぎないといえよう。

令状発付の現状を最高裁判所「司法統計年報（刑事編）」[*8]でみると、2008（平成20）年から2013（平成25）年までの全裁判所における、①請求による逮捕状の発付の総数、②逮捕状の請求が却下された総数、③請求により勾留状が発付された総数、④勾留状の請求が却下された総数は、それぞれ、次のようになっている。

2008年（①120403、②55、③129269、④1436）

2009年（①116218、②55、③127792、④1504）
2010年（①109895、②65、③121634、④1648）
2011年（①104185、②72、③116102、④1727）
2012年（①105414、②80、③117631、④2141）
2013年（①102076、②58、③113483、④2308）

　請求が却下された数は極めて少ない。この却下率をもう少し詳しく見ると、2000（平成12）年から2011（平成23）年までの、①逮捕状の却下率、②勾留状の却下率、③捜査令状の却下率は次のようになっている[*9]。

2000年（①0.04%、②0.45%、③0.04%）
2001年（①0.04%、②0.46%、③0.04%）
2002年（①0.04%、②0.42%、③0.04%）
2003年（①0.04%、②0.36%、③0.06%）
2004年（①0.04%、②0.49%、③0.03%）
2005年（①0.04%、②0.47%、③0.02%）
2006年（①0.04%、②0.70%、③0.02%）
2007年（①0.04%、②0.99%、③0.03%）
2008年（①0.05%、②1.10%、③0.04%）
2009年（①0.05%、②1.16%、③0.02%）
2010年（①0.06%、②1.34%、③0.02%）
2011年（①0.07%、②1.47%、③0.08%）

　近時、却下率が少し上昇してきているが、それでも捜査官の請求がほぼ認められる形で令状が発付されている現状に大きな変化は見られない。裁判所が憲法の期待するようなチェック機能を果たしているかは疑問であろう。

3　最高裁昭和51年3月16日第三小法廷決定

　令状主義に関するより大きな問題は、実質は強制捜査でありながら無令状で執行されているケースが法定（刑訴法第213条、第210条第1項、第220条第1項）の場合以外にも見られないかという点である。最高裁判所は、有形力の行使がなされても、その「程度」によっては強制処分に含まれないと明言し

たからである。次のように判示した昭和51年3月16日の最高裁第三小法廷決定[*10]などがそれである。

> 原判決の事実認定のもとにおいて法律上問題となるのは、出入口の方へ向つた被告人の左斜め前に立ち、両手でその左手首を掴んだK巡査の行為が、任意捜査において許容されるものかどうか、である。
> 捜査において強制手段を用いることは、法律の根拠規定がある場合に限り許容されるものである。しかしながら、ここにいう強制手段とは、有形力の行使を伴う手段を意味するものではなく、個人の意思を制圧し、身体、住居、財産等に制約を加えて強制的に捜査目的を実現する行為など、特別の根拠規定がなければ許容することが相当でない手段を意味するものであつて、右の程度に至らない有形力の行使は、任意捜査においても許容される場合があるといわなければならない。ただ、強制手段にあたらない有形力の行使であつても、何らかの法益を侵害し又は侵害するおそれがあるのであるから、状況のいかんを問わず常に許容されるものと解するのは相当でなく、必要性、緊急性なども考慮したうえ、具体的状況のもとで相当と認められる限度において許容されるものと解すべきである。
> これを本件についてみると、K巡査の前記行為は、呼気検査に応じるよう被告人を説得するために行われたものであり、その程度もさほど強いものではないというのであるから、これをもつて性質上当然に逮捕その他の強制手段にあたるものと判断することはできない。また、右の行為は、酒酔い運転の罪の疑いが濃厚な被告人をその同意を得て警察署に任意同行して、被告人の父を呼び呼気検査に応じるよう説得をつづけるうちに、被告人の母が警察署に来ればこれに応じる旨を述べたのでその連絡を被告人の父に依頼して母の来署を待っていたところ、被告人が急に退室しようとしたため、さらに説得のためにとられた抑制の措置であつて、その程度もさほど強いものではないというのであるから、これをもつて捜査活動として許容される範囲を超えた不相当な行為ということはできず、公務の適法性を否定することができない。したがつて、原判決が、右の行為を含めてK巡査の公務の適法性を肯定し、被告人につき公務執行妨害罪の成立を認めたのは、正当というべきである。

本決定については当初は警察サイドも含めて釘をさす批評が少なくなかっ

た。たとえば、「本件はあくまでもその具体的事情の下で、当該巡査の具体的行動が適法とされたのであって、刑訴法198条1項但書によって、何時でも退去することができる自由を保障されている不拘束取調べ中の被疑者に対して、常に本件のような有形力の行使が許されるのではない」[*11]、「有形力の行使は、例外的場合に、しかも限定された限度でのみ許容されるにすぎず、本件はその例外的一事例として理解すべきである」[*12]、「この三原則（必要性、緊急性、相当性——引用者）はあまりにも抽象的にすぎ、具体的事案によって肉付けされなければ、ほとんど捕捉しがたく、したがって、それ自体ではあまり意味はないともいえる。そこで、この三原則それじたいを『判例』としてふりまわすのは妥当ではあるまい」[*13]、「必要性・緊急性の判断は、どうしても捜査の側に秤を傾けた判断基準であるし、一般に許容される場合にそれが『相当性の範囲のものであれ』といっても、その限定機能は微弱といわねばならない。そういう点からも、権利・法益の侵害又は侵害の危険のある場合は強制処分として捉え、一般的禁止の例外的許容として要件——手続を厳格に捉えてゆく方が、憲法三一条の適正手続の保障の趣旨からして妥当な方法と思われるのである」[*14]などの批評がそれであった。

　しかし、時の経過に伴って次のような評価に変化してきている。「本決定の採用した右基準は、最高裁自身が意識していたか否かは別として、本件で争点とされた任意同行の場合の有形力行使の限界という問題の解決のためのみにとどまらぬ、より一般的な意味合いを持つものであったように思われる。現に、本決定を一つの契機として、右のような新たな考え方が学説上も多数を占めるようになり、……裁判例でも、たとえば通信の傍受なども強制処分に当たることはほぼ当然の認識となるに至っているのである」[*15]、「このようにして最高裁によれば、強制捜査は有形力の行使を伴うものには限らないとして、従来の通説的な考えが否定された。すなわち、個人の意思を制圧し、個人の法益に制約を加える（個人の法益を侵害する）捜査方法で、法的根拠を必要とするものが強制捜査であり、それ以外が任意捜査である。上の程度に至らない有形力の行使は任意捜査においても許容される場合がある。許容されるかどうかは必要性、緊急性、相当性を検討して判断されるべきである。このように変更されたからである」[*16]。

　問題は、この「必要性」、「緊急性」、「相当性」の判断のうちでもとりわけ重要な意味を有すると考えられる「相当性」の判断が令状審査にいうところの「事前」審査に馴染むか否かである。否というべきであろう。「相当性」の判断

は優れてケース・バイ・ケースの総合的な判断であって、さまざまな事情が明らかになって初めて実質的にこれを行うことが可能となるからである。「事前」審査の判断基準というよりは「事後」審査の判断基準ともいうべきものであろう[17]。

4　強制処分概念の再構成

強制処分の「事後」審査において重要な機能を果たしているのは違法収集証拠排除法則である。それでは、この違法収集証拠排除法則についての裁判所の運用状況はいかがであろうか。周知のように極めて厳格なものである。たとえば、大阪覚せい剤事件に関する最判昭和53年9月7日は次のように判示しているからである[18]。

> 事案の真相の究明も、個人の基本的人権の保障を全うしつつ、適正な手続の下でなされなければならないものであり、ことに憲法35条が、憲法33条の場合及び令状による場合を除き、住所の不可侵、捜索及び押収を受けることのない権利を保障し、これを受けて刑訴法が捜索及び押収等につき厳格な規定を設けていること、また、憲法31条が法の適正な手続きを保障していること等にかんがみると、証拠物の押収等の手続に憲法35条及びこれを受けた刑訴法218条1項等の所期する令状主義の精神を没却するような重大な違法があり、これを証拠として許容することが、将来における違法な捜査の抑制の見地からして相当でないと認められる場合においては、その証拠能力は否定されるものと解するべきである。

これでは違法収集証拠排除法則が強制処分の「事後」審査の機能を果たすことは現実には難しいといわざるをえない。判例によれば、たとえ当該手続に重大な違法が認められたとしても、これを証拠として許容することが将来における違法な捜査の抑制の見地からして相当でないと認められない場合には証拠排除されないということになるが、違法な手続が捜査官によって繰り返されるというのは通常は想定されない異常な事態であって、「将来における違法な捜査の抑制の見地からして相当でないと認められる場合」というのはこのような異常な場合に限定されることになるからである[19]。

このような現状に鑑みた場合、令状主義の活性化を図るという観点から、「強

制処分」概念を見直し、「事前」審査に馴染むような「強制処分」概念に再構成することが問題解決の一つの方向といえようか。たとえば、有形力の行使が認められれば、これを「強制処分」とするといった構成がそれである。かつて次のように説かれていたことが改めて想起されなければならない。

> 強制処分をもってする捜査を強制捜査というのであるが、強制処分（狭義のそれのみを問題とする）とは、強制力の行使という要素を含む処分—特に典型的なのは、直接に物理力を加える処分—をいうというのが古典的理解であった。……前記の強制処分についての古典的理解に対して、それでは強制処分の範囲が狭すぎるとの観点から、個人の権利・法益を侵害するか否かによるべきものとする見解（田宮・注釈217頁）が主張されている。しかし、第一に、この見解によると個人の権利・法益に関係のない処分（例えば、公有地・公務所などにおける捜索・検証）は強制処分たり得ないことになり明らかに不当である。第二に、個人の権利・法益はすべて強制処分に属するというのは、逆に広きに失しよう（例えば、尾行はプライバシーという個人の法益を侵害するといえようが、これがすべて強制処分にあたるとは考えられない）。少なくとも、その権利・法益の実質および侵害の態様・程度などについての一層の分析が必要であろう。
> このようにして強制処分についての従来の理解に対して向けられた異論には、にわかには賛成しがたい。しかし、同時に従来の意味での強制処分以外のものはすべて任意処分として放任されるかという点は、確かに問題だと思われる。このような観点から、ノーマルな社会生活を著しく阻害するおそれがある公権力の行使は司法的規制の下に行く必要があるという意味で、強制処分に準じるものとして可能な限り令状主義の要請の下におくことが必要だと考えられる[20]。

このような見解をさらに発展させた次のような見解も周知のところであろう。

> 私は、(a)有形力の行使及び間接強制を強制処分の核心としながら、(b)その他相手方の意思を侵害し、又は身体、自由、財産、プライバシーの権利・法益を制約する捜査方法を強制処分として捉え、非類型的強制処分の法的処理方法としては、ⅰまず現行法の規律している捜査活動と同一視して処

理しうるもの、類推適用により処理しうるものはそれで処理し、ⅱ他は可能な限り令状主義の要請を満たす方向で処理するべきである。そして、(b)の、強制処分でありながら、諸権利のⅱの方向での保障に親しまず、且つ「法定」でない強制処分は、むしろ禁止されている、と解するのが相当である[*21]。

これらの見解によれば、任意捜査における「有形力の行使」と有形力行使以外の態様による「相手方の意思を侵害し、又は身体、自由、財産、プライバシーの権利・法益を制約する捜査方法」とを抑止することが可能となろう。もっとも、事前に一律に抑止し得る前者と異なり、後者については「事後」審査の部分も残ることになろう。「相手方の意思を侵害」したか否かは一律に事前判断することは難しく、事後の判断に委ねざるをえない部分がどうしても残るからである。それは強制処分における、すなわち、令状による「有形力の行使」の場合も同様だといえよう。たとえ令状に基づくからといっても不相当な「有形力の行使」は認められないところ、「不相当」か否かを一律に事前判断することは難しいからである。その意味では、判例による違法収集証拠排除法則の運用についても見直しが必要ということになろう。

5 抜本的な見直し

見直しが必要なのはそれだけではない。ここで現行刑事訴訟法において令状主義が導入された経過を再確認しておくことが肝要であろう[*22]。というのも、1946（昭和21）年2月10日の「マッカーサー憲法草案」ではじめて謳われ、紆余曲折を経て日本国憲法および現行刑事訴訟法のなかで規定されることになった「令状主義」は戦前からの悲願とされた「捜査機関への強制処分権の付与」といわば抱き合わせの形で導入されることになったからである。それもあって、GHQ側からは、この「令状主義の導入」とあわせて、①司法省の解体（裁判所と検事局の分離）、②検察官公選制、③起訴陪審（大陪審）制度、④公判陪審（小陪審）制度、⑤人身保護法類似の制度、⑥証拠法、などもその採用が求められた。しかし、日本側はＧＨＱ側の提案に抵抗し、司法省の解体（裁判所と検事局の分離）は曲がりなりにも実現し裁判所法および検察庁法に結実したものの[*23]、検察官公選制および起訴陪審制の採用は検察適格審査会制および検察審査会制の採用に矮小化され[*24]、公判陪審も不採用となった。証拠法の採用も実現した

ものの、戦前との連続性の強い日本型証拠法とでも譬えられるものの採用となった。肝心の令状主義も広範な例外を認めるものに終わった。このような経緯が認められるのである。

　裁判員裁判制度を推進するある論者によれば、裁判員制度が導入されれば日本型刑事手続の見直しが進み、再審の扉がより開くと喧伝された。しかし、裁判員制度の導入により日本型刑事手続は反対に強化拡充され、再審の扉も狭いものとなった。裁判員制度の導入を含む刑事司法制度「改革」は日本型刑事手続にお墨付きを与えることがその大きな意義の一つであったからである。21世紀に入った今日、治安維持法の刑事手続に、そして、それを一般化した戦時刑事特別法の刑事手続にその起源が認められる日本型刑事手続を抜本的に見直す時期に来ている[*25]。刑事司法制度「改革」とは別の、この見直しのための舞台をどのように設定するのか。これが喫緊の課題となっている。弁護士会の役割は国民の先頭に立ってこのような見直しを牽引することではないか。

〈追記〉
　本稿脱稿後、法制審議会「答申案」をベースにした「刑事訴訟法等の一部を改正する法律案」が国会に上程され、2015（平成27）年8月7日に衆議院で修正可決され、2016（平成28）年5月24日に参議院で可決され、成立した。公布日は平成28年6月3日（法律第54号）で、施行日は、一部の規定を除き、公布の日から起算して3年を越えない範囲において政令で定める日とされた。
　問題は、録音・録画の使われ方で、この点で宇都宮地裁平成28年4月8日今市事件裁判員裁判有罪判決は示唆に富むように思われる。録音・録画でチェックしえるから有罪証拠としても誤判の危険性は大幅に減じられるとして、捜査段階の捜査官作成の自白調書の証拠価値がより高められ、その信用性判断の中心も客観的証拠との整合性にではなく、「供述内容の具体性、迫信性」に置かれているからである。流れは大きく逆戻りしたかのようである。

*1　法務省HPのうち、審議会＞法制審議会・新時代の刑事司法制度特別部会＞法制審議会特別部会　第30回会議（平成26年7月9日）http://www.moj.go.jp/keiji1/keiji14_00102.html を参照。
*2　同答申案112頁。
*3　http://www.nichibenren.or.jp を参照。
*4　http://www.hyogoben.or.jp/topics/iken/pdf/140725seimei02.pdf を参照。
*5　同『自由と正義』2014年11月号22頁以下。なお、同特集のうち「委員が振り返る法制

審刑事司法特別部会」の中でも、「答申にまとめられたものは、求めたものからすれば不十分なものであるだけではなく、通信傍受に関するものや、捜査・公判協力型協議・合意制度など、多くの問題点を含むものもある。逆行したものにならないために、裁判所がどのようにその役割を果たすかということも含めて運用を注視し、問題点を指摘していく必要があるし、弁護人の役割も大きくなる」(同号31頁) と述べられている。

*6 松尾浩也「任意捜査における有形力の行使」別冊ジュリスト刑事訴訟法判例百選〔第6版〕(1992年) 7頁等を参照。
*7 刑集23巻12号1625頁。
*8 最高裁判所HP (http://www.courts.go.jp) のうち、司法統計欄を参照。
*9 「刑事裁判統計」(http://www.hou-bun.com/01main/ISBN978-4-589-03522-6/statistics.pdf) を参照。
*10 刑集30巻2号187頁、判例タイムズ335号330頁、判例時報809号29頁等を参照。
*11 加藤晶「任意捜査において許容される有形力行使の限度」別冊判例タイムズ9号 (1986号) 60頁。
*12 朝岡智幸「一、任意捜査において許容される有形力の行使の限度 二、任意捜査において許容される限度内の有形力の行使と認められた事例」判例タイムズ339号 (1976年) 127頁。
*13 田宮裕「任意捜査において許容される有形力の行使の限度」警察研究51巻6号 (1980年) 79～80頁。
*14 光藤景皎「任意捜査において許容される有形力の行使の限界」臨時増刊ジュリスト642号 (昭和51年度重要判例解説) (昭和52年) 179頁。
*15 井上正仁「任意捜査における有形力の行使」別冊ジュリスト刑事訴訟法判例百選〔第7版〕(1998年) 5頁。その他、同『強制捜査と任意捜査』(有斐閣、2006年) 等を参照。
*16 ちなみに、池田修・前田雅英『刑事訴訟法講義〔第4版〕』(東京大学出版会、2012年) 86頁注23によれば、「強制か任意かの判断と、任意捜査がどこから違法になるかの判断は、異なるが、実質的には近似する。ただ、より細かな利益衡量でその違法性を判断し、具体的な事実に対応し得る後者の方が、解釈論としては合理性が高いともいえよう」とされる。
*17 福井厚『刑事訴訟法講義〔第5版〕』(2012年、法律文化社) 102頁も、「結局、右の最高判例を前提にすれば、有形力の行使があっても強制処分ではない場合を認めることになり、強制処分と任意処分の区別を曖昧にしてしまい、その適法性を事後的な裁判所のケース・バイ・ケースの判断に委ねることに帰着する。それは、結局、強制処分法定主義と令状主義の保障を形骸化していくことになるであろう」とする。
*18 刑集32巻6号1672頁。
*19 判例の態度については学説の評価も賛否両論に分かれる。刑訴法の問題であり、憲法問題ではないと捉えられているものの、最高裁が排除法則の採用を宣明したことの意義は大きいとの評価の他方で、たとえば、「本判決を含めて判例は相対的排除説に近い立場であると一般に言われている。この説は、排除法則を限定的に適用しようとする考え方であるとも言われる」(椎橋隆幸「証拠排除の要件」別冊ジュリスト刑事訴訟法判例百

選〔第9版〕197頁）といった評価もみられる。福井・前掲注*17書356頁も、「下級審の裁判例にも、身体的自由の著しい侵害を伴う事案につき証拠を排除したものがあるが……、違法な捜索・押収や所持品検査の事案では、重大な違法ではないとして証拠排除されないことが多く……、憲法三五条が保障しているプライバシーに対する過小評価の傾向が窺える」とする。川崎英明「第二章　犯罪捜査と被疑者および市民の人権」村井敏邦編『現代刑事訴訟法〔第2版〕』（2001年、三省堂）113頁も「違法収集証拠排除法則は認められたものの、実際には証拠排除は認められず、排除法則は実効性のない違法宣言の機能をもつにとどまるというのが、最高裁判例の到達点であるといってよい」とする。

*20　高田卓爾『現代法律学全集28刑事訴訟法〔2訂版〕』（1984年、青林書院）335〜336頁等を参照。

*21　光藤・前掲注*14論文176頁以下等を参照。

*22　現行刑事訴訟法の制定過程を詳しく分析するものとして、松尾浩也＝小田中聡樹＝三井誠「資料・刑事訴訟法の制定過程（1−23）」法学協会雑誌91巻7号（1974年）91頁以下〜同99巻12号（1982年）130頁以下等を参照。このうち、松尾「刑事訴訟法の制定過程（5）」法学協会雑誌91巻12号（1974年）47頁以下は、いわゆる司法省刑事局別室によってまとめられた「刑事訴訟法中改正要綱案」（昭21・1・26刑別印）、「簡易裁判所及簡易手続規定要綱案（局議用）」（昭21・1・18刑別印）、「私人訴追要綱別案」（昭21・1・30刑別印）、「戦時刑事特別法第二章刑事手続規定中刑事訴訟法ノ改正ニ際シ取入ルルヲ可トスルモノ及其ノ取入ニ関スル要綱案」（昭21・2・2刑別印）を取扱い、「簡易裁判所及簡易手続規定要綱案（局議用）」および「私人訴追要綱別案」は新時代の要求にこたえようとする意図の表れであり、その意味で旧時代との「不連続」を示していたとすれば、次の「戦時刑事特別法第二章刑事手続規定中刑事訴訟法ノ改正ニ際シ取入ルルヲ可トスルモノ及其ノ取入ニ関スル要綱案」は、戦時中に実行された改正部分を新法に持ち込もうとする点で、立法作業の「連続性」を示すものであったと分析される。

　また、小田中「刑事訴訟法の制定過程（12）」法学協会雑誌93巻3号（1976年）94頁以下は、司法官憲の意義をめぐる日米間の折衝の経過を取り上げる。同102頁以下によれば、司法官憲に検察官も含まれるという当時の政府見解のような考え方がどうして出てきたかに関する団藤重光の分析、すなわち、「旧刑訴にはいわゆる『要急事件』というものが規定されていて（旧刑訴123条）、要急事件については、裁判官の令状を求める余裕がないときには、検察官が自分で勾引状を出すことができるという制度になっていた」ことが紹介される。さらに、同「刑事訴訟法の制定過程（16）」法学協会雑誌95巻9号（1978年）123頁以下は、逮捕・勾留に関する日米間の折衝を含めて、改正刑事訴訟法第三次案から同第六事案までの動きを取り上げる。

*23　三井誠「刑事訴訟法の制定過程（23）」法学協会雑誌99巻12号（1982年）130頁以下等を参照。

*24　出口雄一「検察審査会法制定の経緯――GHQにおける議論を中心に」法律のひろば62巻6号（2009年）12頁以下およびそこの引用文献等を参照。また、戦前との連続性を示唆するものとして、松尾浩也「検察審査会における日本的なもの」法曹時報25巻12

号(1973年)1頁以下等を参照。

*25 少し古いが、岩波講座『現代の法5　現代社会と司法システム』(1997年)67頁以下に掲載の三井誠「戦後刑事手続の軌跡」は、「本稿は、戦後全面改正された刑事訴訟法が制定後やがて半世紀を迎える今日、全面改正時に指摘された特色と関連させながら、その間の動きを概観した上で、刑事司法の今後につきその方向性をデッサンするものである」としたうえで、今後の方向性として、「今必要なことは、原点にかえって、現在の刑事実務が現行法制定時の四つの特色を充たしているかどうかを見直すことであろう。充たしていないとすれば可能な限りそれに近づける努力が望まれよう……。具体的にはたとえば、捜査段階では、代用監獄の廃止、取り調べの規制(時間・方法等)、令状主義の徹底、取り調べ状況の客観化・可視化、取調べへの第三者立会い、被疑者国選・公選弁護制度、接見の自由化、起訴段階では起訴裁量の規制、公判段階では証拠開示の拡大、自白調書の任意性・信用性判断の厳格化、伝聞例外の限定化、違法収集証拠の排除法則の明確化などである」とする。

(うちだ・ひろふみ)

追尾監視型捜査の法的性質
GPS利用捜査をめぐる考察を通して

指宿 信

成城大学教授

1　はじめに
2　監視型捜査の2つの類型
3　最高裁判例の射程
4　プライバシー侵害と強制処分
5　GPS利用捜査に関するわが国における学説
6　考察
7　おわりに

"明日、あなたは我々皆の車にGPSを取りつけて1ヶ月間我々を追尾しても、憲法上何の問題も生じない、というわけですね。"

(ジョーンズ事件の米最高裁口頭弁論におけるロバーツ最高裁長官の発言)[*1]

1　はじめに

　本稿は、最近日本の法廷で争われるようになってきた警察によるGPS情報を取得しておこなう捜査手法の法的性質について検討をおこなうものである。
　すでに報道等において知られているように、警察が捜査にあたってGPS発信器を対象車両の運転者、所有者の承諾なく取り付けて犯人逮捕や証拠収集の手掛かりとしてきたことが知られている[*2]。警察庁は2006(平成18)年に内部通知によってこうした手法の取扱いを警察内部に周知していたようである[*3]。更に、2015(平成27)年4月には、総務省がこれまでのガイドラインを改めて、警察が携帯電話のGPS情報を取得したい場合に、令状があれば本人に通知することなく位置情報を交付する方針を明らかにしている[*4]。
　まさに位置情報取得がこんにちの捜査をめぐるホット・トピックのひとつで

あると言っても過言ではないだろう。警察・検察の主張によれば、前者の無断で発信器を取り付けて GPS 情報を得る場合でも令状の必要はなく、任意処分として実施可能だとする。後者の携帯 GPS 情報の場合についても、検証許可状で実施できるとされていて通信傍受法のような事後的告知は不要と考えられているようである。

　前者に関する任意処分説の主要な根拠は、対象とされている車両が「公道上」に位置していることから他人の目に触れる場所であるためプライバシー侵害の程度が低いということにある。だが、定点において一時的に公道上で姿を見られることと、完全に移動記録や位置情報が把握される GPS 情報の無断取得を同列に論じることは妥当でないと言うべきである。他方で、そうした公道上、あるいは公共空間においてわれわれのプライバシーへの期待が憲法上どこまで保護されるべきかといった議論はこれまで十分な積み重ねはなかった。

　ところが、2012（平成24）年に合衆国最高裁判所で GPS 発信装置を無断で警察が装着していた事案について修正4条違反であると判示されたことから、情報を密かに収集する捜査手法に対する統制の必要と、その理論的根拠について学界においても議論が活発になされるようになっている[*5]。

　そこで、本稿では前者の無断で GPS 発信装置を装着して位置情報を取得する捜査手法に焦点を当てて、これを強制処分と位置づけるべきとの主張をおこない、日本の最高裁判例の射程ならびに近時の学説に照らしてこれを論証してみたい。

2　監視型捜査の2つの類型

　筆者の見解では、監視型捜査は2つのタイプに分類できると考えられる。すなわち、1つは従来も判例や学説で取り扱われてきたような定点的に場所を固定して監視をおこなうタイプである。これを「定点監視型」と呼ぶ。特定の場所における「張り込み」型捜査といえるが、記録に当たっては、継続的撮影記録（具体例としては、特定地域で実施される監視カメラ）の場合と、逐次的撮影記録（自動速度取締装置〔オービスⅢ〕や移動体探知〔モーションセンサー〕撮影等）の場合がある。

　2つ目が、対象者ないし対象車両等の対象を特定して監視下に置くタイプで、被疑者ないし重要参考人といった犯人と目される人物がすでにある程度絞られている場合に、定点ではなく行動確認しながら実施される。これを「追尾

監視型」と呼んでおく。これまでも、捜査対象者に対する「尾行」に伴って実施されており、尾行中のビデオ撮影が争われた裁判例もある[*6]。

以下では、従来の最高裁判例の射程を明らかにし現在までの学説を参考にしながら、二番目の追尾監視型捜査の新しいタイプであるGPS情報を無断で取得する捜査について法的性質の考察を進め、その規律に向けた理論的な枠組みを提示したい。

3　最高裁判例の射程

(1)　最高裁判例における強制処分基準

わが国の刑事訴訟法においては「強制処分法定主義」が採用されており（197条）、法定された強制処分に拠らない限り、捜査機関が人に義務なきことを強制したり、自由を侵害することは禁じられると解されている。かかる強制処分を実施するには、原則として事前に司法権による承認を受ける必要があり、こうした手続を令状という様式で担保することになっている（令状主義）。

他方で、逮捕・勾留、捜索・差押、あるいは検証といった処分としてすでに明確に法条で定義されている捜査行為と異なり、その強制処分性が判然としない捜査活動については、判例はこれまで解釈によって強制処分性の存否について判断してきたところである。判例上、強制処分性が否定された捜査活動については、任意処分として実施可能となる[*7]。

これまでの最高裁判所の判例を概観すると、強制処分性の線引きについては3つの根拠付けがなされている[*8]。

1)　意思制圧型

任意処分の限界を画した先例として引用される、最決昭和51年3月16日刑集30巻2号187頁がその代表である。これは警察官の有形力行使の限界を判断するために前提として提示された定義であるが、強制の処分について「個人の意思を制圧し、身体、住居、財産等に制約を加えて……捜査目的を実現する行為」と表現した。この場合は争われた事実関係が人の行動の自由に関するものであり、職務質問中の強制に至らない程度の実力行使を許容する（正当化する）根拠として持ち出されたという背景を持っている。実際、最高裁判例において本決定を引用するケースはすべて有形力行使の限界が争われたものに限られている。したがって、最高裁は、有形力が行使されず可視性（被処分者の認

識）のない事案においては基準として機能しないと考えていると推察される。その場合、次の類型のように別の根拠を持ち出す必要がある。

2）　権利利益制約型

　有形力行使がなされず可視性もない捜査手法についてはどうか。典型的には同意承諾のない写真撮影や通信会話の傍受盗聴が考えられるところ、写真撮影については条例違反の現場が公道上であったときに、警察は必要性、緊急性、相当性の制約を受けつつ、令状なくひとの容ぼうを撮影することができるとした（最大判昭44・12・24刑集23巻12号1625頁・京都府学連デモ事件）[*9]のを皮切りに、複数の適法判例が生み出されている。

　他方で、電話傍受について合憲性が示された判例（最決平11・12・16刑集53巻9号1327頁・旭川電話盗聴事件）では、検証許可状により通信を傍受することについてこれを強制処分として実施可能であると判断した[*10]。通信傍受の場合、通信内容を秘聴される被処分者の意思とは無関係に実施されるわけであるから、前述の型のように意思制圧の有無を処分の基準とするわけにはいかない。そのため、旭川電話盗聴事件最高裁決定では、電話傍受の法的性質について「通信の秘密を侵害し、ひいては、個人のプライバシーを侵害する強制処分」と捉えている。

　こうした類型については、通信の秘密という憲法上保障されている重大な権利利益が侵害されていると捉え、令状の必要性が認められる処分として位置づけられうることが明らかにされた。すなわち、通信を「秘聴」する行為は五感の作用による強制処分である検証に外形上類似しているとして、令状方式としては検証許可状が相応しいと判断された。

　他方で、ひとの容貌等が撮影される場合について、いかなる場合でもこれが許されると判断されているわけではなく、前述の京都府学連デモ事件のように現行犯や準現行犯の場面を保全する目的がある場合であるとか、すでに得られている犯人の映像と照らし合わせて解析する目的がある場合（最決平20・4・15刑集62巻5号1398頁）など、当該処分の目的に照らして適法性が認められると断っている。実際、下級審判例において定点監視型の撮影[*11]、追尾監視型の撮影[*12]のいずれのタイプでも違法判断が示されたことがある。言わば、侵害される法益と捜査の必要とを衡量して適法性が判断されている。

3) プライバシー侵害型

では、続いて、意思制圧もなく通信の秘密のように憲法上個別に保障された権利利益が介在しないようなケースについて、プライバシー侵害の成立が認められるかをどのように判断できるか。

前述した現行犯時の現場保存や証拠保全を目的とした容ぼう等に対する写真撮影について最高裁大法廷が適法となる判断枠組みを提示して以降、裁判実務は、緊急性要件を外し蓋然性でも足りるとするなど（最判昭61・2・14刑集40巻1号48頁・オービスⅢ事件）、徐々にその制約を緩めてきているように見受けられる。

こうした撮影による権利利益の侵害は、「公道上」あるいは店舗等の「公共空間」での撮影に限定されていることが前提となっている。学説上も、家屋内等での撮影はプライバシー侵害に当たるため許されない、と説かれてきた。そうした中、わが国ではじめて捜査機関による情報収集捜査に違法判断が示され、強制処分性が認められるケースが現れたのである。

(2) **プライバシー侵害に基づく強制処分**

捜査機関が被疑者に配送予定の配送物に対して無断でエックス線検査をおこなった事案において最高裁は、下級審がこれを任意処分としていた判断を覆し、荷送人、受取人のいずれの同意も得ず、令状のないまま配送中にエックス線照射によって内容物を確認する行為は任意処分を超え違法であるとした（最決平21・9・28刑集63巻7号868頁・エックス線撮影事件）。

事案は、覚せい剤密売容疑で内偵捜査が進められていた有限会社甲が宅配便によって覚せい剤を受け取っている疑いが生じたため、宅配便業者に照会等をおこなったところ、甲社に短期間のうちに多数の荷物が配送されており、配送伝票の一部に不審な記載があることが判明したため、警察官らが荷送人、荷受人双方の同意を得ず、また、令状の取得もおこなわず、約2ヶ月の間に5回にわたって甲社に配達予定の荷物をそれぞれ一個ずつ配送業者から借り受け、大阪税関に持ち込んでこれらのエックス線検査を実施したというものである。

1回目の検査においては不審な内容物は認められなかったが、2回目以降、細かい固形物が均等に詰められている長方形の袋の影が認識された。その後これらの荷物は甲社へと配送されている。警察官は4回目までのエックス線検査の映像写真を疎明資料の一部として捜索差押え許可状の発付を得て捜索したところ、5回目のエックス線を得て甲社に配送されていた宅配物ならびに甲社関

係者の居室内から覚せい剤および覚せい剤原料が発見された。

被告人は覚せい剤取締法違反で起訴されたが、本件エックス線照射の違法性を主張し、押収された覚せい剤等の証拠能力は否定されるべきだと主張した。一審ならびに二審裁判所はこの主張を排斥し、捜査の違法を認めず証拠能力を肯定したため被告人側より上告がなされた。

最高裁は結論としては上告を棄却したものの、次のように述べて本件エックス線撮影について違法であるとの判断を示した。

すなわち、第一に、エックス線照射で内容物の形状や性質をうかがい知ることができる他、内容物によっては品目等まで具体的に特定できること（技術的特性）、第二に、内容物が特定できるとすると荷送人や荷受人のプライバシーを大きく侵害すること（プライバシー侵害）を理由として、当該検査は強制処分とすることが適当であり、この場合は検証許可状によっておこなうことが可能であった、と断じた。

本決定は、任意処分と強制処分の区別について先例とされている最決昭51・3・16刑集30巻2号187頁や、検証許可状に基づく通信傍受の合憲性を承認した最決平11・12・16刑集53巻9号1327頁などを引用することなく、端的にプライバシー侵害を根拠にエックス線照射による内容物検査を強制処分であると判断したところが特徴的である[*13]。先に触れたように何ら物理的な力を行使しない捜査活動について、これをプライバシーへの合理的な期待を侵害する点に着目して強制処分と捉えたわけである。

最高裁が検証許可状を必要とするとした理由の第一は、<u>エックス線検査の技術的特性</u>で、第二は、そうした技術を用いた場合の<u>プライバシー侵害の大きさ</u>である。これらの理由付けは、可視的でない非接触型の捜査手法が拡大しているこんにち、GPS利用捜査を含めて重要な意味をもつだろう。以下、2点にわたって深く検討してみたい。

4 プライバシー侵害と強制処分

(1) プライバシー侵害の程度

本件で用いられたエックス線照射による内容確認は、決定によると「内容物の特定」が可能であるレベルであったと認定されている。

この点、任意捜査として適法であると判断した一審判決（大阪地判平18・9・13判タ1250号339頁）では、「本件によるエックス線検査による方法は、そ

の射影により内容物の形状や材質を窺い知ることができるだけで、内容物が具体的にどのようなものであるかを特定することは到底不可能」と認定されていた。

一審判決は、本件エックス線検査について「荷送人・荷受人のプライバシー等を侵害するものであるとしても、その程度は極めて軽度のものにとどまる」と評価して、開披によって内容物を確認する行為とは「格段の差」があるとした。控訴審判決も同様に「内容物の形状や材質を窺い知ることができるにとどまり、プライバシー等の侵害の程度が大きいとはいえない」としている。

それに対して上告審では、エックス線照射という技術について異なる評価を与えている。その理由として決定は、「内容物によっては」「相当程度具体的な特定が可能」であると指摘する。その上で「プライバシー等を大きく侵害」と評価しているのである。

そうすると、最高裁によれば、プライバシーの侵害の程度の判断については当該捜査技術が用いられた場所や諸状況（対象物等）に具体的に限定される必要はなく、当該技術の持つ一般的特性を考慮して、いかなる法益侵害の可能性があるかを検討すべきだと考えているのであろう。

そこで、本決定から得られるGPS利用捜査に対する示唆としては、当該技術によってもたらされるプライバシー侵害の程度の実質的評価を必要とする、という点であろう[*14]。

GPS発信器を装着された車両は、たしかに公道上を走行している最中において他人の目にさらされているのであり、私邸内や車庫等に停車している時間帯を除けば走行中の他の運転者や、交通警邏活動に従事している警察官からも目視可能である。加えて、速度取締装置や私人によって設置された各種監視カメラによっても公道上を通過する車両映像は記録に残ってしまう。しかしながら、GPSによって得られる移動履歴情報は、それら定点上でなされる目視の記憶や撮影記録とは比較にならないほど大規模で包括的に取得されるものである。そればかりではなく、現行法上、そうしたデータが長期にわたって取得され保存されたとしても事後的な規制について期待することはできない。

こうして検討すると、GPS利用捜査のプライバシー侵害の程度については、一般的に判例で示された各種の捜査技術と比較して強制処分性を認めるべきレベルに「実質的に」達していると評価するほかないように思われる。

(2) 侵害可能性

　本件で用いられたエックス線照射による内容物探索というテクノロジーは、空港等における手荷物検査のため広く普及している技術である。空港の場合、搭乗口における手荷物検査は同意承諾の下で実施されているが、危険物や武器の発見が容易とされているところ、内容物の特定は一審判決が言う程レベルの低いものではないことがこうした社会的有用性から推認することができるだろう。この点、最高裁調査官解説では、「エックス線検査によるプライバシー侵害の程度は、直接目視の場合よりも低いとはいえ、むしろ高い場合すらある」と指摘されているところであり、「エックス線検査は、少なくとも荷物を開披してその内部を見分するのに準ずる程度にその内容物を明らかにするものということができる」と評価されているほどである[*15]。加えて、「肉眼による見分では見えないものを発見できる点ではそれ以上に内容物を明らかにすることもできる」とまで言及されている。

　同解説にはそうした具体例については言及がないけれども、たとえば、鞄等の隠しポケットであるとか、スーツケースの二重構造（外装と内側）の隙間といった通常の開披による目視では確認できないような場所に内容物が隠匿されている場合など、それを確認しようとすれば目視ではなくエックス線でなければ覚知することは不可能な事例が考えられる。

　本件上告審決定は、当該捜査に当たって利用されているテクノロジーの効果や性能がどのような態様で、どの程度のプライバシー侵害を招くと考えられるのか、そして、そうした場面におけるプライバシーの合理的期待はどの程度あるのか、といった考察が不可欠となる例証というべきである。そこで、エックス線撮影に倣って、GPS利用捜査という技術特性の検討がプライバシー侵害の程度を判断する上で重要となるだろう。

(3) GPS利用捜査の技術的特性

　先に紹介された最高裁判例における強制処分性の判断枠組みからGPS利用捜査に関する先例の適用可能性を検討する。まず、GPS利用捜査の特徴を概略したい。

　GPS利用捜査の第一の特徴は、捜査の目的にある。それは一種の泳がせ捜査であって、しかもコントロール・デリバリーのように犯罪発生後の泳がせではなく、犯罪発生前からの「常時監視」である。たとえ公道上に対象車両が存在すると言っても、一時的に第三者の面前にあって目視されている場合とはま

ったく異なって、そのプライバシーの侵害の程度は非常に大きいと言わなければならない。このことは、京都府学連デモ事件やオービスⅢ事件での最高裁判例が現行犯ないし準現行犯のケースでの証拠保全であったことと明白な違いがあること、そればかりか平成20年の同一性識別資料の確保のための撮影に関する最高裁判例とも目的を異にしており、判例の射程から外れている。

GPS利用捜査の第二の特徴は、何と言ってもその技術的特性である。装着期間には対象物（人や車両）の移動履歴が包括的にすべて把握され、かつ記録保存されてしまう。すなわち、人の記憶に短期的に記録されるような尾行・監視等などとはまったくレベルの異なるプライバシー侵害が生まれていると言わなければならない。

平成21年決定（エックス線検査）は、捜査目的が内容物探査であってGPS利用捜査のような常時監視とは異なるとはいえ、同決定がエックス線検査技術の特性に基づいて内容物に対するプライバシー侵害を認めた点に着目したように、GPS利用捜査の第二の特徴である「技術的特性」が重要である。とりわけ、強制処分の判断基準である、新しいプライバシー侵害型に拠れば、これを唯一の要素として捜査機関が用いた技術の性質を検討することもすでに判断枠組みとして可能となっているのであるから、技術的特性に基づいてプライバシー侵害の有無を検討できるはずである。

この点にかかわって、捜索差押え現場での写真撮影の違法性が争われた国賠訴訟の諸事案において、被告（捜査機関）側が主張している、捜索差押えに従事する捜査官の肉眼での視認と捜索差押え現場での撮影による権利侵害との差違について明確に言及されているのが参考となる。

すなわち、東京高判平5・4・14は「住居の内部の状況や所持品等の情報を単に記憶にとどめることと、これを写真撮影することとは、やはり質的に異なるものというべき」（傍点筆者）として、"目視代替論"を拒絶していたし、その原審である東京地裁も、捜索差押え中の警察官の肉眼による観察と記憶の代替性ある撮影であるという捜査機関側の反論を次のように否定していた（東京地判平4・7・24判時1450号92頁、判タ832号153頁）。

確かに、少なくとも捜索に必要な限度においては住居の内部の状況や所持品等の情報は、捜索差押許可状を執行する捜査機関に認識されることが許容されているのであるから、プライバシーの権利は制限されていると見ることができるのであるが、しかし許されているのは捜査機関がそうした

情報を記憶にとどめるという限度においてであって、個人の記憶情報にとどめるべき限度を超えて写真撮影をすることは、当該情報を第三者が客観的に認識できる状況を半永続的に作出する点で、記憶情報とは質的に異なる。(傍点筆者)

　ここで取りあげられている「目視同視論」は、GPS利用捜査に関して捜査機関から主張される、公道上での尾行監視との等質論を根拠とする任意処分説が述べる主張と同じ正当化理由である。こうした見方に対して、本件において裁判所が、当該処分行為に用いられた技術の特性を考慮して情報を第三者が客観的に認識できる状況を半永続的に作出するという写真撮影の特性を踏まえて、目視に基づく「記憶情報」とは質的に異なると断じている点が示唆に富む。
　すなわち、GPS利用捜査は、わが国の判例上の枠組みで見たとしても、その技術特性とプライバシー侵害の大きさが際立っており、十分に強制処分と評価する程度に至っているものと言うべきなのである。

5　GPS利用捜査に関するわが国における学説

(1)　はじめに

　さて、GPSシステムの利用については、刑事法学の関連分野では当初は各国における前歴者出所者等の行動規制の間接手段として注目され、その装着を性犯罪前歴者などに応用する諸外国の取り組みが紹介されてきた。他方、GPSを犯罪捜査に利用することの是非が論じられることは殆どなかった[16]。筆者は、2007（平成19）年、わが国ではじめて追尾監視型の捜査手法の一環としてGPS監視を取りあげ、位置情報を常時モニタし記録するこの仕組みは何らかの強制処分として位置づけるべきだとして次のように述べたことがある。

　　　追尾監視撮影は、現行犯後の撮影に比して肖像権侵害が相対的に大きいし、GPSモニタリングも尾行に比してプライバシーが甚大となる。そのような相関関係に照らし、ハイテク技術を用いた監視追尾捜査は強制処分と捉えるべきである[17]。

　そして、米国においてGPSを用いた追尾監視について令状不要説（日本法でいうと任意処分説に該当）と令状必要説（日本法でいうと強制処分説に該当）

とに分断されている状況を踏まえ、後者の流れがわが国でも採用されるべきだと主張した。

(2) 任意処分説

　こうした筆者の見解に対して、任意処分説を主張する滝沢誠教授はドイツでの議論判例を踏まえて、その特性を次のように描写した。

　　　GPSによる被疑者等の所在場所の検索やその後の行動に関する情報の集積は、公道上や不特定対象者が出入りすることのできる領域で行われる場合には、捜査官が行う目視等による被疑者等の位置情報の確認や監視と本質的には異ならない[*18]。

　すでにこれまで何度も言及されてきた"目視同視論"に立った上で、わが国においてもGPSを捜査に利用することが否定されておらず、対象となっている犯罪が重大で、通常の捜査手法では被疑者の所在場所を検索することができないとき（補充性要件）、直ちにGPSを用いなければならないという必要性・緊急性が充たされ、所在場所や行動に関する情報の取得が、社会通念上相当な方法で行われているといった相当性の要件を充たす場合にはプライバシーの保障が及ばない、あるいはその保障が縮減している領域での無令状での使用が許容されるとしたのである[*19]。

　清水真教授も同様に、当初は任意処分説を支持して次のように説いている。

　　　不特定多数人の目に触れる空間における振る舞いを公権力から監視・干渉を受けないという期待は、主観的な水準にとどまる。それ故、そのような空間において、公権力が写真撮影等により監視・干渉を及ぼすことは任意処分であると評価されるべきである[*20]。

　同教授も、GPS監視を任意処分とする根拠として、写真撮影等との同質性と、公共空間（他人の目にさらされていること）での監視という場所的属性に求めていた。

　前田雅英教授は、大阪地裁平成27年1月27日決定（公刊物未登載）が「本件GPS捜査は、通常の張り込みや尾行等の方法と比して特にプライバシー侵害の程度が大きいものではなく、強制処分に当たらない」と判示したことを受

けて、「違法と評価されることがないとはいえない」としながら比例原則に従っておこなわれれば任意捜査として許容されるという立場を示した[*21]。

(3) 強制処分説

ところが、合衆国最高裁が2012（平成24）年に無令状GPS取得を修正4条違反とすると、先に任意処分説に立っていた清水教授も強制処分説へと転換し、次のように述べるに至った。

> 被疑者の自動車の走行履歴の監視情報は、そのままの形状で法廷に顕出することの出来ない証拠を五感の作用で関知し記録化する処分なのであるから、これを目的とした強制処分としてのGPS端末の装着は、恐らくは検証の一種として位置づけられるのであろう[*22]。

すなわち、前項までにおいてGPS利用捜査の特質として強調されていた「記録性」に処分の核心があることを踏まえた見解だと評せよう。

大野正博教授も、GPSを用いた被疑者の所在探索について強制処分と見ることが適当と主張されている。

> 人の行動は、時に本人すら気づいていない事柄を語ることさえある。つまり、公共スペースであるからといって、一概にプライヴァシーを保護する必要性は減少すると解すること自体が妥当であるかを考え直さなければならないのではなかろうか[*23]。

大野教授も公共空間といった場所的属性だけに着目するのではなく獲得される情報の性質に目を向ける必要を説く。そして、プライバシー侵害の有無を公共の場所か否かで区切る「公私二元論という単純な枠組みではなく、テクノロジー等との関係も視野に入れて論じる時代を迎えている」[*24]と警鐘を鳴らす。

近時の情報技術の高度化に伴って、情報収集コストが劇的に低下する反作用として、情報の濫用的収集・利用を適正化する目的でこれを規制する必要を認める立場から、刑事手続におけるプライバシー権の保護の在り方に本格的な分析・検討を加えている稲谷達彦准教授[*25]も、GPS利用捜査は現行法では実施できないとする。

すなわち、「GPS監視のために用いられる機器は、小型化・巧妙化が進み、

わずかな手間で半永久的に行動を監視できるよう工夫されている」ため、「長期間にわたる監視行為がデジタルデータとして蓄積する膨大な行動記録を、コンピュータプログラムによって分析すれば、宗教的信条や思想等をも含む相当詳細なプロファイルが容易に可能」であるとして、GPS 監視を現行法下で実施する方法としては、「監視期限付きの検証令状を用いること等が考えうる」としたが、記録性の問題に鑑みると、収集された情報について事後的な統制をおこなうことが不可能であることとして現行法上は立法がない限り違法になると主張する[26]。

(4) プライバシー侵害の程度

次に刑事法領域における捜査機関の処分の性質に対する評価ではなく、端的にプライバシーの侵害問題として取り扱っている情報法や憲法分野での学説を管見しておきたい。まず、情報法を専門とする松前恵環氏は、GPS の特性を踏まえた上で次の様にプライバシーに対する影響があると指摘する。

> 情報の性質に着眼すると、GPS 技術の利用において問題となる個人情報が、現実世界における「位置」に関する情報という点がプライバシーとの関係において有する意義は、決して小さいものではない。すなわち、現実世界において個人に関する正確な位置情報が継続的にリアルタイムで取得され、蓄積されるということは、従来では取得できなかったような詳細な行動履歴を把握することが可能になるということであり、これによって個人の極めて私的な事柄が明らかになり、プライバシーに重大な脅威が及ぶ可能性がある[27]。

その上で氏は、公的な場所においてプライバシーを保護することの理論的説明に困難が伴うことを認めつつ、こんにちの科学技術の発展に照らして見るときプライバシーへの侵害は明らかだとする。更に、目視による監視と GPS 端末のような電子的追跡装置による監視の性質上の違いを指摘するとともに、公道上であってもプライバシーの保護が及ぶ可能性に言及し、次のように単に人の目に触れる状態と永続的に記録され再利用される可能性がある状態とを区別している。

> 確かに我々は公共の場において、自らの行動や自分自身が見られている

ことを知りながら行動しているが、誰かが肉眼で見ている場合は基本的には人の「記憶」に残るだけであり一定期間が経過すれば忘れ去られるものであるのに対し、GPS等の追跡装置によって収集された情報はデジタルの「記録」として半永久的に保存され様々な場面で利用することが可能なのである[*28]。

最終的に同氏は、誰が見ることができるのかだけではなく、プライバシーを侵害している人やその方法にも侵害の有無は左右されると述べて、「場所の性質のみならず、監視の主体や方法といった個別の状況にも配慮して行われることが適当である」[*29]と論じた。

こうした主張は、公共空間におけるいわゆる「第三者法理」、すなわち第三者に情報を明らかにしている場合(公共空間で自己の容ぼうを晒す状態を指す)にはプライバシーへの合理的期待はないという命題に対する挑戦を意味している。先に紹介した大野教授の「公私二元論」に対する懐疑論において、長期間の永続的な移動履歴の収集に関して公共空間と私的空間の二分論に基づいてプライバシー侵害の有無を判断する手法の限界が自覚されていたのと同様、情報法領域でも同じような見解が生まれているといえよう。

加えて、憲法学においても公共空間におけるプライバシー侵害の可能性問題は注目を集め始めている。たとえば、憲法学者の高橋義人准教授は公共空間における匿名性を保護する必要について、「情報をめぐる文脈」の変化に注意を促して次のように指摘する。

> 侵害が生じうるのは、本来の目的から離れて、情報のコンテクストが変わったときである。このことは、場所には関係なく、人が匿名を期待する状況があることを示唆している。ユビキタス社会では物理的な場所の性質に応じてプライバシーが問題になるわけではない。他者からどの程度の距離をとるのか、他者のアクセスをコントロールできるという意味での「匿名性」を奪われることが侵害を感じる要因だと考えられよう[*30]。

その上で高橋准教授は、プライバシー侵害発生の有無を判断する要素のひとつである「第三者法理」、すなわち第三者の目に晒されている(ことに同意している)場合には侵害はない、という原則に変化が生じていることを例に挙げ、プライバシーの中核的な価値である「秘密性」とは、単に他人の目に晒されて

いない場合に限定されるものではなく、テクノロジーの発展によって「文脈」に応じて評価されなければならず、位置情報を単純に公私に分類することはできないとして、次のように指摘した。

> 確かに街のカフェにいるときや繁華街を歩いているとき、その人の位置情報は完全に「秘密」＝私的とはいえないが、公共の場所でも人はある程度の匿名性を期待することはありうる。公共の場所で位置を開示していることだけでは、第三者が位置履歴（それに付随する人間関係など）に自由にアクセスすることを許可していることにはならないからである。位置情報の開示のレベルには様々な差違があることを留意しておくべきである。従って、位置情報プライバシーが侵害されたかどうかは、情報への不当なアクセスを制限できるかに関わっていると考えられる[*31]。

　高橋准教授はこのようにまとめて、公共空間においてもひとびとはプライバシーの期待が失われないことを論証するとともに、テクノロジーの進歩が社会規範に影響してきたことを踏まえると、「プライバシーの合理的期待」はそこで用いられるテクノロジーという「文脈」に応じて変化せざるをえないこと、そして、第三者が人の秘密にしたい情報（位置情報）へアクセスすることを規制する必要があると強調した。

　このように、刑事法学のみならず情報法学や憲法学といった領域においても、合衆国における議論や判例の影響を受けて公共空間においてもプライバシーに対する合理的期待が直ちに失われるものではなく、秘密にしておきたいような位置履歴（これは同時に人の移動経路情報となる）への第三者からのアクセスを認めることには規律が必要であると考えられ始めているのである。

(5) 小括

　以上概観してきたように、刑事法学においてはGPS技術を用いた監視＝位置情報取得を任意処分として位置づけようという見解もあるが、米国最高裁判例の影響も手伝って、たとえ公共空間を走る車両に取り付けられたことで他人の視線に晒された状態が継続している場面（第三者法理に基づくプライバシーへの期待の減少場面）であっても、そうした行動が完全に網羅的に記録され永続的に保存されて、その後に様々利用される可能性あるような監視記録については、プライバシーの侵害の程度を小さく評価することはできないという見解

が有力となっていることが明らかになった。

そして、刑事法学のみならず法学諸分野における最近の知見に照らしても、GPSを利用した位置情報探索を捜査に利用することでプライバシーの期待に対する侵害が発生するばかりでなく、その侵害の程度は大きいものと捉えられるべきことも明らかになった。

6　考察

そこで、日本の最高裁判例や学説に加えて近時の米国におけるプライバシー理論の新たな動きを参照しながら、以下の4点にわたって検討を深めておきたい。

(1)　公共空間におけるプライバシー保護の必要

まず、現代のテクノロジーの発展を考えると、公共空間でもプライバシーの保護を期待できるという前提に立つべきことを米国の学説が教えている。たとえば、2012年の合衆国最高裁ジョーンズ判決を導いたamicus brief(法廷の友)のメンバーであったスロボギン教授は、"Privacy at Risk"[*32]という著作のなかで、次のように述べて修正4条の保護が私的空間のみならず公的空間においても及ぼされるべきであり、合衆国最高裁が物理的アプローチから離れてプライバシーの利益に直接依拠するよう主張している。

すなわち、そうした保護の必要は、規範的観念というよりも市民が日常生活において抱いている経験的な観念に基づくものであるから、「通常の市民であれば継続的な技術的監視に同意することなく公道を歩いたり運転することができるということに価値を置く」はずであるという。その上で、「公共の場での匿名性は行為の自由や開かれた社会を促進する。公的な匿名性が失われれば、服従を生み出し、抑圧された社会が生まれる」ものだと論じた。

また、情報学者のソローブも身近な例を用いて公共空間におけるプライバシーの保護の必要についてひとびとが経験的に知っているとする。私たちが、「レストランやその他の公共の場で友人と会話をするとき、自由に談話するには、私たちはほかの人びとから隔てられた空間をやはり必要とする」[*33]からである。

一般に合衆国でも日本でも、プライバシーの期待の大きさはその場所的特性に大きく依拠しているとされており、その指標として「公私二分論」が用いら

れることが多い(これは、第三者の目に晒されるという意味で「第三者法理」とも呼ばれる)。これが「秘密性パラダイム」と表現される、人の前に(顔や位置を)晒していれば秘密性の期待を放棄しているのだからプライバシーの内包には含まれない、という考え方である。

　だが、すでにこうした二元論的アプローチは破綻しているというのがこんにちのプライバシー論の潮流である。プライバシー論に関する新たなステージを展望したソローブは、「私たちが今日直面しているプライバシー問題の一部は、本性的にプライバシーの伝統的概念化とは異なり、その後追いではな」[34]いとして、新たな保護のあり方の必要性を訴えている。

　GPS利用捜査はテクノロジーの発展が捜査に効率性と有効性をもたらした革新的なツールといえよう。だが、その有用性ゆえに、プライバシーの保護の必要は増していると捉えるべきであり、そのための判断基準について伝統的な考え方に依存しているのでは求められる保護の実現が許されない時代に入っていると言わなければならない。

(2) GPS利用捜査によるプライバシー侵害の程度

　次に、公共空間においてプライバシー侵害が承認できるとして、その侵害の程度の多少について検討しよう。この点、GPS利用捜査は他の追尾監視型捜査手法とは比較にならないほどプライバシーへの影響が大きいというのが論者の指摘である。

　公道上の移動履歴情報とは、ただ単に公道で他人の目に一時的に晒されているというものではなく、その訪問先、立寄先などの情報についてもすべて集約可能なわけであり、たとえば病院や弁護士事務所といった他人に秘密にしておきたい所用であるとか、ラブホテルや特殊浴場といった他人に知られたくない性向や趣味であるとか、集会や政党事務所といった思想信条に関係する場所などの位置情報を取得することとなり、幅広くその人のプライバシー情報を集めることが可能である。

　GPS発信装置を用いれば、従来の法施行当局がおこなってきた伝統的な監視とは収集される情報の量の点で圧倒的に凌駕することができる。実際、事実として、ジョーンズ事件でも28日間にわたって2000頁分のデータが収集されており、そうした量的な収集可能性が同事件判決で合衆国最高裁を修正第4条違反の判断に導いたひとつの要素と考えられる。メリーランド大学ロースクールのグレイ教授らは、アリート判事らがジョーンズ判決において示していた

「プライバシー侵害に至るほどの長期間に渡る」GPS監視という表現に着目して、最近発生したNSAによる市民に対する監視や情報収集活動が無制約に行われた「プリズム」作戦の暴露に触発されつつ、修正4条の保護する利益、すなわちプライバシーの利益に対して「量的アプローチ」を試みている[*35]。

その際、ドローン（無人航空機）による空中からの撮影やビッグデータ集積といった具体的例を挙げながら、こうした先端的な技術の利用を無制約に政府に認めることは監視国家へのドアを開けてしまうことに他ならないから、どこかで（量的な）線引きが必要となり、政府による捜査の必要と市民のプライバシー保護とのバランスを取ることが必要だと主張したのである。

すなわち、任意捜査としてフリーハンドで警察に位置情報の収集とその記録を許容するのではなく、どれほどの情報が先端技術によって集積可能となるのか検証可能な制度を構築すべきであろう。緊急事態における短時間の利用であればともかく[*36]、一種の「泳がせ捜査」としてGPS発信装置を取り付けるような手法においては、得られる公益（捜査の利益）と照らしても侵害の度合いが大き過ぎると言えよう。

(3)　規制の必要性

GPS利用捜査の経緯に照らしても、監視追尾技術のこれまでの警察活動に鑑みても、規制の必要性が高い。

愛知県では起訴に至らなかったケースにつき、GPS端末が発見された男性が警察を相手取ってプライバシー権の侵害を根拠に民事裁判を起こしていると伝えられているところである[*37]。このように、任意捜査として実施された場合には事後的検証も事前の審査もなく、位置情報の常時把握は無制限に実施されてしまう。

伝統的な公私二分論に従った場合でも、公道上の撮影は適当であるとしつつ居宅内等に対する撮影は任意処分としての限界を超えるとする見解が大勢を占めていた（実際、GPS利用捜査適法論の根拠も公道上での監視であることを根拠としている）。ところが、警察内部のマニュアルにはそうした居宅内等に対する動静監視も「推奨」されていて、証拠として法廷に出されず法的規制も受けないまま、科学技術を利用したプライバシー侵害行為が相当程度警察活動において普及している。

たとえば、昭和53年3月15日付けの警察大学校刊行『捜査装備資器材の活用』（部外秘）には次のように監視機器と秘聴機器の「組み合わせ」の効用が

説かれている。

> ファイバースコープと秘聴器を併用した室内の行動は握……贓品その他証拠物の隠匿場所の発見や容疑者の動向視察等のため、ひそかに室内の会議や行動をは握したり、室内の出入状況をキャッチするために秘聴器とファイバースコープを併用すると効果を発揮する。更に、ファイバースコープにカメラを取付けて撮影することも可能である（同64頁）。

いわゆる肖像権の概念が大法廷によって確立された昭和44年判決を経て、捜査機関においてプライバシー侵害の可能性があることが理解されて当然の時期に至っても、このように様々な機器の活用が説かれているのである。そうすると、GPSによって得られたデータの永続性や長期的収集の後の流用可能性を踏まえれば、濫用を抑制するための何らかの法的枠組みが不可欠と考えられる。

その抑制策としては、裁判所の発する令状取得を要件とする事前規制と、捜査実施後の相手方告知や取得情報の統制といった事後規制との2つのアプローチがあるところ、わが国の場合、通信傍受については両者を併用したアプローチが整えられたところである。

GPS利用捜査についても、捜査手法として同等の有用性の高さが見込まれ、かつ、効率的な捜査手法と言うことができることから同種の立法的手当がおこなわれることが望ましい。

(4) 萎縮効果

GPS利用捜査の特徴は、①長期性、②包括性、③記録性、の3点にあり、このような追尾監視は社会全体に向けられているのではなく、特定個人に向けられ実施されるものであり、行動の自由をはじめ憲法で保障されている諸権利の侵害に至るもので国民において萎縮効果が強すぎる。

GPS発信装置は電源さえ確保できれば（定期的なバッテリー交換や充電などによる）長期にわたって行動履歴の取得が可能となるし、そうした記録はコンピュータに保存され捜査目的外での流用のおそれも高く、現行法では歯止めがない。犯罪発生前にもかかわらずこのような包括的な個人の行動記録が一括して得られるというのは、通信の秘密の侵害にも匹敵する程、憲法で保障された、移動の自由や思想信条の自由、プライバシーの期待に大きな威嚇効果を与

えるものであり、オーウェリアンならずとも無規制な捜査場面での使用は国民の生活に過度の萎縮効果を与えるだろう。

ソローブも、「秘密監視がなぜ問題含みであるかを示すより説得力がある理由は……やはり秘密監視は行動の萎縮効果を有するという点にある」と説明している」*38。その上で、次のようにGPS追跡のようなテクノロジーによる監視がプライバシー以外にも広範な被害をもたらす危険性があるかを指摘した。

すなわち、「プライバシー問題はほかの種類の危害を生じるものもある。こうしたプライバシー問題は、人びとがある種の活動に専念するのを妨げる。この種の危害は、"萎縮効果"と呼ばれることが多い。……萎縮効果の法理は、言論の自由や結社の自由のような連邦憲法修正第1条の権利は、直接的な法的制限だけによらずとも、間接的に抑制される可能性があるという事実を理解している」*39 というのである。

かかる萎縮を市民生活において回避するためにはやはり法的規制が不可欠であり、事前事後の双方の規制の枠組みが用意される必要がある。

7　おわりに

以上、GPS技術の原理ならびに利用形態を踏まえた上で、GPSを被疑者の位置情報取得を目的として捜査利用することの法的性質を検討する上で参考となるわが国の判例ならびに学説の議論状況を振り返ってきた。

その法的性質について任意処分として許容する見解は、GPS装置を装着された車両が位置情報の対象となっているところ、公道上であってプライバシーへの合理的期待が失われていることを主たる根拠としていた。これに対して、強制処分とする見解は、そうした公私二元論ではGPSのような発達したテクノロジーの捜査利用を規制するには不十分であると捉えた。そこで示された問題意識は公共空間とプライバシーとの関係の再構築を不可避としており、取得されるデータの規模ならびに範囲があまりに大きく広いことをその根拠としている。

結局、GPSの法的性質をめぐる論議は、公共空間と私的空間に分けた秘密性保護の境界、いわば平面的議論から、第三者の目に晒されている公共空間においてもプライバシーに対する合理的期待を有する範囲があるという質的議論へと考察を進める必要を示している。

そして、これまでの警察当局による写真撮影やビデオ撮影によりプライバシ

ー侵害が争われてきた裁判例は、いずれも犯行発生後の処分であることが見逃されてはならない。対して、犯行発生前に泳がせ捜査として実施されるGPS利用捜査は通信傍受と類似性が高い。この点は、被処分者の権利や利益の保護が一層強化されなければならない理由のひとつとなろう。

　以上の検討から、犯罪発生前に泳がせ捜査の一環として実施されたGPS利用捜査は、プライバシー侵害の程度がきわめて大きく、強制処分として位置づけなければならない、とまとめたい。

　仮にかかる捜査を実施するとすれば、現行の警察内部の通知等による内規では十分ではなく、相手方への事後通告を条件として付加した特別な令状様式において実施すべきものと考える。とりわけ、得られる記録が長期間にわたり、しかも場所や目的も多岐にわたって特定されないまま包括的に獲得されることや他目的にも流用可能であることを勘案すると、すでに法整備の見た通信傍受法に類似した取得手続と取得後の記録保管を規律する法制度を整備すべきであろう。

〈付記〉

　上田先生ならびに美奈川先生は、当方が前々任校の鹿児島大学に勤務した初期の頃に御目にかかって以来、実務家として尊敬申し上げてきた。九州の地で、お二人に出会えたことは研究者として大変幸運であった。本稿はGPS発信装置を利用した捜査について日本で初めて報道された福岡の事件を上田先生が扱われたことから、主題として謹呈させていただくことにした。お二人から頂いたご厚情とご指導に御礼を込めて。

〈後記〉

　本稿脱稿後、小特集「強制・任意・プライヴァシー」法律時報2015年5月号に接した。GPS利用捜査を含む警察の情報収集と監視型捜査を規律する新たな理論構築を目指す意欲的な諸論考を含んでいるが、残念ながら本稿では直接の引用、言及をおこなうことが出来なかった。

*1　https://www.supremecourt.gov/oral_arguments/argument_transcripts/10-1259.pdf
*2　たとえば、以下の報道参照。「車にGPS追跡捜査　無断で設置　福岡県警も」朝日新聞2013年8月18日社会面記事。
*3　たとえば、以下の報道参照。「GPS捜査　06年通達　警察庁監視の手順定める」中日新聞2014年12月30日一面記事。

- *4 たとえば、以下の報道参照。「携帯GPS情報、本人通知せず捜査に活用　指針見直しへ」朝日新聞2015年4月17日記事。
- *5 合衆国最高裁ジョーンズ判決。紹介としてたとえば以下参照。土屋眞一「捜査官がGPSにより公道を走る被疑者の車を監視することは、違法な捜索か？――最近のアメリカ合衆国連邦最高裁判決」判時2150号（2012年）3頁、湯淺墾道「位置情報の法的性質――United States v. Jones を手がかりに」情報セキュリティ総合科学第4号（2012年）171頁、緑大輔「United States v. Jones, 132 S. Ct. 945(2012)――GPS監視装置による自動車の追跡の合憲性」アメリカ法（2013年）356頁、大野正博「GPSを用いた被疑者等の位置情報探索」曽根威彦先生・田口守一先生古稀祝賀論文集〔下巻〕（成文堂、2014年）485頁等。
- *6 小島吉康「捜査官によるビデオの撮影、録画行為が違法であるとして、ビデオテープの証拠申請が却下された事例」研修512号（1992年）55頁。
- *7 一般的には、たとえば井上正仁『強制捜査と任意捜査〔新版〕』（有斐閣、2013年）2頁以下など参照。
- *8 かかる区分については、小木曽綾「再び「新しい捜査方法」について」研修790号（2014年）3頁参照。
- *9 判例評釈として、拙稿「写真撮影――京都府学連デモ事件」『刑事訴訟法判例百選〔第6版〕』（ジュリスト増刊、1992年）20頁。
- *10 判例評釈として、拙稿「覚せい剤取引と検証令状による電話傍受」『メディア判例百選』（別冊ジュリスト、2005年）220頁。
- *11 大阪地判平6・4・27判タ861号160頁、判時1515号116頁、「警察によって公道上に15台のテレビカメラが設置されたが、対象地区の状況から、うち14台の設置は許容されるとし、1台については設置により得られる利益より侵害されるプライバシーの利益の方が大きいとして撤去が相当とされた事例」。
- *12 大阪地決平2・7・18判例集未登載、小島・前掲注*6論文・参照。また、堀越事件一審判決（東京地判平18・6・29公刊物未登載）、刑集66巻12号1627頁参照。
- *13 なお、違法収集証拠排除法則を採用するに至った最判昭53・9・7刑集32巻6号1672頁も、警察官が所持品検査の際に承諾のないまま内ポケットに手を入れて物を取り出す行為について、「一般にプライバシイ侵害の程度の高い行為であり、かつ、その態様において捜索に類する」と評価したことがある。
- *14 笹倉宏紀「宅配便荷物のエックス線検査と検証許可状の要否」平成21年重要判例解説・ジュリスト1398号（2010年）208頁においても、プライバシーの内容物への期待が内容物の「特定性」に依拠する点について、「問題とすべきなのは、具体性の要求自体ではなく、要求される具体性の内容、程度であろう」とする。もっとも、こうした柔軟テスト＝実質テストが望ましい基準であるかは疑問がある。というのは内容物の特定性に任意処分＝強制処分性の線引きが依拠することになると捜査官に対する指針が不明確になるからである。内容物検査は一律にプライバシー侵害ありといった明確な基準が違法捜査を抑止するという観点からは望ましいと筆者は考えている。たとえば、緑大輔「宅配便業者が運送中の荷物に対し、捜査機関が荷送人・荷受人の承諾を得ず、かつ検証許

可状によらずにエックス線を照射して内容物の射影を観察した行為を違法とした事例」『速報判例解説Vol. 6』(2010年) 209頁は、次のように指摘する。「封緘された荷物の中身を承諾なく見ることそれ自体も権利制約性が大きいように思われ、判断手法には疑問とする余地もある」同211頁参照。

*15 増田啓祐「宅配便業者の運送過程下にある荷物について、荷送人や荷受人の承諾を得ずに、捜査機関が検証許可状によることなくエックス線検査を行うことは適法か」『最高裁判例解説・平成21年』371頁、特に388〜389頁参照。

*16 これまでのところ国内裁判例がほとんどないため、基本書類においてGPS利用捜査について言及するものは少ない。強制処分説に立つものとして、白取祐司『刑事訴訟法〔第7版〕』(日本評論社、2012年) 124頁注33、上口裕『刑事訴訟法〔第3版〕』(成文堂、2012年) 92頁等がある。他方、任意処分説に立つものとして、大久保隆志『刑事訴訟法』(新世社、2014年) 35頁等がある。

*17 指宿信「ハイテク機器を利用した追尾監視型捜査——ビデオ監視とGPSモニタリングを例に」『鈴木茂嗣先生古稀祝賀論文集(下)』165頁(成文堂、2007年) 185頁。その他、拙稿「GPSと犯罪捜査——追尾監視のためのハイテク機器の利用」法学セミナー2006年7月号参照。

*18 滝沢誠「GPSを用いた被疑者の所在場所の検索について」立石二六先生古稀祝賀論文集(成文堂、2010年) 733頁、特に746頁参照。

*19 同747頁。

*20 清水真「自動車の位置情報把握による捜査手法についての考察」法学新報117巻7＝8号(2011年) 443頁。

*21 前田雅英「尾行の補助手段としてGPS(移動追跡装置)を使用した捜査の適法性」捜査研究770号(2015年) 56頁。

*22 清水真「捜査手法としてのGPS端末の装着と監視・再考」明治大学法科大学院論集13(2013年) 163頁。

*23 大野・前掲注*5論文514頁。

*24 同上515頁。

*25 稲谷達彦「刑事手続におけるプライバシー保護(1−8・完)」法学論叢169巻1号1頁、169巻5号1頁、171巻5号26頁、171巻6号1頁、172巻2号1頁、173巻2号1頁、173巻3号1頁、173巻6号1頁(2009〜2013年)。

*26 同「情報技術の革新と刑事手続」井上＝川出編『刑事訴訟法の争点』(有斐閣、2013年) 40頁参照。その他、強制処分説に立つ論者のものとして、宮下紘「GPSの捜査利用——位置情報の追跡はプライバシー侵害か」時の法令1973号50頁(2015)等参照。

*27 松前恵環「位置情報技術とプライバシー——GPSによる追跡がもたらす法的課題について」堀部政男編『プライバシー個人情報保護の新課題』(商事法務、2010年) 250頁。

*28 同上283頁。

*29 同上284頁。

*30 髙橋義人「パブリック・フォーラムとしての公共空間における位置情報と匿名性」琉大法学88号(2012年) 171頁。

*31 同上180頁以下。
*32 Christopher Slobogin, "Privacy at Risk" (2007, University of Chicago Press). http://press.uchicago.edu/ucp/books/book/chicago/P/bo5503960.html
*33 ダニエル・J・ソローブ『プライバシー新理論』(みすず書房、2012年) 216頁。
*34 同上263頁。
*35 David Gray & Danielle Citron, The Right to Quantitative Privacy, Minnesota Law Review v.98 p.62 (2013).
*36 GPS発信装置を緊急時に利用する例として、追跡中の対象車両に対してGPS装置を発射して取り付ける「GPS銃 (GPS tracking bullet)」がある。たとえば以下参照。"Police firing GPS tracking "bullets" at cars during chases" C-Net Oct. 25, 2013,http://www.cnet.com/news/police-firing-gps-tracking-bullets-at-cars-during-chases/
*37 「「県警が無断で車にGPS」名古屋の男性、愛知県を提訴」中日新聞2014年12月19日ほか。
*38 ソローブ・前掲注*33書151頁。
*39 同上252頁。

〔補注〕本稿の主題にかかわる拙稿として以下を参照。
「GPS利用捜査とその法的性質——承諾のない位置情報取得と監視型捜査をめぐって」法律時報87巻10号 (2015年) 90頁、「アメリカにおけるGPS利用捜査と事前規制」季刊刑事弁護85号 (2016年) 89頁。

(いぶすき・まこと)

刑訴法227条の証人尋問と証人審問権の保障

田淵 浩二
九州大学教授

1 問題の所在
2 証人審問権の意義をめぐる日米比較
3 伝聞例外規定――国内の判例および学説の展開
4 結語――227条による証人尋問手続の在り方

1 問題の所在

　2004（平成16）年刑訴法改正において227条の要件が緩和された結果、検察官にとってそれ以前より227条による証人尋問手続を利用し易くなった。当該改正は、最高検が証言の真実性を確保する措置として刑訴法227条の活用を提言したことが契機となったものである[*1]。同条改正後、最高検は、227条を積極的に利用し、その結果を検証することを推奨し[*2]、さらに同手続の利用基準につき、「公判廷においては真実の証言が得られないおそれがあり、それ以前に裁判官の面前で捜査段階における供述を確認しておく方が適切であると認められる場合には、参考人供述による公判立証を図るための一方策として、供述者の取調べ時の言動、立場、性格等を踏まえ、予想される裁判官の面前での供述内容を把握した上で、尋問範囲をポイントに絞るなどして尋問に要する労力を軽減させつつ、同条の証人尋問を積極的に活用することを考慮すべきであろう」との基本方針を示していた[*3]。

　しかし、227条を活用するにあたって改めて問題になるのが、179条による証拠保全のための証人尋問手続と比べた場合の手続的公正さの不備である。両者を比較した場合、いずれも第1回公判期日前の証人尋問手続である点では共通するが、相手当事者への配慮はまったく異なる。179条の証拠保全手続の

場合、総則規定が準用されるため、検察官にも立会い・尋問権が認められる他、証人尋問調書は裁判所に保管され、閲覧および謄写が認められる（180条1項）。これに対し、227条による証人尋問手続の場合、228条2項の特別規定により被疑者・被告人側の立会いは裁判所の裁量に委ねられている。また、これを受けて、157条2項に基づき、弁護人に尋問期日の通知を行う義務はないと解するのが判例の立場である[*4]。さらに、条文上は立会権以外の証人尋問手続自体については総則規定が準用されることになっているにもかかわらず、反対尋問しないことを条件に立会いを認めることも適法とする判例もみられる[*5]。加えて、226条や227条の証人尋問に関する書類は速やかに検察官に送付しなければならないことになっており（刑訴規則163条）、したがって供述録取書は裁判所に存在せず、被疑者・被告人側が証人尋問の結果を知りたければ、検察官から証拠開示を受ける必要がある。

こうした手続の違いは、法体系上、179条が純粋に公判のための証拠保全を目的とした被疑者・被告人のための防御権規定であるのに対し、227条は捜査のための強制処分規定としてしか位置づけられていないことから生じたものと言うことができる。しかし、179条と227条の要件の定め方に差異はあるものの、227条の証人尋問についても、実際には公判審理に向けて取調べによって獲得した供述を保全するための手段として機能しているのであり、両手続の役割にそれほど決定的な違いを見出すことはできない。

もちろん、227条による証人尋問への被告人側の立会いを認めなくても、公判期日において当該証人を尋問することが原則であり、その際には被告人側には反対尋問権の機会が与えられる。また、公判前整理手続においては、請求証拠開示の対象には証人予定者が公判期日において供述すると思料する内容の供述録取書を開示する義務があるため（316条の14第2号）、その際には227条による供述録取書の証拠開示も期待できる。

しかし、まず、227条による証人尋問は公判において供述拒否が予想される場合も利用されており、常に公判において有効な反対尋問を行えるとは限らない。なお、227条による証人尋問は、取調べに応じて供述した参考人が、公判期日においては「前にした供述と異なる供述を行う虞」がある場合に利用できることになっているが、単なる不一致供述の虞よりも、公判期日において供述を拒否する虞がある場合の方が、取調べ時の供述を証拠保全しておく必要性は高い上、現実問題として不一致供述にとどまるか供述拒否まで至るかを予測し分けることは簡単ではないことから、公判において供述拒否する虞も含めて不

一致供述の虞があると言ってよかろう。そして、321条1項各号の「供述不能」には証言拒絶の場合も含めるのが確立された判例*6の立場であるから、被告人の面前では証言したくないという参考人の供述を供述録取書（321条1項各号）の形で保全する手段を検察官に与えることは、事実上、被告人側の反対尋問の機会を奪う権限を捜査機関に与えることと同じ結果をもたらし得る。検察官が意図的に参考人に供述を拒否させた場合には「供述不能」に該当しないと解すべきことはもちろん、被告人の面前で供述したくないと述べている参考人の供述を、被告人どころか弁護人も排除した形で証拠保全する手段を検察官に与えること自体が、はたして憲法37条2項の趣旨に適うものであるのかは、理論的に再検討されるべきであろう。

　また、227条の証人尋問は、取調べ時の供述内容を321条1項1号書面の形で保全する手段であるだけでなく、証人予定者にあらかじめ宣誓の下で証言させておくことにより、もし公判期日における証人尋問の際にそこで述べたことと異なる証言をすれば、以前の証言につき偽証罪に問われる可能性が生じるという心理的威嚇により、捜査段階の供述を公判においても維持させる手段でもある。前者の目的だけであれば、検察官調書の作成だけに留めても、現行法上はさほど不都合ではないのであるから、227条の証人尋問を行う主たる目的はむしろ後者の点にあるということすらできる。それゆえ、たとえ227条による証人尋問を経た証人が公判において供述拒否することなく尋問に応じる場合、重要な部分においては227条による証人尋問の際の供述を維持する可能性が極めて高くなると考えてよかろう。そのような意味で、227条による証人尋問の際に反対尋問の機会を与えられる利益は、事後的な反対尋問の機会の付与によって完全に補完されうるものではないのではないことも、227条による証人尋問手続の在り方を考える上で検討を要する点である。

　加えて、227条に対しては条文制定当初より濫用に対するいくつかの懸念が表明されていた*7。とりわけ、任意性に問題のある取調べ方法を用いて獲得した供述を浄化する目的のためだけの濫用的な利用が行われないかは懸念されるところである。その意味で、改正前の227条が、公判期日においては「圧迫を受け」前にした供述と異なる供述をする虞がある場合にのみ、当該手続の利用を限定していたのは、同条による手続を証人威圧のおそれがある類型の事件に制限することで濫用を防止する意味はあったといわなければならない。227条の要件緩和に対して「予審の復活」であるとする大場史朗の批判は*8、一面では当該手続の濫用に伴う危険を的確に言い表しているといえよう。

本来ならば、2004年の刑訴法改正において227条の要件を緩和した際、同時に手続の公正性の強化が図られてしかるべきであった。こうした問題関心から、とりわけ供述不能が予想される場合につき、227条による証人尋問時に被疑者・被告人側に立会いを認めないまま作成した証人尋問調書につき、321条1項1号の証拠として許容しても憲法37条2項に違反しないことを判示した刑訴応急措置法当時の判例理論は見直されるべきことを説くものとして、安冨潔の論文*9がある。本稿の問題関心も安冨論文の問題関心とまったく重なるところである。もっとも、安冨論文においては、どういう形で憲法37条2項の証人審問権の解釈が見直されるべきかまでは言及されておらず、憲法37条の証人審問権の意義をどう解すべきかは、今なお重要な理論的課題として残っている。そこで本稿では、まず、日米両国の最高裁判所の判例を比較しながら証人審問権の保障と伝聞法則との関係を整理し、次に、日本においても証人審問権の意義をめぐる議論の発展の契機がみられることを確認した上で、最後に、証人審問権の保障の趣旨に合致した227条の証人尋問手続の運用の在り方を提示することとしたい。

2　証人審問権の意義をめぐる日米比較

　憲法37条2項は、「刑事被告人は、すべての証人に対して審問する機会を充分に与えられ、又、公費で自己のために強制的手続により証人を求める権利を有する」と定め、前段において被告人の証人審問権を保障している。これに対し、刑訴法228条2項は、第1回公判期日前の検察官の請求による証人尋問につき、「裁判官は、捜査に支障を生ずる虞がないと認めるときは、被告人、被疑者または弁護人を前項の尋問に立ち合わせることができる」と定めており、同手続による証人尋問に被疑者・被告人側の立会いを認めるか否かを裁判官の裁量に委ねている。そして、裁判官の面前で宣誓の下、被疑者・被告人側に立会い・尋問の機会を与えないまま、検察官の一方的な質問により作成された供述録取書であっても、321条1項1号の定める要件を満たせば、そのまま証拠能力を付与してよいと解されている。そこで、刑訴法228条2項の合憲性との関係で憲法37条2項の趣旨をめぐる議論は現行法制定当初から見られた。

　最高裁は昭和25年10月4日大法廷決定（刑集4巻10号1866頁）において、刑訴法228条2項の合憲性を肯定した。本件は、共犯者が勾留中の取調べで供述した事項につき、227条による証人尋問を行った事案である。その際、同一

被疑事実の被疑者であった被告人の弁護人が立会いを求めたが、捜査に支障を生ずる虞があることを理由に、立会いが認められなかった。公判期日において当該共犯者の証人尋問が行われ、以前の供述と異なる供述を行ったことから、裁判所は捜査時の証人尋問調書を321条1項1号後段書面として採用した。当該証拠調べ決定に対し、弁護人は、①227条による証人尋問の際の供述は、当時勾留中であった共犯者が、取調べ時に、捜査官から「一生監獄から出られないようにしてやる」、「親兄弟もみんな監獄に入れてやる」等々の脅迫が昼夜連続行われた中で行われた供述の影響から脱しないまま行われた証言であるのに、325条の任意性の調査を行わず321条1項1号書面として証拠採用したこと、②同一被疑事実で勾留中の共犯者に対して227条に基づく証人尋問を行ったこと、③その際に被告人側に反対尋問の機会を与えなかったことなどの違法性を理由に、異議申立てを行った。しかし、原審は異議申立を理由のないものとして却下したため、さらに弁護人は、刑訴法228条2項に基づき反対尋問の機会を与えずに作成された証人尋問調書は憲法37条2項に反し無効であることなどを理由に特別抗告を申し立てた。

　当該特別抗告に対して最高裁は、刑訴応急措置法12条1項[*10]の合憲性が争点となった昭和24年5月18日大法廷判決（刑集3巻6号789頁）を引用しながら、「憲法37条2項に、刑事被告人は、すべての証人に対して審問する機会を充分に与えられると規定しているのは、裁判所の職権により又は訴訟当事者の請求により喚問した証人につき、反対尋問の機会を充分に与えなければならないというのであって、反対尋問の機会を与えない証人その他の者（被告人を除く）の供述を録取した書類は絶対に証拠とすることは許されないという意味をふくむものでない」と述べるとともに、「証人は検察官の請求により原審公判廷において尋問が行われ、被告人側の反対尋問にも充分にさらされており、この点において、憲法37条2項の要請は充たされたものと認めることができる」ことを理由に、特別抗告を棄却した。

　最高裁は、続く昭和27年6月18日大法廷判決（刑集6巻6号800頁）においても、再び228条2項の合憲性を肯定している。本件弁護人は上告趣意書において、たとえ被疑者や被告人の面前では供述の自由を奪われる証人があるとしても、一応客観的立場に立つ弁護人だけには立会いを認めても差支えないにもかかわらず、あえて弁護人の立会権まで認めていない刑訴法228条2項は違憲であるという主張を行った。これに対し、最高裁は、「憲法37条2項の規定は、刑事被告人に対し、受訴裁判所の訴訟手続において、すべての証人に対し

て審問する機会を充分に与えられ、又、公費で自己のために強制的手続により証人を求める権利を保障した規定であって、捜査手続における保障規定ではないと解するのが相当である。そして、刑訴228条の規定は、前2条の規定とともに、同197条1項に基き規定された検察官の強制捜査処分請求に関する法律規定であって、受訴裁判所の訴訟手続に関する規定ではなくて、その供述調書はそれ自体では証拠能力を持つものではない」との理由から、やはり228条2項自体の違憲性の主張を退けた。その上で、「刑訴法は、受訴裁判所の訴訟手続に関する規定として右228条等の規定にかかわらず更に刑訴320条の規定を設け前記憲法の条項に基づく刑事被告人の権利を充分に尊重しており、そして、本件第一審の訴訟手続においては、被告人及び弁護人の前記刑訴228条に基く尋問調書を証拠とすることに同意したものであることは記録上明白であるから、刑事被告人の前記憲法上の権利を尊重した右刑訴320条所定の同326条に規定する場合であるというべきである」ことを理由に、上告を棄却した。当該昭和27年大法廷判決が示した、憲法37条2項は受訴裁判所の訴訟手続における保障規定であって、捜査手続における保障規定ではないとの解釈は、その後多数の判例により引用され[*11]、確立した判例となっている。

　昭和25年大法廷決定や昭和27年大法廷判決は、憲法37条2項前段の保障範囲を受訴裁判所による証人尋問手続に限定して理解するにあたり、被告人の証人審問権については刑訴法320条以下の規定により配慮されており、伝聞例外規定に従って手続が行われたのであれば37条2項前段の要請は満たされるとの前提をとっている。すなわち、判例は、憲法37条2項前段の保障を刑訴法の伝聞規定と同趣旨と解する立場ということができるだろう。これに対し、現在のアメリカでは、憲法37条2項の母法であるアメリカ合衆国憲法第6修正[*12]の証人対面条項に、伝聞法則を規制する役割を認めるに至っている。アメリカの証人対面条項に関わる重要判例は小早川義則『デュー・プロセスと合衆国最高裁Ⅱ：証人対面権・強制的証人喚問権』（成文堂、2012年）において、重要判例の翻訳付きで詳細に紹介されているので、是非そちらを参照されたい[*13]。本稿では日米の理論的な比較を行う上で必要最小限の範囲でポイントとなる判例を紹介しておく。

　アメリカにおいても、証人対面条項の保障範囲の議論が活発になったのは実はそれほど昔の話ではなく、1965（昭和40）年のPointer判決[*14]やDouglas判決[*15]により、当該条項が第14条修正のdue processの内容をなすものとして、各州への適用があるとの理解が確立して以降であるとされる。それ以前

は、伝聞証拠の許容性は各法域の法制における伝聞法則の解釈の問題に委ねられていた。日本国憲法37条2項の証人審問権は刑訴法321条以下の規定によって十分尊重されているという1950年頃の最高裁判例も、具体的な伝聞例外の範囲は日米で相当異なるものの、憲法条項に対する理論的理解の点では、Pointer判決が現れる以前のアメリカの状況と類似した状況であったといってよかろう。

　これに対してPointer判決は、州裁判所が、弁護人による反対尋問の機会のなかった予備審問における被害者証言の反訳記録を同証人の州外移住を理由に被告人に不利な証拠として許容したことが、第6修正の保障する被告人の反対尋問権を侵害すると判示した。また、Douglas判決は、分離審判された共犯者が被告人の事件の証人尋問を受けた際、自己負罪拒否特権を行使して証言を拒否したのに対し、検察官が共犯者の捜査段階の自白調書を朗読したことが、証人対面権の侵害に当たると判示した。これらの最高裁判決が、第6修正の証人対面条項が第14修正のdue processの内容をなすものとして、各州への適用があると判示して以降、伝聞証拠を採用したことにつき証人対面条項違反を理由とする連邦最高裁への上訴が活発になり、伝聞法則の中に各州の独自の発展に委ねられてよい部分と証人対面条項の保障にかかわる部分があるという理解へと変化する。そして、後者にかかわる部分については、連邦憲法裁の判例を通じて、証人対面条項の要請から導き出されるところの伝聞証拠の許容範囲に関するルールが発展する。

　とりわけ、1980（昭和55）年のRoberts判決*16は、証人対面条項の要請から帰結する伝聞例外ルールを理論的にまとまった形で提示した重要判例である。本件は、陪審公判において、召喚令状を送達したが公判に出頭しなかった証人予定者の予備審問における証言の反訳記録が証拠採用されたところ、予備審問の際に弁護人には当該証人予定者に対する反対尋問の機会を有していたものの、反対尋問が行われていなかったことから、予備審問の際の証言の反訳記録を証拠採用することが、第6修正の証人対面権の侵害になるか否かが争点のひとつとなった。州最高裁は証人対面権の侵害に当たるとしたのに対し、連邦最高裁は、6対3の多数意見により第6修正違反を否定し、原判決を破棄差し戻した。その際、第6修正の証人対面条項と伝聞証拠の許容性の関係につき、次のような合憲性の審査基準が示された。

　Roberts判決によれば、証人対面条項はふたつの別なやり方で伝聞証拠の許容範囲を制限しているという*17。その第1の側面は、公判における証人に対す

る直接の弾劾を優先することにより、その例外を認めるに当たり、必要性の原則（検察官には原則として原供述者を公判に出頭させるか、それが利用不能であることの立証が求められること）を確立した点である。なお、「証人の利用不能」の立証については、「検察当局が証人の公判への出頭を確保するために「誠実な努力」をしていない限り、対面条項の要求の例外を認める目的で証人は「利用不能」であるとはいえないとするのが、確立した第6修正の基本的リトマス紙であると述べている[18]。

　第2の側面は、原供述者が利用不能の立証がなされたときの制限であり、被告人に対して自己に不利益な証拠を吟味する有効な手段を保障することにより事実認定過程の正確性を増進させようという、証人対面条項の基礎にある目的に照らし、当該条項は、「原則が有する根拠から実質的な差異はない」程の信用性（trustworthiness）を備えた伝聞証拠のみが許容される[19]。連邦最高裁はこの「信頼性の徴憑」（indicia of reliability）の要件を、原則的に、特定の伝聞例外につき、それに該当すればほとんどすべての証拠が「憲法上の保障の実質」に適合するというような、確固たる基礎に依拠していると結論付ける形で適用してきた。そして、「深く根付いた伝聞例外」に該当すればそれだけで信頼性は徴憑されるが、他の場合は、少なくとも「個別的な信用性の保証」の立証がなければ排除されなければならないという区別を行った。

　Roberts判決が示した、証人対面条項の要請から帰結する伝聞証拠の許容性基準は、証人対面権が係わる範囲（すなわち、どのような場合に公判における証人尋問を実施しないことが許され、また、その場合、どの範囲で公判供述に代わる伝聞証拠の使用が許容されるかという問題に係わる範囲）で、伝聞ルールを憲法ルールに格上げしたものということもできる。後述のとおり、国内においても最高裁平成7年判決をきっかけに、証人審問権の保障の観点から伝聞例外規定を厳格に解釈する判例が現れているが、そうした考え方の基礎には、憲法37条2項前段の要請は刑訴法320条以下の伝聞規定により配慮され尽くしているのではなく、憲法37条2項前段の要請に合致するよう刑訴法320条を解釈しなければならないという理解への変化がうかがえる。

　一方、アメリカ連邦最高裁は2004年のCrawford判決[20]において、合衆国憲法の証人対面条項の保障内容をさらに強化する方向に議論を展開する。本件では、犯行現場にいた被告人の妻が公判において証人尋問を受けたが配偶者特権を理由に証言を拒絶したことから、警察の取調べ時の妻の供述の録音テープを陪審の前で再生したことにつき、州最高裁はRoberts判決のいう「信用性の

保証」が認められることを理由に、修正6条違反を否定した。これに対して、連邦最高裁は、上告受理の申立てを受け、7対2の多数意見により、Roberts判決を変更し、原判決を破棄差し戻した。

Crawford判決は、第6修正の証人対面条項の意義に関して、供述 (statement) を、①ある事実を証明する目的で手続に従って行われる「証言的供述」(testimonial statement) と、②そうでない「非証言的供述」に分け、後者の証拠としての許容性については州における伝聞法則の発展の柔軟性に委ねられてよいが、公判外で行われた「証言的供述」については、証人対面条項の要求として、公判で原供述者を利用不能であるならば、被告人に対して事前に原供述者に対する反対尋問の機会が与えられていない限り、その供述が裁判所にとって信用性が高いと思われるものか否かに関わらず許容されない旨の判示を行った[*21]。そして、「証言的供述」については、証人対面条項からくる要請として、必要性と信用性の情況的保障の有無にかかわらず、以前の供述時に被告人側に反対尋問の機会を与えなければならないとの見解を表明した。Crawford判決は「証言的供述」の明確な定義を後日の努力に委ねつつも、少なくとも、裁判官の面前で行われる証人尋問が「証言的供述」に当たることは議論の余地がなく、取調べ (interrogation) の過程で警察官によって採取された供述も「証言的供述」に当たるとも述べている[*22]。それゆえ、現在のアメリカでは、公判において証人が利用不能になることが予想される場合、証人対面条項上の要請として、検察官は、証言録取手続 (depositions) 等を利用し、かつ証言録取手続において被告人側に反対尋問の機会を与えておくのでなければ、実際に公判で証人が利用不能となった場合に証言録取書を実質証拠として使用することができなくなる危険を負うことになる。

Roberts判決は、証人対面条項に関係する範囲で合憲的な伝聞例外の審査基準を示したものの、最終的には「信頼性の徴憑」の要件を満たしているか否かの判断は、供述された状況に関する裁判官の評価に委ねていた。これに対し、Crawford判決の法廷意見は、「証言的供述が含まれている場合、憲法制定者は第6修正の保護を証拠法則の気まぐれに、ましてや"信頼性"という漠然とした概念に委ねることを意図していたとはわれわれは考えない」と述べており[*23]、Roberts判決における第6修正の解釈とは一線を画した。そして、「証言的供述」については、相手当事者に反対尋問の機会を与えて供述を保全する手続を得ることこそが、証人対面条項の要請から導き出される「信頼性の徴憑」の要件を獲得する唯一の手段であると考えた。こうしたCrawford判決に

みられる証人対面条項の要請と同様の解釈は、刑訴法227条の証人尋問手続の在り方を考察する上でも、極めて示唆に富むものといわなければならない。裁判員制度導入後、検察官の1号書面化の取組みが増えたとはいえ、現行法上は検面調書（2号書面）の作成によっても証拠保全の目的は果たせる。ところが、Crawford判決流の憲法解釈を行うならば、227条が強制捜査権限を定めた規定であれ、証言的供述であることは明白であるから、検察官は227条による証人尋問を利用し、かつその際に被疑者・被告人側に反対尋問の機会を与えておくのでなければ、たとえ公判で供述不能の状態が生じ、かつ日本の立法者が裁判官の面前での証人尋問が一般に信用性の情況的保障を認め得ると判断していたとしても、当該供述書面の証拠能力を認めることは憲法37条2項が保障する証人審問権を侵害するという結論になるからである。

　検察官の作成する供述調書ですら供述不能というだけで伝聞例外を認める規定となっている現行刑訴法の下、Crawford判決流の憲法解釈をそのまま日本に受け入れるのは、二段階飛び越しているという意見もあるかもしれない。しかし、Crawford判決も、伝聞証拠の許容性は証人対面条項の要請を満たし得るものでなければならないとする1965年のPointer判決やDouglas判決以来の流れの中で現れたものであり、日本においてもまずは、憲法37条2項前段が伝聞例外規定の解釈を規制するものであることを認め、証人審問権の保障という観点から、刑訴法227条による証人尋問手続がどうあるべきか考察することから出発するならば、径庭の差はさほど大きいものとはならないというべきであろう。実際、すでに国内の判例や学説においても、憲法37条2項の趣旨を踏まえた伝聞例外規定の解釈が行われるようになっている。そこで、次にこうした視点からの国内の判例および学説の展開を検討した上で、最後に、あるべき227条による証人尋問手続の運用につき提言を行いたい。

3　伝聞例外規定——国内の判例および学説の展開

(1)　判例の展開

　日本型刑事司法の特徴である調書裁判への反省が高まる中、国内においても、憲法37条2項前段の趣旨を踏まえながら、伝聞例外規定を限定的に解釈・適用する判例が現れ始めている。その転機となったのが最高裁平成7年6月20日判決（刑集49巻6号741頁）である。本件では、国外退去強制になった13名の外国人の検察官面前調書を321条1項2号前段により証拠採用したこ

との合憲性が争点のひとつとなった。弁護人は上告趣意書において、退去強制前に検察官が226条や227条に基づく証人尋問請求を行わなかったことや、公判審理のために関係機関との交渉によって証人予定者の身柄を確保しなかったこと等が憲法37条2項に違反する旨の主張を行った。これに対し最高裁は、「右規定が同法320条の伝聞証拠禁止の例外を定めたものであり、憲法37条2項が被告人に証人審問権を保障している趣旨にもかんがみると、検察官面前調書が作成され証拠請求されるに至った事情や、供述者が国外にいることになった事由のいかんによっては、その検察官面前調書を常に右規定により証拠能力があるものとして事実認定の証拠とすることができるとすることには疑問の余地がある」と述べた上で、「検察官において当該外国人がいずれ国外に退去させられ公判準備又は公判期日に供述することができなくなることを認識しながら殊更そのような事態を利用しようとした場合はもちろん、裁判官又は裁判所が当該外国人について証人尋問の決定をしているにもかかわらず強制送還が行われた場合など、当該外国人の検察官面前調書を証拠請求することが手続的正義の観点から公正さを欠くと認められるとき」は、これを事実認定の証拠として許容しないことがありうることを肯定した。その上で、本件については、①検察官において供述者らが強制送還され将来公判準備または公判期日に供述することができなくなるような事態を殊更利用しようとしたとは認められず、また、入国管理当局により13名の外国人と同時期に収容されていた、被告人らの下で就労していた同国人1名について、弁護人の証拠保全請求に基づき裁判官が証人尋問の決定をし、その尋問が行われていること、②13名の外国人のうち弁護人から証拠保全請求があった1名については、右請求時にすでに強制送還されており、他の12名の女性については、証拠保全の請求がないまま強制送還されたことから、本件検察官面前調書を証拠請求することが手続的正義の観点から公正さを欠くとは認められないと結論付けた。結論としては弁護人の主張を退けているが、公正な手続の観点から、伝聞例外規定を証人審問権の保障の趣旨を損なわないよう、検察官に対して被告人側の証人尋問の機会に配慮すべきことを求めた重要判例ということができる。

当該最高裁平成7年判決は、その後の下級審判例にも影響を及ぼしている。東京高裁平成20年10月16日判決（高刑集61巻4号1頁）は、やはり公判より前に退去強制になった6名の外国人の供述調書を321条1項2号または3号書面として証拠採用することの適法性が争われた事例である。そのうちの1名は、裁判所が証人尋問決定をしていたにもかかわらず尋問予定日より前に強

制送還が行われ、残りの5名は起訴前に退去強制となっていた。そこで、とりわけ証人尋問決定後に退去強制となった1名については、最高裁平成7年判決で示された解釈基準との関係が問題となった。この点につき東京高裁は、まず最高裁平成7年判決の趣旨を、「供述者が国外にいるため、刑訴法321条1項2号前段所定の要件に該当する供述調書であっても、供述者の退去強制によりその証人尋問が実施不能となったことについて、国家機関の側に手続的正義の観点から公正さを欠くところがあって、その程度が著しく、これらの規定をそのまま適用することが公平な裁判の理念に反することとなる場合には、その供述調書を証拠として許容すべきではないという点にある」と解している。その上で、原審における裁判所および検察官は、それぞれの立場から、各時点における状況を踏まえて、証人尋問の実現に向けて相応の尽力をしてきたことが認められることを理由に、著しく公正さを欠く場合に当たらないと結論づけた。本判決は、証人尋問が実施不能になったことが証拠排除に至る場合を、「公正さの欠如の程度が著しく」、321条1項2号前段の規定をそのまま適用することが「公平な裁判の理念に反する」場合であると述べている。証人尋問の機会を奪ったことにつき、憲法37条2項の証人審問権の保障ではなく、「公平な裁判」（憲法37条1項）の理念を持ち出している点については疑問があるが、証人尋問の機会を与えなかったことにつき、公正さの欠如の程度が著しい場合にあたるかどうかを検討した上で、331条1項書面として証拠採用したことの適法性を判断した事例として参考に値するだろう。

　さらに、東京高裁平成20年判決が示した基準に従い実際に証拠能力が否定された事例として、東京地裁平成26年3月18日判決（判タ1401号373頁）がある。本件は、覚せい剤の密輸入事件において検察官の取調べを受けた重要参考人が公判前に退去強制になったことから、当該参考人の供述調書が321条1項2号前段により証拠調べ請求された事案である。検察官は、重要参考人が退去強制になることを知っていたのに、弁護人に連絡することを怠ったことから、2号前段書面としての許容性が争点となった。東京地裁は、上記東京高裁平成20年判決を引用しつつ、「この東京高等裁判所判決は、退去強制となった供述者の検察官調書を証拠として採用する前提として、検察官のみならず、裁判所はもとより入国管理当局を含めた関係国家機関が、当該供述者の証人尋問を実現するために、相応の尽力をすることを求めているもの」と解した。その上で、検察官らは、重要参考人の供述が被告人の有罪立証にとり重要な証拠であるとともに、重要参考人が近日中に強制送還されて本件の公判期日において

同人の証人尋問を行うことができなくなる高度の蓋然性があること、その場合に、検察官が刑訴法321条1項2号前段の規定により本件各供述調書を立証に用いると、被告人や弁護人はその内容について反対尋問を行う機会がないことを認識していたのであるから、検察官は、起訴後直ちに、弁護人に対して、供述者の供述調書を証拠請求する見込みや同人が釈放され、在留資格がないことから退去強制処分を受ける可能性があることを連絡し、弁護人に刑訴法179条に基づく証拠保全として供述者の証人尋問請求をする機会を与えるか、何らかの事情によりこれが困難な場合には、次善の方策として、検察官が供述者について刑訴法227条による第1回公判期日前の証人尋問を裁判所に請求するなど、同人の証人尋問の実現に向けて相応の尽力をとるべきだったのに、これを怠ったことを理由に、本件各供述調書を刑訴法321条1項2号前段により証拠採用することは到底許容することができないと結論付けた。東京地裁平成26年判決は、重要参考人に対する被告人側の反対尋問の機会への配慮がなされたかを問題にしているところ、配慮の例として、刑訴法179条に基づく証拠保全として供述者の証人尋問請求と並べて、刑訴法227条による第1回公判期日前の証人尋問を裁判所に請求することを例示していることからすれば、後者を選択する場合は、弁護人に立会い・反対尋問の機会を与えることを前提にした説示といわなければならない。

　同様に証人尋問の機会への配慮から、321条1項の供述不能の要件を限定的に解釈した判例は、証言拒絶による供述不能に該当するか否かが争われた事案においても登場している。東京高裁平成22年5月27日判決（高刑集63巻1号8頁）は、「同号前段の供述不能の要件は、証人尋問が不可能又は困難なため例外的に伝聞証拠を用いる必要性を基礎付けるものであるから、一時的な供述不能では足りず、その状態が相当程度継続して存続しなければならないと解される。証人が証言を拒絶した場合についてみると、その証言拒絶の決意が固く、期日を改めたり、尋問場所や方法を配慮したりしても、翻意して証言する見通しが少ないときに、供述不能の要件を満たすといえる。もちろん、期日を改め、期間を置けば証言が得られる見込みがあるとしても、他方で迅速な裁判の要請も考慮する必要があり、事案の内容、証人の重要性、審理計画に与える影響、証言拒絶の理由及び態度等を総合考慮して、供述不能といえるかを判断するべきである」との解釈を示している。その上で、証人予定者が証言を拒絶する可能性が低い時期を見極めて、柔軟に対応することができるような審理予定を定めるべきであったのに、原審がそのような措置を講じることなく、審理

予定を定めたこと等を理由に、一時的な証言拒絶をしているからといって、直ちに供述不能には該当しないと結論付けた。当該判決は、憲法37条2項の証人審問権に言及しているわけでないが、伝聞証拠の使用の例外性を理由に厳格な法の解釈・適用を求めており、内容的には憲法37条2項の証人審問権への配慮を求めている判例といってよかろう。

　さらに、広島高裁岡山支部平成27年3月18日判決（平成26年(う)第123号）も、公判期日において証人として召喚された共犯者が宣誓の上、自らの実行行為については証言したが、被告人に関わることはすべて証言を拒絶したことが321条1項2号前段の供述不能に当たるか否かが争点となった事案である。原審が供述不能に当たるとして検察調書を証拠採用したのに対し、高裁は、「証人が証言を拒絶した場合にも、刑訴法321条1項2号前段の供述不能の要件を満たすものとして、その検察官調書を採用することができる（最高裁昭和27年4月9日大法廷判決・刑集6巻4号584頁参照）が、供述不能の要件は、証人尋問が不可能又は困難なため、被告人の反対尋問権不行使という犠牲において、例外的に伝聞証拠を用いる必要性を基礎付けるものであるから、単に証人が証言を拒絶したというのでは足りず、証人の供述態度や証言拒絶の理由等に照らして証言拒絶の決意が固く、期日を改めたり、尋問場所や方法に配慮したりするなど、証人の証言を得るための手を尽くしても、翻意して証言する見通しが低いと認められるときに、同要件を満たすものと解される」と述べた上で、本件においては、共犯者の証言拒絶の理由が明確でなく、証言拒絶の決意が翻意されることが期待できないほど固いとまではいい切れないし、尋問方法や時期等を配慮することにより、証言が得られる可能性があることも否定できないところ、これらの配慮をするなど証言を得るための手が尽くされているとはいえないから、共犯者が原審第3回公判期日で証言を拒絶したことをもって、刑訴法321条1項2号前段の供述拒否の要件を満たすものとは認められないと結論付けた。

　以上に紹介したように、国内においても、公判における証人尋問の実施に向けた努力や、それができないことが予想される場合に事前に証人尋問の機会を与えるよう配慮すべき義務を論じる判例が現れ始めており、今後の証人尋問の実現に向けた努力義務・配慮義務の内容の展開が期待される。しかしそうではあっても、これらの判例は、取調べには応じているが公判期日においては証言拒絶が予想されるようなケースにおいて、検察官が一方的に227条による供述録取書を作成しておくことの是非については何ら言及していない。また、東京

高裁平成21年12月1日判決（東高刑時報60巻1〜12号232頁）では、重要参考人の退去強制を十分予想できた事案において、被告人の弁護人に退去強制になる見込があることにつき何の連絡もないまま、一方的に227条による証人尋問手続がとられたことが適法とされた。

　本件において検察官は、覚せい剤取締法違反（営利目的輸入）および関税法違反で勾留中の共犯者につき在留期限を過ぎていたことから釈放すれば退去強制により供述不能になることを認識していたにもかかわらず、弁護人には何ら連絡しないまま不起訴処分にして釈放し、釈放の翌日、一方的に227条による証人尋問を実施した。その際、裁判官は弁護人に通知しようとしたが検察官が立会いに異議を申し立てたため、結局、弁護人には立会いの機会は与えられなかった。当該事案において、東京高裁は、最高裁平成7年判決を引用しつつ、「この趣旨は、同法227条1項に基づく検察官からの請求により証人尋問が行われ、その証人尋問調書が同法321条1項1号前段書面として証拠請求されたときにも当てはまるものと解される」と述べつつも、「刑訴法227条1項は捜査機関によって得られた被疑者以外の者の供述を、裁判官面前調書として保全しておくための規定であるところ、これに基づく証人尋問は捜査段階において、捜査に資するために行われるものであるため、被疑者又は弁護人の立会いは、裁判官の判断により、捜査に支障を生ずるおそれがないと認められたときに許されるにとどまり、被疑者又は弁護人に立会権及びそれを前提とする反対尋問権があるわけではない（同法228条2項）。そして、本件においては、上記のように、P検事は弁護人の立会いに異議を申し立てているが、その内容はそのような同条項の趣旨に照らして格別不当なものとはいえない」と述べており、一方的に227条の手続を利用することを何ら問題視していない。また釈放することを弁護人に通知せず、弁護人自ら証拠保全請求する機会を持つこともできなかったことについても、「P検事において、Xらを釈放し入国管理当局に引渡したこと（又はその予定があること）を同弁護士に対して積極的に通知しなければならないと解する根拠はないのであって、その通知をしなかったことが不当な措置であるともいえない」とまったく問題視していない。そもそも退去強制が予想される場合まで227条の「異なる供述をするおそれ」に含まれると解釈し同条の証人尋問手続を認めること自体が拡大解釈であるところ、この点、検察官には証拠保全請求権が与えられていないことからそうした運用もやむをえないという立場をとるのであれば、他方において、179条による証人尋問請求の場合と227条による証人尋問請求の場合の手続的公正さの差異に

も配慮すべきであり、検察官にとって都合の良い方向にだけ179条の要件を拡大解釈し、裁判官の権限を利用した証拠保全を認めることは、当事者主義の下ではバランスを欠いた議論と言わざるをえない。

　以上に見てきたように、近時の伝聞例外要件をめぐる判例の発展には証人審問権への配慮がうかがえるものの、東京高裁平成21年12月1日判決に見られる運用を行っている裁判官も例外とは限らないことからすれば、単なる伝聞例外規定の解釈の問題としてではなく、明確に証人審問権の意義を理論的に再考することから議論を説き起こす必要があるだろう。以下、この問題に関するいくつかの学説を概観しておく

(2)　学説

　学説においては、判例の変化が生じ始める以前から、証人審問権に伝聞法則からの要請を超えた意義を認める見解が唱えるものが見られた[24]。たとえば、上口裕は、「当事者主義の下では被告人の証人審問権に対応するかたちで、訴追機関の証人提出義務というものを独立に観念しなければならない」とし、「訴追機関の能力を考えるならば、この証人提出義務は、喚問不能の原因となる行為を行ってはならないという消極的義務だけでなく、証拠収集・保全の手続全体を通じて証人の公判出頭を確保するために必要な措置を講じ、また、喚問不能が予想されるばあいは公判での防御権の行使にかわる防御の機会を被告人に与えるという積極的義務をも含む」と説いている[25]。そして、伝聞証拠の提出は、訴追機関が証人提出義務を尽くした上で、やむをえないと認められる場合にのみ許容されるべきであり、喚問不能となったことにつき捜査機関に過失がある場合もまた、伝聞証拠を排除すべきと主張する[26]。そこから議論を展開し、証人審問権規定は、証人審問のための最善の機会を与えることができない場合であっても、まったく証人審問の機会を与えられない伝聞証拠の提出よりも被告人の防御権を害しない立証方法があれば、それがとられるべきだという趣旨に解さなければならないという。そして、次善の方法として、被告人に公判外の証人審問の機会を与えなければならないとし、そのためには検察官は、刑訴法226条および227条の要件に拘束されることなく、裁判官に対し証人尋問請求を行うべきであり、かつこの場合は、被疑者および弁護人の立会いを無条件に許すべきであると主張する[27]。

　また、山田道郎は、証人審問権を根拠に、①検察側証人が喚問可能である場合には、被告人にこれを公判廷において十分に審問する機会を与えなければな

らず、検察官がこれを怠ったときは、その証人に由来する一切の証拠は、使用が禁止されること、②公判において喚問が不能であったとしも、検察官の証人確保のための積極的で合理的な努力を尽くしたならば、喚問は可能であったであろうと考えられる場合には、その証人は喚問不能とはされないこと、および③証人審問権の保障との関係では、証人喚問の場は、公判廷に準じるような場でもかまわないから、(公判廷への) 喚問不能が予想されるような場合には検察官は裁判官の証人尋問を請求する義務を負うことを唱える[*28]。山田説は、証人審問権は伝聞法則と別の要請から認められたものとし、検察官が上記の内容の証拠提出義務を果たしたかどうかを、証拠禁止の問題として論じる点に特徴がある[*29]。そして、両者を区別する狙いは、被告人に不利益な供述書面と利益な供述書面とでその証拠能力の要件に差が生じるべきことを、被告人の権利として保障された証人審問権からの帰結として正当化する点にある[*30]。

　さらに、上口説や山田説のように公判前における被疑者・被告人に対する証人審問機会の保障を導き出すための具体的な解釈論を展開するわけではないが、堀江慎司の証人尋問権の本質をめぐる議論も、証人審問権と伝聞法則との関係を考える上で注目に値する。堀江は、憲法37条2項前段の保障する証人審問権には、最低限、「刑事公判における当事者たる被告人が、広く供述による情報を提供する者という意味での証人に対し、事実認定者の前で、狭義の尋問を十全に行うことのみならず物理的に対面すること等をも含めた、通常の証人尋問のプロセスを実行する機会を持つ権利」が含まれるとし、そのプロセスは、①事実認定の正確性を確保するという価値ないし目的、②供述の発現に至る過程における政府機関の活動の可視化、および③自己の運命に影響を与えるかかる尋問プロセスへの「参加の保障」の価値（尋問プロセスの内在的価値）を実現することに、寄与するものとされる[*31]。堀江のプロセス保障論は、そこから伝聞例外規定の解釈に何か新しい要素を加えることを目的とした議論ではない。しかし、証人審問権の本質に、単なる事実認定の正確性の確保を超えた、「尋問プロセスの内在的価値」を含めることは、憲法37条2項前段の適用範囲を広げる確固たる理論的基礎になるだろう。

　もっとも、堀江の説く「尋問プロセスの内在的価値」は、「個人の尊厳」の尊重とか、手続の公正さや法および法的権威の正統性に対する信頼といった、抽象的な説明に留まっており[*32]、堀江自身がプロセス保障論から、公判外供述が許容されるのは、第1に、通常の証人尋問プロセスの内在的価値がまったく実現されなくてもその使用を許すべき「正当な理由」が存する場合であり、原

供述者が利用不能であるときなどは基本的にこれにあたるとし、第2に、通常の証人尋問プロセスに「準じる」プロセスが存在する場合であるとし、原供述者に対する公判での事後的な証人尋問プロセスが存する場合などがこれに含まれるとする結論を導き出しているに過ぎない[*33]。この点は、より具体的に解釈論に反映していくことが課題であろう。

4　結語──227条による証人尋問手続の在り方

　以上に考察してきた、合衆国憲法第6修正の証人対面条項と伝聞法則との関係をめぐる判例の発展や日本国憲法37条2項の証人審問権と伝聞法則の関係をめぐる国内の判例・学説の検討を踏まえるならば、刑訴法227条の証人尋問の運用はどうあるべきだろうか。堀江が説くように、憲法37条2項前段が、単に事実認定の正確性を確保することを目的としているだけではなく、自己の運命に影響を与えるかかる尋問プロセスへの参加を通じてそれを実現することに価値を見出している規定であるならば、立法的には、刑訴法227条や321条1項2号を削除し、検察官にも179条の定める証拠保全としての証人尋問手続との請求権を付与する制度に改めるのが本来望ましい。しかし、少なくとも現行法下においても、227条の証人尋問を、憲法37条2項前段の要請を満たし得る供述録取書の作成手段を検察官に付与したものと捉え直し、次のような運用を行うべきであろう

　第1に、227条の証人尋問につき、「公判期日においては前にした供述とは異なる供述をするおそれ」の要件は、緩やかに解釈するかわりに、227条の証人尋問を実施する場合は、被告人の証人審問権を保障するため228条2項による被告人側の立会いを認めることを原則とすべきである。228条2項が「尋問に立ち会わせることができる」となっているのは、明らかに取調べに代わる手段である226条による証人尋問手続と合わせて規定されていることによるものと解することは可能である。また、原則的に立会いを認めるべきである以上、尋問期日を被疑者・被告人側に通知すべきである。なお、もともと228条2項は立会権に関する特別規定に過ぎないのであるから、被告人側の立会いを認める場合は、総則規定（157条3項）に基づき証人に対する尋問権が与えられるべきである。

　第2に、227条の手続により作成された供述録取書につき、規則163条によれば、証人尋問に関する書類は速やかに検察官に送付すべきことになっている

が、刑訴法180条3項に準じて、記録の写しを裁判所に保管して被疑者・被告人側の閲覧を可能にすべきである。また、公判供述が227条の証人尋問の結果と一致するが、それ以前の検察官の面前での供述内容と相反する場合、検察官が公判において321条1項1号書面ではなく2号書面を証拠調べ請求したときは、被告人側が必要に応じて、227条により作成した供述録取書を、弾劾証拠として取調べ請求できるよう配慮すべきである。さらに、公判供述が227条の証人尋問の結果と異なっており、かつ後者が被告人により有利である場合には、被告人側から321条1項1号後段書面として227条により作成した供述録取書を証拠調べ請求することが可能になるよう配慮すべきである。

　以上に述べた条件を満たすことによって、初めて227条の証人尋問の合憲的運用が果たせるものと考える。

*1　最高検察庁「刑事裁判の充実・迅速化に向けた方策に関する提言」（平成15年7月15日）。
*2　最高検察庁「裁判員裁判の下における捜査・公判遂行の在り方に関する試案」（平成18年3月）62頁。
*3　最高検察庁「裁判員裁判における検察の基本方針」（平成21年2月）29頁。
*4　最決昭28・3・18刑集7巻3号568頁。また、最決昭28・4・25刑集7巻4号876頁は、誰に通知するか、通知にあたりどの程度の準備の余裕を与えるかということも、裁判官の裁量に属するものと解すべきとの立場をとる。
*5　東京高判平21・12・1東高時報60巻1～12号232頁。
*6　最大判昭27・4・9刑集6巻4号584頁（2号書面）、最判昭28・4・16刑集7巻4号865頁（2号書面）、最決昭29・7・29刑集8巻7号1217頁（3号書面）、最決昭44・12・4刑集23巻12号1546頁（1号書面）他。
*7　たとえば、警察官である、桐山隆彦「刑事訴訟法第227条に関する若干の疑問」警察研究21巻8号（1950年）30頁の論文を参照されたい。
*8　大場史朗「刑事訴訟法第227条について」神戸学院法学43巻4号（2014年）213頁。
*9　安冨潔「刑事訴訟法227条について」慶応法学27号（2013年）189頁。
*10　日本国憲法の施行に伴う刑事訴訟法の応急的措置に関する法律（昭和22年法律第76号）第12条1項。
　　証人その他の者（被告人を除く）の供述を録取した書類又はこれに代わるべき書類は、被告人の請求があるときは、その供述者又は作成者を公判期日において訊問する機会を被告人に与えなければ、これを証拠とすることができない。但し、その機会を与えることができず、又は著しく困難な場合には、裁判所は、これらの書類についての制限及び被告人の憲法上の権利を適当に考慮して、これを証拠とすることができる。
*11　最決昭28・3・18刑集7巻3号568頁、最決昭28・4・25刑集7巻4号876頁ほか。
*12　第6修正［刑事陪審裁判の保障、被告人の権利］。
　　すべての刑事上の訴追において、被告人は、犯罪が行われた州およびあらかじめ法律

によって定めた地区の公平な陪審による迅速な公開の裁判を受け、かつ訴追の性質と理由について告知を受ける権利を有する。被告人は、自己に不利な証人と対面し、自己に有利な証人を得るために強制手続を利用し、また、自己の防禦のために弁護人の援助を受ける権利を有する。

*13 なお、アメリカにおける証人対面条項をめぐる判例の動向を紹介する国内文献としては、その他に、津村正孝「証人対審権の歴史的展開——連邦証拠規則研究のため「刑事訴訟法320条1項についての準備作業」学習院大学法学部研究年報19号（1984年）151頁、同「最近の連邦最高裁判決における証人対審条項と伝聞法則」学習院大学法学部研究年報24号243頁（1989年）、堀江慎司「証人審問権の本質について（1-6・完）——アメリカにおける議論を中心に」法学論叢141巻1号1頁、同2号1頁、同3号1頁、同4号1頁、同5号1頁、142巻2号1頁（すべて1997年）、伊藤博路「伝聞法則の適用範囲に関する一試論(1-5・完)」北大法学論集48巻4号(1997年)721頁、同5号(1998年)991頁、同49巻1号（1998年）123頁、同2号（1998年）349頁、同3号537頁（1998年）、多田辰也「証人審問権についての予備的考察」立教法学49号（1998年）233頁、伊藤睦「検証調書の証拠能力——アメリカにおける証人による公判外供述に関する議論を手がかりとして」法学64巻2号（2000年）34頁、同「対質権と強制手続請求権を貫く基本理念」法学69巻5号（2006年）135頁などがある。

*14 Pointer v. Texas, 380 U.S. 400 (1965).

*15 Douglas v. Alabama, 380 U.S. 415 (1965).

*16 Ohio v. Roberts, 448 U.S. 56(1980).

*17 *Id.,* at 63-64.

*18 *Id.,* at 75.

*19 *Id.,* at 63. なお、Roberts判決の当該判示部分を文字通り読めば、伝聞例外を認めるためには、常に証人の利用不能の立証に成功する必要があることになるが、それはRoberts事件において利用不能の立証が争点のひとつになったからであり、利用不能か否かに関係なく証人対面条項の要求に抵触しない伝聞例外も認められ得ることを、否定する意図からの記述ではないと理解されている。

*20 Crawford v. Washington 541 U.S. 36 (2004). 本判例の紹介として、浅香吉幹他「合衆国最高裁判所2003——2004年開廷期重要判例概観」アメリカ法2004年2号257頁以下［酒巻匡］、二本柳誠（英米刑事法研究会）「英米刑事法研究（4）アメリカ合衆国最高裁判所刑事判例研究：被告人に不利な妻の法廷外供述の許容性と証人対面権：Crawford v. Washington、541 U.S. 36 (2004)」比較法学39巻(2006年)3203頁も参照されたい。

*21 *Id.,* at 68.

*22 *Id.,* at 68.

*23 *Id.,* at 61.

*24 近年の国内における証人審問権をめぐる学説を整理している文献として、小山雅亀「伝聞法則の再構築」村井敏邦ほか編『刑事司法改革と刑事訴訟法（下）』（日本評論社、2007年）813〜851頁がある。なお、拙稿「裁判員裁判と伝聞証拠」季刊刑事弁護54号（2008年）17頁も参照されたい。

*25 上口裕「身許不詳者の公判外供述と証人審問権（2・完）」南山法学4巻3号（1980年）8頁。
*26 上口・前掲注*25論文9頁。
*27 同上52頁以下。
*28 山田道郎『証拠の森――刑事証拠法研究』（成文堂、2004年）16～17頁。
*29 山田・前掲注*28論文6頁。
*30 同上17頁。
*31 堀江慎司「証人審問権の本質について（6・完）――アメリカにおける議論を中心に」法学論叢142巻2号（1997年）23～24頁。
*32 堀江・前掲注*31論文24頁。
*33 同上25頁。

（たぶち・こうじ）

弁護人からみた
第1回公判期日前の証人尋問の問題

船木 誠一郎
弁護士

1 はじめに
2 両制度の概要と従前の利用状況
3 弁護人の立会権
4 尋問調書の証拠能力についての試論
5 法226条と共犯者の証人尋問
6 実務で経験した具体例と問題意識等
7 今後の課題等

1 はじめに

　検察官が請求する第1回公判期日前の証人尋問の制度として、刑事訴訟法（以下、単に「法」といい、刑事訴訟規則については単に「規則」という）226条および227条に基づく証人尋問がある。従来、いずれの制度も、実務ではそれほど活用されておらず、法227条による証人尋問についても、2004（平成16）年の改正で、いわゆる圧迫要件が除かれて、適用範囲の拡大がはかられたものの、適用場面が大きく広がったとは言い難い。
　法226条による証人尋問では、これも適用が特に広がったという印象はないが、共犯事件で適用される場面を経験するようになった。
　弁護人として、実際に経験すると、運用に疑問を抱くことも多く、特に、共犯関係にある者に対する法226条による尋問については、黙秘権との関係で大きな問題があると考えられる。弁護人の立場から、これら証人尋問の制度について、検討をしてみたいと思う。

2　両制度の概要と従前の利用状況

　いずれも、検察官が、当該被疑者または被告人の第1回公判期日前に限り、裁判官に請求して行うものであるが、法226条による証人尋問は、犯罪の捜査に欠くことのできない知識を有すると明らかに認められる者が法223条1項の規定による取調べに対して、出頭または供述を拒んだ場合であり、法227条による証人尋問は、同様に法223条1項の規定による検察官または司法警察職員等の取調べに際して任意の供述をした者が、公判期日においては前にした供述とは異なる供述をするおそれがあり、かつ、その者の供述が犯罪の証明に欠くことができないと認められる場合になされるものである。

　証人尋問請求書の記載要件については規則160条に、請求を受けた裁判官の権限については法228条に、それぞれ定める。

　いずれも前提としている法223条1項の規定による取調べは、被疑者以外の者の取調べである。

　いずれの制度も、捜査補充的側面と、証拠保全的側面を有するが、法227条では「供述が犯罪の証明に欠くことができないと認められる場合」とされているのに対し、法226条では「犯罪の捜査に欠くことのできない知識を有すると明らかに認められる場合」とされていること、法227条では、任意の供述はなされており、公判期日での証人尋問を想定していることなどからすると、法226条の方が、捜査補充的側面が強く、法227条の方が、証拠保全的側面が強いと見ることができる。

　両制度とも、実務上、これまで、それほど活用されていない。

　法226条の尋問に関していえば、いわゆる公安事件で、捜査官の出頭要請等に応じない関係者について、捜査官にとっての反対事実が供述されないことなどを確認するために尋問が実施される例などが存在したが、積極的に利用されることは稀であったと考えられる。

　法227条の尋問については、検察官に対する供述調書が、法321条1項2号該当書面（いわゆる2号書面）として、実務上は証拠能力が比較的容易に認められることから、検察官にしてみれば、わざわざ時間を割いてこの手続を採る必要性は乏しく、法226条の場合に比して、さらに利用される機会は少なくなる。供述調書には、「○○さんの裁判で証人で出廷しても、○○さんの前では、怖くて○○さんに不利な証言はできないので、調書と同じことは言えません」などと記載されていながら、法227条による証人尋問の請求はおろか、請求の

検討すらされた様子がないことが通常であった。

裁判員裁判の実施がなされることとなった時期、供述調書の微細な検討等が、裁判員裁判で求められる核心司法に反するのではないかとの観点で、法227条の活用も検討され、前記のとおり、圧迫要件が削除された。これによって、幾分かは利用される機会が増えたようには感じられるが、それでも、実施例は少ないと思われる。

結局、法227条による尋問が活用されるか否かは、2号書面の証拠能力に対する判断が厳格になされるかどうかにかかっているといえよう。

3　弁護人の立会権

弁護人の立会いについて、裁判官は、捜査に支障を生ずる虞がないと認めるときは、被告人、被疑者又は弁護人を尋問に立ち会わせることができると規定されている（法228条2項）。

検察官については、同項に触れられていないことから、法157条、158条により、証人尋問に立ち会い、必要な事項の尋問を請求することができるとされているのに対し、弁護人の立会いについては、裁判官の裁量によるとされている（『大コンメンタール刑事訴訟法〔第2版〕第4巻』〔青林書院、2012年〕643頁〔高崎〕）。

しかも、判例では、規則157条2項（尋問に立ち会うことができる者に対する尋問日時等の通知）の適用も否定されている。したがって、規則160条1項7号では、証人尋問の請求書には、「被疑者に弁護人があるときは、その氏名」を記載しなければならないとしており、これは、弁護人に対する通知を前提としたものと解されるが、立会いを認めないときには、通知も不要ということになる（なお、被告人の場合は裁判所内で弁護人の存在を知ることができるから規則に規定されていないのであろう）。かつて、弁護人等の立会権が認められていないのは、憲法37条2項に反するとの主張がなされていたが、憲法に反しないという判例（最判昭和27年6月18日・刑集6巻6号800頁等）が確立したものとされている。

しかしながら、憲法に反しないとしても、立法論としては妥当なものではなく、問題があると考える。また、現行法を前提としても、原則として、少なくとも弁護人の立会いが認められるべきであり、法228条2項の「捜査に支障が生ずる虞」という要件については厳格に解釈されるべきである。

最判昭和27年6月18日は、憲法37条2項に反しないと判断するに際し、法228条が検察官の強制処分請求に関する法律規定であって、受訴裁判所の訴訟手続に関する規定ではなく、また、その供述調書（証人尋問調書）はそれ自体では証拠能力を有するものではなく、法320条の規定を設け憲法の条項に基づく刑事被告人の権利を充分に尊重しているなどと判示している。伝聞法則が、反対尋問権の保障と関係していることから、憲法37条2項に反しない理由のひとつとして、伝聞法則の存在が挙げられるのは首肯できるとしても、証人尋問に原則として当事者の立会権を認めるべきであるかという、立法論を含めた適否の観点からは、前記判決が挙げる理由は、立会権を裁量に委ねることを正当化するものではないと考える。

　何といっても、証人尋問に際しては、当事者に立会権が認められるのが、原則というべきであり、証人尋問調書の証拠能力は、法321条1項1号該当書面として、伝聞証拠の中でも、伝聞例外として証拠能力が認められる場合が多いと考えられることからも、手続的に公平性が保障されるべきものと考える。また、弁護人等が請求する証拠保全の場合（法179条1項）には、検察官が立会権を有するとされていることとの均衡からみても、法226条または227条による証人尋問においても、原則として、少なくとも、弁護人の立会いが認められるべきである。

　さらに、弁護人が尋問に立ち会うことによる「捜査に支障を生ずる虞」とは、具体的にどのようなものが想定されて判断されているのか不明であり、弁護人の活動に対する無理解から、弁護活動はもとより、弁護人の存在自体すら捜査の阻害要素としてしか観念していないのでないかと懸念される。これは杞憂であってほしいと思っているが、その点はひとまずおくとして、「生ずる虞がないと認めるとき」というのは、そのままでは不存在を要件とするものであり、憲法や法の趣旨と整合的に解するとすれば、「生ずる虞がある」と具体的に認められる場合を除き、少なくとも、弁護人の立会いが認められるべきである。

　ところで、弁護人の証人尋問立会権を認めないことが立法論として問題であるとする見解に対しては、「証人尋問の制度は、被疑者以外の第三者については、強制力の行使には特に慎重を期すべきであるとの要請から出たものと解するので、必ずしもこの説に左袒しがたい」などと述べられている（『注釈刑事訴訟法〔新版〕第3巻』〔立花書房、1996年〕263頁［伊藤＝河上補正］）。この文言だけでは分かりにくいが、弁護人の立会権を認めないことは立法論として問題があるとする見解が、捜査機関自体に第三者に対する強制処分権を付与

しなかったのは、捜査についても当事者化しようとする法の建て前からであるとする考えを基本とし、これを根拠として当事者の尋問立会権を認めようとすることから、前記の論は、その考え（捜査を当事者化するという考え）を採らず、両制度の趣旨を「第三者については、強制力の行使には特に慎重を期すべきであるとの要請」と捉えて（前掲書249頁）、弁護人の証人尋問立会権を認めないことが立法論として問題であるとの見解に同調しないとするというのである。

　しかしながら、「第三者については、強制力の行使には特に慎重を期すべきであるとの要請」と「弁護人の証人尋問立会権を認めないことを是とする」ということとは、直結するものではない。両制度の趣旨を「第三者については、強制力の行使には特に慎重を期すべきであるとの要請」と捉えたとしても、当事者に立会権を認めるか否かの立法論や是非論は、別に論じられるべきであり、いかに、法226条または227条による証人尋問の制度が、捜査手段のひとつであるとしても、中立的であるべき裁判官が主体となる手続である以上、当事者主義的観点を加えるべきであって、法全体の趣旨もふまえて、制度や運用（裁量）の是非が実質的に論じられるべきものと考える。弁護人の立会権を制限的に捉えることを是とする考えの基本には、弁護人の活動に対する前記のような無理解があるのではないかとの懸念を払拭し難い。

4　尋問調書の証拠能力についての試論

　法226条または227条に基づく証人尋問において作成された尋問調書は、法321条1項1号により、伝聞例外として証拠能力が付与され得るとされ、これには、違憲論は別として異論が見当たらないところであるが（弁護人を欠いた尋問調書の証拠能力を限定的に解するものとして、坂根真也「公判前整理手続の現状と課題」季刊刑事弁護72号〔2012年〕29頁参照）、当事者の立会いの重要性に鑑み、当事者に立会いの機会が与えられなかった尋問調書の証拠能力について、疑問提起を試みたい。

　伝聞例外については、法321条以下に規定されているが、例外が許容されるのは、信用性の情況的保障があり、かつその証拠を用いる必要があるときであるとされ（平野龍一『刑事訴訟法』〔有斐閣、1958年〕207頁）、この信用性の情況的保障と必要性の関係から、伝聞例外の要件が相対的に規定されている。この相対性が典型的にみられるのが、法321条1項各号の要件の関係である。

同項1号は、同項2号や同項3号と異なり、いわゆる特信性の要件は不要とされ、同項2号は相対的特信性、同項3号は絶対的特信性が要件とされていることなどである。

　このように、1号書面では、証拠として許容される要件が緩和されているが、これは、裁判官の面前での供述について、信用性の情況的保障が他の書面と比較して高度に認められるからにほかならない。「228条の場合は、被告人に立会権はないが、裁判官が、被告人に代わって、被告人に利益な面についても十分に尋問していると考えられる。このように、宣誓と職務尋問というかなり強い信用性の情況的保証が存するから、この供述を許容するのである」（平野・前掲書208頁）とか「被告人等の立会がない場合、裁判官は、被疑者・被告人にとって利益な点についても、十分尋問を行う取扱いをしている実情にあるから、その意味において、反対尋問に代わる信用性の情況的保障を認めて差し支えないものとおもわれる」（『大コンメンタール刑事訴訟法〔第2版〕第7巻』〔青林書院、2010年〕591頁）などというのも、この観点を示している。

　ところで、証人に対する尋問の順序について、法は、職務尋問を主とし、当事者尋問を従としているが（法304条1項）、実際には、ほとんどが当事者尋問の方法を採っている（法304条3項）。法226条および227条による証人尋問では、かつて、検察官が裁判官に尋問事項書を提出し、これに基づき、まずは裁判官が尋問を行う例が多くみられたが、近時では、この尋問においても、当事者尋問が原則となっていると思われる。職務尋問よりも当事者が主体となって行う当事者尋問の方法は、起訴状一本主義の観点、当事者主義の観点からも、また、事実発見の観点からも、有用であると考えられ、したがって、法の建て前と異なり、当事者尋問が行われていると考えられる。

　しかし、当事者尋問の有用性は、反対当事者が手続に関与し、反対尋問の機会が与えられていることが前提となると解される。双方当事者が相互に拮抗し合うことによって双方の利益の均衡が図られ、また真実発見にも資すると解されるのである。それが、一方当事者のみが関与した手続であるとしたら、そして、その一方当事者が主体となっているとしたら、その場が裁判所であり、裁判官が存在したとしても、偏頗な状況は解消されていないといわざるをえない。

　1号書面について、伝聞例外として許容される要件が緩和されている理由が、反対尋問に代わるほどの信用性の情況的保障があるということにあるとすれば、法226条および227条に基づく尋問において、弁護人の立会いもなく、検察官が当事者として尋問を行う手続を採るとしたら、それは、通常の尋問手

続から反対尋問を排除した手続が行われたに過ぎないのであって、1号書面が伝聞例外として許容される情況は実質的には存在しないというべきである。

平野龍一・前掲書も、裁判官が行う職務尋問を前提としていると解される。また、前掲・大コンメンタールは、裁判官が行う尋問の「実情」を根拠とするが、証拠能力に対する判断である以上、それは、具体的な尋問内容などといったことから一般的に判断されるべきことではなく（なお、具体的内容が他の事由とともに判断要素たり得ることを否定するものではない）、基本的には外形的情況から判断されるべきである。1号書面として許容されるためには、双方当事者が立ち会う尋問であるのか、弁護人の立会が認められないとすれば、少なくとも、裁判官が、中立的立場で主体となって尋問を行うことが求められなければならないと考える。弁護人の立会いが認められないまま、当事者（検察官）尋問が行われた証人尋問での尋問調書は、法321条1項1号の適用がなされるのではなく、同項2号に準じて、その証拠能力が判断されるべきものと考える。

もとより、これによって、問題が解決するわけではない。仮に、同項2号に準じて証拠能力が検討されるとしても、現実には、単に同号後段の「特信性」の要件が容易に認められるに過ぎないとも考えられる。しかし、信用性の情況的保障という要件を考える上で、双方当事者の立会いの重要性に対する認識を喚起するとともに、裁判官に対し、これを意識した手続を採ることを求める契機にはなり得るものと考える。

5 法226条と共犯者の証人尋問

法226条が活用される場面は少ないが、近時、被疑者が、その取調べにおいて、黙秘権を行使した場合や供述調書への署名押印を拒否したような場合、当該被疑事件の他の共犯者との関係で、法226条に基づき、証人尋問が実施される例がみられる。これは被疑者が有する黙秘権との関係で大きな問題があると考える。

一般に、共犯者については、共同被告人でない限り、証人適格があるとするのが、通説、判例であり、実務もこれで確定されているといってよい。共同被告人の場合には、手続を分離することによって証人適格を有することになる。

法226条に基づく証人尋問についても、反対説はあるが、他の共犯者との関係では、「参考人」の立場にあるとして、共犯者ないし実質的被疑者であっても、他の者の被疑事実に関する事項については証人適格を有するというのが通説的

見解であるといえるであろうし（『大コンメンタール〔第2版〕第4巻』〔青林書院、2012年〕631頁［池上＝河村］）、実務上も、そのように実施されている（なお、平野・前掲書111頁は、「被疑者として取り調べたとき（とくに、勾留中、その事実について取り調べたとき）は、223条による取調ではなく、198条による取調であるから、226条・227条の要件にはあたらない」とする）。

　また、法227条による証人尋問について、最高裁は、共犯関係とされる被疑者に対しても、他の共同被疑者の被疑事件につき、証人尋問の請求が許されるとする（最判昭和36年2月23日・刑集15巻2号396頁）。この事件では、弁護人が、当該供述者を被疑者として取り調べたのは法223条によったのではなく、法198条によったのであり、特に勾留中の取調べはそうであるから、この供述者に対し法227条の証人尋問の請求をすることは許されず、その証人尋問調書は証拠能力がないなどと主張したのに対し、同判決は「刑訴223条1項にいわゆる被疑者とは、当該被疑者を指称し、これと必要的共犯関係にある他の者を含まないと解すべきであるから、所論のような共同被疑者であっても、当該被疑者以外の者は、すべて被疑者以外の者として、当該被疑者に対する関係において刑訴223条による取調べができ、同227条の証人尋問を許すべきである。」などと判示する。

　まず、法223条の取調べとの関係であるが、法226条も227条と同様に法223条の取調べを前提としており、そうすると、法198条に基づき取調べを受けている被疑者であっても、共犯関係にある他の被疑者との関係では、法223条に基づき取調べを受けていると観念され得ることになる。そうすると、その最高裁の判例は、法226条による証人尋問の場合も妥当すると解することができる。

　しかしながら、そもそも、ひとりの供述者について、法223条に基づく取調べと法198条に基づく取調べが併存するというのが、いかにも観念的であり、現実の取調べ状況にそぐわない。また、法227条による証人尋問が前提とする取調べの場合には、当該被疑者（供述者）が、いわば任意に供述している状態であろうから、自己に関する供述と共犯者との関係での供述といったことも観念できないわけではなく、したがって、その「供述」を保全するということに意味があるが、法226条での取調べでは、「出頭又は供述を拒んだ場合」というのが要件であり、当該被疑事実に基づき身体拘束を受けている被疑者は、出頭を拒んだという状態はなく、被疑者として供述を拒んでいるのも、黙秘権の行使に基づくものとすれば、法223条に基づく取調べに対して、供述を拒否し

ているという状態であるというのはいかにも技巧的に過ぎるといわなければならない。

したがって、法226条の場合には、ふたつの取調べが併存していると観念することは、法227条の場合に比して、一層観念し難いものと考えられる。

次に、被疑者が、自己の事件について供述を拒んでいる場合、共犯者との関係で、当該被疑事実に関して証人尋問を行うことは、供述することを強制するものであって、その黙秘権を侵害するものといわなければならない。

法227条による証人尋問の場合は、供述者が任意に供述していることを前提としており、したがって、そのような供述者を証人として尋問することは、それが共犯関係にある事件であっても、黙秘権との関係では問題は生じない。しかしながら、法226条による証人尋問において、共犯者を証人尋問の対象とすることは、黙秘権との関係で問題が生じ、殊に、その証人が、まさに被疑者として取調べを受けている者であるときは、黙秘権との関係が特に大きな問題となる。

共犯者との関係で証人尋問を認める見解の中には、「被疑者として取り調べるのに代えて証人尋問をするのは許されないが」（『注釈刑事訴訟法〔新版〕第3巻』〔立花書房、1996年〕250頁［伊藤＝河上補正］）との留保がつけられているものがあるが、当該被疑事実で身体拘束を受けている被疑者を証人として尋問するに至っては、まさに、取調べに代わって供述を得る目的で証人尋問が行われることにほかならない。

近時、法226条が活用される例は、法がもともと予定しているような例ではなく、このように、身体拘束を受けている被疑者が、黙秘権を行使しているような場合に、他の共犯者との関係であると称して利用されているものである。まさに、被疑者の黙秘権行使を突き崩す手段として証人尋問が利用されているのであって、黙秘権の侵害に当たるものといわなければならない。

当該被疑者は、証人の立場にあっては、法146条によって証言を拒絶することはできるが、黙秘権の行使は許されず、単に証言を拒絶した場合には、刑事処罰の対象とすらなりうる。「証人としての尋問事項が自己の刑事訴追又は有罪判決に至る虞のある場合には、証言を拒否すれば足りよう」とする見解が述べられている（前掲注釈刑事訴訟法〔新版〕第3巻250頁）。しかしながら、法律家にとっては、この主張が容易なことでも、そうでない者にとっては、「有罪判決を受けるおそれがあるという理由で証言を拒絶する」というのは、自己の罪を認めるに等しいことであると考えがちであり、この趣旨を正確に理解で

きず、被疑者でありながら、実質的には供述することを強制されることになる。平野・前掲書199頁は、共同審理を受けていない他の被告人を無条件で証人尋問することに反対する理由として、「進退両難の地位に陥れないことこそ、憲法が被告人に黙秘権を認めた真の理由である」と述べるが、このことは、法226条の「活用」事例では、特に指摘できると考える。

6　実務で経験した具体例と問題意識等

　筆者も、経験数は少ないものの、弁護人に選任された事件において、法226条および227条による証人尋問が実施されたことがあるが、法226条による証人尋問の事例では、前に述べた問題点を現実に強く意識させられたので、特に問題と感じた例を簡単に紹介させていただき、これまで述べた問題点について、改めて検討したい。
　法226条による証人尋問は、いずれも、共犯関係にある例である。
　ひとつの例は、3名が共謀共同正犯の関係にあるとされる事件であり、仮にAとする者は、当該被疑事件で（起訴前の）勾留中の者であり、被疑事件について関与を否認し、取調べに対して供述はしていたものの調書への署名は拒否していた者、Bは、当該事件ですでに実行行為者として起訴され（「氏名不詳の者と共謀の上」との公訴事実であったらしい）起訴後の勾留中であり、自己の行為は自白していたものの、共犯者の関係は否認し、起訴後の取調べには応じていなかった者、Cは、別の事件で起訴後の勾留中であり、当該被疑事件について、「任意」での取調べには応じていなかった者である。机上の事例のようなことが、偶々現実に起こっていた。筆者は、Aの弁護人であるが、BおよびCにも、それぞれ弁護人が選任されていた。
　検察官は、Aについて、勾留延長がなされた後、A、BおよびCの3名について、それぞれ個別に、他の共犯者とされる者との関係で、法226条に基づき証人尋問を請求し、証人尋問が実施された。
　被疑事件（Bは被告事件）の各弁護人には、証人尋問の通知はされず（それぞれの弁護人は、その被疑者、被告人との接見の際、他者との関係で、証人尋問の対象となったと知ることとなった）、いずれの事件でも、各弁護人の立会いは認められなかった。
　Aは、自己が被疑者として勾留され、取調べを受ける中で、証人として喚問されることとなり、前記のとおりの状況におかれた。

ＢおよびＣは、いわば「任意」の取調べには応じていなかったのであるが、被疑者（Ｂは被告人）としての取調べに応じていなかったものである。しかも、Ｂはすでに当該事実に基づき起訴された被告人ではあるが、起訴後に強制的に尋問にさらされ、これは公判中心主義との関係でも問題を含んでいると考えられる。Ｃは、別件で（起訴後の）勾留中であり、取調受忍義務がないとされるが、証人として尋問を受けることになる。

　Ａの弁護人としては、Ａの被疑事件の関係で実施されるＢまたはＣの証人尋問への立会いが認められる可能性があるが、それについては、前記のとおり、裁判官から認められなかった。また、Ａが証人として尋問を受けることについては、そもそも立会いができないが、非公開で傍聴もできず、適切な助言等がなかなかできないことに疑問を感じたものである。前記のとおり、「有罪判決を受けるおそれがあると述べて証言を拒否することは事実を認めることになるのではないか」という素朴なＡの疑問に対する説明はむずかしいものである。

　もうひとつの例は、４名の被疑者が同時に勾留されている事件で、２名が暴力団構成員、２名が暴力団ではない者である。すべての被疑者が犯意を否認して争っていたが、その非暴力団員２名について、それぞれ他の３名の被疑者との関係で、証人尋問が実施された。このとき、非暴力団員２名の各弁護人には立会いが認められたものの、暴力団構成員２名の弁護人の立会いは認められなかった。

　このように、弁護人からみた、法226条および227条に基づく証人尋問の問題は、弁護人立会いのことと、共犯者を証人とすることの２点に集約することができる。これらの例において、具体的には、不当な結果が作出されたというような事態にはならなかったが、前記の２点の問題点を痛感した。

　そもそも、裁判所で行われる手続については、中立的な裁判所（裁判官）が主宰し、対立当事者が存在して相互にチェックし合うことによって、公平、公正な手続が確保され、事実が明らかになるとともに、関係者の権利保護にもつながると考えられている。証人尋問制度の趣旨からは、弁護人の立会いは、原則として認められるべきであり、そのような運用がなされるべきである。

　被疑者段階においても、国選弁護人が選任される制度ができ、その範囲も徐々に拡大している。普通に被疑者段階から弁護人が選任されている。弁護人の立会権を原則として認めることは、被疑者段階から弁護人の援助が受けられることが重要であると認識され、それに適うように制度が発展していることにも適合するものと考える。

また、本稿で検討している証人尋問の制度が、捜査を補充する趣旨を含む制度であるとしても、これによって得られた供述は、捜査機関が収集したものよりも、証拠能力の面だけでなく、信用性の点でも積極的に評価される実情にあると考えられる。そのように評価されるのであれば、それに見合う手続が保障されるべきである。
　次に、共犯者について、法226条に基づき証人尋問をすることは、その実質は取調べの代用であって、黙秘権の侵害であり許されないものといわなければならない。前記の3名の事件でも、実質的には、黙秘権であるとか、取調受忍義務がないことに対する対応手段として、証人尋問が実施されていることがわかる。これらは第三者としての外形をとってはいるが、実質は被疑者（被告人）に対する取調べである。
　共犯者の証人適格を全面的に否定することはできないとしても、本来は、真に証人として他の被告人の事件との関係で証人として尋問を受けるものである。しかし、捜査段階で自己の被疑事実と同一の事実について、証人として尋問を受けることは、その実質は取調べであり、法226条の制度趣旨を逸脱するものといわなければならない。黙秘権の侵害だけでなく、前記の例でいえば、別件で勾留中の者や起訴後の者は、取調受忍義務がないとされているにもかかわらず、証人尋問という形で供述を求められるのである。
　取調べの代用として証人尋問を行うことは、本来の取調べの権限を超えること、すなわち、黙秘権の行使が排除されたり、任意捜査の対象とされながら取調受忍義務を課せられるといったことを実現させるものであり、それは、「取調べ」の権能を超えたものを認めることである。このような証人尋問は許されないものと考える。
　ところで、法227条による証人尋問の利用例として、退去強制となって出国が予想される外国人の証人尋問があるので若干付言する。
　出国した外国人については、公判廷に出頭を確保することは極めて困難であり、証人として出廷しない場合、公判での証言は不可能であるとして、当該外国人の供述調書は、法321条1項2項前段や同項3号該当書面として証拠能力を有し得るというのが一般的ではある。しかし、退去強制で出国することが予想されながら、漫然と放置していたような場合に「手続的正義の観点から公正さを欠くところがあって、その程度が著しいと認められる」として、証拠能力が否定された例もあり（東京地判平成26年3月18日判例タイムズ1401号373頁）、事案によっては、出国が予想される外国人について、法227条によ

る尋問が実施される例がある。これは、227条の要件を緩和したとみることもできるが、次善の策としてはやむをえないところであろう。この問題は、弁護人も、証拠保全として証人尋問の請求（法179条）をなすべきとされる場合も考えられるなど、本稿の趣旨とは離れる問題も含むので、これくらいに留めることとする。

7　今後の課題等

　法226条による証人尋問は、現在の問題である共犯者を証人とすること、すなわち、黙秘権との関係が大きな問題であると考える。また、前記の例にあるように、別件で勾留中の者や起訴後の勾留中の者の取調受忍義務とも関係する。
　この証人尋問制度が捜査補充的側面が強いとはいえ、被疑者に対する取調べの代用として利用するのは、他者（共犯者）の事件との関係で尋問するとの外形をとりながら、その実質は、当該被疑者の事件での供述を得るために行われているものであり、これは制度趣旨を逸脱するものであり、しかも、黙秘権等を侵害するものといわなければならない。
　共犯者の証人適格そのものを全面否定することは、現実的ではないとしても、各制度趣旨との関係で、一定の限界が画されるべきものと考える。
　取調状況を録音、録画するいわゆる「可視化」との関係であるが、録音、録画物について、実質証拠としての証拠能力の有無とも関係すると思われる。録画物が実質証拠として使用されることが通常のこととなれば、被疑者が黙秘権を行使する例が増えることも考えられる。そうすると、これへの対応として、「取調」の代用としての証人尋問の機会もまた増えるとも考えられるが、前記のような問題がある割には、捜査官にとって、期待したほどの成果は得られていないように思われる。また、そもそも、基本的な流れとしては、「供述」の重要性は相対的に低減化していると考えられ、そうすると、「取調」の代用としての利用はなくなる方に向くであろうし、そうあってほしいと思っている。
　法227条による証人尋問については、前述のように、また、前に挙げた退去強制となった外国人の例でも見られるように、いわゆる2号書面の現実の運用と深く関わる。2号書面として証拠能力が広く認められるようであれば、捜査官にとっては、わざわざ証人尋問を実施する必要はないからである。
　他方、弁護人の立場からも、「公判期日においては前にした供述と異なる供述をするおそれ」という要件は、現実には、弁護人の立会いについて消極的に

はたらくことが考えられ、このように、弁護人立会いの保障がないまま、証拠能力でも、また、信用性でも認められる傾向が強い1号書面が作成されることに懸念を示す見解は多い。また、可視化が拡大され、これが重要な参考人の取調べにも及ぶとすれば、その録画物を吟味することにより、供述の形成過程を検討できる可能性があり、形成された供述のみが残る証人尋問の方が問題があるとの意見もある。さらに、法227条による証人尋問を拡大することは、そもそも公判中心主義に反するのではないかといった批判もある。

　このような懸念等も、もっともなことではあると考えるが、従前の2号書面は、取調状況がブラックボックス化している中で作成されており、果たして供述したのかどうかといったことから問題となっていたのが、証人尋問であれば、少なくとも、供述したことと、その内容については確定できるのであり、供述調書に記載された文言について、あれこれ吟味することに力を注ぐことに比べると、一段進んだ状況にあることは間違いないと考える。弁護人の立会いを原則とするということは前提であるが、より利用される場面があっても良いのではないかと考える。

　もっとも、検察官調書であれ、証人尋問調書であれ、「公判期日においては前にした供述と異なる供述をするおそれ」というのは、公判期日では嘘を述べそうであり、捜査官の前で話していることが真実であるという前提に立っているとみることもできる（平野・前掲書110頁は「供述を変更する場合にそなえて、証拠の保全をはかったものではあるが、偽証を予想した、異様な規定だといわなければならない」と指摘している）。実務での2号書面に関する現実の適用状況をみても、少なくない裁判官の意識の根底には、この条項が前提とする状況と同じような認識があるのではないかとも考えられる。そうであるなら、これは予断、偏見そのものといわなければならない。

　そうすると、法227条による証人尋問が活用されるべきであるとすれば、条文の字義とはいささか離れるものの、公判期日での証人尋問が困難になることが予想されるような例（疾病等が進行している人や前述の退去強制となる外国人など）こそが対象となるべきであるということになろうか。

　いずれにしても、可視化の拡大は、供述の形成過程が明らかになる契機となるが、それに伴い、「特信性」や「信用性」に対する判断要素も変化することが予想される。そうすると、法226条や227条による証人尋問の利用対象も変化していくことになると考える。

（ふなき・せいいちろう）

捜査手続における証拠開示

斎藤 司
龍谷大学教授

1　はじめに
2　日本における予審廃止と捜査手続における手続保障との関係
3　捜査手続における証拠開示の保障と手続保障――ドイツ法を参照して
4　むすびにかえて

1　はじめに

　刑事手続における証拠開示の問題は、戦後の刑訴法学において最も活発に議論され、刑訴法関連の立法で変化があった領域の1つだといえるだろう。検察官が保管する証拠の開示の必要性が主張されて以来、最決昭44年4月25日刑集23巻4号248頁が示した訴訟指揮権に基づく個別開示による運用を経て、2004（平成16）年刑訴法改正により、明文の証拠開示制度が設けられた。そして、いわゆる郵政不正事件における証拠ねつ造の発覚などを契機とする法制審議会・新時代の刑事司法制度特別部会（以下、「特別部会」とする）において、類型証拠の拡大や一覧表の交付制度などについて議論がなされ、2016（平成28）年5月に「刑事訴訟法の一部を改正する法律」が成立した。
　このように公判準備段階での証拠開示制度が整備される一方で、他の手続段階における証拠開示の導入も近年活発に議論されるようになっている。その代表例が、再審請求段階における証拠開示である。長年の懸念であった公判準備段階での証拠開示が制度化された現在においては、その他の手続段階における証拠開示の不十分さがより一層認識され、明文の証拠開示の規定も参照しながら議論することが可能となったことなどが、その原因といえるだろう。
　他方で、本稿のテーマである捜査段階における証拠開示（厳密にいえば、捜

査段階における資料等の提示というべきであろう）については、それほど議論がなされているわけではない[*1]。その理由としては、捜査段階における証拠開示については公判準備段階の証拠開示以上に考慮すべき要素が多いと思われること、捜査段階における適正性の保障との関係で証拠開示がどのように位置付けられるかが十分に明らかにされていないことなどが挙げられよう。もっとも、特別部会の議論を契機とした法改正をめぐる議論やその結果たる2016年刑訴法改正では、取調べの可視化や被疑者国選弁護制度の拡大、さらには捜査・公判協力型の協議・合意制度の新設など、捜査手続に関する改革が内容とされている。また、同部会の中間報告「時代に即した新たな刑事司法制度の基本構想」においても、「捜査段階において真相解明という目的が絶対視されるあまり、手続の適正確保がおろそかにされ又は不十分となって、無理な取調べを許す構造となってしまっていないかとの指摘もなされている」とか、「取調べを中心とする捜査の適正確保が重要な課題であることが認識されなければならない」との指摘もなされている[*2]。捜査の適正性確保という場合に、証拠開示がどのように位置付けられるかについて検討を進める必要性は低くないといえよう。

　そこで、本稿では、捜査段階における証拠開示が議論された戦前の日本と現実に捜査段階における証拠開示を導入しているドイツを検討対象として、捜査段階における証拠開示と捜査手続の権利や手続保障の関係にも配慮しながら、その具体的あり方について考察することにしたい。

2　日本における予審廃止と捜査手続における手続保障との関係

(1) 明治刑訴法における予審改革論と手続保障

　周知の通り、治罪法においては予審制度が採用されていた。そして、証拠収集については、予審判事がその中心的役割を担い、検察官による強制捜査権限は、現行犯および準現行犯事件の逮捕に限定されていた（治罪法92条）。検察官の証拠収集権限を限定すべき理由としては、原告人という地位にあるがゆえにその収集証拠が被告人に不利な方向に偏ってしまう危険性が挙げられた[*3]。

　予審を含む公判前の手続では、弁護人選任制度は認められておらず、被告人側の関与については消極的に解されていた。他方で、記録閲覧制度については、重罪事件の公判においてのみ選任が認められている弁護人について、「書記局

ニ於テ一切ノ訴訟書類ヲ閲讀シ且抄寫スル事ヲ得」（治罪法382条）とされていた。この「訴訟書類」としては、巡査が提出した勾留状や収監状執行に関する書類（治罪法138条）、予審判事による臨検、家宅捜索、物件差押え、被告人および証人に対する訊問に関する調書（治罪法148条）、鑑定命令書や鑑定書（治罪法199条）、そして予審終結言渡書（治罪法230条）などが挙げられていた。すなわち、閲覧対象である訴訟書類とは、強制処分やその執行状況・結果を中心とした公判前の手続の経過・結果を記録したものであったといえる。もっとも、治罪法では、公判前の手続における被告人側の関与は否定されており、同手続段階での記録閲覧も認められていなかった。

　明治刑訴法においても、すべての事件の公判段階へと適用事件が拡大された点を除いては、同様の制度が維持されていた（明治刑訴法180条）。そして、この時期においては、記録閲覧制度の意義について理論的説明がなされるようになった。たとえば、磯部四郎は、「辯護人ヲシテ能ク其職務ヲ盡サシメンニハ能ク其事件ノ性質模様等ヲ知了セシメタル可カラス而シテ之レヲ知了セシムルハ辯護人ニ訴訟記録ノ閲讀及ヒ抄寫ヲ許スニ如カス若シ夫レ訴訟ノ性質模様等ヲ知了セサルトキハ如何シテ之レカ辯護ノ準備ヲ爲シ他日公判ニ立チテ檢事ト事件ノ黒白ヲ弁論スルコトヲ得ン加之論告ハ同等ナラシム可シト云ヘル原則ヨリ觀察スルモ辯護人ヲシテ其任ヲ全フセシメンニハ訴訟記録ノ閲讀及ヒ抄寫ヲ許ササル可カラサル理由アルヲ見ル」[*4]と述べていた。磯辺は、明治刑訴法における記録閲覧制度を、実効的な弁護の準備と公判における弁護側と検察官との間の「同等の弁論」を目的として、弁護側に「訴訟ノ性質模様等」を知らせる重要な手段として位置付けていたといえる。

　その他の論者も、その根拠には差異はあるものの、公判段階での実効的な弁護活動のため、「其被告事件ノ詳細ナル模様及ヒ被告人果シテ其事件ニ關係シタル乎之ニ關係シタリトセハ其情状ハ如何ナル乎等ヲ熟知」[*5]することが必要だとしていた。明治刑訴法における記録閲覧制度の理論的説明として、公判段階における弁護の実効化や両当事者の対等のために、記録閲覧により公判前の手続の過程や結果が弁護側に提示されることの意義が強調されていたといえる。このように、記録閲覧制度は、予審判事による（理念として）「公平な」証拠収集過程や結果を記録閲覧によって弁護側に知らせることによって、有利な証拠の活用や不利な証拠の検討を可能にする制度であった。

　治罪法や明治刑訴法における記録閲覧制度は、公判前の手続について、被疑者・被告人の関与を否定し、警察や検察の関与も消極的に解したうえで、主に

予審が証拠収集権限を有する一極的な証拠収集手続を採用しながら、弾劾主義に基づく公判手続を保障するためのものであったといえる。

　このような構造を有していた明治刑訴法に対しては、1897（明治30）年以降、弁護士を中心として改革案が示されていた。これらの意見は、公平な証拠収集が困難であるとか、人権侵害的な訊問など、予審のみによる証拠収集には限界があるなどとして、予審の糺問主義的な運用とその結果としての予審調書が公判審理の行方を左右しているという認識を前提とするものであった。上述の記録閲覧制度の意義との関係では、公平であるべき予審判事による証拠収集が被告人に不利な方向へと偏り、そのうえ、閲覧対象も偏りかねないことを意味するものであった。このような認識のもと、予審制度との関係では、予審を廃止すべきとの意見と予審を公開し当事者の関与を認めるべきとの意見が示された。特に後者は、予審判事による証拠収集を当事者の観点から是正し、人権侵害的な訊問などを特に弁護人の関与によって防止しようというものであった[*6]。

　このような要求も受けて、立法論として予審の改善が議論された。その議論の経緯の概要は以下のとおりである[*7]。①1901（明治34）年案では、予審による証拠収集には不備があるという認識を前提として、警察・検察による公平な証拠収集と予審段階の証拠収集に弁護側の観点を反映することが必要とされ、後者のために予審段階での一定の記録閲覧を認める制度[*8]が提案された。②1916（大正5）年案は、起訴前予審の採用と捜査機関の証拠収集権限の一定の強化など、予審判事による一極的かつ公平な証拠収集を前提とするのではなく、検察官側による証拠収集と弁護側の関与を前提とした記録制度を採用しようとするものであった。③以上を踏まえた、大正刑訴法は、予審の証拠収集権限の一部を直接・間接に移譲された検察官は公平な証拠収集をすべきとしながら、その原告たる地位から被告人に不利な方向で証拠収集を行う可能性があることも前提とするものであった。そのため、大正刑訴法では、被疑者側の証拠収集への関与や人権蹂躙防止のために防御権の強化が必要とされた。そのなかで、限定的ながらも予審段階の記録閲覧権[*9]が認められ、その意義と機能としては、被告人側の視点を反映した証拠収集の確保と予審段階での人権蹂躙防止が挙げられた。このように、大正刑訴法では、予審を維持しながらも、証拠収集への検察官の関与の拡大と被告人側の関与の若干の拡大が認められ、これに対応するかたちで記録閲覧権が強化された。

(2) 大正刑訴法における予審改革論

　大正刑訴法においても、予審制度の改革を要求する意見は依然として強かった。1934（昭和9）年に、司法省が配布・諮問した「司法制度改善ニ關スル諸問題」*10においても、「第13　豫審ノ現状ニ鑑ミ之ヲ適當ニ改正スルノ要ナキカ若シ其ノ要アルモノトセバ其ノ方法如何」とされていた。これを契機とする予審制度に関する意見としては、予審制度を維持し改善を加えるべきとの立場が大勢であった*11。そのなかで弁護士会からは、予審への弁護人の関与の強化のために予審段階における記録閲覧権を拡大すべきとの要求も示されていた。さらに、1936（昭和11）年の全国弁護士大会では、「11　捜査中ト雖モ辯護人ヲ附シ書類ノ閲覧・證據提出等被疑者ノ利益保護ノ制度ヲ設ケ起訴後ハ固ヨリ捜査中ト雖モ辯護人トノ接見ヲ禁止セサルコト」とされた。その理由として、「人權蹂躙ノ禍根ハ、自白ヲ中心トスル檢擧手段ニアリ。元來處分權ナキ被告自身ノ供述ハ、自由ニ行ハレタル場合ト雖モ、之ヲ證據ト爲スハ不合理ナルノミナラス、往々無辜ヲ罰スルノ危險ナキニアラス。況ンヤ傍證捜査ノ煩ヲ避ケ、強制威壓ノ末、勢ヒ赴ク所、遂ニ拷問ノ不法ヲ敢テスルニ至ル。多年傳統ノ陋習非道ハ、人ヲシテ免ヲ蔽ハシムルモノアリ。洵ニ聖代文化國ノ不祥事ト云ハサルヘカラス。之ヲ矯ムルノ道ハ、監督者ヲ嚴戒シテ責任ヲ連帶セシメ、随時勾禁者ノ健康診斷ヲ許容シ、捜査中ト雖モ辯護制度ヲ設ケ、苟モ拷問ノ餘地ナカラシムルニアリ」*12とされた。弁護人による捜査手続の監視・監督、捜査段階の人権蹂躙防止、そして誤判原因である自白の強制的な獲得防止のための方策として、捜査段階の弁護制度、その前提としての記録閲覧権が要求されたといえる。予審段階の弁護権や記録閲覧権の保障の考えを捜査段階にも直接転用しようとする考えだと評価できる。

　このような考えは、検察官によっても主張されている。たとえば、池田克は、検察官は公訴の維持のため被疑者・被告人に有利な証拠の収集を怠る恐れがあるから予審を証拠収集に関与させる必要があるといった理由から、検察官の請求による起訴前予審を採用すべきとした。そのうえで、検察官と司法警察官に強制捜査権限を付与する一方で、捜査段階において、被疑者・弁護人は捜査中いつでも必要とする処分を請求できること、弁護人は許可を受けて記録閲覧できることなどを認めるべきとした*13。

　このように、日本の議論は、予審による一極的かつ公平な証拠収集には限界があるとの認識のもと、検察官と弁護人も証拠収集に関与すべきとの論理がほぼ定着していったと評価できる。その意味では、日本では、戦前の段階で両当

事者関与型の証拠収集という論理がすでに存在していたと評価できる。もっとも、この両当事者関与の具体的あり方は、両当事者に対等の関与を認めるものではなく、弁護側の証拠収集への関与としては予審による証拠収集への立会いという消極的関与が認められていたにとどまるのに対し、検察については立会いだけでなく証拠収集も認められていた。もっとも、検察官による証拠収集については、被告人側に有利な証拠を怠る危険があるという論理も有力であったことから、証拠収集の公平性の維持のため予審による関与の必要性も強く認識されていた。そして、記録閲覧制度は、上記の消極的関与の前提として、具体的には証拠収集へのその視点の反映と予審段階での人権蹂躙の防止のために必要とされていたといえよう。

(3) 昭和刑訴法制定過程における議論

ここまで確認してきた議論は、記録閲覧制度を含む捜査手続の手続保障として、予審の手続保障を捜査手続へと直接に移そうというものであった。このような方向性の議論は、昭和刑訴法制定過程の初期においても行われていた。予審の廃止が前提とされたこの議論の段階で、有力に主張されたのは、予審を廃止し、予審の権限や義務を捜査機関へと委譲すべきという意見であった。他方で、上述した議論と同様に、一方当事者にすぎないことなどから強制捜査権限の付与が消極的に解されてきた検察官が証拠収集の主体となることを理由に、不公平な証拠収集や人権蹂躙の危険の防止のための手続保障や防御権保障も提案された。これらの保障としては、捜査段階における弁護人選任権だけでなく、記録閲覧権の保障、検察官または司法警察官に必要な処分を請求する権利、公訴提起前に証拠物を検察官または司法警察官に提出する権利、そして、公訴提起すべきと思料する場合にその嫌疑を被疑者に告知し弁解を聴取する制度などが挙げられる[*14]。当初想定されていたのは、予審段階と同程度以上の手続保障や防御権、そして記録閲覧制度であった。そして、その趣旨としては、証拠収集の偏りの防止、捜査段階における人権蹂躙防止、そして公訴提起の判断に対する意見表明の保障が挙げられよう[*15]。

このように検察官を中心とする捜査機関に予審の権限を委譲することの危険性に配慮した手続保障論が後退したのは、日本国憲法のマッカーサー草案が示された時期である。具体的には、予審を廃止しその強制捜査権限を捜査機関へ委譲する点には大きな変化はないものの、捜査段階における上記の権利や手続保障を主張する提案に代わり、強制捜査について原則として裁判官の令状を必

要とする提案や検察官、被告人、被疑者または弁護人に証拠保全請求権を認める提案が示されることになった[*16]。これに加えて、国会審議において捜査段階における防御権保障（特に捜査への立会い権）が不十分であるとの質問に対する、野木政府委員による次のような答弁も重要であろう[*17]。

　　弁護人の権利義務の関係でございますけれども、この案におきましては現行刑事訴訟法よりも被告人の当事者的地位を高め、従つて弁護人の被告人を保護する活動も一層期待されておるわけでありますけれども、それは主として憲法との関係を見ましても、公判の起訴後の段階におきまして非常に強まつたのでありまして、起訴前の段階におきましては、必ずしもそれが十分徹底したるというところまではいつておりません。それは一つは日本の検察官の制度がアメリカ等と違いまして、純然たる攻撃機関までに徹するところまでいつておりませんので、検察官はもちろん攻撃者の面をもつところに、なお多分に公益の代表者という考えもあるのでありまして、この考えはこの草案および検察廳法案を通じて残つておりますので、その点が一つと、それからこの案におきましては、現行刑事訴訟法と違いまして証拠力の点におきまして今と非常に違つた考え方をしておる。たとえば検察官がとつた聴取書とか、そういうものにつきましてはあとで公判の証拠のところでそういうことになるかと思いますが、著しく制限されてきまして、たとえば検証、押収というようなものにつきましても、すぐそれだけで証拠としてとれないのでありまして、それをつくつた人を公判廷に呼び出して、弁護人側なり被告人側から反対尋問をしまして、十分とつたときの状況とか何かを確かめまして、初めてそれを証拠にとれる。そういうような関係になつている点も御留意願いたいと思います。今の点が結局被疑事件の立会権の問題に関連しますけれども、その検証とか押収、捜査のような場合は、そういうような観点から、この案では弁護人の権利としての立会権は認めておりません。

　この答弁によれば、被告人の当事者としての地位向上や弁護人の活動の保障は公訴提起後に限られ、起訴前段階においては徹底することは提案されていない。その根拠としては、第1に、アメリカなどとは異なり、昭和刑訴法では検察官の公益の代表者性が前提とされていること、第2に、検察官の聴取書などに関する証拠能力の大幅な制限が挙げられている。

上記のような権利保障や制度が提案された趣旨については推測するほかないが、捜査段階における人権蹂躙の防止については捜査段階における弁護人選任権の保障や令状主義の採用によって、証拠収集の偏りについては証拠保全請求権の保障や書面の証拠能力の制限、そして公訴提起の判断に対する意見表明の保障については弁護権の保障や証拠保全請求権の保障によって対応しようというものであったとの理解は不可能ではないと思われる。さらに検察官の公益の代表者性は、予審判事の公平な立場に準じるものとして、これらすべての目的に資するものとされていたと考えられる。

(4) 小活

　以上のように、日本においても、戦前の時期から、予審の改善や廃止の議論と関連付けられるかたちで捜査手続における手続保障が意識・議論されてきたといえる。その議論は、大きく前期と後期に分けることができる。

　前期の議論は、当事者である検察官や警察による証拠収集および判断が偏る危険を前提として、予審における権利保障や手続保障を強化しながら捜査手続へと移す議論であった。特に被告人の関与については、予審判事や検察官などによる証拠収集への立会いといった国家機関による証拠収集自体のチェックや証拠収集の主体である予審判事や検察官などへの証拠収集の請求が認められていたことが特徴的である（一極的な証拠収集の微調整型であるといえる）。そして、その前提として記録閲覧の保障により証拠収集過程や結果を捜査段階の時点で知る必要が出てくることになるのだろう。大正刑訴法下における議論から昭和刑訴法制定過程初期の議論がこれに当たる。

　これに対し、後期の議論は、検察官の公益の代表者性などを根拠として、捜査機関による証拠収集の偏りの防止を前期の議論ほど重視せず、他方で被告人側の証拠収集の可能性も証拠保全請求権の保障で認める議論である。この議論は、国家機関による証拠収集の偏りについては、検察官の公益の代表者性や捜査記録の原則的な排除によって対処できると考えた可能性がある。それゆえ、立会いなどにより国家機関による証拠収集自体をチェックする必要性は低くなり、その前提としての記録閲覧権の保障の必要性も低くなるといえよう。そして、後期の議論が、昭和刑訴法の性格を基礎付けていると考えられる。

　前期の議論は、国家機関による一極的な証拠収集とそれを前提とした訴追判断、そしてこれに対する捜査段階からのチェックを前提とするため、捜査・訴追手続の果たす役割も大きくなる可能性が高い。これに対し、後期の議論は、

証拠法によって証拠収集の偏りが公判審理へ影響することを防ぐことを予定し、さらに被疑者側の証拠収集も予定しているため、前期の議論に対し起訴前手続の比重が軽いものも想定可能となる。その意味では、昭和刑訴法は、公平な証拠収集のあり方や起訴前の手続の手続保障という観点からは、起訴前手続の比重を軽くすることを想定していたとの評価が可能である。前期の議論は、捜査手続における国家機関側の捜査の偏りを捜査段階の時点で反対当事者が点検・修正するという意味で「当事者点検型」ということができよう。後期の議論は、公判審理の時点で証拠法により国家機関による一方的な証拠収集の偏りがもたらす弊害を防止し、被告人側による証拠収集によりさらにバランスをとるという意味で「事後規制型」ということができるだろう。

　他方で、昭和刑訴法は、刑訴法247条で国家訴追主義・起訴独占主義を、刑訴法248条で起訴便宜主義を採用した。そのため、綿密な訴追判断のために捜査段階からの精密な事案解明が求められる可能性が残ることになった。

　昭和刑訴法の問題点の1つは、公平な証拠収集のあり方という観点からは比重の軽い起訴前手続とそれに応じた軽い手続保障を前提としながら、上述のような訴追制度を採用したというミスマッチにあったと理解することは可能であろう。そうすると、このミスマッチを解消するため、被告人側の証拠収集の可能性を広く認め、なおかつ「軽い」訴追判断（あっさり起訴）を認めるべきという（捜査抑制型）弾劾的捜査観や綿密な訴追判断を前提としながら捜査手続の活動の点検をすべきという（当事者点検型）弾劾的捜査観が主張されたことには十分理由があったことになろう[*18]。

　ここで重要なのが、現在の綿密な訴追判断を前提とした「適正手続の保障」の内容を検討する場合、捜査機関による不当な人権侵害の対応・防止だけでなく、捜査機関による証拠収集や訴追判断の偏りを是正・防止するために、捜査段階における証拠収集や訴追判断への積極的な働きかけを保障すべきことをも意味するということである。そして、捜査段階における証拠開示は、その意味での適正手続の保障から根拠付けられなければならないということになろう。

　これに対し、事後規制型を妥当とする場合、捜査機関への積極的な働きかけの必要性は、捜査機関側による証拠収集については権利侵害防止の限りで認められるが、当事者点検型に比べ低くなる。他方で、被疑者側の証拠収集が、捜査機関側の有する情報の開示なく困難だという場合、その目的に資する証拠開示が必要だということになろう。

　これらのミスマッチを解消する手段は、選択肢として、いずれもあり得るも

のと考えられる。それゆえ、これらの選択肢のいずれについてもさらに検討を進めることが必要であるものの、紙幅と筆者の能力の関係から、本稿では、主に当事者点検型における証拠開示に限定してさらに検討を進める。

3 捜査手続における証拠開示の保障と手続保障
　　——ドイツ法を参照して

(1) ドイツにおける予審制度と記録閲覧制度

　ドイツにおいては、19世紀半ばのいわゆる「改革された刑事訴訟」の時期に、口頭・公開の弾劾的公判の採用と結び付けられるかたちで、公判段階における記録閲覧制度が確立した。その後の記録閲覧制度をめぐる議論は、秘密・書面の予審制度の改革と結び付けられるかたちで、予審段階における記録閲覧制度をどのようにすべきか、というものであった。予審段階における記録閲覧は、予審手続の公開を意味することが前提とされていた。

　1877（明治10）年の帝国刑訴法の制定過程においても、この問題を中心に議論された。その結果、「弁護人は予審終結後、又は予審が行われなかった場合には起訴状提出後、裁判所に提出されている記録を閲覧する権限を有する」（ドイツ刑訴法147条1項）とされ、他方で1項「以前の時期においては、審問目的を阻害することなく行われうる限りで、裁判所の審問記録の閲覧が弁護人に許されなければならない」（同条2項）とされた。147条1項は公判段階での記録閲覧を保障するものであり、2項は予審段階の記録閲覧の制限を認めた。なお、その後の通説は、これらの規定は、予審前の手続には適用されないとした[19]。

　これに加え重要と思われるのが、帝国刑訴法が秘密・書面の予審制度を採用したことを前提に、類型的に予審の目的を阻害しない記録や公開が部分的に認められている処分に関する記録の閲覧（被疑者の尋問調書、専門家の鑑定書、そして弁護人が立会い権を有する裁判所の行為に関する調書）が、147条3項によって認められたことである[20]。また、予審においては、検証および公判への出頭が困難な証人や鑑定人の尋問への検察官、被告人および弁護人の立会いが認められていた（193条1項および2項）。さらに、捜査段階における裁判官による被疑者の尋問の際に、被疑者が自身に有利な証拠の取調べ請求を行った場合は、その証拠が滅失のおそれがあるとき、またはその取調べにより被疑者の無実が証明される可能性があるときは、重要性が認められない場合を除き

区裁判所の判事は当該証拠を取り調べなければならないとされた（166条）。

その後、ドイツでは、刑訴法の改正に関する議論がなされ、記録閲覧制度もその対象とされた。1908（明治41）年草案では、予審段階における記録閲覧制度をより保障するために、予審段階における記録閲覧拒否の可能性を維持しながら、記録閲覧の一般的・抽象的な閲覧拒否を防ぐような文言が提案された。また、帝国刑訴法147条3項が捜査手続にも適用されることを明確にする改正も提案された。

さらに、1920（大正9）年草案では、捜査段階での記録閲覧権を原則として保障することが提案された[21]。この規定は、上述の昭和刑訴法制定過程においても、捜査段階での証拠開示のモデルとして提案されている[22]。草案自体は、その根拠を明示しなかったものの、さまざまな見解は、捜査段階での被疑者の主体性保障の必要性、公判準備の強化、そして訴追段階での手続打ち切りへの被疑者側の主体的関与をその根拠として挙げていた[23]。

これに加えて、1918（大正7）年12月30日に、プロイセン司法大臣は、審問目的を阻害する可能性のない限りで、捜査段階において検察官が保管する証拠や記録の閲覧を弁護人に認めるべき旨を指示した。この指示は、「時宜を得た弁護そして適切な弁護が、事件処理を迅速にすると同時に、無罪判決で終わる公判審理、それにより避けられるべき公判審理の数を減少することについて効果的に貢献することができる」ことを根拠とするものであった[24]。第二次大戦後においても、1953（昭和28）年「刑事手続に関する指針（Richtlinien für das Strafverfahren）」172によって、刑訴法147条2項の適用は捜査段階にまで拡大され、閲覧拒否をするかどうかの判断は検察官の権限とされた。

その後、誤判事件の発生とその分析、そしてえん罪防止の要求にも後押しされて、1964（昭和39）年にドイツ刑事訴訟法は改正された[25]。同改正においては、予審は維持されながらも、ドイツ刑訴法147条は大幅に改正された。具体的には、弁護人の記録閲覧権は刑事手続の全段階において原則として認められることが明示され（147条1項）、捜査段階においては「一件記録または個々の記録ならびに職務上保管されている証拠の閲覧は、それが手続の目的を阻害する可能性があるときは、弁護人に対して拒絶されうる」とされた（147条2項）。2項による閲覧拒否は検察官が判断するものとされた（147条5項）。また、147条3項も捜査段階において適用されることが明示された（147条3項）。

さらに、1974（昭和49）年改正によって、ドイツにおいても予審制度が廃止された。同改正においても、147条は一定の改正を受けた。特に、147条2

項の閲覧拒否理由が存在しないと判断された場合には、直ちにその旨を弁護人に通知すべき（147条6項）との改正について、「公訴提起前に完全な記録を閲覧し、必要であれば捜査結果について発言する地位に弁護人を置く」との理由が示されている[*26]。1974年改正は、予審を廃止し、その捜査に必要な強制捜査権限を検察官に委譲し、それを裁判所のコントロール下に置いた。これにより、検察官が捜査の主宰者として位置付けられ、捜査手続への武器対等原則や弁論主義の適用は消極的に解されることになった[*27]。これと同時に、そもそも予審判事が有していた裁判官による捜査行為およびその結果を記載すべき義務が検察官や警察官にも課されることになるなど、予審判事の権限だけでなく義務も検察官に委譲された点は重要といえる[*28]。

　さらに、1974年改正においては、予審判事の検証への立会い権が再構成された。すなわち、168条dは裁判官による検証への当事者の立会いを認め、さらに168条cは裁判官による被疑者の尋問への検察官および弁護人の立会い、証人または鑑定人の尋問への検察官、被疑者および弁護人の立会いを認めた（もっとも、審問目的を害するおそれがある場合は、被疑者の立会いを認めないことができる）。さらに、検察官による被疑者の尋問についても、弁護人の立会い権が認められた（163条a第3項）。また、被疑者の証拠調べ請求権に関する166条も、形式的な文言修正のうえ、維持された。

　このようにドイツにおいては、かなり早期から予審や捜査段階における記録閲覧権を認めることの是非やその具体的あり方が議論されてきた。そして、その内容は、予審の公開や手続の打ち切りの可能性の拡大などと関連付けて議論されてきた。最終的に、ドイツでは、1964年改正により、捜査段階における記録閲覧権が明文で保障され、さらに1974年改正によって予審廃止に伴い予審判事の権限と義務の大部分が検察官に委譲された。その結果、武器対等原則や弁論主義の妥当が消極的に解され、検察官が主宰する捜査手続において、公訴提起前に完全な記録を閲覧し、必要であれば捜査結果について発言する地位に弁護人を置くために捜査手続における記録閲覧権が強化されていった。さらに、捜査段階における証拠調べ請求権は維持され、捜査段階における捜査行為への立会い権も（検察官の捜査行為については限定されながらも）維持された。

　これらのことに鑑みれば、ドイツは、検察官や裁判官による証拠収集を前提としながらも、そこへ被疑者や弁護人の立会い、さらには自身に有利な証拠の取調べ請求を認めるという意味での関与権を保障するという構造を採用している。そして、その構造に適合するように記録閲覧権が強化されたといえる。そ

の意味では、ドイツ刑訴法は、次第に当事者点検型の捜査手続における記録閲覧制度を確立していったと評価できよう。そこで、次に、このような手続構造での記録閲覧権の意義をさらに検討する。

(2) **捜査手続における記録閲覧権の意義**

　捜査手続における記録閲覧権が明文で保障された後も、その改正要求は存在していた。もっとも、捜査手続における記録閲覧権の拒否の可能性を認める規定自体を削除すべきとの見解は少なく、多くの見解は、①147条2項にいう制限規定の存在を前提として、閲覧拒否要件を具体化・客観化すべきこと、②閲覧が検察官に拒否された場合に不服申立てを認める規定を設けるべきことなどを主張した[*29]。

　これらの見解や立法要求の多くは、第二次大戦前の議論とは異なる背景を有していた。第1に、記録閲覧権と憲法上の権利や原則との関係に関する検討が進められていたことである。連邦憲法裁判所の判断などを契機として、記録閲覧権はドイツ基本法103条1項にいう法的聴聞請求権とヨーロッパ人権条約6条1項にいう公正な手続を請求する権利などを根拠とすることについては、判例・学説の一致がある。これらの諸規範は、被疑者・被告人を手続の客体とすることを禁止している。すなわち、被疑者・被告人が手続の主体として、手続や訴訟の進行や結果に影響を及ぼすことができる機会（意見表明や聴聞の機会）が保障される前提として、当該手続における資料に関する情報を獲得していることが必要だとされているのである[*30]。以上の根拠を踏まえ、多くの学説は、捜査手続においても主体として手続の進行を及ぼす機会が被疑者に保障されるべきとして、それにふさわしい前提として記録閲覧権が保障されるべきとしているのである。

　第2に、実証的な誤判原因研究が背景とされたことである。たとえば、記録閲覧権を含む弁護権に関する諸規定に関する包括的な改正案を示した1979（昭和54）年の刑事訴訟改革作業班（Arbeitskreis Strafprozeßreform）による『弁護——法律草案および理由書（Die Verteidigung - Gesetzentwurf mit Begründung）』[*31]（以下、「AK草案」とする）は、以下のように述べている。「捜査手続の結果は、最後の手続段階まで影響を及ぼしている。事件の解明行為の誤りおよびその不足は、もはや、大部分が、その後の手続段階では修正されえない。誤判において、そのことが明らかとなりつつある。捜査に対する弁護の影響力の強化は、そのような解明行為の誤りや不足を防ぐ可能性を有する。そ

の結果、その誤りや不足は公判審理にまったく到達しないか、または、すべての無罪方向の事情や証拠が手続対象に含まれ、そして公判審理へと持ち込まれるのである」[32]、と。このような捜査手続の影響力による公判審理の形骸化の問題は、Karl Peters による大規模な誤判の実証的研究などで指摘されている[33]ことから考えても、同草案は誤判研究などの実証的基盤を有しているといえる。さらに、「起訴前手続そのものにおいて、被疑者は大幅に権利を侵害されている。それゆえ、弁護は、被疑者に対してなされる処分の根拠を形成する捜査に対して影響力を及ぼす必要があり、そして被疑者の権利の擁護およびその人格の尊厳を守る必要がある」ともされている。

　さらに、Egon Müller[34]は、「帝国刑訴法は、捜査手続を、単なる材料集めの手続──片面的な公訴の準備に向けての──という理解」を前提に立法され、公判手続が刑事手続の中心的存在とされていたのに対し、現状は以下のように異なったものになっているという Peter Rieß の指摘を重要とする[35]。①捜査手続は準備的機能を果たしているだけでなく、むしろ完全に独自の意味を有している。②捜査段階は、それ以降の手続の進行に対して、強い形成的な影響力を有している（「公判審理の固定化」）。③まさに初期の嫌疑の段階において、捜査手続全体の「転換機」が設置されている。④もっとも、起訴前手続における捜査の誤りは、「滑り台」のように、再審段階にまで及ぶ。⑤公判審理における相当に低い無罪率を見れば、公訴提起はかなり高い有罪の蓋然性をも意味している[36]。

　以上の現状を踏まえ、Egon Müller は、捜査段階において被疑者に対する実効的な弁護を留保することは、法治国家的刑事手続との矛盾を意味するとして、「立法者は、被疑者に対して、無罪の当事者と同様に、捜査手続への積極的な関与を可能にするよう義務付けられている。刑事訴追機関が、国家の任務として嫌疑の解明を反対当事者に対立的に行うのではなく、当事者と協働して行う（zusammen betreiben）というところに、糾問訴訟の克服が存在するのである。このような協働は、刑事訴追機関が、反対当事者に対して、そのときどきの状況の程度および内容について発言する機会を、可能な限り早い時期から与えるということによって最もよく行われる」[37]、と述べ、そのための１つの方策として記録閲覧権の改善を提案している。

　上記の見解は、検察官が主宰する捜査手続の構造自体の変革を求めているわけではない。実証的研究に基づき、当時の捜査手続が公判審理の結果に大きく影響を及ぼしていることを前提に、被疑者側による捜査段階からの実効的「関

与」（捜査機関への働きかけや訴追判断への働きかけ）の必要性と手続打ち切りのための働きかけの必要性を説いていることが、その特徴といえる。捜査手続の比重を「軽く」することによって、刑事手続の弾効化を図ろうとする弾劾的捜査観とは、この点で異なっているといえる。ドイツの学説の多くは、客観義務を有する検察官が主宰する捜査手続の構造、さらには裁判所が主宰する公判手続を前提として、捜査手続における意見表明や証拠の提出によって手続の結果に影響を及ぼすことができるという意味での「被疑者の主体性」の保障を求めているといえよう。そして、そのための中核として、記録閲覧権が位置付けられている[*38]。

このAK草案を含めた多くの学説は、上記の認識を前提として、捜査段階における記録閲覧権の制限の可能性を前提としつつ、その閲覧拒否の理由の具体的提示義務を検察官に課すべきこと、そのうえで閲覧拒否に対する不服申立て権を保障することを要求した。これにより、検察官の主宰する捜査手続の実効性や機能も維持する必要があるとして、これを不当に制限しない限りでの記録閲覧権の保障のあり方が模索されたといえる。そして、このような要求は、解釈論上は147条2項の要件解釈[*39]や強制処分の判断の根拠となった資料の閲覧拒否の禁止と不服申し立て対象となる[*40]ということで一部実現し、立法としては弁護人がついていない被疑者・被告人に記録閲覧権の保障や未決拘禁の適法性判断にとって重要な情報を含む資料の閲覧拒否禁止として実現しているといえる[*41]。

(3) 小括

ドイツにおける捜査手続の「適正化」を求める要求や立法動向は、規範論と実証研究を背景としている。公正な手続といえるためには、捜査手続においても被疑者に法的主体性が保障されていることが前提となる。具体的には、被疑者の法的主体性とは、捜査手続の進行や結果に影響を与えることができることを意味し、その前提として記録閲覧権などにより捜査手続の経過などに関する情報が被疑者側に公開されることが必要となる。

問題は、捜査手続に対して、どのような目的でどの程度の影響を与えることが必要かということである。この点、ドイツでは、実証研究などを踏まえ、複数の目的が挙げられていると考えられる。第1に、公判審理の結果に大きな影響力を有する捜査手続における証拠収集の誤りや偏りを防止するという目的である。第2に、捜査手続における不当な権利侵害に対し被疑者の権利保護とい

う目的である。ドイツでは、このような主体としての積極的な関与のためには、記録閲覧権の実効的な保障が必要とされ、その一部は立法化されている。

現在、ドイツで著名な捜査弁護のハンドブックは、「記録閲覧なくして被疑者の応答なし、記録閲覧なくして弁護人の立場決定なし」が原則であるとし、捜査弁護のスタートラインは記録閲覧であるとしている。そのうえで、捜査弁護の目的として、手続の打ち切り、身体拘束からの被疑者の解放、そして公判審理の準備を挙げ、そのための具体的内容として、被疑者の黙秘や意見表明、捜査の請求、捜査への関与、被疑者とのコンタクト、そして検察官との話し合いなどが挙げられている。そして、その前提として記録閲覧が位置付けられているのである[*42]。捜査弁護実務の原則にも、上述の内容が反映されているといえよう。

4　むすびにかえて

戦前の日本における捜査段階の記録閲覧をめぐる議論は、予審との関係も踏まえた捜査手続のあり方と関連付けてなされてきたといえる。その議論の経過を検討すると、2つの手続像が想定されていたというのが、本稿の主張の1つである（第2章）。1つは、捜査機関が捜査段階における証拠収集を主に担うことを前提として、その当事者性などを理由とする証拠収集や訴追判断の偏りや誤りなどを是正すべく、被疑者側の個別の捜査への立会い、被疑者側の証拠収集請求権、訴追判断の際の意見聴取請求権といった捜査機関に対する積極的関与権を認めるべきという手続像（当事者点検型手続）である。この手続像においては、これらの積極的関与に加え、捜査段階における人権侵害の防止・対応のため、捜査段階における証拠開示が必要となってくる。一極的に収集される事件や手続に関する情報がなければ、積極的関与は困難だからである。

もう1つの手続像は、捜査機関による証拠収集については偏りや誤りの可能性については、証拠法（特に伝聞法則）により捜査書類が公判審理に（不当に）流入する危険を防ぎ、被疑者にも証拠収集の可能性を認めることによって、対応しようとするものである（事後規制型手続）。この手続像においては、捜査機関側の証拠収集や訴追判断に積極的に働きかける必要性は、前者に比べ低くなり、そのための証拠開示の必要性も低くなる。事後規制型手続が優勢となることによって、昭和刑訴法の制定過程において、当初示されていた捜査段階における証拠開示の提案は姿を消したとも予想できる。

もっとも、現在の日本の刑事手続は、事後規制型をとるゆえ、捜査段階における手続保障が軽くなっているにもかかわらず、綿密な事件の選別や真相解明を捜査・訴追手続が行われている。被疑者側の積極的な関与やその前提となる証拠開示が認められていないにもかかわらず、一方当事者のみによる証拠収集や訴追判断が可能というミスマッチが生じているといえる。このようなミスマッチを解決する手段の1つとしては、捜査の現状に合わせるかたちで当事者点検型手続を想定した解釈論や立法論をおこなうことが考えられる。本稿がドイツを対象として検討を進めたのは、そのための準備作業であった（前節）。

　ドイツでは、捜査手続においても記録閲覧権が保障されており、さらにその実効的保障を求める見解が示され、その方向性の法改正が一部実現している。その根拠としては、①捜査段階においても、捜査手続の進行や結果に影響を与えることのできる被疑者の法的主体性が認められるべきであって、その意見表明権などが保障されるべきこと（基本法103条1項およびヨーロッパ人権条約6条3項）、②誤判原因に関する実証的研究を基盤として、捜査手続が公判審理の結果を左右しているという認識を前提に、捜査手続の段階から被疑者側による捜査手続への積極的関与がさらに保障されるべきことなどが挙げられている。その結果、現行のドイツにおける捜査段階における記録閲覧制度は、検察官の主宰する捜査手続の機能や実効性も維持すべきことを前提として、捜査段階における記録閲覧拒否の可能性を認めながらも、その理由を具体化・客観化するだけでなく、閲覧拒否が可能な場合を具体的なものに限定するという方向で整備されている。そして、閲覧拒否に対する不服申立て制度の創設についても積極的な見解が多数であるといえる。

　このように捜査手続が公判審理の結果を左右しうる重大な手続であるという認識を前提に、被疑者側が、捜査機関による捜査について、その手続過程および結果に関する情報を一定程度共有しながら関与・協働するという捜査手続、そしてその関与・協働の前提としての証拠開示という手続像が、日本において採りうる選択肢の1つであろう。

　このような捜査手続が公判審理の結果を左右しうる重大な手続であるという認識を前提として、捜査手続における権利や手続の保障について論じるという傾向は、ドイツに限られない。近年、2008（平成20）年Salduz判決をはじめとするヨーロッパ人権裁判所の判例は、後の公判審理における枠組みを左右する証拠が収集されるという意味で捜査手続が重要な段階であるとし、さらに被疑者は多くの場合、捜査手続においてとりわけ脆弱な立場に置かれており、

証拠の収集や利用をはじめとする刑事手続上の規律がますます複雑化していることにより、上記の捜査手続の影響はさらに増大しているとの認識を示し、弁護人の援助を受ける権利の重要性も高まっているとした。そのうえで、公正な裁判を受ける権利を充分に実効的なものとするためには、ヨーロッパ人権条約6条1項は、弁護人へのアクセスは、個別の事例における具体的事情に照らして、その権利の制約についてやむにやまれぬ理由が明示されない限り、警察による最初の被疑者取調べの時点から保障されなければならないとした[*43]。また、John Jackson は、公正な裁判を受ける権利の実効的な保障のために、取調べが訴訟の帰趨を左右する重要な局面となっていることを踏まえて、捜査機関による供述採取の前段階から、証拠開示を含む公判審理と同レベルの防御権を保障すべきと指摘している[*44]。これらの指摘は、主に取調べに関するものであるが、捜査手続が公判審理の結果を左右しうる手続であるという認識を1つの前提として、捜査手続におけるより高度な手続保障を要求するという点では、本稿で示した上述の立場と共通する。そして、英米法圏を含むヨーロッパのレベルでも、このような立場が示されていることは重要であろう。上記の論理を前提とすれば、捜査手続での特に重要な手続である取調べ前の証拠開示を整備することが重要となる[*45]。

　もっとも、このような方向性については、公判中心主義の理念からかい離したものであって、さらにそのような問題のある現状をより堅固なものにする危険性がある、訴訟構造をとりえない起訴前手続の場面では防御方法・態様も自ずと限定されたものにならざるを得ないといった疑問も提示されている[*46]。少なくとも、捜査手続を含めた起訴前手続における防御権保障の強化が、直ちに起訴前手続の比重の増大・肥大化を正当化するものではないことは強調されるべきであろう。

　上記の疑問に鑑みれば、事後規制型捜査手続における証拠開示のあり方も模索されなければならない。この点についての詳細な検討は今後の課題とせざるを得ないが、若干の私見をここで述べておきたい。事後規制型捜査手続における証拠開示の趣旨は、不当な人権侵害の防止・対応にとどまるという理解もありうる。しかし、現在、被疑者の証拠保全請求権が十分に機能しない理由の1つが、事件や捜査手続に関する情報不足にあるというのであれば、被疑者側の十分な証拠収集のために捜査段階における証拠開示が必要だということになろう。このように解すると、問題となった処分の根拠に関する資料に加え、被疑者側が、収集・保全したいと考える証拠を一定程度特定し、これに関する資料

を捜査機関が開示するといった制度が考えられよう。もっとも、このような捜査手続が、事後規制型手続の想定する「軽い」捜査・訴追手続と整合しうるかについてはさらに検討を要しよう。

これまでの検討に加え、その論理は異なるが、強制処分に関する令状審査において対象とされた資料はすべて開示されるべきである[*47]。

本稿では、日本の歴史的検討やドイツ法を対象とする比較法的検討を主に行ったが、ヨーロッパやアメリカなどを対象とする比較法研究や日本における捜査手続の適正化に関する議論については十分な検討を行うことができなかった。これらについては、今後の課題としたい。

上田國廣先生には、筆者が九州大学法学部に在学中から、講義だけでなく、課外の英語文献購読なども通じて、実務にも目を配りながら、物事を理論的・徹底的に考えることの重要性など多くのことを教えていただいた。英語文献購読後の恒例の焼き肉の時間も、私にとって大きな楽しみの時間であった。美奈川成章先生には、九州大学法学部の講義で刑事弁護の思考やそれを踏まえた理論構築の重要性を教えていただいた。また、名カメラマンでもある美奈川先生の写真を見せていただくのは、暗くなりがちの大学院生活での心のオアシスの1つであった。上田先生と美奈川先生の古稀を心からお祝いしながら、本稿を閉じることにする。

[*1] 捜査手続における証拠開示について、若干の検討を行ったものとして、斎藤司『公正な刑事手続と証拠開示請求権』（法律文化社、2015年）381頁以下。
[*2] 「時代に即した新たな刑事司法制度の基本構想」2頁以下。
[*3] ボアソナード（森順正＝岩野新平＝小山田銓太郎訳）『治罪法草案註釋（2）』（司法省、1882年）170頁。さらに明治刑訴法に関する理解としては、磯部四郎『刑事訴訟法講義（上）』（八尾書店、1890年）285頁以下など。
[*4] 磯部四郎『刑事訴訟講義（下）』（図書出版社、1893年）15頁以下。
[*5] 亀山貞義『刑事訴訟法論（下之巻・完）』（六法講究會出版、1897年）811頁以下。
[*6] 「豫審制度ヲ廃止スルノ件」日本弁護士協会録事5号（1897年）4頁以下、「豫審制度ニ辯護人ヲ付スル件」日本弁護士協会録事7号（1898年）3頁以下、さらに斎藤・前掲注[*1]書49頁以下。
[*7] 斎藤・前掲注[*1]書75頁以下。
[*8] 予審段階において弁護人の立会いが認められている処分（捜索・差押え、検証、鑑定など）に関する書類および証拠物件の閲覧が認められていた（163条2項）。これに立し、検察官は、「何時にても豫審書類を閲覧すること得但豫審手続の進行を妨ぐることを得

ず」(239条2項) と弁護人よりも広い記録閲覧権が認められていた。
*9 予審段階で弁護人が立会い可能な予審処分(捜索・差押え、検証、鑑定などである。被告人訊問や通常の証人尋問は含まれていない)に関する書類および証拠物の閲覧が認められている(44条)。
*10 「司法制度改善に關する司法省諮問案」正義10巻11号(1934年)3頁以下。
*11 この点、出射義夫「檢察制度に關する各種改革案と其の批判(2・完)」法曹会雑誌17巻2号(1939年)85頁以下。
*12 法曹公論40巻11号(1936年)9頁。また、同95頁以下にその議論状況が示されている。
*13 池田克「現行捜査並に豫審制度の批判と對策」警察研究7巻1号(1936年)23頁以下。
*14 たとえば、1946年1月26日「刑事訴訟法中改正要綱案」があげられる(刑事訴訟法制定過程研究会「刑事訴訟法の制定過程(5)」法学協会雑誌91巻12号〔1974年〕1740頁以下[松尾浩也])。
*15 この議論の詳細については、斎藤・前掲注*1書163頁以下を参照。
*16 たとえば、1946年4月「刑事訴訟法改正方針試案」(刑事訴訟法制定過程研究会「刑事訴訟法の制定過程(7)」法学協会雑誌92巻6号〔1975年〕726頁以下[小田中聰樹])、1946年8月5日「刑事訴訟法改正要綱試案」(刑事訴訟法制定過程研究会「刑事訴訟法の制定過程(8)」法学協会雑誌92巻7号〔1974年〕875頁以下[小田中])、さらには1946年8月「改正刑事訴訟法第一次案」(刑事訴訟法制定過程研究会「刑事訴訟法の制定過程(13)」法学協会雑誌93巻4号〔1976年〕570頁以下[小田中]、同「刑事訴訟法の制定過程(14)」法学協会雑誌93巻5号〔1976年〕頁以下[小田中])などで、この構想は固まっていたといえる。
*17 1948年6月4日第2回国会衆議院司法委員会第24号(http://kokkai.ndl.go.jp/SENTAKU/syugiin/002/1340/00206041340024a.html)。
*18 田宮裕『日本の刑事訴追』(有斐閣、1998年)374頁以下を参照。田宮裕は、「捜査の弾劾化ないし弾劾的捜査観というとき、力点をどこにおくかで、その描く刑事手続きのタイプに二つのものがあると思われる。その一つは、捜査は控え目に、起訴は比較的あっさりと、そして比重を公判審理に大きく移すということをねらいとするものであり、もう一つは、捜査にも可及的に被疑者側の準備を予定し、起訴の慎重さは保持しつつも、公判では当事者による点検の活性化を期待するというものである。いずれも、一方で、捜査から捜査機関だけの単独の職権活動という色彩を奪い、他方で、公判の審判機能を相対的に重視するという特徴ないしねらい——それこそが弾劾的捜査観を支える特色である——をそなえているが、いわば前者は捜査抑制型、後者は当事者点検型(被疑者側の準備・点検を期待する型)とでも称することが許されよう」とする。そのうえで、「従来弾劾的捜査観というと、捜査は一方当事者の準備であるがゆえに抑制されるべしという前者のビジョンにおいて語られるのが普通であった。しかし、これは①真相解明のためには、とくに国民感情の上からむしろ強力な捜査が期待され、また、②起訴を誤ることへの警戒の念が強いので、今日まで必ずしも十分に納得をえられていないようにみえる」として、「捜査はそれ自身真実究明のため強力な活動たることの必要性は認めつつ、それと並んで、被疑者側の準備も進行するツートラックの活動であることを率直に予定

する。したがって、捜査手続きじたいが批判、点検を予定するものとなるが、他方、捜査の結論は一方当事者の仮りの結論たる性格のものなので、公判では反対当事者による徹底した防御にさらされ、また、裁判所による審査を受けるべきものになる、というように考える。要するに一口でいえば、捜査段階における防御活動を重視しつつ（複線的捜査）、公判における審判活動の活性化（公判における点検・公判中心主義）を期待する理論」という当事者点検型弾劾的捜査観を妥当とする。

*19　斎藤・前掲注*1書221頁以下。
*20　帝国刑訴法制定過程およびその後の議論については、斎藤・前掲注*1書214頁以下。
*21　1920年草案172条2項「捜査手続中、手続の目的が阻害される可能性があるときは、弁護人に対して記録の個々の部分又は個々の証拠物の閲覧を拒否することができる。ただし、捜査終結前（194条）に、少なくとも1度は記録又は証拠物を閲覧する機会が与えられなければならない」（Entwurf eines Gesetzes über Rechtsgang in Strafsachen, S.47, in : Materialien zur Strafrechtsreform, Bd. 14. 1960.）同改正については、小田中聰樹『刑事訴訟法の歴史的分析』（日本評論社、1976年）34頁以下、さらに光藤景皎『刑事訴訟行為論』（有斐閣、1974年）98頁以下などを参照。
*22　「捜査中ニ於ケル弁護人ノ記録及証拠物閲覧権ニ関スル資料」および「捜査中ニ於ケル弁護権ニ関スル規定（第二次案）」井上正仁＝渡辺咲子＝田中開編著『刑事訴訟法制定資料全集 昭和刑事訴訟法編（1）』（信山社、2001年）164頁以下。
*23　斎藤・前掲注*1書234頁以下。
*24　Preuß. JminBl. 1919, S.4.
*25　その詳細については、斎藤・前掲注*1書257頁以下など。
*26　RA-Bericht, S.5f.
*27　1974年改正について詳細に分析したものとして、高田昭正「西ドイツ刑事訴訟法改正における検察官と弁護人——1975年改正を中心として」岡山法学会雑誌29巻3＝4号（1980年）65頁以下、さらに斎藤・前掲注*1書265頁、331頁以下など。
*28　この点の分析について、斎藤・前掲注*1書331頁以下などを参照。
*29　斎藤・前掲注*1書274頁以下。
*30　斎藤・前掲注*1書269頁以下。
*31　Arbeitskreis Strafprozeßreform, Die Verteidigung Gesetzentwurf mit Begründung, 1979. また、この草案の訳文としては、福井厚「（西独）刑訴改正対案グループ『（刑事）弁護——法律草案及び理由書』」志林77巻4号（1980年）171頁、西ドイツ刑事弁護制度研究会「西ドイツにおける刑事弁護制度改革の動向について（1-7・完）」警研60巻1号（1989年）以下。
*32　Arbeitskreis Strafprozeßreform (Fn.31), S.87ff.
*33　Karl Peters, Fehlerquellen im Strafprozeß: eine Untersuchung der Wiederaufnahmeverfahren in der Bundesrepublick Deutschland, Bd.2 1972, S.195.
*34　Egon Müller, Beiträge zum Strafprozeßrecht(1969-2001), 2003, S.31ff.
*35　Peter Rieß, Prolegomena zu einer Gesamtreform des Strafverfahrensrechts, in: FS Karl Schäfer, 1980, S.207.

*36 Müller (Fn. 34), S.35.

*37 Müller (Fn. 34), S.36.

*38 斎藤・前掲注*1書271頁以下。

*39 弁護人が被疑者に閲覧内容を伝えることによって、手続に対する侵害（証人・共犯者との話し合い、証拠隠滅など）が予期され、その後の捜査手続に対して影響を及ぼすことが具体的に予期される場合とされる。そして、その「侵害」とは、「許されない侵害」のみが該当し、手続を結果的に妨害したとしても、それが許容される弁護活動や防御活動によって生じるものであれば、閲覧拒否の根拠とならないとされる（斎藤・前掲注*1書322頁以下）。

*40 ヨーロッパ人権裁判所および連邦憲法裁判所の判例などによる解釈の展開である。その詳細については、斎藤・前掲注*1書337頁以下。

*41 2009（平成21）年の法改正による。これにより147条2項は改正され、検察官は、捜査が阻害される可能性があるときに記録閲覧を拒否できるとの従来通りの規定を第1文とし、新たに第2文として「第1項の要件が存在し、かつ、被疑者が未決勾留又は仮逮捕下にあるときは、自由剥奪の適法性判断にとって重要な情報が弁護人に適切な方法で利用可能な状態に置かれなければならない。その限りで、通常、記録閲覧は保障される」とした。

*42 Matthias Weihrauch/ Jens Bosbach, Verteidigung im Ermittlungsverfahren, 7. Aufl.,2011, S.59ff, S.107ff. さらに、高田昭正『被疑者の自己決定と弁護』（現代人文社、2003年）69頁以下も参照。

*43 EctHR 27 November 2008, Salduz v. Tukey, No.36391/02. 同判決などヨーロッパ人権裁判所の判例について検討するものとして、葛野尋之『未決拘禁法と人権』（現代人文社、2012年）173頁以下、北村泰三「警察取調べにおける弁護人立会い権をめぐる人権条約の解釈・適用問題」法学新報120巻9・10号（2014年）179頁以下、石田倫識「接見交通権と被疑者取調べ」季刊刑事弁護85号（2016年）119頁以下など。さらに、この判例の論理を踏まえて、EU指令2013年48号が示されている（http://eur-lex.europa.eu/LexUriServ/LexUriServ.do?uri=OJ:L:2013:294:0001:0012:EN:PDF）。同指令については、北村・同上198頁以下。この指令では、被疑者を特定するための面通しや対面審理、そして実況見分に最小限立ち会う権利を、各国の実状に配慮しながら認めるべきともしている（3条3項(b)）。

*44 John Jackson, Police and Prosecutors after PACE: The Road from Case Construction to Case Disposal, in Ed Cape & Richard Young ed., Regulating Policing : The Police and Criminal Evidence Act 1984 Past, Present and Future, 255, 272, 275.

*45 ドイツにおいても、警察による取調べへの弁護人の立会いを認める改正案が提出された際に、立会い前の記録閲覧権を強化する案も併せて示されていた。

*46 後藤昭『捜査法の論理』（岩波書店、2001年）255頁以下、石田倫識「捜査改革と起訴基準」法律時報85巻8号（2013年）36頁以下、石田・前掲注*43論文120頁以下。

*47 斎藤・前掲注*1書337頁以下。

（さいとう・つかさ）

訴因と予断排除

　　　　　　　　　　　　　　　　　　　　　　　　白取 祐司
　　　　　　　　　　　　　　　　　　　　　　　　　神奈川大学教授

1　はじめに
2　訴因の機能と最高裁平成13年決定
3　訴因制度・起訴状一本主義・公判前整理手続
4　結びに代えて――適正な事実認定のための訴因制度と予断排除

1　はじめに

　訴因をめぐっては、現行刑事訴訟法の施行以来、その性格と機能、刑訴法256条および312条の解釈をめぐって、学説上絶えず議論がなされ、判例も多数輩出してきた。これまでの判例・学説の系譜をたどる余裕はないが、訴因の意義、機能についての議論の到達点として、①審判対象が「訴因」か「公訴事実」かという初期の議論については検察官の主張である「訴因」だとする訴因対象説に[*1]、②訴因の同一性判断の際に事実的側面と法的側面のいずれを基準にするかについては事実記載説に、③被告人の防御の不利益についての判断基準については抽象的防御説に、それぞれ落ち着いており、判例もほぼ同様の理解にたってきた[*2]。このうち、①訴因対象説を若干敷衍すれば、訴因制度と当事者主義の採用により、捜査機関のもつ嫌疑と裁判所のもつ嫌疑とは遮断され、裁判所は「白紙の状態で」審理を開始する、と理解され、とくに怪しまれることはなかった。
　しかし近時、これらの古典的な（?）訴因の意義と機能についての理解に対して、2つの方向から逆風が吹くことになった。1つは、抽象的防御説に代わって有力になった識別説の登場であり、判例上も、2001（平成13）年の最高裁決定（平成13年4月11日決定）により同説にたつことが明らかになった、と解されている。もう1つは、訴因制度を支える予断排除（防止）の原則が、

公判前整理手続の導入（2004〔平成16〕年法）によって変容を余儀なくされるにいたったことである。後者については、起訴状一本主義（刑訴法256条6項）の理解を変質させることで正当化しようとする学説も登場している。

　本稿は、このような問題状況のもとで、訴因制度の果たすべき意義と役割について改めて検討を加え、識別説の妥当性と、公判前整理手続が採られた場合における予断排除のあり方について試論を提示しようとするものである。

2　訴因の機能と最高裁平成13年決定

(1)　はじめに

　現行刑事訴訟法（1948〔昭和23〕年公布）は、いわゆる訴因制度と徹底した当事者主義を採用した（256条2項、3項、6項、312条等）。現行法になって初めて導入された「訴因」は、嫌疑を化体したものではなく、「証拠によって証明しようとする対象ないし目標を掲げたものにすぎない」[*3]と解され、通説化する。この当事者主義的訴因論を唱道した平野龍一は、審判対象である訴因を捜査機関の嫌疑から切り離し、検察官が立証しようという目標ないし青写真にすぎないと解することは、①裁判所が予断を持たないということ、②裁判所が、訴因と提出された証拠を見比べながら公正な判断をすること、の2点において重要だという[*4]。旧法の職権主義から十分脱却しきれず、「訴因抹殺論」さえあった立法当時の状況下においては、今日、自明とも思われるこのような主張は、当初は抵抗があったようだが、次第に通説となり、判例・実務にも受け入れられていったのである[*5]。

(2)　抽象的防御説・事実記載説と識別説

1)　訴因の2つの機能と2つの学説

　それでは、当事者の主張ないし立証目標である訴因は、どのような機能、役割を有すると考えられたのか。この点について、白山丸事件・最高裁昭和37年11月28日判決（刑集16巻11号1633頁）は、訴因は「裁判所に対し審判の対象を限定するとともに、被告人に対し防御の範囲を示すことを目的とする」と判示している。訴因の機能が、一方で裁判所に対する審判の対象ないし範囲を示し、他方で被告人に対して防御の範囲を示すものであるとしたわけだが、このことに異論はないと思われる。訴因の機能ないし目的がこのようなものだとすれば、訴因を明示して示されるべき「罪となるべき事実」の「特定」も（刑

訴法256条3項参照)、この目的に沿ったものでなければならない。法は「特定」のために、「できる限り日時、場所及び方法を以て」することを要求している(同条項)。これは、訴因の機能ないし目的を達成するためであるが、言い方を変えれば、訴因が明確になっていないと、裁判所にとっては事実認定の目標が定まらず心証形成が困難になるし、被告人にとっては防御の対象が定まらず、無駄に検討はずれの防御を余儀なくされたり、重要な防御のポイントに力を集中できなくなるなどの弊害が生じる、ということである。

　訴因の機能として、以上2つの機能があるのだが、そのいずれを強調するかで、つまり裁判所からみるか、被告人からみるかで次の2つの見解が主張されることになる。すなわち、①識別機能を重視する識別説と、②防御機能を重視する防御権説がある。①識別説は、判例・実務上従前から自覚されていたと思われるが、とくに強調されるようになったのは比較的新しい。これまで一般には、訴因の機能に関して、②防御権説の立場にたって論じられ、とくに訴因変更の要否の基準として、さらに(a)抽象的防御説と、(b)具体的防御説の対立があり、今日の通説は前者の(a)抽象的防御説にたっていると理解されてきた。ただ、改めて考えてみると、この(a)説と(b)説は、防御権を考慮する程度や方法が異なるにとどまらない、かなり性格を異にした見解ではないかという疑いがある。(a)抽象的防御説は、被告人の具体的防御への影響を考慮しないで、抽象的・一般的見地から防御の不利益を判断するというのだから、具体的な審理の開始前から判断することが可能であり、したがって訴因の「特定」の基準にもなりうるのに対して、(b)具体的防御説は、起訴状ができあがった段階ではおよそ問題にならない。二段構えの防御権説（三井誠）が理論的に成り立ちうるのも、両者が実はレベルを異にする説ないし基準だから両立が可能だということであろう[6]。ともあれ、抽象的防御説にたち、訴因の事実的側面を本質的要素と考える事実記載説にたつのが、かつての通説・判例であった[7]。

　防御説のうち(a)抽象的防御説にたって防御説を理解するかぎり、(b)識別説とは表裏の関係にあり、対立するものではなさそうだが、そうは単純にはいかない。両者を表裏のものと捉える論者もいるが、識別機能よりも防御機能のほうがより広い要請であり、両者は同心円的関係にあるとするものがある[8]。具体的な問題でいうと、訴因に記載する「日時、場所及び方法」を特定することが、法律上要求されているが（256条3項）、防御権説を徹底する立場からは、この日時、場所、方法などの事実は訴因そのものであって、これらの特定ができないときは訴因不特定を理由に、原則として起訴状が無効になると主張され

る*9。他方、識別説では、日時、場所、方法を訴因そのものではなく、訴因を特定するための一手段と解するから、「できる限り」特定しようとしてもできないときは、特定を認めても構わないという帰結になる。この点について、とくに問題になるのが「共謀共同正犯」の「共謀」である。たとえば、被告人の起訴状の「公訴事実」（訴因）に、共謀の日時、場所、方法の記載がなく、単に「被告人は、甲と共謀の上」としか書かれていなかったとしよう。識別説にたつ論者は、このような記載だけでも共謀と結びついた実行行為が特定されていれば、訴因は「特定」されていると解する*10。

しかし、そうすると、共謀にだけ関与したとして起訴された被告人にとって当該訴因は、「共謀」の日時も場所も特定されず、有効にアリバイ主張をすることもできなくなるのではないか。この帰結については、後述するように識別説にたつ論者からも異論がだされているが、ここではこれ以上触れない。問題は、識別説が訴因の役割ないし機能を十分とらえきれているか、ということである。次に、この問題について検討することにしたい。

2) 識別説と防御権説の対立の意味

かつての通説である防御権説は、訴因をもっぱら被告人との関係でとらえていた。これは、言い換えれば、訴因は被告人の防御の範囲を示すため、つまり被告人のためであるという見方である。これに対して、識別説は、訴因を裁判所との関係で考えようという立場である。識別説は、「従前の議論が、専ら被告人の防御に対する不利益に焦点をあてていたことには、反省すべき点があった」*11 とし、訴因の2つの機能のうち、識別機能こそ訴因の本来の機能だと言う。

では、識別説は被告人の防御の利益を考えていないのだろうか。識別説にたつ田口守一は、被告人の防御権の保障は訴因の特定場面だけでなく、その他の方法によっても問題にされるのに、防御権説は、「被告人の防御権を可能な限り訴因の特定論の中に盛り込もうとしたところに無理があった」から識別説にたつべきだとしたうえで、次のようにいう。すなわち、「識別説による訴因の特定によって、被告人の防御権の基本的な部分を保障し、それ以外の防御権の保障は訴因論とは別の方法によるものと構成する方が防御権の保障にとっては有益と思われる」のであり、「ここでの防御権の保障も審判対象の明確化の反射的効果であって、審判対象の明確化が防御権保障の結果なのではない」（傍点、引用者）*12。酒巻匡も、「訴因明示の第1次的機能は、裁判所が実体審理を進めることができる程度に審判対象を他と区別し画定することにあるとみるべき

である」との立場から、「被告人の防禦上の利益は、審判対象が他の事実と区別して画定されることによりその反射効として一般的防禦目標が呈示され、引き続く手続段階において具体的に考慮・勘案されることになる」(傍点、引用者)*13、と主張される。この問題は、具体的には訴因変更の要否の判断の際に問題になるが、その際、防御の利益は「反射的」にしか考慮されないことになる。この点、古江頼隆は明確に、訴因変更の要否を「防御の観点からみるのは、訴因の本来の機能が審判対象の画定(審判対象を裁判所に対して明示すること)にあることを看過するものである」、と言い切る*14。要するに、識別説は、被告人の防御の利益を考慮しないわけではないが、訴因の特定の問題とは切り離して、別なかたちで考慮すれば足りると解するのである。

それでは逆に、防御権説は訴因の識別機能を重視していないのだろうか。従前の防御権説はともかく、近時、訴因の2つの機能に着目し、折衷的な議論をする防御権説も主張されている。高田昭正は、「審判対象を画定する識別機能こそが、訴因の一次的な機能であり、基本的機能である」として、一見識別説のような視座を示したうえで、「この識別機能が働かないとき、被告人の法的安定性を脅かし、その意味で、被告人に対する重大な権利侵害を結果させます」と述べる*15。つまり、識別機能を重視するのは被告人の権利のためだというわけで、抽象的防御説の中身を折衷的に解している。高田が、彼のいうところの抽象的防御説という呼称について、「抽象的基準説と呼ぶべきもの」としているところからも、その折衷的性格があらわれている*16。ただし、高田が後述する最決平成13・4・11を「修正された抽象的防御説」と解することには、必ずしも賛成できない。

3) 識別説の問題点

訴因に識別機能と防御機能があるなら、識別説にたつか防御権説にたつかは、2つの機能のいずれを強調するかの違いにすぎないようにも見える。しかし、識別説には、訴因の当事者主義的性格を軽視し、そのため防御権に対する考慮が、訴因の問題としては抜け落ちてしまう、という致命的欠陥があるのではないか。以下、今日の通説である識別説の問題点について述べることにする。

まず第1に、識別説は、被告人に審判対象を「告知(notice)」するという重要な機能を見落としている。刑事裁判という手続負担を強いられる被告人に、自分がどのような嫌疑(犯罪事実)をかけられて裁判にかけられたのかを告知するのは、久岡康成が指摘するように、「弾劾の性質と理由を告知される権

利」を保障するためである*17。「弾劾の性質と理由を告知される権利」というフレーズは、日本も批准している自由権規約14条3項(a)のものだが、憲法31条の保障する適正手続の内容のひとつが「告知と聴聞」を受ける権利と解されており、2つの規定は重なるとみてよいと思われる。久岡は、憲法31条の適正手続の保障内容として、告知・弁解・防御の機会の保障をあげ、この機会を保障することが起訴状の役割だとし、起訴状の中でも「訴因」ないし訴因制度が、256条の立法過程からみて、これらの機能を果たすものとされた、という*18。「告知」を受けるのは、「弁解」し「防御」をするためであり、そのために何を「告知」するのかといえば、それが訴因なのである。だとすれば、訴因を被告人に伝えて防御の利益を確保する役割を、識別説のいうように、「反射効」として片付けていいのか、疑問がもたれる。起訴状は、裁判所に原本が提出され（書面主義の採用、刑訴法256条1項）、被告人には起訴状謄本が遅滞なく送達されることになっている(271条1項)。送達が2カ月以内になされないと、公訴提起は効力を失い、裁判所は公訴棄却の決定で手続を打ち切る（339条1項1号)。被告人への遅滞のない起訴状送達は、このようにして担保されているのであり、このことは、裏を返せば起訴状のもつ「告知」の役割がそれだけ重要だということにほかならない。繰り返すが、起訴状のうち訴因が最も重要な「告知」すべき事項なのである。

　第2に、識別説の問題点として、この説の内容があいまいで判然としないことがあげられる。かりに、他の犯罪と区別する要素さえ入れば「識別」されるというなら、殺人罪の場合でいえば、「被告人は特定の人（V）を殺害した」と明示すれば訴因の特定としては欠けるところがないことになってしまう。しかし、そのような学説はないし、実務もこのようには運用していないという*19。すると、いわばどこかで折り合いをつけて、訴因として具体的事実を記載することになると思われるが、それが訴因となるのか否かについて、識別説から導かれる基準があるわけではないようだ。犯罪の主体、日時、場所、客体、方法・行為、結果の「六何の原則」を充足する事実と解する論者もいるが、なお不確定な要素は残る*20。抽象的防御説にたてば、たとえば被告人がアリバイを主張する可能性がある以上、犯行の日時は「できる限り」具体的に特定される必要があるし、犯行場所、犯行方法も、（必要があれば）防御活動の対象とできるだけの具体性、特定性が必要だといえる。たとえば、殺人の犯行方法が「扼殺」と特定されれば、たとえば、被告人が非力で握力がないため犯行は不可能だ、という防御ができるが、「不詳の方法で殺害した」としかなければ、

そのような主張・立証ができなくなる。その意味で、防御権説からは、起訴状に訴因として具体的事実が記載されなければいけないことが容易に導かれる。

　第3に、識別説によると、防御権説よりも訴因に記載される事実の範囲が狭くなる。もっともこの点は、識別説にたちながら、識別機能と防御機能を表裏ととらえ、同説によれば訴因の特定に必要とはいえない事実であっても訴因として明示されればそのときから訴因ないし罪となるべき事実になるという見解もある[21]。たとえば、殺人の訴因では「殺意をもって」と訴因にあれば特定に十分なところ、未必的殺意まで訴因に明示されているときは、そのときから訴因になると解するのである。しかし、多くの識別説の論者は、被告人の防御を訴因の問題と切り離し、それが不意打ちとなるような場合は、訴因の特定の問題ではなく、被告人の防御権保障の問題としてとらえ、被告人に不意打ちにならないように防御の機会を公判手続の中で保障すれば足りる、と考える[22]。ここでの識別説と防御権説の違いは、訴因の記載にはこだわらずに公判手続を通して争点を顕在化させることで被告人の防御権を実質的に保障すればよいと考えるのか、あるいは訴因の記載を通して争点を顕在化させることで被告人の防御権を保障すべきと解するか、ということになる[23]。両説を比べれば、訴因の枠内で防御の利益を考える防御権説の方が、被告人の防御対象が定まり、その変更・変化も訴因変更手続（312条）を通してすることになるので、防御権に手厚いといえよう。

4）　川出・堀江説とその評価

　ところで、識別説にたつと、先に例としてあげた共謀共同正犯の場合に、共謀にしか参加しない被告人についても、単に「共謀のうえ」と記載するだけで、実行行為が特定されていれば問題ないことになる。しかしこれだと、被告人は防御のためにアリバイ主張することもできなくなるが、それでいいか。この点について、川出敏裕は次のように言う。訴因の機能には識別機能と防御権機能のほかに、第3の機能として、「それ［罪となるべき事実］を通じて、有罪判決において認定された犯罪事実が合理的な疑いを超える程度に証明されている根拠を示すという機能」がある、と[24]。そしてこの見地から、識別説では「被告人はAを殺した」という記載だけで特定されたことになるが、これだけでは、特定の構成要件（殺人）に該当する具体的事実が明らかにされていないため「犯罪が成立したことにつき合理的な疑いを超える証明がなされているということは通常ありえない」から、このような記載になっている訴因は、「通常の場合、

特定を欠いて違法となろう」、と言うのである*25。堀江慎司も、基本的に川出説に賛同するが、川出が第3の機能を打ち出すことには消極的である*26。

川出説は、識別説の不合理な結論を回避する優れた見解だと思われるが、この見解に対しては、「起訴状の記載から訴因の事実が認定できる見込みを問うものであれば、検察官の主張としての訴因の特定に、立証や心証の問題を取り込んでいるのではないかという疑問がある」との批判がなされている*27。川出のいう第3の機能は、やや判然としないところはあるが、識別機能や防御権機能を論じるまでもなく、いやしくも事実認定の基礎となる事実（主張）としてもつべき具体性のことだというのであれば、第3の機能をもちださなくても、防御権説にたてばいいようにも思われる*28。

(3) 最高裁平成13年4月11日決定
1) 平成13年決定の訴因論

学説・判例上、識別説を決定づけたのが、最高裁平成13年4月11日決定（刑集55巻3号127頁）であった。本決定については多数の評釈もあり、事実関係の詳細を述べる必要はないと思われるので、本稿の関心である訴因の特定（および訴因変更の要否）に関係ある部分に絞ってまとめておく。

まず、問題となった訴因だが、第一審で訴因変更がなされる。変更後の訴因は、「被告人は、Nと共謀の上、前同日午後8時ころから午後9時30分ころまでの間、A市××所在の共済会館付近から前記最終処分場に至るまでの間の道路に停車中の普通乗用自動車内において、殺意をもって、被告人が、Hの頸部を絞めつけるなどし、同所付近で窒息死させて殺害した」だったが、第一審裁判所は、訴因変更することなく、「被告人は、Nと共謀の上、前同日午後8時ころから翌25日未明までの間に、A市内又はその周辺に停車中の自動車内において、N又は被告人あるいはその両名において、扼殺、絞殺又はこれに類する方法でHを殺害した」と認定した（傍線、引用者）。

最高裁平成13年決定は、まず、「審判対象の画定という見地」から、「①この程度の判示であっても、殺人罪の構成要件に該当すべき具体的事実を、それが構成要件に該当するかどうかを判定するに足りる程度に具体的に明らかにしているものというべきであって、罪となるべき事実の判示として不十分とはいえない」と判示する。しかし、これに続けて、「②実行行為者がだれであるかは、一般的に、被告人の防御にとって重要な事項であるから、当該訴因の成否について争いがある場合等においては、争点の明確化などのため、検察官において

実行行為者を明示するのが望ましいということができ、検察官が訴因においてその実行行為者の明示をした以上、判決においてそれと実質的に異なる認定をするには、原則として、訴因変更手続を要するものと解するのが相当である」、とした。つまり、審判対象画定に必要な事実でなくても、争点明確化のため訴因に（たとえば実行行為者を）記載された場合、その変更には原則として訴因変更が必要だという。ただし、「③実行行為者の明示は、前記のとおり訴因の記載として不可欠な事項ではないから、少なくとも、被告人の防御の具体的な状況等の審理の経過に照らし、被告人に不意打ちを与えるものではないと認められ、かつ、判決で認定される事実が訴因に記載された事実と比べて被告人にとってより不利益であるとはいえない場合には、例外的に、訴因変更手続を経ることなく訴因と異なる実行行為者を認定することも違法ではない」、として原判決に違法はないと結論づけた。

2）　平成13年決定の検討

　最高裁平成13年決定は、要するに、識別説にたち、①「審判対象画定に必要な事実」を限定的に解するとともに、②それ以外でも被告人の防御にとって重要な事項が訴因に書かれたときは、判決でそれと実質的に異なる認定をするには原則として訴因変更を必要だとするが、③防御に不利益がなければ、例外的に訴因と異なる認定を、訴因変更なしにできる、というのである。本件殺人事件の「実行行為者」は誰かが、訴因に書き込むことによって訴因そのものになるなら、③の例外はありえないことになる。だとすれば、平成13年決定は、②事実は訴因事実ではない（訴因事実に準じる？）、と解していると理解することができよう。

　ほかの例をあげると、放火事件で、検察官が訴因に記載した実行行為は、「被告人がガスコンロの点火スイッチを作動させて点火した」としていたのに対して、裁判所が、「何らかの方法により」引火、爆発させたと認定したケースがある。最決平成24・2・29刑集66巻4号589頁は、審理の経過に照らせば、原判決が、「スイッチを作動させた行為以外の行為により引火、爆発させた具体的可能性等」について何ら審理することなく、「『何らかの方法により』爆発させたと認定したことは、引火、爆発させた行為についての本件審理における攻防の範囲を越えて無限定な認定をした点において被告人に不意打ちを与えるものといわざるをえない。そうすると、原判決が訴因変更手続を経ずに上記認定をしたことには違法がある」と判示した。

最高裁平成13年決定でいうと実行行為者が「N又は被告人あるいは両名」が、平成24年決定でいうと放火手段として「スイッチの作動」が、それぞれ訴因事実ではないが訴因に記載されることが望ましい事実とされたわけである。識別説では訴因事実が限定されると先に述べたが、ここにあらわれているのである。審判対象の画定とともに被告人の防御のためでもあるという訴因のもともとの機能を考えれば、これらの事実をすなおに訴因に取り込み、裁判所が訴因変更なしに認定したときは、被告人にとって不意打ちになったか否かを問わず、端的に不告不理違反と認定すればよいのではないか。やはり、防御権説にたって訴因の枠組みを考えていくことの方が、手続の安定にも資するし、被告人の防御の利益を守ることになるように思われる。

3　訴因制度・起訴状一本主義・公判前整理手続

(1)　はじめに

　最高裁平成13年決定は、識別説と防御権説の対立の中、判例が識別説の方向に舵をとることを示したものであった。そして、その3年後、2004年の刑訴法改正で導入された公判前整理手続は、識別説を後押しするとともに、訴因制度を支える起訴状一本主義との緊張関係をもたらした。

　まず前者だが、識別説にたつ田口守一は、防御にとって重要な事項が公判前整理手続において争点事実として顕在化できるようになったことから、「識別説の観点から純化した事実を記載することが手続の明確化にとって望ましい」という[29]。

　後者の起訴状一本主義については、旧法時代の捜査・訴追機関からの嫌疑の引継ぎを否定し、裁判官は白紙の状態で審理に臨むことを担保することで、「公平な裁判所」（憲法37条1項）を実現するための重要な原則と解されてきた（256条6項）。訴因との関係でいえば、訴因が嫌疑から切り離された当事者(検察官)の純然たる立証目標ないし主張であることを手続面から確保するために、裁判官の予断を排除（防止）するために起訴状一本主義は採用されたのである。これにより、事実認定は、旧法時代の嫌疑の引き継ぎスタイルから、「白紙の状態」からスタートし、狭義の当事者双方の主張・立証を受けながら心証を形成していくスタイルに変わった。現行法（1948年）になって変わった事実認定のポイントは2つ、すなわち、裁判所は、①公判開始前に嫌疑を抱いたり心証をとったりしてはいけない、②訴追側と弁護側とは等距離にいて公平に言い

分を聞く、ということである。

　後に確かめるように、現行刑訴法が施行されてから半世紀以上にわたって、このような理解が通説だった。ところが、2004年に公判前整理手続が立法で導入され、起訴後第1回公判前に、受訴裁判所による争点・証拠の整理プロセスが設けられるようになった。このプロセスは、訴因制度と起訴状一本主義に支えられた事実認定のシステムと両立しないのではないか。とくに「白紙の状態」論は、公判前整理手続と矛盾する可能性があるためか、批判の対象にさえなった。

　以下では、21世紀の「司法改革」によって生じたともいえるこの矛盾を改めて確認し、解決の方策を検討することにしよう。

(2)　従前の理解＝白紙の状態論
1)　立法当初の議論

　現行刑事訴訟法上の当事者主義的訴因（論）と「白紙の状態」から始まる事実認定システムの通説的理解は、平野龍一によって形作られた。平野は、1960（昭和35）年の論文「刑事訴訟法の基礎理論」で、次のように言う。「捜査機関のもつ嫌疑と、裁判所の持つ嫌疑との間には、断絶がある。裁判所は、検察官の嫌疑を受けつぐのではなく、白紙の状態で、すなわち嫌疑のない状態で、審理を開始する。……起訴状、あるいはそこに記載された犯罪事実というものは、嫌疑を化体したものではなく、証拠によって証明しようとする対象ないし目標を掲げたものにすぎない。……このような意味で記載された犯罪事実を訴因とよびます」、と[30]。

　その数年後、佐伯千仭も、起訴状一本主義を定める256条6項は、「裁判官は、事件についてなんらの予断を抱くことなく白紙の心境で事件の審理に臨まなければならないとする訴訟法上の原則を明文化したもの」だと述べている[31]。

　このように裁判官は、「白紙の状態」で第1回公判期日に臨むことが、予断排除の原則ないし起訴状一本主義の帰結と解されてきた。だからこそ、刑訴規則178条の10第1項但書も、第1回公判期日以前の裁判所の介在する打ち合わせについて、「事件につき予断を生じさせる事項」にわたることを禁じたのである。この帰結は、理論的には当事者主義のあらわれと説明される。中立公正であるべき裁判官は、第1回公判期日の冒頭手続において、検察官の起訴状朗読によってはじめて審判の対象を提示され、引き続く証拠調べ手続に入るまでは証拠に接することがない。このようにして、裁判官が「予断」を抱く可能

性が制度的に封じられていたのである。実務上も、事前準備は、予断排除の見地からなるべく検察官と弁護人の当事者双方で行うのが望ましいと主張されてきた[32]。

2) 判例の「白紙の状態」論

当時の判例にも、「白紙の状態」を説くものがある。最大判昭和27・3・5刑集6巻3号351頁は、「裁判官が、あらかじめ、事件についてなんらの先入的心証を抱くことなく、白紙の状態において、第1回の公判期日に臨み、その後の審理の進行に従い、証拠によって事案の真相を明らかにし、もって公正な判決に到達するという手続の段階を示したものであって、直接審理主義及び公判審理主義の精神を実現するとともに裁判官の公正を訴訟手続上より確保し、よって公平な裁判所の性格を客観的にも保障しようとする重要な目的をもっている」と判示している。

最近のコンメンタールでも、起訴状一本主義について、その趣旨は、「裁判官があらかじめ事件について先入観を持たずに、白紙の状態で審理に臨み……」、と説明されている[33]。

なお、公判前整理手続が立法化される以前においても、いわゆる準備手続の必要な場合はあったし、そのための手続も定められていた。すなわち、「複雑な事件について」「必要と認めるときは」、準備手続を行うことができるが、予断排除に対する考慮がなされていた。第1回公判手続前には、狭義の当事者間で証拠の検討・整理、争点の明確化などの準備が行われるが（刑訴規則178条の2、同178条の6等）、複雑な事件であっても、第1回公判期日前に裁判所が準備手続を行うことは許されないとされていた（規則194条1項但書。せいぜい、裁判所書記官が事前準備の調整等を行うくらいであった。規則178条の4、同178条の9等）。その理由は、起訴状一本主義（刑訴法256条6項）ないし予断排除の原則との抵触を避けるためであると説明されていたのである。

(3) 公判前整理手続の導入と起訴状一本主義

1) 公判前整理手続の登場と問題点

2001年の司法制度改革審議会の意見書は、「新たな準備手続の創設」を唱え、「予断排除の原則との関係に配慮しつつ」も「第1回公判期日の前から」争点整理を行う準備手続を創設し、「連日的開廷の確保」を提言した。裁判員裁判のためのこの制度は、2004年の裁判員法とともに立法化され、「公判前整理手

続」と呼ばれた。この手続は裁判所主導で進められ、裁判長が公判前整理手続期日を決め、検察官、被告人もしくは弁護人に通知する（316条の6第1項、2項）。被告人に出頭の義務はないが、「必要と認めるとき」は出頭を求めることができる（316条の9）。手続は非公開、その方法であるが、出頭した当事者に陳述させ、または書面を提出させるなどの方法によって行われる（316条の2第2項）。争点と証拠を「整理」し、絞り込む過程で証拠開示がなされ、証拠の取捨選択が行われる。検察官は、証明予定事実を記載した書面の提示が求められる（316条の13第1項）。改革審意見書のいう「予断排除の原則との関係に考慮」については、とくに規定はおかれなかった。この点について、立案担当者は、次のように説明する。「予断排除原則は、公判審理開始前に、裁判所があらかじめ事件の実体について心証を形成することを防止するもの」だが、「公判前整理手続において、裁判所は、当事者に、公判でする予定の主張を明らかにさせたり、証拠調べ請求やそれに対する証拠意見を明らかにさせることになるが、これらは、公判審理が計画的かつ円滑に進行するよう準備するために行うものであり、あくまでも、当事者双方が等しく参加する場において、それぞれの主張に触れるにすぎない。……このように、公判前整理手続は、事件の実体についての心証形成を目的とするものではなく、また、実際に裁判所が心証を形成することもないので、受訴裁判所が公判前整理手続を主宰しても、予断排除原則に抵触するものではない」、と[34]。

　以上の「当事者双方」論と同趣旨の理由をあげ、予断排除の原則に抵触しないという論者は多い。立法当時の議論だが、酒巻匡は、準備手続の場に「両当事者」がいれば、「白紙の状態」ではなくなっても「一件記録の提出による検察官主張の一方的説得、捜査手続と公判手続の連続性を廃する」という「予断排除の核心」には反しない、という[35]。また、寺崎嘉博は、「受訴裁判所が公判前整理手続を主宰しても、何ら予断排除の原則に反するわけではない。予断排除の原則とは、一方当事者の心証を受訴裁判所が引き継ぐことを禁じる原則である。したがって、両当事者が参加する公判前整理手続において、双方の主張を聞くことは、予断排除の原則に抵触しない」、とする[36]。いずれの議論も、起訴状一本主義を予断排除の原則と置き換え、旧法の嫌疑の引き継ぎと違って、両当事者がいれば予断のおそれはないというのである。

2)　予断排除原則との緊張関係をどう考えたらいいか？
　しかし、起訴状一本主義の期待する「白紙の状態」論は、公判が開始され証

拠調べ手続に入るまで、裁判官は証拠に触れないことも含意していた。現行法の、このような当事者主義的事実認定システムは、公判前整理手続によってそのままのかたちでは維持できなくなったのではないか。公判前整理手続における、当事者が間接事実（情況証拠）を主張し合い、「争点を絞り込む」というプロセスは、裁判官にとって事実認定プロセスと同じではないのか[*37]。

　このような課題を解決するひとつの解答が、上述の「当事者双方」論である。予断排除の原則を、「一方当事者の心証を受訴裁判所が引き継ぐことを禁じる原則」と再定義することで、この難題を乗り切ろうというのである。ただ、「白紙の状態」論を否定する理由として、なお十分ではないようにも思われる。なお、本稿で触れる余裕はないが、裁判員裁判の場合、概括的とはいえ提出予定の証拠に触れ、了解している裁判官と、「白紙の状態」で証拠に初めて接する裁判員の間に情報格差が生じ、適正な評議がうまくできないのではないかという危惧がもたれるところである[*38]。

　ほかに、心証形成を「目的」とするものではないから「予断」の問題は生じないという説明が考えられる。しかし、事実上心証形成をしてしまったり、予断をもつおそれは本当にないのだろうか。公判前整理手続では、公判の証拠調べ手続の冒頭で読まれる冒頭陳述にあたる証明予定事実の裁判所への提示もなされるのであり、また証拠開示手続で当事者の間に一致がみられないときは裁判所が開示、不開示を決定する。そのために証拠に触れざるをえないであろう。裁判員は証拠に触れないが、合議体の裁判官３名は争点、証拠を「整理」するために心証が汚染される可能性はやはりある。

　この点について、平良木登規男は、職業裁判官であれば予断防止が可能だという。平良木は、裁判員制度のための事前準備が立法課題とされていた2003年の論文で、事前準備に伴う予断排除の問題は、「陪審制度や参審制度を取っているときには、刑事裁判に素人である陪審員や参審員に与えるかもしれない影響を考えるときには、これを黙過することはできない。しかし、……訓練をされた職業裁判官についてまで、同じような意味で警戒する必要があるのだろうか」として、事前の準備で裁判官が記録に触れても問題はないというのである[*39]。公判前整理手続の立法化を前に、予断排除の原則との矛盾を回避することを企図した議論なのかは分からないが、職業裁判官だから予断防止への配慮はいらないという議論は、1948年公布の現行刑事訴訟法256条６項を説明できないのではないだろうか。渕野貴生の言うように、「心証形成場面で使用可能な情報とそうでないものとを裁判官の自覚や努力によって切り分けることが

できるという前提自体が幻想なのではないか」*40。公判前整理手続の場において、裁判所からみた事件の全体像をある程度把握できるようになるのは、制度の予定する範囲内だとしても、そこで（裁判員ぬきで）「評議」や「判決」まで準備されるようなことは、決してあってはならない*41。

4 結びに代えて——適正な事実認定のための訴因制度と予断排除

(1) 訴因の特定と事実認定

　最後に私見をまとめておく。訴因の特定については、識別説と防御権説（抽象的防御説）の対立があり、前者が通説である。しかし、訴因の2つの機能のうち、被告人に訴追の事実を告知（notice）し防御の範囲を示す機能の重要性にかんがみれば、防御権説を採るべきである。識別説と同説にたつ最高裁平成13年決定は、「審判対象画定に必要な事実」をミニマムなものととらえ、たとえば共犯事件における実行行為者は誰かという事実も、本来の訴因ではないと解する。識別説も、被告人の防御の利益や不意打ち防止の観点から、訴因事実以外の事実（たとえば、実行行為者は誰か）が訴因として記載されたら、それと異なる事実を認定するには訴因変更が必要だとする点で、具体的妥当性は図られ、被告人の防御の利益はそれなりに守られる、とはいえる。しかし、識別説では、犯行方法とか実行行為者は誰かなどの事実が厳密な意味での訴因事実から外れる。これらの事実は、厳密な意味での訴因ではなくなるから、審理の経過次第で、例外的に訴因変更しなくても違法でないとなるかもしれない。現に最高裁平成13年決定の事案はそうであった。

　しかし、訴因制度の趣旨からみて、このような理解は、あまりにも訴因の中身を空疎なものにしているのではないか。起訴状の「公訴事実」として、原初的に、あるいは訴因変更によって記載された「事実」は、明白に些末で重要性に乏しい事実以外は、訴因になると解すべきであり、当事者はその「訴因」を信頼して攻撃・防御の活動をすればよい、とすべきではないか。こう解することにより、被告人の防御の利益とともに、手続の安定も図られると思われる。

(2) 争点と証拠の整理に関する試論

　公判前整理手続を採る以上、起訴状一本主義との共存は容易ではない。繰り返さないが、公判前整理手続を受訴裁判所が行う限り、予断排除の原則にまっ

たく反しないかたちでの争点と証拠の整理は不可能であるように思われる。ではどうしたら良いか。立法による改善、あるいは運用による改善として採りうる手段は決して多くはないが、さしあたり以下のような措置ないし立法が有効ではないか。

　第1に、公判前整理手続で行われる証拠開示は複雑で、裁判所の介入が必要であり、その分証拠に触れる機会が増加するので、同手続における証拠開示をシンプルな全面開示に改める。これは、立法による必要があると思われるが、事前の全面開示であれば、検察側が応じるかぎりは、裁判所の関与は不要であり、当事者間の折衝で解決することができる。裁判所が関わるのは、事前の全面開示の例外（極めて限られたものになる）にあたるかどうかで当事者が紛糾したときなど、ごく限られた場合になる。

　第2に、運用論として、もっぱら狭義の当事者が争点・証拠の整理を行い、裁判所はなるべく、これに関わらない。この点について興味深い判例がある。一審裁判所が、公判前整理手続において弁護人不同意の被告人の供述調書の証拠調べ請求を却下し、訴因（犯行場所）について概括的認定をしたのに対して、控訴裁判所はこの点を問題にし、「合理的な理由なくして不当に証拠調べ請求を却下した」と言って一審判決を論難した。最判平成21・10・16刑集63巻8号937頁は、「当事者主義（当事者追行主義）を前提とする以上、当事者が争点とし、あるいは主張立証しようとする内容を踏まえて、事案の真相の解明に必要な立証が的確になされるようにする必要がある」と述べ、検察官が立証趣旨とする意思のない「犯行場所」の証明のため被告人の供述調書の任意性立証の機会を検察官に釈明する義務はないとし、一審の訴訟手続に違法はないと判示した。この判決は、直接弁護人の立証活動に関するものではないが、公判前整理手続における審理のあり方について、これまで裁判所主導（職権主義的）で行われてきたのではないかという批判を意識して、基本的には当事者（追行）主義にのっとった運用をすべきことを示唆した判決と言えよう。

　第3に、刑事訴訟法316条の11を活用して、公判前整理手続をなるべく受命裁判官に委ねるようにすべきである。これによって完全な予断排除はできないが、3人の受訴裁判所裁判官のうち証拠に接する裁判官を1人に制限することができる。ベストではないが、受訴裁判所以外の裁判官に公判前整理手続を行わせることが立法論的に難しいなら、ベターな方法としてこのような運用も検討に値するように思われるのだが、どうだろうか。

　いずれにしても、公判前整理手続を維持するなら、この手続で争点・証拠を

「整理」しすぎないことが重要だと思われる。現在、同手続の期間が非常に長期化し、裁判員裁判が「迅速でない裁判」になっているようだが、そのことによって、公判前の予断や事前の心証形成の危険が一層大きくなってはいないか。刑事訴訟法256条の訴因制度、予断排除の原則は、裁判員裁判でも守られなければならない。

*1 ここでいう「公訴事実」は、旧法の嫌疑を化体した「犯罪事実」のことで、後述するように今日克服された見解である。
*2 大谷直人「訴因変更の要否」松尾浩也＝井上正仁編『刑事訴訟法判例百選〔第7版〕』（有斐閣、1998年）100～101頁。
*3 平野龍一『訴因と証拠』（有斐閣、1981年）11頁。
*4 同上書11頁。
*5 白取祐司「戦後刑事訴訟法学の歩みと現状」川崎英明＝白取祐司編『刑事訴訟法理論の探究』（日本評論社、2015年）5頁以下。
*6 三井誠『刑事手続法Ⅱ』（有斐閣、2003年）199頁。
*7 大谷・前掲注*2論文100頁。
*8 関口和徳「訴因の機能と特定・変更」川崎英明＝白取祐司編『刑事訴訟法理論の探究』（日本評論社、2015年）141頁、古江頼隆『事例演習刑事訴訟法〔第2版〕』（有斐閣、2015年）190頁。
*9 白取祐司『刑事訴訟法〔第8版〕』（日本評論社、2015年）249頁等。関口・前掲注*8論文141頁参照。
*10 中山隆夫「訴因の特定――裁判の立場から」三井誠ほか編『新刑事手続Ⅱ』（悠々社、2002年）188頁等。
*11 大澤裕「訴因の機能と訴因変更の要否」法学教室256号（2002年）30頁。
*12 田口守一「争点と訴因」佐々木史郎先生喜寿祝賀『刑事法の理論と実践』（第一法規、2002年）736頁。
*13 酒巻匡『刑事訴訟法』（有斐閣、2015年）274頁。
*14 古江・前掲注*8書24頁。
*15 髙田昭正『基礎から学ぶ刑事訴訟法演習』（現代人文社、2015年）222頁。
*16 同上書223頁。
*17 久岡康成「起訴状の役割及び訴因の機能と防禦」立命館法学345＝346号（2012年）661頁。
*18 同上書662頁以下。
*19 石井一正『刑事訴訟の諸問題』（判例タイムズ社、2014年）233頁。
*20 松田章「訴因変更と争点顕在化措置の要否――『刑事訴因事実論の試み』」刑事法ジャーナル8号（2007年）70頁。
*21 松本芳希「訴因・罰条の変更」大阪刑事実務研究会編『刑事公判の諸問題』（判例タイムズ社、1989年）46頁。

*22 田口・前掲注*12論文137頁。
*23 関口・前掲注*8論文144頁は、この違いが「識別説と防御権説の対立の本質」だという。
*24 川出敏裕「訴因の構造と機能」法曹時報66巻1号（2014年）11頁。
*25 川出敏裕「訴因の機能」刑事法ジャーナル6号（2007年）124頁。
*26 堀江慎司「訴因の明示・特定性について」研修737号（2009年）7頁。
*27 川出・前掲注*25論文117頁。
*28 川出・前掲注*25論文124頁は、「この問題は、識別説か防御権説かという問題よりも前に存在する」とされる。
*29 田口守一「演習」法学教室349号（2009年）145頁。
*30 平野・前掲注*3書11頁。
*31 佐伯千仭「起訴状一本主義」日本刑法学会編集『刑事訴訟法講座（2）』（有斐閣、1964年）1頁。
*32 上田國廣「予断の防止——弁護の立場から」三井誠ほか編『新刑事手続Ⅱ』（悠々社、2002年）136頁。
*33 河上和雄ほか編『大コンメンタール刑事訴訟法〔第2版〕(5)』（青林書院、2013年）243頁〔古田佑紀＝河村博執筆〕。
*34 辻裕教『[司法制度改革概説6]裁判員法・刑事訴訟法』（商事法務、2005年）24頁。
*35 酒巻匡「刑事司法制度の改革について」法律のひろば54巻8号（2001年）34頁。ほかに、川出敏裕「事前準備と予断の防止」法学教室266号（2002年）118頁など。酒巻匡『刑事訴訟法』（有斐閣、2015年）261頁は、「白紙の状態」論を「根拠のない仮象の『標語』」という。
*36 寺崎嘉博「公判前整理手続の意義と『やむを得ない事由』の解釈」刑事法ジャーナル2号（2006年）6頁。
*37 高野隆「公判前整理手続は事実を認定する手続ではない」季刊刑事弁護78号（2014年）13頁。
*38 同上論文13頁参照。
*39 平良木登規男「当事者主義と予断排除」『田宮裕博士追悼論集（下）』（信山社、2003年）334頁。
*40 渕野貴生「裁判員制度と刑事手続改革」法律時報76巻10号（2004年）33頁。
*41 高野・前掲注*37論文15頁注4参照。

（しらとり・ゆうじ）

韓国・日本の保釈保証制度の現状と課題
韓国・保釈保証保険と全弁協・保釈保証書発行事業の比較検討

美奈川 成章

弁護士

1　本稿の目的
2　韓国の保釈保証保険制度と全弁協の保釈保証書発行事業
3　保釈保証保険・保釈保証書発行事業の意義
4　保釈をめぐる今後の課題

1　本稿の目的

　2013（平成25）年7月、東京、金沢など六地域で開始されたわが国初の保釈保証制度は、2015（平成27）年10月までにほぼ全国で実施されるに至った。運営主体である全国弁護士協同組合連合会（全弁協）は現在までの地域ごとの運営実績（事前申込数、保証書発行件数など）を公表するには至っていないが、全国の事前申込総数は2,000件、保証書発行件数は1,000件を超えたということである。

　この制度は、保釈が許可された場合に保釈保証金現金の納付に代えて全弁協の発行する保証書を納付しようとするものであるが、ご存知の方も多いように、韓国の保釈保証保険制度に範を取ったものである。

　筆者は2009（平成21）年発足した保釈保証保険研究会（以下単に「研究会」という）のメンバーであった。日本弁護士連合会（日弁連）の刑事弁護センターが組織したこの研究会は、わが国のいわゆる人質司法を打破する方策の一環として、弁護士、学者、保険会社関係者等17名で保釈保証制度に関する検討を続けた。2010（平成22）年3月には韓国において実施されていた保釈保証保険制度を視察し、それまでの研究結果を日弁連発行の『自由と正義』2011

(平成23)年1月号「保釈制度改革――保釈保証保険」で報告するとともに日弁連法務研究財団発行の『法と実務』10号（2014〔平成26〕年）に「保釈保証制度の研究」として発表した。

　全弁協の制度は発足から期間が短いため、この段階でその評価を定めることは困難であるが、韓国の制度に倣ったことから、同国の保釈保証保険制度の意義を検討し、全弁協の制度のこれからの課題などについて検討し、我が国の保釈制度のみならず、身体拘束のあり方について方向性を示すことができれば幸いである。

2　韓国の保釈保証保険制度と全弁協の保釈保証書発行事業

(1)　韓国の保釈保証保険制度

　韓国では1987（昭和62）年10月、保証保険会社が発行する「保釈保証保険証券」を裁判所に提出することで保釈保証金の納付に代えることができるようになった。韓国刑事訴訟法はその構造が日本と共通点が多く、そのため取調べの録音録画制度、いわゆる可視化の導入についても参考になることが少なくなかった。保釈についても、同法は保釈金の納付に関し、保釈保証金納付を条件として保釈を許可する場合、「裁判所は有価証券または被告人以外の者が提出した保証書により保険金に代えることを許可することができる」（100条3項）と規定している（日本刑事訴訟法94条3項参照）。この保証保険を利用しようとする者、たとえば被告人の親族などはまず保釈保証保険会社に一定の保険料を支払い、保釈保証保険に加入して保釈保証保険証券を発行してもらい、これを添付した保証書を裁判所に提出することになる。保険料の料率は保証書記載の金額に対し、2015年末現在で0.43%である。保釈保証保険金の上限は定められていないが、申込者の信用度などにより証券が発行されないこともあるという。

(2)　全弁協保釈保証書発行事業

　日本の保釈保証制度は保険証券ではなく全弁協の発行する保証書であるが、実質は韓国の制度とほとんど変わらないと言ってよい。

　具体的には被告人の親族などが保証委託者として弁護人に保釈保証制度の利用を申出ると、弁護人は保釈許可申請前に所属する各地の弁護士協同組合（単

協）経由で全弁協に保釈保証書発行の事前申込みを行い、保証委託者の資力などの審査を経て承認が得られればその旨弁護人に連絡され、弁護人は保釈許可申請と保釈保証金の一部を全弁協の発行する保釈保証書に代えることの許可申請も行う。弁護人は保釈許可決定がなされた段階で保釈保証書発行の本申込みを行い全弁協から発行された保証書を裁判所に提出する（全弁協「保釈保証書発行事業ガイダンス」。なお、全弁協の事業であるという制度上、事前申込み、本申込みを行うことのできる弁護人は弁護士協同組合所属の弁護士に限られる）。

　保証委託者は全弁協との間で保釈保証委託の申込みをするが、全弁協に対して手数料として保釈保証金額の２％を支払い、別途同10％の自己負担金を預け入れなければならない（自己負担金は保釈保証金の没取決定がなされなくなった段階で返還される）。手数料率については、今後の実績などを踏まえて漸減していく予定という。

3　保釈保証保険・保釈保証書発行事業の意義

(1)　保釈申請を容易にする日韓の制度はどのように位置づけられるか

　韓国の保釈保証保険も全弁協の保釈保証書発行事業も刑事裁判上保釈が許可される見込みのある被告人が保釈保証金を納付するだけの資力に乏しいために保釈申請ができないという事態を打開するために設けられた制度である。韓国の保釈保証保険制度の視察やその準備として行った韓国の裁判所をはじめとする司法関係者との意見交換を通じて、韓国と日本の間には身体拘束に関する関係者の考え方に大きな差があることを痛感した。全弁協の保釈保証書発行事業もとりあえずは保釈申請を容易にして、弁護人との打合わせを十分にできる環境を整えることから充実した刑事裁判を受ける被告人の権利保障を目的にしているわけであるが、決してそれにとどまるものではないし、とどまってはならないと考える。保釈請求が増え、保釈されることが当たり前の状態になり、逃亡などの事故がまれであることが明らかになることで、そもそも勾留などの身体拘束はどのような場合に必要なのか、という根本的な問題を検討すべきではないのかといった問題提起のテーマとしていくべきである。

　そのような意味で、以下韓国と日本の身体拘束のあり方や考え方の差異について検討する。なお、以下の検討においては、韓国警察大学校の李東熹教授の寄稿「韓国における保釈制度の沿革と現状」（自由と正義2011年１月号）を

参考にさせていただいた。

(2) 韓国の身体拘束制度の概要

1) 逮捕に引続くまたは逮捕なしの勾留

　韓国の刑事手続では逮捕前置主義がとられていないため、捜査機関は被疑者を「逮捕」せずに直接裁判所に勾留状（韓国刑事訴訟法上は日本の「勾留」に当たるのは「拘束」だが、本稿では便宜上「勾留」「勾留状」という呼び方をする。ただし、「拘束適否審査審」の説明の場合には韓国の呼称を用いる）の発付を請求する場合もある。韓国では令状請求はもっぱら検察官が行う（憲法上の定めである）逮捕には日本と同様令状による通常逮捕、現行犯逮捕、緊急逮捕の3つの累計があるが、それぞれ48時間以内に裁判所に勾留状の発付を請求しない場合には被疑者を釈放しなければならない。

　勾留期間は捜査主体ごとに定められており、司法警察官が逮捕した場合は逮捕期間を含めて最大10日間（韓国刑事訴訟法202条、203条の2。以下同法は「同法」あるいは「韓国刑訴法」という）、検察官は10日間勾留することができる（同法203条。なお、逮捕期間がこの勾留期間に含まれることは前同様である）が、1回に限り勾留延長を裁判所に請求できる（同法205条第1項）。すなわち、韓国の場合、起訴前の勾留期間は最長で30日間である。

2) 勾留審査

　韓国では1997（平成9）年の刑訴法改正で令状実質審査制度が導入された。この制度は裁判官が勾留の請求を受けた被疑者を呼び出して対面しながら捜査機関が作成した関係資料を検討して勾留の可否を判断するもので、「実質審査」と呼ばれている。それ以前は被疑者の呼び出しは法律上必要とはされておらず、裁判官はほとんどの場合捜査関係書類のみで勾留の可否を判断していたという。上記改正当時は被疑者審問は任意的とされたが、2007（平成19）年の改正で、審問が必要的となった（1997年改正同法201条の2第5項。その後2007年の改正で同条第4項）。

　日本の勾留尋問では、弁護人は勾留に関する意見を書面で提出することは不可能ではないが、質問に立会い意見を述べることは権利としては認められていない。弁護人の立会いを認めるか否かは勾留質問を行う裁判官の訴訟指揮の範囲であるとされるが、筆者の44年にわたる弁護士経験においても、立会いを申し入れたことは数回あるものの、これを認められたことは皆無である。

韓国の勾留に関する実質審査の制度を日本の法曹関係者に説明すると、日本の場合と同じではないかと言われることがある。日本でも被疑者を呼び出して裁判官が被疑者に被疑事実を告げ、それに対する意見を尋ねているではないか、というのである。確かに外形上は日韓の勾留審査は弁護人の立会権（これ自体は重大な差であるが）を除けばそれほど異なっていないと言えるかもしれない。

　そこで、韓国における勾留令状の発付請求数、発付率の推移を見てみよう。

表1　韓国における勾留状請求数・令状発付率の推移　　　　　　　　　（単位：名）

区分年度	請求(A)	発付(B)	棄却(C)	発付率 (％)	拘束起訴 人員数(D)	発付（捜査） 対拘束起訴率 (％)
1999年	129,250	111,633	17,690	86.4	94,892	85.0
2000年	122,359	106,089	16,229	86.7	88,338	83.3
2001年	121,031	105,815	15,263	87.4	90,014	85.1
2002年	115,171	99,995	15,091	86.8	86,226	86.3
2003年	109,620	94,741	14,879	86.4	80,265	84.7
2004年	100,693	85,916	14,767	85.3	74,217	86.4
2005年	74,613	65,150	9,592	87.3	56,657	87.0
2006年	62,160	51,990	10,178	83.6	46,275	89.0
2007年	59,109	46,274	12,868	78.3	42,159	91.1
2008年	56,845	42,903	13,852	75.5	39,693	92.5
2009年	57,019	42,732	14,295	74.9	40,214	94.1
2010年	42,999	32,573	10,435	75.8	31,015	95.2
2011年	37,948	28,960	9,042	76.3	28,326	97.8
2012年	34,549	27,341	7,216	79.1	27,169	99.4
2013年	33,116	27,089	6,010	81.8	27,214	100.5
2014年	35,767	28,438	7,299	79.5	28,543	100.4

注：1　韓国法院行政処『司法年鑑』による。
　　2　発付率＝発付(B)／請求(A)
　　3　発付（捜査）対拘束起訴率＝拘束人員数(D)／発付(B)

　上記**表1**中2010年以降の数値は、前記李教授に韓国法院行政処『司法年鑑』が公表したものを基に本稿のために提供していただいたものである（なお、表2〜5についても同じく李教授による）。

　ここでまず注目すべきは勾留状発付請求数の低下である。1999（平成11）年に12万9,250件の発付請求があったものがしばらくは漸減しつつも10万件台を維持していたが、2005（平成17）年以降は急激に請求数が減少し、2012

〜2014年には3万数1,000件台にまで低下している。韓国の犯罪発生件数や逮捕件数の推移などについては承知しておらず、正確な分析はできないが、勾留状の発付請求数がこれほどまでに減少しているのは、韓国の検察官が従来に比較すると勾留請求を控えるようになったと考えるのは不当ではないと思う。

李教授は前記寄稿の中で、「韓国の場合、捜査機関の令状請求に対する却下率は、1997年に勾留状の実質審査制度を導入する前までは、過去10年間約7％前後であったが、その制度が施行された1997年以後は、平均13〜14％程度の却下率を見せてきた」と述べている。日本の勾留請求の却下率は2002（平成14）年以前は0.1％台であったが同年以降上昇傾向にある（平成27年版犯罪白書）というが、それでも2014年度の却下率は2.2％にすぎないから、韓国の裁判所の勾留請求に対する考え方には我が国と相当程度の差があると言える。

3）　不拘束捜査・不拘束裁判の原則

李教授はさらに「また、2000（平成12）年度半ばからは、司法改革の議論が社会的に盛り上がり、不拘束捜査・不拘束裁判の原則を徹底化しようとする裁判所の動きとも相まって、却下率が再び上昇し、去る2009年には25.1％まで至っている状況である。このような裁判所の勾留状の請求に対する厳しい姿勢の影響であるのか、捜査機関の勾留状の請求件数も過去10年間で半分以下に落ちている」という。

この関係で、韓国における不拘束捜査・不拘束裁判の原則について述べる。韓国刑事訴訟法198条第1項は「被疑者に対する捜査は不拘束状態で行うことを原則とする」と規定する。韓国憲法12条にいう「身体の自由」および「適正手続の原則」を刑事訴訟法に明文で宣言したものと解されている。その論理的帰結として韓国における刑事裁判は身体不拘束で行われるのが原則とされている。

韓国では裁判所は令状実質審査制度の導入に伴い、裁判所ごとに人身拘束処理基準を発表した。韓国人の研究者が紹介した2006（平成18）年のソウル地方法院の人身拘束処理基準を参考に掲載する[*1]。

人身拘束事務処理基準（ソウル中央地方法院2006年1月3日）
○　一般基準
・拘束令状が請求された被疑者に対して令状実質審査をするとき、第1審裁

判で執行猶予もしくは罰金刑が予想される場合には令状発付をしない。しかし懲役刑など実刑が予想される場合には拘束する方針(実刑基準の原則)
- 令状審査の時、被疑者が合理的な理由を提示するなど法廷で熾烈な争いが予想されたり、拘束によって被疑者が受ける生活上の不利益が公共の利益より大きい場合には、なるべく拘束しないようにする。ただし、社会的衝撃や波及効果が大きい性暴力・組織暴力・食品衛生・わいろ犯罪等政策的考慮が必要な事件の場合には、拘束捜査を許容するようにする。
- 麻薬、酒気帯び運転、轢き逃げ、経済犯罪、性売買、凶器による暴力事件、インターネット犯罪などは政策的考慮対象犯罪部類から除外する。

○ 具体的基準
- 実刑宣告が予想される場合には令状発付：厳格に適用。
- 刑事政策的考慮（再犯憂慮、被害者保護の必要性など）による令状発付：維持するが、大幅に縮小。
- 被疑者の防御権保障のための令状棄却：拡大。
- 被疑者の個人的不利益を考慮した不拘束：拡大。
- 少年事件：特別配慮拡大。

　裁判官の独立の原則という視点からの批判はありうるとは思うが、いわゆる比例原則がうたわれていたり、否認事件でもなるべく拘束しないようにするなど、示唆に富むスタンダードである。
　日本刑事訴訟法197条1項は強制処分法定主義を規定したうえで強制処分をする必要性がなければ任意捜査を原則とすべきとする趣旨であるとして、「任意捜査の原則」を条文化したものと解されている。また、「犯罪捜査規範」99条「捜査は、なるべく任意捜査の方法によって行わなければならない」とされていることから、我が国の捜査も身体不拘束原則を標榜するとする考えもある[*2]。しかし、前述の勾留状発付件数や後述の拘束起訴人員比率などの数値を見るだけでも、日本の捜査における身体不拘束の原則は韓国のそれとは著しく異なると言わざるをえない。

4) 拘束適否審査制度
　韓国刑事訴訟法には拘束適否審査という制度がある。逮捕または勾留された被疑者について被疑者、弁護人、配偶者、直系親族、兄弟姉妹等が裁判所に逮捕または勾留の適否の審査を請求できる（同法214条の2第1項）。請求を受

けた裁判所は被疑者を審問し、捜査関係書類および証拠物を調査して請求に事由があれば決定により被疑者を釈放する。この制度は韓国の日本植民地時代に捜査機関に広汎に強制処分権を認めた朝鮮刑事令を廃止し令状主義を導入した米軍政法令大176条「刑事訴訟法の改正」によって1948（昭和23）年に導入されたもので、英米法のヘイビアスコーパス制度に由来すると言われている。その後、軍事政権下ではこの制度は廃止されたものの、1987年の刑訴法改正ですべての犯罪事実を対象にするという現在の制度の基礎が復活し、3度の改正を経て現在に至っている。

　日本でも、同じくヘイビアスコーパス制度に由来すると説明される勾留理由開示制度（刑訴法82条1項）がある。勾留理由開示制度は憲法34条後段の「何人も、正当な理由がなければ、拘禁されず、要求があれば、その理由は、直ちに本人及びその弁護人の出席する公開の法廷で示されなければならない」とする規定に根拠を置くと言われている。しかし、日本では憲法の同条項と勾留理由開示制度の関係については、①憲法34条はヘイビアスコーパス制度そのものを採用したもので、勾留理由開示制度は憲法上の制度ではないとする説（門馬良夫「勾留理由開示手続きにおける『開示すべき理由』についての一考察」司法研修所報28号96頁）や②憲法はヘイビアスコーパス制度を刑事手続について採用したのであり、勾留理由開示の目的は不法拘禁からの救済にあるとする説（団藤重光『條解刑事訴訟法』（上）〔弘文堂、1950年〕169頁）、③憲法は拘禁の理由を公開の法廷で明らかにすることのみを要請しており、本制度はその要請に応えたものであるが、不法拘禁からの救済は副次的な効果に過ぎないという説（『注解日本国憲法（上）』〔有斐閣、1948年〕323頁他）が主流であり、裁判所もほぼそのような運用をしている。

　本稿はヘイビアスコーパス制度について立ち入って論じることは本旨ではないが、筆者も含めて3説とこれに沿った運用が勾留理由開示制度は「不当な身柄拘束からの救済には何の役にも立たず、被告者の視点から眺めた場合、単に公開の法廷であるが故に外部交通の側面かが認められる点にのみ存在意義を見出さざるを得ないのが実際である」[*3]と批判せざるをえない現実が存在する。事実、勾留理由開示の公判では、裁判所は単に被告人の勾留が刑訴法60条1項の何号に該当するかを述べるだけで、各号に対応する証拠を指摘したり、具体的にどのように判断したのかについては一切述べないのが普通である。このような刑訴法60条1項の何号に該当するかは被疑者や弁護人は勾留状の写しなどですでに承知している事実であるから、先に述べたような批判が発される

わけである。

　これに対して、韓国の拘束適否審査制度は、請求があれば勾留の適否を審査し、勾留決定時点での判断に誤りがあると判断するか、勾留決定時の判断には誤りはなかったが、審査時点では勾留の必要性がないなどの事情が認められれば、被疑者を釈放することになるのである。すなわち、この制度は日本でいう勾留理由開示制度と勾留決定に対する準抗告および勾留取消請求の性格を併せ持っていると言いうる。

　拘束適否審査の新受および処理人員の推移は**表2**の通りである。

　新受人員は現行制度発足の1987年ころから増加し、1990年代には概ね1万人を超えたが、1997年ころから減少傾向をたどり、最近は約2,000人程度で推移している。一方釈放命令率は幾分変動しながらも1997年ころまでは50%前後を維持していたがその後は漸減し、近年は20%〜30%を示している。こうした数値の変化の原因については正確にはつかめないが、前掲の勾留状発付数の変化を見ると、1999年に約13万人だった発付数は2005年ころから発付数が激減し、2014年には3万人未満に低下している。すでに述べたように韓国の裁判所は勾留審査を実質化し、厳格な判断を下してきたので、勾留数自体が劇的に減少したため、拘束適否審査請求数も減少したとみて構わないように思う。前述の韓国人の研究者は捜査段階、一審段階での釈放率の減少、実刑宣告率について「従来は不起訴が予想され、あるいは起訴されても罰金刑や執行猶予が予想される被疑者も拘束されていたが、次第にそのような実務慣行が改善されていることを意味するのではないだろうか」と指摘している[*4]。

　そのうえ、拘束適否審査制度は次に述べるもう一つの見逃せない側面を持っている。

5)　保釈保証金納付条件付被疑者釈放制度

　韓国刑訴法214条の2第5項は、

　　裁判所は拘束された被疑者に対して、被疑者の出席を保証するだけの保証金の納入を条件として、決定により第4項（拘束適否審査の結果、請求に事由があると認めた場合に釈放する旨の条項。筆者註）の釈放を命じることができる。ただし、次の各号に該当する場合はこの限りでない。
　　(i)　罪証を湮滅する恐れがあると信じるに足りる十分な理由のある時
　　(ii)　被害者、当該事件の裁判に必要な事実を知っていると認められる者、またはその親族の生命・身体および財産に害を加え、または加える恐れ

表2　韓国における拘束適否審査請求数、釈放数（うち保証金による釈放数）

区分年度	接受※	処理				釈放命令（％）
		計(A)	釈放命令(B)	請求棄却	その他	
1984年	3,773	3,758	1,915	1,601	242	51.0
1985年	2,969	2,985	1,582	1,222	181	53.0
1986年	3,301	3,299	1,844	1,229	226	55.9
1987年	4,122	4,121	2,406	1,439	276	58.4
1988年	5,467	5,463	3,090	2,037	336	56.6
1989年	8,263	8,270	4,504	3,257	509	54.5
1990年	10,616	10,599	5,630	4,362	607	53.1
1991年	11,982	11,971	6,102	5,115	754	51.0
1992年	10,993	11,018	5,635	4,730	653	51.1
1993年	11,417	11,407	5,649	5,136	622	49.5
1994年	10,300	10,305	5,257	4,508	540	51.0
1995年	10,624	10,625	5,261	4,842	522	49.5
1996年	9,617	9,611	4,777	4,344	490	49.7
1997年	11,155	11,166	5,389	5,152	625	48.3
1998年	9,978	9,976	4,418	4,982	576	44.2
1999年	8,077	8,073	3,515	4,145	413	43.5
2000年	8,786	13,255	3,886	8,940	429	29.3
2001年	9,181	9,163	3,899	4,778	486	42.5
2002年	8,709	8,683	4,082	4,137	464	47.0
2003年	8,954	8,909	4,699	3,767	443	52.7
2004年	8,374	8,357	4,092	3,985	280	49.0
2005年	5,754	5,726	2,697	2,895	134	47.1
2006年	4,564	4,525	2,015	2,384	126	44.5
2007年	3,921	3,926	1,737	2,106	83	44.2
2008年	3,797	3,774	1,426	2,243	105	37.8
2009年	3,580	3,578	1,253	2,228	97	35.0
2010年	2,749	2,713	835	1,811	67	30.8
2011年	2,462	2,439	633	1,738	68	26.0
2012年	2,141	2,106	447	1,595	64	21.2
2013年	1,965	1,814	324	1,428	61	17.9
2014年	2,241	2,218	459	1,707	52	20.7

注：1　韓国法院行政処『司法年鑑』に基づき、再構成したものである。
　　2　※の「接受」には、前年の未済件数が含まれる。
　　3　釈放命令率（％）＝釈放命令人員(B)／処理人員(A)×100

　　　　があると信じるに足る十分な事由のある時

と規定する。

　この制度は起訴前（被疑者）保釈制度として解釈されているが、実は独立した保釈請求権を前提にしたものではない（すなわち、あくまでも、拘束適否審査審では釈放が認められなかった場合に裁判所が保証金の納入を条件として裁量的に釈放を命じるものである）。実務では、この起訴前保釈を得ようとする場合には拘束適否審査の請求書面に「適否審査で条件なしに釈放されない場合には保証金納付条件付で釈放されたい」と別途記載するのが慣例となっているという。

　なお、後述の通りこの制度による保釈にも2007年以降保釈保証保険の利用が認められている。

　拘束の適否を審査する制度に拘束を是としたうえで保証金の納付を条件として実質的には保釈を命じる制度を組み合わせることには整合的でないという意見もあったと言うが、まず、拘束の適否の審査で裁判所の判断を出させたうえで、それが認められなかった場合に改めて起訴前保釈を請求するのはいかにも迂遠であり、趣旨の異なる制度を統合して迅速な身体拘束からの釈放を目指すことには合理性があると判断されているようである。

　日本の制度を見ると、勾留理由開示制度では、そもそも勾留の適不適を判断するような制度設計となっておらず、被疑者側で勾留理由開示手続とは別個に勾留決定に対する準抗告や勾留取消請求を行わなければならないことになる。そのうえで請求を退けられれば、起訴後に保釈請求をするしか身体拘束からの解放はありえないのである。もちろんわが国には起訴前保釈の制度がないという決定的な違いがあるが、その点を考慮しても韓国と日本の被疑者の身体拘束に関する権利保障の落差に愕然とせざるをえない。

6)　起訴後の保釈

　韓国刑訴法94条は「被告人、被告人の弁護人・法定代理人・配偶者・直系親族・兄弟姉妹・家族・同居人または雇用主は、裁判所に拘束された被告人の保釈を請求することができる」と規定する。直系親族・兄弟姉妹以外の家族、同居人や雇用主が請求人とされているのが目を引くが、日本刑事訴訟法88条とほぼ同じと言ってよい。同95条の必要的保釈の要件も多少の差はあるものの日本の刑訴法89条と大差はない。

　ここで韓国の勾留の実情について振り返ると、韓国では勾留について実質審

査が行われるようになって勾留状の発付数が激減し、勾留状発付の請求数も減少したことはすでに述べたとおりである。そして、拘束適否審査審において、勾留が違法または必要性がなくなったとして取り消され、さらに保釈金納付条件付釈放制度によって釈放された被疑者以外が起訴後保釈の検討対象となるのである。韓国における被疑者が勾留されたまま起訴される割合は**表3**の第一審の拘束人員比率の通りである。

表3　韓国における第一審刑事公判事件における拘束人員数の推移

区分年度	接受人員数(A)	拘束人員数(B)	拘束人員比率（％）
1994年	149,984	104,083	69.4
1995年	164,681	109,492	66.5
1996年	172,996	109,969	63.6
1997年	175,165	95,508	54.5
1998年	216,219	116,086	53.7
1999年	195,374	94,892	48.6
2000年	191,654	88,338	46.1
2001年	198,506	90,014	45.3
2002年	208,506	86,266	41.4
2003年	212,893	80,265	37.7
2004年	238,358	74,217	31.3
2005年	216,460	56,657	26.2
2006年	227,696	46,275	20.3
2007年	250,172	42,159	16.9
2008年	274,955	39,693	14.4
2009年	287,465	40,214	14.0
2010年	263,425	31,015	11.8
2011年	277,744	28,326	10.2
2012年	292,707	27,169	9.3
2013年	270,469	27,214	10.1
2014年	268,823	28,543	10.6

注：1　韓国法院行政処『司法年鑑』による。
　　2　拘束人員比率（％）＝拘束人員数(B)／接受人員数(A)×100

すなわち、韓国においてはたとえば2013年に起訴された人員（接受人員数）27万469人のうち2万7,214人（10.1％）のみが勾留されたまま起訴されているのである。日本の司法統計では1998（平成10）年までは起訴時の被告人数中の身体拘束率の数値が公表されていたが、1999年以降の統計数値はない。そこで、正確な比較はできないが、日本における一審判決時の身体拘束率を表

にした**表4**と比べてみる。

表4　日本の第一審における判決時身体拘束率（終局時の身柄）

年	拘束中	拘束率	不拘束	年	拘束中	拘束率	不拘束
1977年	23,824	37.7%	39,352	1996年	35,621	64.9%	19,259
1978年	27,083	41.4%	38,389	1997年	37,866	66.1%	19,435
1979年	36,930	41.5%	37,991	1998年	38,567	66.2%	19,690
1980年	28,150	43.1%	37,219	1999年	40,527	65.7%	21,113
1981年	30,974	48.2%	33,315	2000年	45,364	66.5%	22,826
1982年	32,637	50.7%	31,698	2001年	48,977	68.6%	22,402
1983年	32,798	50.6%	31,971	2002年	52,319	69.2%	23,251
1984年	35,962	54.2%	30,349	2003年	56,760	70.8%	23,463
1985年	36,210	55.2%	29,343	2004年	57,308	70.5%	23,943
1986年	34,949	55.3%	28,255	2005年	56,442	71.3%	22,761
1987年	33,693	54.3%	28,302	2006年	52,474	69.6%	22,896
1988年	32,354	55.9%	25,529	2007年	48,900	69.3%	21,710
1989年	28,537	54.1%	24,218	2008年	45,821	67.7%	21,823
1990年	25,702	51.6%	24,119	2009年	43,626	66.2%	22,249
1991年	25,428	53.5%	22,111	2010年	40,801	64.9%	22,039
1992年	26,178	55.7%	20,805	2011年	37,227	64.2%	20,741
1993年	28,605	58.7%	20,087	2012年	35,825	63.1%	20,909
1994年	30,940	62.1%	18,916	2013年	32,882	63.0%	19,347
1995年	32,823	63.7%	18,714				

（司法統計より）

　日本では身体拘束されたまま判決を受けた者は判決時の被告人数5万2,229人のうち3万2,882人で、実に63％に上るのである（2013年）。この数字は起訴時に勾留人員からその後保釈された者や勾留取消を受けた者を差引いたものということになろうから、起訴時の勾留率はより高いことになる。なお、人口に比して韓国の起訴人員数は非常に多い（日本の人口は韓国のそれの2倍強であるが、起訴人員数は韓国が日本の約4倍にもなるが、その理由などについてはなお検討の必要がある）。

　一方、韓国における拘束起訴人員数、保釈請求率、保釈率などを表にしたものが**表5**である。人員数が1990年代と比較すると半減しており、保釈請求率（拘束起訴人員に対する保釈請求人員の割合）、保釈率（拘束起訴人員に対する保釈許可人員の割合）も低下していて、拘束起訴された被告人については保釈そのものが相当困難な重罪事件が多く、保釈請求もよほど許可される見込みの高いもののみを行っているのではないかと思われる。もっとも、そのような事

情を前提としても、保釈許可率はなお40%程度を保っていることは注目すべきである。

表5 韓国における保釈請求数、保釈請求率、保釈許可率、保釈率

区分年度	拘束起訴人員(A)	保釈請求人員(B)	保釈許可人員(C)	保釈請求率(B/A)%	保釈率(C/A)%	保釈許可率(C/B)%
1994年	104,083	38,389	21,057	36.9	20.2	54.9
1995年	110,365	45,944	25,110	41.6	22.8	54.7
1996年	109,981	45,470	26,284	41.3	23.9	57.8
1997年	95,508	32,578	17,975	34.1	18.8	55.2
1998年	116,086	32,889	17,060	28.3	14.8	51.9
1999年	94,892	27,561	14,007	32.5	15.0	50.8
2000年	93,617	24,174	12,224	27.4	13.1	50.6
2001年	90,014	24,673	12,304	27.4	13.7	49.9
2002年	86,266	25,852	14,151	30.0	16.4	54.7
2003年	80,265	21,491	11,722	26.8	14.6	54.5
2004年	74,217	18,947	10,787	25.5	14.5	56.9
2005年	56,657	12,855	7,079	22.7	12.5	55.1
2006年	46,275	10,796	5,511	23.3	11.9	51.0
2007年	62,151	11,401	5,398	18.3	8.7	47.3
2008年	60,474	10,221	4,386	16.9	7.3	42.9
2009年	61,854	10,135	4,465	16.4	7.2	44.1
2010年	50,952	8,144	3,649	16.0	7.2	44.8
2011年	47,168	7,224	3,124	15.3	6.6	43.2
2012年	44,397	6,247	2,414	14.1	5.4	38.6
2013年	45,539	6,465	2,625	14.2	5.8	40.6
2014年	49,034	7,040	2,780	14.1	5.7	39.5

注：1 韓国法院行政処『司法年鑑』による。
　　2 2007年度以後の統計には、第一審における保釈統計のみならず、控訴審の中、地方法院（地方裁判所）が担当する控訴審の保釈統計も含まれている。『司法年鑑』の「保釈人員推移」に関する統計収録方法が変更されたようである。

さらに韓国の保釈許可条件には保釈金以外のものも認められている。韓国刑訴法第98条（2007年6月1日全文改正）は、

　　裁判所は保釈を許可する場合は、必要かつ相当な範囲内で次の各号のうち一つ以上の条件を定めなければならない。

（i）裁判所が指定する日時・場所に出席し証拠を湮滅しないという誓約書を提出すること
（ii）裁判所が定める保証金相当の金額を納入することを約束する約定書を

提出すること
- (ⅲ) 裁判所が指定する場所に住居を制限し、これを変更する必要がある場合は裁判所の許可を受ける等、逃走を防止するために行う措置を受諾すること
- (ⅳ) 被害者、当該事件の裁判に必要な事実を知っていると認められる者、またはその親族の生命・身体・財産に害を加える行為を行わず、住居・職場等その周辺に接近しないこと
- (ⅴ) 被告人以外の者が出席保証書を提出すること
- (ⅵ) 裁判所の許可なしに外国へ出国しないことを制約すること
- (ⅶ) 裁判所が指定する方法により被害者の権利回復に必要な金員を供託し、またはそれに相当する担保を提供すること
- (ⅷ) 被告人または裁判所の指定する者が保証金を納入し、または担保を提供すること
- (ⅸ) それ以外に被告人の出席を保証するために裁判所が定める適当な条件を履行すること

と規定している。

　条文上も保証金や保証書の納付あるいは担保の提供が必須の要件になっていないが、実際これら保釈金の納付をせずに釈放されるケースも少なくないとされ、2008（平成20）年の大法院（最高裁）の発表によると韓国全土の裁判所で保釈により釈放された被告人4,490人のうち4割近い1,701人が保釈金の納付等なしに釈放されたという。裁判所が定めた保釈条件は、「保釈金納入または担保提供（前記法98条8号）」が42.2％、「逃走防止の措置受忍（同3号）」が18.1％、「裁判所出席等の誓約書（同1号）」などの条件が多かったという[*5]。

7）その他の問題点──未決勾留日数の算入

　韓国刑法57条1項は「判決宣告前の拘禁日数は、その全部または一部を有期懲役、有期禁固、罰金および科料に関する留置に算入する」と規定している。このような規定については日本刑法21条にほぼ同一の条文がある。

　2009年6月、韓国憲法裁判所は「刑法第57条第1項中、『または一部』部分が上訴提起後未決拘禁日数の一部を算入しないこともできるようにして、被告人の上訴意思を萎縮させることによって濫上訴を防止しようとすることは、立法目的達成のための適切な手段であるとは言えないし、濫上訴を防止するとの名目でかえって拘束被告人の裁判請求権や上訴権の行使を阻害する。このよ

うな立法目的が、憲法上の無罪推定の原則と適法手続きの原則に反して未決拘禁日数の一部のみを刑期に通算するのを許すほどの合理性と正当性を備えたとは言い難い」と述べて同条項の「一部」のみを未決算入することを可能とする部分が違憲であるとの決定を出した。この事件では、一審の未決拘禁日数134日（逮捕および起訴前の勾留日数を含む）は全日算入されていたが、控訴審では未決拘禁日数58日中28日、上告審の未決拘禁日数105日のみが刑期に算入されたことについて憲法裁判所で争われたものである。

　本決定は前記の「適法手続きの原則」および「無罪推定の原則」について次のように述べる。韓国憲法12条1項後段および3項本文に規定されているが、本決定はこれを「刑罰権の実行手続きである刑事訴訟の全般を規律する基本原則」と位置づけ、「人身の自由の本質的内容を侵害してはならないだけでなく、比例原則および過剰立法禁止原則に反しない限度においてのみ、適法性と合憲性が認められうることを特に強調したもの」と解している。そして、無罪推定の原則については「有罪の判決が確定するまで、被疑者や被告人は原則的に罪がないものとして扱われなければならず、その不利益は必要最小限にとどめられなければならないことを意味する。このような無罪推定の原則は、証拠法に局限される原則ではなく、捜査手続から公判手続に至るまでの刑事手続の全過程を支配する指導原理として、身体拘束事態を制限する原理として作用する」という。こうした前提のもと、同決定は未決拘禁を許容すること自体が憲法上の無罪推定の原則から派生する不拘束捜査の原則に対する例外であるのに、未決拘禁日数のうち一部のみを刑期に算入しうるように規定することは、上記例外に対して事実上再度の特例を設けることになり許されない、未決拘禁は人身の自由を剥奪して苦痛を与える効果の面で実質的には自由刑の執行と類似しており、未決拘禁が確定した刑の執行より緩和された形態の拘禁であるということはできない、被告人の責任で裁判が遅延した場合には裁判の効率性のため未決拘禁期間中それに対応する部分を刑期に算入すべきではないという主張もあるが、刑事訴訟手続上の事由によって左右される拘禁期間の被告人の帰責事由に対応させることは容易ではないし、たとえ被告人が故意に裁判を遅延させたり、不当な訴訟行為をしたとしても、これを理由に未決拘禁期間の一部を刑期に算入しないのは処罰されない訴訟上の態度に対して刑罰的要素を導入して制裁を科すものである、などと述べて裁量通算の正当性を否定した[*6]。

　日本の実務では、勾留期間が宣告刑を大幅に上回ったり、罰金刑が選択された場合を除いて、未決勾留日数が全部刑期に算入されることはまず考えられな

い。当該事件において裁判所が通常審理に必要だと考える期間、たとえば一審、控訴審においては起訴後または控訴から2～3カ月程度を超える審理期間に相当する起訴後の勾留期間の一部を算入するのが慣例と言ってよく、上告審に至ってはほとんど算入は期待できないというのが実情である。そして、審理期間が延びたことについて被告人に帰責事由があると裁判所が判断すれば刑期に算入される勾留期間はさらに減じられることがある。

　この点については従来弁護人においてもそれほど疑問に思わなかったのではないかと思われる。筆者自身、韓国のこの決定を見るまでは、被告人から一審判決の見通しを尋ねられて、前記のような実務の慣例に従った宣告刑の予測を説明したり、被告人から量刑不当のみを理由に控訴したい旨の相談を受けたものの、量刑不当の破棄判決が期待できない場合に控訴審での未決勾留日数には算入されない部分があるから慎重に検討するようにとアドバイスすることも少なくなかった（上告の相談を受けたばあいはなおさらである）。現在では、韓国の決定を説明したうえで、「日本の裁判所で未決勾留の全部算入を認めないのは不当だと思うが」とやや弁解じみた解説をすることもある。

(3) 韓国の保釈保証保険制度

　前置きがはなはだ長くなってしまったが、韓国の保釈保証保険は概ね次のような制度である。

1) 制度の発足と運用

　2010年の韓国視察では同国の保釈保証保険制度の創設経緯については必ずしも十分な調査ができなかったが、前記李教授によれば制度導入に積極だったのは大法院で、背景には高額の保釈保証金の捻出のため被告人の家族等の家計が破綻する例が多くみられ、資力のないものや一般庶民についても保釈保証金の負担を減らす必要があるという社会的な要請があったという。大法院は1987年ころから大手保証保険会社（国が資本の大半を出資する法人である）や関連行政機関と協力しながら制度の導入に尽力したということである。教授はメディアの報道によればと断っているが、当初弁護士会からの同制度に関する公式な意見は表明されていないと言い、弁護士業界は必ずしも制度に賛成というわけではなかったと指摘しているのは興味深い。その理由として被告人らが納付した保釈保証金は弁護人への謝礼金となる慣行があったというのである[*7]。もっとも、1992（平成4）年8月に開催された「大韓弁護士協会創設

40周年記念シンポジウム」等では保釈保証保険制度を含む保釈制度の活性化を求める発表がなされたことも指摘している[*8]。

　制度導入とともに大法院は1987年9月大法院例規を発して保釈保証保険を添付した保証書をもって「保証書に代える許可を求めた場合には特別な事由がないかぎりそれを許可しなければならない（「保釈保証保険証券を添付した保証書の利用による保釈制度の活性化に関する事務処理要領」）とした。1992年には各裁判所の窓口に保釈保証保険をすることができる旨の案内文が掲示された。このような経過をたどって発足当初は低調だった利用率は増加し、1993～1996年には保釈保証保険の保証金額で見て99.9%を占めるに至った。ただ、大法院は1997年1月、前述保釈保証金納付条件付被疑者釈放制度を施行するとともに、新たに「身柄拘束事務の処理要領」を定め現金納付による保釈も併用されることになった。また、1998年前記例規を改正し保釈保証保険による保釈を原則的にではなく裁量によるものとした[*9]。これらの大法院の対応の変化についてはなお研究の余地があるが、1998年ころを境に韓国における勾留人員比率は急速に低下の一途を辿り、10年後の2008年には勾留人員比率は14%台にまで下がっているので、保釈の対象となる被告人の事案については保釈許可については全額保釈保証保険の保証書では厳しいものが多くなったのではないかと考えられるが、機会があれば調査してみたい。

　日本においても、個別事件において被告人以外の者の差し入れる保証書の納付をもって保釈を許可する制度自体は存在する。刑事訴訟法94条3項は「裁判所は有価証券又は裁判所の適当と認める被告人以外の者の差し出した保証書を以て保証金に代えることを許すことができる」と規定する。通常この許可申請は「保釈保証書差入れ許可申請」とか「保釈保証金納付方法の変更許可申請」などと呼ばれている。ただ、実務上保釈保証金を保証書に代えることを許すよう申請しても、まず保証書を差し入れるものとの人的な関係が問題とされることがふつうである。法文上は「裁判所の適当と認める者」となってはいるが、被告人との人的関係の薄いものは認められにくいといえる。

　また、昭和40年代後半から50年代にかけていわゆる学園闘争と呼ばれる公安事件において学生が起訴された場合、親や兄弟などの保証書の納付が認められることも多く、筆者の経験では保証書は保釈保証金全額の2分の1について認められたことも珍しくない。しかし、現在は保証書が保釈金総額の3分の1を超えて認められることはまれなように思える。

2) 保釈許可申請の実際

　韓国の保釈申請から許可までの手続は以下のようなものである。最近李教授に確認したところでは、私たちが保釈保証制度の視察に訪韓したときから法制度、運用など基本的には変わっていないということであった。

　　(i) 被告人、弁護人、法定代理人、配偶者、直系親族、兄弟姉妹、家族、同居人または雇用主は、裁判所に対し拘束された被告人の保釈を請求することができる(刑訴法94条、30条)。保釈請求権者として同居人、雇い主が認められている点で日本より範囲が広い。
　　(ii) 弁護人等の保釈請求者は、保釈請求書および必要的保釈事由（同95条）が存在することの疎明資料を提出する。
　　(iii) 裁判官は検察官に意見照会をする（同97条）。
　　(iv) 裁判所の付する保釈条件は **3(2)**の6) に記載の通りである。

　日本の保釈条件と比較すると、被害者の権利回復に必要な金員の供託が条件の一つに規定されているのが注目される。ただ、この点については無罪推定原則との関係で議論のあるところであろう。また、条文上は保釈保証金なしでも保釈が許可されるし、そのような例も多数あることはすでに述べたが、前述の保釈保証金納付条件付被疑者釈放制度による場合は、保釈保証金の納付が条件とされる運用であるとのことである。

3) 保釈保証保険発行申込み等の手続
　　(i) 保釈申請人等が裁判所に対し保釈保証および保釈保証保険証券提出許可申請をする。
　　(ii) 裁判所が保釈保証保険証券提出の許可をする。
　　(iii) 保釈請求人等が保釈保証保険会社に保証保険契約の申し込みをする。
　　(iv) 被告人の親族等が保険会社との間で保釈保険契約（保険料は2016〔平成28〕年2月現在で保証金額の0.43％、すなわち保証金額が1,000万ウォンであれば4万3,000ウォン。保釈保証保険金額の上限は定められていないそうであるが、保険代理店で発行できる保証保険金額の最高額は1億ウォンという）を締結する。
　　(v) 保釈保証保険証券が発給される。
　　(vi) 保釈申請人等が保釈保証保険証券を裁判所に提出する。
　　(vii) 保釈が許可される。

　前述の拘束適否審査手続上の保釈保証金納付条件付被疑者釈放制度において

も右の手続等は変わらない。なお、保釈保証保険証券提出をもって保釈保証金の納付に代えることの法文上の根拠は同100条2項、3項である。

仮に被告人が逃亡や罪証隠滅行為等を行ったり、裁判所の召喚に応じなかった場合の手続についても触れておく。

被告人が逃亡や召喚拒否をしたり、罪証隠滅と疑われる行為をすると、保釈が取り消される（同102条）。

保釈保証金没取は同103条に規定があり、裁判所は職権または検察官の請求によって保釈保証金の全部または一部の没取することができる（任意的没取）とされている。裁判所によれば、逃亡、召喚拒否の場合は保釈保証金の没取決定を発する（このほか、被害者に危害を加えた場合も没取がなされる）が、罪証隠滅などの疑いによる保釈取消決定の場合は没取はしない扱いだという[*10]。

保釈保証金取消決定がなされると、保釈保証人に対し保釈保証金納付命令が発される。保釈保証人がこれを支払わない場合は、裁判所は保証保険会社に保険金の支払いを請求する。保険金が支払われると保険会社は保釈保証人に求償権を行使する。

(4) 日本の保釈保証制度

1) 日本の保釈保証制度の意義

日本の保釈保証制度では保険証券の発行はシステムに採用されていない。制度の骨格を示せば、日本弁護士連合会の会員弁護士有志で組織する全国弁護士協同組合（全弁協）が裁判所に保証書を差し入れることを条件に保釈許可決定を得ようというものである。全弁協のホームページには保釈保証書発行事業について「逃亡や証拠隠滅の可能性が低く保釈可能な被告人でも、保証金が容易できなければ、身体を拘束され続けるしかありません。全弁協の提唱する保釈保証書発行事業では、担当弁護人の申込に基づき全弁協が保証書の発行を行い、万一の際の保証金の支払いは全弁協が行います。組合がリスクを負うことで弁護士個人へのリスクをなくし、『保証書による保釈』を機能させ、資金の乏しい被告人にも平等に保釈の機会を与えるのがこの事業の狙いです」と述べられている。

「弁護人個人へのリスクをなくし」という文言は、かつて弁護人自身が保証書を差し入れることが珍しくなかった時代があり、また巨額の保証書を弁護人が差入れ、被告人が逃亡して保証書記載の金銭を納付せざるを得なかった事例を知っている者としては複雑な思いを起こさせる。しかし、まさに「逃亡や証

拠隠滅の可能性が低く保釈可能な被告人」がこれまでいかに経済的事情によって判決までを勾留されたままで判決を迎えていたか、しかも執行猶予確実な被告人であってもいたずらに拘禁施設で長期間拘束されていたかを考えると、保釈保証書発行事業は被告人にとって待ち望まれた制度というべきである。

　なお、全弁協は損害保険会社と契約し、保釈保証金の没取のリスクを軽減している。

2) 保釈保証書発行の実際

　日本の保釈保証制度では、以下のような手続が予定されている。
① 事前申込み

　保釈申請しようとするたとえば弁護人は、あらかじめ所属する弁護士会（いわゆる単位会）の弁護士協同組合宛てに「保釈保証書発行事前申込書」を提出する。この申込書には弁護人が申込者として名前を連ねるが、被告人の配偶者その他の親族のほか雇用主等本制度ができるまでは保釈金を準備しようとしていた人たちが、全弁協に保釈保証書を発行してもらうために保証委託者として署名押印することされている。保証委託者の欄には被告人との関係のほか年収概算、住宅ローン以外の借財等支払い能力に関する事項、反社会勢力とかかわりがないとか被告人の共犯者でないなど、不当に保釈保証制度を利用とすることを防止するためのチェック項目もある。支払い能力に関する源泉徴収票などの資料を添付して申込みをする。保証金額は上限300万円である。事前審査の審査結果が出るまでに2、3日かかる場合もある。

② 事前審査諾否の通知

　全弁協の事前審査結果が出ると弁護人を通じて保証委託者に連絡される。保証委託不可の審査結果について不服申立手続は設定されていない。

③ 弁護人の保釈申請

　弁護人は被告人の保釈申請を行う。この時、保釈請求書とともに全弁協の発行する保釈保証書による代納許可申請書を提出する通常代納許可申請書の文言は、通常請求の趣旨は「被告人に対する保釈保証金全額を、全国弁護士協同組合の保証書をもって代えることを許可する」旨の決定を求める、というものである。請求の理由にはたとえば「被告人の妻は介護士であるが、現在産休中であり、平成○年○月までは育児休暇をとる予定である。一方、被告人は工事代金債権を有するものの身体拘束を解かれて被告人自身で交渉しなければ回収困難な状態にあり、現時点では保釈保証金を被告人本人や家族で用意することは

困難である」と保釈保証金を保証書に代えることの必要性を書いたり、「全国弁護士協同組合連合会は多くの弁護士が加入する協同組合連合会であり、十分な資力があるうえ、保険制度も取られているため、万一保証金の没取等裁判所から納付を命じられるという事態が発生しても、直ちに保釈保証金全額を納付することができる」と保証制度の裏付けについて述べたり、「多くの保釈では、被告人や被告人の家族には資力がなく、保釈保証金をキャッシング等を利用して借入金で準備しているケースが多い。それらのケースと比較しても全国弁護士協同組合連合会の保釈保証制度を利用したからといって、特に保釈制度が変質するものではなく、被告人の保釈に関する意識が変わるわけではない（没取などになれば保証委託をした親族等が求償を受けるのであり、貸付の場合と特に差があるわけではない）」などと裁判所が保釈保証では本人が保釈金を負担しないのだから、逃亡の抑止力になりにくいのではないかという懸念を持っていることを意識した記述も見られる。

④　保釈許可決定と保証委託契約

保釈許可決定と代納許可決定が出ると、弁護人は保釈保証委託者に連絡を取り、保証委託者と全弁協との間の保証委託契約を締結させる。

同契約の内容は次のようなものである。

(ⅰ) 全弁協が保釈保証書を発行すること。
(ⅱ) 保証委託者は手数料（保証金額の２％、保証期間が延びても、つまり裁判が長引いても手数料は増えない）および自己負担金（保証金額の10％）を全弁協に送金して支払うこと。
(ⅲ) 保釈保証金が没取されることなく勾留が失効した場合（無罪、執行猶予付予判決など）自己負担金は全額保証委託者に返還されること。
(ⅳ) 保釈保証金が没取された場合には全弁協が裁判所に保釈保証金を納付し、保証委託者は全弁協が裁判所に納付した金額から自己負担金を差引いた金額を全弁協に支払うこと。

⑤　保釈保証書の発行と裁判所への提出

保証委託者から全弁協に手数料と自己負担金が送金されると保釈保証書が発行される。弁護人は保釈保証書を裁判所に提出して被告人は釈放される。

3）もう一つの保釈支援事業　日本保釈支援協会

わが国では全弁協の保釈保証書発行事業より前から運営されている保釈支援事業として一般社団法人日本保釈支援協会の保釈保証金立替事業がある。同

協会は2004 (平成16) 年に設立され、全弁協の事業と異なるのは保釈保証書の発行ではなく保釈保証金の立替 (立替手数料は立替金50万円まで一律1万2,500円、50万円増すごとに1万2,500円。立替限度額300万円) である点である[*11]。立替手数料は立替金額の保釈保証金の立替であるので、保釈手続上保釈支援協会の社団法人名が表れることはない。この保釈保証金立替制度の利用実績としては前記研究会が入手していた2004～2009年の立替件数は5,072件とされ、最近の数字としては河野真樹弁護士のブログによると年間取扱件数は4,000件 (立替件数については不明) とされている。実際、筆者の周囲の弁護士でもいずれのシステムも利用経験があるという声があった。

4 保釈をめぐる今後の課題

(1) 保釈保証制度から勾留制度化改革へ

これまで見てきたとおり、韓国の保釈保証保険制度と我が国の保釈保証書発行事業とでは、それぞれの持つ刑事手続における成立の経緯、比重等、相当な違いがある。

韓国の保釈保証保険制度は韓国の法院を中心とする官からの勾留制度全般の改革、すなわち勾留判断の厳格化 (勾留の実質審査、不拘束裁判の原則の徹底) を基調として、拘束適否審査審によってさらに拘束からの解放システムを整え、それでも勾留され続ける被告人への保釈保証金納付を条件とした釈放を認め、保釈保証金納付の困難な被告人に対し国策としての保釈保証保険制度を保障しているのである。拘束適否審査審における保釈保証金納付条件付被疑者釈放制度もその一環をなしていることはすでに述べた。

これに比較すると、全弁協による保釈保証書発行事業は弁護士協同組合という民の側からの提案で始まったささやかな試みである。裁判所に勾留の実状を大改革しようという動きがあるわけではない。被疑者保釈の創設に向けた法改正が予定されているわけでもない。

これまで保釈申請を行えば保釈が許可される可能性が高いにもかかわらず、保釈保証金を準備することができずに身体拘束を継続されてきた被告人やその親族などに対し、全弁協に対し2％の手数料を支払い、10％の事故負担金を預託することで保釈を獲得することができるというにすぎない。

保釈保証書発行事業はしかし、さし当りは保釈許可を得るための経済的支援でしかないが、将来的にはそれにとどまらない、否、とどまらせてはならない。

これまで保釈保証金が納付できないために保釈されず、勾留されたまま判決を迎えていた被告人が、本制度によって釈放され、身体拘束のない状態で裁判を受けるのが当たり前の状況が生まれることが期待される。そして、おそらくは逃亡などによる保釈取消・保釈保証金没取は過去もそうであったように今後も少ないと思われる。そのような状態は保釈保証金の担保がなければ逃亡等を防げないのかという勾留自体の再検討につながる可能性がある。特に、起訴された場合にも執行猶予付きの判決が確実視されるような一定の事件については、そもそも勾留の必要性について再検討がされることが予想されるし、仮に当初は勾留が必要だったとしても、その後の捜査の進展や被疑者の対応次第では勾留取消請求も認められるようになるかもしれない（現在は勾留取消請求が認められることはほとんどないといってよい）。さらに相当な割合の事件は任意捜査でも目的が達せられるのではないかという議論に発展すれば、「不拘束裁判の原則」「不拘束捜査の原則」が我が国においても実現するかもしれない。

　このように、韓国では勾留全般に関する被疑者被告人の権利の拡大というトータルな改革が発展してきたのであるが、日本では保釈保証書発行事業が起訴前保釈も含めた勾留制度全般についての改革の端緒になれば、というのが制度の構築に注力してきた者の願いである。

　ところで、我が国では保釈保証金が納付できる見通しがなくてこれまで保釈申請を断念してきた被告人は国選弁護事件に多かったと言うが、実際、司法統計などによればたとえば2005年には勾留人員全体（国選弁護事件私選事件を問わない）に対する保釈人員の割合、すなわち保釈率は13.5%であったが国選弁護事件における保釈率は3.6%で、大きな差があった。ところが、その後、保釈率は次第に上昇するようになり、2013年には全体の保釈率は21.8%となり、国選弁護事件のそれは15.5%でその差は相当縮まってきた。保釈率が上昇した原因には、我が国の保釈許可の要件が厳格に過ぎたのではないかという現職裁判官による指摘[*12]の影響も少なくないが、国選弁護事件における保釈率の大幅な上昇は、2004年に開始された前記日本保釈支援協会の保釈保証金立替制度によるところが大きいと考えられる。今後、保釈保証金立替制度に加えて、全弁協の保釈保証書発行事業の展開でどのように保釈率が変化するのか注目されるところである。

(2) 個別の課題

　全弁協の保釈保証書発行事業は全国の合計利用件数などを除いて詳細な統計

数値こそ公式発表されていないが、日弁連の委員会などでの報告によれば、順調にその実績を伸ばしているようである。

ただ、この制度の将来にとってやや気になる点もないではない。保釈保証書の意義については裁判所の理解は深まっているようであるが、保釈保証金の全額を保証書とするのではなく、その一部を現金とする取り扱いが全体としては多くないが見られることである。かつては現金納付が主流であり、例外的に一部を親族などの保釈保証書の納付に代えることが運用の実情であった。そのような慣行に流される裁判官も少なくないと思われるし、現金には保釈保証書より逃亡等の抑止力が強いという考え方が根強いという指摘もある。しかし、前記3(4)の2)で例として挙げた保釈請求の理由で述べられているように、被告人自身が保釈保証金を準備できる例はほとんどなく、親族・知人などが用立てるのが通常である。また、親族らが金融機関等から借り入れて保釈保証金とする例も多く、現金納付であっても保釈された被告人が逃亡等して保釈が取り消され、保謝金の没取決定がなされれば納付者の負担は大きく、そのことが被告人の逃亡等の抑止力として弱いというとは考えにくい。また、保釈保証金の原資が親族らの金融機関からの借入だった場合も、逃亡等すれば親族らに返済という負担を強いさせることになるから、抑止力として変わるところはない。保釈保証書の場合も、没取決定があれば親族らの保釈委託者は全弁協が支払った保釈保証金の支払い義務を負うから同様である。

また、今のところ目立った動きではないが、裁判官から保釈保証書を利用するのであれば保釈金額を高くしようとする例を聞いたことがある。没取の場合に保証委託者が払うべき金額が高額になる方が逃亡等の抑止力になるという考え方である。これも、保釈委託者の手数料、自己負担金の負担を増やし、保釈申請の断念など保釈のハードルを上がってしまうことになり、前述の一部保証書の問題と同様批判しなければならない。

*1　閔永盛「韓国における人身拘束制度をめぐる議論状況」北大法学論集61巻6号（2011年）161頁。
*2　『注釈刑事訴訟法〔新版〕(3)』（立花書房、1996年）76頁。
*3　村岡啓一「勾留理由開示公判」『憲法的刑事手続』（日本評論社、1997年）306頁
*4　閔永・前掲注*1論文165頁。
*5　閔永・前掲注*1論文169・170頁。
*6　石田倫識「未決勾留日数の全部算入――韓国憲法裁判所の違憲決定を手がかりに」季刊刑事弁護61巻（2010年）113〜118頁、閔永・前掲注*1論文174〜176頁。

*7 韓国「東亜日報」1987年7月7日。
*8 李東憙「韓国における保釈制度の沿革と現状」自由と正義2011年1月号74頁。
*9 李・前掲注*8論文74頁。
*10 研究会が韓国視察時に行ったソウル中央法院刑事部との質疑における法院の説明(保釈保証研究会「保釈保証制度の研究」日弁連法務研究財団発行『法と実務』10号〔2014年〕389頁)。
*11 保釈支援協会ホームページ。
*12 松本芳希「裁判員裁判と保釈の運用について」ジュリスト1312号(2006年)128頁。

(みながわ・しげあき)

弁護活動からみる刑事手続の課題

高平 奇恵

弁護士／九州大学助教

1　はじめに
2　弁護人側に実質的に課せられる立証の負担
3　自白が問題となった事例
4　証拠の偽造が問題となった事例
5　結びに代えて

1　はじめに

　「すぐに接見して、被疑者・被告人の言い分をまずきちんと聞く、それにそった証拠がどれくらいあるのか、それが、検察官から開示された証拠をどれだけ弾劾できるか、これをまずやるべきです」。具体的な事件の弁護活動を行うにあたって注意すべき点について、美奈川弁護士は、このように述べる[*1]。
　2014（平成26）年の地裁無罪率は、0.21％（否認事件無罪率は、3.11％）である[*2]。99.9％が有罪といわれた時代から、若干の変化は見られるものの、依然として、高い有罪率が維持されている。このほか、勾留請求却下率および保釈率の低さ、検察官控訴破棄率が被告人控訴の場合よりも圧倒的に高いこと等を根拠として、日本の刑事裁判は「圧倒的に検察官有利」のかたちで運営されているとされる[*3]。この状況を、上田弁護士は「残念ながら、日本の刑事裁判においては、起訴された時点で有罪の推定が働いている状況です。しかも、捜査機関が膨大な証拠を捜査段階で集めて、裁判に提出することになるので、これをひっくり返さないといけません。つまり、秤は、当初から検察側に大きく傾いています」と評価する[*4]。
　この大きく傾いた秤を傾ける作業は、言うまでもなく困難を極める。弁護人の具体的事例における立証活動をとおし、弁護人が、どこに弾劾の素材を見出し、具体的な事件においてどのような活動を展開したかに着目し、分析すると

ともに、そこから見えてくる、刑事手続の課題について検討したい。

2 弁護人側に実質的に課せられる立証の負担

　上田弁護士は、無罪を獲得するまでのプロセスを「被告・弁護側は、検察官の証拠の薄さ等を突き、問題点を浮き彫りにしてきます。そのような活動により、徐々に秤が動き、ようやくイーブンになります。この時点から裁判所も、『なるほど、この事件はちょっと問題がありそうだな』という心証になっていき、証拠調べ等も活発になります。そしてさらなる無罪方向の証拠の積み上げにより、ようやく秤が弁護側に傾き無罪になります」[*5]と説明する。被疑者・被告人の言い分を積極的な弁護人立証によって裁判所に的確に伝えることがいかに困難であるかが実感をもって語られている。下記の事例は、幸いにして、裁判所に弁護人の意図を最終的には伝えることができた事例である。

(1)　弁護人による実況見分・検証の活用

　迷惑防止条例違反被告事件[*6]は、悪天候による振替輸送の影響で混雑した電車内で、被告人が被害者の臀部、股間部、大腿部などを執拗に触ったなどとされる事案である。弁護人は、被告人と被害者とされる女性との19cmもの身長差に着目し、公判準備段階で、女性の供述どおりに女性に見立てたマネキンを触ってもらう検証を繰り返し、主張を整理する作業をした。そして、①被告人が女性の供述どおりにマネキンに接触した検証結果をまとめた実況見分、②特急の揺れの状態の実況見分、③女性が被害にあっていたとする区間の線路のカーブや切り換え地点の実況見分、④事件直後、被告人が女性とともに駅員室を探した駅構内の実況見分の結果を調書にして証拠請求したが、検察官の不同意意見により採用されなかった。これに対して、弁護人らは、実況見分の結果をもとに検証を請求した。これが採用され[*7]、無罪判決へとつながった。

　また、警察官にオートバイを突進させて衝突したとされる公務執行妨害罪の少年事件においては[*8]、弁護人は、何度も現場に足を運び、現場となった民家付近の建物、庭、私道などの状況、少年の乗っていたバイクの重量や大きさなど、具体的な状況から、少年の言い分をどのように説明すれば裁判官に理解してもらえるかの検討を繰り返した。そして、裁判所に対して、現場検証の実施の必要性を粘り強く説得した。その結果、警察官の姿を認識していなかったという言い分について、現場での検証が裁判所に採用された。さらに、弁護人は、

事件と同様の夜間という条件で再現実験を行った。その実験のビデオ映像が証拠として採用された[*9]。少年は、当初否認していたものの、捜査段階で自白に至っていたが[*10]、結果は非行事実なしの不処分決定となった。

　具体的な現場の状況等を確認する検証の重要性はいうまでもない。しかし、裁判所は、自らが検証を実施することについて積極的とは言い難い。通常第一審における検証の行われた人員は、2014（平成26）年で30（地裁28、簡裁2）と、わずかである[*11]。上記事例では、いずれも、弁護人が、検証に持ち込むために相当な努力をしたことが窺われる。

(2) 弁護人作成の疎明資料が奏功した事例

　上田弁護士が控訴審から弁護人として活動し、控訴審で逆転無罪となった傷害事件（爪ケア事件）[*12]は、看護師の被告人が、高齢の入院患者の爪をニッパーで剝いだとされる事件である。高齢者の爪は、病変等により、すでに爪床と呼ばれる爪の下の皮膚とは密着していない状態になっていることがあり、爪をそのまま手入れせずに放置すれば、シーツ交換や入浴の際に、大きくはがれ、出血や痛みを生じさせる危険があった。一審の段階から、弁護人の主張は、被告人は患者の爪を適切にケアしたというものであった。

　控訴審では、高齢者の爪の状態についての立証のほか、被告人のケアについて、裁判所にいかに具体的なイメージをもってもらうかが課題となった。そこで、実際の被害者とされる患者の爪の状態、被告人のケアの状況をいかに視覚的に再現できるかについて、さまざまな試みがなされた。まず、絵画による患者の爪の状況の視覚化を検討したが、質感等の再現が十分に出来ずこれでは不十分という結論となった。そこでCGを利用した患者の爪の具体的状況の再現写真を作成した。また、類似の実際の爪の写真の収集、高齢者の爪のケアに力を入れている病院の訪問や実態調査を行った。さらに、患者の爪の立体的な再現として、紙粘土を用いた指の模型と、この指の模型に着脱可能な紙粘土と油紙を実際の爪の構造と同様に層状にした爪の模型を作成し、この爪の模型を実際に被告人にニッパーで切ってもらった。切り進めるプロセスは写真撮影した。また、当該患者と爪の性質・形状が類似する高齢者の協力を得て、実際に被告人に爪ケアをしてもらい、その状況を録画した。CG画像、患者の爪と類似の爪の写真、模型を用いた爪ケア再現写真、爪ケアの動画は、すべて疎明資料として控訴理由書に添付された。そして、被告人質問の際に、指と爪の模型を用い、爪切りのプロセスの再現写真、類似の爪を実際に被告人がケアする状況

を撮影したDVDが上映され、調書添付という扱いとなった[*13]。

　新大阪駅のコンコースで、通行中の女性の左胸をすれ違いざまにわしづかみにしたとされた事件の控訴審では[*14]、弁護人は、実際に現場に赴き、被告人が案内表示を見落としたという言い分が客観的状況で裏付けられることを確認した。弁護人は、被告人が歩いたルートを実際に歩いてビデオ撮影した。そして、撮影した画像をプリントアウトしたものを控訴趣意書に疎明資料として添付した。主要な争点は、被害者供述の信用性であった。結果として、事実調べ請求はすべて却下された。もっとも、疎明資料が被告人の供述に説得力を与えたという意味で、原審の判断を検討する契機となった可能性が残る事案である。

　上記各事例では、弁護人独自の検証等の結果を書面化し、いずれも、控訴趣意書の疎明資料として添付することで、裁判所の認定を動かす結果を導いた可能性がある。これは、弁護人の熱心な活動が奏功したと評価しうる一方で、弁護人が相当程度に無罪の心証を裁判所に抱かせることに成功しなければならないということを意味する。

(3)　差戻し控訴審においてようやく無罪判決が確定した事例

　弁護人に過大な立証の負担が負わされているのではないかという懸念が現実化したと評価しうる事案が、普通乗用自動車の後部座席で被害者を姦淫したとされた強姦事件である[*15]。

　本件の被告人には、右足が付け根から10cmほどしかないという顕著な肉体的特徴があり、義足を装着していた。被害者の供述する犯行態様では被告人は中腰の姿勢であったと推測されるが、義足の構造や機能からすると、被告人が中腰の姿勢をとることはできず、被告人には犯行が不可能であるというのが弁護人の主要な主張であった。しかし、弁護人は、公判前整理手続の段階で、積極的に犯行が実行不可能であるとの主張をした場合には、検察官が「被害者」に示唆を与えて供述を変化させる可能性があると考え、公判前整理手続の段階では、義足の問題については積極的に指摘せず、被害者から犯行態様をできるだけ詳細に証言させ、かつ、義足の性能についての詳細な質問や、義足をした状態での着衣の着脱の実演などをすることで、事実上の検証を行った。ところが、第一審は実刑判決であった。判決理由では、被告人は、義足でない左足だけで立ったり、あるいは、左足だけで屈伸して中腰になり、義足は右横に投げ出すようにしたり後部座席シート上に置いたりすれば犯行は可能であるとされていた。しかし、このような裁判所の認定した実行方法を積極的に裏付ける被

害者供述は存在しなかった。

　控訴審は、被害者後述の信用性を判断するためには、被告人と同様の身体能力を有する中立的立場にある者に、被害者の供述する態様による姦淫行為を再現してもらうなどして、その可能性を確認するほかないとし、破棄差し戻しとした。

　差し戻し後の第一審で、犯行再現実験が行われた。再現実験時には、犯行が行われたとされる車両の後部座席の空間の広さとの関係で、前部座席の座席位置と背もたれ角度が問題となった。押収時の状態は保全されていなかったため、弁護人は、本件車両押収時の実況見分調書添付写真及び車両所有者の使用状況から、押収時の座席位置を最後部、背もたれの角度を120度と主張した。弁護人の主張が採用されたが、実際の検証の際には、裁判所の指示で前部座席の背もたれの角度を115度に設定し直した。裁判所がこのような指示をした理由は、当事者が合意した座席位置等の設定では、一見して後部座席の空間が狭かったためと推測された。さらに、裁判所の指示した角度で再現を試みたところ、立会人の腰が前部座席の背もたれに当たり犯行再現は不可能となった。すると、裁判所は、前部座席を10cm前方へ動かして再現を継続させた。弁護人は、当事者間で合意して設定した座席位置を動かした後の再現は本件と関連性がないし、また、「被害者」の供述と一致しないなどの主張をしたが、結局、再度の実刑判決を受けた。その後、差戻し後の控訴審で、本件車両の押収時の写真鑑定を実施し、前部座席の座席位置が最後部であり、背もたれの角度は118度であるとの鑑定結果が出て、ようやく無罪が確定するという経過をたどった。

　本事例では、裁判所は、有罪判決ありきの確認作業を繰り返していたようにすら見える。この事例を、極めて例外的な事案であると言い切ることができるだろうか。裁判所の事実認定についての基本的な姿勢については、さまざまな評価がある。たとえば、第一審によく見られる簡潔な有罪判決と詳細な無罪判決のコントラストは、判決が、検察官の主張・立証に明白な誤りがないことについてお墨付きを与えるとともに、それに明白な誤りがある場合にはその誤りを丁寧に説明するという、判決が、いわば検察官に対する応答としての役割を果たしていることの現れとも評価される[16]。そして、その背景には、①刑事裁判の目的が治安維持にあるという理解、②刑事裁判官の捜査官に対する信頼感、③検察官上訴によって自らの判決を控訴審の裁判官に精査される不安感があると分析される[17]。その上で、このような状況は、裁判官に対して、被告人側が起訴状記載の罪を犯したことに合理的な疑いがいくつもあることを挙証し

つくし、これでは杜撰な立証を行った検察官の問題点を指摘する他ないと思わせる「スーパー弁護人」についてもらった被告人だけが無罪判決を受けられるに過ぎないとも評価される[*18]。

　この分析は、裁判所の検証に対する消極的な態度の説明にもなりうる。(1)の事例でみたように、弁護人が、裁判官に対して、検察官に「明白な誤り」がある可能性があるという説得に成功しなければ、検証等の、防御の観点から必要な証拠調べに行き着くことすら困難である。また、(2)で紹介した事例が、疎明資料を付すことができる控訴審であったことにも、注目しなければならない。一審でいったん有罪判決が出たことにより、弁護人が思いきった立証活動に踏み切ることが可能となったことが、それこそさまざまな角度の無罪の可能性を、疎明資料で訴えることに成功した理由であると考えられる。この段階にいたって初めて適正な審理を実施させることができたと評価できるのではないだろうか。

　弁護人の投げかけている疑いが合理的であると裁判所を説得することに成功して初めて、裁判所は証拠調べを活性化させる。これまで紹介した事例をみると、証拠調べを活性化させるための弁護人の説得活動が、すでに実質的な無罪の立証というレベルに踏み込んでいるように見える。

(4)　裁判所はどこまで「無罪であることは間違いない」ことを確認するか

　美奈川弁護士が弁護人であった日記帳偽造事件[*19]は、Aが証拠偽造、偽証罪で起訴された事件である。Aは、別件の収賄事件の被告人Bの公判において、Bのアリバイについて証言し、また、アリバイの記載のあるAの日記帳がBの公判で証拠として提出された。この日記帳が偽造であり、別件の被告人Bの公判で虚偽の証言をしたとして、Aは起訴された。

　日記帳は、全体が押しつぶされたように変形しており、Bのアリバイの記載がある2枚が飛び出したように見える状態であった。検察官は、当初、Aがアリバイの記載のある枚葉を引き剥がし虚偽のアリバイを記載した用紙に張り替えたと主張し、これに対して弁護人は、枚葉がいったん引き剥がされたのは事実であるが、それは、アリバイの価値を失わせようとして張り替えられたかのような外観が作出されたにすぎないという主張をした。弁護人の当初の主張の根拠として、別の弁護士が収賄事件の裁判所に提出する前にとっていたコピーには異常がないという事実があった。弁護人は、日記帳の紙質と枚様の紙質に関する鑑定（用紙の厚さ、酸性度、蛍光反応等9項目）および、日記帳のコピ

ーの中央部の影に関する鑑定（黒い部分が背割れという検察官の主張に関連）を申請し、採用された。その結果、同一メーカーの製品であっても、ロットが異なれば無機元素の量に差異が生じるところ、日記帳と枚葉には有意な差はなく、1冊のノートの一部と考えられること、そして、黒い部分は背割れではないとの結論が出た。

　その後、裁判所から、破壊的鑑定が提案され、実施された。破壊的鑑定の結果、上半分のみが、製造元が使用しているものとは異なる糊で接着されていることが判明した。裁判所は、本件枚葉のずれや糊づけは人為的なものであり、本件日記帳の紙質の鑑定により、本件枚葉は他の枚葉と同一のロットで製造された可能性があることから、本件枚葉は元々本件日記帳の一部を構成していたものである可能性も相当程度に存在するとした。さらに、本件枚用と次枚葉との糊付け幅は異常に広く、ノートが完全に開かない状態であり、比較的容易に気づくはずであるが、収賄事件の証人尋問の際、検察官は本件日記帳の本件枚葉およびその前後の頁を開いて尋問しているのに糊付けの異常に気付いていないことからすれば、異常な糊付けは証人尋問の際には存在しなかったのではないかという疑いを抱かざるをえないなどとし、被告人が本件日記帳を変造したという証明は不十分で、したがって被告人の収賄事件の公判廷出の証言も偽証ということはできないとした。

　Aは無罪となり、検察官により控訴されたが、Bが控訴審で逆転無罪となったことを受け、控訴は取り下げられた。

　被告人が無罪との判断にいたるまでに、3種類もの鑑定が行われた。検察官の立証を弾劾するという視点のみで事案を見た場合、弁護人が申請した2種類の鑑定ですでに無罪判決に十分たどりつける状態であったとも評価できる。最後の破壊的鑑定は、裁判所の提案によるものであった。真実を追究する姿勢という評価も可能であるが、無罪判決を書くことに対して慎重すぎるほど慎重な裁判所の姿勢の現れとも思える。

(5)　検討

　これまで見てきたように、弁護人は、必要な証拠調べにたどりつくということにすら、非常な努力を要する。そして、ありとあらゆる角度から合理的な疑いが存在するという説得をしていかなければならない。結局、合理的な疑いの存在の実質的な立証の負担を負うといっても過言ではあるまい。刑事裁判の大原則に反するというべきであるが、これが、実際の事件に携わる弁護人の直面

する現実である。上記各報告の弁護活動の水準をクリアしなければ、正当な結論にたどりつけないという認識で、個々の事件に取り組まねばならない。それが、冒頭紹介した上田弁護士の言葉の持つ現状認識と弁護人の心構えである。

3　自白が問題となった事例

木谷元裁判官は、自白の任意性に関する判断を、刑事裁判における最も困難で重要な作業の一つであるとする[20]。裁判員裁判の導入を契機として、2号書面が採用されることが通常であった実務の運用は、変化しつつある。しかし、否認事件で捜査段階の自白がある事件においては、結局、供述調書の任意性・信用性が、従前と同様に極めて重要な争点となる。

(1)　客観的な証拠との不整合を指摘した事例

自己が居住する木造共同住宅の自室の布団に火をつけて放火したとされる現住建造物放火事件[21]では、警察官が、被告人の頭髪や肩や腕をつかみ、耳元で「正直者になれ」「白状せい」などと怒鳴りながら自白を迫り、被告人は、数時間のうちに、概要以下のとおりの自白をした。「仕事でストレスがあり、うっぷんを晴らすためにライターの火をつけて見ていた。もっと大きな炎が見たくなり、部屋に敷いていた布団に3カ所、ライターで火をつけた。燃え上がる炎を見ていたが、息苦しくなって外に出、倒れてしまった」。

ところが、消防署の火災原因判定書では、出火元は、被告人の居室の北東部分であり、被告人が火をつけたとする布団は、部屋の西側に置かれており、しかも、半分近く焼け残っていた。捜査機関は、さらに、被告人が火をつけた場所と出火場所との間には、大量のゴミ袋があったとの自白調書を作成させた。その上で、科捜研で、布団と北東角との間に、大量のゴミ袋を並べた状態での再現実験をし、自白の裏づけ証拠であるとした。しかし、被告人の自白は、社会的に相当な限度を超えた身体的接触を伴う過度に強圧的で執拗な追及によって強要されたものであり、また、その後の取調べにおいて、違法な取調べの影響を遮断する措置がとられなかったとして、任意性が否定された（大阪地決平成18・2・3 LEX/DB25450670）。検察官は、補充捜査を行い、電気火災の可能性の有無が主要な争点となったが、出火原因に関して消防・火災原因判定書の記載に反する証言をした消防署員らの公判供述の信用性が否定されるなどし、被告人は無罪となった[22]。判決では、被告人の自白の信用性に関する補論

と題し、詳細な自白内容の検討が行われている[*23]。

保険金を取得する目的で、自らが経営する寿司店舗および同建物内のペットショップ２階の押入内に火をつけ放火したとされる事件[*24]では、被告人は、２日にわたって任意同行を求められ、放火の方法等につき、誘導された上、「お前がしゃべらなければ女房を逮捕する」などと言われ、自白に至った。任意の取調べが継続し、捜査官の誘導のもと、自己の経営する寿司店と同じ建物内にあるペットショップの２階押入れの戸を開け中のポリタンクを取り出して灯油を押し入れ内に撒き、新聞紙に100円ライターで火をつけたとの内容の自白調書が作成された。被告人は、弁護人と接見した後に自白を撤回した。判決では、自白が客観的な事実に反するものであり、かつ、わずか２日間のうちに看過し難い変遷をしているとして、信用性が否定された[*25]。具体的には、建物の焼損状況からは、ペットショップ押入に灯油をまいて放火した可能性は極めて乏しく、また、ペットショップは施錠されており関係者以外が室内に入ることはできなかったことが強く窺われることから、被告人の自白は客観的事実に反するとされた。そして、わずか２日の間に、ペットショップの入り口ドアに鍵がかかっていなかったという供述が、ドアが開いているのが見えたと変遷した。また、放火の方法についても、ポリタンクのふたを開け押入の床に灯油をまいた後新聞紙にライターで火をつけたという供述が、まず新聞紙にライターで火をつけその新聞紙に灯油をまいたと変遷している上、かかる放火の態様が客観的には灯油に着火させるのが著しく困難であると評価された。

いずれの事例も、取調べが開始した後比較的短期間で、虚偽の自白をするに至っている。かつて、身体拘束後捜査段階の早い時期になされた自白は、その信用性（任意性）が高いものとされ、これが１つの経験則に近い判断基準を形成していることは否定しがたいという評価もあったが、逮捕の当日や翌日に自白して無罪となった事例も相当数あり、このような基準は「一律に適用できない」とされている[*26]。真犯人が現れたことにより被告人の自白が虚偽であることが明らかとなった宇和島事件[*27]でも、被告人は任意同行後６時間で自白している。宇和島事件では、警察官は机を叩いたことはあったが、暴行や脅迫をしたことはなかった。被告人は、自白の理由として、自分の実家や職場を警察官が訪れてその人達に迷惑をかけるのは忍びないと感じ、また、警察官が自分を取り調べる態度に接し、自分が疑われる何らかの有力な証拠があるように感じられたため、動揺して、もはや否認を続けることはできないと感じたと認定されている。しかし、注意が必要なのは、これまで自白の任意性、信用性で

判例が取り上げてきた要素が、上記のような具体的事例をとおして、必ずしも重視されるべきではないと判明していたとしても、未だに、判断の補助とすること自体を否定はされていないということである。自白の信用性の判断に関しては、注意則は機能していないと、その限界が指摘されるが、注意則をより精密なものにし、現実の裁判官がいかなる態度をとっていても適正な事実認定をせざるをえないような注意則を構築するべきであるという意見も述べられており、その方向性に一致すると考えられる心理学の技法を用いた分析方法も利用されるようになってきている[28]。

　従来、取調べ室という密室で何があったかについて当事者の言い分が真っ向から食い違い、水掛け論に陥りがちであったといわれる[29]。そして、水掛け論に陥った場合には、挙証責任原則に忠実に従い、任意性は立証されていないとの結論に達すべきという結論が正当である[30]。しかし、裁判官は取調状況について曖昧な心証のまま結局被告人の供述より取調官の証言を信用して任意性を肯定するのが実情であり、検察官の任意性立証は、水掛け論に持ち込むことで足りたとの評価すらある[31]。この背後にある裁判官の意識のひとつが、自白の信用性判断を厳密にしさえすれば、有罪にしろ無罪にしろ実体的真実発見の要請に応えることは可能であるから、審理の途中で終局判決の帰趨を左右するような判断を示すことはためらわれるとの認識であるとされる[32]。また、「多くの裁判官が、心理的強制を加える取調べを肯定していること、重大な犯罪であれば強制の度合いが大きくてもよいと考えている（中略）。だが、そのように考える裁判官が、取調の実態を、被疑者の心理的、肉体的苦痛をも含めて理解しているのか、というと決してそうではあるまい」[33]という、取調べの実態についての理解が不十分であるとの指摘もある。例えば、広島高判平24・12・13判時2236－113では、警察官が、「刺しているんだったら、刺したことを認めた方が反省しているということで刑が軽くなる」「今日がタイムリミット」と述べたほか、外堀が埋まっている、裸の王様になっている、逃げまくるのかなどという意味の種々の発言をして被告人を追及する取調べをしていたことを認定しつつ、これを、それ自体として強制等にわたるようなものではなく、原判決が説得の範疇にあるとした判断に疑いを入れる事情にはならないとしている。

　木谷元判事は、裁判官に対する提言として、取調べが被疑者に与える圧力は、通常の裁判官の想像をはるかに超える強大なものがあると考えるべきであるとする[34]。しかし、多くの裁判官は、このような理解を前提とはしていないよう

にみえる。これは、実務で、未だ取調べ受忍義務が通説の地位を維持していることからも裏付けられる。結局、取調べの実態を裁判官に伝えることが刑事弁護の重要な課題となる。取調べの実態を伝える、この要請に応えるため、取調経過一覧表による自白採取過程の立証の試み[*35]、取調メモの開示請求、被疑者ノートの利用、取調べの可視化の実現へと進んでいった[*36]。

(2) **被疑者ノートを活用した事例**

　交際していた女性の頸部を両手で締め殺害しようとしたとされる事案では、被疑者ノートが証拠物として採用され、被告人は被害者が死んだと誤信して手を離したとの内容の被告人の供述調書の信用性が否定された[*37]。起訴状には、被告人が、被害者を「殺害し得たものと信じて」手を離したと記載されていた。当該被疑者ノートが採用されたほか、被告人が事件直後に自殺を試み、逮捕後も自責の念から断食をし、捜査官の説得によって事件の4日後に食事を摂り始めた事実が認定された。また、弁解録取書、勾留質問調書には首を絞めた後被害者がぐったりして「そのまま死ぬだろうと思って」などと被害者の死亡を認識していなかったとみられる記載がされていた。判決では、被告人が犯行直後に自棄的で無気力な状態となっており、捜査官の誘導に対して、誘導の程度がそれほど強くなくてもこれに迎合しやすい状態であったとした。その上で、被告人が犯意を放棄したのは、反省悔悟・憐憫の情によるものであったと認定した。

　被疑者ノートは、密室で行われる取調べの具体的状況を知る手がかりになるものとして広く利用されるようになった。もっとも、被疑者・被告人の記憶や叙述を介することから、その証明力は一定しているとはいえず、一定の価値は認められてきたものの、その限界もまた明らかであった。しかし、実践の積み重ねの中で、被疑者ノート独自の機能も確認されるようになった。取調べ受任義務論のもとでの長時間の取調べにさらされることにより本意でない自白をしないための精神的な支柱としての機能である。飲食店の店長であった被告人が、アルバイト店員の16歳の少女を強姦したとされる強姦被告事件では、被告人は一貫して合意の上で性的関係を持ったと主張し、無罪となった[*38]。被告人は被疑者段階で、捜査機関からの取調べが継続するうち自分が悪いことをしたような気持ちになりかけたが、被疑者ノートを記入しこれを見直すことで自分の行っていることは間違いないという気持ちを持ち続けることができたと述べた。弁護人は、被疑者ノートの記載を手がかりに、準抗告、移管申立、自白強

要への抗議などの活発な捜査弁護活動をした。また、本件では、捜査段階で、弁護人が被疑者の言い分を詳細に記載した供述調書を作成していた。捜査機関が、長時間の取調べを通じて被疑者・被告人の供述を事件全体を説明できる証拠に作り上げようとする現状のもとでは、被疑者の本来の供述を録取できるのは、弁護人だけであろう。事件によっては、弁護人が積極的に、独自に被疑者・被告人の供述を記録する必要がある。

(3) 取調べの録音・録画を活用した事例

　酔って抗拒不能となった女性を強姦したとされる準強姦の事案[39]は、被告人が、酩酊して抗拒不能の状態になった被害者を姦淫したとされる事件であった。本件は、在宅事件であり、初回取調べを被告人がICレコーダーで録音していた。ICレコーダーには、当初、女性は抵抗できないほど酔ってはいなかったと否認していた被告人が、捜査官による利益誘導的な発言や執拗な取調べによって「すべてお任せします」と言うにいたる過程が録音されていた。裁判所は、自白調書の任意性について、捜査官の利益誘導的な発言はあるとしたものの任意性には問題がないとしたが、信用性については、被告人の真意とかけ離れたものが録取されたもの認められるとした[40]。この判断を獲得するため、弁護人は、女性の酩酊の程度に関する、カラオケボックスを出た時点のビデオ映像、当日に飲み会に参加していたメンバーの供述調書等で、被害者が抗拒不能の状況になかったとの立証を積極的に行っている。

　介護福祉士として勤務していた施設において、ベッドに寝ていた被害者に対し殺意をもって同人の身体にかけられていた布団にライターで火をつけて同人を火傷死させたとされる建造物等以外放火・殺人等の事案では、自白の信用性が否定され、被告人は無罪となった[41]。被告人は、事件の発生から40数日後の早朝に家宅捜索を受け、警察署に任意同行された。ポリグラフ検査（2時間45分）を受けた後、午後に取調べが開始され、取調べ開始から1時間16分後に放火殺人をしたとの自白をした。着火物であるライターの未発見や自白と寝具の燃焼状況、自白と遺体の火傷状況との整合性等の客観的証拠が無罪主張の決定打とまではいえないと判断した弁護人は、自白内容そのものを、供述心理学者による供述分析によって検討するという方針をとった。供述分析の素材は、取調べDVD、取調べメモを含む捜査関係資料および被告人からの手紙であった。また、取調べ経過の立証のために、取調べDVDを当事者双方が抜粋したものが証拠として採用された。

邸宅侵入・現住建造物等放火の罪で起訴された事案では、療育手帳を有し作業所に通う被告人に対する公訴が、有罪判決を獲得することが著しく困難になったとして取り消しとなった[*42]。弁護人は、捜査の初期段階から、捜査機関に対して被疑者のハンディを指摘し、取調べで誘導しないことや、供述を拒む場合には黙秘権を行使したものとして処理するように求めたが、取調べの全過程の可視化は実施されず、捜査検事がすでに完成した調書の確認をする場面のみ録画されていた。DVDには、検察官の誘導質問や、供述調書の内容とは異なる動機を供述している様子が記録されており、弁護人の任意性はないとの主張を基礎付ける内容であった。公判前整理手続において、弁護人は自白の任意性・信用性を争うと主張し、検察官は任意性の立証方針を立てられず、公訴が取り消された。

大阪地判平23・7・22判タ1359-251は、被告人の行為が誤想防衛であると認められ無罪となった傷害致死被告事件である。被告人の供述調書の任意性は認められたものの、供述調書で語られる犯行態様の不自然性や証人の証言との不整合、取調べを録音・録画したDVDの映像で、被告人が、読み聞かせが終了した後の検察官との対話で「結果的になってしまった」と述べていた事実や、被告人の公判供述に照らせば、事後に客観的には被害者とされる者の首を絞めていたのを知った被告人が、客観と主観の違いを明確に区別せず、その重要性を認識しないまま、さらに、あえて異を唱えるまでの意欲もないままに供述調書の作成に応じた疑いが残るとして、信用性が否定された。

大阪地判平19・11・14判タ1268-85は、被告人が被害者宅で被害者から暴力を受けたため、殺される前に殺してやろうという意思で自室から持ち出したナイフで被害者を指したとされる殺人未遂被告事件である[*43]。取調べDVDには、被告人が殺意を否定する供述をしようとした際に、検察官がそれを無視し、さらに被告人の言い分の一部を織り込んで、「殺されると思ったから殺そうとしたことに間違いないですね」と誤導する様子が記録されていた。判決では、被告人の理解力が低く、聴力が弱いことを利用した可能性も否定できないとされている。ほかにも、被害者から手をつかまれたのか、無防備な被害者をいきなり刺したのかという重要な事実について、被告人の言い分を聴取しようとせず、すでに作成された検察官調書の内容に沿う供述をするまで被告人に質問を続け、最終的には被告人が自らの主張を撤回する様子も記録されていた。また、被告人の聴力、理解力DVDに記録された被告人の様子からは、読み聞かせや閲読により内容を正しく理解して署名押印をしたことについても疑問が

残るとされた。その上で、判決は、被告人の供述調書の任意性を否定した。このDVDは、検察官が任意性を立証するために取調べ請求したものである。判決でこれだけ問題が指摘される取調べ方法に、検察官自身は、問題があると認識していないということ自体が、日常的に行われている取調べの問題点を如実に表している。

(4) 検討

検討した事例には、いかにやすやすと、被疑者・被告人が、捜査官の誘導等によって、事実に反する供述をしてしまうか、そして、いったん自白をしてしまうと、これを覆すことがいかに困難であるかが現れている。そして、被告人の自白が立証の核となっている事案では特に、「自白」であるとされる供述録取書がいかに被告人のありのままの供述から変質しているかが浮き彫りになっている。

しかし、上述のように、任意性の判断基準は、弁護人からすれば極めてハードルが高い。では、信用性の判断で救済されるかというと、そうはならない。木谷元裁判官が直感的・印象的判断方法として分類する、自白調書の内容の具体性・詳細性・迫真性などに照らし、それが真に事実を経験したものでなければ供述できない内容であるかどうかという観点に着目する方法[44]で、信用性を肯定する判断は未だに少なくない[45]。

木谷元判事は、「検察官側は、その気になりさえすれば、取調べ状況を録画・録音して、その状況を客観的に立証することすらできる。そのような客観的で効率のよい立証をしようと思えばできるのにその手段をとらず、取調官を証人として申請するという回りくどい立証手段をあえて選んだ以上、それが被告人の供述や客観的証拠と食い違った場合に生ずる不利益は、原則として検察官側に負わせるくらいの気持ちが裁判所にあってしかるべきである」とする。そもそも、上述のように、立証責任の原則にもどるならば、水掛け論になった場合に、被告人の言い分を排斥できないというのは、当然の結論である。

2016年の法改正によって、取調べの録音・録画が一部制度化されるが、対象事件が限定される上、例外事件も規定されている。結局、水掛け論の領域は残されてしまうことになる。

しかし、少なくとも、弁護人が、取調べに問題があるとして、取調べの録音・録画の申入れをした事案について、録音・録画が可能であるにもかかわらず、捜査機関がこれを怠った場合には、最も争いがおきにくく、かつ、実施可能な

任意性の立証方法を、捜査機関は放棄したこととなる。そのこと自体が、取調べの適正そして自白の任意性に疑いを投げ掛けるものである。この考え方は、平成16年の改正刑訴法の取調べ可視化規定（改正刑訴法301条の2）の趣旨にも合致する。すなわち、改正刑訴法の可視化の規定は対象事件を裁判員裁判対象事件及び検察独自捜査事件に限定するが、これら事件が対象となったのは、取調べの適正化の要請が特に高いと認められたからである。個別の事件において弁護人が取調べ過程の問題点を具体的に指摘した場合には、当該事件の取調べの適正化の要請が著しく高まったと認められる。したがって、改正刑訴法の趣旨に照らして、捜査機関が取調べを録音・録画することは義務となると解されるべきである。

そして、改正刑訴法は、対象事件について任意性に争いがある被告人の供述調書を証拠請求するためには、当該書面が作成された際の取調べの開始から終了までの録音・録画媒体を証拠請求しなければならないと規定し（改正刑訴法301条の2第1項）、かつ、録音・録画媒体が証拠請求されなかった場合には、裁判所は被告人の供述調書の請求を却下しなければならないと規定する（改正刑訴法301条の2第2項）。これらの規定の趣旨は、高度の取調べの適正化の要請がある事件において可視化が実施されなかった場合には、そのこと自体が任意性に疑いを生じさせるものであり、その結果、供述調書の証拠能力は否定されるとする考え方を明確にしたものであると解すべきである。この改正刑訴法の枠組みからすれば、弁護人が取調べの問題点を具体的に指摘し可視化を申し入れた事案について可視化が実施されなかった場合には、可視化が実施されなかったこと自体から、任意性に疑いが生じ、供述調書の証拠能力は否定されると解すべきである。

この意味で、取調べの可視化は、任意性の立証責任を本来あるべき姿に戻す契機となりうる。

4　証拠の偽造が問題となった事例

身体拘束や証拠収集における違法を根拠として、違法収集証拠との主張がされることは、特に珍しいとまではいえない。もっとも、証拠の「偽造」が主張され、事実として認められることは稀であり、捜査機関等による証拠の「偽造」の認定が明確にされることはさらに稀である。しかし、郵政不正事件（厚労省元局長事件）を担当した、大木勇弁護士は、「証拠改ざんの罪は重いが（中略）

この問題は、脅迫や利益誘導による供述調書作成という、刑事弁護活動でよく見られる問題の延長線上にある。この問題が、検察の捜査のあり方そのものに根ざしていることを見逃してはならない」と指摘する[*46]。ここでは、証拠の偽造が問題となった事例を紹介する。

(1) 偽造された証拠により起訴された事例

凶器であるとされたナイフについて捏造の疑いがあるとされた殺人未遂等被告事件[*47]は、被告人XがZ（実行犯）およびYと共謀の上、被害者を果物ナイフで突き刺したなどとされた事件である。被害者を含め、全員が暴力団関係者であった。YおよびZは捜査段階で自白をしており、YおよびZの自白の任意性が問題となった。Zの捜査段階の供述に基づいて捜査をした結果、事件から8カ月後に、Zの供述どおりに、側溝から、本件凶器が見つかったとされていた。弁護人は、ナイフの大きさと側溝の格子状の鉄蓋の形状との関係等に疑問を持ち、京都府に弁護士法23条による紹介をかけたところ、犯行後の8カ月の間に少なくとも2度は当該側溝の清掃をしており、その清掃の方法はバキュームの方法によるものであり本件ナイフのような大きさの異物が清掃中に見過ごされることはないとの回答が得られた。弁護人は、大阪府警による証拠の捏造を強く主張し、後に、XおよびYは無罪となった。

知人である少年の逮捕の現場に居合わせた少年Xが、警察官が把持していたシンナー入りのポリ袋を破いたとされた公務執行妨害被告事件では[*48]、少年が破ったとされるポリ袋の客観的な状態が、警察官が供述した少年がポリ袋を破った態様と一致しないとされ、無罪となった。証人として法廷に立った警察官は、少年が、左右の手で、親指と人差し指を使って2点をつまみ、一方のつまんでいる部分を前に、他方のつまんでいる部分を後ろに動かして、ちょうど交互に引っ張ってちぎるという方法で破いたと証言した。弁護人は、警察官の説明する方法でどのような穴が開くかにつき鑑定請求し、採用された。その結果、本件ポリ袋は、鋭利なもので突かれると簡単に破けてしまうが、裂け目は一方方向への直線的裂け目となるのが通常であること、および、警察官の説明する方法で鑑定人が破る実験をしてみたが、鑑定人の力では容易に破ることができなかったことが明らかとなった。結局、法廷で証拠品のポリ袋に空いている穴がいかなる形状のものであるかを検証することとなり、当該ポリ袋の穴は、一部を刃物様のもので切り取ったような痕跡の穴であることが確認された。

(2) 検討

　いわゆる志布志事件では[*49]、12人もの被告人が無罪とされたが、そもそも、選挙違反という事件そのものが不存在であった。それにもかかわらず、6名が、捜査段階で自白をしていた。本件では、自白以外にも多数の存在しないはずの「証拠」が提出されたという事実は重く受け止められなければならない。そして、氷見事件では、被害者は、犯人が使用した凶器はサバイバルナイフのようなものであり、犯人が被害者を後ろ手に縛った際に使ったのはチェーンのようなものであった旨供述していた。しかし、A氏方からはいずれも発見されなかった。すると、捜査機関は、凶器がサバイバルナイフであったというのは動転した被害者の勘違いであった、ビニール紐（A氏方で押収されていた）を鎖状にして被害者の手を縛った、ナイフが手にあたったために、被害者は金属の鎖で手を縛られたと勘違いしたと思うとA氏に供述させたのである[*50]。すなわち、供述を利用して、本来証拠たりえない物が「証拠」に仕立て上げられたのである。この点を、最高検は、「V1が凶器はサバイバルナイフ様のものであると供述していることやチェーンとビニール紐を混同することは考えにくいことにかんがみると、A氏の供述に安易に依拠して事実認定を行うことについては慎重になるべきであった」とするのみである[*51]。公訴取消しとなった邸宅侵入・現住建造物等放火の事案では、公判担当検事が、被告人がアリバイ主張した旨が記載された捜査報告書を、後に作り直し、アリバイ主張があった事実を削除したと伝えられたと報告されている。

　このように、自白を作出することと、証拠の偽造はまさに紙一重との評価がふさわしく、証拠の偽造の問題は、捜査機関の基本的な捜査に対する姿勢の延長線上にあるという認識が弁護人にも裁判所にも必要である[*52]。

　裁判所の対応は、多くの場合、捜査機関への信頼を基礎とする。木谷元裁判官は、裁判所が行っている事実認定の手法の問題点について、①取調べ官をこれ以上ないくらいに信頼し、よほど明白な客観的証拠でも出てこない限りその証言を信用する、②取調べ官の証言が一部信用できないという判断に達した場合でも、そのことを当該証人のその余の証言部分の信用性に影響させることはない、③他方、被告人の弁解については、少しでも他の証拠との食い違いや不合理と思われる点があれば、たとえそれが些末な点であっても厳しく追及してこだわり、容易に信用しようとしないことであるとする。そして、その根底にある思想を、(i)社会の秩序を維持するためには、厳しい取調べをして被疑者を自白させることも許される、(ii)被疑者が本当に罪を犯していないのであれば、

取調べが多少厳しかったからといって虚偽の自白をするようなことはありえない、(iii)被疑者は常に嘘の弁解をする可能性があるが、取調べ官にはそのような動機はないというものであるとする*53。袴田事件で、起訴の1年後に捜査機関によって味噌タンクから発見された5点の衣類が、適正に収集された証拠として扱われたというのも、裁判所の基本的な捜査機関への信頼が結論に影響したひとつの事例といえよう。検討した事例でも、殺人未遂被告事件で、23条照会の回答が決定的な証拠となりえたのは「(側溝の)清掃の方法はバキュームの方法によるものであり本件包丁のような大きさの異物が清掃中に見過ごされることはない」という、捜査機関が発見したとする前の段階で、ナイフが側溝内に存在していた可能性をほとんど完全に否定することが可能な内容であったからである。これが、単に「バキューム清掃を行った」という内容だったとすれば、バキューム清掃の効果等に関する立証まで行われなければ、捜査によって発見されないということもありえるとして弁護人の主張が排斥された可能性は否定できない。

　美奈川弁護士は、具体的な弁護活動を行うにあたり、どのような点に注意しているかについて、以下のように述べる「証拠が開示されたあとに被告人接見するなどもってのほかです。最初に『証拠』を見てしまうと、有罪に見えてしまう。『証拠』のインパクトはそれだけ強いことを意味します。若い弁護士はとくにそういうことに陥りがちです。被疑者・被告人中心にものごとを考えるということです」*54。

　美奈川弁護士が被疑者・被告人を中心にものごとを考えるべきというのは、捜査段階でいかに「証拠」が作り上げられていくかという、現実の捜査過程が有する問題を認識した上でのアドバイスである。

5　結びに代えて

　弁護活動の各報告に現れているのは、刑事裁判における、実質的な弁護人の立証の負担の大きさである。捜査機関は、多くの人員、資源を投入し捜査をする。そして、その捜査結果を、長い身体拘束期間中の取調べで、被告人供述に反映させることが可能である。

　これに対して、弁護人が収集しうる証拠には限界がある。現在の類型証拠開示、主張関連証拠開示の制度により、弁護人に開示される証拠の範囲が格段に広がったのは事実であるが、なお、現在の制度の枠組みでは、被告人・弁護人

に有利な証拠は開示対象から外れる可能性があることが指摘される[55]。実質的な立証の負担が弁護人・被告人の側に負わされている現状では、なおさらこのことは深刻な問題となる。全面的な証拠開示を、当事者主義を根拠として否定する説に対しては、当事者主義は、被告人が自己に有利な証拠に直接アクセスすることの保障がなければ、その前提が成り立つとはいえないという理論的な問題が指摘される[56]。また、証拠開示を被告人の観点から防御の重要性を判断するために自身の事件に関する捜査過程や結果を示す記録や証拠への（憲法13条などを根拠とする）アクセスする権利として構成することもできる[57]。2016年の刑訴法改正では、検察官の手持ち証拠のリストの開示が規定されたが、少なくとも、このリストが実質的な記載内容を持つものになるよう、運用されなければならない。

多くの事件では、捜査の進展にともない、捜査結果のすべてを合理的に説明しうるようにみえる被告人供述ができあがる。こうして作り上げられた被告人の供述は、もはや、ある人間の記憶に基づく叙述という供述ではない。多くの事件で、捜査機関にとって、すべての証拠をいわば糊付けするための道具として位置づけられている。そして、この「自白」という道具を利用して、さらに被告人を有罪らしくみせる「証拠」が作り上げられることとなる。取調べによる供述のゆがみは、すべての捜査プロセスをゆがませる原因となりうる。被告人の黙秘権の保障の実質化という観点からも、取調べ受忍義務論は克服されるべきであるし[58]、権利の保障の実効性を確保するためには弁護人の立会いが認められるべきである。

憲法には、人身の自由に関する規定が10カ条も存在する。憲法がこれほどまでに手厚い保障を規定したのは、第二次世界大戦下において日本の人々が被った人権侵害、そこから学んだ痛切な歴史的教訓、そして、刑事手続における人権は、基本的人権の前提となる権利であるとも表現されるほど重要な権利であるという理論的な根拠に基づくとされる[59]。そして、小田中教授は「人身の自由として扱われてきたさまざまな人権や自由、たとえば黙秘権、あるいは『疑わしきは被告人の利益に』『無罪の推定』というような権利概念（中略）は、決して『犯罪者の人権』にとどまるものではありません。また犯罪者たりうる者の利益を守る『異端者の人権』にとどまるものでもありません。人身の自由は私たち一般の人々すべてが持つべき人権として、その意義が積極的に捉えられるべきだと思います」とする[60]。被疑者・被告人の立場となった人々の人権が十分保障されるようにするために弁護人が負う責任は重く、その道のりは険

しい。しかし、美奈川弁護士、上田弁護士がしてきたように、ひとつひとつの事件に真摯に取り組み、悩み、のたうち回る中で、新たな道を切り開いていくほかない。実践を積み重ね、理論を探求する姿勢、我々が受け継ぐべきものはここにある。

*1 美奈川成章＝花田浩昭「この弁護士に聞く9」季刊刑事弁護78号（2014年）5頁。
*2 最高裁判所事務総局刑事局「平成26年における刑事事件の概況（上）」法曹時報68巻2号（2016年）107頁。
*3 木谷明「強すぎる検察（「検察官司法」）と裁判員制度（上）」季刊刑事弁護71号（2012年）105頁。
*4 上田國廣「なぜ刑事弁護を熱心にやるのか」季刊刑事弁護72号（2012年）100頁。
*5 同上101頁。
*6 大阪地堺支判平22・11・12LEX/DB25442857、谷田豊一「弁護人による実況見分・検証の活用事例」季刊刑事弁護70号（2012年）54〜57頁。
*7 谷田・前掲注*6論文56頁。
*8 岐阜家決平15・7・30LEX/DB25450709、神谷慎一「現場検証が明らかにした少年供述の正当性」季刊刑事弁護38号（2004年）80〜89頁。
*9 神谷・前掲注*8論文82頁。
*10 同上81頁。
*11 前掲注*2概況82頁。
*12 福岡高判平22・9・16判タ1348号2460頁。
*13 拙稿「爪ケア事件逆転無罪」季刊刑事弁護65号（2011年）139〜140頁。
*14 大阪高判平19・9・12、髙見秀一「被告人供述の再現資料の提出で得ることができた逆転無罪判決」季刊刑事弁護76号（2013年）31〜35頁。
*15 福岡高判平24・10・31、石井謙一「行為の不可能性を示して勝ち取った無罪判決」季刊刑事弁護76号（2013年）50〜54頁。
*16 岡田行雄「疑わしいだけで罰される被告人——証拠に基づく事実認定と判決」内田博文編『歴史に学ぶ刑事訴訟法』（法律文化社、2013年）208頁。
*17 岡田・前掲注*16論文209頁。
*18 同上209頁。
*19 福岡地判平6・11・28判時1560号147頁、美奈川成章「日記帳偽造事件 誰が証拠を偽造したのか」季刊刑事弁護3号（1995年）115〜119頁。
*20 木谷明『刑事事実認定の理想と現実』（法律文化社、2009年）96頁。
*21 陳愛「自白偏重の見込み捜査を糾弾した無罪判決」季刊刑事弁護52号（2007年）90〜93頁。
*22 本件の評釈として、中島宏「自白調書の任意性を否定して排除したのち、状況証拠による推認を認めず、無罪を言い渡した事例」季刊刑事弁護52号（2007年）141〜153頁。
*23 季刊刑事弁護52号（2007年）152〜153頁。

*24 東京地判平16・2・23LEX/DB25450687、今村核「燃焼メカニズム解明により自白の信用性を否定し無罪 冤罪・下高井戸放火事件」季刊刑事弁護42号（2005年）87～93頁。
*25 中島宏「放火について、鑑定等により出火場所を特定し、被告人の自白の信用性を否定して無罪を言い渡した事例」季刊刑事弁護42号（2005年）174～185頁参照。
*26 司法研究所編『自白の信用性──被告人と犯行の結び付きが争われた事例を中心として』（法曹会、1991年）10頁。
*27 松山地裁宇和島支判平12・5・26判時1731号153頁。
*28 石塚章夫「自白の信用性」木谷明編著『刑事事実認定の基本問題』（成文堂、2008年）176頁。
*29 青木孝之「自白の証拠能力──木谷コートの実践例に学ぶ」木谷明編著『刑事事実認定の基本問題』（成文堂、2008年）156頁。
*30 木谷明『刑事事実認定の理想と現実』（法律文化社、2009年）53～54頁参照。
*31 梶田英雄「取調経過一覧表による立証の失敗と教訓」季刊刑事弁護14号（1998年）40頁、後藤貞人「自白の任意性を争う弁護活動」季刊刑事弁護14号（1998年）42頁参照。
*32 稲田隆司「判例にみる任意性判断」季刊刑事弁護14号（1998年）85頁。
*33 後藤・前掲注*31論文44頁。
*34 木谷明『刑事事実認定の理想と現実』（法律文化社、2009年）111頁。
*35 詳細は梶田・前掲注*31論文40～41頁参照。
*36 取調可視化の動向について、小坂井久『取調べ可視化論の展開』（現代人文社、2013年）48～60頁参照。
*37 黒田一弘「被疑者ノート実践報告：大阪 証拠採用され大幅減軽された事例」季刊刑事弁護45号（2006年）130～134頁。
*38 今井力「被疑者ノートで自白強要と対抗し、無罪に」季刊刑事弁護45号（2006年）126～129頁。
*39 横浜地判平22・7・15LEX/DB25463784、畑裕士「被告人の自白の信用性を否定した事例」季刊刑事弁護64号（2010年）101～103頁。
*40 本件の評釈として、中島宏「準強姦被告事件において、被害者供述および自白の信用性を否定し、被害者が『抗拒不能』であったことを否定した事例」季刊刑事弁護64号（2010年）111～112頁。
*41 広島地判平26・7・16LEX/DB25504395、芥川宏「取調べDVDを活用して供述心理学者と協働した無罪事例」季刊刑事弁護82号（2015年）64～68頁。
*42 荒井俊英「取調べ一部録画がなされている場合に自白の任意性を争った弁護活動」季刊刑事弁護66号（2011年）89～93頁。
*43 本件の評釈として、指宿信「速報判例解説」法学セミナー増刊3号（2008年）185頁。
*44 木谷・前掲注*34書7頁。
*45 石井一正「ブックレビュー 木谷明著『刑事裁判の心──事実認定適正化の方策』」判例タイムズ1145号（2004年）44頁は、直感的な印象を重視する判断方法につき、分析的・客観的判断手法といずれか一方が正しいというほど絶対的なものでないとする。
*46 大木勇「郵政不正事件（厚労省元局長事件）の弁護活動」季刊刑事弁護65号（2011年）109～117頁。

*47 大阪地判平18・8・22、藤田正隆「捜査側による証拠の捏造の疑いがあるとして無罪とした事例」季刊刑事弁護58号（2009年）16〜19頁。
*48 小林秀一「公務執行妨害被告事件（無罪）警察段階で捏造されたと思われる証拠物」季刊刑事弁護41号（2005年）104〜109頁、202〜204頁。
*49 鹿児島地判平19・2・23、志布志事件における弁護活動の報告は、本木順也「公職選挙法違反被告事件（志布志事件）鹿児島県議公選法違反事件を振り返って」季刊刑事弁護52号（2007年）81〜84頁。
*50 日本弁護士連合会「「氷見事件」調査報告書」季刊刑事弁護54号（2008年）196頁。
*51 最高検察庁「いわゆる氷見事件及び志布志事件における捜査・公判活動の問題点について」季刊刑事弁護54号（2008年）184頁。
*52 荒井・前掲注*42論文91頁参照。
*53 木谷・前掲注*34書104頁。
*54 美奈川＝花田・前掲注*1インタビュー5頁。
*55 指宿信『証拠開示と公正な裁判』（現代人文社、2012年）41頁。
*56 田淵浩二＝岡慎一＝白取祐司「鼎談 証拠開示」川崎英明ほか編著『刑事司法改革とは何か』（現代人文社、2014年）66頁［田淵発言］。
*57 斎藤司『公正な刑事手続と証拠開示請求権』（法律文化社、2015年）377頁。
*58 豊崎七絵「取調べ受忍義務否定説の理論的基礎」浅田和茂ほか編『改革期の刑事法理論』（法律文化社、2013年）116〜137頁、渕野貴生「黙秘権保障と自白法則」川崎英明ほか編著『刑事訴訟法理論の探求』（日本評論社、2015年）184〜200頁参照。
*59 小田中聰樹『刑事訴訟法の変動と憲法的思考』（日本評論社、2006年）368〜370頁。
*60 小田中・前掲注*59書416頁。

（たかひら・きえ）

媒介事実の発見とその証明準則
情況証拠による刑事事実認定論(4)

豊崎 七絵

九州大学教授

1　本稿の課題
2　「媒介事実の発見による間接事実のレベルの明確化」の具体的適用
3　反対事実の可能性の吟味との関係
4　注意則ないし「動かし難い事実」との関係
5　証拠構造論との関係
6　媒介事実の本質とその証明準則
7　結びに代えて

1　本稿の課題

　近時、情況証拠による事実認定のあり方について議論を活発化させたのは、大阪母子殺人放火事件にかかる最3小判平22・4・27刑集64巻3号233頁（以下、平22最3小判という）であった。なかでも注目されたのは、「情況証拠によって認められる間接事実中に、被告人が犯人でないとしたならば合理的に説明することができない（あるいは、少なくとも説明が極めて困難である）事実関係が含まれていることを要する」との説示である。筆者は、間接事実の証明ならびに間接事実のレベルという視角から、情況証拠による事実認定のあり方について検討してきたところ、平22最3小判が登場したため、同判決ならびに一連の最高裁判例の意義についての検討も加え、考察を続けてきた[*1]。その骨子は次の通りである。
　すなわち、主要事実を直接推認させる第1次間接事実か、それとも第1次間接事実を直接推認させる（言い換えると、第1次間接事実を媒介とすることに

よって初めて、主要事実を推認させる）第2次間接事実かといった、間接事実のレベルの違いを度外視することによって、異なるレベルの間接事実が混ざった総合評価や、あるいは第2次以下の間接事実群の総合評価を行い、このような総合評価から、いきなり主要事実を推認してしまうのは、第1次間接事実をはじめとする各事実自体が推認されうるか否かという検討を省いている点で、推認の飛躍であり、その結果、各間接事実が合理的疑いを容れない程に証明されていない点で[*2]、許されない。なるほど情況証拠による事実認定においては総合評価が不可欠である一方[*3]、総合評価は間接事実のレベル毎に区別されなければならない。たとえば、主要事実を認定するための総合評価は、それぞれ合理的疑いを容れない程に証明された第1次間接事実群によって構成されなければならない。また第1次間接事実を認定するための総合評価は、それぞれ合理的疑いを容れない程に証明された第2次間接事実群によって構成されなければならない。つまりA事実を認定するための総合評価は、A事実よりも1つ下位の間接事実によって構成されなければならないということである。

　このようにして推認の飛躍を防ぐためには、まずは、証拠から直接証明される最下位の間接事実と主要事実とを媒介する間接事実（以下、媒介事実ともいう）を隈なく発見し、各媒介事実のレベルを明確化する作業が不可欠である。そこで本稿では、この作業の有無が、事実認定の方法はもちろん、事実認定の結果にも大きな差異をもたらすということを具体的に論じてみたい（後述2）。その上で、この作業が、推認の誤りを防止するための他の方策（反対事実の可能性の吟味、注意則、証拠構造論）とどのような関係にあるか、検討する（後述3、4、5）。そして、媒介事実が合理的疑いを容れない程に証明されなければ、この事実よりも上位の事実を推認するのは飛躍があるといわなければならないところ、媒介事実につき合理的疑いがあるというための一般的特徴、すなわち一定の準則について論じた上で（後述6）、最後に今後の検討課題について触れる（後述7）。

2　「媒介事実の発見による間接事実のレベルの明確化」の具体的適用

(1)　問題の所在

　情況証拠による事実認定については、証拠から直接証明される間接事実が最下位の要証事実であり、主要事実が最上位の要証事実であると定義すると、よ

り下位の事実から・より・上位の事実への推認や、その推認の際に必要となる間接事実群の総合評価において、誤りが入り込まぬよう規制することが最大の関心事とされてきた。その際、間接事実（群）が持つ推認力の強弱が問題になるところ、何らの尺度を用いて分析することもなく、直に（直感的に）その強弱を評価するならば、客観性に欠ける嫌いがあり、誤った推認をもたらす原因になりうる。

　これに対し、次のような尺度を基準にして評価するならば、その分、客観性を備えることができ、誤った推認を回避する手だてになる。すなわち、証拠から直接証明される最下位の間接事実から主要事実が直接推認されるというのではなく、両事実を媒介する間接事実が1つ、2つ、あるいはそれ以上に存在することを発見し、同時に、媒介事実の内容について言語的に表現することができれば、主要事実の推認（認定）に至るまでにクリアしなければならない推認の段階は（最下位の間接事実から主要事実という）1つではなく、複数あることが明らかになり、それぞれの推認が果たして成り立ちうるか、すなわち各事実は合理的疑いを容れない程に証明されうるかという問いを顕在化させることができる。しかも、当該間接事実と主要事実との間に媒介する間接事実が相当数あるという場合、主要事実の推認（認定）に至るまでにクリアしなければならない推認の段階も相当数あるということになるから、このこと自体、当該間接事実の推認力の弱さを示す指標となる。言い換えると、当該間接事実は果たして主要事実を直接推認させる第1次間接事実か、それとも、かくかくしかじかの、当該間接事実より上位の間接事実を媒介としなければ主張事実を推認させることのできない第2次以下の間接事実か、という当該間接事実のレベルを明らかにして（**図1**参照）、推認の飛躍がないかチェックするというものである[*4]。

　このようにして、まずは媒介事実を発見することによって、各間接事実のレベルを明確にした上で、事実間の各推認の成否（すなわち各間接事実の証明の成否）を逐一チェックするという作業を行うか否かで、実際の事実認定においてどのような差異が生じるか。このことを具体的に確認するため、以下、大阪母子殺人放火事件における間接事実の取扱いについて、第1審判決[*5]と上告審判決たる平22最3小判、それぞれの手法を比較検討する。

(2) **第1審判決**

　第1審判決は、①本件当日あるいはそれまでの間に、被告人が「事件現場」

図1

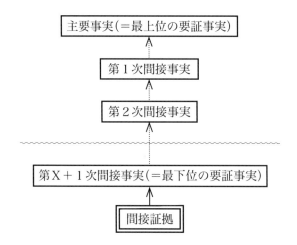

注：1　当該間接事実から主要事実の推認に至るまでの間に、媒介事実がX個あるとすると、経なければならない推認はX＋1段階であり、当該間接事実は第X＋1次間接事実である。たとえば、当該間接事実と主要事実を媒介する事実が1つであるならば、当該間接事実は第2次間接事実である。
　　2　主要事実はもちろん、間接事実も含め、およそ事実を推認するにあたっては、複数の事実による総合評価を要するというのが、本稿の見解である。もっとも、まずは「媒介事実の発見による間接事実のレベルの明確化」の作業の重要性を図示するため、便宜上、この図では単線型の推認を示している。

［全図共通・記号一覧表］

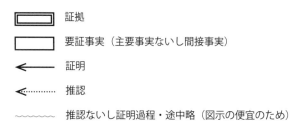

（以下、「現場」という）であるマンション（以下、本件マンションという）の敷地内に立ち入ったことが「動かし難い事実」として認められるところ、本件当日、②被告人使用車と同種・同色の車が「現場」から約100メートルのところに長時間駐車されており、③被告人と似た人物が「現場」付近（「現場」から約80メートルのバッティングドーム）で目撃されていること、④被告人自身（本件マンション所在の）平野区内ないしその周辺にホンダストリームで赴

いたことを自認しており、これが信用できることを併せると、被告人は本件当日に「現場」である本件マンションに赴いた（立ち入った）ことを認定できるとした。第1審判決は、被告人が本件当日に「現場」である本件マンションの敷地内に立ち入ったという間接事実について、「被告人の犯人性を強く推認させる一つの事情である」と評価した。

　第1審判決は、（上述の評価に先立つ）「第三　前提事実」という項目において、犯人が被害者である母子を（本件マンション内の）被害者宅すなわち306号室内で殺害した上で、同室に放火したということを確認していた。そうであるならば、本件の犯行現場は少なくとも306号室に限定されなければならないところ、上述の通り、同判決は本件マンション全体を「現場」と捉えているようにみえる（**図2**参照)[*6]。しかしこのような認定方法では、被告人はどのようにして306号室に辿り着き、その室内に入り、そして各犯行に及んだか、といった各推認の段階に付着する疑問を検討する機会は、すっぽりと抜け落ちてしまう[*7]。

図2

　第1審判決の総合評価の問題点については前稿ですでに検討したところ[*8]、本稿で改めて確認しておきたいことは、この「現場」の捉え方にも顕れている通り、第1審判決は「主要事実の推認に至るまでに、果たして媒介する間接事実はないか」という問題意識に欠け、いわんや（媒介事実の発見に必然的に伴う）各推認段階を発見したり、その推認段階の多さに注意を向けたりすることはなく、まして各推認の段階に付着する疑問を解消しうるかという検討はなおざりにされているということである。

　同判決は、被告人の犯人性を推認させるという各間接事実について、「全体として考察すべきものであり、そのように見た場合、各事実は相互に関連し合ってその信用性を補強し合い、推認力を高めている」とも指摘しているが、被告人はどのようにして306号室に辿り着いたか等々、各推認に付着する疑問を

解消しうる理由を示していない。ただ、被告人のいくつかの行動（携帯電話の電源を切っていたこと等）が「本件各犯行の時間帯をほぼ含んでいる」というだけである。同判決はこの「時間帯」の重なりを「極めて重要」とも評するが、そのような評価を裏付ける理由や尺度をまったく示していない。第１審判決が指摘する被告人の行動はいずれも、彼が306号室に辿り着き、室内に入ったという、彼の所在を示すものではないのに、なぜ「極めて重要」か。それは、もっぱら全体的な印象に依拠するもののようにみえる。

(3) 平成22年最３小判の法廷意見

それでは、この本件当日のマンション敷地内への立入りという事実の推認力について、上告審の平22最３小判はどのように説明しているか。

まず法廷意見は、「仮に、被告人が本件事件当日に本件マンションに赴いた事実が認められたとしても、認定されている他の間接事実を加えることによって、被告人が犯人でないとしたならば合理的に説明できない（あるいは、少なくとも説明が極めて困難である）事実関係が存在するとまでいえるかどうかにも疑問がある」と判示した。法廷意見は、被害者に対して「怒りを爆発させてもおかしくない状況があった」、あるいは「被告人が本件事件当日に携帯電話を切っていた」といった「認定されている他の間接事実」の推認力の弱さを論じる一方、本件当日のマンション敷地内への立入りという事実について、破棄差戻判決の故か、その推認力の弱さを具体的に分析するものではない。しかし補足意見では、以下の通り、詳細に論じられている。

(4) 平成22年最３小判の補足意見

藤田宙靖裁判官の補足意見は、本件当日のマンション敷地内への立入りについて、「それ自体が一つの間接事実に過ぎないのであって、被告人の有罪認定の根拠としては、未だ強力な証明力を有する事実とまでいうことはできない」という。確かに、第１審判決は、最終的には総合評価によって被告人の犯人性を認定したものの、本件当日のマンション敷地内への立入りについて、「被告人の犯人性を強く推認させる一つの事情である」とか、あるいは「各事実はそれ自体が被告人が本件の犯人であることを推認させるものである」として、個別の間接事実としても推認力は強いと評価している。このような評価に対し、藤田補足意見は「未だ強力……とまでいうことができない」として批判しているのであろう。ただ同意見は、およそ間接事実である以上免れることができな

い推認力の限界を述べているようにもみえ、少なくとも、本件当日のマンション敷地内への立入りという事実について、それ以上の踏み込んだ分析を施すものではない。

むしろ、本件当日のマンション敷地内への立入りという事実固有の推認力について、この事実と主要事実とを媒介する間接事実を発見し、各推認に付着する疑いを指摘することによって、その弱さを客観的に示しているのは、田原睦夫裁判官ならびに近藤崇晴裁判官の各補足意見である。

田原補足意見は、本件当日のマンションへの立入りという事実について、「その事実は、即、被告人が本件マンションのＢ方（被害者の住居である306号室のこと：引用者注）を訪れた事実の推認に結びつくものではなく、いわんや本件の犯人性に結びつくものではない」ことを確認する。その上で、①被告人が被害者の所在地（住所）や少なくとも住所の概要を把握していたと「認定するには無理がある」こと、②集合郵便箱の306号室欄や306号室の入口に被害者の氏名が示されていなかったなど「被告人が偶々本件マンションに辿り着いても」306号室が被害者の住居であることは「容易には判明しない状態であった」といった理由を挙げて、「被告人が本件マンションの建物自体を訪れたという事実が仮に認められたとしても、その事実から直ちには、被告人が本件当日、Ｂ方を訪れたと推認することはできない」とした。そして、本件当日、被告人が306号室に立ち入った事実および本件各犯行を実行した事実を推認するには、「その推認の過程において論理の飛躍が存することは否めず、被告人を犯人と認定するには、合理的な疑いを払拭し得ない」との結論を導いた（詳細は**図３**参照）。

また近藤補足意見は、Ⓐ本件当日のマンション敷地内への立入り（本件マンション踊り場の灰皿の「吸い殻が本件事件当日に被告人の投棄したものであること」）に加え、Ⓑ被告人が306号室を訪れたこと、Ⓒ被告人が306号室の室内に入ったこと、Ⓓ被告人が被害者（被告人の養子の妻と孫）を殺害した上で放火をしたことが「証明されなければならない」ところ、「ⒷⒸⒹの事実を証明するに足りる直接証拠はなく、Ⓐ→Ⓑ→Ⓒ→Ⓓが順次推認されなければ、Ⓓの事実が証明されたとはいえない関係にある」とする。その上で、「Ⓐ→Ⓑ→Ⓒ」の順次の推認について、「推認する（認定する）ことができるとするには、なお疑問が残る」とし、さらに仮にⒸの事実が推認された（認定された）としても、「これによってⒹの事実があったと推認する（認定する）こともたやすいことではない」とした（詳細は**図３**参照）。

図3

```
┌─────────────────────────────────────────────┐
│ ⓓ被告人が殺害・放火した（主要事実）        │
└─────────────────────────────────────────────┘
      ↑
      ┆   ← 田原補足意見・近藤補足意見はこの推認の成立に疑問を投げかける。
      ┆       ・殺害時刻が午後4時頃であった場合、被告人は訪問後極めて短時間のうち
      ┆         に犯行に及んだことになるが、それだけ短時間のうちに殺意の形成に至る
      ┆         ような会話が存し得たか、極めて疑問。
      ┆       ・原判決や第1審判決のいう殺害の動機は全くの推測でしかない。
      ┆       ∴果たして殺害するであろうか、という疑問は払拭できない。
      ┆       （以上の理由は田原補足意見による）
      ┆       ・被告人は被害者両人に十分な愛情を有していた。犯行に出たとするには、
      ┆         よほどの具体的な根拠（動機）が必要。
      ┆       ∴一時の憤激によるものであるとしても、殺害までを犯した、しかも、1歳
      ┆         の孫まで殺害したと推認するのは、大きな飛躍がある。
      ┆       （以上の理由は近藤補足意見による）
      ┆       ※動機については、藤田補足意見も疑問を示している。
┌─────────────────────────────────────────────┐
│ ⓒ被告人が本件当日306号室の室内に入った      │
└─────────────────────────────────────────────┘
      ↑
      ┆   ← 田原補足意見・近藤補足意見はこの推認の成立に疑問を投げかける。
      ┆       ・本件マンションは開放された廊下を伝って部外者が306号室に簡単に辿り
      ┆         着くことができる構造。
      ┆       ∴「宅配便」等を装い、被害者の知人以外の第三者（つまり被告人以外の者）
      ┆         が306号室に玄関から侵入する可能性は小さくない。
      ┆       （以上の理由は田原補足意見による。なお藤田補足意見も同旨。）
┌─────────────────────────────────────────────┐
│ ⓑ被告人が本件当日306号室を訪れた            │
└─────────────────────────────────────────────┘
      ↑
      ┆   ← 田原補足意見・近藤補足意見はこの推認の成立に疑問を投げかける。
      ┆       ・被告人は被害者の住所を把握していたとは認定できない。
      ┆       ・集合郵便箱や306号室の入口に被害者の氏名が示されていない。
      ┆       ∴306号室が被害者の居室であることは「容易には判明しない状態であった」。
      ┆       （以上の理由は田原補足意見による）
┌─────────────────────────────────────────────┐
│ ⓐ被告人が本件当日、本件マンション敷地内に立ち入った │
│ （被告人が本件当日、本件マンション踊り場の灰皿に吸い殻を投棄した）│
└─────────────────────────────────────────────┘
```

注：仮にⓐの事実が認定されたとしても、主要事実の推認に至るかという問題が検討されなければならない。

　つまり、田原補足意見や近藤補足意見は、本件当日のマンション敷地内への立入りという事実と主要事実との間に、それ自体として本来推認（認定）されるべき間接事実、すなわち、被告人が本件当日306号室を訪れた事実や被告人が本件当日306号室の室内に入った事実といった媒介事実が潜在しているこ

とを発見し、その媒介事実の内容や各推認に付着する疑いを言語的に表現することによって、マンション敷地内への立入りという事実から主要事実を推認するには飛躍や疑問がある旨、客観的に示すことに成功している。

なお藤田補足意見においても、当該間接事実から主要事実の推認に至るまでに推認（認定）されなければならない媒介事実に言及することで、当該間接事実の推認力の弱さを客観的に示そうとしているところがある。

すなわち同補足意見は、本件当日のマンション敷地内への立入りを証するとされる間接事実（「被告人が当時使用していた車〔白色のホンダストリーム〕と同種・同色の車が事件発生時刻を挟んだ数時間現場の近くの商店前の路上に長時間にわたって駐車されていたという事実」等）は、「仮にこれらの事実の存在が証明されたとしても、そのいずれもが、公訴事実自体とはかなり距離のある事実であり、いわば間接事実のまた間接事実といった性質のものであるに過ぎない」と指摘するなど、要は、当該事実は主要事実（「公訴事実」）を直接推認させないもの（「間接事実のまた間接事実」）であると分析することで、当該事実の推認力の弱さを客観的に示そうとしているようにみえる（**図4**参照）。

図4

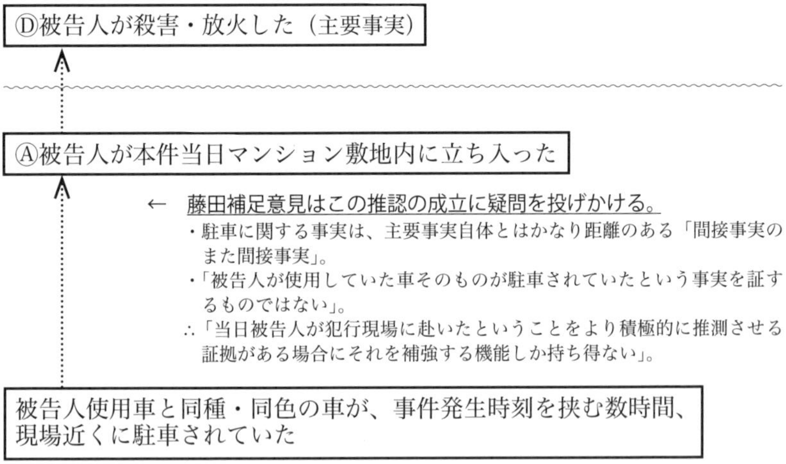

```
┌─────────────────────────────────────┐
│Ⓓ被告人が殺害・放火した（主要事実）  │
└─────────────────────────────────────┘
      ↑
  ～～～～～～～～～～～～～～～～～～～～～～～～～～
      ┊
┌─────────────────────────────────────┐
│Ⓐ被告人が本件当日マンション敷地内に立ち入った│
└─────────────────────────────────────┘
      ↑     ← 藤田補足意見はこの推認の成立に疑問を投げかける。
      ┊        ・駐車に関する事実は、主要事実自体とはかなり距離のある「間接事実の
      ┊          また間接事実」。
      ┊        ・「被告人が使用していた車そのものが駐車されていたという事実を証す
      ┊          るものではない」。
      ┊        ∴「当日被告人が犯行現場に赴いたということをより積極的に推測させる
      ┊          証拠がある場合にそれを補強する機能しか持ち得ない」。
┌─────────────────────────────────────┐
│被告人使用車と同種・同色の車が、事件発生時刻を挟む数時間、│
│現場近くに駐車されていた              │
└─────────────────────────────────────┘
```

⑸ 推認の飛躍を発見するための道具

　以上の補足意見の意義を踏まえ、改めて確認しておきたいのは、当該間接事実と主要事実とを媒介する間接事実として、どのような事実がどれだけ存在し、ゆえに当該間接事実は第何次間接事実に該当するかという問題は、有罪を主張する検察官や事実を認定する裁判所の一存に委ねられるのではなく、論理的で客観的な問題として理解されなければならないということである。そうでなければ、尺度として機能せず、推認の飛躍を発見するための道具にはならない[*9]。

　たとえば第1審判決は、本件当日のマンション敷地内への立入りという事実について、そのまま主要事実（犯人性）を認定するための総合評価に参加させており、あたかもこの間接事実を被告人の犯人性を直接推認しうる第1次間接事実のように扱っている[*10]。しかし、田原裁判官、近藤裁判官の各補足意見のように、主要事実との間に媒介する間接事実が存在し、この媒介事実とはかくかくしかじかであると言語的に表現できた時点で、本件当日のマンション敷地内への立入りは決して第1次間接事実ではないということが明白になり、推認の飛躍を発見できるということである。

　また併せて重要であるのは、「当該間接事実（群）の推認力は強い」、「主要事実はどのみち推認され得る」といった直接的評価を先行させてしまうことによって、媒介事実の発見を疎かにしないということである。仮に最終的には主要事実が推認され得たとしても、そのことは媒介事実の存在を否定する理由にはならない。繰り返しになるが、媒介事実の内容を言語的に表現し得た時点で、媒介事実の存在それ自体は何人も否定しようがない。被告人が306号室に辿り着かずして、同室で殺害・放火することは決してできないのであるから。その上で、当該間接事実から媒介事実、そして媒介事実から主要事実、それぞれ推認され得る否かが検討されなければならない。

⑹ 媒介事実の発見と防禦活動

　以上の具体的適用から明らかになった通り、より下位の事実からより上位の事実への推認について、その飛躍・誤りを回避するためには、媒介事実を発見する作業が重要である。

　この作業は、もちろん推認の誤りを回避しうる万全策ではないが、必ず行われるべき基本的な作業というべきである。情況証拠に基づいた（検察官の）有罪主張であれ（裁判所の）有罪認定であれ、推認に飛躍がないかチェックする

にあたり、その有罪主張ないし有罪認定が設定する間接事実のレベルを所与の前提にしてはならず、媒介事実の発見に努めなければならない。

なるほど、媒介事実を発見し、間接事実のレベルを明確化する作業は、一次的には挙証責任を有する検察官が行うべきである。しかし媒介事実を発見すれば、それだけ推認の段階も増え、各推認の妥当性が争われる機会を検察官自らつくり出すことにもなるから、現実的には難しい。

そうであるならば、この作業は、被告人・弁護人の防禦活動の一環として行われることが期待される。なるほど犯罪事実を争う場合、まず弾劾の対象とされるのは間接証拠の信用力の問題、すなわち「このように信用力の弱い証拠から、そもそも最下位の間接事実が証明されうるか」という問題であろう。基礎となる証拠・事実それ自体に欠陥があるならば、その後に続く推認は空中楼閣なのは明らかであるから、この問題に焦点が当てられるのは正しい。もっとも、これと並行して、媒介事実を発見し、間接事実のレベルを明確化することによって、検察官の有罪主張に内在する欠陥、すなわち推認の飛躍を明らかにするということも、重要な防禦活動というべきである。検察官の有罪主張に潜在する媒介事実を発見し、その内容を言語的に表現できれば、各推認の妥当性を争うことが可能になり、合理的疑いを差し挟む機会も増える。このことは、裁判所の有罪認定を上級審で争う場合も同様であり、裁判所の有罪認定に潜在する媒介事実を発見することが重要である。

もちろん、媒介事実を発見し、間接事実のレベルを明確化することによって、推認の飛躍を防ぎ、誤った有罪認定を回避する最終的な責任を負うのは裁判所であり、この意味において平22最3小判は大いに評価される。他方で裁判所がこの作業に正しく従事するとは限らないという現実は、大阪母子殺人放火事件・第1審判決に顕れている通りである。被告人・弁護人の防禦活動が重視される理由はここにもある[*11]。

3 反対事実の可能性の吟味との関係

(1) 問題の所在

従来、推認の誤りを防止するための方策として論じられてきたのは、①反対事実（無罪方向の仮説）の可能性の吟味、②情況証拠の評価に関する各種注意則の適用である。また③有罪主張の証拠構造の明示も、「この証拠からこの事実が証明され、この事実からあの事実が推認される」との検察官の主張が明確

化されるという意味で、一つの方策として挙げることができよう。

 それでは、これらの防止策と、本稿で論じるところの、媒介事実の発見による間接事実のレベルの明確化という作業とは、どのような関係にあるか。以下、順に検討する。

(2) 反対事実の可能性、アナザー・ストーリー、合理的疑い

 まず反対事実の可能性の吟味について。これは、ある事実（群）から何が推認されるかを検討する際、主要事実を認定する方向での推認しかないという一方的な断定に陥らない方策の一つとして、説かれてきた[*12]。

 もっとも反対事実の可能性があるか否かは人によって評価が分かれることもあり、反対事実が明らかに成立する（つまり人によって評価が分かれない）ケースは多くないのが現状である。したがって、ただ反対事実の可能性と述べるだけでは、「検察官が示した被告人の犯行であるというストーリーに対して、被告人が具体的な別のストーリーを提示することができる場合にはじめて、疑いが示されたということになり、さらに、その別のストーリーの『合理性』が肯定されて、裁判官はやっと『合理的な疑い』を持つ」[*13]というアナザー・ストーリーと同一視されてしまう懸念もある。そこで、アナザー・ストーリーは反対事実の可能性のうちのマキシマムにすぎないと考えるにしても、それでは反対事実の可能性のミニマムとは何か、むしろ明らかにしなければならないだろう。

 さらに、反対事実の可能性と合理的疑いとの関係についても整理する必要がある。上述の通り、仮に反対事実の可能性はアナザー・ストーリーよりもその成立範囲が広いとの前提に立ったとしても、反対事実の可能性イコール合理的疑いであるとすれば、今度は合理的疑いが成立する範囲として狭すぎる。

 大阪母子殺人事件の例でいえば、被告人が本件当日、本件マンションの敷地内に立ち入ったという事実から、被告人が本件当日306号室を訪れたという事実以外の反対事実の可能性、たとえば「被告人は敷地内には立ち入ったけれども、306号室には訪れることなく、車に戻った」という反対事実の可能性が具体的に示された場合にはじめて、合理的疑いが成立するというべきではない。たとえば、「敷地内への立入りと306号室の訪問とは別行為であり、敷地内に立ち入ったからといって306号室を訪問したとは限らない。むしろ306号室の訪問自体が合理的疑いを容れない程に証明されなければならないのに、証明されていない」と言語的に表現できれば、合理的疑いが成立するというべきでは

ないか。つまり、反対事実の可能性とは合理的疑いのマキシマムにすぎないとすれば、検討すべき課題は合理的疑いのミニマムとは何かということになる。

そして反対事実そのものに関しては、被告人の否認弁解が成り立たない、ひいては弁解内容が虚偽であるという問題、すなわち反対事実の不成立という評価が被告人に不利益な推認に繋がらない方策こそ、求められているようにみえる*14。

(3) 推認それ自体の弱さを明らかにする方法

また媒介事実の発見による間接事実のレベルの明確化という観点から、反対事実の可能性の吟味という方法について考えてみると、検察官の有罪主張あるいは裁判所の有罪認定による間接事実の位置付けを所与の前提として、いきなり反対事実の可能性を吟味するのは、かえって危険な側面があるといわなければならない。少なくとも作業の順番としては、有罪主張あるいは有罪認定に潜在する媒介事実を発見し、主要事実の推認（認定）に至るまでにクリアしなければならない推認の段階を確認することが先決ではないか。なぜならこの作業によって、推認それ自体にまとわりつく弱さを明らかにすることができるからである。

大阪母子殺人放火事件を再び例にすると、すでに述べた通り、マンションの敷地内に立ち入ったことと犯行現場の306号室を訪れたこととは別の行為であり、つまり間接事実のレベルが異なる。この別行為性（間接事実のレベルの違い）を顕在化させることによって、仮に被告人がマンションの敷地内に立ち入ったとしても、それでは被害者の住所を知らないのに、また表札が掲げられていないのに、被告人は306号室を探し当てることはできたかとの疑問も沸く。

ここで確認しておきたいのは、この疑問が、「被告人は敷地内には立ち入ったけれども、306号室には訪れることなく、車に戻った」という反対事実の可能性を直接に示すものというより、マンション敷地内立入りから犯行現場訪問を推認すること自体の難しさ、すなわち主要事実を認定する方向での推認それ自体につきまとっている弱さを示すものだということである。この疑問は、マンション敷地内立入りを裏付けるとされた証拠とは別の証拠がなければ、解消されないというべきであろう。つまり、マンションの敷地内に立ち入ったことを裏付ける証拠で、犯行現場である306号室を訪れたことの証明までカバーできるという発想は、これらの別行為性、間接事実のレベルの違いを前提とす

る限り、生じえないということである。また仮に被告人は被害者の住所を知らない等の事情がなかったとしても、被告人が306号室を訪れたということ自体が、合理的疑いを容れない程に証明されなければならない（詳細は後述6参照）。

(4) 間接事実のレベルを度外視した総合評価とアナザー・ストーリーの危険性

これに対して、被告人の犯行に至るまでの必要な行為について、マンション敷地内立入りを確認するに止まり、間接事実のレベルを度外視して、あとは一挙に総合評価してしまうならば、上述のような分析を欠く分、直感的な印象が支配する危険性がある。このような総合評価を所与の前提にしてしまうと、強力な反証（アナザー・ストーリー）を提示しない限り、なかなか合理的疑いが抱かれない危険がある。

実際、大阪母子殺人放火事件の第1審判決は、「本件全証拠を精査しても、被告人以外に本件各犯行を犯したと思われる人物の存在を具体的に窺わせる資料は存しないのである。結局、被告人が本件各犯行を犯したことについて合理的な疑いをいれない程度に証明がなされているというべきである」として、別の真犯人がいるというアナザー・ストーリーは成立しないということ（だけ）で、その検討を終わりにしてしまっている。

このようにして第三者の犯行可能性を否定した第1審判決に対し、藤田補足意見と田原補足意見は通り魔的殺人の可能性を排除できないと批判する。もっともこれは、第三者の犯行可能性があることを裏付ける積極的な証拠がある、すなわちアナザー・ストーリーないし反対事実が成立するというよりも、第三者の犯行可能性がないことを裏付ける証拠に欠くという指摘である。

そもそも他殺については証拠上明らかである一方、犯人性については第1次間接事実すら満足に立証されていないという事案において、第三者の犯行可能性は必然的に伴うはずのものである。すなわち証明困難な媒介事実が存在するという時点で、すでに反対事実の可能性は必然的にまとわりついているということである。

4　注意則ないし「動かし難い事実」との関係

(1)　下位の間接事実の寄せ集めによる危険性

注意則とは、合理的疑いがあるというための特徴を一般化したものであっ

て、合理的疑いがないというための特徴を一般化したものではない。したがって、情況証拠の評価に関する注意則に該当しないからといって、そのことが、主要事実を認定する方向での推認、ひいては有罪認定に直結するわけではないということに留意すべきである。

その上で、表面的には注意則に該当しないようにみえる場合、たとえば「多数の多角的な独立の間接事実が存在しない」[*15]とはいえないようにみえる場合でも、証拠から直接証明される最下位の間接事実と主要事実との間を媒介する間接事実があって、かつ、事実間の推認には飛躍がある、すなわち合理的疑いを容れない程に証明されていない媒介事実が確認されるならば、その一事を以て、有罪を認定するには合理的疑いが生じているというべきである。なぜならこの場合、「多数の多角的な独立の間接事実が存在しない」とはいえないようにみえるといっても、多数の多角的な独立の第1次間接事実が存在しているのではなく、それよりも下位の間接事実が寄せ集められているにすぎず、被告人が犯人であることについての絞り込みに成功していないからである。

(2) 「動かし難い事実」と推認の飛躍

他方、注意則の適用による合理的疑いの析出とは異なり、主要事実を認定する方向での推認、ひいては有罪認定の合理化を念頭に置きつつ、情況証拠の評価の方法が論じられることもある。たとえば、時系列的に間接事実を整理し、「動かし難い事実（状況）」を見定めるべきであるとの指摘がある。大阪母子殺人放火事件の第1審判決も、本件マンションの踊り場の灰皿内の吸い殻に付着していた唾液中の細胞のDNA型が被告人の血液のDNA型と一致していることなどから、被告人が「本件事件当日あるいはそれまでの間に、事件現場である丙川（本件マンションのこと：引用者注）の少なくとも敷地内に立ち入ったことが動かし難い事実として認められる」とした。

しかし仮に「動かし難い事実（状況）」が認定され得たとしても、当該事実が第1次間接事実ではなく、当該事実と主要事実との間には媒介する間接事実があって、推認には飛躍がある、証明されていない媒介事実があるというのであれば、上述と同様、やはり有罪を認定するには合理的疑いが生じているというべきである[*16]。

5　証拠構造論との関係

(1)　証拠構造論と媒介事実の発見

　通常手続の事実認定に適用されるべきものとして提唱されてきた証拠構造論は、川崎英明によれば、「有罪主張としての訴因事実の証拠構造を明示することを検察官に要求し、裁判所の実体判断としての合理的疑いの有無の判断を、検察官が明示した証拠構造が維持できるかどうかの判断に徹頭徹尾、収斂させようとする」[17]ものである。なぜなら、検察官が示す証拠構造が維持できなくなったとき、証拠構造の組み替えによる有罪判決が許されることになれば、被告人側にとっては不意打ち認定になり、適正手続や当事者主義的な事実認定のあり方に反するからである。

　もっとも当事者主義の下、先ずは検察官の有罪立証を、さらに裁判所の有罪認定を、被告人側が実効的にチェックし、必要に応じ控制しうる仕組みを考えるとき、検察官が示す証拠構造と裁判所の有罪認定とのズレ、すなわち不意打ち認定を防止すれば足るのではなく、検察官が示す証拠構造そのものに内在する問題点を分析しうる尺度が必要である。その尺度の一つこそ、媒介事実の発見による間接事実のレベルの明確化である。具体的には次の通りである。

(2)　媒介事実のチェックにおける裁判所の役割

　先に述べた通り、検察官が、有罪主張にかかる証拠構造において、最下位の間接事実と主要事実とを媒介する間接事実をすべて的確に分析して明示する保証はない。なぜなら媒介する間接事実を明示すればするほど、推認の妥当性を争われる機会をますますつくり出すことになるからである。そうであるならば、有罪主張にかかる証拠構造には、むしろ検察官が明示していない媒介事実が潜在していないかという問題意識をもって、これを被告人・弁護人、ひいては裁判所が積極的にチェックする必要がある。

　被告人・弁護人によるチェックの成果として、検察官の示す証拠構造において、媒介事実が潜在するにもかかわらず、これが明示されていないことが判明した場合、検察官は、証拠構造を修正した上で、媒介事実が合理的疑いを容れない程に証明されること、言い換えれば、各推認に妥当性があることを明らかにしなければならないであろう。この作業はもっぱら検察官が行うべきものであり、これに対しては、被告人・弁護人に争う機会を与えなければならない。すなわち、裁判所が検察官の証拠構造の欠損部分を補って、有罪判決を言い渡

すことはできないというべきであろう。むしろ裁判所の役割は、被告人・弁護人が見落とした媒介事実を発見し、その検察官立証の欠如を理由に、合理的疑いを抱くことである。

もっとも、このようにして媒介事実を発見しても、その事実が合理的疑いを容れない程に証明されたか否か、一定の準則がなければ、安易な推認がなされる危険は残る。そこでこの危険を取り除くための、媒介事実の証明準則が求められる。具体的には次の通りである。

(3) 媒介事実の証明準則が必要な理由

最近、角田雄彦は「論理飛躍した推論」を防止するための規制を提唱しているところ、その中には「間接事実にも合理的疑いを容れない程度の立証が要求されること」や「間接事実の階層区分の重要性」といった、本稿と結論を同じくする内容が含まれているようにみえる[18]。その上で角田は、被告人・弁護人に「論理飛躍した推論」を是正・批判する機会を保障するための具体的な方策として、「少なくとも、検察官が主張したのと異なる証拠構造や検察官が主張していない経験則を適用した推認をする方向での心証形成が進んだ場合には、直ちに判決することなく、事件を期日間整理手続に付して、被告人・弁護人に対し、証拠構造や経験則の合理性を争う機会を保障するべきである」、「検察官の主張と心証が異なってきた場合に、そのように異なってきたことが明確にされるためには、そもそも、検察官が証拠構造や経験則に関する主張を明確にしている必要がある」と論じている[19]。

角田の主張は、先の証拠構造論とは異なり、「自由心証主義との関係で、適正な経験則・論理則に依拠する限り、情況証拠を自由に評価できるはずである事実認定者を当事者の主張する証拠構造で拘束することは……許されない」[20]ことを前提に、しかし被告人・弁護人の争う機会は確保しなければならないというものであろうか。そうすると、検察官が媒介事実を明示・立証しなかった場合、裁判所は媒介事実の明示・立証に欠けるということで直ちに合理的疑いを抱き無罪判決を言い渡すのではなく、別の証拠構造や経験則の適用により媒介事実や主要事実の立証は果されていると考えることができる場合もあるところ、ただしそれを前提に有罪判決を言い渡す前に、争う機会は被告人・弁護人に与えるべきだということになろうか。

たとえば検察官が、本件当日306号室を訪れたという媒介事実について特に明示せず、この事実を証明しうる証拠についても当然明らかにしないところ、

裁判所は（検察官が明示・立証を果たしたところの）本件当日のマンション敷地内への立入りという事実だけから、本件当日の306号室訪問という事実が推認できる、つまり306号室訪問は合理的疑いを容れない程に証明されるとの心証を形成しうる余地があるというならば、なるほど、あとは争う機会を被告人・弁護人に与えるか否かという問題に収斂するということになりそうである。この心証形成は、本件マンションに立ち入ったという事実、さらに遡れば、この事実を証明するために用いられた証拠を基礎にして（本件マンション立入りのみならず）306号室訪問も推認できることを前提としている。

　しかし、本件当日に本件マンション敷地内に立ち入ったという事実とこの事実を証明するために用いられた証拠の他に、本件当日に306号室を訪れたことを推認させる別の事実とこの事実を証明する証拠がなければ、306号室訪問については合理的疑いが生じるというべきではないか。もしそうであるならば、この点について検察官が改めて立証を果たさない限り、裁判所が有罪心証を形成すること自体、許されないのではないか。ここに、証拠構造という枠組み、あるいは争う機会にとどまらず、媒介事実に合理的疑いを差しはさむための準則の検討に踏み込まざるを得ない理由がある。

　そこで、改めて媒介事実の本質とその証明準則について、次に論じることとする。

6　媒介事実の本質とその証明準則

(1)　媒介事実の証明（推認）の難しさ

　光藤景皎は、「主要事実が推認される間接事実」（第1順位の間接事実）が、「第3、第2順位の間接事実から順次推認されている場合、……その証明度は『確証』の程度には達しないことが予想される」ので、「主要事実が推認される間接事実は、『原則として』確証ありといえることが必要」であると論じる[21]。光藤が、「確証」の程度に達しない間接事実であっても主要事実の推認がありうることを暗に認めている点は、本稿の立場からは批判せざるをえない。

　もっとも光藤の指摘のうち、本稿で注目したいのは、一つの間接事実から次の間接事実が推認されるという意味で、単線型というべき順次の推認では「『確証』の程度には達しない」という現実である。光藤自身は、第1順位の間接事実、すなわち主要事実を直接推認させる第1次間接事実の「確証」の難しさに焦点を当てているようにみえるが、同様の問題は、第2次、第3次の間接事実

の証明についても生じる。大阪母子殺人放火事件でいえば、「被告人が本件当日、本件マンションの敷地内に立ち入った」→「被告人が306号室を訪れた」→「被告人がその室内に入った」→「被告人が本件各犯行を実行した」という単線型の推認の鎖が想定されるところ、これらのなかでは最も下位の、本件当日のマンション敷地内への立入りという事実が仮に合理的疑いを容れない程に証明され得たとしても、この事実からさらに、より上位の媒介事実が同様に証明され得るかといえば、まさに補足意見の指摘する通り、難しいといわざるをえない。

また木谷明は、複数の「中間命題となるべき事実」を総合して「犯人と被告人との同一性という基本命題を推認」する段階と、この段階よりも前の、「具体的事実の積重ねによる中間命題の推認」の段階とを、それぞれ区別した上で、後者の「具体的事実の積重ねによる中間命題の推認」の可否が「より問題となる」と指摘している[22]。ここにいう中間命題とは媒介事実のことであるところ、木谷は、その推認の可否が「より問題となる」というのである。これは、主要事実(基本命題)が証明(推認)されうる前に、媒介事実(中間命題)が証明(推認)される必要があることを意味すると同時に、媒介事実の証明の難しさ（「いかに微妙で慎重を要するものであるか」）をも意識するものであるようにみえる。

そもそも媒介事実の本質とは何か。媒介事実が合理的疑いを容れない程に証明されることはあり得るか。あるいは、媒介事実に合理的疑いが生じる一般的な特徴とは何か。これらの問題を考えるにあたり、青木英五郎による以下の考察が有意義な示唆を与える。

(2)　「現象」と「中間項・媒介項」

青木は、「現象」と「中間項・媒介項」というコンセプトを用いて、概要、次のように説明する。

一般に「現象」とは人が観察しうる事柄であるところ、刑事手続において「過去の行為（犯罪）」を「現象」として観察することはできない。そこで、われわれは「現場に残した指紋と被告人の指紋とが同一である」といった「もろもろの現象から過去の行為（犯罪）を認識する」のであり、「何等かの現象がないかぎり犯罪行為を認識することはできない」。その上で、「ある現象は、犯罪行為とつながりあっているように見えても、実際上そのつながりのないばあいがある」。つまり「現象は、ある犯罪行為に比較してより多面的・多様であって、現象のなかにはその行為に対して重要なものも、重要でないものも、基本

的なものも、そうでないものもあり、他のさまざまな事情に依存する多くの、第二義的な、偶然的な性質を含んでいる」。したがって、「ある現象がある犯罪行為につながっているかどうかをみるためには、現象と犯罪行為との相互関係を理解しなければならない」ところ、それは「現象を論理的に分析すること」、すなわち「現象と犯罪行為とをむすぶ中間項・媒介項を発見すること」である。そして、「この媒介項が多くなればなるほど、現象と犯罪行為との連関が複雑になり、この連関を発見し、説明することが困難になる。したがって、ある現象からある犯罪行為を認識するためには、この中間項・媒介項を研究することが、必須不可欠な課題となる」[23]。

　青木のいう「現象」とは、その具体例から考えるに、被告人と犯行とを結び付ける客観的証拠、直接証拠、あるいは間接事実のなかでも、最下位の間接事実（すなわち、証拠から直接証明される間接事実）若しくはそれに比較的近い間接事実を指すのに対し[24]、「中間項・媒介項」というのは、「現象」と主要事実とを媒介する間接事実であると理解することができる。そして青木の指摘のうち、「中間項・媒介項」の「発見」が（検察官や裁判所の一存で決まる問題ではなく）「論理的」な「分析」の問題であるという点、また「中間項・媒介項」が多くなればなるほど犯罪行為との「連関」の発見・説明が困難になるという点は、本稿の立場と共通するものである。

(3)　媒介事実について合理的疑いを発見するための準則

　その上で注目したいのは、青木が「中間項・媒介項」の発見の重要性とともに、「これらの中間項は、他の連関する現象（証拠）から説明されなければならない」と指摘していることである[25]。これは、間接事実aが証拠αによって証明されるというとき、この間接事実aと主要事実とを媒介する「中間項・媒介項」たる間接事実A、すなわち媒介事実Aは、証拠α以外の、別の証拠βによって裏付けられなければならないことを意味するのではないか。たとえば、被告人が本件当日306号室を訪れたという「中間項・媒介項」の立証は、被告人が本件当日マンション敷地内に立ち入ったという事実を証明するために用いられた証拠、すなわちマンションの踊り場の灰皿内の吸い殻のDNA型の一致、マンションから100m地点での被告人使用車と同種・同色の自動車の目撃、マンションから80m地点での被告人とよく似た人物の目撃等以外の、別の証拠による裏付けが必要だということである。

　その上で、別の証拠βについては、間接事実Aを直接証明するものである場

合と、「中間項・媒介項」たる媒介事実を介して間接事実Aを推認しうるものである場合とがありうるところ、実際、圧倒的に多いのは後者であろう。なぜなら前者の例は、被告人が306号室を訪れるのを目撃した、あるいは被告人自身が訪問を自認した場合であるところ、このように間接事実Aを直接証明しうる証拠があるならば、問題の中心は当該証拠の信用性如何ということになる分、間接事実aないしこれを証明するために用いられた証拠αから間接事実Aが推認されうるかという問題は、少なくともさしあたり、相対化するからである。換言すれば、前者の場合、間接事実Aは、証拠βから直接証明される最下位の間接事実であるという点では、「中間項・媒介項」ではない。

これに対して、後者の一例は、被告人は被害者が306号室に住んでいることを知っていたという事実が被告人自身の供述から立証された場合である（**図5**参照）。この場合、本件当日のマンション敷地内への立入りという事実と被害者の住所を知っていたという事実との総合評価に基づき、被告人が本件当日306号室を訪れたという事実を推認することができるかどうかが焦点になる。間接事実は合理的疑いを容れない程に証明されなければならないとすれば、かかる2つの間接事実による総合評価を経たとしても、果たして被告人が306号室を訪れたといえるか、なお合理的疑いが抱かれ得ることも考えられるが[*26]、以上の考察に基づき少なくとも確認できるのは、次の4点である。

(i) 当該間接事実Aよりも下位の間接事実aを推認（証明）するために用いた証拠α（**図5**では証拠α1、α2、α3）は、それ（ら）だけでは、当該間接事実Aを推認（証明）しうるための証拠的基礎としては不十分である。換言すれば、もっぱら一つの間接事実（間接事実a）から上位の間接事実（間接事実A）を推認しようという、単線型の順次の推認では、上位の間接事実は推認されえない（合理的疑いを容れない程に証明されたとはいえない）。

(ii) ゆえに、当該間接事実Aを推認（証明）するためには、証拠αとは別の証拠βが不可欠である。

(iii) 証拠βが、当該間接事実Aを直接証明するものでなく、当該間接事実Aへの推認を媒介する間接事実bを証明するものであるとき、当該間接事実Aの推認にあたっては、間接事実群（**図5**では間接事実aと間接事実b）の総合評価が不可欠である。

(iv) ただし、かかる総合評価によって当該間接事実Aは必ず合理的疑いを

figure 5

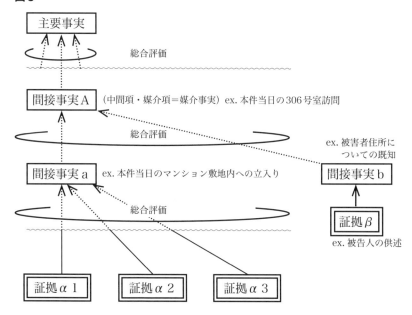

ex. 本件マンション踊り場灰皿内の吸い殻のDNA型一致
本件当日、本件マンション付近での被告人使用車と同種・同色の自動車の目撃
本件当日、本件マンション付近での被告人とよく似た人物の目撃

注：上図とは異なり、間接事実bが証拠βから直接証明される最下位の間接事実ではなく、証拠βによって直接証明される間接事実ｂから推認される事実である場合、つまり間接事実b自体が媒介事実である場合、間接事実bは、証拠βと間接事実ｂから成る単線型の推認では合理的疑いを容れない程に証明されたとはいえず、少なくとも、証拠βと間接事実ｂによる推認に、別の証拠・事実による推認が加わった総合評価を要する。

容れない程に証明されるわけではない。ゆえに(i)〜(iii)は、それらが充足されない限り、主要事実を認定する方向での推認は否定されるという、もっぱら合理的疑いがあるというための準則（注意則）としての意義を持つ。

(4) あるべき総合評価とは何か

このようにしてみれば、「情況証拠による事実認定には総合評価が不可欠である」というのは、主要事実はもちろん、媒介事実についても、もっぱら単線型の推認を基礎とするのでは合理的疑いを容れない程に証明されえず、少なくとも、この推認とは別ルートの証拠・事実からの推認をも伴わなければならな

いことを含意するというべきである。

　そうであるならば、「情況証拠による事実認定においては総合評価が不可欠である」といっても、その前提として、総合評価の成立ということ自体、厳格に考える必要がある。なるほど、たとえば第2次間接事実群の総合評価によっていきなり主要事実を推認（証明）できるのであれば、その限りでは複数の間接事実が存在し、総合評価としての体裁が整っているように見えるかもしれない。しかし、このような手法は第1次間接事実という媒介事実の推認（証明）を省く点で許されないとすると、第2次間接事実群の総合評価は第1次間接事実を証明するための総合評価に止まるということになる。ゆえに、主要事実が証明されるためには、複数の第1次間接事実が証明されなければならず、そのためには各第1次間接事実が複数の第2次間接事実群の総合評価によって合理的疑いを容れない程に証明されなければならない。

　つまり媒介事実は、もっぱら単線型の推認では合理的疑いを容れない程の証明は得られず、少なくとも複数の事実による総合評価を要する。そして、これら複数の事実もそれぞれ合理的疑いを容れない程に証明される必要があり、各事実を基礎付ける証拠を要する。さらに、これら複数の事実の中に、証拠から直接証明される最下位の間接事実ではなく、それよりも上位の事実があるという場合、この事実自体もまた媒介事実であるから、これが証明されるには、少なくとも複数の事実による総合評価を要する（図5の注参照）。

7　結びに代えて

(1)　本稿のまとめ

　本稿は、最下位の間接事実と主要事実とを媒介する間接事実を発見し、各媒介事実のレベルを明確化した上で、各推認が妥当かどうか、すなわち各間接事実が合理的疑いを容れない程に証明されているかどうかを検討する必要があることを確認した。その上で、主要事実はもちろんのこと、証拠から直接証明される最下位の間接事実以外の間接事実、すなわち媒介事実については、単線型の推認だけで合理的疑いを容れない程の証明は得られず、少なくとも別の証拠・事実による裏付けがなければ合理的疑いが生じるとの準則を提唱した。

　このような事実認定の手法・準則とは異なり、各事実のレベルを度外視して、とにかく一緒くたに「総合評価」する手法は、主要事実と各媒介事実の証明にそれぞれ総合評価を要するという、本来の総合評価とは似て非なるものといわ

ざるをえない。その特徴は、直感的印象の重視と証拠的基礎の不十分さとにある。

(2) 今後の課題──「事実上の推定」、「経験則」をめぐって

　他方、情況証拠による事実認定に関しては、いわゆる「事実上の推定」的手法が裁判実務家を中心に一定の支持を集めてきたところ、裁判員裁判・公判前整理手続の下、改めてこの手法が裁判実務家や検察実務家を中心に評価されてきているようにみえる[*27]。「事実上の推定」的手法について、推認に際し「経験則」を適用する分、「合理的」な事実認定を可能にするものであると捉えるならば、それは、直感的印象を重視する「総合評価」とは、事実認定の手法として異質であるとの見方があるかもしれない。

　もっとも「事実上の推定」的手法が活用されるのは、単線型の推認をせざるをえない事案、少なくとも証拠的基礎が豊富であるとはいい難い事案であり、このような証拠的基礎を前提として行われる有罪の認定を合理化するものとして「経験則」が用いられているようにみえる。そうであるならば、いくつかの検討すべき問題がある。

　すなわち「経験則」は、その実態として、裁判所の直感的印象とは無縁の、それ自体として確度の高い法則として機能しているか。つまり、表面上は「これが経験則である」と言いながら、裁判所の直感的印象が投入されていたり、あるいは経験則としての正当性自体に異論が挟まれたりする（ひいては、確度が低い擬似経験則の疑いがある）というのであれば、それは真正の意味での経験則といえるか。つまり、そもそも経験則とは何かという問題がある。

　また、仮に抽象的・一般的には確度が高いようにみえるものであっても、果たしてその「経験則」は当該事案に適用されるべきかという問題がある。刑事手続で観察しうる「現象」が果たして「犯罪行為」に結び付いているとは限らないことについては、すでに述べた通りである。それにもかかわらず、「経験則」の適用によって、媒介事実の証明が省かれることがあれば、誤った推認、ひいては誤った有罪認定の危険があるのではないか。

　これらの問題については、稿を改め、検討したい。

※　本稿は、文部科学省科学研究費補助金（基盤研究(C)）「情況証拠による刑事事実認定の理論的・実証的研究」による研究成果の一部である。

*1 豊崎七絵『刑事訴訟における事実観』（日本評論社、2006年）293〜370頁、同「間接事実の証明と総合評価——情況証拠による刑事事実認定論(1)」法政研究76巻4号(2010年) 667頁以下、同「間接事実の証明・レベルと推認の規制——情況証拠による刑事事実認定論 (2)」村井敏邦先生古稀記念論文集『人権の刑事法学』（日本評論社、2011年）697頁以下、同「最高裁判例に観る情況証拠論——情況証拠による刑事事実認定論 (3)」法政78巻3号（2011年）709頁以下。

またこのテーマに関連する小論ないし判例評釈として、豊崎七絵「和歌山毒物カレー事件——証拠と事実認定、故意、死刑」法学セミナー582号（2003年）10頁以下、同「法医鑑定と刑事事実認定」福島至編著『法医鑑定と検死制度』（日本評論社、2007年）117頁以下、同「状況証拠による事実認定——和歌山カレー事件上告審判決（最3小判平21・4・21）」法学セミナー655号（2009年）124頁、同「情況証拠と採証法則（最3小判平22・4・27）」法学セミナー667号（2010年）124頁、同「情況証拠による犯人性の証明ができないとされた事案（鹿児島地判平22・12・10）」法学セミナー679号（2011年）122頁、同「覚せい剤輸入事件における共謀の認定と『経験則』（最3小決平25・4・16）」法学セミナー703号（2013年）148頁、同「犯人性認定における法科学の位置付けについて」法と心理14巻1号（2014年）31頁以下、同「伝聞概念と要証事実——犯行計画メモを検討素材として」川崎英明＝白取祐司編著『刑事訴訟法理論の探究』（日本評論社、2015年）201頁以下、同「証拠の明白性が認められないとして再審請求を棄却した事例（飯塚事件再審請求棄却決定）」新・判例解説Watch（法学セミナー増刊）17号（2015年）221頁。

*2 主要事実を推認させる方向での間接事実が合理的疑いを容れない程に証明されなければならない理由については、豊崎・前掲注*1「間接事実の証明・レベルと推認の規制」701〜704頁。

角田雄彦「情況証拠による事実認定の適正化のために——不確実な間接事実の証拠排除と適切な経験則の利用」白鷗ロー9号（2015年）81頁は、「合理的疑いを容れない程度に証明されていない間接事実については、一定程度の証拠価値（関連性）があることは否定しえないとしても、政策的に、総合認定の資料から排除する法理を採用するべきである」として、豊崎と同様の結論を提示する。

ただその理由付けは異なるところもある。すなわち角田は、「間接事実は、主要事実との関係では証拠の地位にあるところ、一般に、証拠として許容されるには、関連性が認められれば足り、十分性、すなわち、合理的疑いを容れない証明に成功するというかたちで立証責任を満足させる程度の証明力までも備えていることを要するとはされていない」から、「総合認定の資料となる間接事実として許容されるには、合理的疑いを容れない程度の証明力を備えている必要があるという結論を証拠法上の論理必然として導くのは困難である」とした上で（同80頁）、しかし「著しく確実度の低い最終推認結果」の危険があるにもかかわらず、事実認定者が「実体にそぐわない高度の確実性を読み込む危険という弊害」があるので、上述の通り、政策的な法理が求められるという（同81頁）。

角田の理由付けについては、さしあたり、次の点を指摘しておきたい。確かに間接事

実は、主要事実の推認の基礎になるという意味で、証拠的な役割を果たす。情況証拠について間接証拠のみならず間接事実をも含める見解が存在する所以である。しかし間接事実は、それ自体、証拠によって証明されるべき要証事実であり、証拠の標目（刑訴法335条1項）に掲げることもできない。つまり間接事実は証拠ではない。間接事実を証拠とみなすことは（政策的な法理であるとしても）その事実としての証明が軽んじられる呼び水とならないか。

*3　豊崎・前掲注*1「間接事実の証明と総合評価」670～672頁参照。
*4　角田・前掲注*2論文88～95頁は、裁判実務において「証拠によって合理的疑いを容れない程度に証明された（下位）間接事実」と「その（下位）間接事実から経験則等に基づいてさらに推認され得る（上位）間接事実」とが峻別されてこなかったことを問題視した上で、「間接事実の階層区分の重要性」を説く。角田のいう、「情況証拠による総合認定は、単独の証拠から主要事実が直接証明される場面でない以上、当該証拠から最終的に主要事実を推認する過程には、必ず中間的な間接事実の認定が介在しているはずである」、「中間的間接事実の介在を意識し、主要事実を単独で直接的に導く推認力には乏しい間接事実（群）であっても、中間的間接事実を認定できる下位間接事実として利用できる場合があることを認めるならば、あえて、推認力の低い間接事実（群）を並列的に列挙した上で、推認力を『相互補完する関係』に立つことを意識した評価をする必要性は認められない」との指摘は、豊崎の立場と同じであるようにみえる。
*5　大阪地判平17・8・3判時1934号147頁。
*6　第1審判決は、「第三　前提事実」では、「本件の現場である丙川（本件マンションのこと：引用者注）及び同306号室」と述べていたところ、「第一二　まとめ」では「事件現場である丙川の少なくとも敷地内」と表現していた。犯人性を認定する局面にあたり、「現場」概念を広げざるを得なかった顕れであるようにみえる。
*7　犯行現場については、さらに突き詰めれば、306号室内のどの場所（部屋）かという問題もある。もっとも本件は、被害者の住所を知らない被告人が、表札も掲げられていないマンションで被害者宅（306号室）を探し当て、さらに中に立ち入ることができたかという疑問がまずはクリアされなければならない事案であった。この意味において少なくとも犯行現場は306号室に限定される必要があるといえる。
*8　豊崎・前掲注*1「最高裁判例に観る情況証拠論」722～726頁。
*9　石塚章夫「裁判官から見た情況証拠による事実認定——判断者の関心はどこにあるのか？」刑弁27号（2001年）31～33頁や村岡啓一「情況証拠による事実認定論の現在——最高裁第三小法廷平成22年判決をどう読むか」村井敏邦先生古稀記念論文集『人権の刑事法学』（日本評論社、2011年）678頁では、それぞれ具体的事件にかかる推論構造の図が掲げられているが、そこにいう「第一次的情況事実」（石塚）ないし「第一次間接事実」（村岡）とは裁判所による間接事実の位置付けを前提とするものであり、少なくとも、それが真正の第1次間接事実か否かチェックするという問題意識を持つものではないようにみえる。
*10　第1審判決は、そもそも間接事実のレベルを分析するという問題意識が稀薄である。
*11　大阪母子殺人放火事件における弁護人の上告趣意は、「仮に、原判決が認定した事実を

前提としても、『犯罪の証明が十分』とは言えないし、『高度の蓋然性』には、はるかに及ばない」として、原判決認定の間接事実の推認力の弱さについて言及している（刑集64巻3号360頁以下）。そこではたとえば、仮に本件当日「被告人が現場近くにいた」としても、犯行現場の立ち寄り、ひいては犯人性に結びつくものではないといった指摘がなされている。ただし本件当日のマンション敷地内への立入りに関しては、この事実の推認力の弱さよりも、そもそもこの事実が推認（認定）されえないとの批判が集中的に行われている。

*12 長坂町放火事件（甲府放火事件）に係る最1小判昭48・12・13判時725号104頁は、「刑事裁判において『犯罪の証明がある』ということは『高度の蓋然性』が認められる場合をいう」とした上で、「『高度の蓋然性』とは、反対事実の存在の可能性を許さないほどの確実性を志向したうえでの『犯罪の証明は十分』であるという確信的な判断に基づくものでなければならない」と判示した。髙田昭正「情況証拠と合理的疑いを超える証明——アメリカ法を中心として」法雑40巻4号（1994年）701頁は、「『無罪方向の仮説と矛盾しない』ような間接事実については、基本的に、主要事実を推認させる『狭義の証明力』を肯定することができないとすべきではないか」と論じる。

*13 村井敏邦「刑事裁判における証明基準の憲法的基礎」杉原泰雄教授退官記念論文集『主権と自由の現代的課題』（勁草書房、1994年）314頁。

*14 アリバイ立証の不成功について、光藤景皎「アリバイ立証の不成功とその影響——間接証拠論・その二」竹澤哲夫先生古稀祝賀記念論文集『誤判の防止と救済』（現代人文社、1998年）281頁以下、三井誠「アリバイの立証」『鈴木茂嗣先生古稀祝賀論文集（下）』（成文堂、2007年）387頁以下参照。

村岡・前掲注*9論文683頁以下は、平22最3小判の意義の一つとして、「アナザー・ストーリー論による被告人の弁明の不合理性ないし虚偽性をもって犯人性肯定の間接事実とする考え方」に対する批判を挙げている。

*15 たとえば川崎英明「情況証拠による事実認定」光藤景皎編『事実誤認の救済』（日本評論社、1997年）70頁は、「間接事実の多角性を欠く場合の有罪認定は危険であるという注意則」を指摘する。

*16 詳細については、豊崎・前掲注*1「間接事実の証明・レベルと推認の規制」711〜713頁参照。

*17 川崎英明『刑事再審と証拠構造論の展開』（日本評論社、2003年）222頁。

*18 角田・前掲注*2論文73頁以下。

*19 同上103〜104頁。

*20 同上103頁。

*21 光藤景皎『刑事証拠法の新展開』（成文堂、2001年）48〜49頁［注1］。

*22 木谷明「犯人の特定」小林充＝香城敏麿編『刑事事実認定——裁判例の総合的研究（下）』（判例タイムズ社、1992年）10〜11頁（木谷明『刑事裁判の心——事実認定適正化の方策〔新版〕』〔法律文化社、2004年〕に収録）。関連して、豊崎・前掲注*1「最高裁判例に観る情況証拠論」712〜713頁参照。

*23 青木英五郎『刑事裁判の論理——裁判の弁証法的考察』（酒井書店・法政書房、1961年）

78頁以下。

*24 「現象」の例として挙げられているのは、「現場に残した指紋と被告人の指紋が同一である」こと、「現場に落ちていた品物に被告人のネームがはいっていた」こと、「現場に被告人がいるのを見た」こと、「被告人が贓物を所持していた」こと、判明した「被告人が自白をした」こと、Xの殺人事件でXの妻にあてたYのラブレターから判明した「YがXの妻に愛情をもっていたということ」などである（同上78〜79頁）。

*25 青木・前掲注*23論文79頁。

*26 たとえば被告人が306号室を訪れる理由が解明される必要がある。住所を知っていても、306号室を訪れる理由がなければ、そこを訪れるとは限らないからである。

*27 近時注目されているのは、裁判員裁判対象事件である覚せい剤密輸被告事件において、控訴審が「経験則」違反により、無罪判決を破棄し、有罪を言い渡すという事態（最１小判平25・10・21刑集67巻7号755頁等）である。

※ 脱稿後、角田雄彦「不確実な間接事実に基づく推認の禁止——「証拠の基礎」理論に基づいて」一橋大学研究年報法学研究15巻2号（2016年）129頁以下に接した。「推認の重畳に際して追加的に基礎付け証拠が求められる場合」があるとの指摘は、本稿の問題意識と近いようにみえる。

（とよさき・ななえ）

舞鶴女子高生殺害事件における間接事実の推認力について

古賀 康紀

弁護士

1　はじめに
2　目撃者供述の信用性評価に関する一審判決の不合理性とその理由
3　被告人と被害者の移動経路の推認力に関する一審判決と控訴審判決、上告審決定の判示
4　被告人と被害者の移動経路の推認力についての検討
5　最高裁平成19年10月16日決定にいう「抽象的な可能性」について
6　舞鶴事件上告審決定が判示する入れ替わりの可能性の位置付け
7　間接事実の推認力に関する上告審決定の判示
8　むすび

1　はじめに

(1)　事件の概要

　本件は、被告人が深夜帰宅途中で出会った当時15歳の女子高生に対し、着衣を剥ぎ取って全裸にするなどのわいせつな行為をし、鈍器で頭部、顔面等を多数回殴打して殺害したとして、強制わいせつ致死、殺人の罪で起訴された事件である。

　本件では、自白などの直接証拠は皆無であり、現場に遺留された指紋やDNA型などの有力な間接証拠もなかった。

　一審判決（京都地裁平成23年5月18日判決・判例タイムズ1400号356頁、

以下、同判決の頁は、同判例タイムズの掲載頁で表記する）は、
① 事件当日の午前3時15分ころ、犯行現場から約305m離れた大波上集会所前交差点北側歩道上に、被告人と被害者が一緒にいた
② 被告人は、捜査段階において、被害者の遺留品であるポーチとパンティーについて、その特徴と合致する具体的な供述をしていた

という間接事実を認定でき、これによって被告人を犯人と認定できるとし、被告人を無期懲役に処した。

これに対し、控訴審判決（大阪高判平成24年12月12日・第一法規D1-Law.com判例体系281019、以下、同判決の頁は、同判例体系の掲載頁で表記する）は、間接事実①を認定することはできず、間接事実②については、捜査機関により意識的にせよ無意識的にせよ示唆や誘導が行われ、それが被告人の供述に影響した可能性を完全に排斥できない旨を判示して一審判決を破棄し、自判して無罪を言い渡した。

上告審決定（最高裁平成26年7月8日決定・判例タイムズ1407号75頁、以下、同判決の頁は、同判例タイムズの掲載頁で表記する）は、控訴審判決の判断を是認し、検察官の上告を棄却した。

(2) 間接事実の推認力判断を誤った一審判決

上記間接事実①を裏付ける証拠は、目撃者であるXの一審公判供述（以下「X供述」という）のみであり、上記間接事実①を認定できるかどうかは、X供述の信用性評価にかかっている。X供述は、いわゆる犯人識別供述にあたる。犯人識別供述は、供述証拠の中でも特に危険な証拠であるといわれ、これまで、その信用性評価の注意則に関する研究が重ねられている[*1]。

本件は、犯人識別供述の信用性評価が問題となった事件として理解されている。判例タイムズ1407号75頁の解説記事は、上告審決定の意義を、「本決定は、上記3(2)のとおり、犯人識別供述のもつ一般的な問題点を踏まえ、目撃者Xの犯人識別供述の信用性を具体的に検討しており、実務上参考となると思われる」と解説している。だとすれば、一審判決は、犯人識別供述の信用性評価に関する注意則を十分に踏まえずにX供述の信用性を評価したため、誤ってX供述の信用性を肯定して被告人を有罪としたが、控訴審判決と上告審決定は、その注意則を正しく適用してX供述の信用性を慎重に判断し、一審判決の誤りから被告人を救済したということになる。

しかし、一審の裁判官も、これまで説かれてきた犯人識別供述の信用性評価

に関する注意則については、刑事裁判官の基本的素養として当然に弁えていたはずである。にもかかわらず、一審の裁判官は、なぜ、犯人識別供述の信用性評価に関する注意則を踏まえ、X供述の信用性を慎重に評価しようとしなかったのか。

それは、一審判決が、「株式会社C前までの被告人と被害者の移動経路」という間接事実が、大波上集会所前交差点北側歩道上に被告人と被害者が一緒にいたという事実を強力に推認させると判断したからである。その判断を前提とすれば、大波上集会所前交差点北側歩道上に被告人が被害者と一緒にいたのを目撃したとするX供述は、犯人識別供述としては脆弱であっても、その信用性を否定する特段の事情がない限り、信用できることになる。一審判決が犯人識別供述としてのX供述の信用性評価を誤ったのは、一審の裁判官が犯人識別供述の信用性評価の注意則を知らなかったからではなく、上記間接事実の推認力の判断を誤ったからである。

2 目撃者供述の信用性評価に関する一審判決の不合理性とその理由

(1) 一審判決における目撃者供述の信用性評価の不合理性

Xは、一審公判において、「事件当日の午前3時15分ころ、自動車を運転して浜田八田線を東進し、大波上集会所前交差点を徐行して通過する際、その北側歩道上に10歳代に見える小柄な若い女性と自転車を押す男性が南向きに立っているのを目撃した」旨を供述し、目撃した男性とよく似ている者として被告人を指し示した（一審判決360頁）。

一審判決は、X供述の信用性を認め、大波上集会所前交差点に被告人が被害者と一緒にいたという事実を認定した。

しかし、X供述を信用できるとする一審判決の判示は、著しく不合理というほかはない。一審判決は、Xの目撃状況は良好であったと判示している（361頁）。しかし、Xは、暗い未明の時間帯に車を運転しながら交差点を通過するほんの数秒間だけ歩道上の男女を目撃したに過ぎない上に、男性よりもその手前（X側）に立っていた女性に強い関心を向けて見ていたというのであるから（上告審決定78頁）、Xの視認状況が良好であったとは到底いえず、その判示は不合理である。

一審判決は、X供述に既知性や顕著な特徴に関する供述がないことは、その

供述の信用性を左右しないと判示している（361頁）。しかし、犯人識別供述に関しては、人の観察力、記憶力は脆弱であること、人の容貌等は相似していること、人物観察は日常的なものであること、容貌供述にはストーリー性が欠如していること、犯人識別供述は比較対象という判断作用を本質とすること、記憶は時間とともに混同し、変容することなどが指摘されている[*2]。X供述に既知性や顕著な特徴の指摘がないことは、その信用性に疑いを生じさせるはずであり、それがX供述の信用性を左右しないとする一審判決の判示も不合理である。

　また、Xは、平成21年2月11日の写真面割りで54枚の写真の中から被告人の写真を選び出したとはいえ、それより1カ月前の同年1月11日の警察官取調べの際に、わざわざ頼んで被告人の顔写真1枚を見せられていたというのであるから（上告審決定78〜79頁）、これによってその後のXの記憶が変容した可能性があることを否定することはできない。これらに関する一審判決の判示（361頁）は、いかにも弁解がましく、説得力のある判示とは到底いえない。

(2)　なぜ一審判決は不合理な判断をしたのか
　一審判決は、そのような不合理な判示をしてまでも、なぜ、X供述を信用できると判断したのか。それは、X供述は「株式会社C前までの被告人と被害者の移動経路」によって強固に支えられ、その事実から、Xが目撃した男性は被告人であると強く推認できると判断したからである。
　そのような判断を前提とすると、大波上集会所前交差点で被告人を目撃したとするX供述は、その信用性を積極的に否定する事情が認められない限り、信用できると判断される。そのような信用性評価では、Xの供述する目撃男性の特徴が、被告人の特徴と明らかに矛盾するといえるかという観点からしか判断されない。普通に考えれば矛盾すると思われることも、矛盾するとまではいえないと説明できれば、矛盾しないことになる。
　その例の1つが、目撃男性は19歳か20歳くらいだったとするXの初期供述に対する一審判決の判示である。普通に考えれば、初期供述における目撃男性の特徴は、60歳近くである被告人の特徴と矛盾すると評価されるはずである。ところが、一審判決は、Xの初期供述につき、「男性の年齢については断定的な供述をしていたものではないこともうかがわれる」と判示し、Xの公判供述の信用性に疑いを生じさせるものではないとしている（361頁）。しかし、その判示は、Xの初期供述での目撃男性の特徴が、被告人の特徴と矛盾するとは

いえない余地があるといっているだけで、矛盾しないといえる説明になっていない。

一審判決からすれば、Xの視認状況が不良であるや、Xの供述に既知性や顕著な特徴の指摘もないことは、X供述の信用性を否定する理由とならない。それらはXの信用性を疑わせる事情であるが、その信用性を積極的に否定する事情ではないからである。X供述の信用性に関する一審判決の判示は、そのようなものに過ぎない。一審の裁判官は、X供述に対し、犯人識別供述の信用性という観点からの信用性判断をまともに行っていない。

(3) 控訴審判決の判断

控訴審判決と上告審決定は、「株式会社C前までの被告人と被害者の移動経路」によって、Xの目撃した男性を被告人と推認することはできないと判断した。その推認可能性が否定されると、X供述に対し、その信用性を積極的に否定する事情が認められない限り信用できるといった判断はできず、X供述に対しては、合理的な疑いを差し挟む余地なく信用できるといえるかという観点から評価しなければならない。控訴審判決と上告審決定が、X供述について、犯人識別供述の信用性評価に関する注意則を踏まえ、慎重に判断しているのはこのためである。

控訴審判決は、X供述の信用性について検討する中で、「男女の移動経路との整合について」という標題の下に検討を重ね、結論として、「Xの一審証言と男女の移動経路とが矛盾しないことなどは、被告人とXが目撃した男性の同一性を肯定する事情としては限定的なものにとどまり、Xの一審証言の信用性を補強する程度はそれほど大きいとはいえない」と判示している。これは、一審判決が、X供述は「株式会社C前までの被告人と被害者の移動経路」によって強固に支えられていると判断し、その判断の下にX供述の信用性を判断していることを、控訴審判決が見抜いていたからと考えられる。

3 被告人と被害者の移動経路の推認力に関する一審判決と控訴審判決、上告審決定の判示

(1) 一審判決での認定事実

一審判決は、X供述の信用性を検討するに先立ち、「株式会社C前までの被告人と被害者の移動経路」を認定している（358～360頁）。そこで認定され

ている事実は、下記①ないし⑤のとおりである。

① 午前1時ころ、被告人はスナックB店を出て、自転車で自宅に向かった。
② 午前1時20分ころ、被告人と被害者は、上記スナックから約1130m先の大波街道上に一緒にいた。
③ 午前1時32分、被告人と被害者は、大波街道の海上自衛隊舞鶴教育隊格納庫前路上（上記②の地点より二百数十m北方）を一緒に歩いていた。
④ 午前1時36分、被告人と被害者は、大波街道の教育隊正門前路上（上記③の地点より約257m北方）を一緒に歩いていた。
⑤ 午前2時3分、被告人と被害者は、株式会社C（上記④の地点より約2km北方）を一緒に右折して浜田八田線を東進した。

上記①記載のスナックB店は、舞鶴市の繁華街にある。
　舞鶴市の繁華街を出て大波街道を北上すると、海上自衛隊舞鶴教育隊の敷地のフェンスに沿って歩くようになる。上記②記載の事実は、同地点で被告人と被害者が一緒にいるのを目撃したとするQの供述に基づく。上記③、④記載の事実は、海上自衛隊舞鶴教育隊が各地点に設置していた防犯カメラの映像に基づく。
　大波街道をさらに北上すると舞鶴湾の海岸に沿って歩くようになり、やがて、上記⑤の株式会社C前の三叉路にさしかかる。上記⑤の事実は、同地点に設置された防犯カメラの映像に基づく。
　株式会社C前の三叉路を右折した道路が浜田八田線であり、大波上集会所前交差点は、浜田八田線の株式会社C前から東方約1300先にある。Wは、一審公判において、午前2時30分ころ、株式会社C前から約800m東方の浜田八田線の路上を被害者と男性が一緒に歩いているのを目撃した旨を供述した（判例タイムズ1400号360頁）。
　被告人と被害者が株式会社C前を一緒に通過した後、大波上集会所前交差点で被害者がXによって目撃されるまで、約73分が経過している。

(2) 一審判決の推認
　一審判決は、「Xの供述する男女の特徴に加え、Xが男女を目撃した時刻及び場所がY及びWの各供述並びに防犯カメラ画像の精査結果から認められる男女の移動経路及び特徴と矛盾しないこと、その場所付近に同様の2人連れの歩

行者は他にいなかったことから、Xが目撃した人物は被告人である旨のXの供述は信用することができ、被告人と同道していた女性は被害者であると認められる」と判示した（361頁）。

Xの供述する男女の特徴と、「Xが男女を目撃した時刻及び場所が……男女の移動経路及び特徴と矛盾しない」ことによって、Xの目撃した被害者と同行していた男性を被告人と認定できるというのは、「株式会社C前までの被告人と被害者の移動経路」によって、Xの目撃した男性は被告人であると推認できるという判断を前提としている。一審の弁護人は、被害者が株式会社C前から大波上集会所前交差点までの約1300ｍを約73分かけて移動していることの不自然さを指摘していた。しかし、一審判決は、「男女がその間通常の速度で歩き続けたとは限らないのであるから、この点は、Xの供述の信用性を揺るがす事情とはならない」と判示し、その指摘を一蹴した（361頁）。

このように、一審判決は、被告人と被害者が大波街道を一緒に北上して、株式会社C前で右折して浜田八田線を一緒に東進した事実が認められ、かつ、被害者は大波上集会所前交差点で男性と一緒にいた事実が認められるのであれば、その男性は被告人であったはずだと決め付けている。

(3) 被害者の同行者入れ替りの可能性

一審判決が認定した上記の「株式会社C前までの被告人と被害者の移動経路」については、控訴審判決、上告審決定も認めている。Xが目撃した男女のうちの女性が被害者に間違いないことも、一審判決、控訴審判決および上告審決定が一致して認めている。

これらの事実を前提とすると、もし、Xが大波上集会所前交差点で目撃した男性は被告人ではなく、別の男性であったとすると、株式会社C前から大波上集会所前交差点までの間に、

　ア　被害者は、浜田八田線を東進する途中で、何らかの事情により被告人と別れた
　イ　その後、被害者は浜田八田線で別の男性と出会い、その男性と一緒に大波上集会所前交差点へ差しかかった

という事実があったことになる。

問題は、そのような被害者の同行者の入れ替わりの可能性を想定し得るかにある。控訴審判決は、被告人と被害者の上記Ⓑの地点から株式会社C前までの約2470ｍの移動時間が約43分であるのに対し、Wの目撃地点から大波上集会

所前交差点までの約500ｍの被害者の移動時間は約45分であり、両者の移動時間に顕著な差があることを指摘して、「Qの目撃時である平成20年5月7日午前1時20分から、株式会社Ｃ前の防犯カメラに写っていた同日午前2時20分までの間、被告人と被害者とが同行していたことは、その後も行動を共にした可能性を高める事情であるとしても、上記70分間ほどの間に、被害者が株式会社Ｃ前を通過した後に何らかの事情で被告人と別れて、大波上集会所前交差点までの間に出会った別の男性と同行する可能性も全くないとはいえない」と判示し、その入れ替わりの可能性があり得ることを認めた（12〜14頁に記載の「男女の移動経路との整合について」の判示）。

上告審決定も、①Ｘの事件直後の「目撃した男性は19、20歳くらいだった」という供述は、Ｗの捜査段階の供述と整合しており、接点のない2人がそろって目撃直後に被害者と一緒にいたのは若い男性であったと供述していることは軽視できない、②株式会社Ｃ前からＷ目撃地点まで約0.8㎞あり、この距離を被害者は約30分かけて移動しており、距離的、時間的に同行者が替わることが可能な状況であったことを指摘して、控訴審判決が指摘する同行者が替わった可能性を抽象的なものであるとして排斥することはできないと判示し（79頁に記載の第2、(2)、エに記載の判示）、入れ替わりの可能性のあり得ることを認めた。

このように、控訴審判決も上告審決定も、浜田八田線の途中で被害者の同行者が入れ替わった可能性のあり得ることを認めた。その可能性を認めると、被告人と被害者が株式会社Ｃ前を右折して一緒に浜田八田線を東進したからといって、大波上集会所前交差点で被害者と一緒にいたのは被告人であるとは当然にはいえず、「株式会社Ｃ前までの被告人と被害者の移動経路」によって、Ｘの目撃した男性を被告人と推認することはできない。

4　被告人と被害者の移動経路の推認力についての検討

(1)　問題の所在

以上のとおり、「株式会社Ｃ前までの被告人と被害者の移動経路」からＸの目撃した男性を被告人と推認できるかどうかについて、言い換えると、株式会社Ｃ前から大波上集会所前交差点までの間に被害者の同行者が入れ替わった可能性があるかどうかについて、一審判決と控訴審判決および上告審決定の判断が分かれている。

そこで、この点について検討する。

(2) 「近接同行」の事実

　殺人事件や放火事件などにおいて、被告人が犯行時刻、犯行現場に近接して存在していたという事実（以下「近接存在の事実」という）から、被告人の犯人性を推認できるかということが問題となることがある。

　本件で問題となっているのは、そうではなく、被告人と被害者が大波街道を北上し、株式会社Ｃ前を一緒に右折して田八田線を東進したという事実から、株式会社Ｃ前の地点の東方約1300ｍの大波上集会所前交差点で被害者と一緒にいた男性を被告人と推認できるかについてである。これを一般化していうと、ある地点で被告人と被害者が一緒にいたという事実（以下、これを「近接同行の事実」という）から、その地点より少し離れた地点で被害者と一緒にいた人物を被告人と推認できるかということになる。

　大波上集会所前交差点は、株式会社Ｃ前から約1300ｍ離れている。これを近接しているといえるかは問題であるが、一審判決は、深夜で人通りも少ないという事情からこれを近接していると評価し、上記の推認可能性を肯定していると考えられる。

(3) 近接同行事実と盗品の近接所持との違い

　盗品の近接所持の事実は、所持者の犯人性を強く推認させる。これは、盗品の近接所持には排他性があるからである。しかし、近接存在の事実には、通常、盗品の近接所持のような排他性がない[*3]。近接存在の事実は、被告人に犯行の機会があったことを示すが、被告人以外の者に犯行の機会がなかったことまで示すものではなく、他者犯行の可能性が残る。その可能性が残る以上は、近接存在の事実から被告人の犯人性を推認することはできない。

　これに対し、被告人が犯行時刻に近接し、犯行現場に近接して被害者と一緒にいたという事実が証明されると、その時間に被害者が他の者と一緒にいたというのはありえないので、近接同行の事実には排他性が認められる。

　しかし、盗品と異なり被害者には自らの意思があり、被害者が被告人と一緒にいるという事実には被害者の意思が関わっている。このため、ある時点まで被害者は被告人と一緒にいたとしても、その後、被害者は被告人と別れて別の男性と同行するようになる可能性を否定することはできない。したがって、近接同行事実には、盗品の近接所持と同じような意味での排他性まで認めること

はできない。

このように考えると、近接同行の事実は、近接存在の事実と異なり、単に被告人に犯行の機会があったことを示す事実にとどまらず、被告人の犯人性について一定の推認力が認められることは否定できないが、近接所持の事実と同じ程度の推認力まで認めることはできず、犯人性の推認の可否でいえば、近接所持の事実と近接存在の事実の中間的な事実ということになる。

(4) 小括

盗品の近接所持の事実は犯人性を推認させるが、その事実が犯行時刻、犯行現場から遠ざかるに応じて、被告人の犯人性に対する推認力は低下する[*4]。近接同行の事実が、犯人性の推認の可否でいえば、近接所持の事実と近接存在の事実の中間的な事実であるとすれば、それは、なおのことである。

5 最高裁平成19年10月16日決定にいう「抽象的な可能性」について

(1) 最高裁19年決定の概要

最高裁平成19年10月16日決定・刑集61巻7号677頁（以下「19年決定」という）は、「合理的な疑いを差し挟む余地がないというのは、反対事実が存在する疑いを全く残さない場合をいうものではなく、抽象的な可能性としては反対事実が存在する疑いを入れる余地があっても、健全な社会常識に照らして、その疑いに合理性がないと一般的に判断される場合には、有罪認定を可能とする趣旨である」と判示している。

本件では、株式会社C前から大波上集会所前交差点までの間に被害者の同行者が入れ替わった可能性が、19年決定にいう「反対事実の可能性」に該当する。検察官は、上告趣意書において、入れ替わりの可能性を認めた控訴審判決に対し、その可能性は、19年決定にいう「抽象的な可能性」に過ぎないと非難した（上告審決定79頁）。

(2) 19年決定の「抽象的な可能性」の意味

それでは、19年決定にいう「抽象的な可能性」とはどのような意味であるのか。

思うに、間接事実Aの要証事実Bに対する推認力が強度である場合には、間

接事実Aが証明されると、その推認を妨げる反対事実の可能性を証拠によって具体的に示さない限り、要証事実Bが推認される。その場合に、証拠を示さずに、間接事実Aからは要証事実B以外にもさまざまな可能性が考えられると主張するだけでは、その可能性は、19年決定にいう「抽象的な可能性」に過ぎないとして退けられる。

その例として最高裁平成25年10月21日決定・刑集67巻7号755頁を挙げることができる。同事件の一審判決は、密輸組織が運搬者から覚せい剤を回収するための措置にはさまざまなものが考えられるという理由を示して、被告人が密輸組織から回収措置について必要な指示等を受けていたとはいえないと判示した。これに対し、上告審決定は、被告人が覚せい剤の隠匿されたスーツケースを日本に運ぶよう指示または依頼されて日本に入国したという間接事実は、「回収措置の経験則」に照らし、運搬者に回収措置について必要な指示等がなされている事実を強度に推認させると判示して、一審判決は抽象的な可能性のみを理由として経験則等に基づく合理的な推認を否定したものと非難した（762頁）。「回収措置の経験則」の推認力が強度であるとすれば、密輸組織が運搬者から覚せい剤を回収するための措置にはさまざまなものが考えられるという理由で、運搬者に回収措置について必要な指示等がなされたという事実の推認可能性を否定することはできない。

これに対し、間接事実Aの要証事実Bに対する推認力が弱い場合には、証拠によって反対事実の可能性を具体的に指摘するまでもなく、間接事実Aから要証事実Bを推認することはできない。間接事実Aの推認力が弱ければ、その事実からは要証事実B以外にもさまざまなことが考えられるからである。

この場合には、推認を妨げる反対事実の可能性を証拠によって具体的に示す必要はなく、要証事実Bが推認されないことは、その推認力が弱いことを指摘すれば足りる。この場合の反対事実の可能性は、間接事実Aの推認力が弱いこと自体から不可避的に生じるので、証拠によって具体的に示さなくても、19年決定にいう「抽象的な可能性」にはあたらない。たとえば、殺人事件が発生する少し前ころ、被告人が、殺人現場から500m離れた道路を殺人現場の方向に向けて歩いていたという事実が証明されても、その事実は、被告人の犯人性に対する推認力が極めて弱いので、証拠によって具体的な反対事実の可能性を示さなくても、被告人を犯人と推認することはできない。

つまり、19年決定にいう「抽象的な可能性」とは、間接事実の要証事実に対する推認力が強度である場合において、その推認を妨げる反対事実の可能性

を証拠によって具体的に示さずに、抽象的に反対事実の可能性を指摘するにとどまるものを指すと考えられる*5。

(3) 間接事実の推認力の強弱の判断

そうだとすると、間接事実の推認力の強弱はどのようにして判断されるのかということが問題となる。これについては、次のように考える。

第1に、間接事実から要証事実を直接に推認できず、その推認に、中間項となる別の間接事実の媒介を必要とするときは、その中間項となる間接事実が別途に証明されない限り、その推認可能性は否定される。要証事実を推認するためには、間接事実が証明されたことに加え、中間項となる別の間接事実が証明されることが必要だからである。豊崎七絵准教授は、「下位の間接事実にとどまる限り、主要事実に対するその推認力を考慮する余地はなく、故に主要事実の認定に些かも寄与しないことが確認されるべきである」と論述している*6。その趣旨は、上記と同じと考える。

その例として、最高裁平成22年4月27日判決・判例時報2080号135頁を挙げることができる。同判決は、被告人が事件当日に本件マンションに赴いた事実が認められたとしても、「認定されている他の間接事実を加えることによって、被告人が犯人でないとしたならば合理的に説明できない（あるいは、少なくとも説明が困難である）事実関係が存在するとまでいえるかどうかにも疑問がある」と判示している（140頁）。同判示に関して、近藤補足意見は、被告人の犯人性が証明されるためには、①被告人が事件当日に本件マンションに赴いた事実に加え、②被告人が306号室を訪れた事実、③被告人が同室内に入った事実、④被告人が同室内で本件犯行に及んだ事実が証明されることが必要であると指摘している（150頁）。近藤補足意見と照合して同判決の上記判示を読むと、その判示は、被告人が事件当日に本件マンションに赴いた事実から、被告人の犯人性を推認するためには、その中間項となる事実として、近藤補足意見の上記②、③の事実が証明されることが必要であるが、それらの事実は証明されていないので、被告人が事件当日に本件マンションに赴いたという事実から、直ちに被告人の犯人性を推認することはできないという趣旨であると理解することができる。

同事件では、被告人は本件マンションに赴いた事実そのものを否認しているので、本件マンションに赴いたが306号室を訪れずに引き返したという反対事実の可能性や、306号室を訪れたが室内に入らずに引き返したという反対事実

の可能性を証拠によって具体的に指摘できるわけではない。しかし、間接事実Aの推認力が弱ければ、反対事実の可能性を証拠によって具体的に示す必要はないことは、上記のとおりである。

第2に、間接事実Aによって直接に要証事実Bの可能性を指摘できる場合であっても、経験則の推認力が強度でなければ、間接事実Aからは要証事実B以外の可能性もあることを指摘でき、そのような間接事実Aの推認力は、強度とはいえない。間接事実Aが証明されても、要証事実Bであるかもしれないし、要証事実B以外であるかもしれないからである。

たとえば、甲が事件後に友人に犯行をほのめかしたとか、逮捕されてから被害者の家族らに謝罪の手紙を書いたという事実は、甲が犯人である可能性を窺わせる事実であることは否定できない。しかし、甲の友人に対する発言は冗談だったかもしれず、逮捕されてからの謝罪の手紙は、取調べで精神的に追い詰められ、その苦しみから一時逃れのためであったのかもしれない。それらの事実が多義的であることは、多くの判決で指摘されている[7]。それらの事実が多義的であるのは、経験則の推認力が弱いので、要証事実B以外の事実の可能性を指摘できるからである。

(4) 間接事実の強度に関する判断に残る問題点

以上を整理すると、推認力が強度な間接事実とは、その推認が中間項となる間接事実を媒介せず要証事実を直接に推認させるものであって、かつ、経験則に照らし、その間接事実からは要証事実以外の事実の可能性を指摘できないものということになる。

しかし、そのようにいえるとしても、間接事実の強度に関する判断にはまだ問題が残る。

前項の第1については、推認過程の中に間接事実と要証事実との間に中間項となる間接事実Cの存在を無意識のうちに前提としていないかを吟味することによって、その推認の当否を判断することは一応可能であろう。しかし、上記第2では、間接事実にはどのような経験則が適用されるべきなのか、その経験則が示す間接事実の推認力の強度はどの程度なのかということが問題となる。

経験は人によって異なるので、経験から演繹される法則に対するとらえ方が人によって異なるのは避けられず、ある間接事実について適用されるべき経験則につき、人によって判断が異なることも否定できない。前記の「回収措置の

経験則」に関しても、それとは反対方向へ推認させる「ブラインド・ミュール」(事情を知らない運び屋)という経験則があることを指摘する人もいる。経験則に対するとらえ方が人によって異なる以上、経験則に照らしての間接事実の推認力の強度に関する判断が、人によって異なる可能性があることも否定できない。間接事実に適用されるべき経験則や、その経験則に照らしての推認力の強度についての判断は、経験則をどのようにとらえるかについての人の主観によるところが大きく、これを論理によってコントロールすることは困難であると考える。

6 舞鶴事件上告審決定が判示する入れ替わりの可能性の位置付け

(1) 上告審の判断

　舞鶴事件上告審決定が認める入れ替わりの可能性は、19年決定の判示の中でどのように位置付けられるかを検討する。

　上告審決定は、①Xは事件直後に「目撃した男性は19、20歳くらいだった」と供述し、その供述はWの捜査段階の供述とも整合していること、②株式会社C前からW目撃地点までは約800mであり、被害者はこの距離を約30分かけて移動しており、距離的、時間的に同行者が替わることが可能な状況であることなどを指摘して、控訴審判決が判示した入り替わりの可能性は抽象的な可能性にはあたらない旨を判示している(79頁、この判示を「判示A」と表記する)。

　判示Aでは、上記①はXの初期供述とWの捜査段階の供述によって、上記②は株式会社C前に設置された防犯カメラの映像とWの目撃時刻に関する供述によって、それぞれ裏付けられている。したがって、判示Aは、控訴審判決の判示する入れ替わりの可能性は抽象的な可能性にあたらないのは、上記①、②のとおり、その可能性が証拠によって具体的に指摘できるからだと判示していることになる。

　その判示を読む限りでは、上告審決定は、
　Ⓐ　被告人と被害者が大波街道を一緒に北上し、株式会社C前を右折して一緒に浜田八田線を東進したという事実
から、
　Ⓑ　Xが大波上集会所前交差点で目撃した男性は被告人であるという事実
が強度に推認されることを前提とした上で、その推認を妨げる反対事実の可能

性を証拠によって具体的に指摘できるので、その反対事実の可能性は抽象的な可能性にあたらないと判断しているようにも思われる。

上告審決定の判示は、証拠によってどの程度のことを示せば、19年決定のいう「抽象的可能性」にあたらないのかを示した一事例として、参考になる。

(2) 検察官の主張を退けるための上告審の構成

上告審決定が、控訴審判決は「抽象的可能性」を示しているに過ぎないとする検察官の主張を退けるためには、判示Ａだけで足りるはずである。にもかかわらず、上告審決定は、判示Ａに続けて、「また、株式会社Ｃ前で被告人が被害者と一緒にいたからといって、直ちに被告人が犯人であると推認することも困難である」と判示している（79頁、この判示を「判示Ｂ」と表記する）。

では、判示Ａと判示Ｂがどのような関係にあるのか。

判示Ｂに付された「また」という文言は、前の文と並列関係にある文に付される接続詞である。そうすると、判示Ａと判示Ｂとは並列的な関係にあり、判示Ｂは、判示Ａから独立した判示であると考えなければならない。

しかも、そこでは、端的に、「株式会社Ｃ前で被告人と被害者が一緒にいたからといって、直ちに被告人を犯人であると推認することも困難である」と判示されており、その判示では、推認可能性の否定は、株式会社Ｃ前の防犯カメラの映像に記録された通過時刻や、ＷおよびＸの目撃時刻などに関する供述によって理由付けられていない。

これは、検察官の主張から離れて、そもそも、上記Ⓐの事実が認められれば上記Ⓑの事実を推認できるのかについての上告審決定の判断を示したものと考えられる。そうでなければ、上告審決定が、判示Ａの後に、わざわざ判示Ｂの一文を付加する理由はない。

つまり、上告審決定は、判示Ａと判示Ｂにより、

① たとえ上記Ⓐの事実から上記Ⓑの事実が推認されるとしても、控訴審判決は、その推認を妨げる反対事実の可能性（株式会社Ｃ前から大波上集会所前交差点までの間に被害者の同行者が入れ替わった可能性）を、証拠に基づいて具体的に指摘しているので、検察官の主張は理由がない

② そもそも、上記Ⓐの事実の上記Ⓑの事実に対する推認力は弱く、上記Ⓐの事実から上記Ⓑの事実が推認されるとはいえない

という二段構えの判示をしていると考えられる。

本件では、株式会社Ｃ前の防犯カメラの映像やＷやＸの供述によって、株式

会社C前やW目撃地点から大波上集会所前交差点までの被害者の移動時間と移動距離の不自然さを指摘できた。しかし、判示Bによれば、たとえそのような証拠がなかったとしても、被告人と被害者が株式会社C前を一緒に右折して浜田八田線を東進したという事実から、Xの目撃した男性は被告人であると推認されるわけではなく、まして、被告人が犯人であると推認されるわけでもない。上告審決定が判示Bで指摘しているのは、そのようなことである。

(3) 控訴審判断と上告審判断との違い

もっとも、判示Bが上記Ⓐの事実からの推認を否定しているのは、被告人の犯人性についてであって、上記Ⓑの事実、すなわち、Xの目撃した男性は被告人であるという事実ではない。

しかし、後に述べるとおり、控訴審判決は、たとえ上記Ⓑの事実が認められたとしても、その事実から被告人を犯人と推認することはできないと判示しているが、上告審決定はその推認可能性を否定していない。

上告審決定が、上記Ⓑの事実から被告人の犯人性を推認できると判断しているとすれば、上記Ⓐの事実から被告人の犯人性を推認できないとする判示Bは、上記Ⓐの事実から上記Ⓑの事実を推認できない、よって、被告人を犯人と推認することはできないというものとなる。

7 間接事実の推認力に関する上告審決定の判示

(1) **上告審決定「推認力」強度に関する判断**

上告審決定は、「株式会社C前で被告人が被害者一緒にいたからといって、直ちに被告人が犯人であると推認することも困難である」と判示しているが、その理由は示していない。そこで、なぜ上告審決定はそのように判断したかについて考える。

被告人と被害者が株式会社C前を一緒に右折して浜田八田線を東進すれば、被告人と被害者はそのまま一緒に浜田八田線を東進して大波上集会所前交差点へ辿り着く可能性があることは否定できない。しかし、その可能性があるというだけで、大波上集会所前交差点で被害者と一緒にいた男性は被告人であると断定することはできない。

被告人と被害者は以前からの顔見知りではなく、その日たまたま出会って大波街道を一緒に歩くようになっただけであるから、2人は、いつ、どこで別れ

てもおかしくはない。

　午前2時過ぎから3時過ぎまでの時間帯の株式会社C前から大波上集会所前交差点までの浜田八田線は人通りが少ないといえるが、しかし、現にWやXがそこを通過している事実も認められるので、被告人以外の男性が浜田八田線を往来していた事実を否定することもできない。

　被害者は、大波街道で出会った見ず知らずの被告人と一緒に歩いていたことからすると、被告人と別れた後に出会った別の男性と一緒に歩くようになるのも、ありえないとはいえない。

　株式会社C前から大波上集会所前交差点までは約1300mある。それは、被害者が被告人と別れ、その後に出会った別の男性と一緒に歩くようになることが可能な距離である。

　そうだとすると、被告人と被害者が株式会社C前を一緒に通過した後、被害者の同行者が被告人から別の男性に入れ替わった可能性を否定し去ることはできない。その可能性を否定し去ることができる根拠はない。したがって、被告人と被害者は一緒に大波街道を北上し、株式会社C前を右折して浜田八田線を東進したという事実は、Xの目撃した男性は被告人であるという事実を強度に推認するとはいえない。

　その推認力が強度といえなければ、証拠によって入れ替わりの可能性を具体的に示さなくても、入れ替わりの可能性を指摘することができ、その反対事実の可能性は、19年決定にいう「抽象的な可能性」には該当しない。これは、前述したとおりである。

　上告審決定が、判示Bにおいて、「株式会社C前で被告人が被害者一緒にいたからといって、直ちに被告人が犯人であると推認することも困難である」と判示しているのは、このような判断に基づくと考える。

(2) 間接事実の推認力強度の判断基準

　間接事実の推認力の強度を判断する上で基準となるのは経験則であるが、経験則は人によってとらえ方に違いがあることが避けられず、間接事実の推認力の強度に関する判断を論理によってコントロールすることは困難である旨を前に述べた。

　そうであるとすれば、間接事実からの推認の可否が問題となる刑事裁判において重要なことは、①安易に有罪方向に判断させる経験則にのみ目を奪われることなく、無罪方向に判断させる経験則はないのかを十分に探究し、②かつ、

有罪方向への推認は本当に強度なのか、当該間接事実は、反対事実の可能性の推認を本当に内在させていないのかについて、厳密に吟味することにあると考える。経験則のとらえ方次第で有罪と判断することも無罪と判断することも可能な事件は、無罪とするのが刑事裁判の鉄則と信じるからである。

　控訴審判決も認めるように（13頁）、午前2時ころから午前3時過ぎという真夜中に、人通りが少ない株式会社Ｃ前から大波上集会所前交差点までの道路において、被害者の同行者が被告人から別の男性に入れ替わる可能性は、決して高いとはいえない。その時間帯や道路状況を考えると、被害者の同行者が入れ替わったというのは、かなりの偶然の重なりを必要とすることは否定できない。

　それでもなお、上告審決定は、「株式会社Ｃ前までの被告人と被害者の移動経路」からは、Ｘの目撃した男性を被告人と推認することはできず、被告人の犯人性を推認することはできない旨を判示した。これは、そのような偶然のあり得る可能性を否定することはできず、刑事裁判において、その可能性を無視した事実認定を行うことは許されないと判断したからにほかならない。

　上告審決定は、間接事実の推認力の強度を判断するには、どのようなことに留意しなければならないかを教えている。

(3)　経験則が推認力強度に影響を与える

　本件では、もし、被告人が被害者と大波上集会所前交差点に一緒にいたという事実が認められると、被告人の犯人性を推認できるかということも問題となっている。次に、その推認の可否について検討する。

　一審判決は、被告人と被害者が大波上集会所前交差点に一緒にいたとの事実を認定した上で、「被告人が犯行時刻に近い本件当日午前3時15分ころ犯行現場にごく近接した場所に被害者と一緒にいたことが認められ、犯行が深夜の人の往来の少ない郊外で行われたことからすると、被告人が被害者と別れた後に別の人物が犯行現場において被害者を殺害した可能性は想定し難い」と判示している（364頁）。

　これに対し、控訴審判決は、「同所が犯行現場から近く、また犯行時刻ともよく整合することを考慮しても、そのことのみをもって、直ちに被告人が犯人でないとしたら合理的に説明することができない（あるいは、少なくとも説明が困難である）事実関係といえるかどうかについてはさらに疑問を差し挟む余地があるといわざるを得ない」と判示し[8]（48〜49頁）、この点について、

一審判決と控訴審判決は真っ向から対立している。

　上告審決定は、一審判決と控訴審判決の上記各判示の当否については直接には言及していない。

　それでは、上告審決定は、この点についてはどう判断したのであろうか。

　もし、上告審決定が控訴審判決の判断を支持し、犯行現場から305ｍ離れた大波上集会所前交差点に被告人が被害者と一緒にいた事実が認められたとしても、その事実からは被告人を犯人と推認することはできないと判断していたとすれば、当然にその旨を判示していたはずである。しかし、上告審決定はそのような判示をしていない。そうすると、上告審決定が控訴審判決の上記判断を支持していないことは明らかと思われる。上告審決定は、上記のとおり判示することによって、控訴審判決の上記判断を暗に否定していると考えるべきであろう。

　前述したように、近接同行の事実は、盗品の近接所持ほどではないとしても、被告人の犯人性を推認させる。犯行時刻、犯行現場からどのくらい離れれば、近接同行の事実からの被告人の犯人性の推認が否定されるかは、その時間帯や道路状況等を考慮して事案ごとに判断するほかはない。

　大波上集会所前交差点から犯行現場までは約305ｍに過ぎず、その点は、株式会社Ｃ前から大波上集会所前交差点までは約1300ｍであったことと比べると、相当の違いが認められる。

　道路状況を比べても、浜田八田線は県道21号と県道772号を結ぶ道路であり、深夜で人通りが少ないといっても、人通りがまったくないとは思われない。現に、目撃者であるＷやＸがそこを通過している。これに対し、大波上集会所前交差点から犯行現場の方向へ行けばすぐに小川や雑木林がある。よほどの理由でもない限り、深夜にそのようなところへ行く人はいないように思われる。

　被告人が被害者と大波上集会所前交差点で一緒にいた事実から、被告人の犯人性を推認することはできないというには、被害者が大波上集会所前交差点から犯行現場へ移動する間に、被害者は被告人と別れ、別の人物と同行するようになったという事態を想定しなければならない。

　上告審決定は、株式会社Ｃ前から大波上集会所前交差点までの間に被害者の同行者が入れ替わる可能性と比べ、その可能性は著しく低いと判断したのではないかと思われる。

　しかし、控訴審判決はその推認可能性を否定している。

　その判断は、人によって分かれるというほかはない。結局は、大波上集会所

前交差点で被告人と被害者が一緒にいたという事実から、犯行現場へ被害者と一緒に行ったのは被告人といえるかに関し、どのような経験則が適用され、その経験則に照らしたときの推認力の強度はどうかということについてのとらえ方に帰着する。

8　むすび

　一審判決がX供述の信用性評価を誤ったのは、被告人と被害者が一緒に株式会社C前を通過した後、被害者が被告人と別れて別の男性と同行するようになった可能性を安易に否定してしまったからである。

　しかし、それは、一審の裁判官が特異であったからであるとは思えない。多くの裁判官が、そのような偶然は想定し難いと考え、一審判決と同じように安易に判断して、有罪を認定してしまうのではないかと思えるからである。

　それだけに、控訴審判決とこれを是認した上告審決定が、被告人と被害者が株式会社C前を右折して浜田八田線を一緒に東進した事実の推認力を厳密に検討し、被害者の同行者の入れ替わりの可能性を否定し去ることはできないと判断し、Xの目撃した男性を被告人と推認することはできないと判断した意義は大きい。

　控訴審判決と上告審決定が、犯人識別供述の信用性評価に関する注意則を踏まえ、X供述の信用性を慎重に評価しているのも、その判断があってのことである。

　上告審決定の意義は、間接事実の推認力について厳密に判断したことにあり、今後の実務において参考とされるべきことも、そこにあるように思われる。

*1　渡部保夫「犯人識別供述の信用性に関する考察」『無罪の発見』（勁草書房、1992年）、仙波厚ほか『犯人識別供述の信用性』司法研究報告書49輯2号、木山暢郎「犯人識別供述の信用性と裁判員裁判におけるその審理」木谷明編著『刑事事実認定の基本問題』（成文堂、2008年）およびこれらに紹介されている各文献。
*2　仙波ほか・前掲注*1書3頁以下。
*3　石塚章夫「情況証拠による主要事実の認定——放火事件を素材として」小野慶二判事退官記念論文集『刑事裁判の現代的展開』（勁草書房、1988年）122頁。
*4　渡邊忠嗣ほか「贓物の近接所持と窃盗犯人の認定」小林充『刑事事実認定（下）』（判例タイムズ社、1994年）85頁以下。
*5　証明責任は検察官が負うので、この場合も、弁護人は推認を妨げる反対事実の存在を証明することは求められず、合理的な疑いを差し挟ませる反対事実の可能性があることを

指摘すれば足りる。ただ、間接事実の推認力が強度の場合には、その可能性があることを証拠によって具体的に指摘することが必要であると考える。

*6 豊崎七絵「間接事実の証明・レベルと推認の規制」浅田和茂ほか編『村井敏邦先生古希記念論文集・人権の刑事法学』(日本評論社、2011年) 706頁。
*7 司法研修所編『情況証拠の観点から見た事実認定』(法曹会、1994年) 20頁。
*8 この判示が、大阪母子殺し事件上告審判決を意識したものであることは明らかである。

(こが・やすのり)

再審請求審の審判対象と明白性
姫路郵便局強盗(再審請求)事件をめぐって

川崎 英明
関西学院大学教授

---

1 問題の所在——再審の動向と姫路郵便局強盗事件
2 判例の論理と本件棄却決定
3 再審請求審の審判対象
4 再審理論の到達点と課題

---

1 問題の所在——再審の動向と姫路郵便局強盗事件

(1) 姫路郵便局強盗事件・再審請求棄却決定の論理

　2001(平成13)年6月19日に姫路市内の郵便局に二人組で押し入って現金約2,000万円を強奪したとの強盗の実行共同正犯の罪で被告人(本件再審請求人)が懲役6年の実刑判決の言い渡しを受けた、いわゆる姫路郵便局強盗事件(以下、本件という)再審請求審の神戸地裁姫路支部は、2014(平成26)年3月28日、再審請求を棄却した(判例集未登載、以下、本件棄却決定という)。本件は、本稿執筆時点(2015年4月初旬)では、請求人側の即時抗告により大阪高裁に係属中である。

　問題は本件棄却決定が刑訴法435条6号の明白性を否定するに際して展開した判示にある。すなわち、本件棄却決定は、「当審は再審請求審であるから……請求人の実行犯人性を認めた確定判決の判断に合理的疑いを生じさせるだけでは足りず、請求人の犯人性に合理的な疑いを生じさせる必要がある」と判示し、その帰結として、多数の新証拠について、「請求人の犯人性」の認定を妨げるものではないとして、実質判断に立ち入ることなく明白性を否定したので

ある。確定判決（神戸地裁姫路支判平成16年1月9日、判例集未登載）の認定事実は、判文自体に明らかなように、強盗の実行共同正犯であった。しかし、本件棄却決定の上記判示は、「再審請求審」にあっては、請求人が本件強盗の実行共同正犯であるという確定判決の認定事実に対して合理的疑いを抱かせるだけでは足りず、確定判決の認定事実を超えて、請求人は共謀共同正犯か、幇助犯か、教唆犯かを問わずいかなる共犯形態においても、およそ請求人の本件「犯人性」が認められないことの立証までも求めているのである。

しかし、そうなると、実質的にみて、請求人は確定判決の事実認定を離れて（およそ本件とは無関係であるという意味での）無実の挙証責任を負う結果となり、再審の誤判救済の理念に反する。ことは、理論的には、刑訴法435条6号の明白性の判断において確定判決の事実認定はいかなる意味を有するのかという問題、言い換えれば、再審請求審の審判対象は何かという問題に帰する。

(2) 再審の動向と総合評価

周知のように、再審の誤判救済機能を活性化させた最高裁・白鳥決定（最決昭和50年5月20日刑集29巻5号177頁）と同・財田川決定（最決昭和51年10月12日刑集30巻9号1673頁）は、刑訴法435条6号の明白性の判断について「疑わしきは被告人の利益に」の原則の適用を認め、旧証拠の全面再評価に基づく新旧全証拠の総合評価により「確定判決における事実認定」に合理的疑いが生じるならば明白性は肯定され、再審を開始すべきものと判示した。しかし、その直後から、調査官解説や実務家（裁判官）の側から限定付き再評価説が主張され、その下で、新証拠の「価値・重要性」を総合評価の関門とすることにより新旧全証拠の総合評価に立ち入ることなく明白性を否定し、あるいは、新証拠との「関連性」の枠付けによって総合評価の範囲を限定することにより明白性を否定するという手法をとる一群の再審請求棄却決定が登場し、再審の誤判救済機能を閉塞させる状況が生まれた[*1]。その後に弁護士実務家が提起し再審実務や学説に一定の影響を与えている、いわゆる二段階説[*2]は、新証拠の「価値・重要性」を総合評価の関門とする点では、限定付き再評価説と類似の機能を果たす問題性を抱えている[*3]。のみならず、二段階説の論者は、新

証拠の「価値・重要性」という総合評価の関門をようやく超えて新旧全証拠の総合評価に踏み込んだ場合について、(旧証拠の)不利益再評価なき総合評価はありえないとも主張していた*4。そして、再審の実務では、旧証拠のかさ上げ評価や証拠構造の組替えあるいは認定の入替えにより明白性を否定し再審請求を棄却する裁判例が登場していた*5。この事態に対して、学説の側からは、つとに「総合評価の逆転」として批判が向けられていたのである*6。

最近の再審実務でも、再審が開始されるべき事案において再審開始事例と請求棄却事例が拮抗する状況がみてとれる*7。棄却事例には、新証拠の「価値・重要性」を総合評価の関門としつつ、その関門を破って総合評価に踏み込みながら、総合評価を徹底せず「疑わしきは被告人の利益に」の原則も機能させていない事例があり*8、他方で、総合評価の段階で証拠構造を組み替えて明白性を否定する事例がみられる*9。上述のように、後者の事例に対してはつとに「総合評価の逆転」として批判がなされてきたところである。

このような最近の再審の問題状況の中に本件・姫路郵便局強盗事件を位置づけてみれば、本件棄却決定の論理は「総合評価の逆転」の論理の一類型であり、その問題性を増幅させるものと捉えられる。というのも、本件棄却決定は、新旧全証拠の総合評価により明白性が認められるかどうかの判断に際し、確定判決が「罪となるべき事実」として認定した実行共同正犯としての「犯人性」に対して合理的疑いを生じさせるだけでは足りないとし、総合評価の段階で確定判決とは異なる新たな有罪認定、すなわち新たな「罪となるべき事実」を認定して明白性を否定することを許容する論理を展開しているからである。周知のように、「総合評価の逆転」として批判された事例は、尾田事件(マルヨ無線事件ともいう、以下、尾田事件という)第5次再審請求審の最決平成10年10月27日(刑集52巻7号151頁、以下、最決平成10年という)であった*10。本件棄却決定には、この尾田事件・最高裁決定の論理の問題性を増幅させた側面がある。すなわち、本件棄却決定の論理には、総合評価の限界如何の問題とともに、それを超えて、再審請求審の審判対象とは何かという本質的論点を提起する問題点が包含されているのである。以下、本件棄却決定が抱える理論的問題点について検討を加えることとしたい。

2　判例の論理と本件棄却決定

(1)　尾田事件・最決平成10年の論理と問題点

　尾田事件・最決平成10年は、確定判決が認定した放火の犯行態様（放火方法）に合理的疑いが生じて有罪認定を維持できなくなったときに、それでもなお新旧全証拠の総合評価により「罪となるべき事実の存在」（放火の実行行為の存在）は合理的疑いを超えて認定できるとして再審請求棄却の結論を支持した即時抗告審決定（福岡高決平成7年3月18日判例タイムズ890号263頁）を維持した特別抗告審決定である。最決平成10年の趣旨は、確定判決が認定した放火方法とはストーブを「足蹴りし横転させた」というものであるところ、この放火方法の認定に合理的疑いが生じたとしても、新旧全証拠の総合評価により「ストーブを故意に転倒させ、その火を机等に燃え移らせて放火した」（即時抗告審決定）との「罪となるべき事実の存在そのもの」が認定できる限り、明白性は否定されるということにあった。しかし、ストーブを「足蹴りし横転させた」方法では放火の結果は生じないというのであれば、そのような放火方法の認定の誤りは確定判決が認定した「罪となるべき事実の存在そのもの」に合理的疑いを生じさせることになるはずである。しかし、その場合でもなお、最決平成10年が「罪となるべき事実の存在そのもの」は認定できるとしたのは、確定判決の認定とは異なる放火方法を新たに認定したからに他ならない。しかし、それは（確定判決の）認定事実の入替えであり、再審請求審で新たに有罪判決を言い渡したに等しい。そのような新たな有罪認定に際しては、確定判決が放火方法の認定に用いた被告人及び共犯者の自白や実況見分調書ではなく、確定判決が用いなかった旧証拠（放火方法に関する旧鑑定）と（再審請求審における）検察側提出の新証拠（放火方法に関する新鑑定）に依拠するという証拠構造の組替えが行われていた。このような認定の入替えや証拠構造の組替えは、誤った確定判決からの救済制度としての再審の理念にも、（憲法39条の）二重の危険禁止の原則にも反するという批判を受けざるをえないものであった[11]。

　最決平成10年における認定の入替えは再審の理念と二重の危険禁止原則に

抵触し許容されないものであったが、それにしても、最決平成10年が容認したのは、確定判決の認定において放火の実行行為の具体的内容が絞り込まれ、そのように絞り込まれた放火の実行行為の同一性が保たれている限度内での放火方法の認定のレベルの入替えであった。すなわち、確定判決において、ストーブの燃焼を用いた放火であるというところまでは放火の実行行為が絞り込まれていて、そのように絞り込まれた具体的な放火行為の枠内での放火方法の認定の入替えであったのである。たとえば、ストーブの燃焼を用いた放火ではなくガス器具を点火させた放火であるという認定をするようなこととなれば、それは放火の実行行為そのものが異なることになりうるのであって、最決平成10年もそのような場合にまで認定の入れ替えを容認しているわけではないのである。最決平成10年では、放火の構成要件に該当する具体的な放火行為という特定の実行行為の同一性の枠が前提とされているのである。その限りでは、最決平成10年は確定判決の「罪となるべき事実」の枠を動かしてはいないともいえる。

　これに対して、尾田事件の（前掲）即時抗告審決定は、上述のような放火方法の認定の入替えをするに際して、「再審請求の審判においては確定判決の認定した犯罪事実と全く同一の事実を認定することができない場合であっても、確定判決の認定した犯罪事実と同一の構成要件に該当する事実や、確定判決の認定した犯罪事実よりも法定刑が軽くない他の構成要件に該当する事実を認定することができ、かつ、それらの事実が確定判決の認定した犯罪事実と公訴事実の同一性を保っていると認められる場合には、結局、再審請求は理由がないことになる」と判示していた。すなわち、再審請求審では、広く公訴事実の同一性の範囲内で確定判決とは異なる事実を認定して再審請求を棄却してよい、という論理を展開していたのである。後に見るように、最決昭和55年11月13日（刑集34巻6号396頁、以下、最決昭和55年という）がすでにこのような論理を採用していたとする理解もなされている[12]が、最決平成10年がこのような論理を採用していないことは明らかである。実際、最決平成10年に対する調査官解説[13]もこのことを認めて、「この点（公訴事実の同一性の範囲内で新たな事実を認定して再審請求を棄却することが許されるか否かという点

——引用者注）は、もともと本件の関係では過分な判断であり、明らかな傍論であることから、本決定（最決平成10年——引用者注）では触れられていない」と指摘している。最決平成10年がいかなる限度まで認定の入替えを容認しようとしたのかは定かではないが、少なくとも、公訴事実の同一性の範囲内で新たな事実を認定することまでも容認する論理に立ったものではないことは確かなのである。

(2) 最決昭和55年と最決平成10年

　先にも触れたように、最決昭和55年は、再審請求審が公訴事実の同一性の範囲内で確定判決とは異なる事実を認定して再審請求を棄却することを許容した判例だとする理解がある。事案は、自動車事故で業務上過失傷害の有罪判決を受けた被告人（再審請求人）が、実はその自動車事故は保険金騙取の目的で被害者の承諾を得て自己の運転する自動車を故意に衝突させて被害者に傷害を負わせたものであるとして再審請求したというものであった。再審請求棄却の結論を支持した最決昭和55年は、「本件は、原判決の認めた業務上過失傷害罪にかえて重い傷害罪が成立することになるから、同法（刑訴法——引用者注）435条6号の『有罪の言い渡しを受けた者に対して無罪を言い渡し、又は原判決において認めた罪より軽い罪を認める』べき場合にあたらないことが明らかである」と判示した。この判旨について、最決平成10年に対する調査官解説は、「業務上過失傷害罪の訴因に対して傷害罪を認定するには訴因変更を要するから、判旨は、公訴事実の同一性の範囲内において本来は訴因変更を要するような別の構成要件に該当する事実が認定できることを理由に再審請求を棄却することを認めたものと解することができる」と指摘していた[*14]。

　しかし、最決昭和55年に対するこのような理解は正当ではない。なぜなら、再審請求人の主張は、真実は保険金詐取目的で故意に追突させて傷害を負わせたものであるから、業務上過失傷害罪は成立せず故意の傷害罪にあたるところ、被害者の同意が存在するゆえに傷害罪も成立しないから無罪であり、再審を開始すべきだとするものであった。しかし、被害者の「同意」が存在しても傷害罪の成立を妨げない場合があるという刑法解釈論に立てば、この再審請求は（軽

い罪である業務上過失傷害ではなく）重い罪である傷害罪の成立を主張する再審請求であって、主張自体失当ということになる。最決昭和55年は、そのような刑法解釈に立脚して、本件再審請求は、請求人の主張にかかる事実が仮に認められたとしても、刑訴法435条6号の再審要件に「あたらないことが明らかである。本件再審請求は、右の点においてすでに理由がない」（下線部は引用者）と判示しているのであり、本件再審請求が主張自体失当であるとする趣旨の判示に他ならないことは明らかである。最決昭和55年のこの判示に照らせば、上述の最決平成10年の調査官解説のように、最決昭和55年を「公訴事実の同一性の範囲内において本来は訴因変更を要する別の構成要件に該当する事実が認定できることを理由に再審請求を棄却することを認めたものと解する」のは強引にすぎ、そのように解釈すべき必然性はない。先に引用した最決平成10年の調査官解説も、最決昭和55年の趣旨をそのように「解する」と断言せず「解することができる」と記述し、さらに、そのような判例解釈について、「確定力をこの限度まで緩め、反面、再審請求棄却の余地をここまで広げることについては反対説もあり得るところであろう」としているのであり、謙抑的表現ながら、そのような判例の解釈には必然性がなく、理論的にも問題性を孕むことを率直に表明したものと捉えることができる[*15]。

(3) 小括

以上の検討結果をまとめれば、もともと再審請求審では、確定判決の事実認定を超えて新たな事実を認定し（認定の入替え）あるいは証拠構造を組み替えるという「総合評価の逆転」の手法により再審請求を棄却することは許されないということである。もっとも、最決昭和55年や最決平成10年の判示には、そのような認定の入替えや証拠構造の組替えを許容するかにみえる側面がある。しかし、上述したように、最決昭和55年は公訴事実の同一性の範囲内で新たな犯罪事実を認定してまで再審請求を棄却することを許容したものではないし、最決平成10年も、特定の実行行為の同一性の枠を超えてまで新たな犯罪事実を認定して再審請求を棄却することを許容したものではない。その意味で、最高裁判例は、少なくとも確定判決の「罪となるべき事実」の枠を動かし

てまで認定の入替えや証拠構造の組替えを行うことは許容してはいないのである。

しかし、論理のレベルだけで考えてみると、本件棄却決定を支える論理としては、一方では、最決昭和55年に対する上述の調査官の判例解釈のように、再審請求審は確定判決が認定した「罪となるべき事実」と公訴事実を同一にする範囲で新たな事実を認定して再審請求を棄却できるという論理が一応は考えられ、他方では、最決平成10年のように、(その限界は明らかにされていないが) 確定判決の「罪となるべき事実」の枠内で新たな事実を認定して再審請求を棄却できるという論理が一応は考えられる。前者の論理が、本件の即時抗告審で検察官が主張している論理である。

以下では、この二つの論理の問題点を検討して、その不当性を明らかにし、最高裁判例に照らしても本件棄却決定に正当性は認められないことを確認することとしたい。

3 再審請求審の審判対象

(1) 最高裁・白鳥・財田川決定の理論的基盤とその帰結

周知のように、刑訴法435条6号の再審理由たる明白性の意義と判断方法に関して画期的判断を示して、それまでの再審の閉塞状況を打開し再審の誤判救済機能を活性化させたのは、上述した最高裁・白鳥決定と同・財田川決定とであった。すなわち、最高裁・白鳥決定は、「再審開始のためには確定判決の事実認定につき合理的疑いを生じしめれば足りるという意味において、『疑わしきは被告人の利益に』の原則が適用される」と判示し、これを敷衍して同・財田川決定は、「この原則 (『疑わしきは被告人の利益に』の原則——引用者注) を具体的に適用するにあたっては、確定判決が認定した犯罪事実の不存在が確実であるとの心証を得ることを必要とするものではなく、確定判決の正当性についての疑いが合理的な理由に基づくものであることを必要とし、かつ、これをもって足りる」と判示したのである。明白性判断に際して「疑わしきは被告人の利益に」の原則が適用され、それゆえに「確定判決の事実認定」、すなわ

ち「確定判決」が「認定」した「罪となるべき事実」に対する合理的疑いの有無の判断こそが明白性判断の内実であることが、白鳥・財田川決定によって確立されたのである。

　本稿の問題関心に照らして確認すべきことは、明白性判断の内実をなす合理的疑いの有無の判断の対象は「確定判決の事実認定」、すなわち「確定判決」が「認定」した「罪となるべき事実」であり、その意味で、再審請求審の審判対象はこの「確定判決の事実認定」の当否であるということである。このことを本件に即して言えば、確定判決が認定した「請求人の実行犯人性」について合理的疑いが生じれば明白性が認められ、再審が開始されるのであって、共犯性の有無を含む「請求人の犯人性」にまで合理的疑いを生じさせる必要はないということである。

　白鳥・財田川決定を支えているのは、再審制度の理念であり、その下での刑訴法435条6号の条文構造である。すなわち、憲法39条の二重の危険禁止原則の下で旧刑訴法の不利益再審は廃止され、再審制度は、誤判救済（無辜の救済）を理念として、誤った確定有罪判決から無辜を救済する利益再審制度へと転換した。刑訴法435条が再審は「有罪の言い渡しをした確定判決に対し」なされるものと明記したのは、その故である。そして、無辜の救済が再審制度の理念であるなら、再審にも「疑わしきは被告人の利益に」の原則が適用されるのは当然のことであり、刑訴法435条6号の「無罪を言い渡すべき場合」とは、合理的疑いを超えて確定有罪判決の事実認定を維持できない場合をいうと解すべきことになる。このことを確認したのが白鳥・財田川決定であり、両決定により、刑訴法435条6号による再審請求について、再審請求人には無実の挙証責任が課されるのではなく、確定有罪判決が認定した「罪となるべき事実」に合理的疑いが残ることを立証すれば明白性が認められ、再審は開始されるべきことが確認されたのである。このように再審請求審の審判対象は「確定判決の事実認定」の当否であると理解して初めて、刑訴法435条が再審の対象を「有罪の言い渡しをした確定判決」と明記した趣旨も明らかとなる。

　その「確定判決の事実認定」とは、確定有罪判決が認定した「罪となるべき事実」である。証拠裁判主義（刑訴法317条）の下では、厳格な証明を経た証

拠群に基づいて、これを整序して最終的に「罪となるべき事実」が認定されることになるから、有罪判決には理由中に証拠の標目とともに「罪となるべき事実」を記載することが要請される（刑訴法335条）。そうであるから、誤った確定有罪判決からの救済制度としての再審においては、確定判決における「罪となるべき事実」の認定の当否、すなわち確定有罪判決が認定した「罪となるべき事実」に対する合理的疑いの有無を判断しなければならないのである[16]。すなわち、刑訴法435条6号の明白性の判断に際しては、再審請求審は、確定判決の事実認定から離れて請求人が当該事件について白か黒かという裸の実体判断をするのではなく、確定有罪判決が明示した「罪となるべき事実」の認定の当否、すなわち「罪となるべき事実」に対する合理的疑いの有無を判断しなければならないのである。本件棄却決定の言葉を借りれば、「再審請求審である」からこそ、再審開始のためには、「請求人の実行犯人性を認めた確定判決の判断に合理的疑いを生じさせるだけで足り（る）」のであって、「請求人の犯人性」にまで合理的な疑いを生じさせる必要はないのである。

(2) 確定判決の事実認定の固定性・不動性

　刑訴法435条6号の「無罪を言い渡すべき場合」とは「確定判決の事実認定」に合理的疑いを生じさせた場合であり、明白性とは「確定判決の事実認定」に対する合理的疑いの有無の判断であるということは、再審請求審の審判対象が「確定判決の事実認定」の当否であることの必然的帰結である。というのも、有罪判決の確定とは有罪判決に形式的確定力が生じ、判断内容に不可変更力が生じた状態であり、この事態は「確定判決の事実認定」がその確定により固定化・不動化した状態となることを意味している[17]。この固定化・不動化した「確定判決の事実認定」に対する合理的疑いの有無の判断が明白性判断の内実である（その意味で、確定判決の事実認定の当否が再審請求審の審判対象である）というのが、白鳥・財田川決定が判示した趣旨なのである。それは再審が確定後救済手続であることの当然の帰結である。そうであれば、有罪を言い渡した「確定判決の事実認定」の当否を審査すべき再審請求審が審査対象たる「確定判決の事実認定」を自ら拡張し、拡張した「事実認定」に対する合理的疑いの有無

の判断が明白性判断の内実であるとするような理解は、有罪判決の確定という事態が有する法的意味を否定し、再審請求審の審査対象を請求審裁判所が恣意的に設定するものであって、理論上も制度上も到底許容できない。それは、実質的に見れば、再審という誤判救済手続の場面で、判断者たる裁判所が、あたかも検察官と同じように訴追機能を担うに等しい。

　有罪判決の確定という事態が有する法的意味を前提として刑訴法435条6号の規定を見れば、「有罪の言渡しをした確定判決に対し」て「無罪を言い渡すべき場合」とは、固定化・不動化した「確定判決の事実認定」が合理的疑いを超えて維持できない場合のことであるという理解が極めて自然なものであることが明らかとなる。それこそが明白性判断の内実なのであって、これに対して、本件棄却決定に見られるように、実行共同正犯として固定化・不動化した「確定判決の事実認定」に合理的疑いを生じさせるだけでは足りないとし、「確定判決の事実認定」は実行共同正犯というだけではなく、（共謀共同正犯も幇助犯も教唆犯も含む）他の共犯形態を包含するものと解釈して、そのような関与形態を含む意味での「犯人性」に対して合理的疑いを抱かせない限り明白性は肯定できないとするような論理は、「確定判決の事実認定」の不動性・固定性を否定することに他ならない。先に引用したように、最決平成10年の調査官解説が、「公訴事実の同一性の範囲内において本来は訴因変更を要する別の構成要件に該当する事実が認定できることを理由に再審請求を棄却することを認めた」場合、「確定力」の観点から「反対説もあり得るであろう」と指摘したのも、以上の点を考慮したためであると思われる。

(3) 「確定判決の事実認定」の柔軟化と最高裁判例

　こうして再審の理念と利益再審制度（二重の危険禁止原則）の趣旨、刑訴法の条文構造、さらに確定力理論という理念的、制度的、法構造的、理論的視点から見て、「確定判決の事実認定」を柔軟化し、確定判決が認定した「罪となるべき事実」に合理的疑いを生じさせた場合でも、それと異なる「罪となるべき事実」が認定できるとして、あるいは「罪となるべき事実」の同一性の枠内で別事実を認定できるとして明白性を否定し、再審請求を棄却することは許さ

れないのである。すなわち、再審請求審の審判対象、したがって明白性判断の対象は「確定判決における事実認定」の当否、すなわち確定判決が認定した「罪となるべき事実」の当否なのである。

しかし、そうした認定の入替えを許容していると解釈されうる最高裁判例が存在することは上述した通りである。そうした判例解釈が正当ではなく、理念的にも理論的にも制度論的にも条文構造的にも成り立ちえないことは上述した。ここでは、それら最高裁判例から引き出そうとされている認定の入替えの論理に焦点をあてて、さらに検討を深めておきたい。

認定の入替えの論理には二つの類型がありうる。

その一つの論理は、確定判決の「罪となるべき事実」と公訴事実を同一にする範囲内の事実にまで認定の入替えを認めて明白性を否定する、という論理である。公訴事実の同一性に関して、最決平成13年4月11日（刑集55巻3号127頁、以下、最決平成13年という）は、実行共同正犯の訴因で共謀共同正犯や幇助犯等を認定する場合、それは防御事項の変動であるから、被告人に防御上の不利益を与えず（不意打ち認定に当たらず）かつ不利益認定に当たらなければ訴因変更を要しないとする論理を包含しており、これを本件に適用すると、本件では通常審でも再審請求審でも検察官が訴因記載の実行共同正犯以外の主張をしたことはなく、共謀共同正犯性や幇助犯性等が手続上争点化されたことはないから、終局判決において共謀共同正犯や幇助犯等の認定をするとすれば、本来は訴因変更を要することになる。本件において共謀共同正犯や幇助犯等の認定をすることは訴因記載の「罪となるべき事実」を超え、（訴因変更を要する）公訴事実の同一性の範囲で新たな「罪となるべき事実」を認定することになるのである。本件再審請求審においても、検察官は共謀共同正犯や幇助犯等の成立を主張・立証したことはなかった。その意味で、本件棄却決定は、確定判決が認定した「罪となるべき事実」と公訴事実を同一にする範囲内で新たな「罪となるべき事実」が認定できるとして、明白性を否定した決定だということになる。これは、上述したように最決平成10年の調査官解説が提示した判例解釈や尾田事件・即時抗告審決定において明示的に展開されたものと同じ論理である。しかし、最決平成10年の調査官解説も指摘していたように、

そこまで「罪となるべき事実」を弾力化すると、確定力をあまりに緩めることになる。上述したように、最決昭和55年もこのような認定の入替えまで許容した判例とは考えられないのである。

　のみならず、確定判決が認定した「罪となるべき事実」と公訴事実を同一にする範囲にまで認定の入替えを認めて、「確定判決の事実認定」そのものに合理的疑いを生じさせた場合でもなお有罪判決を維持することは、実質的にみて、確定判決が認定した「罪となるべき事実」とは別の「罪となるべき事実」で再び訴追し、再び有罪判決を言い渡すことに等しい。それは、有罪・無罪の実体判決がいったん確定すれば、公訴事実の同一性の範囲では再び起訴されることはなく、したがって再び有罪判決を言い渡されることはないという一事不再理の効力を否定し去るに等しい。一事不再理効を支えるのは憲法39条の二重の危険禁止原則であるから、公訴事実の同一性の範囲内で再度の新たな有罪判決を許容するような論理は憲法原則の侵害であり、人権侵害の論理である。それは、憲法39条により廃止された不利益再審制度を復活させるに等しい論理であるといわなければならない。

　また、もし再審請求審において、公訴事実の同一性の範囲内で再び有罪認定を許容することとなれば、それは審判対象を「通常審は訴因、再審請求審は公訴事実、再審公判は訴因」と捉えることになってしまい、審判対象という刑事訴訟の基本構造に不調和・矛盾を生じさせてしまう。審判対象について構造的不調和を生じさせるような論理は到底許容されまい。

　このように考えると、確定判決が認定した「罪となるべき事実」と公訴事実を同一にする範囲内で認定の入替えを行い、それを根拠に「確定判決の事実認定」に対する合理的疑いを排斥する（再審請求を棄却する）ような明白性判断は許容されない、ということになる。最決昭和55年がそのような論理を採用したものではないことはすでに指摘した通りであり、確定力の理論と再審の理念等を考慮すれば、最高裁判例がそのような論理をとるとは到底考えられない。そうすると、「確定判決の事実認定」が実行共同正犯であるのに、共謀共同正犯や幇助犯等の成立可能性があるからという理由で、そのような意味での「犯人性」をも否定しない限り明白性は認められないとする本件棄却決定は、公訴

事実の同一性の範囲内で認定の入替えを行い、明白性を否定するものであって、到底許容されないのである。

　もう一つの認定の入替えの論理は、（通常審であれば訴因変更を要する）公訴事実の同一性の範囲内で認定の入替えを認めるものではないが、確定判決が認定した「罪となるべき事実」の同一性が維持されている範囲内での認定の入替えは許容されるとして明白性を否定する、という論理である。上述のように本件棄却決定は公訴事実の同一性の範囲内で認定の入替えを行うことを許容したものと解せられるから、この論理に立ってはいないが、上述の最決平成13年が包含する論理のように、（確定判決が認定した）「罪となるべき事実」が実行共同正犯の場合でも訴因変更なしに共謀共同正犯や幇助犯等を認定できる場合があり、本件がそれにあたると仮に考えたとすると、本件棄却決定は、（確定判決が認定した）「罪となるべき事実」の同一性が維持されている範囲内で認定の入替えを認めたものと捉えることもできることになる。これは、上述した最決平成10年の論理の適用である。

　しかし、上述したように、最決平成10年は、特定構成要件に該当する特定の実行行為の同一性の枠内で別の犯行方法の認定（認定の入替え）を許容した（すなわち、放火の特定の実行行為の同一性の枠内で異なる放火方法の認定を許容した）にすぎず、異なる実行行為の認定（認定の入替え）までも許容した判例ではない。これに対して、強盗の実行共同正犯なのか共謀共同正犯なのか、あるいは幇助犯なのか教唆犯なのかという問題は、犯行方法の相違のレベルの問題を超えており、実質的にみて実行行為の相違に匹敵する問題であるから、確定判決が認定した「罪となるべき事実」が実行共同正犯であるときに共謀共同正犯や幇助犯あるいは教唆犯を認定するのは実行行為の認定替えに相当する認定の入替えというべきである。最決平成10年の射程がそのような実行行為の認定替えに相当する場面にまで妥当するものと考えるべきではない。というのも、そのような認定の入替えまで認めることとなれば、再審請求人は新たな有罪認定に対して防御のため重い手続的負担を課せられる結果となるからである。むろん、最決平成10年の事案のように放火について実行行為の同一性の範囲内で新たな放火方法を認定する場合も新たな手続的負担を課せられること

になり、再審の理念や二重の危険禁止原則に照らし許容されないことは上述した通りである。もっとも、最決平成10年の判示を前提とする場合、そこでは放火の実行行為が具体的に絞り込まれていることが前提となっているから、実行共同正犯の「罪となるべき事実」について共謀共同正犯や幇助犯あるいは教唆犯が認定される場合ほどに防御の対象範囲が質的にも量的にも広がるわけではなく、課せられる防御の負担の程度は質的に異なると考えることができる。

　以上のような帰結は確定判決の内容的確定力の観点からも確認することができる。内容的確定力の客観的範囲については必ずしも明確にされていないが、判例・多数説と同様に確定判決の内容的確定力を「主文と直結する理由」にのみ及ぶものと解する*18とすると、放火の確定有罪判決の内容的確定力は放火方法には及ばないこととなり、異なる放火方法を認定したとしても内容的確定力と抵触することはない。しかし、確定判決の認定が実行共同正犯であるときに幇助犯に認定替えする場合、幇助犯は必要的減軽事由にあたるから、これは判決「主文」を直接に左右する認定替えであり、「主文と直結する理由」の認定替えにあたるというべきこととなる。共謀共同正犯や教唆犯への認定替えも、一般的類型的に処断刑の変動を招くものであるといえるから、実質的には幇助犯への認定替えの場合と同様に考えることができる。そうすると、確定判決が認定した「罪となるべき事実」が実行共同正犯であるときに、これを共謀共同正犯や幇助犯あるいは教唆犯に認定替えすることは、確定判決の内容的確定力に反し許されないと考えるべきであろう。

　こうして、本件棄却決定の論理を、確定判決が認定した「罪となるべき事実」の同一性が維持されている範囲内で認定の入替えを許容したものと捉えたとしても、そのような本件棄却決定の論理に正当性は認められないのである。

(4)　本件（姫路郵便局強盗再審事件）の今後

　本件棄却決定には、以上に述べた明白性判断における理論的問題点の他に、明白性の具体的判断にも疑問が残る。それは、本件確定有罪判決の事実認定は情況証拠群に支えられているところ、請求人が提出した新証拠を加えて新旧全証拠を総合評価すれば、確定判決が挙示した情況証拠群では被告人（本件再審

請求人）の実行共同正犯性を認めた確定判決の事実認定には合理的疑いが残るのではないかという疑問である。

　この点について、本件棄却決定は、「確定判決の証拠構造を整理」して、情況証拠群を「中核的事実関係１」（「強奪した現金という本件強盗の犯人にとって最も肝腎で、むざむざと手放すとは到底思えない物が、本件強盗発生から１時間10分以内という極めて短時間のうちに請求人が使用・管理する本件倉庫に持ち込まれ、その全額が置かれていたこと」）と、「中核的事実関係２」（「請求人が購入していたシルビアや本件ナンバープレートが本件強盗に使われただけでなく、これらも本件強盗発生から極めて短時間のうちに本件倉庫に持ち込まれ、しかも本件ナンバープレートには、罪証隠滅と見られる工作が施されていた」こと）とに分類している。その上で、「中核的事実関係１」からは「少なくとも請求人がその犯人の一人であることが強く推認される」とし、「中核的事実関係２」は「中核的事実関係１と比べると推認力が劣るとはいえ、それ自体の推認力はやはり強い」とし、最終的に、「中核的事実関係１及び２は、客観的状況等から認められる事実を中心に構成されているので、確定判決の事実認定の中核的部分は極めて強固なものと評価できる」と結論づけている。これが、本件棄却決定による確定判決の証拠構造分析であり、旧証拠の再評価の結論である。

　しかし、それほどまでに確定判決の有罪認定が「強固」であるというのであれば、本件棄却決定はなぜに確定判決の「実行共同正犯」の認定は強固であり、新証拠を入れて新旧全証拠を総合評価しても「実行犯人性」は優に認定できると明言して、明白性を否定しなかったのであろうか。すなわち、本件棄却決定は、なぜに、確定判決が認定した「請求人の実行犯人性」を否定するだけでは足りず、「犯人性」の否定までも求めるという、特異な論理を展開して明白性を否定したのであろうか、という疑問が生ずるのである。もし実際に新旧全証拠の総合評価をし実体判断に踏み込んでいたとしたら、再審請求人の「実行犯人性」を認定した確定判決の事実認定には合理的疑いが生じるという結論となったのではないかと思われる。しかし、本件棄却決定が確定判決の認定は「強固」だという評価をした文脈の中で、注意深くも確定判決が認定した実行共同正犯

という言葉を用いないで、「少なくとも請求人が犯人の一人であることが強く推認される」（下線部は引用者）と判示したことの含意は、実行共同正犯だとする確定判決の認定が「強固」ではないことを表明したものと解せられる。「当審は再審請求審であるから、……請求人の実行犯人性を認めた確定判決に合理的疑いを生じさせるだけでは足りず、請求人の犯人性に合理的疑いを生じさせる必要がある」との本件棄却決定の判示は、確定判決における請求人の実行共同正犯性の認定が脆弱であるとの実体判断を回避する論理だったのではないかという疑念が払拭されないのである。

4 再審理論の到達点と課題

翻って考えてみれば、最高裁・白鳥決定と同・財田川決定を生み出したのは、冤罪救済運動とともに歩んだ再審弁護[*19]であり、それを支えた刑事訴訟法理論であった。とりわけ1973（昭和48）年に発足した刑事訴訟法学者の再審制度研究会の理論活動によって再審理論はめざましい発展を遂げたといってよい[*20]。その理論活動の特徴は再審実務、中でも再審弁護の問題提起に真摯に向き合い、無辜の救済のために、この問題提起に応えうる水準の再審理論を構築しようとすることにあった。このような視点から最近の再審の学説と判例の状況をみるにつけ、改めて再審理論の発展過程を検証し継承することの必要性を痛感させられる。本件棄却決定が提起する問題にしても、すでにこれまでの再審理論で取り上げられ検討されてきた問題であり、そのような理論の蓄積に学び、これを吟味して教訓として生かすことで、解決の筋道も明らかとなるように思われるのである。本稿の分析と立論もこれまでの理論の蓄積に依拠している。

私は、本件姫路郵便局強盗事件について、本稿と同趣旨の意見書を即時抗告審の大阪高裁第6刑事部に提出した。本稿はこの意見書を基にして、その後の考察を踏まえて、主張とその論理を整序して執筆したものである。

〈献辞〉 本稿は文字通りの拙稿であるが、卓越した刑事弁護人として長く日本

の刑事弁護を牽引されてきた上田國廣先生と美奈川正章先生の古稀の祝賀に本稿を捧げる。かれこれ四半世紀にわたって両先生から賜った御厚誼と御指導に対し、心より感謝申し上げます。

〈追記〉

1 本稿を編集部に提出したのは2015年4月初旬のことであった。しかし、予期に反して本書の刊行が大幅に遅れ、初校の時点でも原稿提出からすでに1年4カ月が経過していた。

その間に、本稿が批判的検討の対象とした本件（姫路郵便局強盗事件）再審請求棄却決定（神戸地裁姫路支部決定平成26年3月28日。以下、本件原審決定という）を取り消した即時抗告審決定（大阪高決平成28年3月15日 LEXDB25542493。以下、本件即時抗告審決定という）が出され、また上記・再審請求決定に鋭い批判的分析を加えた論稿（川崎拓也「姫路郵便局強盗〔再審請求〕事件――再審請求審における審判対象は何か」犯罪と刑罰25号〔2016年〕95頁以下）も登場した。そして、即時抗告審決定に対して本件再審請求人が特別抗告を申し立てたため、本件は現在、特別抗告審の最高裁判所に係属中である。

そのような事情の変化の下で本稿は時宜に遅れたものとなった感があるが、上記・再審請求棄却決定が抱える問題点を批判的に検討した成果を残しておくことは今後の再審のありようを考える上でなお意味があると考え、追記の形で上記・即時抗告審決定に対するコメントを付した上で本稿を掲載することとした。

2 本件即時抗告審決定は本件原審決定を取り消したが、その理由は、本件原審決定には「申立人に不意打ちを与え、申立人の防御権を侵害する違法」があるとする点にあった。すなわち、本件は「確定審及び原審を通じ、同実行犯のうち1名が申立人（本件再審請求人――引用者注）といえるか否かが激しく争われ、この点がほぼ唯一の争点であった」ところ、「原審においては、当事者の主張及び証拠は、確定審と同じ争点に関連して提出され、原決定に至るまでの間に、実行共同正犯以外の共犯を含めた犯人性について、原裁判所が争点と

して顕在化させる措置を講じたことも、当事者に主張や証拠提出の機会が設けられたこともない」点に手続違背を認めたのである（同時に、本件再審請求人の「共犯性が認定できるか否かの間接事実の検討について、十分な検討が尽くされているとはいえない」との審理不尽も理由とした）。

　もっとも、本件即時抗告審決定は、このように「不意打ちを与え、……防御権を侵害する」原審決定の「違法」を認める前提として、「再審請求審における審理対象」について、「確定判決において認定された実行犯人性ではなく、他の共犯形態による申立人の犯人性が認められることを理由として、再審請求を棄却することが許される場合もある」とし、この点で「原決定の判断理論それ自体に誤りはない」として下記のように説示した。すなわち、刑訴法435条6号の「原判決において認めた罪より軽い罪」とは「原判決が認めた犯罪よりその法定刑が軽い罪をいう……と解されるから、新たに提出された証拠と既存の全証拠とを総合的に評価した結果、確定判決が認定した犯罪事実と同一の構成要件に該当する事実や、これよりも法定刑が軽くない他の構成要件に該当する事実が認定できることを理由として、再審請求が棄却される場合があることを当然に想定していると考えられる。したがって、再審請求の審理対象が『確定判決における事実認定』に限定され、これに合理的疑いが生じた場合、直ちに再審開始をするほかないと解するのは相当ではない。〈中略〉所論が指摘する各判例（最高裁昭和50年5月20日第一小法廷決定・刑集29巻5号177頁〔最高裁・白鳥決定──引用者注〕、最高裁昭和51年10月12日第一小法廷決定・刑集32巻9号1673頁〔最高裁・財田川決定──引用者注〕）は、刑訴法435条6号にいう新証拠の意義を明らかにした上、その判断方法や判断基準について判示したものではあるが、これらの手法に従い、新証拠と既存の全証拠とを総合的に評価した結果、確定判決が認定した罪となるべき事実の一部に合理的な疑いが生じたものの、公訴事実の同一性が認められる範囲内で、なお同一の構成要件に該当する事実や、これよりも法定刑が軽くない他の構成要件に該当する事実は認定できるとの心証を得た場合にどのような判断をすべきかについてまで判示したものとは解せられない」、と。つまり、再審請求審裁判所は、確定判決の事実認定（本件では実行共同正犯の認定）と公訴事実を同一に

する範囲内で新たな犯罪事実を認定（本件では実行共同正犯以外の共犯形態である共謀共同正犯か、幇助犯か、教唆犯かを認定）して、再審請求を棄却することも許されるから、この点で本件・原審決定の「判断理論それ自体に誤りはない」、ただし、そのような認定をするためには（確定審ならば訴因変更を要するが）再審請求審では請求人に対しこれらの共犯形態が認定できるかどうかについて主張立証の機会を与える等の「争点を顕在化させる措置を講じ」ることが必要だ、というのである。それは、逆に言えば、再審請求審では、「主張立証の機会を与える」ならば「公訴事実の同一性が認められる範囲内で」新たな「罪となるべき事実」を認定して再審請求を棄却することも許されるという論理である。「再審請求審における審理対象」に関するこの「判断理論」には、本論で検討した尾田事件（マルヨ無線事件）の即時抗告審決定と類似の判示が示されており、本稿で展開した批判がそのまま妥当する。本件即時抗告審決定の問題点については、詳しくは拙稿「再審請求審の審理範囲——姫路郵便局強盗事件・即時抗告審決定」法学セミナー増刊『新・判例解説Watch』（日本評論社、2016年）225頁を参照されたい。

　本件・特別抗告審の最高裁判所には、本件即時抗告審決定の「判断理論」を是正することが強く期待される。

*1　限定付き再評価の理論的問題点と一群の再審請求棄却決定の問題点につき拙著『刑事再審と証拠構造論の展開』（日本評論社、2003年）1頁以下参照。
*2　佐藤博史「再審請求における証拠の明白性判断」河上和雄先生古稀祝賀論文集（青林書院、2003年）425頁以下参照。
*3　村岡啓一「明白性判断の構造」法律時報75巻11号（2003年）29頁以下は、再審の判例実務が「二段階審査」に立脚しているとの理解の下で再審の閉塞状況打開の方策を提起していた。この問題提起を受けて二段階説の問題点を検討したものとして、筆者も参加した「座談会・再審の展望と救済」法律時報75巻11号（2003年）41頁以下参照。また、小田中聰樹『誤判救済の課題と再審の理論』（日本評論社、2008年）69頁以下参照。
*4　佐藤博史「再審請求における証拠構造分析と証拠の明白性判断」松尾浩也先生古稀祝賀論文集（下）（有斐閣、1998年）690頁参照。
*5　拙著・前掲注*1書128頁以下参照。
*6　光藤景皎「再審における証拠の総合評価」法律時報64巻8号（1992年）31頁など参照。
*7　「特別企画・最近の再審判断に変化はあるのか」季刊刑事弁護79号（2014年）86頁以下所収の各論文、とりわけ新屋達之「最近の6再審請求審判断をどうみるか」参照。なお、

「特別企画・再審の新たな動き」季刊刑事弁護74号（2013年）86頁以下参照。
- *8 新屋・前掲注*7論文参照。
- *9 鴨志田祐美「大崎事件第2次再審請求からみた刑事司法の課題」法学セミナー2014年12月号9頁参照。
- *10 その問題点につき拙著・前掲注*1書168頁以下参照。
- *11 小田中聰樹『誤判救済と再審』（日本評論社、1982年）192頁以下、拙著・前掲*1書168頁以下、光藤景皎『刑事証拠法の新展開』（成文堂、2001年）234頁以下参照。
- *12 『最高裁判所判例解説・刑事篇平成10年度』（法曹会、2001年）156頁以下参照[三好幹夫]。
- *13 前掲『最高裁判所判例解説・刑事篇平成10年度』157頁。
- *14 前掲『最高裁判所判例解説・刑事篇平成10年度』157頁。
- *15 松宮孝明「再審請求審における訴因変更の可否」立命館法学333号・334号（2010年）1363頁以下も結論同旨。
- *16 「罪となるべき事実」に対する合理的疑いの有無の判断とは確定判決の有罪認定の証拠構造の動揺・崩壊の有無の判断となる。この点につき、拙著・前掲注*1書117頁参照。
- *17 本件再審請求の即時抗告審に提出された光藤景皎教授の意見書は、確定力による「確定判決の事実認定」の固定性・不動性を確認している。もっとも再審開始決定確定後の確定判決の効力いかんについては別途検討が必要である。この点につき、小田中聰樹『現代司法と刑事訴訟の改革課題』（日本評論社、1995年）257頁以下参照。
- *18 田宮裕『刑事訴訟法〔新版〕』（有斐閣、1997年）441頁、『最高裁判所判例解説・刑事篇・昭和56年度』（法曹会、1985年）197頁以下［木谷明］など参照。
- *19 再審弁護の歩みの一端は日本弁護士連合会編『再審』（日本評論社、1977年）および日本弁護士連合会編『続再審』（日本評論社、1986年）にまとめられている。
- *20 その成果が鴨良弼編『刑事再審の研究』（成文堂、1979年）である。

（かわさき・ひであき）

当事者主義と被害者の参加手続

水谷 規男
大阪大学教授

1 はじめに
2 「被害者の権利」の多様性
3 当事者主義の本質と被害者参加
4 当事者主義の刑事裁判と両立する被害者参加の可能性
5 2016年刑訴法改正における被害者保護
6 おわりに

1 はじめに

　わが国においては、1980（昭和55）年の犯罪被害者等給付金支給法制定以降、犯罪被害者保護のための法改正が積み重ねられてきた。犯罪被害者等給付金制度の他、被害者に対する補償、賠償の制度として2000（平成12）年の「犯罪被害者等の保護を図るための刑事手続に付随する措置に関する法律」（2007〔平成19〕年に「犯罪被害者等の権利利益の保護を図るための刑事手続に付随する措置に関する法律」と改称。以下「付随措置法」と略記）で設けられた民事上の争いについての刑事手続における和解（和解にかかる合意を記載した公判調書に執行力を付与）、2007年の付随措置法改正で導入された損害賠償命令制度（有罪判決後の簡便な手続による被害者への損害賠償）がある。犯罪被害者と刑事手続との関係においては、2000年に被害者の意見陳述制度（刑訴法292条の2）、2007年に被害者参加人制度（刑訴法316条の33～316条の39）が設けられ、被害者やその遺族が刑事手続に特別な位置づけを与えられて関与するようになった[1]。その他2000年の刑訴法改正では、被害者保護の観点から刑事手続に証人等として関与する際に2次被害を受けないようにするための措置（付添いや遮へい、ビデオリンクによる尋問等）が設けられた。そして法制審議会「新時代の刑事司法制度特別部会」の議論を経て立案された

2016（平成28）年の刑訴法改正でも、被害者保護の観点を含む証人保護の規定が導入された。

　ところで、上記の諸立法は、被害者（団体）の要求に対して、国家的刑事司法制度を維持することを前提に、その枠内で一定の関与と保護を認めるという、妥協の産物であった。そして、これらの立法においては、妥協の産物であるが故に、被害者の法的地位を明確にしないままに、捜査機関や裁判所の裁量の枠内で被害者やその遺族のニーズを刑事司法に取り込んできた*2。その際に用いられてきたのが、被害者は刑事手続の当事者ではないが「事件の当事者」であるというレトリックである。前稿において指摘した通り、「事件の当事者」であることから刑事手続への参加の権利を導き出すことには理論的になお疑問が残る*3。

　そこで本稿では、2007年の法改正によって導入された被害者参加人制度と損害賠償命令制度が一定の運用実績を積み重ねてきていることを前提にしつつ*4、被害者の手続関与の限界を刑事裁判の基本構造に遡ってあらためて示すこととしたい*5。

2　「被害者の権利」の多様性

　2004（平成16）年に制定された犯罪被害者等基本法（以下「基本法」と略記）は、上記の個別の立法とは別に、省庁や国・地方の枠を超えた総合的な被害者対策法として制定された。基本法は、「犯罪被害者等が、被害を受けたときから再び平穏な生活を営むことができるようになるまでの間、必要な支援等を途切れることなく受けることができるよう」に犯罪被害者等のための施策を講ずべきことを基本理念として掲げている（3条3項）。基本法に基づいて展開されている施策には極めて多様なものがある*6。そこで、まず基本法において各種の施策の前提として、「被害者の権利」としてどのようなものが想定されているのかを見ておくこととする。

　まず、被害者に対する福祉の問題としてとらえるべきものとして、次のようなものがある。「犯罪被害者等が心理的外傷その他犯罪等により心身に受けた影響から回復できるようにするため」の保健医療サービスおよび福祉サービス（基本法14条）、「更なる犯罪等により被害を受けることを防止し、その安全を確保するため」の一時保護、施設への入所による保護」（基本法15条）、「犯罪等により従前の住居に居住することが困難となった」犯罪被害者等への公営住

宅の提供（基本法16条）、被害者等の雇用の安定（基本法17条）。

　次に、市民法レベルでの権利擁護の問題と捉えることができるものとして、次のようなものがある。損害賠償請求についての援助（基本法12条）、被害による経済的負担の軽減を図るための給付金等の制度の充実（基本法13条）である。

　さらに、刑事手続における問題として、基本法では捜査・公判過程における名誉や生活の平穏の保護（基本法19条）、刑事手続の進捗状況に関する情報提供と刑事手続への参加の機会の拡充（基本法18条）が挙げられている。

　以上のうち、福祉レベル、市民法レベルで被害者の保護や支援を図ることについては、犯罪被害以外の災害等の被害者に保障されるべき権利と異なる特別の権利といえるかはしばらく措くとしても、その権利性自体は認められるべきであろう。憲法との関係でも、これらの諸権利は、13条（個人の尊厳と幸福追求権）、25条（生存権）、29条（財産権）を根拠として説明可能であって、これらの諸権利を擁護する国の責務も肯定することができる。これを「被害者の人権」と呼ぶことについても違和感を覚えることはない。

　これに対して、刑事手続における被害者の保護に関しては、別の考慮が必要である。まず、刑事手続の進捗状況に関する情報提供については、告訴人、告発人等への事件処理についての通知（刑訴法260条）と同様に、検察官の職権行使について利害関心を持つ者に対する説明責任を根拠として、あるいは裁判の公開の義務を負う裁判所による傍聴についての配慮として説明可能かもしれない。また、被害者に対する情報提供は手続自体に影響を与えるものではない[*7]。したがって、被害者には自らが被害を受けた事件のその後の処理について情報提供を受ける権利があると考えることができる。

　被害者が証人等として出廷した場合の保護については、遮へい措置やビデオリンク方式を用いることが裁判の公開原則に反せず、被告人の防御権を脅かすことがない、という留保[*8]の下で、証人として出廷することによる2次被害の防止のための措置として許容され得る。刑事手続は国家の刑罰権実現のためにあるのであるから、その運用にあたっては、国の側が被害者の2次被害防止のための配慮義務を負うと考えるべきだからである。しかし同時に国は、被告人に対する権利保障の義務も負っている。証人保護のための措置は、最高裁が合憲と認めた範囲、すなわち被告人が「証人の供述を聞くこと」、「自ら尋問すること」、少なくとも「弁護人による供述態度等の観察」が可能なものでなければならないことになる。そして、手続に関わることによる2次被害から被害者

を保護するために証人保護の制度があると考えるのであれば、これを証人一般に拡大することはできないと考えるべきであろう*9。

　刑事手続において被害者に手続参加の権利を認めることができるかという問題については、さらに別の考慮を必要とする。刑事手続において人権を保障されるべき主体は被疑者・被告人であって、これとは別に被害者に手続上の活動主体としての権利を与えることは、刑事司法のあり方自体にも影響を与えることになるからである。

　被害者の立場からは、現在の刑事司法制度において被疑者・被告人の権利が偏重されており、それに比べて被害者の権利がないがしろにされているから、そのバランスを取り戻すために被害者に一定の権利を認めるべきだとする見解が表明されることがある*10。この見解では、被害者が（被告人と対立する）刑事手続の一方の当事者であり、被害者が刑事手続の中で被告人の処罰やその加重を求めることは、被害者の持つ自然権的な権利である、という発想があるようである。

　しかし、被害者に一定の権利を保障するために被疑者・被告人の権利保障を切り下げることが必要となるわけではない。また、刑事手続が国家の刑罰権実現のためのものである以上、被疑者・被告人に対する手続的権利の保障と同じレベルで被害者の手続参加の権利を承認することはできないであろう。「手続の当事者ではないが事件の当事者である」という上記の立法時の説明は、むしろ被害者には手続の当事者としての権利は認められないことが前提になっていたと考えられる。たしかに、犯罪による被害を受けた人が犯人に対して応報感情を抱き、その処罰を求める意思を持つことは自然なことである。しかし、近代法の下では、私的復讐は禁止され、刑罰の性質も公的なものとされている。被害者の処罰感情は刑罰の正当化根拠ではないし、被害者の処罰感情を尊重するべき義務が国家の側にあるとも言えない。刑訴法292条の2で認められた被害者の意見陳述も、被害者の心情等を量刑資料とすることを認めるに当たり、証人尋問とは異なった形での意見表明を認めたものにすぎないと考えるべきである。

　比喩的な表現として、「国家は被害者の復讐を禁止し、被害者に代わって刑罰権を行使するようになった」といわれることがある。しかし、これは歴史的事実を叙述した表現ではない*11。刑罰は、犯罪の処罰に公権力が固有の利益を見出したからこそ発達したのであり、被害者の有していた処罰権限を国家が被害者の手から奪った、あるいは被害者が有する処罰権限を国家が代理行使して

いるという表現は適切とは言えないのである*12。同様に、被害者の手続参加の権利を、近代法が被害者から奪った手続的権利の「復権」として論じることもまた適切ではない。国家の側に被害者の手続参加を保障するべき義務が生じると考えるべき根拠も乏しいと言わざるをえない。単に被害者の側が手続参加やその拡大を望んでいることを理由に、手続参加の権利を承認することはできないのである。

　それゆえに、被害者の手続参加の権利は、それがなぜ、何のために認められるべきなのか、そして被害者の手続的権利を承認することが刑事手続のあり方をどう変えることになるのかといった点の検討を抜きにしては承認することができない。2007年法によって創設された被害者参加は、裁判所が「被告人又は弁護人の意見を聴き」、「犯罪の性質、被告人との関係その他の事情を考慮」して「相当と認めるとき」に認められるものに過ぎず、罪種にも限定がある（刑訴法316条の33）から、これを自然権的な被害者の刑事手続参加の権利を前提としたものと考えることは適切でない。

　以上のように、「被害者の権利」として論じられるものの中には、近代法における「権利」として認めるべきものと、その枠内では説明できないものが混在している。これを整理すれば以下のようになる。

　犯罪被害者やその家族は、犯罪によって生じた損害（生命、身体、財産だけでなく精神的被害も含む）について賠償または補償を受ける権利を有する。犯罪被害の故に医療的、福祉的なサービスを必要とする状態になったときには、適切なサービスを享受する権利がある。あるいは、被害を受けた事実それ自体によって、医療的、福祉的ケアの必要性が潜在的には生じているから、それが顕在化しないためのケアを受ける権利を有する。さらに、被害者は自らが被害を受けた事件のその後の処理（捜査の進捗状況、起訴・不起訴、裁判の進捗状況、刑罰や処分の執行状況）について適切な情報提供を受ける権利を有する。被害者が刑事手続に関わることでさらに2次被害を受けることは避けなければならないから、刑事裁判の本来的機能（証拠による犯罪事実、情状事実の判断）や被告人に対する手続的権利の保障と両立する限りで、2次被害を受けない権利が認められる。

　しかしながら、被害者の刑事手続への参加については、被害者を刑事手続上の権利主体と位置付けることができるような刑事司法制度の構造的変革を伴わない限り、権利として認めることはできない。そこで、次に刑事手続の基本構造に立ち返ってこの問題を考えてみることとする。

3　当事者主義の本質と被害者参加

　現行刑事訴訟法は、旧法の職権主義の訴訟構造を当事者主義に転換したとされる。「当事者主義」とは、手続進行のイニシアティヴを誰が持つのかという観点から手続を分類するときに用いられる用語である。一般的な用語の説明は次のようなものである[*13]。「刑事訴訟法上、弾劾主義の形式を採るだけでなく、更に訴訟の主導権を当事者に与える主義。職権主義に対する」ここにいう当事者とは、検察官と被告人である。

　検察官は公益の代表者として（すなわち、刑罰権を有する国家の代理人として）刑事訴訟における訴追側の当事者として活動する。現行刑事訴訟法が当事者主義を採用したことの表れとして、刑事訴訟の審判対象は検察官の設定した訴因とされ、検察官は訴因に提示した事実について立証活動を行う。刑事訴訟においては実体的真実主義が妥当するとされる。しかし当事者主義の刑事裁判における実体的真実主義とは、「何が真実か」を訴因を離れて探求することではない。検察官の主張が真実か否かを問題にしているのである。

　これに対して被告人は、検察官の起訴によって応訴を強制される存在である。一私人に過ぎない被告人が法律家である検察官と対峙しなければならないため、被告人には弁護人の援助を受ける権利が認められる。弁護人による援助は当事者の対等性を確保し、裁判の公正性を保障するための不可欠の要素であって、被告人に与えられた恩恵ではない[*14]。

　当事者主義の採用によって刑事裁判の審判対象が訴因とされたことは、被告人の側から見れば防御対象を限定する意味を持つ。無罪推定の原則から、被告人側は無実であることや自らの主張する事実が存在することを証明する必要はない。被告人が有罪判決を免れ、あるいは訴因に示された事実よりも軽い事実を認定されるためには、検察官の立証活動に対して合理的疑いを摘示することで足りる。しかし被告人は、裁判の結果有罪となった場合には刑罰を科される可能性がある。自らが刑罰の危険に晒されるからこそ、被告人には手続の当事者としての主体的地位と憲法が保障する手続上の諸権利が認められなければならないのである[*15]。

　当事者主義の訴訟において、当事者としての適格性を基礎づけるのは、当該訴訟における「訴えの利益」と「応訴の利益」である。このことは民事、刑事を問わず訴訟法の基本である。刑事裁判が被告人の有罪・無罪を決し、有罪の

場合にはその犯罪事実に対する刑罰を科すための手続である以上、検察官と被告人の当事者としての適格性は自明である。

では、被害者に刑事手続に参加するための当事者としての適格性は認められるか。被害者団体の側からは、2007年法制定前から、諸外国に被害者に刑事手続に参加する制度があることや事件の真相究明のために有用であることを理由に、参加制度創設の必要性があると主張されてきた[*16]。そして、被害者団体の側で立法要求が取りまとめられた段階では、被害者を検察官と並ぶ原告側当事者と位置付ける構想が提示されていたのである[*17]。そこでは、「訴訟参加人」である被害者に検察官が起訴した訴因と公訴事実の同一性の範囲内で自ら訴因を設定し、証拠請求、証人尋問、被告人質問、上訴を行う権能が認められるべきだとされていた。

では、この構想では被害者にいかなる「訴えの利益」が想定されていたのであろうか。検察官が設定した訴因と公訴事実の同一性が認められる範囲とはいえ、自ら訴因の設定権を持ち、上訴権まで認められるということになれば、訴訟参加人たる被害者は、結局刑罰権の実現を求めていることになる[*18]。しかし言うまでもなく、被害者は刑罰権を有しているわけではない。刑罰権実現の前提として、訴因という形で犯罪事実を提示して審判を求める訴訟上の主体として検察官が存在する以上、これに重ねて訴追側の当事者として被害者を位置付ける理由は乏しい[*19]。

もっとも、検察官が刑罰権の実現を求めないときには、私人であってもその実現を求めて訴追権を行使できるとする考え方はあり得る。すなわち、国家訴追と並んで私人訴追を認めるということである。2007年の検察審査会法改正によって導入された起訴議決による公訴提起が私人訴追制度を認めたものと解すれば、刑罰権を有するわけではない私人が公訴提起の権能を有していることになる。その意味で、現行法の下でも検察官による公訴と並んで私人の公訴を認めることは理論的に可能である。しかしながら、起訴議決の場合、検察審査会の議決に公訴提起の効力があるとされているものの、公訴追行は指定弁護士によって行われる。すなわち、起訴議決制度が私人訴追を認めた制度であると解したとしても、私人による公訴提起を認めただけであって、公訴の追行は私人には委ねられていないのである。そして言うまでもなく、起訴議決は被害者に訴追権を付与するものではなく、市民に訴追権を委ねる意味を持つものであって、被害者は検察審査会への申立を行い得るに過ぎない。

ところで、上記の「訴訟参加人」としての被害者の手続参加の構想は、ドイ

ツ、フランス等の諸外国における被害者の手続参加の制度に着想を得たものとされている。そこで以下では、諸外国において、被害者に刑事手続の当事者としての地位を認める制度がいかなる理論的根拠に基づいているのかをあらためて見ておくこととする。

　フランス刑事訴訟法は、検察官と並んで刑事手続の当事者として、私訴原告人（partie civile）を認める。刑罰を求める訴権である公訴権が検察官によって追行されるのに対して、私訴権は犯罪による被害に対する損害賠償請求権である。損害賠償請求権であるから、刑事手続とは別に民事裁判において私訴権を行使することもできる。フランス法の特徴は、刑事手続の中で損害賠償請求権である私訴権の行使を認めていることである。わが国でも、旧刑事訴訟法までは、被害者を原告とする損害賠償請求を「附帯私訴」として刑事裁判所で行使することを認めていた。しかしフランス法の私訴には、他国にはない制度的な特徴がある。まず、①被害者は検察官が公訴権を行使しない場合には、自ら公訴権を始動させることができる。その意味で、フランス法の私訴は、検察官が起訴した事件についてだけ認められる「附帯私訴」ではない[20]。そして、②私訴権は民事裁判所でも行使できるものの、同一事件について刑事裁判が行われると、刑事裁判が終結するまで民事裁判所における手続は停止される。これは、フランスにおいては民事・刑事の裁判の不統一を避けるために刑事裁判の既判力が民事裁判にも及ぶとされているためである。これにより、刑事裁判所において犯罪事実が認定してもらうことが賠償を受けるために有利と考えられるため、検察官の公訴提起後に私訴権が行使されることも多いとされている。③私訴権は、刑事手続において検察官が行使する公訴権と並んで刑事手続の副対象と位置付けられる。すなわち被害者に対する賠償の実現が刑事司法の目的の中に組み込まれることによって、原告側当事者としての被害者の法的地位が認められることになる[21]。

　なお、フランス法は、訴訟の基本構造としては基本的に職権主義を採用しており、予審制度が存在する。そこで、上記の①の私訴原告人による公訴権の始動は、重罪については予審を開始させる機能、予審を経ない軽罪・違警罪については訴訟係属を生じさせる機能しか持たない。また、刑事手続の中で刑罰を求めて公訴権を行使するのはあくまでも検察官であって、私訴原告人は損害賠償請求という固有の訴えの利益が認められる限度において手続の当事者としての権能が認められる[22]。

　ドイツにも被害者が刑事手続に参加する制度がある。1つは附帯私訴であ

り、これはフランスの私訴制度と同様の損害賠償のための制度である。しかしドイツの附帯私訴には公訴権始動の機能はなく、あくまでも検察官が起訴した手続に附帯するものであって、利用率も低いとされている。第2は私人訴追（Privatklage）であり、これは一定の軽微犯罪について、検察官が公訴提起の意思を持たないときに私人が原告となって刑事手続を行うものである[23]。これら2つの制度は、伝統的に認められてきたものであるものの、いずれもそれほど利用されてはいなかったとされる。第3に、被害者の権利要求の高まりを受けて整備された制度として、被害者の公訴参加（Nebenklage）の制度がある。これは、損害賠償請求を前提とせずに生命・身体犯について被害者に刑事手続への参加を許す制度である[24]。

　ドイツの場合も、附帯私訴については、訴訟当事者としての地位の根拠となるのは、損害賠償請求権である。これに対して私人訴追制度や公訴参加の制度については、被害者は検察官に代わる訴追者として、あるいは「検察官との共同訴追実行者」として訴訟当事者としての地位を認められていることになる。ただし、ドイツ法も訴訟の基本構造は職権主義であり、被害者の刑事裁判への関与は、実体的真実を探求する裁判所の機能を補助するものと捉えられているように思われる[25]。

　これに対してわが国の制度では、被害者に対する賠償の問題は、被害者参加人制度とは切り離された形で制度化されている[26]。被害者参加人は、損害賠償を認めてもらうためには、別途損害賠償命令の申立てを行わなければならないこととされているのである（付随措置法23条）。このような制度設計がされている以上、わが国では、損害賠償請求権を根拠にして被害者に刑事裁判に参加する権利（すなわち訴訟における当事者適格）を認めることはできないであろう。

　また、当事者主義を採用するわが国の現行刑事訴訟法の訴訟構造の下では、ドイツやフランスと異なり、裁判所が真実を探求する主体と考えられているわけではない。当事者主義の刑事裁判においては、誤った有罪判決を防ぐための原理として訴追側に挙証責任を負わせる無罪推定の原則が重要な意味を持つ。被害者に当事者としての地位を与えることによって真相の解明を期待するという考え方は、刑事裁判を検察官プラス被害者対被告人という構図に変え、無罪推定を脅かし、必罰主義の刑事裁判をもたらす可能性がある[27]。

　以上のように考えれば、2007年法が被害者参加人を手続の当事者としては認めなかったことは、当事者主義の刑事裁判の構造を維持するという考え方に

整合している。しかしそれでも、被害者参加人の存在やその活動が刑事裁判のあり方に影響を与えていることは間違いない。被告人の権利や刑事裁判の目的との関係で、当事者主義の刑事裁判と両立する被害者の手続参加について、現行制度の解釈論だけでなく、立法論を含む提言を試みたい[*28]。

4 　当事者主義の刑事裁判と両立する被害者参加の可能性

　被害者参加人制度において、被害者参加人が行うことができる具体的な活動は、①公判期日への出席（刑訴法316条の34）、②検察官に対する意見陳述（刑訴法316条の35）、③情状に関する証人尋問（刑訴法316条の36）、④意見陳述のための被告人質問、⑤事実又は法律の適用についての意見陳述（刑訴法316条の38）であり、これらの活動に関して⑥被害者参加人は代理人弁護士を選任することができ、資力がない場合には公費で弁護士の選定を受けることができる（刑訴法316条の33、付随措置法11条以下）。ただし、②を除き、いずれの活動も裁判所が「相当と認めるとき」に許可されるものであり、権利性はない。これは、裁判所に審理の円滑な進行を確保し、被告人の防御に対する不当な影響を及ぼさないようにするために裁量権を与えたものと考えるべきである。また、被害者参加制度の対象事件の大半は裁判員裁判の対象事件でもあるから、裁判所には、裁判員の判断をゆがめる可能性のある被害者参加を防ぐ役割もあると考えるべきである。

　これらの規定からまず確認するべきことは、被害者参加人は検察官による犯罪事実の立証のプロセスに直接関わるわけではない、ということである[*29]。犯罪事実の立証に関しては、②の検察官に対する意見を述べることができるにとどまる。この限定は、被害者参加が当事者主義の裁判と矛盾しないようにするために重要な意味を持つ。

　当事者主義の刑事裁判において挙証責任を負う検察官が自ら設定した訴因について被害者の観点からの立証活動が必要と考える場合、まず想定されるのは被害者の証人尋問である。証人としての地位と尋問・質問や意見表明を行う被害者参加人の地位は両立しない。とりわけ、被告人が犯罪事実を（たとえ部分的にせよ）争っており、被告人側の言い分と被害者側の言い分に対立があるような場合には、それまで被害者参加人として在廷していた者が検察側の証人として供述証拠を提供することがあり得ることになる。しかしこのような事態は適切とは言い難い。そもそも被告人側が事件性や犯人性を争っているような

場合には、参加人となろうとする者が「被害者」といえるのかどうかの確認が必要である。そこで、原則として、犯罪事実について争いがある事件においては、犯罪事実についての審理を先行させ、その間は被害者参加人の手続参加を認めないこととするべきである*30。すなわち、公判手続の手続二分を徹底し、被害者参加人は被告人が有罪であることが確認された後に、情状に関する事実についてのみ証人尋問や被告人質問を行い得ることを明確にするべきなのである*31。ところが、実際には、裁判所によるコントロールは機能しておらず、否認事件や正当防衛を争う事件でも被害者参加が認められている実態があるとされる*32。また、裁判員裁判において現実に被害者の処罰感情が無罪判断をためらわせる可能性が示唆されている*33。手続二分が一部の裁判官による試行的な取組みに留まっていることに鑑みれば、この点についての立法的な解決が必要である。

　次に、⑤の被害者参加人による意見の表明（いわゆる被害者論告）についても、理論的・制度的な整理が必要である。すでに見たように、被害者参加人制度の創設時にはすでに被害者の心情等に関する意見陳述（刑訴法292条の2）の制度が存在した。292条の2には被害者の陳述や被害者の意見を記載した書面は「犯罪事実の認定のための証拠とすることができない」ことが明記された。ただしこれを反対解釈すれば、292条の2の意見陳述によって表明された被害者の処罰感情を量刑資料として用いることができることになる。また、292条の2の意見陳述制度が導入されるまでは、被害者の処罰感情や裁判の時点での心情について証人尋問を行い、そこでの供述を情状証拠として用いることも一般的に認められていた。しかしそもそも、被害者の処罰意思をいかなる限度で量刑に反映させるべきかについて、正面から議論は行われてきていない。そこに処罰を強化し*34、被害者の手続関与を拡大する制度改変が行われたため、重い刑罰を求めて刑事手続の中で活動する被害者の存在を認めることが被害者の権利・利益に叶うのだとする一面的な議論が進められてきたように思われる。

　諸外国においても、被害者の処罰意思を量刑に反映させようとする制度は存在する。よく知られているのは、英米法系の国で認められているVIS（Victim Impact Statement）である*35。しかしこれも量刑手続の段階で考慮されるものであるし、意見表明を望む被害者についてだけ考慮するというものではない。

　では、刑訴法292条の2の心情等の陳述に加えて被害者論告を認めることにいかなる意味があるのか。被害者論告の内容として予定されているのは、「事実」についての意見、「法律の適用」についての意見であり、これを前提に「被害

者求刑」が示されている。当事者主義の訴訟構造を前提にする以上、論告はまず検察官によって行われる。無罪論告の場合を除き、検察官の論告に情状に関する主張の中で被害者の処罰意思についての主張は当然に取り上げられるであろう。これに重ねて被害者論告を認める実益は乏しいといわざるをえない[*36]。法律の適用についても、検察官が訴因で示し、それに基づいて行った立証活動を前提にするものである以上、検察官の論告と異なる主張がなされることは考えにくい。そうすると、検察官の論告との相違点は求刑に現れることになる。検察官の求刑は同種事件とのバランスを考慮して行われる。これに対して被害者求刑は当該事件における応報を強調したものに傾くであろう。しかし、被害者の心情等は量刑の基本的要素とされる「犯情」には含まれない一般情状の要素と考えられている。検察官の求刑よりも極端に重い被害者求刑がなされても、それを過大に評価するべきではない[*37]。

　結局のところ、被害者論告は被害者参加人として情状に関して被害者参加人が証人尋問を行い、被告人質問をした結果を受けて、検察官の論告に付け加えて被害者の視点から見た量刑のあり方について意見表明を認めるものに過ぎないことになる。しかし、量刑に反映されるとは限らない意見を表明する場を与えられても、被害者の側は徒労感を感じるだけではないかと思われる。

　そこで、当事者主義の刑事裁判において被害者に参加の機会を与える制度は、検察官の主張には含まれえない固有の被害者の利益を追求し、裁判所がそれに応えることができるものに改変するべきである。それは要するに損害賠償命令制度と一体のものとして被害者参加制度を再編し、手続二分を前提に、量刑審理の段階で被害者の損害賠償請求を認める私訴制度を導入する、ということである。ただし、これには検討すべき課題が多い。まず、刑事裁判の目的の中に、刑罰の実現と並んで被害者への賠償の満足という目的が含まれることを承認しなければならない。さらに、訴因の枠内での審判という当事者主義の手続を前提にする限り、刑事裁判では訴因に示され、有罪が確認された事実を前提にした賠償のみを認めることになる。刑事裁判において無罪となった事実やこれを超える事実を前提にする場合には、別途民事裁判が行われることになる[*38]ので、その場合に民事・刑事の裁判が異なった結論になってもよいのか否かについて検討する必要がある[*39]。

　これに関連して、被害者に対する権利保障は本来民事裁判で実現されるべき権利の限度で、国家による犯罪処理プロセスが継続している間に限定して認められ、かつ、その権利保障の場は刑事裁判が確定した後に設けられなければな

らならないとする指摘[40]があることを紹介しておきたい。

5 2016年刑訴法改正における被害者保護

　2007年法以降も、被害者の利害関心を刑事司法に取り込もうとする動きは続いている。そのため、検察の不祥事を契機として設けられ、取調べの可視化を主たるテーマとして議論が行われた法制審議会の「新時代の刑事司法制度特別部会」においても、委員に被害者団体の代表が加えられた。そして、特別部会の議論の初期の段階では、被害者遺族からのヒアリングや被害者団体からの検討課題の提示が行われた。具体的には、刑事司法による２次被害の防止、被害者に対する情報提供の充実、被害者を傷つける弁護活動の制約、被疑者・被告人が真実を話さないことへの制裁、迅速な事件解決のための最新科学を駆使した捜査手法の導入、被害者のいる犯罪での取り調べの可視化の制限などが被害者の立場からの要求として掲げられていたのである[41]。

　ところが、特別部会の議論においては、被害者側の立法要求が正面から議論されることはなく、被害者側の要望に沿う論点として残ったのは、証人保護に関する部分だけであった。さらに、その証人保護の制度も、被害者の２次被害の防止という文脈においてではなく、取調べの結果作成された調書に過度に依存する公判から脱却するために、証人等から供述を得やすくするための措置として議論されることになった[42]。そして、結局のところ特別部会で被害者の立場から表明された意見は、多くの論点で警察・検察官の意見に同調するものになってしまっている。

　この特別部会の議論を受けて2015（平成27）年刑訴法改正案が立案され、国会において衆議院を通過した。そして2016年５月、改正法が成立した。この刑訴法改正における証人保護の規定は次のようなものである。

(1) 刑訴法157条の6第2項

　これは現行規定では公判廷と同一構内に証人が出頭することを前提にしているビデオリンクによる証人尋問（現行規定の刑訴法157条の４）に「同一構内以外にある場所」とのビデオリンクを認める規定を加えるものである[43]。ビデオリンクによる証人尋問は、民訴法204条、民訴規則123条において、すでに別の裁判所との間でも認められている[44]ので、「同一構内」に限定しなければならない技術的な理由は存在しない。しかし問題は、制度拡張の理由である。

同条1項の同一構内の場所とのビデオリンクの規定は、主として性犯罪等の被害者が証人となる場合に2次被害を受けないようにすることを目的とするものである。これに対して2項の同一構内以外の場所とのビデオリンクの要件には、性犯罪等に罪種を限定する文言はない。また、特別部会において制度拡張の理由として挙げられたのは、2次被害の防止だけでなく、組織犯罪の事件において同一構内に限定すると、傍聴に来た組織の関係者に尾行されるなどして、報復を受けるおそれがあることであった。

(2)　290条の3

この規定は、2007年法で導入された被害者特定事項の非公開（刑訴法290条の2）の規定を証人等に拡張するものである。また、その要件は氏名等の個人を特定する事項が明らかにされることによって、証人等が害を受け、畏怖させまたは困惑させる行為が行われるおそれがある（1項1号）とき、または証人等の名誉又は社会生活の平穏が著しく害されるおそれがある（1項2号）ときである。この規定も、主として性犯罪等の被害者の2次被害防止のために認められていた制度を、その観点を必ずしも含まない証人等に拡張するものであって、被害者保護のための規定とは言い難い。

(3)　295条4項

これは上記の被害者特定事項の非公開の規定の担保規定であった、被害者特定事項の陳述の制限措置（刑訴法295条3項）を証人等の個人特定事項に拡張する規定である。被害者の2次被害防止のための規定とは言い難いことは290条の3の場合と同様である。

(4)　299条の4〜299条の7

これは証拠開示に際して被害者特定事項を弁護人にのみ知らせ、被告人には知られないようにすることを認めていた刑訴法299条の3の規定を大幅に拡張するものである。299条の3の規定では、被告人に知らせないことができるのは、起訴状記載事項以外の個人を特定する情報である。しかし、改正法の規定では、被告人に対して個人特定情報を秘匿することだけではなく、弁護人に対しても証人等の氏名、住居を秘匿して氏名に代わる呼称と住居に代わる連絡先のみを知らせることができることとされている。299条の3の被害者等特定事項の秘匿措置は、弁護人は被害者特定事項を知らされているという前提の下、

被告人による被害者に対する威迫行為等を予防するために認められていた。改正法の規定はこれと全く異なる。上記290条の3、295条4項のように、単に被害者特定事項を証人等の個人特定事項に拡張するだけでなく、弁護人にも秘匿することを許容するものだからである。さらに、名前等が分からなくても特定の個人が想定できる被害者の場合と異なり、証人、鑑定人等にまで個人特定情報の秘匿が認められれば、被告人側が開示証拠の意義を的確に判断することができなくなるおそれがある。改正法のこれらの規定は、やはり被害者保護のための規定とは言い難い。

　以上のように、2016年刑訴法改正における証人保護の規定は、刑事手続による被害者の2次被害を防止するために作られてきた諸規定を変質させ、被告人側の防御権行使に負担と困難を増大させるおそれがあるものである。被害者保護の意味を持つのは、同一構内以外の場所とのビデオリンクが被害者についても可能になることのみである[*45]。

　穿った見方をすれば、改正案において証人等の保護規定が整えられたのは、単に調書に過度に依存しない公判手続の実現のためではなく、新たに導入される刑事免責や捜査・公判協力型の協議・合意制度によって、検察官側から見たときに被告人側からの追及を回避したい証人等が増加するためではないかと思われる。そしてこれらの制度が実際に活用されるのは、組織犯罪の事件においてであろう。

6　おわりに

　本稿では、被害者の手続参加制度は損害賠償という被害者固有の訴えの利益を根拠にしたものへと改変すべきことを指摘した。ただし、刑事手続を通じて被害者への賠償を促進する制度改正を行っただけでは、被害者の権利保障としては十分ではない。被告人側に賠償資力がない場合には、賠償命令や和解（付随措置法19条）は実効性が期待できないからである。公的資金による被害者補償や被害者に対する福祉的な援助の充実は今後も必要である。そして、被害者に対する賠償・補償や援助の充実によって、疎外感にかられた被害者がその恨みを被疑者・被告人に向け、重い刑罰を求めてしまうといった、被害者にとっても被疑者・被告人にとっても不幸な状況が改善されていくことを望みたい。

*1 さらに、2013年の付随措置法改正では、被害者参加人に対して旅費、日当等を支給する制度が導入された（付随措置法5条〜9条）。なお、一連の被害者保護立法は、犯罪により直接被害を受けた者だけでなく、被害者遺族や一定の被害者の親族を対象にしている。本稿では特に断らない限り、これらの者全体を「被害者」と呼ぶこととする。
*2 拙稿「犯罪被害者の人間の尊厳と刑事手続」福田雅章先生古稀祝賀論文集『刑事法における人権の諸相』（成文堂、2010年）3〜4頁参照。
*3 前掲注*2論文8〜10頁。
*4 2007年の刑事訴訟法等の改正については、施行後3年を経た時点で見直しを行うことが予定されていたため、「平成19年改正刑事訴訟法に関する意見交換会」が2013年1月から2014年7月までの間に12回開催された。この意見交換会を受けての法改正は行われなかったものの、概ね2012年までの制度の運用状況等が法務省HPの意見交換会のページで紹介されている（http://www.moj.go.jp/keiji1/keiji12_00068.html）。
*5 被害者参加制度の影響を検討したものとして、刑事弁護への影響については、季刊刑事弁護61号（2010年）の特集「被害者参加制度の導入と刑事弁護の変容」、裁判官の視点からのものとして、小池勝雅「被害者参加制度の運用に関する諸問題」植村立郎判事退官記念論文集『現代刑事法の諸問題（2）』（立花書房、2011年）329頁がある。
*6 平成27年版犯罪被害者白書によると、基本法に基づいて平成23年度から平成27年度までの期間に実施された第2次基本計画における施策数は241項目に上っている。
*7 前掲注*2論文16〜17頁。
*8 最判平17・4・14刑集59巻3号259頁。
*9 ただし、実際に制度化された証人保護規定は被害者だけを想定したものではない。ビデオリンクによる証人尋問（刑訴法157条の4）については、性犯罪等の被害者保護を主眼としたものであることが明確であるものの、遮へいや付き添いについては被害者保護のため規定とはなっていないのである。さらに、2016年改正で導入された同一構内以外の場所でのビデオリンクは、被疑者だけを対象とするものではない。
*10 岡村勲「被害者に信用されない刑事司法」現代刑事法19号（2000年11月）55頁。
*11 一例を挙げれば、江戸時代までは、「仇討ち」と刑罰は併存していた。
*12 もっとも、民事と刑事が未分化の時代にあっては、犯罪に対する制裁が被害者のために行われことがある。また、被害者の訴えによって裁判が始まることが原則であった時代もある。その意味で、近代法以前の司法においては、被害者に裁判における当事者性が認められていたと言い得る。被害者の権利と公刑罰の発達の過程については、さしあたり拙稿「フランス刑事訴訟法における公訴権と私訴権の史的展開（1）」一橋研究12巻1号（1987年）145頁以下参照。
*13 『新法律学辞典〔第3版〕』による。
*14 被害者の側からは、弁護人が被告人を援助すること自体に対する批判が向けられることがある。しかしこのような批判は、弁護人の援助が当事者主義の不可欠の要素であることに照らせば、適切とは言い難い。刑事弁護制度や弁護人の活動に向けられた批判は、刑事裁判が被告人を断罪する場でありさえすればよい、という主張になっていることに注意するべきである。

*15 杉原泰雄『基本的人権と刑事手続』（学陽書房、1980年）96頁以下は、当事者主義を日本国憲法の採用する「適法手続主義」の要素と位置付ける。
*16 岡村勲監修『犯罪被害者のための刑事司法』（明石書店、2007年）111頁以下「第4章 背景と歴史」参照。
*17 あすの会HP（http://www.navs.jp/report/1/sosyousanka.html）。
*18 川崎英明「刑事裁判への被害者参加制度の批判的検討」季刊刑事弁護50号（2007年）92頁は、被害者に訴訟当事者としての地位を認めるとすれば、それは「有罪判決請求権」を根拠とすることになり、検察官の行使する公訴権を「実体判決請求権」と考える現在の公訴権理論と整合しないと指摘する。
*19 阿部千寿子「被害者参加制度の現状と課題」瀬川晃編集代表『大谷實先生喜寿記念論文集』（成文堂、2011年）537頁以下は、ドイツの議論を参考にしつつ、被害者参加人を「検察官の公益における被害者の利益を補う存在」と説明する。しかし、「公益における被害者の利益」とは何かが不分明なだけでなく、この説明は、手続の当事者でない被害者参加人という特別な位置づけを与えるべき根拠を説明したものにはなっていない。
*20 ただし、私訴原告人となる被害者に訴追権を付与する制度の下では、歴史的にも、そして現在でも、被害者による濫訴が問題になっていることには注意を有する。私訴をめぐる最近の状況について、白取祐司『フランスの刑事司法』（日本評論社、2011年）229頁以下参照。
*21 前掲注*2論文15～16頁参照。
*22 もっとも、私訴原告人の実際の関心が損害賠償よりも処罰にあることはあり得る。その場合には、損害賠償は名目的な金額（かつては「象徴的1フラン」と呼ばれた）で請求されることがある。
*23 上田信太郎「ドイツ私人訴追手続に関する一考察」一橋論叢108巻1号（1989年）84頁以下参照。
*24 ドイツの公訴参加制度については、阿部・前掲注*19論文のほか、水野陽一「ドイツ刑事訴訟における被害者参加について」広島法学34巻1号（2010年）131頁以下参照。
*25 フランス法のように、民事・刑事の一体性を前提としなくても、被告人が無罪となり、被害者が主張する事実よりも縮小された事実でしか有罪とされなかった場合には損害賠償が認められず、あるいは減額される可能性があるから、職権主義の手続の下で検察官と協働して犯罪事実の立証に努めることは被害者の固有の権利である賠償請求の実現のために意味を持ち、その点で被害者に訴えの利益がある、と考えることは可能である。
*26 被害者団体の制度構想においても、「訴訟参加人」制度とは別に「附帯私訴制度案要綱」が示されていた（あすの会HP〔http://www.navs.jp/report/1/hutai.html〕）。
*27 被害者を手続の当事者とは認めない制度であっても、被害者の参加が被告人の防御権行使を委縮させ、あるいは困難にするとの指摘はある。山下幸夫「刑事裁判への被害者参加制度の立法経過と実務家から見た問題点」季刊刑事弁護50号（2007年）83～84頁。
*28 前掲注*4の意見交換会では、被害者の立場からは現行制度の拡張を求める意見、刑事弁護の立場からは縮小や慎重な運用を求める意見、検察官、裁判官からは現状に問題はないとする意見がそれぞれ示されたものの、具体的な論点に関する議論は噛み合ったもの

となっておらず、結局制度改革には結びついていない。
*29 ただし、被告人質問については、証人尋問と異なり、「情状に関する事項」に限定されてはいない。ここから、被告人が有罪であることを前提として質問したり、被告人質問の機会を利用して被害者参加人への直接的な謝罪を求めたりすることが起こり得る。
*30 池田綾子「被害者参加と弁護士倫理」後藤昭＝高野隆＝岡慎一編著『実務体系　現代の刑事弁護１――弁護人の役割』（第一法規、2013年）320～322頁。なお、池田論文は代理人弁護士が被害者の意思に寄り添いつつも、一方的に被告人を糾弾しようとする被害者の意見が直接的に表出することを防ぐ役割を果たし得ることを指摘する。
*31 もっとも、犯罪事実について争いがなく、被害者を証人として取り調べる予定がない事件では、被害者参加人が公判手続の最初から在廷し、質問や尋問を行うことにさほど問題はないであろう。
*32 奥村回「被害者参加制度と無罪推定」後藤昭＝高野隆＝岡慎一編著『実務体系　現代の刑事弁護２――刑事弁護の現代的課題』（第一法規、2013年）245頁。
*33 小池・前掲注*5論文341頁注20。
*34 実体法の改正も近年法定刑の引き上げの方向に傾斜しているし、公訴時効の延長・撤廃の動きも、被害者保護の文脈で進められてきている。
*35 Victim Impact Statementについては、隅田陽介「アメリカ合衆国におけるVictim Impact Statement(VIS)（１・２）」比較法雑誌34巻2号139頁以下、34巻3号117頁以下（いずれも2000年）参照。
*36 実際、被害者論告は刑訴法292条の２による陳述と内容的に異ならず、被害者論告と心情等に関する陳述の両方を認める必要はない、との指摘がある（前掲注*4の意見交換会で示された日弁連の意見書では、この実情を前提に被害者参加人は刑訴法292条の２の意見陳述制度を利用できないものとすべきである、との提言がなされている）。
*37 原田國男『裁判員裁判と量刑法』（成文堂、2011年）126～130頁。ただし同書では、犯罪によって受けた精神的なダメージは犯情に含まれるとされている。
*38 現行制度でも、検察官が訴因で示した事実を前提にした賠償には不満を抱く被害者は、付随措置法による賠償命令制度を利用せず、別途民事裁判を提起することが起こり得る。
*39 すでに見たように、フランスの私訴制度においては、民・刑事の一体性という考え方から、刑事判決の既判力が民事に及ぶ。そしてこのことから、被告人の有罪が立証されることが賠償の条件になるために、私訴原告人には事実の立証段階から当事者としての手続的権利が承認されている。
*40 内山安夫「実践的責任論と被害者の人権」村井敏邦先生古稀祝賀論文集『人権の刑事法学』（日本評論社、2011年）571～572頁。
*41 特別部会第２回会議の委員提出資料（http://www.moj.go.jp/content/000077709.pdf）参照。
*42 被害者に関する特別部会の議論の経緯については、川崎英明＝三島聡編著『刑事司法改革とは何か』（現代人文社、2014年）207～209頁［水谷執筆］参照。
*43 改正法では、157条の２、157条の３に刑事免責の規定が挿入されたため、条文番号が繰り下げられている。

*44 民訴法の制度の趣旨は被害者保護にあり、最高裁HP（http://www.courts.go.jp/vcms_lf/H2509kouhou.pdf）においても「原告が、被告（加害者）が行った犯罪の被害者であることが典型例」と紹介されている。

*45 ビデオリンクによる証人尋問については、改正法以前から尋問をやりにくくするという指摘があった。最高裁は憲法違反でないとした（前掲注*8参照）ものの、ビデオリンク方式は直接・口頭主義に反するとの批判も強い（小田中聰樹「刑事訴訟法『改悪』の現代的位相」川崎＝三島編著・前掲注*42書269頁）。

（みずたに・のりお）

第3部

新時代の弁護活動

取調べ可視化条項・刑訴法301条の2をめぐって

小坂井 久

弁護士

---

1 取調べ可視化制度の導入——法案の中身など
2 第1項ないし第3項は実効性担保の規定か
3 立証方法の制限規定の内容について
4 「全過程」原則(第4項)と全件可視化
5 まとめに代えて

---

1 取調べ可視化制度の導入——法案の中身など

(1) 条文案と審議経過

　2015（平成27）年3月13日、「刑事訴訟法等の一部を改正する法律案」が閣議決定され、第189回国会（通常国会）に提出された。そのうち、いわゆる取調べの可視化制度（法律案の記述に従えば、「取調べの録音・録画制度」——以下、本稿では、おおむね「取調べの可視化制度」という表現を用いる）についての条文案は、「法301条の2」として、次のとおり規定されている[*1]。

　① 次に掲げる事件については、検察官は、第322条第1項の規定により証拠とすることができる書面であって、当該事件についての第198条第1項の規定による取調べ（逮捕又は勾留されている被疑者の取調べに限る。第3項において同じ。）又は第203条第1項、第204条第1項若しくは第205条第1項（第211条及び第216条においてこれらの規定を準用する場合を含む。第3項において同じ。）の弁解の機会に際して作成され、かつ、被告人に不利益な事実の承認を内容とするものの取調べを請求した場合において、被告人又は弁護人が、その取調べの請求に関し、

その承認が任意にされたものでない疑いがあることを理由として異議を述べたときは、その承認が任意にされたものであることを証明するため、当該書面が作成された取調べ又は弁解の機会の開始から終了に至るまでの間における被告人の供述及びその状況を第4項の規定により記録した記録媒体の取調べを請求しなければならない。ただし、同項各号のいずれかに該当することにより同項の規定による記録が行われなかったことその他やむを得ない事情によって当該記録媒体が存在しないときは、この限りでない。
　一　死刑又は無期の懲役若しくは禁錮に当たる罪に係る事件
　二　短期1年以上の有期の懲役又は禁錮に当たる罪であつて故意の犯罪行為により被害者を死亡させたものに係る事件
　三　司法警察員が送致し又は送付した事件以外の事件（前2号に掲げるものを除く。）
② 　検察官が前項の規定に違反して同項に規定する記録媒体の取調べを請求しないときは、裁判所は、決定で、同項に規定する書面の取調べの請求を却下しなければならない。
③ 　前2項の規定は、第1項各号に掲げる事件について、第324条第1項において準用する第322条第1項の規定により証拠とすることができる被告人以外の者の供述であつて、当該事件についての第198条第1項の規定による取調べ又は第203条第1項、第204条第1項若しくは第205条第1項の弁解の機会に際してされた被告人の供述（被告人に不利益な事実の承認を内容とするものに限る。）をその内容とするものを証拠とすることに関し、被告人又は弁護人が、その承認が任意にされたものでない疑いがあることを理由として異議を述べた場合にこれを準用する。
④ 　検察官又は検察事務官は、第1項各号に掲げる事件（同項第3号に掲げる事件のうち、関連する事件が送致され又は送付されているものであつて、司法警察員が現に捜査していることその他の事情に照らして司法警察員が送致し又は送付することが見込まれるものを除く。）について、逮捕若しくは勾留されている被疑者を第198条第1項の規定により取り調べるとき又は被疑者に対し第204条第1項若しくは第205条第1項（第211条及び第216条においてこれらの規定を準用する場合を含む。）の規定により弁解の機会を与えるときは、次の各号のいずれかに

該当する場合を除き、被疑者の供述及びその状況を録音及び録画を同時に行う方法により記録媒体に記録しておかなければならない。司法警察職員が、第1項第1号又は第2号に掲げる事件について、逮捕若しくは勾留されている被疑者を第198条第1項の規定により取り調べるとき又は被疑者に対し第203条第1項（第211条及び第216条において準用する場合を含む。）の規定により弁解の機会を与えるときも、同様とする。
一　記録に必要な機器の故障その他のやむを得ない事情により、記録をすることができないとき。
二　被疑者が記録を拒んだことその他の被疑者の言動により、記録をしたならば被疑者が十分な供述をすることができないと認めるとき。
三　当該事件が暴力団員による不当な行為の防止等に関する法律（平成3年法律第77号）第3条の規定により都道府県公安委員会の指定を受けた暴力団の構成員による犯罪に係るものであると認めるとき。
四　前2号に掲げるもののほか、犯罪の性質、関係者の言動、被疑者がその構成員である団体の性格その他の事情に照らし、被疑者の供述及びその状況が明らかにされた場合には被疑者若しくはその親族の身体若しくは財産に害を加え又はこれらの者を畏怖させ若しくは困惑させる行為がなされるおそれがあることにより、記録をしたならば被疑者が十分な供述をすることができないと認めるとき。

　同法案は、2015年5月19日から衆議院の審議に入り、同法務委員会は同月27日から約70時間に及ぶ議論を行い、同年8月5日、一定の修正のもとに、これを可決し、附帯決議もなされた（修正や附帯決議については、本稿の終盤において、論述する）。
　かくて同法案は同月7日衆議院を通過した。が、参議院では第189回国会での審議を了さず（同国会は延長された会期の終了日である同年9月27日の経過をもって、その幕を閉じた）、同法案は継続審査となっている。2015年において、臨時国会が開かれるか否か判然としないまま、すでに2016（平成28）年の通常国会以降に決着するとの見方がなされており、いずれにしても、その成立については、予断を許さない情況にある。
　ただ、いずれ、今回の法案の条文を基本として、可視化制度が成立するものと想定される。可視化条項（可視化法）と呼ぶべき刑事訴訟法に規定された制度である。それゆえ、これを前提に、以下、考察していくこととする[*2]。

(2) 条文の体裁および位置をめぐって

1) 経過など

いうまでもなく、上記条文案は、2014（平成26）年7月9日、法制審議会「新時代の刑事司法制度特別部会」（以下、特別部会という）が採択した、「新たな刑事司法制度の構築についての調査審議の結果（案）」（以下、「調査審議の結果」という）にもとづいている。「調査審議の結果」は、条文案の骨格といえる「要綱（骨子）」を含みつつ、同年9月18日の法制審議会総会において了承され、法務大臣に答申された。

閣議決定された上記条文案と「調査審議の結果」における「要綱（骨子）」との間には、文言上若干の異同がある。その違いは、おおむねはテクニカルなものともいえようけれども、果たして、すべて技術的問題にとどまるものといえるかどうかは、議論しておく必要があるだろう（たとえば、例外事由としての暴力団構成員条項の位置は、「要綱（骨子）」では、例外事由として4番目の位置だったものが、今回の条文案の段階で3番目の位置に変わっている。そのことによって有意の差は何も生じないものと考えられるけれども、条文作成者側の幾分の思惑は透けて視えるところがないではない――後に言及する）。

2) 可視化制度の配置

① 「301条の2」という場所（特に第4項）について

さて、特別部会で、その条文の位置についてはほとんど議論されないまま、取調べの可視化制度は、「刑訴法301条の2」という場所に措かれることとなった。率直に言って、私自身は、この条文案（の位置ないし体裁）を最初に知ったとき、不快な想いを禁じえなかった。不快の所以は、これを一言でいうことができる。

すなわち、捜査法の大原則たるべき、取調べ「全過程」の録画・録音というプリンシプルが、「301条の2第4項」という場所に置かれるかたちをとったということである。このことに尽きるであろう。要するに、これからの我が捜査法の根本原理が、「301条の2第4項」という場所に「ひっそり」と置かれたという印象を否み難く、これに違和感を感じたのであった[3]。

301条の2第1項がいわゆる立証方法の制限規定である以上、いささか地味な場所であるとの憾はあるにしても、その第1項から第3項までが刑訴法「301条の2」（301条の枝番）という場所に置かれたこと自体は理解できる[4]。

同条文は、本来、憲法38条3項と密接に関連する規定である。また、刑訴法301条は、実務において、従来、「301条の趣旨からみて、乙号証の意見は、今は留保する」とか、「301条の趣旨から、乙号証の取調べは後回しにすべきである」といった意見を言う場面で使われることがあった。

そうではあるとしても、実務的にみると、さほど重視されてきた規定とまではいいにくいかもしれない。どちらかといえば、地味な条文というのが共通認識ということになるのではないだろうか。それゆえ、取調べ可視化制度を創設する条文として、それが、その枝番という位置になることの相当性自体、本来、議論すべきであったろう。

② 301条の2第4項における「転倒」

上述のとおり、立証方法の制限規定それ自体の位置としては、これ自体、オカシクはない。問題は第4項である。これは、身体拘束下とはいえ、捜査機関に対し、その取調べ「全過程」の録画・録音を義務付け、これを宣明するものである。捜査法の大原則が新たに樹立されるのであり、捜査・取調べに関する根本規範として存在することになる。本来なら、「198条の2」あたりに置かれるべきものであったろう[*5]。

それが立証方法制限条項のなかの、あたかも1項目であるかのような位置に記載されることになったのは、特別部会第26回（2014年4月30日）に呈示された「事務当局試案」を端緒としている[*6]。すなわち、特別部会における、取調べ可視化の制度構想において、記載の順序として、まず、立証方法制限の規定について記載し、その後に、義務規定を置くという書き方（つまり、従来からの論議の順序を転倒させる記載――以下、この記載を「転倒」と呼ぶことがある）が、このとき、はじめて登場し、これがそのまま、同年7月9日（第30回）の「調査審議の結果」の了承へとなだれこんでいったのである。繰り返すが、この条文の位置自体については、特別部会でことさらに議論されたという経緯はない（後にも触れるが、上記「転倒」についての若干の議論があったのみである）。

③ その意図

これは私のまったくの推察だが、301条の2第4項として規定された内容について、これを可能な限り、「ひっそり」とした位置に置きたいと考えた人々がいたことは確かなように思われる。この規定を明示的に、たとえば刑訴法198条の2として、「捜査」の章に掲げば、憲法38条1項との関連性も明白に視えてくるうえ、新たなる捜査法の大原則が明確に宣明され、そのインパクト

は非常に大きいと捉えられたのではないだろうか。それは避けたかったということではないだろうか[*7]。そのような企図自体はまずは達成されたということになる。

④　展望

しかし、その位置に置かれるのならば、実務において、我々は、「刑訴法301条の2第4項」の大原則と声高に言い続けることになるだろう。結論的には、「刑訴法301条の2第4項」を刑訴法のなかで最も頻出する条文とする弁護実践を展開しなければならないし、実際にそうなるのではないか。かくて、この条文は、周知徹底されることになるであろう[*8]。

そして、第4項として、刑訴法301条の2のなかに「全過程」原則をおくというのであれば、逆説的な物言いになるかもしれないけれども、その立証方法の制限なるものも「全過程」原則と一体のものとして解釈運用されてしかるべきことになるであろう（この点、後述する）。

これらのことも踏まえつつ、今回の法案・条文案について、その記載の順序に従って、順次、みていくこととしたい。

2　第1項ないし第3項は実効性担保の規定か

(1)　特別部会の議論と「転倒」

1)　議論経過と「転倒」についての説明

① 議論経過

すでに触れたとおり、もともと、301条の2第1項および第2項（ないし第3項を含む）のような規定を設けるかどうかは、特別部会において、次のような文脈で論議されていた。

すなわち、取調べ録音・録画を義務付ける場合、その義務の履行の実効性を担保する仕組みを設けるか設けないか、設けるとして、どのようなものとするかという議論である。従来、義務規定について、これを全過程を原則とするかどうかが議論され（他方、一部の「義務」化論——逆にいえば、取調官の「一定の裁量」論——も論議され）、その「義務」の「実効性の担保」として、証拠能力制限か立証方法の制限か（あるいは、担保規定を設けず一般原則に委ねるか）というかたちで、議論されてきていたのである[*9]。第26回会議の「事務当局試案」は、この議論の順序を、いわば突然、「転倒」させたという憾があった。

② 「転倒」についての説明

　この「転倒」については、事務当局からは次のとおり説明された。すなわち、「……録音・録画の効果として指摘されている、取調べの適正確保に資すること、あるいは、供述の任意性・信用性の判断・立証に資することなどは、録音・録画すること自体から直ちに生じるものではなく、事後的に記録内容が吟味され得ることを前提とするものでありますから、取調べ状況の立証方法を制限することとするのであれば、裁判所が録音・録画記録を利用できることを直接担保する仕組みとして、まず立証方法の制限を記載した上で、録音・録画義務について記載するのが合理的と考えたからでございます」というのである[*10]。

③ 説明は説得的か

　しかし、この説明はあまり説得的ではない。取調べの適正化という機能は、リアルタイムにも（すなわち、録音・録画すること自体から直ちに）生じているといえるはずだからである[*11]。

　また、任意性という観点であれ、「記録の吟味」（その利用可能性）ということであれ、裁判所の記録利用「以前」、もしくは、裁判所による記録の利用「以外」の問題として、任意性の争いが消滅するという効果も生じうるし、事後的検証であっても、当事者段階による検証で、有用性を発揮するところがある。たとえば、可視化記録の検証によって、当事者が事案の筋（ケースセオリーなど）を組み立てたりする（より組み立てやすいといった）機能をも果たすであろう。

　かくて、（裁判所の利用を所与の前提としてしまって）「立証方法を制限することとするのであれば……まず立証方法の制限を記載した上で、録音・録画義務について記載する」という記載順序の説明は、あまり合理的とは思われないものである。結論先にありき、の憾を免れまい。

2）条文位置の設定と思惑

　第26回会議の質疑のなかでは、条文そのものの位置や書きっぷりについては、結局、次のように述べられている。すなわち、「法律案を作成する段階におきまして、刑訴法の全体の構成ですとか先例などを踏まえて、さらに立法技術的な観点から検討しなければならないというふうに考えておるところでございます」と回答されていた[*12]。つまり、その位置などについてはニュートラルであるかのように述べられていたわけである。

　が、このときすでに今回のような条文案の構想自体は、存在していたのであろうと推測される。というのも、「刑訴法全体の構成」、「先例」、「立法技術的な観点」といったものをどう勘案しても、取調べ録音・録画の「全過程」原則

が、刑訴法301条の2第4項でなければならない必然性は見出し難いからである。むしろ、「事務当局試案」で「転倒」を決めたとき、この条文の箇所はセット済みだったとみるのが自然なように思われる。

「事務当局試案」は、「全過程」原則一本に絞った制度案であり、いわば「当局」側から、これが提案されたのは「史上はじめて」のことであるが*13、そのような提言を行うこととの引き換えとして、いわば「当局」内部で相当の折衝があった可能性がある。たとえば、警察の側の要請もあったものと思われ、法務省と警察の間では水面下で相当のやりとりがあったものとも推察されよう（例外事由としての暴力団構成員条項も「事務当局試案」で初めて登場しているが、これもそのような交渉の一環と推察して間違いなかろう）。

(2) 「転倒」記載の意味づけ
1) 川出敏裕の見解

さて、上記「転倒」という問題について、次のような言説が登場するに至っている。特別部会の幹事であった川出敏裕は、まず、既述したような議論経過を次のように説明している。

「……この部分は、もともと、取調べの録音・録画を義務づけることを前提に、その実効性確保のための担保措置をどうするかという形で議論がなされてきました。義務の担保措置ということであれば、義務が課された範囲全部を対象として、記録媒体の取調べ請求義務を課すという形になるのが素直な制度設計のように思えますが、『要綱（骨子）』は、そのような形にはなっておりません。……」*14。

川出は、このように議論経過を説明した後、理論的な整理を試みている。すなわち、「この点については、おそらく異なる見方がありうるのだろうと思います。その1つは、これは、録音・録画義務があるか否かとは切り離して、供述調書の任意性立証のためには録音・録画記録を取り調べなければならないことを定めたものだとする理解です」とし、「『要綱（骨子）』の取調べの録音・録画制度の部分において、録音・録画記録の取調べ請求義務に関する規定が最初に置かれ、その後に取調べの録音・録画義務に関する規定が置かれていることは、こうした見方になじむように思います」とする。そのうえで、「この理解からすれば、どの範囲の録音・録画記録につき取調べ請求義務を課すかは、任意性立証にとっての有効性という観点から決められることになり、『要綱（骨子）』は、まさにその点を踏まえて、当該供述調書が作成された取調べに限定

するという考え方をとったということになるのだろうと思います」というのである。しかし、このような議論（つまりは、「義務の存否と切り離す」という議論）は、特別部会において、およそ話し合われたものではない[*15]。

川出は、もう一つの見方として、この規定が特別部会の議論に則って、導かれたとする考えについても説明している。

「他方で、これは、あくまで録音・録画義務の担保措置を定めたものだという見方もあります」というのである[*16]。すなわち、「つまり、担保措置として録音・録画記録の取調べ請求義務を定めているわけですが、ただ、その場合に取調べの全過程につき録音・録画記録の取調べ請求義務を課すと、録音・録画義務が果たされていない場合には供述調書の取調べが認められないという効果を伴いますので、義務違反の内容によっては不当な結果が生じるという批判がありました。たとえば、取調べの全過程が対象だとすると、供述調書の作成と全く無関係な部分の取調べにおいて義務違反があったという場合でも、その供述調書の取調べができないということになります。そこで、そのような結果を回避するため、最も関係が深い、当該調書を作成した取調べに限ったということになります」とする。川出は、このように述べ、「実効性担保」の見地から法301条の2第1項・第2項が導かれうることを説明している。

この2つの「見方」を述べた後、川出は、次のとおり、まとめている。すなわち、「この部分の見方としては、この両方がありうるのではないかと思いますが、説明の仕方の違いで、具体的な内容が変わってくるわけではありませんので、特別部会では特に詰めた議論がなかったという印象を持っています」という[*17]。

2) 堀江慎司の見解

川出が唱えた見方のうち、前者のものと同様の考えを示す（と思われる）ものとして、次のように述べるものがある。

すなわち、この規定は、「……録音録画義務の履行を担保するための手段という位置づけで論じられて」きたものの、「しかし、そうであれば、『要綱（骨子）』の提言の順序、すなわち録音録画義務そのものよりも同義務履行の担保手段のほうを先に掲げたことは、些か奇妙に感じられる」というのである[*18]。このように述べたうえで、堀江慎司は、「むしろ、特別部会での議論の経緯はともかく最終的に採択された案の内容を素直に見る限り、この証拠調べ請求義務は、録音録画義務の履行を担保することよりも、端的に、調書中の供述の任意性を

判断するのに資する客観的情報を裁判所の前に顕出させるべきだという関心を主眼としたものだと捉えることも可能であろう」という。これは、前記川出が前者の見方として述べた「切り離し」論と同旨のように思われる。堀江は、これに続けて、「無論、その前提として、録音録画記録が存在することが必要であるから、証拠調べ請求義務は録音録画自体の義務づけとも密接に結びつくが、そのことと、証拠調べ請求義務の主たる目的を録音録画義務の履行担保と見ることとはまた別である」とされている[19]。

堀江によれば、結局、これは「取調べの全過程の記録を対象とはしていない」のであり、「任意性判断のための客観的情報の顕出確保という関心からは、裁判所にとって最も必要であるのは当該調書の作成時の取調べの録音録画記録であるので、請求の義務づけまで行うのはその範囲にとどめたのだと説明することができよう」というわけである[20]。

堀江は、この後に「他方、録音録画義務の履行の担保という関心からは、同義務への違反に対して一定の制裁を科すことでこれ（同義務違反の抑止）を実現することが考えられる。義務違反の抑止のための制裁には様々なものがありうるが、……（「要綱（骨子）」におけるように）検察官に（一定範囲の）録音録画記録の証拠調べ請求義務を課し、録音録画義務違反により記録が存しないため請求義務を果たせない場合は被疑者調書が採用されなくなる点をもって『制裁』と見ることもできようが、それは些か迂遠であり、むしろ、録音録画義務違反があった場合、直截に、それに由来する被疑者調書の証拠能力を否定することをもって『制裁』とするという発想のほうが自然であろう」として、「要綱（骨子）」の書き方（結局は、法301条の２第１項および第２項）については、「全過程」原則義務化の「実効性担保」としての意味を消極に（あるいは、微弱なものと）解されているようである。

むろん、堀江も「……違法収集証拠排除の観点から調書の排除を帰結すべき録音録画義務違反の範囲は、『要綱（骨子）』の制度の下で調書の（必要的）却下を帰結する録音録画義務違反の範囲（すなわち当該調書が作成された取調べにおける録音録画義務違反）よりも広くなる場合がありうると思われる」としている[21]。ただ、これ自体はあまりに当然のことであろうし、また、任意性の疑いという観点からも、調書の排除を帰結すべき録音・録画義務違反の範囲は第１項のそれよりも広くなる場合があることはいうまでもなかろう（後にも言及する）。

3) 私見

　川出見解の前者の見方や堀江見解は、「転倒」から任意性立証という目的・機能の純化を見出そうとするもののように思われるが、これは「事務当局試案」提示の際の当局側の説明とも必ずしも整合しているわけではない。事務当局の説明では「取調べの適正確保」との関係も含め、説明されていたのであり[*22]、「任意性」のみに特化して説明されたことはない。先述したとおり、この「転倒」自体については事務当局の説明自体が理論的に詰められていなかったもののように思われるとはいえ（それは、上述したとおりの折衝の産物であるとすれば、理論的に詰めうる筋合いでなかったともいえるが）、それを詰めていくと、上述した見方（川出の前者の見解や堀江の見解）になるというものでもないものと思われる。私は次のように考える。

　特別部会で議論されたのは、あくまでも録音・録画義務履行の「実効性の担保」であり、それ以外ではない。立証方法の制限規定を義務規定より先行して記載したことについては、川出がいうとおり「特別部会では特に詰めた議論がなかった」話であり、この「転倒」は、堀江がいうように「些か奇妙」であることは否めない。とはいえ、この「転倒」自体から、直ちに、「実効性の担保」とは違った文脈での新解釈を導くことができるわけではないだろう。堀江のように「特別部会の議論の経緯はともかく」といった前置きをしたとしても、およそ特別部会で議論されたとはいえないことをいきなり解釈論にもちこむのは相当ではないように思われる。その意味で、川出の後者の見方を採る以外ないというべきであるし、それが条文解釈として不都合だとは思われない。

　もっとも、この議論が、実務の具体的場面でいかなる差異を生じさせるのかといえば、川出が述べるとおり、「説明の仕方の違いで、具体的な内容が変わってくるわけでは」ないといえるかもしれない。しかし、「全過程」原則（という義務）と任意性立証とを「切り離す」ことができるかどうかは、やはり大きな問題であろうし、解釈に微妙な影響をもたらさないものとも限るまい。逆に、立証方法の制限規定を義務の存否と「切り離し」て考察するとすれば、第4項（すなわち、義務の存在）がなぜ「301条の2」のなかに設置されているのか自体、必ずしも判然としないということにもなってくるのではないか。結局、「転倒」ということから「切り離し」までを想定することは、「301条の2」の在り方自体に照らして、素直ではないと思う。

　要するに、任意性立証のためには、取調べの一部録画で足りるという考えこそ、克服されなければならない[*23]。任意性立証は、絶えず「全過程」原則との

見合いのなかで判断されるべき筋合いである。そもそも、301条の2第1項および第2項は、取調べの一部録画で任意性立証はまっとうされるという考えに左袒した条項というわけではおよそない。自明のことであるとはいえ、強調しておかなければならないのは、条文が定めているのは、まさに任意性立証のための「最低限」の要請であるということである。要するに、必要条件を定めただけなのである。

したがって、これは「全過程」義務履行の「最低限」の実効性担保の規定と解することができる[*24]。もっとも、その「最低限」の範囲は、必ずしも狭いものではなく、かなり広いものではないかと考えられるところであり、この点、後に論述する。

いずれによせ、その記録媒体なかりせば書面の証拠請求は、これを「却下しなければならない」。当然ながら、逆は真ではない。記録媒体があるからといって、任意性が肯定されるわけではなく、いずれの判断もありうる。しかも、当然、他の場面の記録媒体も検討対象足りうるのである[*25]。

繰り返すが、やはり、根本的な規範と呼ぶべきは、その「全過程」原則を定めた4項であって、今般の立証方法制限規定は、その「全過程」原則義務化の（最低限の）実効性担保規定と解されるのである。当該書面の作成場面の記録媒体さえをも欠いて当該書面を証拠とするのは問題外である（欠く以上、任意性立証は不能となる）としたことは疑いがないけれども、そのレベルをクリアしたからといって、もとより、任意性が認められるとしたわけではまったくない。その意味で、この規定は、任意性立証は限定的な記録媒体で足りるといった、単純な論理の上に立っているわけではない。そこに段階を設けているだけのことである。

次に、「最低限」の要請なるものがいかなるものか、これを検討しなければならない。

3　立証方法の制限規定の内容について

(1)　「当該書面が作成された取調べ……の開始から終了に至るまでの間」の意義について

1)　規定

前述したとおり、立証方法の制限規定（第1項ないし第3項）と第4項の「全過程」原則との間には、微妙な緊張関係が存在する。このことは否定できない。

第1項の、検察官の証拠調請求義務の範囲は、第4項の義務付けより狭いこと自体はその文言に照らし確かといえるからである。

これを改めて確認しておこう。第1項は、「検察官は、第322条第1項の規定により証拠とすることができる書面であって、当該事件についての……取調べ（逮捕又は勾留されている被疑者の取調べに限る。……）……に際して作成され、かつ、被告人に不利益な事実の承認を内容とするものの取調べを請求した場合において、被告人又は弁護人が、その取調べの請求に関し、その承認が任意にされたものでない疑いがあることを理由として異議を述べたときは、その承認が<u>任意</u>にされたものであることを証明するため、<u>当該書面が作成された取調べ……の開始から終了に至るまでの間における被告人の供述及びその状況を第4項の規定により記録した記録媒体の取調べを請求しなければならない</u>」としている（下線引用者）。検察官の証拠請求の義務付けの範囲に一定の限定を付し、それを「ミニマム」と呼ぶとすれば、そう定めているようにみえるわけである[*26]。

2) 意義
① 解釈
しかし、第4項として、刑訴法301条の2のなかに「全過程」原則をおくというのであるから、その立証方法の制限なるものも「全過程」原則と一体のものとして解釈運用されてしかるべきであろう。そうだとすると、「当該書面が作成された取調べ」とは、書面の記載事項が「第4項の規定により記録した記録媒体」において反映されている範囲すべてとみてよいし、そう考えるべきではないか。すなわち、「当該書面が作成された取調べ……の開始から終了に至るまでの間」とは、当該書面における記載事項に関わる「取調べ」がなされた、すべての状況と理解せざるをえないと思う。

実際、先に見たとおり、第1項（ないし第3項）は、「実効性担保」の規定であって、前記の川出見解が述べているように、「……取調べの全過程が対象だとすると、供述調書の作成と全く無関係な部分の取調べにおいて義務違反があったという場合でも、その供述調書の取調べができないということになり、……そのような結果を回避する」必要から、「全過程」をより「限定」するにすぎないとみられるのである。逆に言えば、当該調書の記載と無関係の過程のみを省くことができるだけと解される。そう解することで、不当な結果は回避される筋合いであるから、このような解釈が合理的であろう。

②　ことさら狭義にすべき理由はあるか

　この点、あるいは、立案者側は、より限定された当該書面それ自体が直に作成された取調べ場面のみをイメージしていたように思われないわけではない[27]。

　しかし、ここでの取調べ請求の目的はあくまでも「任意にされたものであることを証明するため」であり、かつ、その証明手段は「……第４項の規定により記録した記録媒体」以外にはないという規定である。それゆえ、この目的と手段に照らして、「開始から終了に至るまでの間」を解釈しなければなるまい。そのとき、これを格別限定的に解さねばならない理由はないように思われ、上述のごとくに解するのが相当であろう。

　以上は、上記文言を調書の記載事項という実体に則したときの解釈であるが、目的と手段を機能的に捉えるならば「心理的強制を生じさせる事実が主張された場合」、その先行取調べの録音・録画記録媒体の取調べ請求義務があると解する余地もあろうか[28]。ただし、そう考えると、第１項の場合、条文の文言からも、被告人または弁護人は「任意にされたものでない疑いがあるから、取調べに異議がある」旨を述べさえすれば、検察官の請求義務は生じるものとされ、格別の争点形成責任は生じないとされているところ[29]、この場合は第１項の問題であるけれども、被告人または弁護人において、争点形成責任を負う場面がありうると考えることにならざるをえないであろうか（もっとも、ここで主張すべきは、任意性そのものの争点形成というよりは、先行取調べ――と一見想定されるもの――が「開始から……の間」に含まれているとする理由の呈示である）。

③　争いが生じた場合など

　以上、「最低限」の要請とされるところは、必ずしも狭いものともいえないと思われるのであるが、この点での争いが生じた場合、裁判所がどのような判断プロセスを経るかは、ひとつの難問になりうる。

　すなわち、「当該書面が作成された取調べ……の開始から終了に至るまでの間」の記録媒体の取調べ請求ができなければ、当該書面の証拠調べ請求は必ず却下されるが（第２項）、弁護人が検察官において第１項の請求義務を充たす請求をしていない（「当該書面が作成された取調べ……の開始から終了に至るまでの間」に充たない記録媒体しか請求していない）として、第２項による却下を求めた場合、裁判所は、何をもって判断することになるかである。その疎明の在り方（果たして、記録媒体自体の確認をすることがあるかどうかなど）は、

検討すべき難題と思われる*30。

　なお、却下後の職権による採用は可能だという議論がされてはいるものの、現実には、ほとんど想定しえないのではなかろうか*31。この点、取調官が、301条の2第4項1号から4号の例外事由に該ると「誤信した」場合などを救済するために、職権採用がありうると考えるべきではない*32。そのような議論は特別部会でまったくなされていないうえ、実際、そのような職権採用を許容するとすれば、立証制限の規定自体が、その存在意義を失いかねないであろう。

(2) 「……書面であって」「取調べ……（など）……に際して作成され(た)もの」の意味について

　この条文は、一見、一義的なようにみえる。確かに、この規定が内包するところ、すなわち、「書面」であるところの、供述書と供述録取書については明確といえるだろう。しかし、この条文の規律を受けるのかどうか、議論になりそうなものとして、
　① 実況見分調書における「供述」部分（犯行再現など）
　② 録音・録画記録媒体
の2つをすぐに挙げることができるように思われる。

1) 実況見分調書における「供述」など

　これについては、特別部会第1作業部会の第2回会議（2013〔平成25〕年4月25日）において、相当の議論になった。すなわち、実況見分における「供述」も録画の全過程原則を法制度化すべきとの提言があり*33、井上正仁分科会長と後藤昭委員との間で論争になったところである。興味深いやりとりなので、少し長くなるが引用する。

　　井上分科会長　……捜査・訴追側において供述証拠として使いたいのであれば、同じような扱いをせざるを得ないはずなので、それだけで十分対処できるのではないか。……。
　　後藤委員　　　……、捜査実務では、被疑者に犯行再現させて撮影するということを、取調べとは意識していないでしょう。そうすると、理論的には取調べとは何かという非常に難しい問題があるのだと思います。……。
　　井上分科会長　322条、そして319条も絡んでくると思うのですけれども、

| | その証拠能力の要件にするか、あるいは取調べ方法の制限をするかは別として、そういうものを仮に置くとすると、供述証拠として使っていくとすれば、それがかかってくるのではないですか。……取調べのところの規制を置かなくても、証拠能力とか証拠調べの方法に制限を置けば、それはかかっていかざるを得ないですよ。 |

後藤委員	取調べをするときには一定の例外を除いて録音・録画しろという条文になるわけですね。そうすると、犯行再現の場面はどうなるのか、そこでは録音・録画していないときに、この規定に反しているのか、反していないのかという問題が起きますね。
井上分科会長	証拠としての取扱いのところで要件化されれば、逆上って、実況見分や検証の時点で、仮に捜査側がそういう指示・説明等をも後の公判で供述証拠として使いたいと考えるときは、録音・録画せざるを得ないし、録音・録画していなければ、判断ミスで、後で供述証拠としては使い得ないことになるだけではないでしょうかということを申しているのですが。
後藤委員	そうなるかどうか。……*34。

　ここでは、井上分科会長と後藤委員の立場は、いわば「図と地」のように反転しているように思われる。両者の違いは、井上見解が、供述「証拠」としての取扱いに重点を置いて立論しているのに対し、後藤のそれは、捜査段階の取調べ規制として十分機能するかという点に力点を置いて考えているところにあると思われる。

　形式的文言にこだわるのならば、「刑訴法198条１項の取調べ」の場面ではないなどとして、これを含まないとの見解はありえないわけではないだろう。後藤がいうとおり、「取調べ」の概念は一義的ではなく、まったくの形式的基準（たとえば、取調室で行うものが「取調べ」などという基準）を用いることがまったくできないというわけのものでもないと思われるからである*35。

　しかし、実質に着目すれば、取調室における発問とこれに対する応答のみを「取調べ」とし、それ以外の場での発問とこれに対する応答について、「取調べ」から除外すべき理由があるものとは到底思われまい*36。まさに井上がいうとおり、それを供述証拠として使おうとする以上、この立証制限規定はかかってこ

ざるをえない[*37]。

　このように述べると、証拠として用いる気がない場合、取調室以外で（身体拘束下の）被疑者に（対象事件について）発問し応答させる（応答させるために発問する）行為はどうなるのかという問題が提起されるであろう。成程、この場合、証拠にする気がない以上は1項や2項の問題は生じない。しかし、そうだとしても、これは、録音・録画なき以上、第4項の義務違反となる。

　ではさらに、応答させる気のないときはどうか。一方的に捜査官が被疑者に対し「取調べ」に関わる事項を述べること、たとえば、取調室に入室までの移動中に「黙秘などしたら不利になるぞ」と告げるような場合である。第4項にいう「取り調べるとき」（あるいは「弁解の機会を与えるとき」）という文言が想定する場面からこの発言を除外するいわれはないと思われる。この後、取調室で問答がなされるとすれば、これをも含めて明らかに一連の「取調べ」過程といわなければなるまい。

　要するに、この場面も当然に、第4項の義務がかかる。場合によっては（つまり、それに起因しての供述を証拠としようとする以上）、第1項の義務違反にもなりうるであろう[*38]。

2)　録音・録画記録媒体
① 　改正法の規定と実質証拠問題
　これは「書面」ではないという要件によって、第1項の適用から除外されるのであろうか。除外したとみる場合も、除外によって実質証拠であることを否定したと読むか、1項・2項の規制を受けることなく当然に実質証拠になると読むか、2通りの読み方があるであろう。この点、最高検察庁は、2015年2月12日に新たな依命通知を発出し、録画記録媒体の実質証拠化に積極的な姿勢を示しているところである[*39]。

　他方、たしかに、法301条の2第1項ないし第3項自体は、どこをどう読んでも可視化記録媒体を任意性立証のための補助証拠として用いることを自明の前提とした規定である。逆に言うと、このような補助証拠として使用することについてしか定めておらず、少なくとも条文それ自体は、実質証拠論を肯定する規定ぶりにはなっていない。何も書かれていないことからすると、実質証拠とすることにむしろ否定的なようにみえないわけではないし、そのような解釈論が展開される余地が十分あるものと思われ、結論を言えば、私は、そのような見解に立つ。

もっとも、特別部会では、いわゆる実質証拠を排斥するという方向で話し合われたという経緯があるとはいえない[*40]。実際、法案提出者側は、「現行法上、取調べの録音・録画記録につきましては供述の任意性の証拠としてだけではなく、犯罪事実あるいは情状を立証するための証拠、いわゆる実質証拠として用いることも当然にできると考えられます」としている[*41]。改正刑訴法は、この問題についてはまったくニュートラルでるという考え方もあるであろう。

② 背理という問題

　しかし、そう捉えきれない問題があると思われる。

　たとえば、実質証拠とすることが肯定されるとすると、ここで、可視化記録媒体のなかの捜査段階供述の任意性が争われたならば、その審理・判断は、どうなるのだろうか。そういう問題は生じる。

　第1項からすれば（ここにいう「書面」に「記録媒体」も含まれるとするならば）、その記録媒体における供述そのものが「任意にされたものであることを証明するため」その記録媒体そのものの取調べを請求することになる筋合いである。しかし、それはどうなのだろうか。

　これは、背理ではないのかという問題が生じるというべきである。これは、まさに「自同律の不快」のような事態に陥るというべきところではないだろうか[*42]。逆に、録音・録画記録媒体であるというだけで、1項・2項の立証制限規定を免れてしまうというのもいかにも不合理である。

③ 3項の問題

　この点は、3項の問題、すなわち、324条の問題にも連動するであろう。法301条の2第3項が使われる場面があるかどうか、あるとして一体、どのような場合か。特別部会で、この話はまったくされなかった。

　ここでも、録音・録画記録媒体を実質証拠として許容しつつ、この規定（第3項）を適用しようとすると、いささか妙なことがおきるように思われないではない。というのは、ここでの証人は取調官（あるいは、その立会人）しか想定しえないが、通常は、その取調べ状況そのものの記録媒体を法廷再生して後に、証言が許されるというルートになるものと考えられるからである[*43]。しかし、記録媒体における「被告人供述」のほうが、より直接的であり、取調官らが行う「記銘→記憶保持→表現・叙述」としての証言よりも（捜査段階供述そのものの再現として）正確であることは否定の余地はないだろう。

　そうだとすると、3項のような二度手間を経ることはナンセンスということにならないか。実際には、3項は、結局は、死文化することにならざるをえな

いという想定やもしれないが、あらかじめ死文化を前提とする立法というのも妙な話である。この条文は、可視化記録を実質証拠として許容しないという前提に立っているとの立場に収斂される筋合いのように思われる。
④　実質証拠に関わる実務

　以上の理屈を離れ現状実務の問題として言えば、実質証拠問題といわれているものは、要するに、基本的にはその要証事実と関連性・必要性に還元される問題である。本来、被告人質問のみで足りるのが本則であろう。

　また、実務的には、当事者の合意さえあれば、法廷では、さまざまな顕出の仕方がありうる。音声だけを法廷再生することはもとより可能であるし、反訳文を調べる方法もありうる。その要約文ということも当然ありうるだろう。もとより、合意書面で足りる場合もあろう*44。

　そうなってくると、記録媒体の再生に関わる「実質証拠」問題は理論的には自然に解消されるといえなくもない。と同時に、このような方向は調書が死滅するという方向を示している。調書を作成せず、記録媒体が正確な反訳を経て逐語録として文章（文書）化され、あるいは、正確に要約して書証化されるという方向が生じるなら、これ自体は何ら否定されるべき筋合いではなく、望ましい方向といわなければならない。もっとも、その時々の調書作成に意義を見出す立場もありえよう（たとえば、調書の作成が時々の捜査官の心証＝事実認定を反映するといえる点を弁護戦略的にも有価値とする考えがありえないわけではない）。しかし、それは、やはり「調書裁判」の発想から抜け出ていないものというべきであろう（なお検討を要するところもあるが、基本的にそう言えるものと思う）。

　結局、問題は記録媒体に関わる法廷顕出の方法について当事者で合意されない場合となる。そして、当該記録自体に、任意性に疑いがある場合は、顕出自体にまさに争いがあるわけであって、その典型ということになるだろう。

　翻って考えてみると、録音・録画記録媒体が、インプレッシブで仮に危険な証拠であるとするならば、それは任意性立証に関する補助証拠として使われても同じ筋合いではないのか。そういう議論がありうる。信用性についての補助証拠というならば、一層、実質証拠との区分はファジーになるだろう（したがって、信用性の問題は別に扱うべきとの議論もありうる）。しかし、そうだとすると、任意性を争うほどに、その記録が、その争い自体によって、法廷に顕出される必要性をもってしまうということにもなりかねない。前述した背理感を否めないところがあり、なお検討しなければならない*45。

4 「全過程」原則（第4項）と全件可視化

(1) 例外事由について

1) 基本的な考え方

　例外事由という課題は、「全過程」原則にとって制度の根幹に係る問題である。実際、1号ないし4号の4つの事由は、いずれもさまざまの問題点をはらんでいるといえよう。これらについて、かなり広範な例外事由を定めているという見方もある[46]。しかし、もとより、これらの例外事由は取調官の「裁量」であるわけではまったくなく[47]、客観的な行為規範であり、裁判規範である[48]。そして、その解釈は、次のとおりと考えられる。

　すなわち、例外事由が認められるのは、結局、本人が録音・録画されているという情況下によらない供述を自発的に求め、そのような真意にもとづき録音・録画を拒絶する場合のみになるのではないか。なぜなら、取調べの可視化制度は、結局は、「供述の自由」を確保する制度であり、「供述の自由」の問題である以上、その情況設定いかん（録音・録画によって「十分な供述をすることができない」かどうか）も供述者自身の判断に委ねられるということになる筋合いだからである。なるほど、取調べのリアルタイムの場面では、取調官がそれを判断する構造になってはいるものの、客観的事由の存在を前提にして裁判規範として判断されることには疑いがなく、結局、実際にはリアルタイムに「十分な供述をすることができない」かどうかを決めるのは本人以外にはいない。「供述の自由」にとって背理となる場合（録音・録画によって「供述の自由」が侵害される場合）のみを例外事由と解すべきであり[49]、そうとすれば、上述のとおりにならざるをえないものと思われる。

　以上は、今般の可視化制度を「供述の自由」という観点から捉えた場合であるが（その意味では、一定の権利性を前提にした考え方といえるが）、仮にもっぱら政策的見地から捉えたとしても、例外事由はかなり限定的にしか存在せず、結局は同様の解釈になるというべきである。なぜなら、原則「全過程」という法制である以上、一般的・原則的に、録音・録画の効用が、その弊害を凌駕すること、すなわち、例外該当性は弊害が効用を特に上回るべきものとされたときに限る法制であるといえるからである[50]。

　そして、いうまでもなく、例外該当性の立証責任は検察官にある。検察官は客観的資料にもとづき、これを明らかにしなければならない（しかし、その争

いが生じるときは、本人は例外事由の不存在を主張している場合であるから、それを違っているとして、その本人の意思を無視することになる立証・疎明などなかなか困難な話であろう——後にも論じる）。

以上のとおりであるから、弁護活動によって（被疑者と十分なコミュニケーションを採りつつ、可視化申入れをすることによって）、例外事由を極小化することは可能というべきである。

2) 第4項各号の解釈
① 2号および4号について
まず、2号および4号の「被疑者が十分な供述をすることができないと認めるとき」との実質的な例外事由については、上記したとおりであり、次のように解されるであろう。

すなわち、それに至る独立要件は厳格に解釈されなければならない（当然、客観性をもった疎明資料が必要である）。その上で、上記のとおり、これは可視化が「供述の自由」にとって背理となる事態のみを指すものというべきであり、要するに、自発的意思が録音・録画の設置によって妨げられているという情況が現出していると被疑者自らが判断したときである。可視化申入れがなされている以上、これらの例外事由に該当するとは、およそ考え難い。

なるほど、2号の「その他の被疑者の言動」は、いささか限定性を欠く要件ともいえ、取調官の恣意的判断を許しかねない要素をもはらんでいる。が、これは「被疑者が記録を拒む」こととまったく等価の場合を指すと解すべきであり、実際には、可視化申入れによって、上記のような取調官の恣意的判断を防止することができるであろう。申入れがあるにもかかわらず、例外事由に該当するというのは、申入れが、被疑者本人の真意ではないとか、申入れ時から被疑者の意思が変わったとか、そのような理由付しか考えられないところ、これらは、まさに「要らぬお世話」というべき筋合いであろう[*51]。なお、例外事由該当の立証は、結局、その（拒絶などの）場面での可視化記録によるほかはないと考えられ、その意味でも例外事由該当のハードルは高いものというべきであろう。

4号は2号に比すれば、限定的な独立要件を定めているとの見方がある[*52]。ただ、この事由も可視化申入れによって、例外足りうることを阻止しうるはずである。この場合の例外該当性の立証資料は、理屈の上では、その立証対象に鑑み、必ずしも可視化記録になるとはいえないかもしれない。が、争いにな

った場合、いずれにしても、「記録をしたならば被疑者が十分な供述をすることができないと認め」られなければならないのであるから、それなしに立証しうるとは思えないであろう。
② 3号について
　3号については、特別部会においては4番目の例外事由とされていたものが、条文化の段階では3番目に繰り上げられたものである。現在の4号の1つのパターンと理解されたとき、3号に形式的に該当するだけでは例外事由足りえないと解釈されること（そのような実質的解釈を許容すること）を避けるために、この「繰り上げ」がなされたとも勘繰りうるところである。
　しかし、順番を入れ替えても実質は変わらないというべきであろう。2号および4号と同様の実質的判断をすべきである。また、実質判断の中身をどう考えるにせよ、実質的判断自体を避けることはできまい。そう解さないと、たまたま共犯者の1人に構成員がいるケースなども一律に例外事由とする取扱いになりかねないが、これはいかにも合理的ではあるまい。不合理な法的取扱いが不平等を招くといわざるをえないから、是正する解釈（実質的判断）が必要なことは明らかである。
　仮に実質的判断ができないとするならば、同号は平等原則違反の問題を生じざるをえないのではないか。なぜなら、上記実質的な解釈の部分は、まさに本人の「権利」性（あるいは、少なくとも「利益」）に関わる部分と思われるからであり、かつ、正義（手続的正義）の観念に関わるものだからである。そこについて何らの実質的判断を経ずに社会的身分（ないし、これに準ずる地位）で差異を設けるとすれば、不合理な差別ということになってしまうのではなかろうか[*53]。3号は実質的判断ができないのなら、法令違憲のそしりを免れないことになる。
③ 1号について
　1号は、機器の故障などの、いわば物理的支障である（なお、特別部会では、当初、通訳人の録音・録画拒絶も、この類型に該りうるものとして議論対象とされていたが、これは落とされたという経緯である。したがって、いわゆる通訳人問題は1号の要素足りえないものと解される）。これについては、十分なプロセスを経ることが前提になっている。現実には、このような例外事由は、なかなか想定しにくいであろう。
　ちなみに、義務履行の問題ではないとしても、録音のみ可能ではなかったかというプロセスは経てもらう必要があろう。それは直ちに義務違反とされなく

とも、任意性を疑わしめる1つの要素となるはずである。

　なお、例外事由に関連して、「(例外事由)その他やむをえない事情によって当該記録が存在しないときは、この限りではない」との規定があるが(第1項)、これは、取調官の主観的要素（判断ミスなど）を考慮するという規定ではない[*54]。

(2) 対象という課題

1) 対象事件

① 附則

　対象事件については今後の対象事件拡大を見据えて考察しなければならない。それは何よりも実務の動向に係っている。改正法の附則1条において、施行は、公布の日から起算して3年を超えない範囲とされ、同9条では施行後3年を経過した場合において、実施状況を勘案し、制度の在り方について検討を加え、必要に応じ、所要の措置を講ずる、とされている。この点、附則9条の文言については衆議院法務委員会で議論がなされ修正がなされた。

　すなわち、「被疑者の供述の任意性その他の事項についての的確な立証を担保するものであるとともに、取調べの適正な実施に資すること……等を踏まえ」所要の措置を講ずるという記載のなかに「取調べの録音・録画等に伴って捜査上の支障その他の弊害が生じる場合があること（……を踏まえ）」との文言が挿入され、見直しが拡大方向とは限らないとの体裁とされているのが政府案であったところ、これが問題とされ、修正されることになった。すなわち、「捜査上の支障その他の弊害」といった問題は、踏まえるべき事項ではなく、留意事項に格下げされることで、修正の決着をみたのである[*55]。

② 依命通知など

　このように、改正法において、対象事件の段階的な拡大が見通しうるともいえるのであるが、可視化の運用は、現在、検察庁においては、最高検の2014年6月16日付依命通知にもとづきなされていて、これは上記条文と一体的に考えるべきものとされている[*56]。検察庁においては、上記依命通知にもとづいて、「全過程」録画運用を本格実施事案については、ほぼ全面化させ、試行拡大対象事件についても相当広範に履践している。

　他方、警察の運用はかなり立ち遅れているといわざるをえないところがあったものの、裁判員裁判対象事件と知的障がい者の事件という2類型については、近時、急速な実施強化の傾向自体は、これをみてとることができる[*57]。

2) 対象範囲
① 身体拘束以前の被疑者

　対象範囲については、とりわけ、被疑者取調べについては身体拘束いかんをどう捉え直していくべきかが大きな課題といえる。

　実際、上記最高検の依命通知の試行拡大対象のなかで、被害者・参考人の取調べは、それが「立証の中核」であれば可視化試行対象とされているものの[*58]、ここに身体拘束以前の被疑者が当然に入るかどうかは議論がありうるかもしれない。形式論理的に法198条の取調べと法223条のそれは違うというとすれば、被疑者は、依命通知でいう「参考人」には入らないという見方もありえようからである。そのように捉えるとすれば、身体拘束以前の「被疑者」は、「被疑者」である限り、試行の対象にされないことになり、この部分のみは依命通知上もドロップされていることになってしまう。しかし、それはいかにも合理的ではない。

　むろん、身体拘束以前の任意取調べは自らICレコーダーを持ち込んでのいわゆる自己可視化が許容されるべきであるが、現にICレコーダーの存在を明示したとき、捜査機関において録音を認めないという扱いをしている以上、これは「実質」身体拘束下とみることも十分可能である。そうとすれば、これは対象範囲に含まれてくる筋合いであり、少なくとも、現段階において、身体拘束以前の「被疑者」取調べも当然に試行対象として扱われるべきとの結論になる[*59]。

② 附帯決議

　対象という課題について、今般の改正法についての衆議院法務委員会・附帯決議は、「検察官及び検察事務官並びに司法警察職員は、取調べ等の録音・録画に係る記録媒体が供述が任意になされたものかどうか判断するための最も重要な証拠となり得ること及び取調べ等の録音・録画が取調べの適正な実施に資することに鑑み、刑事訴訟法第301条の2第4項の規定により被疑者の供述及びその状況を記録しておかなければならない場合以外の場合（被疑者以外の者の取調べに係る場合を含む）であっても、取調べ等の録音・録画を、……できる限り行うように努めること」としており、「人的・物的負担、関係者のプライバシー等にも留意しつつ」との留意事項が附加されているとはいえ、これは実務運用上、大変有意義な決議といいうる[*60]。

　弁護人としては、この附帯決議を根拠に、警察か検察かを問わず、広範な可

視化申入れを全面化させ、個々の事件で可視化を実現させていくことになる。そのように運用実績を拡充させつつ、可視化を欠いた場合の捜査段階供述は、もはや、その証拠価値を認めさせないという弁護実践を展開していくことになるであろう。それが「対象という課題」を現実に克服する途になると思われる。

5　まとめに代えて

　取調べの可視化制度の法制化によって我が刑事司法実務は新たなステージを迎える。というより、法制化以前に、現在すでに、身体拘束下とはいえ、警察段階をも通じての「全過程」録音・録画事案は必ずしもめずらしいものではなくなっており、その意味で、取調べの可視化時代は到来していることが明らかである。

　そうであるからこそ、「全過程」原則という基軸が法制化されるべき必要性は高いというべきである。それを踏まえて、弁護実践が展開されていけば、その施行をまつまでもなく、可視化なき捜査段階供述は証拠としての価値を失うことになるのではないだろうか。そのような道筋を刑事司法実務のなかに見据えていくべきときだと思う。

　そこで改めて、捜査段階供述の意味が問われるのだと思われる。捜査過程の透明化の要請と公判中心主義・直接主義の要請が重なりつつ、ずれるかもしれないという地点に立って、21世紀型刑事司法の実りある論争も可能となる。さらに可視化を防御権実効化の武器とすることによって、本当の当事者対抗主義の実現も展望できるのではないか。法301条の2は、その世界への入口のように思われる。

---

*1　平成27年第189回国会提出・法務省「刑事訴訟法等の一部を改正する法律案関係資料」26頁以下。同2頁は「この法律案の要点を申し上げます」として、次のとおり述べている。「第1は、取調べの録音・録画制度の創設であります。すなわち、裁判員制度対象事件及びいわゆる検察官独自捜査事件について、逮捕・勾留中に行われた被疑者取調べ又はいわゆる弁解録取手続の際に作成された供述調書等の任意性が公判において争われたときは、検察官は、原則として、その被疑者取調べ等を録音・録画した記録媒体の証拠調べを請求しなければならないこととした上で、検察官、検察事務官又は司法警察職員が、逮捕又は勾留されている被疑者の取調べ等を行うときは、一定の例外事由に該当する場合を除き、その全過程を録音・録画しておかなければならないこととするものであります」。

*2　本稿は、2015年11月上旬の段階で脱稿している。周知のとおり、第190回国会におい

て同法は成立し（2016年5月24日）、同年6月3日に公布された。本稿は、上記脱稿段階以降、基本的な部分では修正を加えていない。脱稿後の情報で重要なものが洩れているところもあると思われるが、その点、御海容いただきたいと思う。

*3　本文で言及したとおり、特別部会の場では、そういう条文の位置まで議論されたとはいえない。もっとも、後掲注*4でも言及しているとおりであり、これ自体、予測できたはずだといわれれば、あるいは、そういえるのかもしれない。

*4　私自身、特別部会で、立証方法の制限ということなら、条文の位置は「300条とか302条とかあの辺りに来るのか」との推測を述べたことがある（法制審議会新時代の刑事司法制度特別部会第26回会議〔2014年4月30日〕議事録22頁）。また、2013年4月25日には、私自身、「法302条の2」として立証方法制限規定の案を特別部会第1作業分科会に提案したことがある。

*5　日本弁護士連合会（以下、日弁連という）の可視化法案（2003〔平成15〕年12月）は、198条の2として、全過程原則を置き、322条の2として、証拠能力制限規定を置いていた（小坂井久『取調べ可視化論の現在』〔現代人文社、2009年〕198以下頁参照）。民主党案は、2004（平成14）年3月（第159回国会）に弁護人取調べ立会権を含めて、衆議院に提出され（4月に衆院法務委員会で否決）、2007（平成19）年12月（第168回国会）および2009（平成21）年4月（第171回国会）では、可視化（と証拠リスト開示）に絞って提出されて、参議院では可決されたのであるが、これらの法案の各条文の位置も基本的には日弁連案と同様であった（小坂井・前掲書199頁以下参照）。

*6　法制審議会新時代の刑事司法制度特別部会第26回会議「配布資料65」。もっとも、後にも本文で言及するとおり、この「事務当局試案」は、いわば「当局」側において、「史上はじめて」取調べ録音・録画制度につき、「全過程」原則一本に絞った案を示したものである（本文でも言及する）。

*7　条文作成者側の「思惑」についての推察については、小坂井久＝丸山和大「取調べの可視化と氷見事件」判例時報2261号（2015年）42頁参照。

*8　小坂井久「刑訴法301条の2第4項という根本規範の創設について」大阪弁護士会月報2015年5月号41頁参照。ちなみに、2015年6月9日の衆議院法務委員会において上川陽子法務大臣（当時）は「法制的な理由から公判の章に置くことになるわけでありますが、原則として逮捕、勾留中の取調べの全過程について録音・録画を義務づけるというものでございまして、取調べの適正な実施に資するものであるということにつきましては、何ら変わるところはないというふうに考えているところでございます」と答弁している。

*9　「時代に即した新たな刑事司法制度の基本構想（第19回会議・平成25年1月29日）を踏まえての作業分科会での検討も、録音・録画義務履行の「実効性の担保」という観点でなされてきた（たとえば、第1作業分科会・第7回〔2013年10月2日〕配布資料9参照）。また、作業分科会終了後の第23回会議（2014年2月14日）の配布資料64「作業分科会における検討結果（制度設計に関するたたき台）」も、まさに、その趣旨で説明されていた。本文で言及するとおり、それが「転倒」したのは第26回会議（2014年4月30日）の「事務当局試案」においてである。

*10 前掲注*4議事録2頁〜3頁の保坂和人幹事の説明。同15頁では「録音・録画というものの有用性あるいは効果としまして、取調べの適正確保あるいは供述の任意性の判断に資するということが言われておりますが、こういった録音・録画による効果といいますのは、記録していることそのものから直ちに生じるわけではなくて、飽くまで事後的に記録が吟味されるということ、つまり、その録音・録画記録の利用可能性によるものだというふうに考えたところでございます。したがいまして、取調べ状況の立証方法を制限し、それによって裁判所が録音・録画記録を利用できることを直接的・端的に担保するという仕組みを設けるのであれば、まずはその録音・録画記録の証拠請求義務というものが重要であり、その証拠調べ請求義務をきちっと履行できるために取調べの段階から録音・録画を義務として行っておくという関係と位置付けるべきものと考えたので、このような記載にしておるところでございます」とされている。

*11 前掲注*4議事録22頁以下の小坂井発言参照。

*12 神洋明幹事と後藤昭委員の質問に対する、前掲注*4議事録5頁の保坂幹事の回答参照。

*13 たとえば、2011（平成23）年3月の「検察の在り方検討会議」の提言さえ、知的障がい者の取調べについて「全過程を含む」とされていたにとどまる（が、当時は、これ自体、画期的といえた）。2011年8月の法務省内勉強会の最終見解は「可視化」という言葉を使いつつも、どちらかといえば、捜査官裁量論に傾斜していたといえるであろう（小坂井久『取調べ可視化論の展開』〔現代人文社、2013年〕84頁以下参照）。また、2012（平成24）年2月の国家公安委員会委員長研究会の最終報告における制度構想は、「全過程」原則案と捜査官裁量論案の両論併記であった。

*14 大澤裕＝上野友慈＝小野正典＝香川徹也＝露木康浩＝小木曽綾＝川出敏裕「（座談会）『新たな刑事司法制度』の構築に向けて——法制審議会答申の検討」論究ジュリスト12号（2015年）14頁以下〔川出発言〕。

*15 強いていえば、第25回会議（2014年3月7日）の元警察庁長官・佐藤英彦委員の発言は、この趣旨を一部含んでいたものといえなくもない（同議事録34頁以下）。しかし、同見解は、義務規定（今般、301条の2第4項として規定されたもの）を不要とする見解で、証拠法ないし証拠調べの観点（今般、1項ないし3項として規定されたもの）だけを規定すればよいとの意見であった。その意味では「転倒」が主張されたわけではまったくない。結論としていえば、これは採用されなかった考えである。

*16 川出敏裕「被疑者取調べの録音・録画制度——法制審議会答申に至る経緯」刑事法ジャーナル42号（2014年）10頁以下は、立証方法制限規定を特別部会の議論に則して、あくまでも「録音・録画の担保手段」と捉えて論述されている。

*17 前掲注*14座談会15頁。この2つの見方以外に、前掲注*10の保坂幹事の説明からすれば、むしろ4項のほうが1項を「担保」する規程とする「見方」がありうるかもしれないが（もとより、そんな議論は特別部会ではおよそなされてはいないが）、もしそうだとすると、無駄な「担保」措置をわざわざ定めているものとも思い難く、むしろ1項の範囲は4項に近接してくる前提があるというべき筋合いであろう（この広狭の問題は、本文で言及するとおりである）。

*18 堀江慎司「取調べの録音・録画制度」論究ジュリスト12号（2015年）63頁。

*19 このように堀江の表現にはいささか「含み」があるので、必ずしも単純に任意性に純化した規定として解釈するとされているわけではないものと思われるところがある。その意味では、本文の記述は、単純化したものということになるやもしれず、あるいは、堀江の本意に添っていないところがあるかもしれない。
*20 堀江・前掲注*18論文63頁。これに続いて、「もちろん、場合によっては、それ以外の取調べ過程の記録も調書中の供述の任意性判断に役立ちうるので、録音録画自体は全過程について義務づけておく必要があるが、必ずしもすべての過程の記録が裁判所の任意性判断のために必要になるとは限らない。にもかかわらず全部の請求をしないと調書不採用とするのは、上記の制度趣旨に照らして過剰である。そのため、他の取調べ過程の記録については、当事者の任意での請求（または職権での採用）に委ねたのだと解される」とされている。
*21 堀江・前掲注*18論文64頁。この義務違反の、いわば各段階論については、本文で順次、言及していくこととしたい。
*22 前掲注*4議事録参照。ちなみに、法案提案者側のフレーズも一貫して「供述の任意性の的確な立証を担保するとともに、取調べの適正な実施に資するという政策的見地から導入（する）」というものである（たとえば、2015年5月29日第189回国会衆議院本会議における上川陽子法務大臣答弁）。
*23 たとえば、小坂井久「取調べ可視化の時代」季刊刑事弁護82号（2015年）15頁参照。
*24 前掲注*4議事録19頁以下の井上正仁委員の発言もそのような趣旨のように思われる。
*25 前掲注*4議事録14頁の香川徹也幹事の発言参照。なお、1項として請求された記録媒体を裁判所が取調べなければいけないとはなっていない、と発言されている。
*26 「ミニマム」との表現は前掲注*24の井上委員発言の中にある。
*27 前掲注*4議事録2頁、15〜18頁における保阪幹事の発言参照。たしかに、保阪幹事は村木厚子委員の問いに対して、「1日目から9日目までにいろいろの供述のやり取りがあって10日目に供述調書を作成する取調べがありましたという場合には、その10日目の供述調書を作成した取調べの録音・録画記録を検察官は証拠調べ請求をしなければならないという趣旨」と答えている（16頁）。私の問いに対しても、その1日をさらに限定しうる趣旨ともとれる答えがなされている。が、他方で、「前の取調べと調書を取る取調べとの内容の一体性などに鑑みて、結局、調書を取った取調べと同一の機会といえるかどうかを判断せざるを得ないだろう」とされており、「内容の一体性などに鑑み……同一の機会といえるか」という観点は、本文で展開した解釈を直ちに排斥するものではないものと思われる。実際、前掲注*10のように、立証方法制限規定（証拠調請求義務）のために「全過程」原則義務化の規程を措いているのだとみるとすれば（みるのだとしても）、無駄な「担保」措置をわざわざ設定するはずはなく、1項の範囲は4項のそれに極めて近いものになるはずである。
*28 葛野尋之「取調べの録音・録画制度」法律時報86巻10号（2014年）18頁参照。ただし、この見解は解釈論として展開されているのか、あるべき実務運用論を説かれているのかは必ずしも定かではない。また、こう解することは、条文解釈として文理上の困難を否定し難いようにも思われる。そうとすれば、後者の意味と考える以外ないが、この点、

なお検討を要するであろう。
*29 後藤昭委員の質問に対する、前掲注*4議事録20〜21頁の保阪幹事の回答参照。
*30 この場面で記録媒体の中身自体を裁判所が確認するのは相当でないように思われるが、なお検討したい。
*31 川出幹事の質問に対する、前掲注*4議事録20頁の保阪幹事の回答参照。被告人質問の結果、主張自体失当であることが明白となる場合が想定されていると解される。争点形成責任がない状態で、第2項によって書面が却下されたとすれば、被告人質問の反対質問において検察官が任意性いかんについて、とやかく発問することは、本来、許されないはずである。そうとすれば、このような職権採用という事態は、弁護人の主質問で大失敗を犯したというケースくらいしか、現実には考えにくいのではないか。ほとんど想定しえないとしたゆえんである。
*32 川出・前掲注*16論文11頁は、このような場合の職権採用を想定しているように読めなくはないが、もしそうだとすると、本文で言及するとおり、相当ではないように思われる。
*33 特別部会第2回会議議事録26頁の小坂井発言参照。
*34 前掲注*33議事録27頁。
*35 実際、私自身、在宅取調べを対象範囲とするべく、その際の基準として、「取調室」で範囲を画することを提言したことがある。ただし、「取調室」以外は「取調べ」を禁止することとセットにする制度の提言である（小坂井・前掲注*13書86頁参照。たしかに、このような制度を構想した場合は、「現場供述」については、別途規定せざるをえないこととなろう）。
*36 2015年5月27日衆議院法務委員会で、法案提出者側は次のとおり述べている。「本法律案におきましては、逮捕、勾留されている被疑者を本制度の対象事件について取り調べる場合を取り調べ録音、録画義務の対象としております。その場所については、捜査機関の施設に限定しているわけではございません。したがいまして、逮捕、勾留中の被疑者を捜査機関以外の場所におきまして、対象事件について取り調べる場合でありますとか弁解録取の手続を行う場合があるとすれば、それは取調べの録音、録画が義務づけられることとなります」（林眞琴刑事局長答弁）。これは、本文で言及しているところをストレートに肯定している答弁とまでは言えないかもしれない。しかし、趣旨としては同様と思われる。
*37 なお、2015年3月9日、大阪地方裁判所（第4刑事部・斉藤正人裁判長）において、ロシアの刑事手続による取調べ録画DVDが法廷顕出され、実況見分について「現場供述見分」と訳され、再生されていたところである（傍聴席で確認できた）。現場へと出発する場面、現場に向かう場面、現場に到着する手前からの場面と比較的に丁寧に映されている憾があった。「一部録画」で、たとえば、リハーサルを経ているのではないか、といった疑いもないとはいえないけれども、ロシアの刑事手続の運用において、実況見分の基本的なプロセスについて、これを録画する取扱いがあることは確かである。これは参考に値するであろう。
*38 これは本文で言及した、先行取調べが「心理的強制を生じさせる事実が主張された場合」

に該るであろうか。むしろ、内容の一体性を考慮すべき場面かもしれず、端的に取調べの「開始」を主張すべきところであろう。

*39 最高検判第22号（平成27年2月12日付）「取調べの録音・録画を行った場合の供述証拠による立証の在り方等について（依命通知）」。

*40 特別部会第10回会議。積極的肯定説があり、他方、消極的見解も時期尚早論ともいうべきものであったことに照らすと、むしろ、実質証拠とすること自体は、否定しない方向の話になっていたというのが正解であるかもしれない。

*41 2015年6月9日衆議院法務委員会の林刑事局長の答弁。

*42 「自同律の不快」は、埴谷雄高『定本死霊』（講談社、1976年）に登場する言葉である。

*43 観念的には、1項の請求義務は果たされたものとして、法廷再生せずに（あるいは、公判前整理手続における事実取調べだけで）、公判では第3項の取調べから始まることが考えられなくはない。しかし、いやしくも、「任意性」の争いが生じている場面であるから、厳格な証明を要するとする以上、そのような展開は現実には考え難いのではないだろうか。

*44 本文で述べたところは、記録媒体の再生を「要旨の告知」（刑訴規則203条の2）に代えることができるという意味ではまったくない。「要旨の告知」は、あくまでも「朗読に代えて」可能となるものであり、「再生」について「要旨の告知」をする根拠はない。「再生」について「要旨の告知」をすることは違法というべきである。法305条4項も、大前提は調書の存在であるから、その根拠にはならない。「再生」が「展示」と「朗読」の2要素にきれいに分解されるわけのものではないと思われる。「朗読」の対象となる書証の存在なしに「要旨の告知」はなしえないというべきである。

*45 可視化記録媒体による任意性立証という問題のほうが、実は難題というべきなのかもしれない。なお、任意性立証と実質証拠と取調べを2回すべきかどうかという問題もある。1回で足るとするとき、そもそも立証趣旨と心証の採り方という問題をも改めて詰める必要がある。公判前整理手続での処理という考えも生じるが、なお検討すべきであろう（前掲注*43も参照）。

*46 葛野・前掲注*28論文19頁以下参照。

*47 特別部会第1作業分科会第10回会議（2014年1月22日）の井上正仁分科会長の発言（議事録12頁）参照。

*48 前掲注*4議事録26頁の今崎幸彦委員の発言参照。

*49 小坂井・前掲注*23論文15頁参照。

*50 堀江・前掲注*18論文59頁以下参照。堀江は、「『弊害』といえるためには、録音・録画が、（取調べでの圧迫等を除去・抑止することにより）そもそも喋りたくないという意思が尊重されるようにするという以上に、被疑者に供述を躊躇・回避させることになる特別の事情が存することが必要であろう」とされる。これは政策的見地から考察しても、結局は、「『供述の自由』背理論」と同様の解釈になることを示しているものと思われる。

*51 小坂井久『取調べの録画・録音制度の課題——要綱案を踏まえて』刑事法ジャーナル42号（2014年）36頁参照。

*52 たとえば、堀江・前掲注*18論文60頁参照。

*53 憲法14条の解釈については諸説あるけれども、このような場合を含めてよいものといえよう。
*54 前掲注*48の今崎委員の発言参照。
*55 これは、特別部会での議論（今般の制度化が段階的実施の第一歩であることを前提に有識者委員5名の方々が取りまとめを了承したとの経緯）と趣旨が違う要素が混入しているのではないかという問題であった。この点、たとえば、2015年6月10日衆議院法務委員会において、特別部会委員であった周防正行参考人は、制度の段階的な拡大を前提として取りまとめに応じた旨明言しておられ、また、諸外国において、可視化制度について縮小方向で見直された例などがないことにも言及されていた。上川陽子法務大臣も、「見直し」について「後退することはない」旨答弁するに至っている（2015年8月5日衆議院法務委員会。清水忠史委員の質問に対する答弁）。
*56 「調査審議の結果」のうち附帯事項（同10頁）参照。なお、この依命通知の内容と解釈については、川崎拓也「平成26年6月16日付依命通知の解釈論的検討」季刊刑事弁護82号（2015年）20頁以下参照。
*57 警察は、2012年3月に、国家公安委員会委員長研究会の最終報告を受けての「捜査手法、取調べの高度化プログラム」を発して、裁判員裁判対象事件の試行を拡大し、知的障がい者の事件についての試行をも開始したが、特別部会の議論過程をも踏まえ、近時にあっては、上記各対象事件については試行を急速に徹底化させているといえる（2014年7月及び2015年5月に公表された実施状況〔警察庁ホームページ〕を参照）。なお、脱稿後の補筆として、警察庁は、2016年4月以降、発達障害・精神障害を有する被疑者に対しても試行対象としている旨、さらに、同年10月1日以降の試行として、改正法に合わせての「全過程」試行と制度対象事件以外の場合も個別事案ごとの判断での録音・録画実施を指針として示すに至ったことを付記する。
*58 川崎・前掲注*56論文参照。
*59 現に、私自身の受任ケースにおいて、検察官の被疑者在宅取調べについて録音・録画されたケースに接したので、この旨、補筆しておく。
*60 2015年8月5日衆議院法務委員会「刑事訴訟法等の一部を改正する法律案に対する附帯決議」。特別部会第29回会議（2015年6月30日）議事録6頁〔安岡発言〕、9頁〔小坂井発言〕、11頁〔種谷発言〕、15頁〔神津発言〕、16頁〔上野発言〕、20頁〔椎橋発言〕、21頁〔松木発言〕、23頁〔青木発言、後藤発言〕、39頁以下〔小坂井発言、酒巻発言、井上発言〕等々で激しく議論された課題が、附帯決議というかたちにおいては、結実したとも評価できる。なお、脱稿後の補筆として、2016年5月19日参議院法務委員会「刑事訴訟法等の一部を改正する法律案に対する附帯決議」参照。

（こさかい・ひさし）

韓国における
取調べ録音・録画制度の導入と展開
映像録画物の証拠能力および実質証拠化をめぐる議論を中心に

李 東 熹

韓国・国立警察大学教授

1 はじめに
2 韓国の映像録画制度の概要と実施状況
3 被疑者訊問調書および映像録画物の証拠能力に関する立法経緯
4 映像録画物(取調べDVD)の証拠能力と実質証拠化をめぐる議論状況
5 結びに

1 はじめに

2003(平成15)年10月、大法院・司法改革委員会の発足を契機に、本格的に推進されてきた司法改革の作業は、その成果として、新たな法曹養成システムとしてのロー・スクール制度と国民の司法参加を実現するための国民参与裁判制度を導入するとともに、2007(平成19)年の刑事訴訟法の全面的な改正[*1]を導くことに至った。本稿のテーマである取調べの録音・録画制度[*2]も、司法改革の産物である2007年の刑事訴訟法改正により、正式に導入された制度である。

被疑者取調べ手続を適正化するという改革課題は、韓国と日本の両国において刑事司法分野で共通する課題である。韓国では、被疑者取調べにおける人権侵害の防止は、韓国の近代歴史を通して、常に重要な課題として位置づけられてきた。刑事訴訟法の制定時には、取調べ手続の適正化を図るため、あらゆる法制や施策が設けられた。また、2007年の刑事訴訟法改正においても、取調

べ録音・録画制度が新設されるのみならず、取調べの適正化を目指す多様な措置が講じられた。弁護人立会い制度の明文化、被疑者訊問調書の作成方法の改善、陳述拒否権の告知内容の具体化、被疑者取調べ情況の書面記録制度の導入、信頼関係人の同席制度の新設などがそれである。弁護人立会い制度を含む新たな制度は、その有効性や充実性に対する評価に偏差はあるものの、徐々に定着して行く状況であると言えよう。

では、取調べの適正化の一環として導入された映像録画制度は、当初の狙い通りに取調べの適正化を向上させる展開を見せているのか。韓国の現行映像録画制度は、司法改革の成果として導入されたのは間違いないが、違法捜査の監視という本来の機能を果たすには限界のある立法であった。何よりその実施方式を義務化せず捜査機関の裁量にしたことにその理由があるのであろう。もはや制度施行年数が重ねられ、その妥当性などを評価し得る実績も蓄積されている。最近は、映像録画物（取調べDVD）を有罪を立証するための証拠として使用することを許容するか否かをめぐる論争が両国でイシューになっている。

以上のような状況に踏まえ、本稿は、映像録画物の証拠能力および実質証拠化の問題を含め、韓国における取調べ録音・録画制度の状況を紹介することを目的としている[*3]。このような目的の下で、以下では、まず2007年改正法における映像録画制度の概要としてその手続・実施方式などを紹介する。引続き、取調べを録音・録画したDVD（映像録画物）の証拠使用と関連して、取調べ録音・録画制度と映像録画物の証拠能力に関する規定がどのような沿革と経緯を辿りながら立法に至ったのか、その立法経緯を検討する。また、映像録画物の証拠能力と映像録画物の実質証拠化をめぐる議論状況について検討した後、韓国の録音・録画制度に対する評価と今後の課題について言及する順序で論議を進めたい。

2　韓国の映像録画制度の概要と実施状況

(1)　2007年改正法の概要

2007年の改正刑事訴訟法（以下、「改正法」と略称する）は、捜査機関が被疑者取調べを録音・録画することができるよう、その根拠規定を設けた（改正法244条の2）。改正法は、映像録画制度の手続と方式について、以下のように3つの項で構成される1つの条文に概括的に規定している。

244条の2（被疑者陳述の映像録画）
① 被疑者の陳述は、映像録画することができる。この場合、あらかじめ映像録画の事実を告げなければならず、調査（取調べ）の開始から終了までの全過程および客観的な状況を映像録画しなければならない。
② 1項による映像録画が完了したときは、被疑者または弁護人の前で遅滞なくその原本を封印し、被疑者をもって記名捺印または署名させなければならない。
③ 2項の場合に被疑者または弁護人の要求があるときは、映像録画物を再生して視聴させなければならない。この場合、その内容について異議を陳述するときは、その趣旨（旨）を記載した書面を添付しなければならない。

1) 捜査機関の裁量による実施

　当初の政府提出案では、被疑者の陳述を映像録画するためには被疑者または弁護人の同意を必要としたが、国会・法制司法委員会の審議過程で、捜査機関が被疑者に対して映像録画事実を告知さえすれば映像録画することができるように修正された。

2) 全過程の映像録画

　また、改正法は、映像録画するときには、取調べの全過程および客観的な状況を映像録画しなければならないとしているが、これは部分的な映像録画による事実歪曲などの可能性を排除するためであるという。一方、政府提出案では、「調査の全過程および客観的な情況をすべて映像録画」するようになっていたが、審議過程では、ここで言う「すべて」の意味の解釈をめぐって、意見対立があった。捜査機関が一応被疑者取調べを映像録画するなら、「すべて」の取調べにおいてその開始から終了までの全過程を映像録画しなければならないことを意味するという見解もあったが、結局、法制司法委員会の全体会議では、「すべて」という表現を削除する議決が行われた。

3) 編集・偽作の防止

　さらに、捜査機関による編集や偽作を防止するため、映像録画が完了した場合には、被疑者または弁護人の面前で、直ちにその原本を封印し、被疑者をして記名捺印または署名させるようにしている。

4) 参考人取調べの映像録画

　一方、参考人取調べの映像録画に関する規定は、政府提出案には設けられていなかったが、法制司法委員会の審議過程で、本人の同意を受けて映像録画することができるようになった。改正法では、参考人取調べの映像録画については、被疑者取調べの場合とは異なり、取調べの開始から終了までの全過程と客観的な状況を映像録画しなければならないのかについて明文規定がないが[*4]、大法院・法院行政処が発刊した『刑事訴訟法改正法律解説』では、「被疑者取調べの映像録画に準じて、取調べの開始から終了までの全過程および客観的な情況を映像録画すべきであると見る」という解説が掲載されている。

(2) 関連問題

1) 捜査機関の裁量による実施方式

　現在の映像録画制度は、捜査機関の裁量によって行われる方式を取っている。それは、後述するように、制度導入の提案自体が検察側の主張によって行われ、司法制度改革推進委員会での議論が主に映像録画物の実質証拠化の問題に集中したのが義務化に至らなかった理由の１つである。

　しかし、このような方式によっては、結局、録音・録画制度の本来の趣旨である捜査機関の被疑者取調べに対する外部監視という機能を十分確保することができず、捜査機関が映像録画物を証拠とするため、自分に有利な場合にのみ、便宜的に活用する制度として転落させる危険性がある。被疑者取調べの適正化のため、外部監視制度として録音・録画制度を活用しようとすれば、これを捜査機関に義務付ける方式で制度を施行するのが最も望ましいであろう。必要以上の録音・録画による浪費を懸念するのであれば、罪種や犯罪の軽重、被疑者の身柄拘束の有無、自白・否認などを基準として、映像録画が要求される対象事件を限定する方法も考慮されうる。すべての事件に録音・録画を義務付けることについて、被疑者のプライバシー保護などの観点からこれに反対する意見もあり得るが、そうであれば、原則的には義務化し、被疑者が制度の趣旨について説明を受けた後、明示的に不同意する場合にのみ、消極的に録音・録画を実施しない折衷的な方式も可能であろう。現行法は、映像録画制度を専ら捜査機関の裁量による捜査機関のための制度として位置づけているに違いないが、少なくとも、被疑者や弁護人に映像録画を請求する権利程度は認め、捜査機関が取調べ過程で暴言・強圧、利益誘導などの違法的な取調べを行うことが予想

される場合には、それを阻止する方法として、映像録画制度を活用することはできるようにする必要があると思う。

　このように取調べを受ける被疑者が映像録画を申請する権利を認めるという筆者の提案は、実際、議員立法案として国会に提出されたことがある。法務部は、この立法案について否定的な意見を表明したことがあるが、以後、それを受け入れ、2010（平成22）年12月立法予告した刑訴法一部改正法律案に映像録画申請権を認めるに至った。被疑者が取調べを映像録画することを求める場合、「正当な理由がない限り」、映像録画しなければならないようにする改正案である。

2)　映像録画物の作成個数と複製本の被疑者交付
　改正法は、映像録画物の個数に関して、封印する1つの原本についてのみ規定しており、その他の原本または複製本については言及していない。この原本は、捜査や裁判で使用する証拠資料として保存されるものである。
　このように改正法は、複製本の被疑者交付を義務化する規定、または被疑者・弁護人の複製本の交付を請求する手続規定を設けていない。改正法は、証拠開始制度を導入し、被告人・弁護人の書類など（録音テープ・ビデオテープ・コンピューター用ディスクなどを含む）に対する閲覧・謄写権を認めているが、その権利は、公訴提起後に限られる。現行法の解釈上、捜査記録に対する被疑者の閲覧・謄写権が極めて制限されている現実を勘案すると、複製本の交付に関する規定不在は、その権利の不在と解釈されるわけである。

3)　調書の代替可能性
　改正法は、捜査機関の被疑者訊問（被疑者取調べ）における調書作成については、改正前と同様に、「被疑者の陳述は、調書に記載しなければならない」と規定している（刑事訴訟法244条1項）。この調書作成規定を被疑者訊問に伴う義務規定と見る限り、捜査機関が映像録画を実施する場合においても、調書の作成は、欠かせない手続となる。したがって、捜査機関が一件の取調べを行うときには、現行のとおりに調書を作成するのは勿論、映像録画に伴う手数も同時にかかる。
　また、実務的には、映像録画物を製作してその原本を封印措置する以外にも、被疑者または弁護人の要求があるときは、映像録画物を再生して視聴させた後、その内容について異議を陳述したときには、その趣旨を記載した書面を

作成・添付しなければならない（改正法244条の2第3項）。映像録画制度を実施している各国の例や韓国の試験実施の方式に従う場合には、捜査と裁判の便宜上、映像録画物の録取要約書も作成することになる。さらに、改正法によると、映像録画物を公判低で証拠として提出するためには、映像録画された陳述内容のすべてを録取した録取書も作成しなければならない（改正法312条の2第3項）。これは、捜査機関に少なくない業務負担になる。

　映像録画と併合する調書作成は、捜査機関の業務負担になっており、その必要性に疑問が提起されている。義務化されるなら、個々の問答を調書に再現するような形で、膨大な分量の調書を作成する必要性は乏しいと思われる。むしろ、被疑者の供述を捜査機関が要約して録取するという調書の性質上、正確性が担保されない虞がある。実際、検察官作成の被疑者訊問調書と映像録画された供述の不一致が問題とされたこともある。調書作成を省略して、映像録画物を調書を代替物として使用することにし、ただし、起訴段階や裁判段階において、映像録画物を一々再生することなく、録音録画されている供述の要旨を確認する必要はある。したがって、必要に応じて取調べ内容をすべて録取する場合を除いては、調書作成の代わりに、捜査機関の作成名義の捜査報告書のような書面に被疑者供述の要旨を簡単に記述して置けば足りるであろう。若し、調書の作成を維持するなら、被疑者の供述の要旨のみを簡単に記述する調書にすれば足りるのではないだろうか。

(3) **実施状況**

　被疑者取調べに対する映像録画の実施状況を見ると、まず、警察の場合、被疑者取調べの映像録画は、2006（平成18）年760人、2007年11,876人、2008（平成20）年61,510人、2009（平成21）年50,224人、2010年26,368人である。警察の内部指針では、殺人・性犯罪・贈収賄・選挙法違反の事件については、原則として映像録画するようにしている。しかし、全体的に見ると、改正法の施行初年である2008年には、実施件数が急増したが、以後減少している状況である。ただし、最近の警察内部の集計によれば、2013（平成25）年度の場合は、総40,967件で以前より増加した状況である。また、参考人取調べの映像録画は、2006年188人、2007年5,137人、2008年27,828人、2009年23,147人、2010年11,791人である。

　一方、検察の場合は、2007年16,012人（拘束3,402人、不拘束12,610人）、2008年24,248人（拘束4,278人、不拘束19,970人）、2009年20,242人（拘

束2,250人、不拘束17,992人）である。概観すると、試験実施の段階であった2007年に比べ、正式の施行後である2008年からは増加している状況ではある。また、参考人取調べの映像録画は、2007年2,585人、2008年3,521人、2009年2,559人である。

　検察の方が警察に比べより積極的に運用していると言えよう。映像録画室の数も、2013年度の基準で全国的に837個であり、警察の650個余りより多い方である。それは、後述するように、刑訴法上、検察官の被疑者取調べ映像録画物と警察のそれとは、証拠としての使い道に差があることによるものである。すなわち、検察の映像録画物は、検察官作成の被疑者訊問調書の証拠能力を認める要件である「成立真正」を裏付ける補完証拠として使うことができるので、その必要性が相対的に高いからであろう。

3　被疑者訊問調書および映像録画物の証拠能力に関する立法経緯

(1)　制定刑事訴訟法における取調べ規制の構想

1)　制定刑事訴訟法における被疑者訊問調書の証拠能力の制限

　政府樹立後、刑事訴訟法を制定するため、努力が続けられる過程で、1948（昭和23）年9月15日に法律編纂を目的とする「法制編纂委員会職制〔大統領令第4号〕」が公布された。法律編纂委員会の主導で作成された刑事訴訟法政府案は、1953（昭和28）年1月13日に国会に提出され、翌日「国会法制司法委員会」に回附された。

　以降、法制編纂委員会が作成した刑事訴訟法政府案に対する国会法制司法委員会の審議は、その後約1年間続く。当時、民選野党出身の議員が中心であった法制司法委員会（小委員会）は、政府案に対して、計89項目に至る修正を議決し、公聴会等を経た後、1954（昭和29）年2月15日国会本議会に「刑事訴訟法案審査報告の件」として、その修正案を上程した。修正案は、1954年2月19日に国会本議会で議決され、同月28日政府に移送された。

　修正が行われた部分の内、被疑者取調べ制度に関連するものとして、最も注目すべきものがあった。それは、捜査機関の自白強要の捜査慣行を根本的に改革するため、捜査機関が作成した被疑者の供述調書の証拠能力を実質的に否定しようとしたことである。供述調書の場合、「成立の真正」のみを証拠能力許容要件とした政府草案299条に対して修正を加え、検察官作成の調書について

は政府草案通りにしたが、検察官以外の捜査機関作成の調書に対しては、公判廷で調書の内容を認めたときに限り証拠能力を認める規定を同条但書として新設したのである。当時の議論では、徹底的な公判中心主義への転換を求めた主張がなされ、その理念の妥当性が認められたものの、裁判官の機能能率および人員の問題と予算の問題を中心とする現実論が優位を占めたといえる。したがって、検察官作成の調書に同様の制限を加えるには至らず、司法警察調書の証拠能力を制限するに止まったのである[*5]。

以後、当時の大統領は、国会で議決され、政府に移送された同法律案を公布せず、それに対して異議書を附して還付し、国会の再議に附した（大韓民国憲法〔2号〕40条）。その異議書（「刑事訴訟法案異議に関する件」1954年3月13日）には、計7項目に至る異議の理由が示された。同項目には、とくに司法警察官作成の被疑者訊問調書の証拠能力を制限する条項（修正法案312条但書、制定刑事訴訟法312条2項に該当）が含まれていた。詳細には、「しかし、我が国の犯罪捜査の実情は、司法警察官が中枢的な任務を担当しており、これに対し、検察官は法律的な見地からその指揮と監督を担当し、またそれに対する訴追権を行使する責務をもっている。したがって、犯罪の実体的な事実発見の大部分が検察官捜査以前の各種の捜査補助機関（司法警察官吏）で行われているのに、この捜査段階で作成された調書を公判廷で被告人または弁護人が（その内容を）認めなければ、証拠とすることができないとすると、一般的に被告人に不利な陳述内容はほぼ全部が否認されることになり、そうなると公判における真実発見は到底期待し難く、検察官は犯罪事件の捜査全部を初めから再び反復しなければならなくなり、これは事実上不可能な結果になるのみならず、司法警察官吏の犯罪捜査を法律的に無意味にしてその機能を喪失させる結果になる」という異議が示されていた[*6]。この大統領の異議内容からは、当時韓国の捜査体系や被疑者取調べの様子が伺われる面もあろう。

一方、国会は、大統領の還付した法律案に対して、1954年3月19日国会本会議で、同修正案そのままで再議決を行った。その結果、在籍議員の3分の2以上の出席、出席議員の3分の2以上の賛成を得て再び可決され、法律として確定された（憲法〔2号〕40条2項）。以後、大統領は、1954年9月23日に現行刑事訴訟法を公布し、同年10月14日から施行されるに至る[*7]。

2）　制定法の影響としての調書裁判、重複取調べの問題など

制定法によると、捜査機関である検察官または司法警察官が、被疑者を取調

べた場合には、その陳述を調書に記載しなければならない。捜査主体により、被疑者訊問調書の証拠能力の許容基準に差がある。すなわち、検察官作成の被疑者訊問調書と司法警察官作成の被疑者訊問調書とは、各々制定刑事訴訟法312条1項と2項に捜査主体別に区分され、各々相違する基準が規定されている。その具体的な条文内容は、以下の通りである。

制定刑事訴訟法312条（検察官または司法警察官の調書）
① 検察官が被疑者または被疑者でない者の陳述を記載した書面と、検察官または司法警察官が検証の結果を記載した書面は、公判準備または公判期日において原陳述者の陳述により、その成立の真正さが認められるときは証拠とすることができる。ただし、被告人となった被疑者の陳述を記載した調書はその陳述が特に信憑することができる状況下で行われたときに限り、その被疑者であった被告人の公判準備または公判期日における陳述に関わらず、証拠とすることができる。
② 検察官以外の捜査機関作成の被疑者訊問調書は、公判準備または公判期日でその被疑者であった被告人または弁護人がその内容を認めるときに限り、証拠とすることができる。

このように検察官作成の被疑者訊問調書と司法警察官作成の被疑者訊問調書には、その証拠能力の許容基準に著しい差があった。司法警察官の作成した被疑者訊問調書は、被告人の同意がある場合（刑事訴訟法318条）を除き、被告人がその調書の真正成立および陳述の任意性を認めても、その内容を否定すれば、その調書を証拠とすることはできない。また、判例は、被告人が内容を否定した場合に、取調べを担当した警察官の自白に至った経緯に関する公判廷での証言に対しても、その証拠能力を否定している。したがって、警察捜査段階で被疑者が自白し、被疑者訊問調書が作成された場合であっても、検察は、実際警察から送致された事件に対して、重複的に被疑者取調べを行い、検察官の名義で被疑者訊問調書を作成する必要がある。すでに自白調書が作成され、事件の真相が解明されている場合には、検察の被疑者取調べは、繰り返しの形式的な訊問になり、警察調書に上塗りすることになる。

実務では、検察官作成の被疑者訊問調書は、検察官により被疑者取調べが行われずに、検察職員により、実質的に被疑者取調べが行われている場合が多い。検察官は、取調べに直接関与していない場合、また取調室に在室していない場

合もある。しかも、その供述を録取した書面である被疑者訊問調書は、検察官の名義で作成される。このような現状は、①検察官作成の被疑者訊問調書に対する証拠能力の許容基準がかなり緩やかであり、判例の解釈は殊更緩やかな立場であることに起因し、②必要とする検察官作成の被疑者訊問調書の絶対量に検察官総数が符合していないことに起因する。検察段階の被疑者訊問調書が、このような慣行下で作成されるのは周知の事実であるが、公判廷では通用される。

さらに、そのように証拠能力が許容されると、調書裁判下での裁判官は検察官作成の調書に書かれている内容通り、自分の心証を形成して漫然に判決を下していると言われてきた。したがって、検察官作成の被疑者訊問調書は、公判廷でまともな制限なしに許容されることになり、結果的に「調書裁判」の問題を深刻化させていく。

以上のように、検察官作成の被疑者訊問調書と司法警察官作成の被疑者訊問調書の証拠能力の差は、重複的な被疑者取調べの問題を惹起し、検察捜査官が検察官の名義を盗用して調書を作成する慣行を定着させる。さらに、被疑者訊問調書に対する伝聞証拠の例外として緩やかな許容基準は、公判廷で被疑者訊問調書が無制限的に活用される土壌を作り、調書裁判の問題を殊更深刻化させるという構造であった。

(2) 2003年の司法改革委員会の発足と司法改革課題としての「調書裁判」

取調べを録音・録画する制度は、2007年の刑事訴訟法改正により、その施行日である2008年1月1日から、正式に施行されている。しかし、この改正法の以前にも、捜査実務では、捜査機関の自らの試験実施という形で、映像録画が行われていた。検察の場合、2004（平成16）年から全国4個の地方検察庁で12ヶ所の映像録画室を設置して、試験実施を始まった。また、警察の場合も、2005（平成17）年からソウル地方を初めとして、段階的に全国的に拡大実施する状況であった[*8]。

このように、韓国では、法律の制定以前から捜査機関の自主的な制度導入により、映像録画が行われていた。これは、一般的に録音・録画制度が捜査機関による人権侵害を防止するための機械的な監視制度として導入されたことに比べると、多少興味深い特徴でもある。実際、2007年の刑事訴訟法改正のとき、映像録画制度が正式に導入されたのも、司法改革の議論の場で、検察がその立法の必要性を強く主張したことが相当に影響を及ぼした結果でもある。検察が

司法改革の議論過程で映像録画制度の導入を主張した背景には、検察の捜査手続における主導権ないし影響力を維持しようとする意図があった。

それは、前述したように韓国の刑事証拠法と関連するものである。韓国では、2003年10月司法改革を推進するため、大法院の傘下で司法改革委員会[*9]が発足した。司法改革委員会が推進した刑事司法分野における核心的な改革課題の1つがいわゆる「調書裁判」を克服して公判中心主義的な法廷手続を確立することであった。公判中心主義とは、このような調書裁判を根絶して公判廷で証人と証拠を徹底的に調べ、有・無罪を判断しなければならないという理念であろう。

このような公判中心主義を実現するためには、何より捜査機関である検察官の作成した被疑者訊問調書（検面調書）を有罪を立証する直接的な証拠として使われることを禁止すべきであるというのが学界から提案されてきた解決案であった。実際、2005年には、司法改革関連立法を成案した（大統領の直属の諮問機構であった）「司法制度改革推進委員会」がこのような刑事訴訟法改正案を公式に発表することに至った。

(3) 2004年の大法院判決——検察官作成の被疑者訊問調書（検面調書）の証拠能力を制限しようとした判例

さらに、このように司法改革の議論がなされる間に、2004年12月大法院は、従前の判例を変更して、検察官の作成した被疑者訊問調書を証拠として使うことを厳格に制限する新たな判決を下した。

従来、韓国・大法院は、現行刑事訴訟法312条第1項 に規定されている検察官作成の被疑者訊問調書の証拠能力の許容要件である「成立真正」の意味について、「形式的成立真正（調書に記載された割り印・署名・捺印が陳述者のものであるという原陳述者の陳述）」と「実質的成立真正（調書に記載されている内容と陳述者の陳述内容が一致するという原陳述者の確認陳述）」があると解釈し、この「形式的成立真正」が認められれば、「実質的成立真正」は推定されるという見解を示してきた（大法院1984年6月26日判決、84도748参照）。このような見解の下で、検察官作成の被疑者訊問調書は、従来、公判廷で、事実上無制限的に通用されてきた。

しかし、2004年12月16日、大法院は、全員合議体判決として、このような既存の大法院の見解を変更し、実質的成立真正は、推定されるものではなく、「原陳述者の陳述によってのみ認められる」という趣旨の立場に転換した（大

法院2004年12月16日判決、2002도537)。この判決により、検察官作成の被疑者訊問調書は、公判廷で無制限的に通用されてきた従前と比べ、その証拠能力が事実上否定された水準になったと評された。この判決は、大法院が、いわゆる「調書裁判」の主たる要因であると指摘されてきた検察官作成被疑者訊問調書について、その証拠能力を制限することによって、公判中心主義に徹底した刑事裁判を実現しようとする意思を表したものと言えよう。

(4) 2007年の刑事訴訟法改正と映像録画制度の導入

前述のように、司法制度改革推進委員会は、「司法改革委員会」の建議文に基づき、公判中心主義的法廷審理手続を確立するため、検察官作成の被疑者訊問調書の証拠能力を否定する方向で刑事訴訟法の改正を推進していた。

その代わりに、捜査官(取調官)の法廷証言を証拠として使用することによって、口頭弁論主義に徹底し、反対尋問権の保障を強化するという(改正法316条)。このような改革方向について、検察は、検察官作成の被疑者訊問調書の証拠能力を既存の通りに維持しようとする主張は、司法改革の大きな流れや国民の司法参加裁判の施行などの状況を考慮すると、説得力がなくなると判断した。

検察官作成の被疑者訊問調書を有罪の証拠として使用することを制限する大法院の判決が下され、また、司法改革の流れの中、それを明文化する改正法案まで提示された状況で、検察がそれを突破する解法として提案したのが映像録画制度であった。すなわち、調書の証拠としての使用が厳格に制限される事態に備え、調書を代替する証拠として映像録画物を使用しようとしたのである[*10]。

その背景には、機械的な監視により人権侵害の虞を解消するとともに、それを調書を代替する有罪の証拠として活用することによって、検察の捜査手続における主導権ないし影響力を維持する意図があった。検察の捜査とは、通常被疑者や参考人を対象とする取調べが核心的な捜査活動であるので、その結果物である「調書」の公判廷で証拠として使用が禁止されれば、結局、検察による捜査は、事実上無意味なものになり得る。したがって、検察の捜査が、従前の同様に主導権ないし影響力を持つためには、取調べで得られる供述に証拠能力が認められ、またそれが有罪を立証する証拠として通用される必要があると理解された。

このような意図が背景であって、司法改革の議論の場で、捜査機関である検

察が自ら映像録画制度を導入しようとしたわけである。後述するが、2007年の刑事訴訟法改正で導入された映像録画制度が「義務的な実施」でなく、「捜査機関の裁量による実施」方式になったのも、このように検察側が立法を主導した事実と関連が大きい。

4 映像録画物(取調べDVD)の証拠能力と実質証拠化をめぐる議論状況

(1) 検察官作成被疑者訊問調書の証拠能力の改正

　韓国の公判手続は、証人および被告人の公判廷における直接的な供述を中心に審理が進行するのではなく、実質的には捜査機関が作成した調書(供述録取書)に基づいて実体審理が進行するいわゆる「調書裁判」であるという批判が続けられてきた。このような批判を踏まえ、司法制度改革推進委員会では、司法改革委員会の建議文に提案している「公判中心主義的な法廷手続の確立」という改正方向に従い、証拠法の改正に関する具体的な議論が展開された。その改正方向は、検察官が作成した被疑者訊問調書の証拠能力について、被告人または弁護人が公判準備または公判期日でその「内容を認めるとき」に限り、それを証拠とすることができるようにし、実質的に調書の証拠能力を全面否定するという証拠法改正に集中していた。

　一方、調書の代わりに、被告人を公訴提起以前に被疑者として訊問した検察官または司法警察官(その訊問に参与した者を含む)を証人として呼び出し、公判準備または公判期日で伝聞の陳述として証言させ、その証言の証拠能力を認めることにより、公判中心主義に徹底する方針であった。

　しかし、検察側の激しい反対にぶつかり、検察官作成の被疑者訊問調書の証拠能力を排除しようとした委員会の議論は、結局、2005年7月18日の改正案発表時に折衷的な形として決着がついた。国会では、既存のとおりに成立真正を証拠能力の許容要件としながら、その成立真正の認める方法として、現行法の「被告人の公判廷での陳述」以外に、「映像録画物、その他の客観的な方法」をも認めたのである。前述した2004年の大法院判例に照らせば、検察官作成の被疑者訊問調書の証拠能力の許容要件が緩和されたとも言えよう。また、改正法は、検察官作成の被疑者訊問調書の証拠能力が認められるためには、成立真正に加え、特信情況が加重的に必要であることを明らかにした。国会の審議過程を経て成立した改正法は、以下のとおりである。

改正前312条（検察官または司法警察官の調書）
① 　検察官が被疑者または被疑者でない者の陳述を記載した調書と検察官または司法警察官が検証の結果を記載した調書は、公判準備または公判期日における原陳述者の陳述によりその成立の真正さが認められたときは証拠とすることができる。ただし、被告人となった被疑者の陳述を記載した調書はその陳述が特に信憑することができる状態下で行われたときに限りその被疑者であった被告人の公判準備または公判期日における陳述にかかわらず証拠とすることができる。
② 　検察官以外の捜査機関作成の被疑者訊問調書は公判準備または公判期日にその被疑者であった被告人または弁護人がその内容を認めるときに限り証拠とすることができる。

改正法312条（検察官または司法警察官の調書など）
① 　検察官が被告人となった被疑者の陳述を記載した調書は、適法な手続および方式によって作成されたものであり、被告人が陳述した内容と同一に記載されていることが公判準備または公判期日における被告人の陳述によって認められ、その調書に記載された陳述が特に信憑することができる情況においてなされたものであると証明されたときに限り、証拠とすることができる。
② 　1項にも関わらず被告人がその調書の成立の真正を否定する場合には、その調書に記載された陳述が被告人が陳述した内容と同一に記載されていることが映像録画物やその他の客観的な方法によって証明され、その調書に記載された陳述が特に信憑することができる情況においてなされたものであると証明されたときに限り、証拠とすることができる。
③ 　検察官以外の捜査機関が作成した被疑者訊問調書は、適法な手続および方式によって作成されたものであり、公判準備または公判期日において、その被疑者であった被告人または弁護人がその内容を認めるときに限り、証拠とすることができる。
④ 　検察官または司法警察官が被告人でない者の陳述を記載した調書は、適法な手続および方式によって作成されたものであり、その調書が検察官または司法警察官の前で陳述した内容と同一に記載されていることが、原陳述者の公判準備または公判期日における陳述や映像録画物また

はその他の客観的な方法によって証明され、被告人または弁護人が公判準備または公判期日いおいて、その記載内容に関して原陳述者を尋問することができたときは、証拠とすることができる。ただし、この調書に記載された陳述が、特に信憑することができる情況においてなされたものであると証明されたときに限る。

⑤　1項から4項での規定は、被告人または被告人でない者が捜査過程において作成した陳述書に関して準用する。

⑥　（省略）

一方、司法警察官が作成した被疑者訊問調書は、改正前と同じく、被告人または弁護人がその内容を認めるときに限り、証拠とすることができる。

(2) 映像録画物の証拠としての活用

改正法では、映像録画により製作された映像録画物（取調べDVD）の証拠としての使用についても関連規定を設けた。

1)　検察官作成被疑者訊問調書の「成立真正」を証明する補完証拠として使用

まずは、前述したように、検察官作成の被疑者訊問調書の成立真正を証明するものとして活用である（312条1項・2項）。映像録画物を原則的な証拠方法として使用すると、公判廷が捜査機関の作成した映像録画物を視聴する場所として転落し、直接主義や公判中心主義が形骸化する虞があると懸念が反映され、補助的な証拠としての使用という形の改正法律案が成案されたのである。

また、映像録画物を証拠として使用するためには、①適法な手続と方式により映像録画され、②被告人または捜査官などの陳述により、取調べの全過程が客観的に映像録画されたものであることが証明されるとともに、③映像録画された陳述が、特に信憑することができる状態下で行われたことが証明されたものでなければならない。

2)　参考人陳述調書の「成立真正」を証明する補完証拠としての使用

二つ目は、捜査機関作成の参考人陳述調書の成立真正を証明するものとしての活用である。改正法は、検察官および司法警察官が作成した参考人陳述調書の成立真正を証明する方法として、「原陳述者の公判準備または公判期日における陳述」以外に、検察官作成被疑者訊問調書と同様に、「映像録画物、その

他の客観的な方法」を認めた（312条4項）。

　改正法によると、参考人陳述調書の証拠能力が認められるためには、適法な手続と方式により作成されること、成立真正が証明されること、被告人または弁護人の反対尋問権が保障されること、特信情況が認められることがその要件として必要である。したがって、改正法によると、伝聞証拠である参考人陳述調書を証拠として使うためには、「被告人または弁護人が公判準備または公判期日いおいて、その記載内容に関して原陳述者を尋問することができたとき」に限るので、あらかじめ証人尋問が行うことを前提としている。それは、証拠調べの順序を規制することによって、伝聞証拠である参考人陳述調書の証拠として使用を事実上制限する仕組みであると言えよう。

3） 弾劾証拠としての使用の制限──記憶喚起のための再生・視聴

　三つ目は、被告人などの記憶を喚起させるものとしての活用である。改正法は、被告人または被告人以外の者の陳述を内容とする映像録画物は、一応弾劾証拠と使用することができないようにし、ただし、被告人または被告人でない者の記憶喚起のため、必要であると認められる場合に限り、当該陳述者である被告人または被告人でない者に再生して視聴させるようにした（318条の2）。弾劾証拠であっても、映像録画物が法廷で広範囲に再生されるようになると、その影響力は本証として使用する場合と実質的に差がない虞があることが懸念され、映像録画物は記憶喚起の目的でのみで当該陳述者に視聴させる方式で使用することを明白にした。また、「記憶を喚起させる必要があると認められるときに限り」提出することができるので、被告人または証人が公判廷で捜査機関の陳述を覆した場合であっても、直ちにこの要件に当たるのではないと解されている。

　　改正法318条の2（証明力を争うための証拠）
　　① 312条から316条までの規定によって証拠とすることができない書類や陳述であっても、公判準備または公判期日における被告人または被告人でない者（公訴提起前に被告人を被疑者として調査し、またはその調査に参与した者を含む。以下、この条において同じ）の陳述の証明力を争うための証拠とすることができる。
　　② 1項にも関わらず、被告人または被告人でない者の陳述を内容とする映像録画物は、公判準備または公判期日に被告人または被告人でない者

が陳述するにおいて、記憶が明白でない事項について記憶を喚起させる必要があると認められるときに限り、被告人または被告人でない者に対して再生して視聴させることができる。

(3) 調査者（取調官）の法廷証言制度の導入

改正法316条１項 は、被告人を被疑者として取調べを行った調査者（取調官；調査に参与した者を含む）の被疑者陳述に関する法廷証言を証拠として使用することができる旨を明文で規定している。

> 改正法316条（伝聞の陳述）
> ① 被告人でない者（公訴提起前に被告人を被疑者として調査し、またはその調査に参与した者を含む。以下のこの条で同じ）の公判準備または公判期日における陳述が被告人の陳述を内容とするものであるときは、その陳述が特に信憑するでいる情況においてなされたことが証明されたときに限り、これを証拠とすることができる。
> ② 被告人でない者の公判準備または公判期日における陳述が被告人でない他人の陳述をその内容とするものであるときは、原陳述者が死亡、疾病、外国居住、所在不明、その他のこれに準じる事由によって陳述することができなく、その陳述が特に信憑することができる情況においてなされたことが証明されたときに限り、これを証拠とすることができる。

この改正は、特に、従前から被疑者陳述に関する司法警察官による法廷証言の証拠能力を否定してきた判例[*11]の立場を立法により克服するという意義を持つ。したがって、公訴提起前の被疑者訊問過程で得られた自白などの陳述は、当該取調官の法廷証言（伝聞の陳述）として現出されることができるようになったのである。調査者証言制度の導入は、公判中心主義の確立に符合するのみならず[*12]、検察官による重複的な取調べの問題を一定の限度で解消するなど、今後の刑事実務に大きい変化をもたらすと期待される。

(4) 映像録画物の実質証拠化をめぐる解釈論の展開

前述したように、2007年改正法は、映像録画物を調書を代替する証拠として使うことを禁止し、その証拠としての活用を厳格に制限している。しかし、現行法の解釈としても、映像録画物の証拠能力が認められるという解釈論が試

みられている。映像録画物は、判例の一般的な基準によれば被疑者訊問調書と同様に取扱われたので、調書規定に準じて判断すべきであり、したがって、調書と同様に本証（実質証拠）として使うことができるという理論構造を持つ。一部の検察実務家や検察出身者から主張されているが、立法趣旨を逸脱する無理な解釈であると批判されている。

一方、通説である否定説からは、捜査機関作成の映像録画物は、有罪を立証する実質証拠として使うことができないと見る。改正法の成立経緯や国会の審議過程での議論に照らして映像録画物の実質証拠として使うことを禁止しようとした立法趣旨が明らかであること、また伝聞証拠に当たる映像録画物を厳格な証明のための証拠とするができるという明文規定がないことなどを根拠とする。

さらに、立法趣旨からも、2007年の改正法が映像録画物の本証としての使用を禁止したのは、①法廷で再生する場合に心証形成に不当な影響を与える虞があることを懸念したこと、②何より直接審理主義（310条の2）と口頭弁論主義（275条の3）を確立するためであること、③従来の裁判慣行では、職業裁判官が捜査記録に依存して有・無罪の心証を形成し、公判手続は事実上捜査記録を再確認する手続に過ぎないといういわゆる「調書裁判」であったこと、④映像録画物を犯罪事実を認定する資料とすることを認めると、公判期日は映像録画物を視聴する場所に転落され「映像録画物裁判」になる虞があることなどが挙げられる。

5　結びに

立法論として映像録画物の実質証拠化を認めるべきであるという提案が出されてきた。実際2010年には、法務部・検察が、映像録画物を調書の代替物として実質証拠化することを求め、関連の刑訴法改正案を立法予告したことがある。

しかし、実質証拠化については、すでに以前の司法改革の議論で強い反対があった。調書を映像録画物に代わるのみではいわゆる調書裁判を克服することができないこと、また、公判廷で映像録画物を再生すると、事実判断者に有罪の強い心証を与え、結局捜査段階での供述が有罪の核心的な証拠となるいわゆる捜査中心主義に止まるという批判が反対の主たる根拠であった。

公判中心主義を徹底化するためには、本証としての使用は適切でないと思

う。現行法では、調書の成立真正を認めるための補完証拠として使用するようになっているが、このような仕組みも、実質的には調書を中心とする裁判を前提にしていると言えよう。2007年の改正刑訴法は、調書裁判を克服するため、取調官が公判廷で直接証言する制度を立法化しており（316条〔伝聞の陳述〕）、その方向が公判中心主義により符合するのであろう。映像録画制度本来の趣旨を生かし、かつ公判中心主義の理念に沿った合理的な証拠法上の対応が求められる。

*1 2007年の刑事訴訟法改正は、名目上「（刑事訴訟法）一部改正」に当たるものであるが、実質的には「全面改正」に見てよいほど——この改正により新設・削除・修正の行った条文数が130個余りで刑事訴訟法全体条文数の20％を上回る割合である——、幅広い改正が行われたと評価される。

*2 韓国刑事訴訟法では、日本で一般化されている「録音・録画」の代わりに「映像録画」という用語を使っている。本稿では、韓国刑事訴訟法の法律用語として用いる場合には、「映像録画」と「映像録画物」という用語をそのまま使うことにする。

*3 本稿は、取調べ録音・録画制度に論点を絞っているが、韓国における被疑者取調べの可視化ないし適正化の全般的なことについては、拙稿「韓国における被疑者取調べの可視化」自由と正義56巻10号（2005年）、同「韓国における被疑者取調べ可視化の現状と課題」三井誠先生古稀祝賀記念論文集（有斐閣、2012年）を参照されたい。

*4 第221条（第三者の出席要求など）①検察官または司法警察官は、捜査に必要であるときは、被疑者でない者の出席を求め、陳述を聞くことができる。この場合、彼の同意を得て映像録画することができる。②③（省略）。

*5 法制司法委員会の修正の方向性については、当時の政府草案に対する公聴会での議論の様子、また国会本会議における法制司法委員会議員の修正理由および修正案の特徴に関する説明、等からその趣旨が確実に見られる。刑事訴訟法草案に対する公聴会速記録は、申東雲編『刑事訴訟法制定資料集』（韓国刑事政策研究院、1990年）参照。

*6 また、当時、大検察庁も、同修正案に対して、「検察官がすべての被疑事件に対して、一々詳細な具体的調査を行い、また調書を作成しなければならないというのは、捜査事務の現実と検察事務の分担からみて、到底、期待し難く、また捜査途中においてはその事件の起訴可否を予測することができない不起訴、または起訴された事件の全部に対して一々検事が調査しなければならないという実情に至るはずなので、……（中略）、したがって、本条但書（現行刑事訴訟法312条2項）は、実際に司法警官の捜査能力を剥奪することにより、犯罪捜査の能力を減却し治安維持の機能を停滞させるので、到底容認することができない」という強力が反対意見を表明した。申東雲編・前掲注*5書368頁「大検察庁の意見」参照。

*7 国会の再議決の後、大統領の公布が遅延され、1954年9月23日に行われたので、現行刑事訴訟法の制定日は、「1954年9月23日」となる。さらに、その施行日は、公布日から20日後である同年10月14日となる（憲法〔第2号〕40条5項）。現行刑事訴訟法の

施行日に関する判例（大判55・6・21・4288刑上95号）参照。
*8 捜査機関の試験実施に関する詳細は、拙稿「韓国における被疑者取調べの可視化」自由と正義56巻10号（2005年）を参考されたい。
*9 韓国・大法院に設置された「司法改革委員会」は、2003年10月28日から2004年12月末までの約1年2ヶ月間、改善が求められてきた韓国司法制度の現代的な課題全般について検討を行ってきた。一方、2005年11月2日、大法院長は、司法改革委員会で議論された事項の立法を推進するため、大統領に司法改革委員会の後続機構の設置を建議した。同年12月15日、「司法制度改革推進委員会規定」（大統領令）が制定・公布され、2005年1月18日、司法改革委員会の後続機構に当たる「司法制度改革推進委員会」が大統領の諮問機構として発足した。
*10 当初、検察内部の多数の意見は、録音・録画制度の導入に否定的であったが、司法制度改革推進委員会の改正方向が次第に支持を得ていくことにつれ、録音・録画制度の導入に賛成する意見が多くなった経緯がある。
*11 大法院1994年9月27日判決94도1905。同判例は、司法警察官の法廷証言が316条の「伝聞の陳述」の要件を満たしても、司法警察官作成の被疑者訊問調書の証拠能力を「内容の認定」のみに制限している規定（改正前312条2項、改正法312条3項）の趣旨に照らし、同条の適用対象にはならないという立場を示している。
*12 比較法的にみると、英米法の国では、捜査過程で得られた自白の信用性が争点になった場合、捜査機関の担当捜査官が直接公判廷に証人として呼び出され——実際、このような公判廷への過度な呼出しに対する捜査官の不満の声さえ見られる——、宣誓に基づき、自白収集過程の直接証言するのが頻繁であるという。また、直接審理主義が支配されているドイツの場合も、供述調書を公判廷で朗読することを原則として禁止するが（ドイツ刑訴法250条ないし252条）、当該取調官が公判廷で「被疑者の供述を聴取した」との間接事実を証言することは許容しているという。車鏞碩「司法警察官의 捜査書類의 証拠能力——被疑者訊問調書를 中心으로」法学論叢9輯（漢陽大学校、1992年）60頁。

(LEE DONG-HEE)

接見室における写真撮影・録画
弁護活動の自由の保障はどこまで及ぶか

前田 裕司

弁護士

1 はじめに
2 接見交通権をめぐる国賠訴訟の推移と現状
3 接見室内での写真撮影に関する二つの判決
4 接見室内での写真撮影・録画をめぐる争点
5 弁護人の接見交通権の保障の範囲
6 弁護活動に対する規制の根拠が正当か
7 「接見」を制約する刑事訴訟法と刑事収容施設法との関係
8 まとめ

1 はじめに

　筆者は、2009（平成21）年6月から2011（平成23）年6月まで日弁連刑事弁護センター委員長を務めるなどして、この10数年、日弁連での刑事関係の活動に関わってきた。日弁連刑事弁護センターは、全国各地の刑事弁護に関わる情報を交換し、実務上で生起する刑事弁護の諸問題を検討して対処するほか、弁護士の研修や刑事手続に関わる制度改革課題に取り組む組織である。近年、弁護人が拘置所における接見中に被告人の状況・様子などを写真撮影することについて拘置所側が規制を強める事態が発生し、日弁連刑事弁護センターとしても、この問題について意見交換をした。また、それを巡って、弁護人による国賠訴訟などが提起されているが、筆者は、後述する竹内国賠訴訟の弁護団長として関わっている。

　拘置所による規制によって、東京では、撮った写真のデータの削除を求め、

これに応じない弁護人との接見を中止させたり、また、小倉では、撮った写真のデータの削除を求めて弁護人を事実上の監禁状態に置いてデータを消去させたり、さらに、佐賀では、カメラを持参して拘置所に出向いた弁護人の施設への立入りを拒んだりする事例が発生した。東京拘置所長は、接見室内で写真撮影をした弁護人の所属する弁護士会に対して懲戒請求まで行った。このような拘置所による規制の根拠は、平成19年5月30日付け法務省矯正局長通達「被収容者の外部交通に関する訓令の運用について（依命通達）」にある。その依命通達では、「未決拘禁者との面会を申し出る弁護人に対しては、次の事項を周知すること」として、その項目の中に、「カメラ、ビデオカメラ、携帯電話を使用しないこと」を挙げているのである。これを受けて、拘置所では、弁護人に対して、「カメラ、ビデオカメラ、携帯電話を使用しないこと」を貼紙で掲示するなどしている。

　一方、日弁連は、2011（平成23）年1月20日日弁連意見書「面会室内における写真撮影（録画を含む）及び録音についての意見書」を公表して、「弁護士が弁護人、弁護人となろうとする者もしくは付添人として、被疑者・被告人もしくは観護措置を受けた少年と接見もしくは面会を行う際に、面会室内において写真撮影（録画を含む）及び録音を行うことは憲法・刑事訴訟法上保障されており、制限なく認められるものであり、刑事施設、留置施設もしくは鑑別所が、制限することや検査することは認められない。よって、刑事施設、留置施設もしくは鑑別所における、上記行為の制限および検査を撤廃し、また上記行為を禁止する旨の掲示物を直ちに撤去することを求める」として、このような拘置所の対応を真っ向から批判した。さらに、東京拘置所長と法務大臣に宛てて、2012（平成24）年7月31日、日弁連会長・東京三会の各会長・関東弁護士会連合会理事長の五者連名による「面会室内での写真撮影等の禁止などの不当な制限を加えることがないよう」と言う趣旨の申入書を提出している。しかし、このような弁護士会の動きに対しても拘置所の姿勢にまったく変化はなかった。

　そこで、そのような状況の中、弁護人は、拘置所の上記の措置に対して、国家賠償請求訴訟を行うことになった。そして、東京地裁、福岡地裁小倉支部、佐賀地裁に係属して、すでに東京地裁と福岡地裁小倉支部では一審の判決が出され、審理は高等裁判所に移っている（2015〔平成27〕年4月10日時点）。

　これらの裁判で争われているのは、①弁護人が接見室内で行う写真撮影・録画が、刑事訴訟法39条1項で保障された接見の範囲に含まれるか、すなわち、

接見交通の中核として絶対的保障が及ぶか否か、また、②接見室内での写真撮影・録画は弁護活動として行われるものがあるが、そのような弁護の自由に対して拘置所が施設管理の理由から規制を及ぼすことが可能か、可能として、その規制の原理は何かという点にある。弁護人の目からすると、当然の弁護活動が理由もなく制限を受けていると映っている。しかし、国もまた裁判所も、弁護人の主張をそのまま容認するようなスタンスにはない。

そこで、この論文は、弁護人の接見における写真撮影をめぐる弁護人と拘置所側との攻防、並びにそれをめぐる国賠訴訟での地方裁判所レベルの判断がすでに2件なされたという情勢を踏まえて、上記のような筆者の立場から、弁護人と被疑者・被告人との接見交通権の範囲および弁護人の弁護活動の自由の保障について、論ずるものである。

2 接見交通権をめぐる国賠訴訟の推移と現状

(1) 接見指定をめぐる争い

弁護人の接見交通権をめぐる争いは、かつては、刑事訴訟法39条3項の捜査機関による接見指定を巡っての攻防が専らであった。検察官が被疑者の身体を管理する責任者（警察署長・拘置所長）宛てに「一般的指定書」なる書面を発して、被疑者と弁護人との接見を原則禁止にして、弁護人が検察官の発する「具体的指定書」（「面会切符」とも呼ばれた）を持参した場合にのみ例外的に短時間（15分程度）の接見を許容する制度があった。そして、この一般的指定書は、刑事訴訟法81条に基づく接見等禁止決定と連動して出されていた。このような一般的指定制度は、1954（昭和29）年に実施されている。捜査機関によるこのような接見指定に対して、弁護人は準抗告で争い、また、国賠訴訟が多数提起されたものの、一般的指定書は1988（昭和63）年に法務大臣訓令に基づく事件事務規程の改廃によって廃止されるまで続いた。しかし、法務省は一般的指定所廃止後も、同趣旨の「通知事件」指定を発する制度を導入し、検察官の具体的指定権行使を行っていた。検察官の接見指定それ自体に対して、弁護人らは刑事訴訟法39条3項の違憲性を争い、これに対して最高裁平成11年年3月24日大法廷判決が出されたが、結論として合憲であるとした。他方、大法廷判決は、接見交通権は憲法に由来する権利であり、身体拘束を受けている被疑者が弁護人の援助を受けるための最も重要な権利であることを認めた上、刑事訴訟法39条3項による接見制限は、被疑者の弁護人による

援助の機会を保障する実質が損なわれない限りで許され、捜査機関による接見等の指定は必要やむをえない例外だとして、同項の捜査のため必要があるときとは、取調べの中断等により捜査に顕著な支障を生ずる場合に限られるのであり、このような要件が具備され指定がなされる場合には、速やかな接見指定をして速やかな接見を実現させるようにとも判示した。

　これに基づく実務の運用が続いた後、最高検察庁は、平成20年5月1日付け依命通達を発して、検察官の取調べ中に被疑者から弁護人に接見したいとの申出があった場合には、当該申出があった旨を直ちに弁護人等に連絡すること、また、検察官が取調べ中または取調べのために検察庁に押送された被疑者について弁護人等から接見の申出があった場合には、申出があった時点において取調べ中でない場合には直ちに接見の機会を与えるよう配慮すること、申出があった時点において現に取調べ中の場合であっても、できる限り早期に接見の機会を確保するようにし、遅くとも、直近の食事または休憩の際に接見の機会を与えるよう配慮されたいとした。この依命通達によって、現在は、刑事訴訟法39条3項の接見指定をめぐる検察官と弁護人との攻防は、ほとんど消滅したと言ってよい。これと同時期に、警察庁においても、平成20年5月8日通達を発して、検察官と同様の対応をすることが明らかにされている。こうして、接見指定をめぐる攻防は、ほぼ解消したと言いうる現状にある。

(2) **接見交通の秘密性をめぐる争い**

　その後、接見指定に関する攻防に代わって問題となったのは、弁護人と被疑者・被告人との接見交通の秘密性の侵害をめぐる問題である。拘置所に在監中の被告人との間の信書を拘置所が校閲し、かつその要旨を記録化して保存していた上、検察官の照会に対して回答し、拘置所から回答を得た検察官が、これを裁判所に対する接見禁止請求の資料などとして提出し、秘密交通権を侵害したケースがある（髙見・岡本国賠事件：大阪地裁平成12年5月25日判決判例時報1754号102頁は、信書の内容をできる限り捜査機関、訴追機関及び収容施設側に秘密にすることを保障するのが刑事訴訟法39条1項の趣旨であり、これの措置はその趣旨に背く違法なものとした）。また、各弁護人と被疑者らとの接見がなされた都度、検察庁および警察が、組織的に、接見の直後にその状況と内容に関する取調べを実施し、かつ、それらを録取した調書を作成したケースがあり（志布志事件調書国賠：鹿児島地裁平成20年3月24日判決判例時報2008号3頁は、接見内容が捜査機関に知られることになれば、これ

を慮って、被告人らと弁護人の情報伝達が差し控えられるという萎縮的効果が生じ、被告人らが実質的かつ効果的な弁護人の援助を受けることができなくなるとして、捜査官によるこれらの行為を違法とした）、同様に、被疑者と弁護人との接見内容について検察官が取調べで供述させて供述調書化し、これの証拠調べ請求をして秘密交通権を侵害したケースがある（富永国賠事件：福岡高裁平成23年7月1日判例時報2127号9頁は、捜査機関は、被疑者等が弁護人等との接見内容の供述を始めた場合には、漫然と接見内容の供述を聞き続けたり、さらに関連する内容について質問したりすることは、刑事訴訟法39条1項の趣旨を損なうおそれがあるから、原則として差し控えるべきであって、弁護人との接見内容については話す必要がないことを告知するなどして、被疑者等と弁護人等との秘密交通権に配慮すべき法的義務を負っていると解するのが相当であるとしている）。さらに、強盗否認事件の審理中、期日間整理手続が終了し共犯者とされる者の証人尋問直前に、検察官が裁判所に拘置所内の被告人の居室等に対する捜索差押令状許可状の発付を求め、裁判所が令状を発したことを受けて行われた捜索差押えにより、審理中の事件に関する弁護人宛ての手紙や弁護人が差し入れた尋問事項メモなどを取得したというケース（宮下国賠：大阪地裁は2015年3月16日、検察官の令状請求を違法とする判決をした）、検察官が被告人に要求して、被告人が所持していた被告人作成の弁護人とのやりとりに関する記述を含む日記、被告人から弁護人宛ての手紙の下書きを取得したケース（南川・岩永国賠）などがある。

　このように、接見交通権の秘密性の侵害に対する国賠訴訟において、裁判所は、捜査機関においては秘密交通権の保障に配慮すべき義務があり、これを侵害する行為は違法であるとする方向にある。

(3) 接見室での写真撮影等をめぐる争い

　そして、本稿で論じるのが接見室へのカメラ・録画機器持込みをめぐる攻防である。被告人から「拘置所内で暴行を受け負傷したので、負傷した状況を撮影してほしい」と依頼を受けた弁護人が、所持していた携帯電話のカメラで撮影したところ、接見終了後に職員から画像の消去を求められ、消去しない限り退出できない状況に至ったため消去に応じたというケース（田邊国賠）、精神障害が疑われた通訳を要する被告人との接見中、被告人の様子を写真撮影したところ、職員からその画像の消去を求められ拒否したため、接見を終了させられたケース（竹内国賠）、弁護人が勾留中の被疑者の逮捕時に負傷したとの訴

えにより負傷状況を撮影したところ、職員が接見室ドアを開けて接見を妨害し、接見終了後に画像の消去を求め、さらに後日、カメラを持参して接見しようとした弁護人の施設への立入りを拒否されたというケース（稲村・半田国賠）などがある。

そして、最近、竹内国賠と田邉国賠に対する第一審での判決が相次いで出されたので、まず、その判決から検討する。

3 接見室内での写真撮影に関する二つの判決

(1) 東京地裁平成26年11月7日判決（竹内国賠判決）の内容と評価

竹内国賠は、接見中の被告人の様子が精神の障害に基づくと思われるおかしな状況を呈していたので、その様子を記録として残すために写真撮影を行ったところ、気づいた職員が写真データの消去を求め、弁護人がこれに応じなかったので被告人との接見を一方的に終了させた事案である。

接見室内で行われた弁護人の写真撮影行為は刑事訴訟法39条1項で保障された「接見」に該当しかつ正当な弁護活動であって、これを東京拘置所が禁止する法的根拠も実質的根拠もないのに、撮影行為をしたことを理由に接見を終了させたことは違法であるとする弁護人の主張に対して、竹内国賠判決は、写真撮影行為は「接見」には該当せず、東京拘置所は撮影行為を禁止できるし、これを禁止することが接見交通権の侵害にも、また、弁護活動の不当な制約にもならないと判示した。一方で判決は、結論として、弁護人対する刑事収容施設法117条が準用する同法113条2項に基づく面会終了の措置は、本件撮影行為によっては逃亡のおそれや罪証隠滅のおそれ等が生ずる相当な蓋然性があるとは認められないから、「規律及び秩序を害する行為」の該当要件を欠く違法なものであったと判断して、国に賠償を命ずる判決をした。

面会終了の措置が違法であるとする結論は支持し得る。しかし、弁護人の接見室内での写真撮影、録画・録音を証拠保全であって接見交通権の範囲外であるとする判断および実質的根拠も示すこともなく、弁護活動として行われている写真撮影・録画について、拘置所が施設管理の要請から制限することができるとした判断は、接見交通権や弁護活動に対する理解を欠いたものとして評価できない。

ただ、面会終了の措置の要件に関しては正当な解釈を示したものと評価し得る。すなわち、竹内国賠判決は、刑事収容施設法117条が準用する同法113条

1項および同2項をもって、接見交通権を制限できる法令、すなわち、刑事訴訟法39条2項に規定する「法令」であると解釈した上、その要件については、これを「(拘置所の制定した) 遵守事項に違反する行為等をすることにより、具体的事情の下、未決拘禁者の逃亡のおそれ、罪証隠滅のおそれ、その他の刑事施設の設置目的に反するおそれが生ずる相当の蓋然性があると認められる場合」であるとして、刑事訴訟法39条2項に規定されたとおりの要件を制約原理に持ち込んだのである。後述する刑事訴訟法と刑事収容施設法との関係に関する一元説的な考えに基づくものと理解できる。

(2) 福岡地裁小倉支部平成27年2月26日判決の内容と評価

田邊国賠は、弁護人が拘置所で接見中に被告人から「拘置所内で暴行を受け負傷したので、負傷状況を証拠として残してほしい」と要望され、これを撮影したところ、職員から制止を受けたものの接見はひとまず終了した後、撮影した写真データの消去を強要されたので、これに応じてデータを消去した事案である。

国賠訴訟では、①職員が接見室内の会話を聞き、のぞき見たこと、②接見室内に立ち入り写真撮影を阻止したこと、③画像の消去を強要したこと、④後日、申請書を提出して転送機能のないカメラを持参して接見を求めたが拒否した行為を、違法であると主張したが、判決は弁護人の請求をすべて棄却した。まず、上記①と③に関しては、弁護人主張の事実は認められないと事実認定の問題として処理し、上記②と④については、以下のような理由に基づいて請求を棄却した。

まず、竹内国賠と同様に、接見室内での写真撮影は証拠保全であって「接見」に含まれないから接見交通権の保障の及ぶ範囲ではないとした。その上で、上記②の行為に関し、接見交通権に対する制約は、刑事訴訟法における拘禁の目的のみなら刑事収容施設法的な観点すなわち「刑事施設の規律及び秩序の維持」を理由としても、接見交通権の不当な制約とならない限り行い得ると、後述するいわゆる二元論的立場を明確にして(この点が竹内国賠と異なる)、上記②の接見室に立ち入っての制止行為も、上記④のカメラを持参するかぎり接見させないとした行為も、接見交通権の不当な制約とはいえないとしたのである。

4　接見室内での写真撮影・録画をめぐる争点

　このように、接見室内での写真撮影をめぐる二つの国賠訴訟において明確となった争点は、第1に、接見における写真撮影・録画が接見交通権の保障の及ぶ範囲であるか否かである。
　接見室内における写真撮影・録画が「接見」に含まれるとすれば、後に論ずる刑事訴訟法と刑事収容施設法との関係に関する一元的理解によれば、これを拘置所側が制約できる法的根拠は、刑事訴訟法39条2項による逃亡や罪証隠滅等の防止という拘禁目的に反するおそれのある行為に対する法令による必要な措置以外にはないことになる。しかし、現行法においては、写真撮影・録画を制約する法令は存在しない。したがって、接見における写真撮影・録画を制約することはできないというのが弁護人の主張である。一方で、写真撮影・録画が「接見」に含まれないとする国の主張では、例え、弁護人の弁護活動であっても、刑事施設の規律及び秩序を維持する観点からの庁舎管理権による規制が可能であり、接見室内での写真撮影・録画は、その観点からの規制の対象になることになる。もっとも、後に述べるように、国は「接見」に対しても、刑事施設の規律および秩序維持の観点からの制約は可能だとする二元説をとっているのであり、接見に含まれない行為については、なおさら、一般人の外部交通と同様に、施設管理上の理由からの一般的制約を及ぼし得るという考えに立っていると思われる。
　この点に関して、竹内国賠判決も田邊国賠判決も接見室内での証拠保全目的での写真撮影は「接見」に含まれないと判断している。しかし、弁護人が問題としたのは、仮に「接見」には含まれないとした場合であっても、接見室内での写真撮影や録画は弁護活動としてなされるのであり、そのような弁護活動に対して、「刑事施設の規律及び秩序」の観点から、一般人と同様に規制を及ぼし得るのか、その場合の制約原理は何かが、さらに検討されなければならないということであった。しかし、二つの判決とも、このような観点からの検討が欠如している。
　第2に、接見を一時停止させたり終了させたりする根拠となっている刑事収容施設法117条が準用する同法113条1項1号ロの「刑事施設の規律及び秩序を害する行為」に、接見室内での弁護人の写真撮影・録画が該当するか否かである。
　弁護人による写真撮影・録画が「接見」に含まれるとする立場からは、当然

に「規律及び秩序を害する行為」には該当しないということになる。したがって、接見室内での写真撮影・録画がなされたことを理由に接見を一時停止したり面会終了させたりすることは許されない。一方、「接見」に該当しないとする立場からは、現に、拘置所が接見室内における写真撮影・録画を禁ずることを弁護人等に掲示して知らせているのであり、この掲示物に記載された内容に反する行為として、規律および秩序を害する行為となる。ただし、弁護人の活動であること、弁護活動の自由を考慮に入れると、これが直ちに「規律及び秩序を害する行為」に該当するのかは検討を要するはずであり、また、竹内国賠判決のように拘置所の定める遵守事項違反ではあるが、接見を一時停止させたり終了させたりする「規律及び秩序を害する行為」の要件には該当しないとする判断もある。そこで、拘置所の規定する禁止事項に該当する行為としたからといって、直ちに、「接見」それ自体を一時停止や終了させることができるか、検討される必要がある。接見を停止したり終了させたりすることは、直ちに接見交通権そのものの制約になるからである。上記のとおり、竹内国賠判決は、弁護人による接見室内での写真撮影・録画は、遵守事項違反ではあるが、接見の制約となる一時停止や面会終了の措置をとるには、刑事訴訟法39条2項の要件に沿って、具体的事情の下、未決拘禁者の逃亡のおそれ、罪証隠滅のおそれ、その他の刑事施設の設置目的に反するおそれが生ずる相当の蓋然性があると認められる場合のみと判断した。

「接見」とは評価されない弁護人の行為であっても、一つは弁護活動の自由という観点から制約ができるかという観点から、さらにもう一つは、接見そのものに対する制約を加えることができる要件を、刑事訴訟法に一元的に理解するのか、刑事訴訟法のほか刑事収容施設法的な施設の管理維持の観点から規制することができるとする二元論に立つのかという観点からの検討をする必要があるということになる。

5 弁護人の接見交通権の保障の範囲

(1) 援助者としての弁護人の役割から導かれる接見交通権の内容

刑事訴訟法39条1項で保障されている接見交通権は、憲法に規定する被疑者・被告人の弁護人依頼権すなわち弁護人の援助を受ける権利を実質的に保障するために認められた権利である。「刑事訴訟法39条1項が接見交通権を規定しているのは、憲法34条の趣旨にのっとり、身体の拘束を受けている未決拘

禁者が弁護人等と相談し、その助言を受けるなど弁護人等から援助を受ける機会を確保する目的で設けられたものである」とする最高裁平成11年3月24日大法廷判決も、その趣旨を明らかにしている。

　被疑者・被告人は刑事訴訟の当事者であるから、被疑者・被告人が訴訟当事者として十分な防御活動を行うためには、当該事件における防御方針を、証拠を踏まえながら検討・確定することが何よりも重要である。しかし、法律専門家の助言と援助なくして防御を尽くすことは困難であるから、法律専門家である弁護人との間で、相互の「情報の発信と取得」を通じてのコミュニケーションを行うことが必要不可欠である。また、被疑者・被告人が刑事訴訟の重要な証拠方法としての側面も併せ持っていることからすると、弁護人が被疑者・被告人に対して適切な援助を提供するためには、被疑者・被告人から必要な情報を漏れなく取得する必要がある。被疑者・被告人からの証拠収集活動とその証拠の保全が必要なのである。このような意味で、弁護人との「接見」においては、単なる「意思疎通」だけでなく、相互の「情報の発信と取得」が、重要な要素とならざるをえない。したがって、弁護人の援助を受ける権利を実質的に保障するためには、弁護人と被疑者・被告人との間の「意思疎通及び情報発信・取得」としてのコミュニケーションの保障が不可欠であり、これが「接見」の内容として保障される必要がある。

(2)　竹内国賠判決および田邊国賠判決における「接見」概念の誤り

　これに対し、竹内国賠判決および田邊国賠判決は、「接見交通権は、未決拘禁者が弁護人等と相談し、その助言を受けるなど弁護人等から援助を受ける機会を確保するという未決拘禁者との意思疎通を確保するために認められたものである」と、意志疎通を接見と解釈し、写真撮影は証拠保全であり、証拠保全目的の写真撮影行為は、接見交通権に含まれるとはいえないと判断した。

　しかし、このような「接見」概念は是認できない。すでに述べたとおり、接見交通権は、弁護人の援助を受ける権利を実質的に保障するために認められた権利である。接見室内で被疑者・被告人と弁護人が対話を図り、弁護人が適切な助言を提供するという「意思疎通」が「接見」の中核的要素であることは間違いないが、弁護人の任務は助言することのみにとどまるものではない。接見室内で被疑者・被告人から取得する情報を記録化し、その記録を身体拘束からの解放に向けてのさまざまな不服申立ての資料にしたり、公判での証拠としたりすることも、弁護人の重要な任務である。弁護人の提供する「援助」とは、

このように、単なる助言にとどまらないさまざまな活動を包含する。弁護人が、接見室内での被疑者・被告人に対する助言や情報の記録化といったさまざまな活動をする機会が保障されなければ、弁護人の援助を受ける権利が実質的に保障されたとはいえない。したがって、「接見」とは、単なる「意思疎通」にとどまらない、「意思疎通及び情報の発信と取得」としてのコミュニケーションであると定義することがふさわしい。前記最高裁大法廷判決が、「弁護人等と相談し、その助言を受ける『など』」としているのも、弁護人が提供する援助には単なる助言にとどまらないさまざまな活動が包含されていることを示唆している。また、大阪地裁平成12年5月25日判決（判時1754号102頁）も、刑事訴訟法39条1項で秘密接見交通権が認められている趣旨を「弁護人から有効かつ適切な援助を受ける機会をもつためには、被拘禁者とその弁護人との間において、相互に十分な意思の疎通と情報提供や法的助言等が何らの干渉なくされることが必要不可欠」であることに求めており、「接見」には「意思の疎通」だけでなく「情報提供のやりとり」も含むものとして理解している。

ところが、竹内国賠判決や田邊国賠判決は、弁護人の「援助を受ける機会の確保」＝「意思疎通の確保」であると限定的に解釈しており、そこに誤りがある。弁護人の提供する「援助」が単なる助言にとどまらないことは、弁護活動の実態から自明のことである。しかし、これらの判決は、弁護活動の実態をまったく理解しない解釈をしているのである。

(3) 情報の正確な記録化が「接見」に含まれること

拘置所が禁止の対象とする弁護人の接見室での撮影行為は、接見室において弁護人が被告人自身から取得した情報を記録化する行為である。被疑者・被告人から取得した情報を正確に記録化する行為は、弁護人が被疑者・被告人に対して適切な援助を提供するために必要不可欠な活動である。

弁護活動を進める上で、当該接見の場では直ちには対応できない事柄も多々あるが、人間の知覚・記憶・表現には限界があるから、接見状況を記録できないとなれば、弁護人が被疑者・被告人に適切な助言をすることなど到底できなくなる。また、複数の弁護人で一つの事件担当している場合には、弁護人間で情報共有することが必須であり、接見の中で得られた情報を正確に記録化して弁護人間で情報提供し合うことも不可欠の活動になる。正確な情報共有ができなければ、一貫した効果的な弁護人の援助を提供することはできない。また、竹内国賠事件のように外国人が被疑者・被告人である場合、本人の言葉が通訳

人を通して伝わるがゆえに、本人の言葉そのものを正確に把握するためには、録音・録画するなどして正確に記録化することが不可欠になる。加えて、被疑者・被告人が身振り・手振りを交えて説明する場合には、それを言葉でメモするだけでは不十分であり、写真撮影や録画をすることで正確に記録化することが必要になる。そして、接見で得られた情報を裁判所等に提出する証拠として利用するためには、正確な記録化をして保全することが必要である。

　このように、弁護活動を進める上で、接見で得られた情報を正確に記録化することが、さまざまな場面で必要になってくるのである。したがって、取得した情報を正確に記録化する行為も、「意思疎通および情報発信・取得」としてのコミュニケーションを構成する不可欠の要素として、当然に「接見」に含まれるとしなければならない。

　被疑者・被告人の発言を、「備忘」のためにメモする行為が、「接見」に含まれることはおそらく異論がない。拘置所においても、これまで当然のこととして許容されてきている。備忘のためのメモは、耳で聞いた情報を記録化する行為であり、写真撮影は、目で見た情報を記録化する行為である。情報の性質と記録化の手段が異なるだけで、その内実に違いはない。「備忘」のためのメモであっても正確に記録化することが必要不可欠であることは当然であるが、耳で聞いた情報を正確に記録化するメモが許されて、目で見た情報を正確に記録化する写真撮影が許されないとされる道理はない。

　また、竹内国賠判決は、写真撮影行為による正確な記録化が、弁護活動を行うに当たって「便宜ではあるものの、必要不可欠とまではいい難」いとしているが、正確な記録化が、弁護活動のさまざまな場面において必要不可欠な行為であることを理解していない。このような理屈は、裏を返せば、必要不可欠といえる行為でなければ弁護活動とは認めないと言っているに等しい。実際、田邊国賠判決では、写真撮影行為をしなくても「意思疎通」としての接見交通が妨げられるわけではないから、写真機を持ち込んで接見をしようとした弁護人の行為を制約し、結果として接見ができなくなったとしても違法ではないと判示しているのである。このような理が通るならば、備忘のためのメモすら必要不可欠とまではいい難いので、筆記用具やノートも持込みが許されなくても致し方ないということになりかねない。弁護人の裁量で、その時々に応じて必要と考えられる方法を執ることができなければ、適切・有効な弁護活動はなしえないのであって、これらの判決の解釈は弁護活動を不当に制約するものである。

メモすることも、写真撮影・録画することも、同じ「情報の正確な記録化」である。メモすることにより記録化する行為が「接見」に含まれるのと同様に、写真撮影・録画することにより記録化する行為も「接見」に含まれるとしなければならないのは理の当然である。

(4) 証拠保全として行われた写真撮影行為も「接見」に含まれること

竹内国賠判決も田邊国賠判決も、専ら証拠保全として行われた撮影行為は、「接見」に含まれると解することはできないとする。しかし、このような論理は、「接見」と「証拠保全」を別物として捉える論理であり、その論理自体に根本的問題がある。「接見」に際して弁護人が提供する「援助」には、前記のとおり、単なる助言にとどまらないさまざまな活動が包含されるのであり、この「援助」には、必要な情報を証拠として保全することも含まれる。証拠保全とは、将来証拠とするために情報を正確に記録化する行為であって、メモなどと同じく、情報の正確な記録化である点に変わりはない。それが「備忘」のためなのか「証拠保全」のためなのかという目的の違いがあるにすぎない。しかも、その目的は多くの場合併存しており、「備忘」のための記録化が将来の「証拠の保全」をも念頭に置いているということは多々ある。弁護活動を行う上で、「備忘」目的の行為と「証拠保全」目的の行為を截然と区別することはそもそも不可能なのである。弁護人が接見するにあたり、あらかじめ証拠を保全する目的で機器を持込み接見する場合もあるが、そのような目的を持たずに接見したところ、被疑者・被告人の様子があまりにもおかしいので、その場の判断で、直ちにその様子を写真や録画として記録化し、後に、必要に応じて、これを証拠として裁判所に提出することも当然にあり得るのである。

同じ「情報の記録化」という行為が、「備忘」目的であるうちは許されるが、「証拠保全」目的であると許されないとする理屈になり得るはずがない。このような理屈が成り立つとすれば、専ら証拠保全目的で作成するメモ（被疑者からの聴取報告ということで準抗告の疎明資料にする目的などでメモを作成することは多々ある）も許されないということになってしまうのである。写真撮影行為は、情報の記録化のための行為である以上、それが証拠保全の目的で行われたとしても、「接見」に含まれるというべきである。

(5) 証拠保全手続の存在が写真撮影を否定する理由にならないこと

竹内国賠判決は、証拠保全を目的とした写真撮影行為が「接見」に含まれな

いとしても、「刑事訴訟法179条に定める証拠保全を行えば足りるのであり、弁護活動を不当に制約することにはならない」としている。

しかし、刑事訴訟法179条のように裁判所を介在させる証拠保全の方法は、弁護人の証拠保全の手段の一つにすぎないものであり、弁護人の証拠保全の手段をそれに限るとする法令上の根拠は何一つ存在しない。たとえば、被疑者・被告人のアリバイを示す証拠を家族が所持していた場合、弁護人がそれを預かって証拠化するのは当然の行為であり、証拠保全手続を執らなければ証拠を預かってはならないとする道理はない。また、録画に即して言えば、一方当事者である検察官は、被疑者・被告人の取調べ状況を録画して、これを責任能力の争いある事件においての資料とすることを公然と実施している。原判決の理屈は、検察官には当然に許される証拠保全行為を、弁護人には禁じるものであって、刑事訴訟手続における武器対等の理念に反するというべきである。

また、弁護人が証拠保全の請求をしたとしても、裁判所が必ず証拠保全を実施する保証はない。さらに、被疑者に暴行を受けた傷跡が残っている場合などは翌日には治癒してしまって証拠保全の意味をなさない事態も往々にして存在するが、そのような緊急に保全を要する事態には裁判所を介在させる証拠保全手続では対応できない。このような場合に即時に証拠が保全できなければ、適切な弁護活動を行うことは不可能なのであり、弁護活動を不当に制約することになる。

このように、弁護人の証拠収集活動を、裁判所を介在させた証拠保全手続に限るとすれば、種々の不都合が生じ、弁護活動が大きく制約されることになる。刑事訴訟法179条に定める証拠保全を行えば足りるのであるから写真撮影を許容する必要はないとする判断は、弁護活動をまったく理解していない。

弁護人依頼権を実質的に保障するためには、弁護人がその場の判断で最も適切かつ有効と考えられる手段をとる機会が与えられていなければならない。接見交通権が保障された根本理念に立ち返れば、弁護人の証拠収集手段を裁判所に委ねる証拠保全手続に限るかのような判断は極めて不合理である。

6 弁護活動に対する規制の根拠が正当か

(1) 被疑者・被告人の援助を受ける権利を保障するための弁護活動の自由

写真撮影・録画が「接見」に当たらないとしても、接見室内での写真撮影・録画は、間違いなく弁護人の弁護活動として行われている。そこで、写真撮影・

録画は刑事訴訟法39条1項により保障された「接見」ではないという理由だけで、直ちに、弁護人がすべて一般人の服すべき規律と同一の規律によって律されるということになるのかということが問題とされなければならない。被疑者・被告人の援助者として、弁護人に弁護活動の自由が保障されなければ、憲法で保障された被疑者・被告人の権利は全うされないことになるからである。

　被疑者・被告人に対して効果的な弁護を提供する主体は、言うまでもなく、弁護人である。そして、専門職として高度な職業倫理と専門的知識を備えた弁護人がその能力を遺憾なく発揮し、「最善の弁護活動に努める」（弁護士職務基本規定46条）ことによって初めて効果的な弁護の提供は現実のものとなる。したがって、何が最善の弁護活動であるか、何が効果的な弁護であるかの判断は、まずは、弁護人の専門家としての裁量に委ねられるべきであり、国家としては、その判断を最大限尊重することが求められ、みだりに介入してはならない。言い換えると、被疑者・被告人が弁護人から効果的な弁護の提供を受けるためには、国家によって弁護人の弁護活動の自由を保障されていることが不可欠の前提となる。憲法による被疑者・被告人の弁護人依頼権、すなわち、弁護人の援助を受ける権利の保障は、弁護活動の自由の保障を含むものと解さなければ、その実質を伴うことにならない。

　このように考えるならば、接見交通権が憲法の保障に由来する身体拘束を受けた被疑者・被告人の最も重要な基本的権利であるとともに、弁護人の固有の権利であるとされるように、弁護活動の自由すなわち弁護権も憲法に由来する被疑者・被告人の弁護を受ける権利の保障を実効あらしめるものとして、それと同等の弁護人固有の権利と解する必要がある。

(2)　弁護人の活動に対する制約は一般人とは異なる原理が必要であること

　そこで、弁護人には、弁護活動の自由という弁護人としての権利が保障されているのであるから、仮に、写真撮影・録画が「接見」に該当しないとしても、弁護活動として行われた写真撮影・録画について、拘置所による施設管理上の規律および秩序を維持する観点からの規制を拘置所の判断のみで及ぼし得るのか否かということが検討されなければならない。そして、規制を及ぼし得るとしても、その原理は何かがさらに検討される必要があるということになるのである。ところが、竹内国賠判決も田邊国賠判決にも、このような視点での検討が見られない。

　物の授受という接見とは異なる場面ではあるが、福岡高裁平成22年2月25

日判決（判例タイムズ1330号93頁）は、弁護人が持参してきた便箋および封筒の差入れを拒否された事案につき、国が訴訟記録等の授受と単に施設生活上の援助の一環としての差入れのように、一般私人の立場と差異を設ける必要のないものとに分け、後者については、一般私人と同様の制約に服する旨主張したのに対し、これを排斥して、弁護人が接見交通権の行使として代替物の差入れを申し出た場面は、一般私人と同様の制約に服するのではないことを前提とし、弁護人と一般私人とを区別していない刑事収容施設法51条の規定があっても、弁護人の場合には、刑事訴訟法39条2項による調整原理に基づく制約以外の物の授受を一般的に制限することはできないとした。また、物の授受でも被留置者から弁護人への宅下げの場面につき、平成22年1月27日東京地裁判決（判例タイムズ1358号101頁）は、留置施設に勾留されていた被告人の弁護人が被告人の所持品の交付を求めたのに対して、担当検察官が留置担当官に指示して、宅下げを拒否した事案につき、宅下げを受けることも弁護人の固有権であることを指摘して、刑事収容施設法197条は、被疑者・被告人の宅下げ申請という手続を経て物の交付がなされる旨規定してはいるものの、弁護人の権利は、被留置者による宅下げ申請が取られない場合であっても、弁護人の宅下げを受ける権利が侵害されると判示している。

　このように、物の授受に関する場面において、弁護人と一般人とを区別していない刑事収容施設法上の規定が、弁護人の活動であることを理由に制限的に解釈された事例が判例上存するのである。これらは、弁護人には弁護の自由が保障されていることの反映とみるべきである。そして、この理は、物の授受以上に被疑者・被告人にとって重要な意義を有する接見の場面において、より一層当てはまるというべきである。

(3) 接見室における写真撮影・録画の意義

　弁護活動の中でも特に重要な基礎的活動は、弁護人と被疑者・被告人との間のコミュニケーションである。なぜなら、すべての弁護活動の基礎は、被疑者・被告人の主体的意思とそれを裏付ける客観的証拠であり、その意思確認と証拠収集に欠くことのできない手段が、弁護人と被疑者・被告人との間のコミュニケーションだからである。弁護人と被疑者・被告人との間のコミュニケーションは、憲法が被疑者・被告人に保障している弁護人の援助を受ける権利および弁護活動の自由の中核というべきである。

　竹内国賠事件における弁護人の活動は、被告人の心身の状態を理由とする勾

留執行停止の申請、責任能力の主張立証、情状事実の主張立証等に向けて行われた接見室内での撮影行為である。まさに弁護人と被疑者・被告人との間のコミュニケーションである。

　前記最高裁判決が指摘するとおり、弁護活動の自由といえども、対峙する利益との調整は避けられない。しかし、弁護人の援助を受ける権利や弁護活動の自由、ことに最重要の弁護活動と位置づけられる未決拘禁者とのコミュニケーションが行われる接見室内での弁護活動を制約するのであれば、制約するに足りる合理的な理由が求められるはずである。ところが、竹内国賠判決は、撮影行為が「接見」に当たらないことを指摘するのみで、そこから特段の理由を示すことなく、拘置所が撮影行為自体を禁止することはできるとの結論を導いている。田邉国賠判決も同様である。

　竹内国賠判決も田邉国賠判決も、写真撮影行為が意思疎通そのものではなく証拠保全に当たるから「接見」ではないとするのであるが、意思疎通であれ証拠保全であれ、弁護活動としての重要性に有意な差異が生じるわけではない。弁護人と被疑者・被告人との間のコミュニケーションを意思疎通か否かというメルクマールによって截然と区別すること自体が不可能で無意味である。少なくとも、竹内国賠事件における上記のような写真撮影行為の目的からすると、それが専ら証拠保全として行われたものであり、「接見」に当たらないからとしても、そのことから直ちに、拘置所が撮影行為自体を禁止することができるとの結論を導くことは、弁護人の権利である弁護活動の自由に対して著しく配慮をまったく欠いたものということができる。

(4)　写真撮影・録画が禁止される要件

　竹内国賠判決は、刑事収容施設法117条の規定に基づく接見交通権の制約が許容される場合について、「接見交通権は憲法の保障に由来する権利であることに照らし、面会者が弁護人等の場合、規律等侵害行為を理由に面会を一時停止し又は面会を終了させることができるのは、遵守事項に違反する行為等をすることにより、具体的事情の下、未決拘禁者の逃亡のおそれ、罪証隠滅のおそれ、その他の刑事施設の設置目的に反するおそれが生ずる相当の蓋然性があると認められる場合に限られると解すべきである」とする。

　ところで、前記のとおり、竹内国賠判決の想定する「接見」すなわち意思疎通と接見室内での写真撮影・録画行為は、何れも面会室内における弁護人と被疑者・被告人との間のコミュニケーションという点で同じであり、両者の間に

は、弁護活動としての重要性や対峙する利益の内容という点において実質的な差異はまったくない。そこで、写真撮影・録画が接見交通権の保障の範囲に当たらないとしても、それが接見室内における「接見」のときの弁護人の弁護活動であることは明確であるから、その活動を制約するとすれば、必然的に「接見」の制約を伴うことになる。したがって、写真撮影・録画の禁止の許否を判断する基準についても、「接見」の制約の許否を判断する基準と同一の基準たらざるをえないということになるはずである。すなわち、竹内国賠判決の判断基準を当てはめれば、写真撮影・録画の禁止が許容されるのは、それらの行為により、未決拘禁者の逃亡のおそれ、罪証隠滅のおそれ、その他の拘禁の目的に反するおそれが生ずる相当の蓋然性があると認められる場合に限られると解すべきであるということになる。それが、当然の論理の帰結というべきであろう。

7 「接見」を制約する刑事訴訟法と刑事収容施設法との関係

(1) 接見交通権制約をめぐる重要な分岐点

先に論じた弁護人による接見室内での写真撮影・録画が接見に該当するか否かという問題と同時に、仮にこれが「接見」であったとしても、刑事訴訟法が規定する未決拘禁の目的からくる制約とは別に、刑事収容施設の規律および秩序の維持といった施設管理の要請から、「接見」に対する制約ができるのか、この考え如何が、接見室内での写真撮影・録画に対する規制を正当とするか違法とするかの結論を左右する根源の問題として存在していることが、先の二つの国賠訴訟判決で明確となった。

(2) 接見交通権が憲法上の権利であることとの関係

これについては、まず、接見交通権は憲法上の権利（前述の平成11年最高裁大法廷判決は憲法に由来する権利という）であって、これを下位の規範である法律によって制約できるのかどうかが検討されなければならない。平成11年大法廷判決は、弁護人らが憲法上の権利を刑事訴訟法39条3項という法律では制約できないと主張したのに対し、刑罰権行使のための捜査権の行使が国家の権能であるとして、国家の権能を被疑者・被告人の憲法上の権利と対置させ、その調整を図ることはできるという立場をとった。したがって、本稿で論ずる問題との関係では、平成11年大法廷判決での構図に倣えば、刑事収容施

設における規律および秩序の維持を目的とする施設管理権が、平成11年大法廷判決にいう捜査権と同等のものと評価し得るのか否かは、検討するべき視点となる。しかし、未決拘禁における刑事収容施設は、刑罰権行使のため、刑事訴訟法の目的に従って設置された施設にすぎないのであり、「捜査のための必要性」を刑事収容施設の目的に読み込むことは刑事訴訟法の目的に反する。刑事収容施設の管理権は国家の権能としての捜査権と相並び立つ関係となるものではないのである。したがって、未決拘禁の目的を定めた刑事訴訟法自身によって接見交通権の制約が課されることは容認し得るとしても、施設管理権による制約は許されないということになるはずである。竹内国賠判決が、弁護人との面会における一時停止や面会終了の要件である「規律及び秩序を害する行為」の解釈にあたって、「接見交通権は憲法の保障に由来する権利であることに照らし」としているのは、正当である。

(3) 刑事訴訟法と刑事収容施設法との関係

次に、未決拘禁者の権利についての制約に関する刑事訴訟法と刑事収容施設法との関係については、刑事訴訟法による制約以外にはできないとする一元的見解と、法の目的が異なる以上は、それぞれの目的に沿った二元的制約が可能だとする見解とがある。二元説は接見交通権をめぐる国賠訴訟で国がとってきた見解である。しかし、刑事訴訟法によって認めている被拘禁者の権利を、施設管理の側面から実質的に制約し、刑事訴訟法上の権利行使ができないとするのは矛盾というほかない。もともと、訴訟法と未決に関する施設法との関係は、二つの分野として対等に並び立つ関係ではないはずである。訴訟法によって、訴訟目的を実現するために未決拘禁が認められている。その未決拘禁を実際に執行するために、具体的内容を定めるのが施設法である。そうであれば、目的を定めている訴訟法によって、手段である施設法の内容が制約されるのは当然である（後藤昭『捜査法の論理』〔岩波書店、2001年〕115頁）。一方で刑事訴訟法により容認されている権利を施設法により制約するのは目的と手段とが転倒した関係を容認するということになる。一元説のポイントは、刑事訴訟法で規定している権利を施設法的観点から制約してはならないという点にある。したがって、少なくとも、刑事訴訟法で権利として保障している内容を施設法で実質的に制約することは許されないとするのが正当である。この点に関する二元説は採ることはできない。

竹内国賠判決では、写真撮影・録画は「接見」には含まれないとして、接見

とは切り離したうえ、弁護人が写真撮影・録画をすることは拘置所の規定した遵守事項違反であり、規律および秩序を害する行為であるとした。この理解が誤りであることはすでに指摘したとおりである。ところが、竹内国賠判決は、違法行為と弁護人が主張した、拘置所職員が接見室内での写真撮影を理由として弁護人との接見を終了させるという行為、まさに接見そのものに影響を及ぼす権限行使に対しては、これを刑事訴訟法39条2項に定めた要件、すなわち、拘禁目的に反する行為であるか否かに従って処理しなければならないという一元的理解に基づく判断を示したのである。一方で、田邉国賠判決は、接見室内における写真撮影・録画を「接見」に含まれないとした点は、竹内国賠判決と同じであるが、刑事訴訟法における拘禁目的と刑事施設の規律および秩序を維持する必要とが並び立つ関係にあって、どちらの目的からも接見交通が制約を受けるという判断を示している。その立場から、「刑事施設の規律及び秩序を害する行為」に該当するものとされる行為の具体的内容および性質、同項に基づく措置を講ずる必要性およびその程度、当該措置の具体的態様および当該措置による接見交通権への制約の程度に照らし、接見交通権に対する不当な制約とならない限りにおいてこれを行い得るとした。

接見交通権の範囲とされる行為であっても、刑事訴訟法の規定とは別途に刑事施設の規律および秩序を維持する観点からの制約が可能であり、その制約が不当な制約とならない限り可能であるとする考えは、まさに、二元論的な立場である。しかし、接見交通権や弁護活動の自由は憲法に保障されている被疑者・被告人の援助を受ける権利に由来するものである。また、未決拘禁者の施設内での権利と義務（処遇）に関する刑事訴訟法と刑事収容施設法との関係は、目的と手段という関係に立つのであり、訴訟法の目的に沿って施設法も解釈されなければならないというのが論理的というべきである。すなわち、訴訟法により認められた未決拘禁者の権利を施設法が別の理由から制約することは許されないという理になるのである。

8 まとめ

以上のように、接見室内での写真撮影・録画をめぐる弁護人と拘置所との攻防に関する裁判所の判断は、一審判決が2つ出されたという段階であるが、いずれの判決も証拠保全目的での写真撮影・録画を接見に含まれないとした上で、拘置所職員の規制の在り方についての違法性・合法性を論じている。

しかし、接見室での写真撮影・録画は弁護活動であり、被疑者・被告人の援助者として紛れもない弁護活動として行われている。接見室での弁護人の写真撮影・録画は、証拠保全としても意志疎通の記録化としても行われるのであり、それを截然と区別するのは困難である上、被疑者・被告人からすると証拠保全も意志疎通も同等の価値を持つコミュニケーションである。そのようなコミュニケーションである写真撮影・録画を「接見」ではないという理由で規制されていては、憲法上保障された被疑者・被告人の弁護人の援助を受ける権利は全うされないことになる。まず何よりも、弁護人の活動の実態に即して、接見室における写真撮影・録画は刑事訴訟法39条1項に規定された「接見」であることが確認される必要がある。

　その上で、接見交通権に対して制約が課されるのは、いわゆる一元説の立場から刑事訴訟法39条2項に規定された要件に基づく場合のみであることが確認されなくてはならない。

　さらに、仮に写真撮影・録画が接見に当たらないとしても、弁護人固有の権利としての弁護活動の自由に対して、国家（刑事施設）が、施設管理権から規制を及ぼすことができるのか否か、できるとしたら、どのような要件か、さらに検討される必要がある。結局のところ、この規制も刑事訴訟法39条2項の要件以外にはないということになるはずである。

　竹内国賠判決も田邉国賠判決も、いずれも、弁護活動の自由に対して、何らの実質的根拠もなく、施設管理の理由から制約は可能とする立場で、これに十分な検討を加えていない。弁護の自由とその限界および規制の根拠が、今後、さらに議論されなければならないであろう。

〈追記〉

　本原稿を脱稿した後、東京高裁に係属していた竹内国賠訴訟の控訴審判決が2015年7月9日に言い渡され、原判決を取り消して賠償請求を棄却する内容だった。弁護人の接見室内での写真撮影・録画は接見に該当せず、拘置所は庁舎管理権に基づいて、弁護人の写真撮影・録画を規制できるのであるから、これに違反した弁護人の行為は、刑事収容施設法117条が準用する同法113条1項1号ロの「規律及び秩序を害する行為」であり、そのことだけで、接見の一時停止や終了ができるとした。前記の一審東京地裁判決のような、弁護人の接見室内での写真撮影行為によって、刑事訴訟法39条2項に規定する逃亡や罪証隠滅のおそれ等が生じる相当な蓋然性があったかという観点から接見の制約

となる要件に絞りをかけようとする姿勢がなく、庁舎管理権による規制に反する行為があれば、当然に面会終了を含む措置をとることができるとするものである。弁護活動を、拘置所が定める庁舎管理権により一方的に制約できるとする考えであり、弁護人の立場からは容認しがたい判決である。そこで、審理は最高裁における上告審に移ることになった。

なお、竹内国賠訴訟上告審においては、従前の主張をとりまとめた上告理由書や上告受理申立理由書を提出した他、最近の接見交通権をめぐる諸問題に関する研究者の論攷（行政法研究者である岩本浩史島根県立大学准教授の論文を含む）を紹介する補充書を提出し、また、後藤昭青山学院大学法科大学院教授の意見書を提出して、最高裁の判断を待っているところである。

また、福岡地裁小倉支部の田邊国賠訴訟は、現在も福岡高裁での控訴審に係属しているが、佐賀地裁における稲村・半田国賠訴訟の判決が、2016年5月13日に言い渡された。同判決は、接見室内における写真撮影行為は接見にも接見を補助する行為にも該当しないとする判断を示し、また、拘置所職員が接見状況を視認する行為についても、刑事収容施設法には職員による面会の一時停止や面会終了と措置が認められており、その一時停止や面会終了の事由である「刑事施設の適正な規律及び秩序の維持に支障を及ぼす行為」が行われようとした場合、また、その具体的おそれがある場合には視認ができるとの判断を示して、原告の請求を棄却している（なお、接見室内の声が聞き取れるほどに近接する場所で職員が待機していた行為は秘密交通権を侵害する行為であるとして損害賠償を認めた）。

いずれにせよ、各地の裁判所の判断は、あまりにも弁護活動に対して無理解というほかない。接見室内での写真撮影や録画の自由を保障させていくには、地道かつ果敢な弁護実践と不当な措置に対する各地での積極的な国家賠償請求訴訟の提起による以外には、有効な方途はないように思われる。

（まえだ・ゆうじ）

接見にさいしての
弁護人の写真撮影をめぐる
田邊事件一審判決の批判的検討

葛野 尋之

一橋大学教授

1　問題の所在
2　一審判決の論理
3　弁護人による写真撮影と刑訴法39条1項の「接見」
4　庁舎管理権、規律・秩序侵害行為と接見交通権
5　結論

1　問題の所在

　身体を拘束された被疑者・被告人と弁護人（本稿においては、引用部分を除き、刑訴法39条1項にいう「弁護人を選任することができる者の依頼により弁護人となろうとする者」を含む）との接見交通権（刑訴法39条1項）をめぐっては、近時、接見指定（同条3項）の適法性をめぐる争いがみられなくなった反面、さまざまな形で、新たな問題が生じている[*1]。接見にさいしての弁護人の写真撮影に関する問題もその一つである。この問題の背景には、電子通信技術と関連機器の発達・普及とともに、刑事弁護、とくに起訴前被疑者弁護の拡大と活性化がある[*2]。

　そのなかで、福岡高裁において審理中の田邊事件は、未決拘禁者として刑事施設に収容されている被疑者・被告人と弁護人との接見交通権の保障のあり方をめぐって、重要な法的問題を提起している。本稿が検討する法的論点を含む部分に限定したとき、田邊事件の概要は、一審の福岡地裁小倉支部判決[*3]が認定した事実によれば、以下のようなものである。

　複数の刑事事件について起訴され、福岡拘置所小倉拘置支所（以下、小倉拘

置支所）において勾留されていた被告人の求めに応じて、その刑事事件の国選弁護人である弁護士（一審原告）が被告人と接見したさいに、被告人より、施設職員から暴行を受け、右頬に傷害を負った旨の訴えを聞き、被告人の右頬に擦過傷が存在することを認めた。弁護人は、被告人から擦過傷の状態を記録として残すことを求められ、自らもその状態を証拠化する必要があると考えたため、自己の携帯電話のデジタルカメラ機能を用いて、被告人の容ぼうを1枚撮影した。その後、施設職員が、被告人と弁護人が接見している面会室の被収容者側の扉の窓に貼られたスモークフィルム越しに面会室内の様子を見ると、弁護人が立ち上がり、携帯電話を用いて被告人の容ぼうの撮影に及ぼうとしているのを認めたので、直ちに被収容者側の扉をノックして面会室に立ち入り、弁護人に対して撮影をやめるよう口頭で述べるとともに、携帯電話と被告人とのあいだに自らの右手を差し出し、弁護人による写真撮影を阻止した。別の施設職員も加わり、施設職員らは、面会室内で、弁護人に対し、携帯電話を待合室のロッカーに戻すよう求めるとともに、面会室において携帯電話を用いて撮影した画像を消去するよう求めた。これに対し、弁護人は、すでに撮影していた画像の消去に応じることなく、被告人との面会を続けるとして、施設職員らに対して面会室から出るよう求めた。弁護人は、その後、施設職員から携帯電話を待合室のロッカーに戻すよう再度求められたため、面会室を出て、待合室のロッカーの上に携帯電話を置き、面会室へと戻った。弁護人が面会室に戻った後、施設職員らは面会室を退出したが、そのさい、弁護人に対し、面会終了後も帰らずに待つよう求めた。その後、弁護人は、被告人との面会を再開した。さらに、面会終了後、施設職員らは、待合室において、弁護人に対し、すでに撮影した画像を消去するよう繰り返し求めた。

　田邊事件をめぐっては、小倉拘置支所長は、接見にさいして弁護人が面会室に通信・撮影機器を持ち込み、それを用いて被告人の容ぼうを写真撮影することを禁止することが許されるか、施設職員は、この禁止措置に違反したことを理由にして、現に接見中の面会室に立ち入り、弁護人による写真撮影を阻止することが許されるか、このような禁止措置を前提として、施設職員は、弁護人に対し、接見にさいして弁護人が写真撮影した画像を消去するよう求めることが許されるか、などが争われた。

　これらの問題に対してどのような回答を与えるかが、身体を拘束された被疑者・被告人と弁護人との接見のあり方、換言すれば両者のあいだの接見交通権の保障のあり方を、大きく左右することになる。接見交通権は、1999年3月

24日の最高裁大法廷判決*4がいうように、憲法34条・37条3項によって保障される弁護人の援助を受ける権利（以下、弁護権）の保障を実質化するために不可欠な、その意味において憲法の弁護権に由来する権利である。それゆえ、接見にさいして弁護人が面会室に通信・撮影機器を持ち込み、それを用いて被疑者・被告人の容ぼう、状態など接見状況を写真撮影することができるかどうかは、接見交通権の保障のあり方を通じて、ひいては被疑者・被告人の弁護権の保障のあり方をも規定することになる。

　このような問題意識に立って、本稿は、田邊事件における争点に対して回答を提示するために、第1に、接見にさいして弁護人が被告人の容ぼうを撮影することは、それ自体、刑訴法39条1項にいう「接見」に当たり、同規定による接見交通権の保障の範囲内にあるといえるか、第2に、もしかりに、弁護人による写真撮影それ自体が「接見」に当たらないとしても、刑事施設の長（以下、施設長）は、その施設管理権を根拠にして、弁護人が面会室に撮影・通信機器を持ち込むことを禁止することができ、また、その禁止措置を前提として、施設職員は、弁護人が面会室に携帯電話を持ち込み、それを用いて被告人の容ぼうの撮影に及ぼうとしたことを理由にして、規律・秩序侵害行為に対する制止措置（刑事収容施設及び被収容者等の処遇に関する法律〔以下、収容法〕117条および同規定が準用する同法113条1項）として、弁護人の写真撮影を阻止することが許されるか、という二つの法的論点に検討を加える。このような検討を通じ、本稿末尾において示すような結論を導く。

2　一審判決の論理

　法的論点の検討に入る前提として、一審判決がどのような判断を示したのかを概観しておく。

　施設職員が、被告人と弁護人（一審判決の引用部分においては「原告」）とが現に接見している面会室内を視察し、弁護人が被告人の容ぼうの写真撮影に及ぼうとしていることを認めたので、面会室に立ち入り、写真撮影を阻止した措置について、一審判決は、第1に、接見交通権と刑事施設における規律・秩序の維持とのあいだの法律の規定による「調整」の可能性を承認した。すなわち、一審判決は、「憲法は、刑罰権の発動ないし刑罰権発動のための捜査権の行使が国家の権能であることを当然の前提とするものであり、このような刑罰権の発動ないし捜査権の行使のために必要なものとして、刑訴法の規定に基づ

き、逃亡又は罪証隠滅の防止を目的として、被疑者等の居住を刑事施設内に限定する未決勾留という制度を認めるものであるから、弁護人等と被疑者等との接見交通権が憲法の保障に由来するからといって、これが刑罰権ないし捜査権に絶対的に優先するような性質のものということはでき」ないのであり、また、「刑事施設は、多数の被拘禁者を外部から隔離して収容する施設であって、同施設内でこれらの者を集団として管理するに当たっては、内部における規律及び秩序を維持し、その正常な状態を保持する必要があるが、憲法は、このような刑事施設の規律及び秩序を維持する必要があることを否定するものではないから、憲法34条は、被疑者等に対して弁護人等から援助を受ける機会を持つことを保障するという趣旨が実質的に損なわれない限りにおいて、法律に接見交通権の行使と刑罰権の発動ないし捜査権の行使との間を調整する規定や刑事施設の規律及び秩序の維持を目的とする調整の規定を設けることを否定するものではない」としたのである。

　第2に、一審判決は、第1の判示を踏まえて、接見にさいしての写真撮影の阻止の根拠規定となりうる収容法117条が準用する同法113条1項の解釈を示した。すなわち、一審判決は、刑事事件の被疑者・被告人たる未決拘禁者と弁護人との面会について、「刑事施設の規律及び秩序を害する行為」（同法113条1項ロ）がなされる場合に限り、これを制止し、または面会を一時停止することができる旨定めている同規定が、接見交通権と刑罰権の発動ないし捜査権の行使とのあいだの「調整」の規定に当たるとしたうえで、「同項に基づく措置は現に行われている面会をいったん中断させるのと同じ状態に置く効果を伴う場合もあり、又は一時的に面会をできない状態に置く効果を伴うものであり、少なくともその意味において接見交通権に対する制約となり得るものであるから、……同項の適用に際しては、……憲法34条の趣旨が実質的に損なわれないように留意される必要がある。そこで、接見交通権が憲法の保障に由来する権利であり、取り分け、未決拘禁者についてはその防御権の尊重に特に留意しなければならない一方、逃亡又は罪証隠滅の防止という未決勾留の目的並びに刑事施設の規律及び秩序の維持の必要性に鑑みて、同項1号ロにいう『刑事施設の規律及び秩序を害する行為』については、逃亡又は罪証隠滅並びに刑事施設の適正な規律及び秩序の維持に支障を及ぼす具体的なおそれのある行為をいうものと解するのが相当である」とした。一審判決は、同規定が「このような行為に限りこれを制止し、又は面会を一時停止させることができる旨を定めたものと解されるから、憲法34条及び37条3項の趣旨に違反するものではない」

とし、「弁護人等と被疑者等との面会の場面における刑事施設の職員による同項に基づく措置については、『刑事施設の規律及び秩序を害する行為』に該当するものとされる行為の具体的内容及び性質、同項に基づく措置を講ずる必要性及びその程度、当該措置の具体的態様及び当該措置による接見交通権への制約の程度等に照らし、接見交通権に対する不当な制約とならない限りにおいてこれを行い得るものと解すべき」だとした。

　第3に、一審判決は、収容法117条・113条1項による規律・秩序侵害行為の制止および面会の一時停止の前提となる施設職員による面会状況の視認について、「弁護人等と被疑者等との面会の場合においても、規律及び秩序を害する行為が行われ得ることは一概に否定することができず、このような場合には当該行為の制止等の必要があるものというべきであるから、刑事施設の職員が、『刑事施設の規律及び秩序を害する行為』が行われる具体的なおそれがある場合に面会の状況を視認しようとすることは、弁護人等と被疑者等との意思疎通の内容を把握しようとすることのない限り、許される」のであって、このように理解しても、「弁護人等と被疑者等との面会の際の意思疎通の内容を知られることのないことを保障した刑訴法39条1項の趣旨に反するものではない」とした。そのうえで、一審判決は、本件における施設職員の視認について、「視認として適法に行い得る行為の範囲にとどまるもの」であると認めた。

　第4に、一審判決は、施設職員が面会室に立ち入り、弁護人による写真撮影を阻止した行為について、適法であるとした。まず、収容法113条1項にいう規律・秩序侵害行為の「制止」および面会の「一時停止」の意味について、一審判決は、同規定がこれら両者を区別して規定していることなどからすれば、「『制止』とは、『刑事施設の規律及び秩序を害する行為』を行わないように求めることをいい、『一時停止』とは、面会を一時停止するように求めることをいうものと解される」との理解を示したうえで、「もっとも、上記『制止』の措置の場合であっても、刑事施設の職員の求めに対する未決拘禁者又は面会の相手方の対応の過程において一時的に面会が中断するのと同じ状態となることはあり得るが、このような意味における一時的な中断については、面会を一時停止するように求めたものでもなく、同項の面会の一時停止には当たらない」とした。これを踏まえて、一審判決は、施設職員が弁護人の写真撮影を阻止した行為について、弁護人が「小倉拘置支所長の禁止する通信・撮影機器の持込みをした上で写真撮影を行おうとするのを認め、原告に対してこれを行わないように求めたものであるから、『制止』の措置を執ったものと認められる」と

した。

　第5に、一審判決は、収容法117条・113条1項に基づく制止措置については、先の意味における「『刑事施設の規律及び秩序を害する行為』」が認められる場合において、接見交通権に対する不当な制約とならない限りにおいてのみこれを行い得るものと解すべき」ことを確認したうえで、本件における施設職員の制止措置について、弁護人の「接見交通権に対する不当な制約に当たるものでないか」を検討し、これを否定した。すなわち、一審判決は、小倉拘置支所長が面会室への通信・撮影機器の持込みを禁止していることについて、施設長の「施設管理権に基づく必要かつ合理的なもの」だとした。一審判決は、「小倉拘置支所が多数の未決拘禁者を収容する施設であることからすれば、当該禁止措置は、未決勾留の目的である逃亡又は罪証隠滅の防止並びに刑事施設の適正な規律及び秩序の維持をもその目的としているものと解されるところ、当該禁止措置は現状において上記の目的を達するために必要かつ合理的な措置であると認められる一方、この措置によっても、通信・撮影機器の持込みが禁止されるにとどまり、接見交通権の保障により確保されるべき、身体の拘束を受けている被疑者等が弁護人等と相談し、その助言を受けるなど弁護人等から援助を受ける機会自体が制限されるものということはできない」とし、「禁止措置自体については、刑事施設の長による施設管理権に基づく必要かつ合理的なものであると認められ、これに何ら違法な点は存しない」とした。そのうえで、一審判決は、本件において弁護人が携帯電話を面会室に持ち込み、被告人の容ぼうの撮影に及ぼうとしたことは、そのような「禁止措置に違反するものであるから、『刑事施設の規律及び秩序を害する行為』に当たると認められる」とした。

　第6に、一審判決は、原告の主張するように、接見交通権の保障として、弁護人が面会室内で写真撮影をする権利が保障されているとしたならば、施設長による禁止措置は弁護人の接見交通権を侵害し、違法なものとなろうとしたうえで、弁護人による写真撮影が接見交通権の保障の範囲内にあるかを検討し、これを否定した。すなわち、一審判決は、本件における弁護人の写真撮影が、被告人の「擦過傷の状態を証拠として保全する目的でされたもの」だと認め、そのうえで、「接見交通権は、被疑者等が弁護人等と相談し、その助言を受けるなど弁護人等から援助を受ける機会を確保するという弁護人等と被疑者等との意思疎通を確保するために認められたものであると解される」とし、「刑事施設内の面会室において証拠を保全する目的で写真撮影を行うことは、弁護人等と被疑者等との間で行われる意思疎通には当たらず、また、これを補助する

ものとみることもできないから、接見交通権の保障の範囲に含まれると解することはできない」とした。

第7に、一審判決は、面会室への通信・撮影機器の持込みを禁止する施設長の措置が、弁護活動を不当に制約するものでないかを検討し、これを否定した。すなわち、一審判決は、「弁護人等が被疑者等との面会において把握した情報を記録する行為については、弁護人等の弁護活動の一つとして重要なものであって尊重されるべきものである。そして、弁護人等が取得した視覚的情報を記録する方法としての写真撮影は、一般論として上記弁護活動の有効な手段の一つとなり得るものである」としながらも、「刑事施設内における被疑者等との面会に際しての弁護人等の情報記録化の方法については無制約に認められるものではなく、逃亡又は罪証隠滅の防止という未決勾留の目的並びに多数の未決拘禁者を収容する刑事施設の規律及び秩序の維持の観点からの制約がある」とした。そのうえで、一審判決は、施設長による面会室への通信・撮影機器の持込み禁止措置は、「その効果として面会室内での写真撮影ができないという点において弁護人等による面会の内容の記録化の一手段を制限することになる」と認めつつも、「上記禁止の措置が未決勾留の目的並びに刑事施設の規律及び秩序の維持の観点からされるものであると解されることやその制限の程度が上記の限度にとどまることに鑑みると、弁護人等の弁護活動を不当に制約するものとまでいうことはできず、上記制約の範囲内にあるものとみるべきである」とした。

第8に、一審判決は、以上のことから、面会室内での弁護人による写真撮影を阻止した施設職員の行為は、収容法117条が準用する同法113条1項に基づく「制止」措置として適法であると結論づけた。すなわち、一審判決は、本件における面会室への弁護人の携帯電話の持込みおよびそれを用いた撮影行為は、「小倉拘置支所長の前記禁止措置に反するものであるから、刑事施設の職員においてはこれを行わないように求める制止の措置を執る必要があり、また、……面会室における写真撮影が接見交通権の保障の範囲に含まれないと解されることからすれば、上記制止の措置による原告の接見交通権に対する制約の程度としては面会が原告による上記制止の措置への対応の限度において一時的に中断するというものにとどまるものというべきである」とし、施設職員による制止措置については、弁護人の接見交通権を不当に制約するものとまでいうことはできないとした。

第9に、一審判決は、面会終了後、施設職員が、面会室において、弁護人に

対し、被告人の容ぼうを撮影した画像の消去を求めたことについて、「面会室における写真撮影が接見交通権の保障の範囲に含まれない」から、「画像の消去を繰り返し求めた行為自体が原告の接見交通権を侵害するものでないことは明らかである」とした。

3 弁護人による写真撮影と刑訴法39条1項の「接見」

(1) 取得した情報の記録化と「接見」

　田邊事件の一審判決も、上記第6の判示において、接見にさいして弁護人が被告人の容ぼうを写真撮影することが、刑訴法39条1項による接見交通権の保障の範囲に含まれるとしたならば、弁護人による写真撮影を禁止する施設長の措置は、接見交通権を侵害するもとして違法となると指摘している。たしかに、弁護人による写真撮影が、それ自体として「接見」に当たるのであれば、以下に論じるように、刑訴法39条2項にいう「法令」による被疑者・被告人の「逃亡、罪証の隠滅又は戒護に支障のある物の授受を防ぐため必要な措置」としても、また、収容法独自の目的からする刑事施設の規律・秩序を維持するための措置としても、「接見」たる写真撮影を制限することは許されないというべきである。弁護人による写真撮影が「接見」に当たり、それを禁止する施設長の措置が接見交通権の侵害となるとするならば、当然、弁護人が施設長の禁止措置に違反して写真撮影に及ぼうとしたことを理由にして、施設職員が、規律・秩序違反行為に対する「制止」措置（収容法117条・113条1項）として、写真撮影を阻止することも許されないことになる。また、面会終了後、施設職員が、弁護人に対し、すでに撮影した画像を消去するよう求めることも、接見交通権に対する不当な干渉に当たるものとして、許されないことになろう。このように、田邊事件の争点に対する回答を提示するうえで、接見にさいしての弁護人による写真撮影が「接見」に当たるかどうかが、先決問題となるのである。

　この点について、田邊事件の一審判決は、上記第6の判示において、「刑事施設内の面会室において証拠を保全する目的で写真撮影を行うことは、弁護人等と被疑者等との間で行われる意思疎通には当たらず、また、これを補助するものとみることもできないから、接見交通権の保障の範囲に含まれると解することはできない」とした。

　しかし、「接見」を「意思疎通」として理解することには、重大な疑問がある。刑訴法39条1項にいう「接見」とは、より広く、身体を拘束された被疑

者・被告人と弁護人とのあいだのコミュニケーションをいうのであって、「書類若しくは物の授受」を除いたもの、すなわち接見室においてなされる意思疎通および情報の発信・取得をいうとすべきである。接見にさいして弁護人が被疑者・被告人の容ぼう、態度など、接見状況を記録するために写真撮影・ビデオ録画を行うことは、接見にさいして弁護人が取得した視覚的情報を自ら記録することにほかならないから、この点において、同じく取得した聴覚的情報を文字、図画などにより記録するメモ行為と変わるところはなく、それ自体、刑訴法39条1項にいう「接見」に含まれ、同規定による接見交通権の保障の範囲内にあると理解すべきである[*5]。

　たしかに、被疑者・被告人と弁護人とのあいだの「意思疎通」が、「接見」の中核的位置にあることは否定できないであろう。しかし、なにゆえ「接見」を「意思疎通」に限定しなければならないのかについて、田邊事件の一審判決は積極的理由を述べていない。

　人間のあいだのコミュニケーションは、「意思疎通」の枠に収まらないものを含んでいる。また、人間のあいだのコミュニケーションは口頭によるほか、さまざまな手段・方法によってなされうるものであるから、それを手段・方法の面から限定することはできない。そうであるならば、刑訴法39条1項にいう「接見」は、被疑者・被告人と弁護人とのあいだのコミュニケーションであって、「書類若しくは物の授受」を除いたもの、すなわち接見室においてなされる意思疎通および情報の発信・取得をいうとすべきであろう。

　また、接見が、身体を拘束された被疑者・被告人が弁護人から実効的な援助を受ける機会であり、これを弁護人からみれば、被疑者・被告人に対して弁護人が効果的な援助を提供する機会であって、この意味において弁護の手段である以上、接見においては、取得した情報の記録が不可欠である。もしかりに、接見が取得した情報の記録化を含まないとするならば、弁護手段としての接見の機能は決定的に減じられることになろう。接見にさいしての情報の取得は、聴覚による音声情報の取得に限られない。したがって、弁護人が取得した視覚的情報を記録することは、その記録手段のいかんによらず、それ自体、「接見」に含まれるというべきである。取得した情報の記録を含め「接見」の自由と秘密性を保障したものこそが、刑訴法39条1項なのである。

(2)　証拠保全目的の記録化と「接見」

　田邊事件の一審判決は、上記第6の判示において、証拠保全目的の撮影であ

ることから、「接見」該当性の否定を導いた。

　しかし、写真撮影の目的がなにかによって、「接見」該当性が左右されるとすることには疑問がある。弁護人が取得した情報の記録化が、備忘を目的とするか、証拠保全を目的とするかは、記録した情報の事後的な使用目的の違いでしかない。しかも、刑事手続の動的性格からすれば、記録化の時点での目的が、その後の使用時には変化する可能性もある。たとえば、備忘のために作成した記録を証拠として用いることもありうる。「接見」に含まれるかどうかは、取得した情報の記録化それ自体の法的性格によって判断されるべきであって、記録した情報の事後的な使用目的のいかんによって判断されるべきではない[*6]。

(3) 写真撮影を制限する「法令」の不存在

　田邊事件の一審判決は、上記第6の判示において、接見にさいして弁護人が被告人の容ぼうを写真撮影することが、接見交通権の保障の範囲に含まれるとしたならば、弁護人による写真撮影を禁止する施設長の措置は、弁護人の接見交通権を侵害するもとして違法となるであろうとしていた。このことは、それ自体、正当な指摘である。

　弁護人による写真撮影が、取得した視覚的情報の記録化として、刑訴法39条1項にいう「接見」に含まれ、同規定による接見交通権の保障の範囲内にあるのであれば、後述するように、「接見」の制限は、同条2項にいう「法令」による「必要な措置」としてのみ認められるというべきである。そうであるならば、弁護人による写真撮影を制限する「法令」の規定は存在しないから、それを制限することは、本来、許されないはずである。

　収容法118条1項ないし4項は、未決拘禁者と弁護人との面会に関する制限を定めている。同規定があげているのは、日・時間帯（1項）、相手方の人数（2項）、これらの制限に適合しない面会申出の原則許可（3項）、面会場所（4項）である。収容法のなかには、ほかに、弁護人による写真撮影の禁止を根拠づける規定はない。したがって、「接見」としての弁護人による写真撮影を制限するための「法令」（刑訴法39条2項）の規定は、存在しないといわなければならない。

　未決拘禁者の処遇の原則を定める収容法31条が、施設長の庁舎管理権と組み合わされて、弁護人による面会室への通信・撮影機器の持込みおよび接見にさいしての写真撮影を禁止する根拠規定としてあげられることがある。収容法31条が、未決拘禁者の処遇の原則として、「防御権の尊重」とともに、「逃走

及び罪証隠滅の防止……に特に留意しなければならない」としていることからすれば、庁舎管理権は、この規定の趣旨に沿って行使されるべきであり、したがって、撮影・録画が保安・警備上重大な支障を生じさせるものである以上、そのための機器の持込みを庁舎管理権に基づいて禁止することができるというのである。

しかし、収容法31条は、刑訴法39条2項にいう「法令」たりえないというべきである。収容法31条は、もとより処遇の原則を定めたものであって、刑訴法39条1項の接見を制限する要件・方法・手続を具体的に定めたものではない。また、庁舎管理権も、施設管理者の有する一般的権限にすぎない。それゆえ、庁舎管理権を媒介させたところで、収容法31条を根拠にして、接見を制限することは許されない。庁舎管理権を媒介させれば、それ自体としては接見の制限について具体的に定めた規定でなくとも、刑訴法39条2項にいう「法令」として制限の根拠規定とすることができるというのであれば、この規定が接見の制限には「法令」の根拠が必要だと明記したことの意味が失われることになる[7]。なお、刑訴法39条2項の明記する制限目的のための同規定にいう「法令」による制限とは別に、刑事施設の規律・秩序の維持という収容法独自の目的のために、施設長がその庁舎管理権により弁護人による面会室への通信・撮影機器の持込みを禁止し、また、そのような禁止措置を前提として、施設職員が接見にさいしての弁護人による写真撮影を阻止することができないことについては後述する。

(4) 接見交通権の「本質」に及ぶ制限の排除

遡って考えるならば、接見にさいしての弁護人による写真撮影が「接見」に含まれるとするとき、たとえ「法令」によっても、それを禁止することはできないというべきである。

かねてより、刑訴法39条2項の「法令によっても、被疑者、被告人の本質的な権利を制限することはできない」ことが指摘されてきた。同「規定が、前項の接見について、法令により必要な措置を規定することができるとする関係から、逃亡等を防ぐためには、弁護人の接見に立会いも可能であるかのように文理上解釈可能であるが、弁護人と被疑者等の秘密交通権の重要性から考えて、立会人をおくことは許されない」というのである[8]。このことは、刑訴法39条1項の保障する接見交通権が、憲法34条・37条3項による弁護権に由来する、憲法的重要性を有する権利であることから導かれるといえよう。刑訴法

39条2項にいう「必要な措置」には固有の限界があり、接見交通権の「本質」に及ぶような、重大で実質的な制限は許されないというべきなのである。たとえば、いかに「法令」によろうとも、逃亡および罪証隠滅を防ぐとの目的から、接見にさいして被疑者・被告人と弁護人とのあいだでなされたコミュニケーションの内容を探知する措置は、秘密性の保障が接見交通権の「本質」をなすことからすれば、許されないというべきであり、同条1項にいう「立会人なくして」は、このことを含意していると理解すべきである。

　写真撮影の制限はどうか。たしかに、写真撮影の制限によって、接見の機会が奪われるわけではない。この点について、田邊事件の一審判決は、上記第5の判示において、施設職員が規律・秩序侵害行為の「制止」措置として（収容法117条・113条1項）、弁護人による写真撮影を阻止したことは、接見機会を制限するものではないから、「接見交通権に対する不当な制約に当たるものでない」とした。しかし、写真撮影の制限は、それ自体、重大で実質的な制限だというべきである。弁護人が接見にさいして取得した視覚的情報を記録する手段としては、機械的記録としての性格を有しており、他の手段に比べ、正確性において優れている。それゆえ、写真撮影を禁止することは、弁護人から、接見にさいして取得した視覚的情報の最も効果的な記録手段を奪うことにほかならず、この点において、接見交通権の「本質」に及ぶような、重大で実質的な制限だというべきである。したがって、いかに「法令」によろうとも、写真撮影の禁止は許されないのである。

4　庁舎管理権、規律・秩序侵害行為と接見交通権

(1)　刑訴法39条2項と収容法117条・113条

　いまかりに、田邊事件の一審判決などがいうように、接見にさいしての弁護人による写真撮影が刑訴法39条1項にいう「接見」に当たらないとの前提に立ったとしても、接見時の写真撮影を阻止することによって接見を中断させ、あるいは写真撮影を理由として接見を一時停止または終了させることは、接見交通権の制約にほかならず、以下に論じるように、このような写真撮影を理由とする接見交通権の制約も許されないというべきである。

　田邊事件の一審判決は、上記第5の判示において、小倉拘置支所長がその施設管理権に基づいて、面会室への通信・撮影機器の持込みを禁止していることは、未決拘禁者の逃亡・罪証隠滅の防止および刑事施設の適正な規律・秩序の

維持という目的を達するために必要かつ合理的な措置であるとしたうえで、上記第8の判示にあるように、面会室への弁護人の携帯電話の持込みおよびそれを用いた撮影行為は、この禁止措置に違反するものであって、施設職員による制止措置は、弁護人の接見交通権を不当に制約するものとまでいうことはできないとした。

　この点についても、いくつかの重大な疑問がある。この判示は、収容法117条、それが準用する113条の法意の理解を誤っているといわざるをえない。

　田邊事件の一審判決は、上記第2の判示において、収容法113条1項は「接見交通権に対する制約となり得るもの」であるとする一方、収容法において、刑事施設における規律・秩序の維持という同法独自の目的から、規律・秩序侵害行為を理由として、接見交通権を制約しうるとした。

　しかし、刑訴法39条2項と収容法の規定との本来の関係からすれば、収容法117条・113条についてこのように理解することには、重大な疑問がある[*9]。

　刑訴法39条は、1項において接見交通権を保障したうえで、2項において、「前項の接見又は授受については、法令（裁判所の規則を含む。以下同じ。）で、被告人又は被疑者の逃亡、罪証の隠滅又は戒護に支障のある物の授受を防ぐため必要な措置を規定することができる」と定めている。なお、ここにいう「戒護」とは、「逃亡、自殺、暴行等を防止するための強制的措置をいう」とされている[*10]。このような刑訴法39条の規定構造からすると、同条1項の接見交通に対する制限は、同条2項にいう「法令」の規定に基づいてのみ許され、そのような「法令」の規定に基づく制限は、「被告人又は被疑者の逃亡、罪証の隠滅又は戒護に支障のある物の授受を防ぐ」という目的のために必要な範囲においてのみ認められるというべきである。そのように理解しなければ、すなわち同条2項にいう「法令」によることなく接見交通に対する制限が可能であって、同規定が示しているもの以外の目的による制限が許されるとするならば、同規定が接見交通権の制約については、制限の目的を限定して明示したうえで、「法令」によるべきとしたことの意味が失われるからである[*11]。

　たしかに、刑事施設における適正な規律・秩序の維持は、それ自体、憲法の予定する刑罰権の適正な実現にとって必要かつ重要なことであろう。このことから、刑訴法39条1項の保障する接見であっても、これら収容法独自の目的を達成するために必要な制限であれば、合理的な範囲において、あるいは必要最小限度において、接見交通権の「内在的制約」として許容されるべきとする見解もあるかもしれない[*12]。しかし、刑訴法39条の規定構造からすれば、同

条1項の保障する接見交通権の「内在的制約」は、同条2項および3項の規定のなかに具体化されており、それに尽きているというべきである。同条2項・3項の定める制限を超えて、さらに「内在的制約」としての制限が認められるとすることは、これらの規定が制限の目的、要件、方法、さらには限界を明示しつつ、接見交通権に対する制限を定めたことが無意味になるからである。

　このような理解は、刑訴法が保障する権利の制約について、刑訴法と収容法との関係を一元的関係にあるものとして理解することからの帰結である[13]。逮捕・勾留という未決拘禁は、もともと刑訴法によって、その訴訟目的を実現するために認められている。その未決拘禁を実際に執行するために、執行に関する具体的な内容を定めているのが、収容法である。そうであれば、未決拘禁の目的を定めている訴訟法によって、手段たる収容法の内容も規制されるというべきである[14]。したがって、刑訴法が逮捕・勾留された被疑者・被告人、すなわち収容法における未決拘禁者の権利を積極的に明文で規定している場合には、収容法において、刑訴法の許容する範囲を超えて、そのような権利を制約するような規定を設けることはできない。もしそのような規定を認めるとするならば、刑訴法による権利の保障に矛盾する結果となるからである。身体を拘束された被疑者・被告人に対して刑訴法39条が保障する弁護人との接見交通権は、このような刑訴法と収容法の一元的関係を示す典型例なのである[15]。

(2) 収容法117条・113条1項の解釈

　収容法117条は、同法113条を準用しつつ、身体を拘束された被疑者・被告人たる未決拘禁者と弁護人との面会にさいしての弁護人の規律・秩序違反行為の制止および面会の一時停止・終了を定めている規定であるから、刑訴法39条1項により保障される接見を制限するものにほかならない。この点については、田邊事件の一審判決も、上記第2の判示において、収容法117条・113条1項による制止・一時停止の措置が接見交通権を制約するものであることを認めていた。

　刑訴法39条の規定構造からして、同条1項の接見に対する制限が、同条2項にいう「法令」によってのみ許されると理解すべき以上、収容法117条もまた、刑訴法39条2項にいう「法令」の規定の一つとされるべきことになる[16]。そうであるならば、収容法117条に基づく接見の制限は、刑訴法39条2項の規定するところにより、「被告人又は被疑者の逃亡、罪証の隠滅又は戒護に支障のある物の授受を防ぐため必要な措置」に限定されなければならない。

したがって、第1に、制限の目的は、「被告人又は被疑者の逃亡、罪証の隠滅又は戒護に支障のある物の授受」の防止に限られなければならない。収容法117条は、同法113条1項ロを準用しつつ、「刑事施設の規律及び秩序を害する行為」を理由とする規律・秩序違反行為の制止および接見の一時停止・終了を規定しているところ、刑訴法39条2項の明示する制限の目的からすれば、収容法117条・113条に基づき規律・秩序違反行為の制止および面会の一時停止・終了が許されるのは、たんなる「刑事施設の規律及び秩序を害する行為」がなされただけではなく、「被告人又は被疑者の逃亡、罪証の隠滅又は戒護に支障のある物の授受」の危険性が認められる場合に限られると理解しなければならない。刑訴法39条1項の保障する接見交通権が、憲法34条・37条1項による被疑者・被告人の弁護権に由来する、この意味において憲法的重要性を有する権利であることからすれば、ここにいう危険性は、具体的事実に基づく現実的危険性として認められなければならない。
　第2に、このような接見交通権の憲法的重要性からすれば、上述のように、刑訴法39条2項にいう「必要な措置」としては、接見交通権の本質を損なうような重大で実質的な制限は許されないというべきである。
　田邊事件の一審判決は、刑訴法39条2項にいう「法令」による、「被告人又は被疑者の逃亡、罪証の隠滅又は戒護に支障のある物の授受」の防止のために「必要な措置」とは別に、収容法117条・113条1項に基づき、刑事施設における規律・秩序の維持という同法独自の目的のために、面会にさいしての弁護人の規律・秩序違反行為を制止し、面会を一時停止することができ、もって刑訴法39条1項の保障する接見交通権を制約しうるとした。これは、刑訴法39条の規定構造、そして同条2項と収容法117条との関係についての正しい理解に立つものとはいえない。

(3)　弁護人による写真撮影と収容施設の規律・秩序

　田邊事件の一審判決は、上記第5の判示において、弁護人が面会室に携帯電話を持ち込み、被告人の容ぼうの写真撮影に及ぼうとしたことは、刑事施設長の施設管理権に基づく持込み禁止措置に違反するものであって、ゆえに「刑事施設の規律及び秩序を害する行為」に当たるとしたうえで、上記第8の判示において、施設職員が面会室内での弁護人による写真撮影を阻止したことについて、規律・秩序違反行為に対する「制止」の措置（収容法117条・113条1項）として許されるとした。

いまかりに、刑訴法39条2項にいう「法令」による「必要な措置」とは別に、収容法117条・113条に基づき、面会にさいしての規律・秩序違反行為を制止し、または面会を一時停止・終了させることができ、もって接見交通権を制約することが可能であるとの前提に立ったとしても、このような両判決の判断には、重大な疑問がある[*17]。

(4) 収容法118条の趣旨と弁護人による写真撮影の禁止

第1に、弁護人の面会態様の制限に関する収容法118条の趣旨からすれば、施設長は、未決拘禁者と弁護人との面会について、弁護人による写真撮影を禁止することはできないというべきである。

弁護人の面会について、収容法118条は、1項において、「未決拘禁者の弁護人等との面会の日及び時間帯は、日曜日その他政令で定める日以外の日の刑事施設の執務時間内とする」とし、2項において、「前項の面会の相手方の人数は、3人以内とする」、3項において、「刑事施設の長は、弁護人等から前2項の定めによらない面会の申出がある場合においても、刑事施設の管理運営上支障があるときを除き、これを許すものとする」、4項において、「刑事施設の長は、第1項の面会に関し、法務省令で定めるところにより、面会の場所について、刑事施設の規律及び秩序の維持その他管理運営上必要な制限をすることができる」と定めている。他方、弁護人以外の者との面会については、5項において、「第114条の規定は、未決拘禁者と弁護人等以外の者との面会について準用する。この場合において、同条第2項中『1月につき2回』とあるのは、『1日につき1回』と読み替えるものとする」と定めており、収容法118条5項が準用している同法114条は、1項において、「刑事施設の長は、受刑者の面会に関し、法務省令で定めるところにより、面会の相手方の人数、面会の場所、日及び時間帯、面会の時間及び回数その他面会の態様について、刑事施設の規律及び秩序の維持その他管理運営上必要な制限をすることができる」とし、2項において、「前項の規定により面会の回数について制限をするときは、その回数は、1月につき2回を下回ってはならない」と規定している。

このように、収容法は、未決拘禁者と弁護人以外の者との面会については、受刑者の面会に関する規定(114条)を準用しつつ、施設長に対し、「面会の態様」に関して、「刑事施設の規律及び秩序の維持その他管理運営上必要な制限」を行う包括的権限を授与している。これと対照的に、弁護人との面会については、面会の日・時間帯(1項)および相手方の人数(2項)に関して法定したうえ

で、施設長に対しては、4項において、面会の場所に関してのみ、「刑事施設の規律及び秩序の維持その他管理運営上必要な制限」を行う権限を授与しているにすぎない。弁護人以外の者との面会の場合と異なり、面会態様を制限する包括的権限を与えていないのである。このことは、刑訴法39条1項によって自由な接見が保障されていることの反映だといえよう。このような収容法118条4項と同条5項との対比から明らかなように、同法は、弁護人の面会について、施設長が写真撮影を禁止することを想定していないというべきである。写真撮影の禁止は、それ自体、面会態様の制限にほかならないからである。

　また、収容法による制限とは別に、施設長が、国有財産法5条に基づく庁舎管理権を根拠にしつつ、弁護人による写真撮影を禁止することもできないというべきである。田邊事件の一審判決は、上記第5の判示において、面会室への通信・撮影機器の持込みを禁止する施設長の措置の目的について、「未決勾留の目的である逃亡又は罪証隠滅の防止並びに刑事施設の適正な規律及び秩序の維持」にあるとしている。

　この判決があげた通信・撮影機器の持込みないし写真撮影の禁止の目的は、収容法118条4項にいう「刑事施設の規律及び秩序の維持」と重なり合う。それゆえ、もしかりに、施設長が国有財産法5条に基づく庁舎管理権によって、逃亡・罪証隠滅の防止および刑事施設における規律・秩序の維持という目的のために、弁護人の写真撮影を禁止することが許されるのだとするならば、写真撮影の禁止も弁護人との面会「態様」の制限にほかならないから、収容法118条4項のなかに、施設長に対し、「刑事施設の規律及び秩序の維持」のために写真撮影を禁止する権限を授与することが明記されていたはずである。しかし、そのような規定はない。このことは、同規定の趣旨としては、施設長が国有財産法5条に基づく庁舎管理権を根拠にして、弁護人による写真撮影を禁止することによって面会態様を制限することは許されないということを意味している。

(5) 弁護人による写真撮影と逃亡・罪証隠滅の危険

　第2に、接見にさいして弁護人が写真撮影をすることによって、逃亡・罪証隠滅の危険が生じ、また、刑事施設における適正な規律・秩序が害されることはないというべきである。

　田邊事件の一審判決は、上記第5の判示において、小倉支所長の持込み禁止措置は、未決拘禁者の逃亡・罪証隠滅の防止および刑事施設の適正な規律・秩

序の維持という「目的を達するために必要かつ合理的な措置である」としていた。

　まず、弁護人による写真撮影によって、逃亡・罪証隠滅の危険が生じることはないというべきである。かりに、弁護人による写真撮影が刑訴法39条1項の「接見」には含まれないとの前提に立ったとしても、収容法117条が準用する同法113条1項ロの「刑事施設の規律及び秩序を害する行為」に当たることを媒介として、接見交通権の制約につながる規律・秩序侵害行為の制止および面会の一時停止・終了を導くものであるから、ここにいう逃亡・罪証隠滅の危険は、具体的事実に基づく現実的危険として認められなければならない。弁護人が高度の専門的能力を有し、厳格な職業倫理によって拘束されていることからすれば、接見にさいして弁護人が写真撮影することから直接、未決拘禁者の逃亡を招くような、刑事施設の安全を確保するうえでの現実的な支障が生じることはないといえよう。また、弁護人が写真撮影した記録を第三者に交付する場合には、刑訴法81条に基づく接見および書類・物の授受の制限の有無にかかわりなく、記録の内容を確認しなければならず、そのうえで、逃亡、罪証隠滅という未決拘禁の目的を阻害する危険性をはらむ情報が含まれている場合には、そのような記録を第三者に交付してはならないという弁護士倫理上の規制に服しているというべきである。弁護人の高度な専門的能力をあわせ考えるならば、危険情報を含んだ記録が社会的に流通することによって、逃亡・罪証隠滅を招く現実的危険性は、かりに皆無とはいえなくとも、きわめて僅少である[*18]。したがって、施設長は、刑事施設において逃亡・罪証隠滅の危険が生じることを理由にして、弁護人による写真撮影を禁止することはできないというべきである。

(6) 施設長の禁止措置違反と刑事施設における規律・秩序

　田邊事件の一審判決は、上記第5の判示において、施設管理権に基づき面会室への通信・撮影機器の持込みを禁止する小倉拘置支所長の措置に弁護人が違反したことをもって、「『刑事施設の規律及び秩序を害する行為』に当たると認められる」とした。

　いまかりに、施設長の禁止措置が認められるとの前提に立ったとしても、禁止措置に違反する弁護人の行為を規律・秩序侵害行為に直結させて、それを理由にして面会にさいしての弁護人の行為を制止し、または面会を一時停止・終了させることができるとすることには疑問がある。

ここにおいて問題となるのは、収容法117条・113条が弁護人の面会の制限理由としてあげている「刑事施設の規律及び秩序を害する行為」の内実である。同法73条は、1項において、「刑事施設の規律及び秩序は、適正に維持されなければならない」としたうえで、2項において、「前項の目的を達成するため執る措置は、被収容者の収容を確保し、並びにその処遇のための適切な環境及びその安全かつ平穏な共同生活を維持するため必要な限度を超えてはならない」と定めている。同条2項からすれば、刑事施設の規律・秩序とは、「被収容者の収容を確保し、並びにその処遇のための適切な環境及びその安全かつ平穏な共同生活を維持する」ことを意味しており、さらに、このような意味における規律・秩序を「適正に維持」（同条1項）するために執る措置は、そのために「必要な限度を超えてはならない」とされているのである。
　このことからすれば、接見にさいして弁護人が写真撮影を行い、それをもって禁止措置に違反したからといって、それが直ちに「刑事施設の規律及び秩序を害する行為」に該当するわけではなく、弁護人の写真撮影が、「被収容者の収容を確保し、並びにその処遇のための適切な環境及びその安全かつ平穏な共同生活を維持する」こと、このような意味における規律・秩序を侵害するものかどうかが検討されなければならない。
　収容法73条2項にいう「被収容者の収容」の「確保」は、未決拘禁者の逃亡の防止と同義であって、弁護人による写真撮影が逃亡の危険を生じさせるものでないことは、先に述べたとおりである。問題は、弁護人による写真撮影が、刑事施設における適切な処遇環境および安全・平穏な共同生活の維持を害するかどうかである。このことが肯定されなければ、弁護人による写真撮影について、それがたとえ施設長の禁止措置に違反するものであったとしても、同法113条1項ロにいう「刑事施設の規律及び秩序を害する行為」に当たるとすることはできないのである。
　しかし、田邊事件の一審判決は、弁護人による写真撮影が、刑事施設における適切な処遇環境および安全・平穏な共同生活の維持を害するかどうか、具体的事実を根拠にしてそのような侵害の現実的危険があるといえるかを検討することなく、弁護人による写真撮影について、ただ施設長の禁止措置に違反し、それを継続しようとする行為であるというだけで、それが「刑事施設の規律及び秩序を害する行為」に当たると認めていた。この点において、重大な問題をはらんでいる。実質的にみたときも、弁護人が高度の専門的能力を有し、厳格な職業倫理に拘束されることからすれば、弁護人による写真撮影によって、刑

事施設における適切な処遇環境および安全・平穏な共同生活の維持に対する現実的危険が生じるとはいえないはずである。

5　結論

　以上のような検討から、本稿は、以下の結論を得た。

　第1に、接見にさいして弁護人が被疑者・被告人の容ぼう、態度など接見状況を記録するために写真撮影を行うことは、接見において弁護人が取得した視覚的情報を自ら記録することにほかならないから、それ自体、刑訴法39条1項にいう「接見」に含まれ、同規定による接見交通権の保障の範囲内にあると理解すべきである。同規定にいう「接見」とは、被疑者・被告人と弁護人とのあいだのコミュニケーションであって、「書類若しくは物の授受」を除いたもの、すなわち接見室においてなされる意思疎通および情報の発信・取得をいうとすべきである。「接見」を「意思疎通」に限定する理由はない。また、写真撮影が証拠保全の目的によってなされたとしても、それによって「接見」であることが否定されるわけではない。

　弁護人による写真撮影が「接見」に当たるとするとき、収容法のなかには、それを制限するための刑訴法39条2項にいう「法令」の規定は存在しない。かりに、同規定にいう「法令」によらずとも制限が可能だとの前提に立ったとしても、写真撮影の禁止は、接見にさいして弁護人が取得した視覚的情報の最も効果的な記録手段を奪うことになるから、接見交通権の本質にわたる制限となって、許されないというべきである。

　第2に、かりに、弁護人による写真撮影が「接見」に含まれないとしても、施設長が国有財産法5条に基づく庁舎管理権を根拠にして、面会室への通信・撮影機器の持込みを禁止したうえで、その禁止措置に違反する弁護人の行為をもって、「刑事施設の規律及び秩序を害する行為」（収容法117条・113条1項ロ）に当たるとして、弁護人の行為を制止し、または弁護人の面会を一時停止・終了させることは許されないというべきである。その理由は3点ある。

　まず、収容法117条・113条に基づく弁護人の行為の制止および面会の一時停止・終了は、刑訴法39条1項にいう「接見」の制限をもたらすものであるから、刑訴法39条の規定構造からすれば、同条1項の「接見」の制限は、本来、同条2項にいう「法令」の規定によって、同規定に明示された「被告人又は被疑者の逃亡、罪証の隠滅又は戒護に支障のある物の授受を防ぐ」という目的の

ためにのみ、許されると理解すべきである。そうであるならば、収容法において、刑事施設における規律・秩序の維持という同法独自の目的のために、面会にさいしての弁護人の規律・秩序違反行為を制止し、面会を一時停止・終了させることによって、刑訴法39条1項の保障する接見交通権を制約することはできないといわなければならない。

また、かりに、刑訴法39条2項にいう「法令」による「必要な措置」とは別に、収容法117条・113条に基づき、面会にさいしての規律・秩序違反行為を制止し、または面会を一時停止・終了させることができ、もって接見交通権を制約することが可能であるとの前提に立ったとしても、収容法118条が、施設長による弁護人の面会態様の制限を面会の場所に関する制限に限定していることの趣旨からすれば、施設長は国有財産法5条に基づく施設管理権によって、面会にさいしての弁護人による写真撮影を禁止することはできないというべきである。写真撮影の禁止は、それ自体、面会態様の制限に当たるからである。

さらに、かりに、収容法において、収容法独自の目的から、「刑事施設の規律及び秩序を害する行為」(同法117条・113条1項ロ)を理由として、接見交通権の制約が許されるとの前提に立ったとしても、弁護人が高度な専門的能力を有し、厳格な職業倫理に拘束されることからすれば、接見にさいしての弁護人による写真撮影によって、刑事施設において逃亡・罪証隠滅の現実的危険が生じ、あるいは刑事施設における適切な処遇環境および安全・平穏な共同生活の維持が現実的に損なわれることはないというべきである。それゆえ、弁護人による写真撮影がただ施設長による禁止措置に違反したことをもって、「刑事施設の規律及び秩序を害する行為」に当たるとし、接見交通権の制約の理由とすることは許されない。

以上のような本稿の結論からすれば、田邊事件の争点については、次のような回答が得られるであろう。

第1に、接見にさいして弁護人が被告人の容ぼうを写真撮影することは、それ自体、刑訴法39条1項にいう「接見」であって、同規定による接見交通権の保障の範囲内にあるから、小倉拘置支所長が弁護人による面会室への撮影機器の持込を禁止したうえで、弁護人がこの禁止措置に違反したことを理由にして、施設職員が接見中の面会室に立ち入り、弁護人による写真撮影を阻止することによって、接見を中断させたことは、接見交通権の侵害に当たり違法である。また、このような禁止措置を前提として、施設職員が弁護人に対してすでに撮影した画像の消去を求めたことは、自由な接見に対する不当な干渉であっ

て、同じく接見交通権を侵害する。

　第2に、かりに、弁護人による写真撮影が「接見」に含まれないとしても、刑訴法39条1項による接見の制限は、同条2項にいう「法令」の規定によって、同規定に明示された「被告人又は被疑者の逃亡、罪証の隠滅又は戒護に支障のある物の授受を防ぐ」という目的のためにのみ許されるのであるから、収容法117条・113条1項に基づき、施設職員が刑事施設における規律・秩序の維持という同法独自の目的のために、規律・秩序違反行為の制止措置として、弁護人による写真撮影を阻止し、もって接見を中断させたことは、接見交通権の侵害に当たり違法である。

　第3に、かりに、刑訴法39条2項にいう「法令」による「必要な措置」とは別に、収容法117条・113条に基づき、面会にさいしての規律・秩序違反行為を制止することができ、もって接見交通権を制約することが可能であるとの前提に立ったとしても、収容法118条が、施設長による弁護人の面会態様の制限を面会の場所に関する制限に限定していることからすれば、施設長が国有財産法5条に基づく施設管理権によって、刑事事件の被疑者・被告人たる未決拘禁者と弁護人との面会について、弁護人による写真撮影を禁止することによってその態様を制限することは、収容法118条の趣旨に反し違法である。

　第4に、かりに、収容法において、同法独自の目的から、「刑事施設の規律及び秩序を害する行為」（同法117条・113条1項ロ）を理由として、接見交通権の制約が許されるとの前提に立ったとしても、弁護人による写真撮影がただ施設長による禁止措置に違反していることをもって、ただちに「刑事施設の規律及び秩序を害する行為」に当たるとし、施設職員がそのような行為を制止することによって、接見を中断させることは、接見交通権の侵害に当たり違法である。弁護人が高度な専門的能力を有し、厳格な職業倫理に拘束されることからすれば、接見にさいしての弁護人による写真撮影によって、刑事施設において逃亡・罪証隠滅の現実的危険が生じ、あるいは刑事施設における適切な処遇環境および安全・平穏な共同生活の維持が現実的に損なわれることはないというべきだからである。

　本稿の冒頭において指摘したように、田邊事件の争点に対しどのような回答を与えるかが、身体を拘束された被疑者・被告人と弁護人との接見交通権の保障のあり方を左右し、さらにはそれを通じて、憲法34条・37条1項が保障する被疑者・被告人の弁護権の保障のあり方を決することになる。あらためていうまでもなく、当事者主義構造をとる刑事手続は、当事者間の実質的対等ない

し武器平等が確保されてこそ、はじめて有効に機能し、真実発見にも寄与しうる。当事者間の実質的対等を確保するうえで、最も重要なものは、弁護権の保障である。そして、身体を拘束された被疑者・被告人が効果的な弁護を受けるにおいて、最も重要なものは、接見交通権の保障である。接見交通権の保障を強化することによって、弁護権の保障をいっそう実質化し、もって当事者間の実質的対等を図らなければならない。刑事手続が向かうべきは、そのような方角である。

※　本稿は、一審原告弁護団を通じて、田邊事件の控訴審裁判所である福岡高裁に提出した私の意見書の一部である。竹内事件の控訴審判決（東京高判2015〔平27〕・7・9 LEX/DB25540787）の批判的検討も合わせて、意見書全体については、葛野尋之「接見にさいしての弁護人の写真撮影をめぐる法的問題（上・下）」一橋研究15巻2・3号（2016年）参照。

* [1] 「(特集) 接見交通に伴う諸問題」刑事法ジャーナル46号（2015年）、「(特集) 接見交通権をめぐる今日的問題」季刊刑事弁護86号（2016年）など参照。
* [2] 葛野尋之「刑事弁護の拡大・活性化と接見交通権」季刊刑事弁護85号（2016年）参照。
* [3] 福岡地小倉支判2015（平27）・2・26判時2276号15頁。
* [4] 最大判1999（平11）・3・24民集53巻3号514頁。
* [5] 葛野尋之『未決拘禁法と人権』（現代人文社、2012年）360頁、同「弁護人接見の電子的記録と接見時の電子通信機器の使用」季刊刑事弁護72号（2012年）77頁、同「身体拘束中の被疑者・被告人との接見、書類・物の授受」後藤昭＝高野隆＝岡慎一編著『実務体系　現代の刑事弁護3――刑事弁護の歴史と展望』（第一法規、2014年）195頁。これらについて、同『刑事司法改革と刑事弁護』（現代人文社、2016年）参照。
* [6] 田邊事件の一審判決は、証拠保全の目的による弁護人の写真撮影が弁護方法として有意義であることを認めつつも、施設長による写真撮影の禁止が弁護方法の不当な制限には当たらないと判断するにあたり、証拠保全であれば、刑訴法179条に基づく証拠保全を行えば足りるという点を指摘している。しかし、弁護人が裁判官に対し請求するまでもなく、自ら任意の処分により証拠保全をすることができる場合には、あえて同規定に基づき裁判官に対し請求をする必要はないから、弁護人による証拠保全のための任意の処分の適法性について判断するうえで、刑訴法179条に基づく証拠保全の可能性は問題にならないというべきである。
* [7] 葛野・前掲注*5「身体拘束中の被疑者・被告人との接見、書類・物の授受」198頁。
* [8] 河上和雄ほか編『大コンメンタール刑事訴訟法〔第3版〕(1)』（青林書院、2013年）447頁〔河上和雄＝河村博〕。
* [9] 川出敏裕「身柄拘束制度の在り方」ジュリスト1370号（2009年）108頁、林真琴＝北村篤＝名取俊也『逐条解説・刑事収容施設法〔改正版〕』（有斐閣、2013年）598頁は、刑訴法39条1項の接見交通に対しても、同条2項にいう「法令」とは別に、収容施設

の規律・秩序の維持という収容法独自の目的により制限を加えることが可能であり、同法117条はそのような趣旨による規定だとする。
*10 河上和雄ほか編『注釈・刑事訴訟法〔第3版〕(1)』(立花書房、2011年)461頁〔植村立郎〕。
*11 刑訴法39条2項が掲げる目的のうち、たしかに文理上、逃亡と罪証隠滅は「接見」と「授受」の両方にかかり、戒護に支障のある物は「授受」についてだけかかっている(河上・注*8書447頁〔河上＝河村〕)。しかし、接見にさいしての戒護に支障のある物の授受を防ぐための措置が、接見室において遮蔽板を設置するなど、間接的ではあるにせよ、接見の態様を制限することもあるといえよう。
*12 田邊事件の一審判決は、1999年3月24日最高裁大法廷判決を参照しつつ、「憲法34条は、被疑者等に対して弁護人等から援助を受ける機会を持つことを保障するという趣旨が実質的に損なわれない限りにおいて、法律に接見交通権の行使と刑罰権の発動ないし捜査権の行使との間を調整する規定や刑事施設の規律及び秩序の維持を目的とする調整の規定を設けることを否定するものではない」としたうえで、収容法117条・113条は、このような意味における「調整の規定」だとした。しかし、最高裁大法廷判決は、あくまでも刑訴法39条3項による接見指定の合憲性を判断したものであって、そこにいう捜査・取調べ権限と接見交通権とのあいだの「合理的な調整」は、接見交通権の行使と捜査・取調べ権限の発動とのあいだで一つしかない被疑者の身体利用が競合していることを前提として、接見交通の「日時、場所及び時間」の調整を許したものでしかない。最高裁大法廷判決の趣旨が、接見交通権と刑事施設における規律・秩序の維持などの対抗利益とのあいだの「合理的な調整」を一般に認めるというものであって、さらにこの「合理的な調整」として、接見の中断・一時停止・終了、接見内容の探知など「日時、場所及び時間」の調整を超える「調整」を許すものであると理解することはできない。
*13 後藤昭『捜査法の論理』(岩波書店、2001年)109頁以下、緑大輔「弁護人等との外部交通と施設担当者の義務」福井厚編『未決拘禁改革の課題と展望』(日本評論社、2009年)186～193頁。
*14 後藤・注*13書115頁。
*15 後藤・注*13書118頁。
*16 河上ほか・注*8書446頁〔河上＝河村〕、松尾浩也監修『条解・刑事訴訟法〔第4版〕』(弘文堂、2009年)82頁は、いずれも、刑訴法39条2項の「法令」として、収容法117条をあげている。
*17 岩本浩史「面会室内での弁護人の撮影行為を理由に面会を終了した措置が違法でないとされた事例（東京高判2015〔平27〕・7・9）」新・判例解説Watch・行政法157は、庁舎管理権に基づき施設長が弁護人による写真撮影を禁止することができるかについて、行政法学的観点から検討し、第1に、権利義務の変動は、その根拠として、法規範または合意を必要とするところ「庁舎管理権それ自体は法規範でも合意でもないから、形式的根拠とになりえ」ず、庁舎管理権を含む公物管理権の根拠が所有権にあるとしても、「所有権それ自体は法規範でないため、……所有者に『撮影行為禁止権』を与える法規範が、別途存在しなければならないこと、第2に、国有財産法5条・9条1項は「国が行政財産についての管理権を持つことを前提に、管理権限を特定の行政機関に配分す

る組織規範である」から、これらの規定から、庁舎管理権を媒介として、「撮影行為禁止権」を導くことはできないこと、第3に、接見にさいしての弁護人による写真撮影が、刑訴法39条1項にいう「接見」に当たる場合は当然、かりに「接見」に当たらないとしても、「弁護活動の一環として行われているのであり、『一般的自由としての撮影行為の自由』よりは保障の必要性が高いこと」から、「それを制限するには議会による明示的な承認が必要」なこと、第4に、それゆえ、「庁舎管理権による利用者の自由の規制を条理によって根拠づける」ことはできないこと、第5に、「庁舎管理権は、庁舎の本来の目的を達成するために行使されなければならないところ」、「確かに、秩序維持も安全の確保も庁舎の本来の目的に含まれる」にせよ、「弁護人による撮影行為が一般的自由以上の保障を擁するとすれば」、「抽象的なおそれ」では足りず、「より具体的なおそれが求められ」るべきであること、を指摘して、施設長の庁舎管理権を根拠にして接見にさいしての弁護人による写真撮影を禁止することはできないとしている。

*18 葛野・注*5「身体拘束中の被疑者・被告人との接見、書類・物の授受」202頁。

（くずの・ひろゆき）

[実践報告]

裁判員裁判における共犯者の予定主張と争点整理

徳永 響

弁護士

1 はじめに
2 公判前整理手続の目的と争点整理
3 併合審理と争点整理

1 はじめに

　公訴事実を共通にする複数の被告人の審理が併合された結果、公判前整理手続が同一に行われて、分離されることなく裁判員裁判が行われた事例を経験した。その公判前整理手続では、1名の被告人・弁護人と検察官が対峙する公判前整理手続とは異なる形で、共犯者たる相被告人の予定主張をも含めて争点整理が進むこととなった。

　争点整理といってもさまざまな経過をたどり、弁護人にとって対処が必要な場面もあると考えられたため、本稿では弁護人の立場から相被告人の主張と争点整理を取りまとめ、検討を試みるものである。

　また、実務でも裁判員裁判における主観的併合の是非について一定の方向が固まっているわけではないものの、どのような場合に相被告人の主張と争点整理が問題になりうるのかという観点から考察を加えたい。

2 公判前整理手続の目的と争点整理

(1) 公判前整理手続の目的

　審理の充実と迅速化を図るためには、公判の準備段階で、争いのない事実を

確定すると同時に、争点を明確にすることが重要である。

公判前整理手続では、公判期日においてすることを予定している主張を明らかにさせて事件の争点を整理することが求められており（刑訴法316条の5第3号）、検察官は証明予定事実を主張し、弁護人は予定する主張を明らかにすることによって争点が整理されていくことになる（刑訴法316条の13、316条の17）。

また、すくなくとも、構成要件的事実やその立証のための主要な間接事実、重要な情状事実について、争点が整理されることとなる。

仮に、1名の被告人（A）で公判前整理手続が行われるのであれば、検察官の証明予定事実に被告人側が自らの主張を明らかにすることにより争点が整理されることになる。

(2) 複数の被告人が併合審理される場合の争点整理[*1]

これに対し、複数の被告人（A・B）の審理が併合されている手続ではやや異なる様相を示す場合がありうる。

(i) 検察官の証明予定事実につき、被告人（A）の予定主張と異なる部分があれば、検察官と被告人（A）の主張によって争点が整理されることになり、被告人が1名の場合と同様である。
(ii) 検察官の証明予定事実について、被告人（A）の予定主張と異なる部分がなく、争わないとしても、他の被告人（B）の主張によっては「争点」としなければならない場合が考えられる。

たとえば、証明予定事実では「A、Bは共謀のうえBが実行した」と主張されている場合に、被告人（A）（B）のいずれも「共謀はしたが、実行したのは他方」と主張する場合である。

この場合、被告人（A）の主張は検察官と一致し、争いはない。

しかし、検察官に、被告人（A）の主張と矛盾する被告人（B）の主張への対応を積極的に期待することは難しい。なぜなら、検察官の基本的なスタンスは、公訴事実を共通にする複数被告人について当該公訴事実の立証を行うことに主眼があり、たとえば、仮に「共謀」が立証されれば、各被告人の個々の関与の詳細についてまで意欲的にかかわることは多くないと思われるからである。

しかも、併合されたままで公判が予定される以上、被告人（B）の言い分も含めて同一に審理され、同じ裁判体で事実認定が行われ、量刑が決せられる。被告人（A）の弁護人としては、被告人（B）の主張への対抗について検察官に多くを期待できない以上、「AとBのどちらが実行したのか」という点を争点とし、被告人（A）の弁護人として事実の認定に積極的に関わらざるをえない。

　のちに言及するところではあるが、そもそも被告人（A）（B）の利害が対立するような状況があれば、そもそも併合審理を行うべきでなく、利害対立が量刑に影響を与えない些細なものである場合に限って併合審理が可能との考えもある[2]。しかし、利害対立が量刑に影響を与えるものか、それに至らない些細な利害対立かどうかの判断は容易ではない。また、被告人（B）の主張がいかに量刑に影響を与える可能性が少ないものであるとしても、共犯者の一人から責任をなすりつけられる結果を招きかねない主張であるのだから、些細な部分だからといって、被告人（A）が被告人（B）の主張を看過できる場合はすくないと思われ、利害対立を内包する複数被告人の併合審理があり得ることは否定できない。

(3) 弁護人としての対処

　検察官の証明予定事実に争いはないものの、被告人（B）の予定主張によって新たな争点が設定される場合に、被告人（A）の弁護人として、さらなる証拠開示等の具体的な弁護活動を行わなければならない場合も十分考えられる。

　したがって、被告人（A）の弁護人としても、被告人（B）がどのような内容の予定主張を行うかについて主体的にかかわる必要がある。

　ところが、相被告人側からの予定主張記載書面が、併合審理されている他の被告人に対して送付されなければならないと定める規定はなく、相被告人の予定主張記載書面は、併合審理されている訴訟記録の謄写を申請しなければ手元に入手することができない。

　併合審理されている事件の弁護人として予定主張記載書面を裁判所に対して提出する際には、相被告人の弁護人にもファックス等のやり取りを行う方式をそれぞれの被告人も含めて合意することなどによって、よりスムーズな運用を目指すべきである。

3 併合審理と争点整理

(1) 複数被告人の併合審理

裁判員裁判では、どのような場合に複数被告人の併合審理が行われて、上記問題が生じることになるのか。

(i) 公訴事実を共通にする複数被告人の事件を併合審理（主観的併合）することの是非

主観的併合の是非について議論は分かれており、実務でも動向が定まってはいないとされているが、「裁判員の負担、事案の合一確定の要請、証人の負担その他の訴訟経済、被告人のいわゆる併合の利益等を総合的に考慮する」（判例タイムズ1287号〔2009年〕40頁・最高裁判所事務総局刑事局「模擬裁判の成果と課題」）ことが示唆されている。

(ii) この点に関し、裁判員裁判では、原則として主観的併合を行うべきではないものの、例外的に複数の被告人間であっても、量刑事情だけが個別に問題となるような事案において、重要な情状事実に争いがあって認定のための証拠関係が錯綜するような場合を除けば、主観的併合を考慮することが可能とする考えがあり（井上弘通「裁判員裁判における共犯者判決の取扱い」原田國男判事退官記念『新しい時代の刑事裁判』〔判例タイムズ社、2010年〕290頁）、重要な情状事実か否かの区別が困難な場面はあるものの、基本的には是認されるべきである[*3][*4]。

(iii) 以上を踏まえれば、公訴事実を共通にする複数の被告人間で、量刑事情だけが個別に問題となるような事案において、重要な情状事実に争いがあって認定のための証拠関係が錯綜する場合を除けば主観的併合を考慮することができる。

(2) 主観的併合と弁護活動上の留意事項

主観的併合がされる場合には、併合されている他の被告人の予定主張が争点として審理に影響を与えることがありうることは前記のとおりであるから、量刑事情だけが個別に問題となるような事案において、重要な情状事実に争いがあって認定のための証拠関係が錯綜する場合を除いて、主観的併合が行われるとすれば、その場合に他の被告人の主張による影響を検討しなければならなくなることとなろう。

もっとも、主観的併合が上記の場合だけに限られる保証はないし、相被告人の主張によって他の被告人が主張をより具体化したり、変更したりすることも十分想定できるから[*5]、他の被告人の予定主張を検討した結果、審理や証拠関係が複雑になることが想定される場合には、弁護人として分離を求めることも視野に入れた活動が必要になるものと考える。

[*1] 複数の被告人が併合審理されない場合の争点整理。併合審理されないのであれば、当然に検察官と被告人（Ａ）の主張によって争点は整理される。もっとも、具体的な事情にもよるが、被告人の主張とは相対立する共犯者の言い分に関する証拠が当該法廷で取り調べられた結果、被告人の審理における事実認定や量刑に影響を及ぼすと考えられる場合があれば、なお、当該法廷には争点として顕出しておかなければならないのではないだろうか。

[*2] 裁判員裁判の下では、被告人が有罪か無罪かを判断し、有罪ならば適切な刑種と刑量の判断を得ることを目標に、できる限り短期間で審理と評議を終えることを旨とするのであるから、被告人にとって不利でもなく有利でもないような事情について審理の対象とすることは無用である（秋山敬「争点整理・証拠厳選等に関する諸問題（上）」判例タイムズ1311号〔2010年〕83頁）とするが、弁護人の立場からすると不利でも有利でもない事情を明確に分けることは難しいのではないだろうか。

[*3] 被告人間に犯罪事実に関する争いがある場合には、自ずと証拠関係も複雑で錯綜することになり、主観的併合が相当でないことは当然である。しかし、情状事実に関する不一致点があるとしても、ア）その事実の有無や内容が量刑にそれほど影響を及ぼさない事情（量刑理由として触れるまでもない程度の事情）の場合、あるいは、イ）証拠調べを要するのが被告人質問や被害者の証人尋問に止まるなど実質的に証拠関係が共通とみられ、新たな証拠調べを必要としないような場合には、主観的併合が一応可能であると考えられる（井上弘通「裁判員裁判における共犯者判決の取扱い」原田國男判事退官記念『新しい時代の刑事裁判』〔判例タイムズ社、2010年〕295頁）。

[*4] 検察官は裁判員対象事件でも1通の起訴状で複数被告人を起訴する例が多いことからも、差し当たりあえて分離することなく複数被告人をまとめて公判前整理手続を進行し、①被告人間に犯罪事実についての事実関係に争いがあれば分離、②一部の被告人の不同意等により、書証と証人に分かれそうな場合は、どうしても争点として残るところを詰め、その結果、なお取り調べる書証や証人尋問の範囲が食い違うなら分離、③各被告人が主張する情状事実の不一致の程度が重大であれば分離、そうでなければ、主張の前提となる証拠関係が個別の情状証拠を除いて食い違わない限り、主観的併合も可能として、併合の可否を検討する（井上・前掲注[*3]論文296頁）。

[*5] ある共犯者の主張をうけて、他の共犯者がそれまでの主張をさらに具体化したり、それまでとは異なる主張をすることは、少なからず経験されているところである（井上・前掲注[*3]論文296頁）。

（とくなが・とよむ）

[実践報告]

るいそうの被告人の窃盗事件についての控訴審刑事弁護

藤村 元気

弁護士

1 はじめに——事件の概要
2 弁護活動
3 判決
4 その後

1 はじめに——事件の概要

(1) 一審判決を受けて

2012(平成24)年2月20日、福岡地方裁判所飯塚支部は、ある女性被告人(事件当時60代)が、スーパーからパン等12点(販売価格2,577円)を窃取したとして、窃盗罪(刑法235条)を認定し、「被告人を懲役4月に処する」旨の実刑判決を言い渡した(なお、検察官の求刑は懲役6月であった)。

被告人は、この判決を不服として、控訴をし、福岡高等裁判所で審理が行われることとなった。

(2) 事件の概要について

被告人には、2009(平成21)年6月に万引窃盗で罰金刑に処され、同年12月にも同じく万引窃盗で懲役1年6月(執行猶予3年、保護観察付き)に処せられた前科があり、本件事件当時は、前刑の保護観察付きの執行猶予期間中で、保護観察の特別遵守事項として、1人でスーパーに出入りしないことが定められていた。

被告人は、2011(平成23)年7月8日午後0時15分ころ、アイスクリー

ムを買おうとして、1人で事件現場となったスーパーを訪れたものの、店内に捨てられていたレジ袋に合計12点の商品を入れ、そのまま清算せずに店外に出たところで、同店の警備員から見咎められ、万引きをしたことが発覚した。被害品の内訳は、①パン4個、②アイス6個が入ったものを2箱、③同じく棒アイスが入ったものを2箱、④棒アイス7本が入ったものを2箱、⑤アイス1個、⑥アイス2個というもので、被害品の販売価格は合計で2,577円であった。なお、当時の被告人の所持金は、合計で3万4,529円である。

被告人は、上記の被疑事実で、在宅での捜査を受けた後、2011年11月30日に公判請求をされた。

一審弁護人は、公訴事実については争わず、同店への被害弁償をしたうえで、被告人の病状等に触れ、罰金刑に処することを求めたが、上記のとおり、一審裁判所は、2012年2月20日、実刑判決を言い渡した。

(3) 控訴審の国選弁護人として選任されて

筆者は、本件の控訴審弁護人として関与した。事件記録を一読した時点での筆者の印象は、決して珍しくない、いわゆる万引きの事件だろうか、というものであった。ところが、事件記録を読み込んでいくうちに、いくつかの特異な点が目に付いた。

1) 一点目は、被告人に、多数の窃盗の前歴があったことである。

被告人は、1997（平成9）年から2009年までの約12年の間に、12件もの事件で検挙されており、しかも、そのすべてが窃盗（万引き）であった。とりわけ、2009年において、被告人は、同年3月13日、4月1日、6月16日、8月30日、10月15日と約2カ月に1回のペースで万引きの罪で検挙をされていた。

この頻度は、筆者からすると、あまりにも頻回に過ぎるように思われた。事件当時に、被告人は3万4,529円の現金を所持しており、被害品（販売価格合計2,577円）を十分に購入できたことを見ても、少なくとも、食うに困って起こしたということだけではなさそうだ、という、本件の問題の底の深さを感じさせるものであった。

2) 二点目は、それだけ多くの回数検挙をされながら、被告人は、2009年まで、一度として起訴されていないという点である。

上記の12件のうち、2009年までの8件の処理結果は、微罪処分5件、不送致2件、起訴猶予1件というものであった。筆者の経験に則しても、通常、ある被疑者が同様の事件を繰り返すような場合に、微罪処分や不送致といった処理を繰り返すことはそう多いことではない。このことも、一点目で指摘した点と同様に、本件の背景にある問題の根深さを予想させる事情であった。

3)　三点目は、被告人について、精神科の医師が作成した意見書が取り調べられており、その中で、被告人について、「窃盗癖（DSM-IV-TRコード：312.32、ICD-10コード：F63.2）」、「るいそう」等に罹患している旨の診断を受けている点である。本件においては、検察官から請求された診断書を受けて、一審弁護人からも同一医師が作成した別の診断書が証拠調べ請求されており、合計2通の診断書が取り調べられていた。
　なお、弁護人が請求した診断書には、検察官から請求されたものと概ね同様の内容が記されていたが、内容についてやや詳細に記載されているというものであった（以下、特に区別しない限り、双方を区別せず、単に「診断書」ということとする）。
　一審の弁論要旨を確認すると、一審において、弁護人は、責任能力については争わず、情状事実の中で、上記の病状に触れ、その治療等に専念をしていることを述べていたが、被告人について、責任能力について争う必要がないのかという点は、一審の弁護人とは違う視点で改めて検討する必要があるように思われた。

2　弁護活動

(1)　被告人への接触
　筆者が国選弁護人として選任された後、被告人は身柄を拘束されていなかったので、選任された当日のうちに、判決書きに記載されていた被告人の住所地に宛てて手紙を送った。
　手紙には、筆者が国選弁護人として選任されたことの挨拶と、事件の内容について打ち合わせをしたいので連絡をとりたいことを簡潔に認めておいた。

(2)　病状の確認
　同時に、私は、医師の診断書に記載されていた「るいそう」と「窃盗癖」に

ついて、あらかじめ知識を得ておきたいと考えた。

1) るいそうについて

その時点では、筆者は、「るいそう」なる症状についてほとんど具体的な知識を持ち合わせていなかったので、手持ちの文献を当たったところ、後藤稠編『最新医学大辞典〔第2版〕』（医師薬出版、1996年）には、「るいそう（羸痩）＝やせ（痩）」と書かれており、該当の項には、以下のように記されていた。少し長くなるが、本件において重要な情報であるので、原文のまま引用したい。

　　やせ（痩）　emaciation（るいそう〔羸痩〕；thinness）　脂肪組織の著しい減少をきたした状態．一般に標準体重の10％以上の体重減少の場合をいうが、20％以上の減少があれば病的である．やせの原因は外因性と内因性に分けられ、前者では栄養の摂取または吸収の障害をいい、後者では糖尿病、Basedow病、間脳下垂体疾患、および神経性食思不振症などをいう．

そこで、取り調べられている診断書を見てみると、そこには、被告人の体格について、「入院時の体重は25.6kg、身長は146.5cmであり……」と書かれている。

厚生労働省が明らかにしている『厚生統計要覧』（2013年度）の身長・体重の平均値のデータによれば、60歳から69歳の女子の平均身長は151.8cm、平均体重は53.4kgであるから、被告人が身長の点からやや小柄な部類に属することを差し引いても、被告人の体重は、同年代の女性の平均体重の半分以下しかないということになる。

同年代の女性の標準体重より10％少ない数値が約48kg、20％少ない数値が42.7kgであるから、上で引用した基準に照らしても、その痩せ方が尋常ではないことが容易に見て取れた。

なお、さらに、参考までに述べておけば、肥満の判定と肥満症の診断基準（日本肥満学会、1999年）によれば、BMI（身長あたりの体重指数Body Mass Index＝体重〔kg〕÷身長〔m〕×身長〔m〕で求める）の値について、18.5から25が普通体重であり、18.5未満を低体重とされているが、被告人のBMI値を算出すると、約11.1である。

筆者は、この「るいそう」が何か事件に関連していないだろうかという疑問

を抱くとともに、さらに、もし実刑に服した場合に、被告人は果たして刑務所での生活に心身ともに耐えられる状態なのだろうかという不安を感じざるを得なかった。

2) 窃盗癖について

窃盗癖については、ICD-10におけるコードF63.2において「病的窃盗（窃盗癖）Pathological stealing (kleptmania)」として分類されている。なお、ICD-10におけるF63は、「習慣及び衝動の障害 Habit and impulse disorders」というカテゴリーであり、他には、病的賭博（F63.0）や、病的放火（F63.1）、抜毛症（F63.3）等が同様の項目に分類されている。そして、ICD-10において、窃盗癖の診断基準については、以下のように記されている。

　　A．自分が欲しいわけでも他人のためにほしいわけでもなく明確な動機のない、窃盗の繰り返し（2回以上）があること．
　　B．盗みたいという強い衝動に駆られ、その行為の前には緊張を感じ、その後には開放感を感じると述べる．

(3) 被告人からの応答と被告人との面会

1) 被告人との面会

ほどなくして、被告人の母から筆者宛てに連絡があった。筆者が被告人に宛てて送った前記の手紙を見て連絡をしたということであった。

被告人の母によれば、被告人は、現在、病院に入院をしているということであったので、筆者は、取り急ぎ、入院中の被告人に面会をしたいと伝えた。特に不都合な日はないということであったので、筆者の希望する日を告げ、その日に面会をすることとした。

選任から約1週間後、筆者は、あらかじめ伝えていた日に病院を訪れ、面会の手続をした後、病室を訪れた。

病室で見た初めて被告人は、筆者が事前に記録を見て想像していた以上に、あまりにも弱々しく見えた。筆者が控訴審の国選弁護人として裁判所から選任されたことや、控訴審の手続きの流れ等、自己紹介と手続の概略を説明した後、被告人の今の健康状態を聴き取った。自分としては食べているつもりだけれども、どんどん痩せていってしまうということで、夜になると手や足に振戦（ふるえ）が生じること、話せることは話せるが、身体にうまく力が入れられない

ということで、立つことはおろか、座っているのもやっとという様子であった。

診断書にも、「食事量・形態を調整し、1日量1,600kcalでフォローした」とあり、病院においても、いかにして被告人に必要なカロリーを摂取させるかという点が、治療をするうえで重要な課題として認識されているであろうことが伺われた。

また、被告人に、これまでの通院歴等を聞いていく中で、40代のころからうつ病と診断され、精神科に通院していたこと、「るいそう」が進行してきたのはここ数年のことであること、主として家族関係に強いストレスを感じていた（感じている）こと等を聴き取ることができた。事件のことについて、被告人は、そのときのことはほとんど覚えていない、気付いたら店員から呼び止められていて、買い物袋の中に商品が入っている状態だったと話した。

2) 主治医との面会

また、極めて幸いなことに、同じ日に被告人の主治医（診断書を作成した医師）とも会うことができ、作成されている診断書についても、同医師から直接詳しい話を聞くことができた。

同医師によれば、被告人については、ストレスが溜まってしまったときに、商品を変えるだけのお金を持っていても、窃盗を行ってしまうということがたびたびあったと聞いていること、ストレスの原因としては、家族関係が主なものであるようだということ、病院内にいる間は、精神的に落ち着いた状態を維持できているようで、万引き等の問題行動は見られないことを聴き取った。

また、責任能力について、どのように考えられているかをうかがったところ、主治医の見解は、被告人は、善悪の判断はついていて、万引きがいけないことであるということは認識をしているけれども、行動制御の点に問題が生じている（自分の意思でコントロールできなくなってしまっている）、というものであった。同医師は、その上で付け加えて、責任能力が欠けるということはないのではないかと話した。このときに同医師から受けた説明は、一審において取り調べられている、同医師の作成した診断書の記載内容と同一のものであった。筆者は、法律上の責任能力についても簡単に説明し、(i)責任能力については、①是非弁別能力と②行動制御能力のいずれかが欠ければ、責任能力を欠く状態（心神喪失）になるとされていること、(ii)欠けているとまでは言えないとしても、著しく減退しているような場合には、限定責任能力という状態（心身耗弱）と評価されることを伝えたうえで、再度、②行動制御能力が欠けていた、あるい

は、著しく減退していたということは考えられないか確認したが、同医師の答えは変わらず、この点については消極的に考えている様子であった。

　筆者は、少し話を変えて、被告人の院内での生活状況を確認することにした。すると、主治医からは、被告人について、院内で転倒したことがあり、頭を打って、頭部挫創、外傷性クモ膜下出血、脳挫傷が生じていることを聞くことができた。主治医としても、仮に実刑に服することになった場合、被告人については、健康上深刻な事態になるのではないかということを心配しているということであった。この点についてさらに詳しく見解を聞いてみると、同医師は、他の人であれば怪我につながらないような軽い転倒でも、被告人は、「るいそう」が進んでおり、筋繊維や骨組織が著しく弱っているために、思いもかけないような大きな怪我になってしまうことがある、と付け加えた。

3)　その後の経過

　その後も、筆者は、継続的に入院中の被告人の病院を訪れ、被告人の健康状態を確認するとともに、何が被告人のストレスになっていたのか、その内容等についても聴取していった。

　必然的に聴取内容は被告人の生活暦についても及ぶことになった。

　すると、聞いていくうちに、被告人は、事件当時は別の病院（精神科）に通院しており、とりわけ当時は非常に精神が不安定な状態であったこと、これまでも、心の状態が良くない（落ち着かない、不安が強い）ときに、自分でも分からないままに万引きをしてしまうことがあり、その都度従業員から見咎められていたこと、毎度、やってしまった後に我に返って後悔するけれども、してはいけないとは分かっているのに、どうしても自分でもコントロールできないこと、事件後に現在の病院に入院して、精神的に不安定な部分と、栄養面の治療を受けていること等が分かってきた。

　筆者が面会をしている間に、被告人は、家族関係で深く悩んできたことを話してくれるようになった。被告人自身の述懐したところによれば、被告人は、比較的裕福な家に生まれ、結婚もし、子どもにも恵まれている。結婚先で経済的に苦労したということもない様子であった。しかし、彼女は、自身は家族に愛情を持っているが、他方で自身が愛されているという実感を得られずにいた。被告人は、自身の歩んできた人生を、自らが決めたものではなく、他人に決められたものであると感じているようであり、筆者には、このような被告人の観念が、自身の存在理由に対する自信のなさ（不安感）に繋がっているように感

じられた。

　再度同じような事件を防ぐことができるのかということを考える上でも、本件において何がストレスの因子になっているのかを確認することは重要なことであると考えられたため、被告人のストレスの原因と思われるものを聞くことができたのは大きな成果であった。しかし他方で、被告人から聴取したストレスの原因は極めて根深い問題でもあり、到底一朝一夕に解決されるような問題ではない。

　そこで、筆者は、ひとまず、被告人および現在、被告人の身上監護を主に担っている母親との連絡を密にとるようにし、できるだけ被告人を励ますように心がけた。希望となったのは、入院期間中、被告人の精神は安定しているようであり、院内では万引き等の行為には及んでいないということであった。

4）　カルテ類の取り寄せ

　筆者は、被告人および被告人の主治医との面会結果を踏まえ、被告人がこれまで通院していた病院と連絡を取り、保管されている被告人のカルテ類を取り寄せることにした。同様に、被告人の現在の入院先の病院からもカルテ類を取り寄せた。

　取り寄せたカルテ類を確認すると、被告人から告げられたとおり、当時の通院先の病院のカルテからは、事件の約1カ月前ころから、被告人が、周囲の人の視線を感じたり、時には、木が人に見え、その視線を感じるという趣旨のことを訴えていることが記載されていた。被告人は、本件犯行直前期において、相当の被注察感（実際には他者から見られているということはないにもかかわらず見られていると錯覚すること）に悩まされていたと考えられた。窃盗癖はストレスとも密接な関係があることからしても、被告人が、犯行直前期において、精神障害の増悪時期にあったのではないかと考えられたのである。

　また、現在被告人が入院している病院のカルテからも、主治医の指摘どおり、入院中に二度、転倒をし、頭部挫創、外傷性クモ膜下出血、脳挫傷を生じていることが確認された。

(4)　控訴趣意書等

1）　はじめに

　以上の準備を踏まえ、筆者は、控訴趣意書および事実取調べ請求書を起案した。事実取調べ請求の内容としては、①責任能力についての鑑定、②事件時通

院していた心療内科のカルテ、③クレプトマニアの窃盗について記した文献(後述の「摂食障害患者の万引きと司法精神医学」)、④現在入院中の病院のカルテ、⑤適正体重の算出式を記載した文献、⑥筆者が病院で入院中の被告人の容貌を撮影した写真撮影報告書、⑦被告人質問の7点を求めた。

控訴趣意書には、要旨、被告人が控訴事実記載の窃取行為を行ったこと自体には争いはないが、①被告人については心神喪失による無罪とされるべきこと、②仮に、心神喪失にはなかったとしても、心神耗弱であったというべきことを記した。

各内容については、以下において、その要旨を記す。

2) 心神喪失の主張

まず、原判決は、被告人に強固な窃盗癖があること、当該窃盗癖についてストレスからの逃避として衝動的に窃盗行為に及ぶ精神障害の一種であることを認めたうえで、被告人の責任能力について、「被告人の窃盗癖は、責任能力に影響を与えるものではない」としていた。

しかし、(i)被告人には強固な窃盗癖が認められ、これは行動制御が困難な程度に達しているというべきこと、(ii)本件についての犯行動機が了解できず、本件犯行は被告人の窃盗癖の影響に基づくものと考えられること(被告人は犯行当時3万4529円の現金を所持しており、金に困っていた事実はなく、他方で、被告人自身は、どうして万引きをしたのか分からない、私が痩せているためお化けと言われたりしたことや、入院することが決まったことで気持ちが落ち込み、訳が分からなくなったことが原因だと思う、頭がこんがらがり、気がついたらアイスクリームを盗って袋にいれていたと述べるが、犯行動機としておよそ了解可能なものではないこと、(iii)被告人の前科前歴の状況(とりわけ保護観察付きの執行猶予期間中であり、再度万引きをすれば実刑になると思っていたのに犯行を止められていないこと)、犯行直前の被告人の精神状態からも、被告人は窃盗に関して行動制御することが不可能と考えられることを指摘した。

加えて、本件と類似の事件に関する裁判例として、大阪高判昭和59年3月27日判時1116号140頁以下を指摘する。同裁判例は、神経性食思不振症に罹患している被告人が行った食料品の万引きについて、窃盗が犯罪行為であることは認識していたが、食品窃盗等の行動に関して自己の行動を制御する能力をほぼ完全に失っていたとして心神喪失に基づき無罪としたものがあることを摘示した。

さらに、「摂食障害患者の万引きと司法精神医学」（『アディクションと家族第26巻4号』、家族機能研究所編、2010年4月25日、291頁以下）においても、クレプトマニア（窃盗癖を有する者）が窃盗を犯罪行為であると認識しながら犯してしまうことに関し、その責任能力の判断にあたっては、是非弁別能力の点に関心が集中し易いが、自我異和的（自我異質的）なものかどうかといった点に着目すべきであることが指摘されていることを述べ、被告人については、責任能力を欠くというべきであると主張した（同時に、被告人については、これまで正式な精神鑑定手続きはとられていなかったため、鑑定請求も行うとした）。

3）　心神耗弱の主張
　次に、筆者は、仮に、犯行時、被告人の行動制御能力が完全に失われてはいなかったとしても、著しく減退していたことは認められ、刑法第39条第2項により刑が減軽されるべきであったことを主張した。
　すなわち、仮に、犯行時、被告人の行動制御能力が完全に失われてはいなかったとしても、著しく減退していたことは認められ、刑法第39条第2項により刑が減軽されるべきであった、と述べたのである。
　また、被告人は、入院等によって適切な治療を受けている間、再犯を犯すことはないと考えられるところ、被告人の再犯を防止するためには、懲役刑によるのではなく、むしろ医療的な治療こそが必要であることを述べ、前刑について執行猶予を取り消されるべきでないことを強調した。
　被告人については、身長は146.5cmであるが、体重は25.6kgしかなく、現在入院中の病院でも「るいそう」であるとの診断がされていること、適正体重が約47kgであることに鑑みても、被告人の痩せの程度が深刻であること、入院中にも二度、転倒をしており、頭部挫創、外傷性クモ膜下出血、脳挫傷を生じており、一見軽い転倒であっても、るいそうの深刻化している被告人においては生死に関わる重篤な怪我に発展する可能性があるのであり、独力では日常生活を送ることさえ困難であるのだから、被告人は、到底、懲役刑の服役に耐えられるような健康状態にはなく、被告人について執行猶予が取り消されるべきではないことを述べた。

4）　こうして、筆者は、被告人について、責任能力の点から被告人には無罪の判決を言い渡すべきであり、仮に責任能力が認められたとしても被告人には酌

むべき事情があるので罰金刑が選択されるべきであるとの控訴趣旨書を起案した。

(5) 公判
1) 出頭
公判においては、健康面の不安が強かったので、被告人の母に付き添ってもらい、被告人を伴って出頭した。

2) 事実取調べの採否
事実取調べについては、改めて、鑑定の請求についてもその必要性を強調した。

しかし、裁判所の判断は、前記の②事件時通院していた心療内科のカルテ、④現在入院中の病院のカルテ、⑦被告人質問（ただし現在の病状に限る）についてその必要を認めるというもので、その余の①責任能力についての鑑定、③クレプトマニアの窃盗について記した文献（後述の「摂食障害患者の万引きと司法精神医学」）、⑤適正体重の算出式を記載した文献、⑥筆者が病院で入院中の被告人の容貌を撮影した写真撮影報告書については、採用されなかった。

また、被告人質問についても、筆者は、現在の病状のみならず、事件当時の精神状態や事件に至る経過についても立証趣旨に含めていたが、裁判所が認めたのは、上記のとおり、現在の病状についてのみであった。

3) 被告人質問
以上を踏まえ、筆者は、被告人質問を行い、主に被告人の健康状態について確認していった。その中では、入院中に転倒をしたこと、そのことについて、主治医からは、今回は助かってよかったけれど、次に同じようなことがあると、生きていられる保証はないと言われたことなどを聞き出した。

裁判官からも、入院前やその後の体重の推移や、なぜ体重が増えないのかについて補充で聞かれており、被告人は、概ね25kg前後で推移していること、医師からは、精神的なもので太れないと言われていると答えていた。

ここで、体重約25kgの人物がどのような様子なのかというのは、数値だけを見ても直観しにくいかもしれないが、実際に被告人の容貌を目の当たりにすれば、被告人が、まさにぎりぎりのところで生命をつなぎとめているということが理解できる。月並みな言い方になってしまうが、百聞は一見にしかず、筆

者は、被告人を直に見てもらえれば、この被告人を実刑に服させることが、その刑の予定している以上の結果を招きかねないことを感じ取ってもらえると確信していた。

　約20分間、被告人は、話すのがやっとという様子ではあったが、被告人は筆者と裁判官からの問いに真摯に答えてくれた。結果として、被告人の病状（入院中の様子）については、正確に裁判所に伝わったと感じられた。

4)　閉廷

　事実取調べが終わり、約40日後に判決の言渡しを行うことが告げられて、閉廷した。

　被告人とその母に、今回の審理の進行について簡単に説明した後、次の期日で結論が出ること、内容によっては上告をすることも検討しなければならないが、言い渡しを聞いてから考えることになると告げた。

　二人は、憔悴した様子であったが、今は結論を待つしかないと受け入れて、病院へと戻った。

3　判決

(1)　判決内容

　迎えた言い渡し期日において、告げられた判決は、「一審判決を破棄する。被告人を罰金50万円に処する。（以下略）」というものであった。

　主文を聞いた瞬間、筆者は安堵のあまり、全身の力が抜けるように感じた。

　以下に、理由の骨子を示す（〔　〕内は筆者）。

(2)　理由の骨子

1)　責任能力について

　控訴審判決は、原判決と同様、行動制御能力をうしなっておらず、また、著しく減退していた状態にもなかったと認めることができるとしている。

　この点について、控訴審判決は、上記の補足説明として、平成21〔2009〕年以降の万引きには、家族との生活によるストレスもその背景にあったと考えられる、としながらも窃盗癖の程度は強度ではないと解されること、被告人が万引きの際に周囲をキョロキョロと見回していたことなどと指摘して、「被告人は、生活上のストレスから万引きを繰り返してきた上、精神科の医師からは

「窃盗癖」との診断を受けていて、その衝動性を抑えることが通常人に比べて困難な状況にあったことは否めないものの、本件犯行当時、行動制御能力を完全に失っていなかったことはもとより、その能力が著しく減退した状態にもなかった」としている。

2) 量刑について

その上で、控訴審判決は、(i)被告人は、平成9〔1997〕年以降12回にわたって万引きを繰り返しているものの、そのうちの6回は平成19〔2007〕年12月から平成21〔2009〕年10月までの短期間に集中しているところ、同年12月に執行猶予付きの懲役刑（保護観察付）に処されてからは、心療内科に通院するなどしており、その後、本件に至るまで1年7か月余りも万引きに及んでいないことからすると、医療的措置が有効であると考えられるのであり、(ii)本件が保護観察付き刑執行猶予期間中に起こされ、未だ同期間が満了していないために、本件について懲役刑を選択すれば、実刑判決を言い渡すしかなかったことにも照らすと、罰金刑も選択の余地があると述べ、(iii)被告人の健康状態が劣悪であることなどを挙げて、「現時点においては、被告人に対しては、懲役刑の下限に近い刑を言渡すよりも、むしろ罰金刑の最高額を言渡すのが相当であると認められるから、被告人を懲役4月に処した一審判決の量刑は、罰金刑を選択しなかった点において重きに過ぎ、これを破棄しないと明らかに正義に反すると認められる
とした。

4　その後

上記控訴審判決については、双方とも控訴をせず、言渡しから2週間後、確定した。

罰金については、親子で協力して納めたということであった。

その後も、筆者の下へは、被告人の母から、時折、被告人の近況を知らせる手紙が送られてくる。病状は決して芳しいものではなく、なかなか体重が増えないことが綴られているが、万引きは見られなくなっており、その点は安定している様子である。

（ふじむら・げんき）

[実践報告]
2つの否認事件

出口 聡一郎

弁護士

1 公職選挙法違反無罪事件
2 暴行逆転有罪事件
3 あとがきにかえて——不合理な逆転有罪判決

1　公職選挙法違反無罪事件

(1)　事件の概要

　M氏（当時57歳）は、2009（平成21）年8月に選挙用ポスター4枚を公用掲示板から剥がしたとして、公職選挙法違反の罪で起訴された。
　ところが、M氏には、知的障害があり、療育手帳が交付されていた。診断名は、中等度精神遅滞、田中ビネーⅤ知能検査によりIQは42とされていた。公判では、犯人性の有無、訴訟能力の有無、公職選挙法225条2号違反の故意の有無、責任能力の有無・程度が争点となった。

(2)　検察官による安易な略式命令の請求

　被疑者段階でM氏の国選弁護人を担当したのは、佐賀県弁護士会所属の甲木美知子弁護士であった。甲木弁護士は、初回の接見からM氏に知的障害があることに気付き、検察官に対し、責任能力を欠くから不起訴にすべきという意見書を10日間の勾留期間中に2回も提出していた。その意見書には、M氏が10歳程度の知能しかないという指摘もあった。
　しかし、検察官は、弁護人に告げることなく略式命令を請求し、M氏には略式命令が言い渡された。
　甲木弁護士は、M氏の家族を説得し、正式裁判を請求した。最終的に本件は

無罪となったのであるが、弁護人によってはM氏がポスターを剥がしたことを認めている状況で「罰金なら仕方がない」と諦めてしまい、正式裁判で責任能力を争うことまでしなかったかもしれない。そこをきちんと争った甲木弁護士こそM氏を救った一番の功労者といえる。

その後、甲木弁護士は、利害関係が生じたため弁護人を辞任したが、それから、2年以上も続くM氏の公判には欠かさず傍聴に来ていた。甲木弁護士の誠実でひた向きな姿勢は、後に事件を引き継いだ弁護人にとって何よりの励みとなった。

(3) M氏との初めての接見

甲木弁護士の後任として国選弁護人に選任されたのは、佐賀県弁護士会所属の名和田陽子弁護士だった。私が2人目の国選弁護人に選任されたのは、第5回の公判の後であった。複数選任が認められたのは、公判中にトイレのために勝手に立ち上がったりするM氏を見て、裁判長が複数選任の申出を促したためである。

私は、弁護人に選任された後、名和田弁護士の事務所でM氏と初めて会った。M氏の表情や言動からして、知的障害があることは明らかであった。M氏は、「暑いですか」と尋ねれば「暑い」と答えることができた。しかし、少しでも複雑な質問をしたり一定の評価を含む質問をすると、途端に答えられなくなった。

M氏は、打合せが始まって5分もしないうちに、立ったり座ったりと落ち着きがなくなり、10分もすると、勝手に立ち上がって部屋を出て行ってしまった。部屋に戻って来た後も、落ち着きがなくイライラした様子で、最後は「きつか〜」と言って泣き出してしまい、その日の打合せは中止となった。

(4) 証拠開示により明らかとなったM氏に対する取調べの実態

私は、国選弁護人に選任された後、すぐに検察官に対し、M氏のすべての供述録取書と取調べ状況報告書の開示を求めた。

開示されたM氏の供述録取書を確認すると、M氏の供述は著しく変遷していた。具体的には、逮捕から8日後に作成された警察官作成のM氏の供述録取書（検察官請求証拠）には、M氏が候補者の氏名だけでなく佐賀○区から立候補した候補者であるということまでわかっていたという供述が記載されているのに対し、逮捕直後の供述録取書（未請求証拠）には、「誰のポスターだったか

分かりません」という供述が記載されていた。

また、同じ逮捕から8日後に作成されたM氏の検察官作成の供述録取書（未請求証拠）には、候補者のことは全く知らなかったという供述が記載されていた。このように、同じ日に作成された員面調書と検面調書ですらまったく違う内容になっていた。

さらには、逮捕から10日後の検面調書（検察官請求証拠）には、M氏が候補者の氏名のみならず候補者の所属の政党名までわかっていたという記載になっており、同じ検察官が2日後にまったく違う内容の供述録取書を作成していたのである。

当然、私たちの打合せの際にもM氏が候補者の名前を答えることなどできなかった。また、甲木弁護士の接見メモを見ても、候補者名など一度も出てこない。これらの調書は、捜査官の作文であるとしか説明できないものであった。

また、開示された取調べ状況報告書を確認すると、逮捕直前に深夜2時頃まで約6時間にわたり取調べが行われていた。M氏は普段、午後9時には就寝しており、打合せも15分くらいしか耐えられない。そんなM氏に対して、警察官は、どうやって深夜にまで及ぶ6時間もの取調べを強要したのだろうかと想像すると、M氏の泣いている姿が目に浮かび、怒りが湧いてきた。

(5) 被告人質問

第7回公判においては、被告人質問が実施された。被告人質問では、裁判所との協議の結果、全過程がビデオ録画された。

被告人質問は名和田弁護士が担当した。名和田弁護士は、「まず、ここはどこだか分かりますか」という質問から始めた。M氏は「裁判所」と答えた。続けて「裁判所というのは何をするところなんですか」と尋ねると、「裁判をするところ」と答えた。「裁判というのは、何ですか」と聞くと、M氏は「裁判ちゅうのは、裁判は裁判」とよく理解できない答えをした。そして、名和田弁護士から「裁判では何か決めることはありますか」と聞かれると、M氏は「裁判を決める」と答え、堂々巡りになった。

これらの質問には知的障害者の特性がよく表れていて、一見すると最初のうちは会話が成立しているようであるが、それは単にM氏が「裁判所」や「裁判」という聞き覚えのある言葉を繰り返しているだけであって、それが何かという抽象的な質問をした途端に答えられなくなったのである。

その後、名和田弁護士が、裁判官、裁判所書記官、検察官、名和田弁護士、

私がそれぞれ誰かという質問をしたところ、M氏は、私以外の全員を「裁判官」と答えた。なぜかM氏は私のことだけは「知らない」という答えを繰り返した。

これらの質問に対する答えは訴訟能力を考える上では重要であり、後に私的鑑定を依頼した慶応義塾大学準教授の村松太郎精神科医師の意見書では以下のような分析を加えている。

まず、M氏は「裁判」の実質的意味を理解しておらず、自らが刑事被告人として審理を受けているという自覚すらない。また、敵・味方・中立という三者がいることが理解できていない以上、基本的な弁護方針を話し合う余地すらない。そうであれば、M氏の意向に沿った弁護活動を行うことなど不可能であり、M氏については弁護人からの援助という概念を論じる前提を欠く。

この村松医師の意見書は最決平成10・3・12（刑集52巻2号17頁）を踏まえたものであり、弁護人による援助があったとしても、本件被告人の訴訟能力を補うことはできないから訴訟能力を欠くとしたものである。

しかし、本件では最終的に判決において訴訟能力が認められた。判決においては、弁護人の活動について「手厚い防御活動ができた」と認定するとともに、裁判所の「後見的役割」を重視して、「相当な防御をする能力をなお保持していた」としてM氏の訴訟能力を認めているのである。

これでは、弁護人が頑張れば頑張るほど訴訟能力が認められる方向に傾くことになるが、訴訟能力は被告人がどの程度の能力を有するかによって決められるべきであり、自らの意思を弁護活動に反映できない被告人に訴訟能力が認められる余地はないはずであるから、本件判決の結論は到底是認できるものではない。

被告人質問に話を戻す。弁護人の主質問はM氏の集中力が持たず、中断した。その後、第8回及び第9回の公判において、検察官の反対質問と弁護人の再主質問が行われた。

検察官の反対質問では、何が写っているポスターかと聞かれたM氏は、「人間の面（つら）ばってん」、「男」としか答えることができなかった。剥がした枚数についても、弁護人の質問には、「1枚」と答えたが、その後、何度も変遷した。結局、M氏が選挙について具体的な供述を行うことはなかった。

被告人質問は、全部で3回の期日に及んだが、M氏は何度も勝手に立ち上がってトイレに行こうとし、その都度、裁判長から休廷が告げられた。

⑹　平然と嘘を述べる取調担当警察官

　第10回と第11回の公判においてはM氏の取調べを担当した警察官の尋問が行われた。警察官は、「若干知的レベルが低い程度」でM氏の知的障害に気付かなかったと証言した。それだけでなく、担当警察官は、公判を傍聴したらM氏が捜査段階とは全く違う状態になってしまっていて驚いたと証言した。

　しかし、甲木弁護士が初回接見時にM氏には10歳程度の知能しかないと気付いていたことや、M氏の法廷での言動を見れば、誰の目から見てもM氏の知的障害は明らかである。また、M氏には2001（平成13）年から療育手帳が交付されていたのであり、捜査段階では受け答えができたが、公判に至り別人のようになったなどという警察官の証言が信用できるはずがない。捜査官の証言が虚偽であることは明らかであった。

⑺　Mさんが犯人ではないと確信した弁護人の実験

　私たちは、本件選挙用のポスターと同種の選挙用ポスターをあるルートから入手した。その上で、実際に選挙用ポスターを破ろうという試みをした。

　ところが、私がどれだけ渾身の力を込めて破ろうとしてもポスターは破れなかった。実は、選挙用ポスターは、特殊な素材でコーティングされており、縦方向に働く力に対しては極めて強靭にできている反面、一旦、亀裂が入り、横方向に力を加えると、スーッと綺麗に裂ける性質を有しているのだ。そのため、ポスターの端を指先で摘まみ、爪で切れ目を入れた後に切れ目から横方向に裂けば容易に破れるが、切れ目を入れないで紙を上下に引っ張って破ろうとした場合、どれだけ力を入れても破ることはできないのである。

　このことから、選挙用ポスターは、破り方を予め知っていなければ破ることが困難であるから、M氏のIQからすれば破ることなどおよそ不可能ではないかという推論が働いた。

　私たちは、M氏を名和田弁護士の事務所に呼び出し、実際にポスターを破いてもらい、その場面をビデオ撮影することとした。

　前提として、M氏が嫌がって破らなかっただけではないかという反論を受けないように、まずM氏には、選挙用ポスターと同じくらいの大きさの白紙を渡し、破いてもらった。M氏は、躊躇なく破り始め、何度も何度も白紙が細かくなるまでビリビリに破いた。その上で、M氏に選挙用をポスターを渡すと、M氏は、指先に力を入れた瞬間に顔を歪め、「破れん」、「固か〜」と言って泣き出してしまった。

私たちは、この実験でM氏がそもそも選挙用ポスターを破いていないということを確信した。

(8) 裁判官3名によるポスターを破る検証

そこで、私たちは、M氏がポスターを破ろうとして泣き出した場面を録画したDVDを証拠請求するとともに、裁判官3名が選挙用ポスターを破ることを試みるという内容の検証を申し出た。

DVDについては検察官が不同意としたため、弁護人は、ビデオ撮影した名和田弁護士を証人として請求した。名和田弁護士の証人尋問は採用され、私が選挙用ポスターを破ることができなかった場面、M氏が白紙を破っている場面、M氏が選挙用ポスターを破ることができなかった場面などを撮影したDVDが名和田弁護士の証人尋問の際に法廷で再生された。今振り返ると、このような証人尋問が採用されたこと自体、信じられないが、何でもやってみるという自由な発想が時には裁判官の心を動かすこともあるのだろう。

また、驚くことに検証も採用された。検証期日においては、まず、左陪席の裁判官が選挙用ポスターを破こうとしたが、破ることができなかった。

次に、右陪席の裁判官が試みたところ、選挙用ポスターに爪を立て、切れ目が入ると横に一直線にポスターが裂けた。最後に裁判長がポスターを破ろうとしたが、破ることはできなかった。裁判官ですら3名のうち2名も破れなかったのであるから、中等度精神遅滞と診断されたM氏に破れるはずがない、そう確信する一幕であった。

(9) 指紋についての私的鑑定

検察官からの開示証拠には選挙用ポスターに付着した指掌紋についての鑑識結果も含まれていた。

M氏は4枚の選挙用ポスターを剥がし、そのうちの1枚については3片に引き裂いたとされているにもかかわらず、発見されたのは、M氏の掌紋が1つだけであった。特に3片に裂かれていた1枚については、弁護人の実験からも指先で強く握って爪を立てることが不可欠であり、M氏の指紋が全く検出されなかったというのは極めて不自然であった。

そこで、私は、指紋鑑定の専門家である齋藤保氏（同氏の著書としては、齋藤保『弁護人のための指紋鑑定』〔現代人文社、2013年〕がある）に私的鑑定を依頼した。その際の鑑定の費用は、精神科医師村松太郎氏の私的鑑定の費用

と併せて佐賀県弁護士会でカンパを募った。予想した以上のカンパを受けることができ、2つの鑑定の費用をまかなうことができた。

　齋藤氏の意見書は、選挙用のポスターの表面にコーティングされた素材は極めて指紋が付着しやすく、それを破ろうとして指先で強く掴んだのであれば当然に指紋が付着するという内容であった。私たちはこの意見書を書証として請求するとともに、併せて齋藤氏の証人尋問の請求をしたが、前者は不同意となり、後者は採用されなかった。

　もっとも、齋藤氏の証人尋問を請求するに際し、弁護人の意見書を提出した。弁護人の意見書には齋藤氏の作成した意見書の内容をほとんどそのまま引用したため、裁判所には齋藤氏の意見書の内容が実質的には伝わっている。おそらく裁判所としては、齋藤氏の証人尋問を請求した時点では責任能力で無罪という結論がある程度見えていたため、責任能力と無関係な争点に関する証人を採用しなかったのではなかろうか。私としては、今でもM氏の犯人性について合理的な疑問が残ったはずだと思っている。

⑽　精神鑑定の実施から無罪へ

　弁護人が犯人性の主張を公判の途中から追加したことにより、争点が錯綜し、最終的に精神鑑定の実施が決定したのは第18回公判の後であった。M氏は鑑定留置となり、精神科医師である鑑定人により精神鑑定書が作成された。鑑定書の内容は、訴訟能力はないが、責任能力は限定責任能力の限度で有する、公職選挙法225条2号違反の故意は有していたというものであった。

　その後、鑑定人尋問に先立ち、鑑定人とのカンファレンスが行われた。そこでは、鑑定人から「責任能力のうち行動制御能力については、M氏の興奮状態を惹起する刺激の程度によっては欠く場合もある」という発言を得ることができた。M氏には、苛立ちの強い状態で興奮が続き、自らの行為を止めることができなくなるという保続傾向という特質があるということであった。鑑定人は、鑑定人尋問においても同趣旨の証言を行い、これが無罪判決への大きな後押しになった。

　カンファレンスや尋問に当たっては、村松医師から事前に助言をいただくことができた。村松医師の意見は訴訟能力・責任能力いずれも欠くというものであった。

　責任能力について、村松医師が鑑定人と異なる見解に達した理由は、鑑定人がM氏の興奮状態を惹起した刺激の程度が特定できないから限定責任能力に留

まると述べたのに対し、村松医師は、甲木弁護士の接見メモに事件当時、M氏に激しい頭痛が存在したという記載があることを重視して、行動制御能力を欠く疑いが残るとした点であった。鑑定人の意見を前提としたとしても、鑑定人が考慮していない基礎資料を前提とすれば、異なる結論に至るということは、裁判所としても受け入れやすい見解といえた。

しかし、結果として、村松医師の意見書は不同意となり、村松医師の証人尋問についても採用されなかった。それでも、村松医師の意見書の内容は、弁護人が証拠採用に関する意見書を事前に裁判所に提出し、そこで村松医師の意見を詳細に記載することで実質的には裁判所に伝えている。

最終的に判決では、鑑定人尋問の結果のみから、行動制御能力がなく責任能力を欠いていたという合理的疑いは残ることからM氏は無罪とされた。これは私の個人的な意見であるが、例えば犯人性についての争いで被告人がポスターを破れなかったのではないかという疑問を投げかけたり、供述録取書の変遷を指摘して任意性を争ったり、指紋の専門家や精神科医師の意見書の内容を実質的に裁判所に伝えたことは、判決文には表われないところで、裁判所に無罪判決を書かせる後押しになったのではないかと思う。

2 暴行逆転有罪事件

(1) 事件の概要

佐賀県内で宅老所を経営するT氏は、2012（平成24）年5月28日（以下、特に年を記載しないときは2012年を表すものとする）、利用者である当時91歳の男性（以下「被害者」という）の口に塩を押し込んだとして、10月に暴行罪で起訴された（以下「事件②」という）。その後、T氏は、4月22日及び5月29日にも、被害者の口に塩を押し込んだとして、11月に2件の暴行罪についても起訴された（以下、それぞれ「事件①」、「事件③」という。事件①～③の番号は、事件が発生したとされる年月日の順による）。

T氏は、塩を被害者に見せたことはあるが、口に塩を押し込んだことは一度もないとして3件すべてについて無罪を主張し、第一審判決ではいずれも無罪とされた事件である（その後の経過については、「あとがきにかえて」の項に記載）。

この事件における検察官の主張は、以下のようなものであった。

T氏は、日ごろから被害者がトイレに間に合わずに尿を漏らしてしまうことを許し難いと思っていた。他方で、被害者は、高血圧であったため、塩分を過剰に摂取することを嫌がっていた。そこで、T氏は、4月頃から被害者が失禁をすると、被害者に対し、「塩を舐めさせるぞ」と告げるようになった。一定の期間は、効果があったようにも思えたが、次第に、T氏が「塩を舐めさせるぞ」と告げても失禁が減らなくなった。そのため、T氏は、実際にスプーンに塩をすくって、被害者に塩を見せた上で、「塩を舐めさせるぞ」と告げるようになった。その後、T氏の行為はエスカレートし、最終的には、スプーンに盛った塩を被害者の口に押し込むようになったというのである。

(2) T氏との最初の接見に至るまで

　この事件では、佐賀県弁護士会所属の東島浩幸弁護士が私選で選任されていた。2人目の弁護人に就任してほしいと私に打診があったのは、既に事件②が起訴された後の11月のことだった。

　私は、T氏と会う前に東島弁護士から検察官請求証拠の写しを渡された。その際、東島弁護士は、「（T氏と）会う前に、記録を見ない方がいい。見たら真っ黒だって思ってしまうから」、「T氏は、無罪を主張していて、話にも説得力がある。まずは本人の話を聞いた方がいい」と話していた。私は、先入感を持たないようにしようと思いつつも、やはり記録が気になり、事前にざっと目を通してしまった。

　事件②の概要は以下のようなものであった。5月28日に被害者がトイレで尿を漏らした。T氏はそれを目撃すると、台所から容器に入った塩とスプーンを持って来た。T氏は、従業員である甲女、乙女、丁女らに対し「見ない方がいい」と告げ、トイレに入った。甲女らは、トイレから被害者のうめき声を聞いた。T氏がトイレから出て来た後、甲女らがトイレに行くと、被害者が口から血を流し、口の周りや服に塩が付いた状態で座っていた。乙女は、同日、宅老所を訪問したケアマネージャーにT氏が被害者の口に塩を押し込んだことを告げた。また、乙女は、同日、佐賀県内の某市役所に通報した。

　そして、これを裏付ける証拠として、甲女、乙女及び丁女の供述録取書、事件②の翌日に乙女から聞いた内容をメモしたとされる丙女の手帳、乙女から通報を受けた某市役所の職員の供述録取書、被害者の供述録取書などが存在した。

　このように、複数の証拠が相互に信用性を補強する関係となっており、単純

に一人の目撃証人の信用性を弾劾すれば無罪になるという事件ではないことがわかった。東島弁護士の説明どおり、証拠を見る限り、無罪を獲得するのは厳しいのではないかと率直に感じた。ただ、唯一の救いは、事件②について、直接の目撃証人がいないということだった。

そのような先入感のもと、私は、初めてT氏との接見を行った。T氏は、「私はそんなバカなことをしていません。先生方にはどうか信じてもらいたい」ということを繰り返し述べていた。一方で、T氏は、塩を見せたという行為について、道義的に許されることではなく、暴行事件で起訴されるに至ったことも、自身の不徳が招いたことだと自責の念に駆られていた。

なお、本件のような事件では黙秘を貫くか署名押印を拒否するのがセオリーといえる。しかし、T氏は、捜査段階で供述録取書の作成に応じた上で、「すべて自分の言い分を記載してもらっていますので、そこに書かれていることはすべて真実です」と力強く語っていた。そして、T氏のいうとおり、無罪判決に至るまで、T氏の供述録取書が不利益な証拠となることはなかった。

私のT氏に対する第一印象は、とても頭が良く、誠実な方というものだった。これは捜査機関の作成した供述録取書に描かれている、施設内で虐待を繰り返し、独裁的で、従業員も恐怖心を抱いているという被告人像とはまったくかけ離れたものであった。

(3) 違和感から「冤罪ではないか」という疑念へ

私が弁護人に選任されてすぐの11月、T氏は、事件①と事件③で起訴された。私は、すぐに記録を謄写し、開示された証拠を検討した。この時点で、私は、幾つかの疑問を持つに至った。

まず、事件①が発生したとされる4月22日については、直接の目撃証人甲女がいたというこが初めてわかった。事件①は、甲女が、夕方、T氏と二人きりで勤務しているときに、T氏が、甲女の目の前で、ベッドに座っている被害者の口に塩を押し込んだとされていた。直接の目撃証人がいる以上、通常であれば、この事件が3つの事件の核となるはずであるのに、なぜ、事件①ではなく、直接の目撃証人のいない事件②が最初に起訴されたのであろうか、私は一連の事件に違和感を持った。

事件③もどこか不自然であった。事件は、丁女の供述録取書によると、次のようなものであった。まず、5月29日の朝、丁女が被害者をトイレに連れて行った。丁女が10分くらいしてトイレに様子を見に行くと、被害者が口から

血を流した状態でトイレに座っていた。口の周りや服や床には塩が散らばっていた。それから、T氏がトイレにやって来て、「ちょっとやりすぎたかな」、「唇の中、切れとっとやろ（切れたんだろう）」、「スプーンの上唇に当たったとやろ」と述べたとされているのである。

事件②が発生したとされるのが5月28日であるから、事件③はその翌日である。先述したように、T氏は、とても頭の良い方だ。そんな人が、5月28日に無理やりスプーンで口に塩を押し込もうとして出血までさせてしまったのに、翌日に、全く同じことを従業員の前で繰り返したりするだろうか、そんな疑問が生じた。

特に、乙女丙女は、事件があったとされる以前からT氏の方針に反発していたのであるから、明らかな虐待を同女らの目の前で行うとは考え難い。

こうした事件全体の不自然さと違和感は、「冤罪ではないか」という疑念へと次第に変わっていった。

⑷ 目撃証人である甲女の尋問に至るまで

11月のうちに第1回公判が開かれ、検察官の冒頭陳述が行われた。弁護人は、書証のほとんどについて不同意という意見を述べた。

第2回公判では、甲女が当時、妊娠中であったことから、期日外で甲女の証人尋問を実施することが決定した。

私たちは、任意開示を受けた甲女の捜査段階の供述録取書を読み込み、尋問の日を迎えた。尋問当日の甲女の証言は、捜査段階の供述から相当変遷していた。甲女の尋問における証言は以下のようなものであった。

ⓐ 被害者がおしっこをトイレで漏らしていたのはわざとではない。従業員の間で、おしっこを漏らしているのに、被害者のズボンもパンツも濡れていないのはおかしいという話になったことはない。被害者が構ってもらいたいからおしっこを漏らしていると感じたことはない。

ⓑ ベッドの上で、被害者の口に直接塩を押し込む暴行を見たのは1回だけである。残りの1、2回の虐待はトイレだった。

ⓒ T氏が被害者の頭を壁に押し付けて固定させたことはない。T氏が被害者の口に塩を押し込んだ際、被害者の頭は壁に接していなかった。

そして、上記の証言は、同女の捜査段階の供述と矛盾していたため、自己矛

盾供述による弾劾としていわゆるCCCにより弾劾した（但し、裁判長は、規則199条の11説であったため、弾劾は記憶喚起の方法によった。自己矛盾供述による弾劾については、季刊刑事弁護81号〔2015年〕の特集に詳しく紹介されている）。これらの証言は、いずれも重要な変遷といえるか微妙であるが、証言に至るまでの経緯からすると、その変遷は極めて不自然であった。

　すなわち、まず、ⓐについては、捜査段階の供述録取書では、「なぜか、被害者は、座っている状態でも、尿を便器外の床上に漏らすのでした。もしかしたら、私の経験上、お年寄り特有の考えとして、構ってもらいたいから漏らしているとも考えられました」という供述になっていたが、証人尋問では、T氏による虐待と結び付ける内容に変遷した。

　また、ⓑについて、捜査当初は、事件②を立件することを中心に捜査が組み立てられ、初期の甲女の供述録取書についても事件②を中心に作成されていたため、トイレで起こった事件②を他の事件と混同していないことを強調するために、トイレでの虐待は1回だけで残りの虐待はすべてベッドだったということになっていた（甲女は事件③があったとされる日は欠勤している）。

　しかし、その後、直接の目撃証人のいる事件①が重視されるようになり、最後の検面調書では、逆に、ベッドで起こった事件①を他の虐待と混同していないことを強調するために他の虐待はすべてトイレだったという記載になり、公判においても、同様の証言がなされたのである。

　さらに、ⓒについては、甲女は、検察官の主尋問ではT氏が、被害者の頭を壁に押し付けて動けないようにして被害者の口に塩を押し込んだと証言をした。しかし、弁護人からの反対尋問において、T氏と被害者の位置関係からすればT氏の頭が壁に接触することが物理的に不可能であることが明らかになると、甲女は、被害者の頭が「壁についているような感じ」ではあるが、壁には頭が接触していなかったという何とも奇妙な証言に変遷したのである。

　加えて、裁判長の補充質問における甲女の証言は、極めて不自然なものであり、この証言が後の判決において重要な意味を持つことになった。

　以下、裁判長の補充尋問をそのまま引用する。

　　裁判長：（4月22日に）二、三回入れた、それを見たんだということですよね。
　　甲　女：（うなずく）
　　裁判長：塩を盛ったスプーンを口の中に入れているところを見たんですよ

　　　　　ね。
甲　女：はい。
裁判長：スプーンを入れてスプーンを出したときには、じゃあスプーンに載っていた塩はどうなってたんですか。
甲　女：なくなってた。
裁判長：なくなっていた。
甲　女：（うなずく）
裁判長：そのスプーンで、また塩をすくって口の中に入れる、これを二、三回繰り返すのを見たんですか。
甲　女：はい。
裁判長：その日、あなたがその後始末をしたんですよね。
甲　女：はい。
裁判長：口の中に塩残っているはずですけれども。
甲　女：（うなずく）
裁判長：それについてはどんな処置をしたんですか、あなたは。
甲　女：口の中ですか。
裁判長：口の中、回りとか拭いたんはいいんですけど、口の中に塩残っているかもしれないですよね。
甲　女：確認してないです。
裁判長：口の中については何もしていない。
甲　女：はい。
裁判長：どうしてしないんですか。
甲　女：えっ？……どうして……しなかったです。
裁判長：もう全部吐き出してると思ったからしなかったとか、そういうわけではないですか。
甲　女：うーん……分かんないです。

しかも、この尋問の前に弁護人が以下のような反対尋問を行っている。

弁護人：４月22日、Ｔ氏が口に塩を入れたわけですよね。
甲　女：（うなずく）
弁護人：被害者は、どうなったんですか。
甲　女：どうなった？

弁護人：入れたときの反応を具体的に教えていただけますか。
甲　女：具体的に。
弁護人：はい。
甲　女：あーと言ったり、すいませんと言ったり。
弁護人：塩は口の中に入ったんですか。
甲　女：入ったと思います。
弁護人：それで、あーと言っていた。それだけですか。
甲　女：（うなずいて）抵抗するように。
弁護人：口の中に塩が、スプーンが入るのは見ましたか。
甲　女：はい。
弁護人：で、入った後、あーと言った。そのほかに反応は。
甲　女：すいません。
弁護人：すいませんと言った。
甲　女：（うなずく）
弁護人：あなたが覚えている反応というのはそれだけですか。
甲　女：はい。
弁護人：ほかには特に反応はなかったですか。
甲　女：はい。

　このように、弁護人から再三にわたり、口の中に塩を入れられた人間が無反応というのは不自然であるという疑問が呈されている。その上で、甲女は、口の中に入った塩がどうなったのか裁判長から尋ねられて、何ら合理的な説明ができていないのである。

(5) 証人尋問の直前に供述を覆した丁女

　2013（平成25）年3月の第3回公判においては、事件③の証人である丁女の証人尋問が行われることとなった。

　丁女の尋問に先だって、T氏の経営する宅老所で丁女から話を聞くことにした。丁女は、検面調書（検察官請求証拠）に記載された内容とほとんど同じ供述をしたものの、不自然な点もあった。

　まず、5月29日の事件③について、最初に作成された丁女の供述録取書には、犯行時刻が午前8時30分頃となっていたが、その後の同女の供述録取書は、他の従業員の供述に迎合するように、午前9時30分に変遷していた。そして、

私たちが、丁女に事件③の発生時刻を尋ねると、丁女は、初期の供述録取書と同じ午前8時30分と述べたのだ。
　また、丁女は、私たちに対して、事件当時、Ｔ氏がトイレに塩を持って行くところを被害者の部屋から目撃したと供述した。しかし、東島弁護士が、被害者の部屋からはトイレが見えないのではないかと指摘すると、すぐに供述を翻し、「やっぱりＴ氏がトイレに塩を持って行くところは見えていません」と述べたのである。その後、甲女の証人尋問が終わった頃から、丁女は、宅老所の従業員に対し、「実は供述録取書に書かれている内容には違うところがある」といった趣旨の発言をするようになった。そして、最終的に、丁女は私たち弁護人に対しても、捜査段階で作成された供述録取書の内容は真実ではないとはっきりと述べるに至ったのである。
　それだけでなく、丁女は、5月29日の事件③について、ほとんど記憶がない中で捜査機関の供述録取書の作成に応じていたことも判明した。具体的には、丁女の供述録取書が最初に作成されたのは、事件から既に4か月以上が経過した10月であった。丁女は、被害者がトイレで口から血を流して座っているという場面を目撃したことはあったが、それがいつ頃の出来事で、事件③と関連するかどうかもわからないまま、警察官から「乙女がその日にお前から話を聞いたと言っているから、お前が見たのは事件③の出来事だ」とか「丙女の日記にも書いてある」などと誘導され、単に被害者がトイレで血を流していたという記憶を事件③と結び付けられてしまったのである。
　さらに、丁女は事件当時、被害者が虐待されているという噂は聞いていたが、自分とは関係がないと思っていたので、退職することなく勤務を続けていた。ところが、事件③については、事件後の被害者の状況を目撃したのは、丁女だけとされ、自分が中心的な証人とされていることに驚いているということであった。
　その後、3人目の弁護人として佐賀県弁護士会武雄支部所属の中尾中弁護士が加わった。

(6)　丁女の証人尋問
　2013（平成25）年3月、丁女の証人尋問が実施されたが、検察官の主尋問において、丁女は曖昧な証言を繰り返した。
　原因の1つは、検察官の主尋問がわかりにくかったことが挙げられる。起こった出来事を時系列に沿って順番に話すのであれば丁女の混乱も少なかったで

あろうが、検察官は、反対尋問のような形で、争点ごとに供述の変遷した理由を問おうとしたため、丁女は混乱してしまった。さらに、検察官がどの時点の出来事かを明らかにすることなく、その出来事の内容を尋ねたりしたため、丁女はますます混乱した。

私は、検察官の尋問に対し証人を徒に混乱させる不明確な尋問である旨の異議を出したが、異議は棄却され、尋問は続行された。

さらに、丁女は供述録取書に署名した当時は記憶に基づいて供述したが時の経過により現在は記憶がなくなってしまったのか、事実自体を体験していないのか、いずれであるのか検察官から質問されると、その意味が分からず「わかりません」としか答えることができなかった。

その後、弁護人の反対尋問では、主尋問を再度行うような意識で、体験した事実を時系列に沿って供述させた。これにより丁女は弁護人の尋問に対しては自然な証言をすることができたが、結果としては、検察官の尋問に対する不自然さを払拭できず、判決ではＴ氏との利害関係からＴ氏に有利な証言をしたとして丁女の証言の信用性を否定されてしまった。

(7) 乙女及び丙女の証人尋問

同じ月に実施された第４回公判では、乙女及び丙女の証人尋問が行われた。

両人に対する検察官の主尋問は、甲女の尋問を踏まえ、主として供述録取書相互の矛盾や不自然な点を逐一、説明させることに主眼が置かれていた。

例えば、丙女の日記の５月29日の欄は、「28日の日に被害者に塩をかけた。社長が……。理由はおしっこをもらしたからと……。29日は丁女から朝から血まみれ（口から）だった」と記載されている。これについて、丙女は、28日に塩を口に入れたという記載ではなく、塩を「かけた」と記載されているのは、Ｔ氏が塩をかけたと言い訳をしていたことから、Ｔ氏の言い訳を記載したと供述したり、28日に血を流していたということが書かれていないことについては、29日に血を流したと記載したのが、28日と29日の両日に血を流したという趣旨であると供述するなどおよそ文理から読み取ることができない説明を繰り返していた。

このような自己矛盾や不合理な供述をすべて主尋問で弁解するという尋問自体極めて不自然であるが、それだけで裁判所が積極的に信用性を否定するとも思えなかった。

(8) 第6回公判から第10回公判まで

　第6回公判では、裁判所からの提案により、弁護側の冒頭陳述が行われた。

　その後、第7回公判までの間に、乙女と丙女が5月30日に某市役所に事件の申告をした際の会話の録音があることが発覚した。この録音を聞くと、その後に作成された供述録取書は、録音の内容よりもT氏の虐待の態様について過剰に供述されていることがわかった。

　さらに、某市役所が乙女及び丙女から6月7日に事情聴取した際の録音も存在することが発覚した。この録音については、警察官が立ち会っていたにもかかわらず、某市役所から、警察にも検察にも提出していなかった、という俄かに信じ難い説明がなされた。

　その後、第7回の公判では、T氏の経営する宅老所で勤務を続けていた戊女の証人尋問が実施された。戊女についても、事件当時の記憶がほとんどないため、曖昧な供述が多く、必ずしも弁護側に有利といえる証言とはならなかった。

　第9回公判では、被告人質問が実施された。むろんT氏は、理路整然と被害者の口に塩を押し込んでいないと供述したが、T氏には、いずれの事件があったとされる日も通常業務をしていたという記憶しかないため、結局のところ、T氏の公判廷供述は有罪無罪に影響を与えるものではなかった。

　第10回公判が開かれたのは2013（平成25）年10月であるが、T氏が、乙女が事件当時作成した朝礼日誌を偽造した可能性が高いと強く主張したため、再度、被告人質問が行われた。

　被告人質問終了後、裁判所から同年12月26日を論告弁論の期日として指定すると告げられた。それだけでなく、次回の公判期日までに弁護側の立証を終えるようにという勧告まで受けた。

　第10回の公判期日の後に、朝礼日誌の偽造について科捜研出身の鑑定人に私的鑑定を依頼した。鑑定の方法は、証拠物である朝礼日誌（大学ノート）の閲覧・謄写について、鑑定人を弁護人の補佐として申請し、裁判所に機材を持ち込んで偽造の有無を確認してもらったが、結果として、偽造はなかった。もはや請求できる証拠もなく、万策が尽きたという思いだった。

(9) 転機となった第11回公判期日

　第11回公判の前日、私は、翌日に備えて早めに布団に入ったのだが、なかなか寝付けなかった。明日で弁護側の立証は終わるのに、検察官立証を崩すことができていないという焦りからだ。「他に何か弁護人にできることはない

か？」、そんなことを考えていると、ふと、「塩を実際に食べたらどうなるんだろう？」という疑問が頭に浮かんだ。私は、すぐに起き上がって、カレースプーンで塩を無造作にすい、それをそのまま口に流し込んだ。塩はサラサラとしていて、予想に反し、一瞬でスプーン一杯の塩全部が口の中に入った。

　私は、塩が口に入ったのとほぼ同時に、洗面所に向かって駆け出した。強烈な辛さと尋常でない刺激が口全体に広がった。私はすぐにうがいをした。何度も何度も口を濯いだ。それでも辛さはなくならなかった。その間、私は言葉を発することすらできなかった。口に塩を入れた瞬間に口の中の塩を取り除かずに放置しておくなどとてもできない状態になり、反射的にうがいをするために水場に移動したのである。

　そして、私は、スプーン２、３杯の塩を口に入れられて、「すみません」とか「やめてください」とか言ったり、そのまま座っていたなどという被害者の反応などあり得ないと思った。甲女をはじめとする証人は、事実を体験していないからこそおよそ起こり得ない現象を証言しているのだと確信した。

　私は、翌日の期日で検証を申し立てることを決断した。同時に、どうやって裁判所に検証を認めさせるか思案した。仮に書面で事前に検証申出書を提出したりすれば、裁判所に検証請求を却下する口実を考える時間を与えてしまうことになると思い、検証は期日に口頭で申し出ることにした。

　とりあえず、コンビニに行き、袋に入った新品の食塩とうがい用のミネラルウォーターを購入し、スプーンを準備した。また、期日においてどのように検証を切り出すかということを頭の中で何度もシミュレーションしながら期日を迎えた。

　期日では、裁判長に対し、「人が口に塩を入れられた場合にどのような反応を示すかということについて、裁判所には共通認識があるのでしょうか。私は昨日、自分の口に塩を入れてみました。とても何かを話したり、そのままでいることなどできる状態ではなく、直ちにうがいをしなければどうしようもない状態になりました。ここにいる裁判官、検察官は口に塩を入れて実際にどのような状態になるかということを試したのでしょうか。それすら試すことなく本当に正しい判断ができるのでしょうか」といった趣旨の発言をした後に、私は「塩を口に入れるという検証を申し出ます」と口頭で述べた。

　これに対する、裁判所の反応は意外なものであった。「実は塩を口に入れた場合にどうなるかということについては以前、検討したことがあったんですよ」と裁判長が述べ、左右の陪席裁判官を見渡した後、「休廷にします」と告

げて、奥へ下がったのだ。

約10分間の休廷の後、裁判長は、「検証を実施します」と短く告げ、急きょ、検証の方法を決めるための打合せ期日が設けられることとなった。

(10) 検証の実施

打合せ期日では、裁判長が自ら被験者となり、デザートスプーン3杯の塩を口に入れるという検証を実施することが決まった。これは甲女の証言を前提としたもので、その状況をビデオ撮影することになった。

検証期日は、2013（平成25）年12月4日に実施された。裁判長は、雨合羽を着て、周囲に新聞紙を敷き、うがい用の1.5リットルのミネラルウォーターと塩を吐き出すためのバケツを横に置いて検証を開始した。

まず、裁判長は、無造作に小皿からスプーンで塩をすくい、それを口にそのまま入れた。すぐに口の中が塩で一杯になり、上手くしゃべれなくなった。2杯目、3杯目と塩を入れようとしたが、途中でしゃべろうとすると口から塩が噴き出るという状況だった。裁判長が口を開けると、口の中は、舌に塩がべったりとくっついて固まり、真っ白になっていた。もし甲女が本当に2、3杯の塩が口に入るのを見たのであれば、被害者の口の中が真っ白になる場面を真っ先に証言したはずである。

その後、裁判長は、10分間、口に塩を含んだ状態で耐えた。その間、裁判長がパソコンに口の中の状態をタイプして、それが法廷の大画面に映し出された。裁判長のコメントは、痛々しいもので、口全体に辛さが広がり、口にしびれや痛みが生じている状況が克明に打ち出された。裁判長は、10分を経過したところで塩を吐き出したが、相当な量の塩が溶けずに残っていた。また、裁判長は、1.5リットルのミネラルウォーターの水がほとんどなくなるまで何度もうがいをし、休廷後もトイレでうがいを繰り返していた。

(11) 主治医の証人尋問

検証の後、検察官から被害者の主治医であった精神科医師であるA氏の尋問の請求があった。立証趣旨は、認知症により塩を吐き出さない可能性もあるというものであった。

この時点で弁論期日は取り消され、2014（平成26）年1月28日にA医師の証人尋問が実施された。

A医師の証言は、主として被害者の味覚が正常ではなかった可能性があると

いうこと、味覚が正常であったとしても、認知症が原因で行動に移すことができなかった可能性があるというものであった。弁護人は、反対尋問において、その可能性がどの程度のものなのか尋ねたが、A医師がそれを明らかにすることはなかった。

その後、中尾弁護士と私ですぐに被害者が事件後に入所した特別養護老人ホームを訪ね、被害者の事件直後の介護記録を閲覧した。すると、被害者が食事を「美味しい」と言っていたこと、かき氷を食べて「冷たい」と言って2、3口しか食べなかったこと、体調を崩した後は、口に手を当てて食事を拒否したことなどの記録が残っていた。また、被害者を担当していた看護師からは、味覚に異常がある様子はまったくなかったという話を聞くことができた。

そこで、すぐにその介護記録を証拠請求するとともに、事件当時の被害者のケアマネージャー及び事件後に入所した施設の看護師を証人として請求した。

第14回公判では、ケアマネージャー及び看護師の証人尋問が実施され、味覚や行動に異常はなかったことが明らかになった。

その期日で、論告弁論の期日が同年2月13日と指定された。私としては、それでも不安があったため、弁護側で精神科医師の尋問を請求したい旨述べたが、論告弁論の期日を変更することはできなかった。

そこで、私は、裁判長と面談をし、事前に相談していた協力医である慶応義塾大学准教授である村松太郎医師の証人尋問を実施していただきたいと直談判を試みた。しかし、裁判長は「必要性がないと考えている」と述べるだけで、直談判も失敗に終わった。

(12) 弁護側請求の精神科医師の証人尋問

第14回の期日の後、事情を説明し村松医師に意見書の作成を急いでもらった。

完成した村松医師の意見書の内容は、A医師の証言と異なり、被害者の認知症の程度からすれば、塩を吐き出すなど対処行動を取らないということは考え難いというものであった。

具体的には、痛みなどの有害刺激に対する対処行動というのは人間に備わった機能として最後まで残されるものであり、相当重度の認知症の患者においても維持されるのであるから、被害者が塩を吐き出すという行動にすら出なかったとは考え難いというものであった。

弁護側では、すぐに村松医師の意見書と村松医師の尋問を請求するとともに、

証人尋問の必要性についての意見書を作成し、そこに村松医師の意見書の内容をほとんどそのまま引用した。

弁護人の意見書を提出すると、すぐに裁判所から連絡があり、村松医師の証人尋問を実施するということを告げられた。おそらく裁判所としても、検証だけでは裁判長の個人的な体験にすぎないという誹りを受ける可能性があるから、精神医学的見地からの合理的な説明により検証の結果が一般的であるという裏付けが欲しかったのだろう。

2014（平成26）年2月13日の第15回公判において、村松医師の証人尋問が正式に決定され、同21日の第16回公判において、村松医師の証人尋問が実施された。

村松医師の証言の要旨は、A医師の証人尋問は可能性論に終始しているため、実質的な情報が何ら提供されていないことと被害者の認知症の程度からすれば有害刺激に対し対処行動を取らなかったということは臨床医学の見地からあり得ないというものであった。

(13) 勾留取消決定から無罪判決まで

この頃には、私たちは、既にT氏の無罪を確信していたが、尋問が終了したその日のうちに、裁判所がT氏の勾留を取り消した。検察官から抗告がなされたが、抗告も棄却された。

もちろん弁護人も従前からT氏に保釈の請求を打診していたが、T氏は、「無罪が確定する前に私が宅老所に戻ったりすれば従業員や利用者に迷惑がかかる」という理由で頑なに保釈を拒否していた。

そのような中、裁判所から勾留取消があり、T氏も「裁判所が出ろって言うんであれば、甘えさせていただきます」と照れ臭そうに笑っていた。

2014（平成26）年2月25日に論告弁論が行われ、同年3月13日に事件①から③すべてについて無罪判決が言い渡された。

3 あとがきにかえて——不合理な逆転有罪判決

この原稿の執筆を終えてから出版されるまでの間に、①〜③の事件は控訴審ですべて逆転有罪となり、上告も棄却された。しかし、有罪が確定した現在も、元弁護人として、この事件は冤罪であり、いつか再審で無罪となる日が来るという希望を捨てていないため、その日に備えて、あえてこの事件の報告を削除

しないこととさせていただいた。

　何より、控訴審は、自らの心証に従い有罪と認定しただけであり、原判決の認定が論理則、経験則等に照らして不合理であるかどうかの観点から審査をしたとは到底考え難い。そこで、結果として有罪となったとはいえ、控訴審や上告審の司法審査の在り方に警鐘を鳴らす意味でも、簡単に控訴審以降の経過について追記させていただくこととした。

　まず、控訴審では、検察官から、わが国の精神科医師であれば誰でも知っている某病院の院長であるS医師と司法精神医学の世界で著名なO医師というオールスターのような2名の医師の証人尋問が請求された。

　検察官の立証趣旨は、認知症の被害者の口に塩が入ったとしても塩を吐き出さない可能性があるというもので、第一審で実施された主治医の尋問の立証趣旨と全く同じであった。

　弁護人としては、単なる紛争の蒸し返しであり、「やむを得ない事由」が存しないとして異議がある旨述べたが、結局、2名の医師の尋問は採用された。ところが、いざ証人尋問が始まると、検察側の証人であるS医師までもが、塩が口に入れば吐き出すのが通常だと証言する始末で、医学論争では弁護側に軍配が上がった。

　もっとも、裁判所は、塩が口に入ったという事実を認定できないことを察知すると、今度は、塩が口に入っていなかった可能性が高いという立証趣旨で、①事件の直接の目撃証人である甲女の証人尋問を再度、実施することに決めたのである。

　しかも、驚くべきことに、第一審判決後に、T氏が被害者の口に塩を入れようとしたが、口が開いていなかったため、塩はほとんど周囲にこぼれたという内容の甲女の供述録取書が作成されていたのである。第一審では、「口の中に2、3杯塩が入った」と証言した甲女が第一審の無罪判決を受けて、全く異なる供述を行ったのである。

　最終的に、福岡高裁は、①事件に関する甲女の証言について、塩が入ったという部分（暴行結果）は信用できないが、塩を入れようとした（暴行過程）という部分は信用できるとして、T氏が塩の載ったスプーンを被害者の口の中に入れようとして、塩が載ったスプーンを被害者の口付近に押し当て、中に差し入れようとしたという事実を認定したのである。

　要するに、口に塩を入れようとしたけど入らなかったという事実でT氏を有罪としたのだ。

そもそも口の中に塩が「入った」というまさに暴行の核心部分について信用できないのに、その行為と不可分一体の「入れようとした」という部分についてのみ信用性を認めるなどあまりにも不合理である。
　控訴審判決においては、甲女について、「捜査官に対する迎合的な供述傾向があることを否定できない」とまで判示しているのであり、無罪判決を受けて自己の供述を大きく変遷させた甲女の証言に信用性を認めた控訴審判決は理解に苦しむものだった。
　その後、上告審では、福岡県弁護士会所属の美奈川成章弁護士、船木誠一郎弁護士、丸山和大弁護士に弁護団に加わっていただいた。
　上告趣意書では、一つの暴行を「暴行過程」と「暴行結果」に分けて前者は信用できるが、後者は信用できないなどという判断自体が論理則、経験則等に反する事実認定であると主張した。また、控訴審が、裁判長を被験者とする検証について、裁判長個人の主観に頼った検証結果を殊更に重視したなどと判示した部分については、あたかも五官の作用により認識する処分である検証を裁判所自らが行うことを否定するかのような誤った見解であるとして痛烈に批判した（検証については船木弁護士が担当）が、結果的には、事実誤認の主張にすぎないという1枚紙が送られてきて、あえなく上告が棄却された。
　私には、不合理な内容であることが明らかな控訴審判決を最高裁が見逃すはずがないという慢心がどこかにあったと思う。私は、美奈川弁護士や船木弁護士といった刑事弁護の経験が豊富な弁護士と事件を共同でやらせていただく中で、両弁護士の経験談を聞き、検察官控訴の重みを知った。また、無実の被告人を無罪にすることがいかに難しいかということを学んだ。私たちには、裁判体を選ぶことはできない。せめてできることは、日々研鑽を積むことと、後悔の残らない弁護活動をすることだろう。
　今でも時折T氏から電話がかかってくる。T氏は私を責めることもなく、「私はまだ諦めていませんよ。材料を見つけたら再審を頑張りましょう！」と明るく語ってくれる。

（いでぐち・そういちろう）

美奈川成章先生　略歴（2016年現在）

1946年7月　　　福岡県にて出生
1970年3月　　　九州大学法学部卒業
1970年4月　　　司法修習生
1972年4月　　　福岡県弁護士会に登録（現在、福岡城南法律事務所）
2004〜2010年　九州大学法学部大学院客員教授（刑事訴訟法）

県弁常議員、日弁連及び県弁消費者問題対策委員会、日弁連接見交通権確立実行委員会、県弁接見交通権確立対策委員会、県弁刑事弁護等委員会などの委員を歴任。役職は以下の通り。

1991〜1992年　福岡県弁護士会副会長
1998〜2004年　日弁連刑事弁護センター副委員長
2004〜2006年　日弁連取調べの可視化実現委員会副委員長
2006年〜　　　日弁連取調べの可視化実現本部副本部長（〜現在）

【主な著作】
「当番弁護士と接見交通権」柳沼八郎＝若松芳也編『接見交通権の現代的課題』（日本評論社、1992）、「当番弁護士で何が変わるか——発足1年目の課題と可能性（特集：スタートした当番弁護士）」法学セミナー446号（1992）、「刑事弁護レポート：日記帳偽造事件——誰が証拠を偽造したのか」季刊刑事弁護3号（1995）、「『被疑者国選弁護制度試案』について（個別報告、1997年秋季〔第96回〕大会）」九州法学会会報1997（1998）、「ネットワーク刑事司法：福岡地裁起立「廃止」の波紋——法廷に市民感覚の光か」季刊刑事弁護14号（1998）、「基調報告：刑事弁護の活性化に向けた弁護士の取組みとその到達点——刑事訴訟法施行後五〇年を振り返って」（共著）季刊刑事弁護20号（1999）、「覚せい剤密輸事件（福岡高判昭和62.5.26）（特集：共犯事件の弁護 ケース・スタディ）」季刊刑事弁護24号（2000）、「刑事弁護レポート：銃刀法・暴力行為違反事件（公訴棄却申立書）——次々と発生する訴訟法上の論点」季刊刑事弁護29号（2002）、（共同報告）「保釈保証制度の研究」日弁連法務研究財団編『法と実務10』（商事法務研究会、2000）、「接見交通」三井誠ほか編『新刑事手続Ⅱ』（悠々社、2002）、「刑事裁判の充実・迅速化（1）——準備手続の創設・証拠開示の拡充（特集：刑事司法改革の論点と行方）」季刊刑事弁護33号（2003）、「刑事手続をめ

ぐる最近の情勢――裁判員制度・刑事手続検討会の動向を中心に（特集２：刑事司法の改革）」自由と正義54巻10号（2003）、「証拠開示・公判前整理手続の実務的課題（刑事司法改革と刑事弁護実務）季刊刑事弁護40号（2004）、「韓国の保釈保証保険制度視察報告（特集：保釈制度改革――保釈保証保険）」自由と正義62巻１号（2011）、「最高裁判例の射程をいかに突破するか（特集：めざせ！刑事弁護人）」季刊刑事弁護73号（2013）、「この弁護士に聞く（9）美奈川成章――被疑者・被告人の言い分をきちんと聞き、事件をトータルにみる」〔聞き手：花田浩昭〕季刊刑事弁護78号（2014）他

【主な担当事件】
・伝習館教育訴訟（最一小判平成２・１・18裁判集民159号１頁）
・三井三池CO中毒訴訟（福岡地判平成５・３・26判タ822号145頁）
・上田接見妨害国賠訴訟（福岡高判平成６・２・21判タ874号147頁）
・ゲルニカ教育訴訟（福岡地判平成10・２・24判タ965号277頁）
・三菱重工長崎造船所労働時間確認訴訟（最一小判平成12・３・９裁判集民197号75頁）
・暴力行為等処罰に関する法律違反被告事件（最二小判平成16・２・16刑集58巻２号133頁）

上田國廣先生　略歴（2016年現在）

1947年7月	熊本県にて出生
1970年3月	九州大学法学部卒業
1970年4月	司法修習生
1972年4月	福岡県弁護士会に登録（現在、上田國廣法律事務所）
1999年11月	法制審議会刑事法部会委員（～2000年6月）
2004年4月	九州大学法科大学院教授（刑事弁護実務）（～2014年3月）

県弁常議員、県弁人権擁護委員会刑事弁護委員会、県弁法科大学院運営協力委員会等の委員、県弁平成19年度倫理研修会講師、県弁新64期登録弁護士研修会講師等を歴任。役職は以下の通り。

1976～78年	福岡県弁護士会人権擁護委員会委員長
1990～91年	福岡県弁護士会副会長
1991～97年	日弁連刑事弁護センター副委員長
1997～98年	福岡県弁護士会会長
1998～99年	日弁連副会長
2002～03年	日弁連刑事弁護センター委員長

【主な著作】

「福岡地裁における刑事裁判の現状──訴訟指揮を中心として（特集：刑事裁判の現状と問題点）」自由と正義32巻5号（1981）、「接見交通権の四〇年と刑事裁判の展望（特集　フランス人権宣言二〇〇年と日本の刑事訴訟法四〇年）」自由と正義40巻7号（1989）、「刑事弁護センターと司法改革（特集：当番弁護士制度──被疑者弁護の充実を求めて）」自由と正義43巻2号（1992）、「刑事手続をどう変えるか、変えられるか（特集：司法は本当に変えられるか──市民とともに歩む司法改革をめざして）」法学セミナー459号（1993）、「伝聞証拠とどのように闘うか」竹澤哲夫ほか編『刑事弁護の技術（上）』（第一法規、1994）、「刑事弁護の理念と実践──被疑者弁護を中心として（特集：刑事弁護の諸課題）」自由と正義50巻7号（1999）、「基調報告：刑事弁護の活性化に向けた弁護士の取組みとその到達点──刑事訴訟法施行後五〇年を振り返って」（共著）季刊刑事弁護20号（1999）、「被疑者・被告人と弁護人の関係（2）（特集：刑事弁護の論理と倫理）」季刊刑事弁護22号（2000）、「法制審刑事法部会での議

論状況について（特別企画：犯罪被害者と刑事手続）」季刊刑事弁護22号（2000）、「刑事弁護の新しい世紀」（共著）日弁連編『21世紀弁護士論』（有斐閣、2000）、「被害者の意見陳述（特集 新立法下の刑事弁護──犯罪被害者保護立法下の刑事弁護）」季刊刑事弁護25号（2001）、「大法廷判決と準抗告（特集：接見交通権を確立するために──準抗告）」季刊刑事弁護26号（2001）、「ある新人弁護士と先輩弁護士との対話──福岡県の弁護士による基礎講座（特集 刑事弁護をはじめよう！──弁護活動の前に知っておきたい基礎知識）」季刊刑事弁護28号（2001）、「大法廷判決と準抗告」柳沼八郎＝若松芳也編『新接見交通権の現代的課題』（日本評論社、2001）、「予断の防止」三井誠ほか編『新刑事手続Ⅱ』（悠々社、2002）、「国費による被疑者弁護制度の構想と実現への道」季刊刑事弁護29号（2002）、「裁判員裁判と手続二分論（連続特集：裁判員制度と刑事弁護（4）──量刑はどうなるのか？）」季刊刑事弁護44号（2005）、「『司法過疎』対策のセカンド・ステップに向けて（特集：ポスト「ゼロ・ワン」時代の司法過疎対策に学ぶ）」（共著）法学セミナー56巻1号（2011）、「被疑者弁護を通じた取調べの適正化（特集：取調べの可視化と捜査構造の転換）」法律時報83巻2号（2011）、「なぜ刑事弁護を熱心にやるのか」季刊刑事弁護72号（2012）、「刑事弁護人列伝（6）上田國廣──刑事弁護実務は大きく変わってきた 歴史を検証しつつ自由な発想でさらによくしたい」〔インタビュアー：和田恵・村井宏彰〕季刊刑事弁護増刊・刑事弁護ビギナーズver.2（2014）、「通帳等の第三者への譲渡（特集：拡大する詐欺事件）」季刊刑事弁護83号（2015）他

【主な担当事件】
・福岡スモン訴訟（福岡地判昭和53・11・14訟月25巻3号566頁）
・警察犬カール号事件（最一小決昭和62・3・3刑集41巻2号60頁）
・九州予防接種禍訴訟（福岡高判平成5・8・10訟月40巻10号2269頁）
・上田接見国賠訴訟（原告）（福岡高判平成6・2・21判タ874号147頁）
・マルヨ無線事件第5次再審請求（最三小決平成10・10・27刑集52巻7号363頁）
・証拠開示決定特別抗告事件（最三小決平成20・6・25刑集62巻6号1886頁）
・看護師爪ケア事件（福岡高判平成22・9・16判タ1348号246頁）

刑事弁護の原理と実践
【美奈川成章先生・上田國廣先生古稀祝賀記念論文集】

2016年12月5日　第1版第1刷発行

編　集	川崎英明・古賀康紀・小坂井久・田淵浩二・船木誠一郎（代表）
発行人	成澤壽信
発行所	株式会社 現代人文社
	〒160-0004　東京都新宿区四谷2-10 八ッ橋ビル7階
	振替　00130-3-52366
	電話　03-5379-0307（代表）
	FAX　03-5379-5388
	E-Mail　henshu@genjin.jp（代表）／hanbai@genjin.jp（販売）
	Web　http://www.genjin.jp
発売所	株式会社 大学図書
印刷所	株式会社 ミツワ
ブックデザイン	Malpu Design（清水良洋）

検印省略　PRINTED IN JAPAN　ISBN978-4-87798-659-9　C3032
© 2016 Kawasaki Hideaki, Koga Yasunori, Kosakai Hisashi, Tabuchi Koji, Funaki Seiichiro

本書の一部あるいは全部を無断で複写・転載・転訳載などをすること、または磁気媒体等に入力することは、法律で認められた場合を除き、著作者および出版者の権利の侵害となりますので、これらの行為をする場合には、あらかじめ小社また編集者宛に承諾を求めてください。